HISTÓRIA DOS DOGMAS
tomo 1

História dos Dogmas

Tomo 1: **O Deus da salvação**, 3ª ed.
(séculos I-VIII)
Deus, a Trindade, o Cristo, a economia da salvação
B. Sesboüé (Centre-Sèvres, Paris)
J. Wolinski (Institut Catholique de Paris)

Tomo 2: **O Homem e sua salvação**, 3ª ed.
(séculos V-XVII)
Antropologia cristã: criação, pecado original, justificação e graça, ética, fins últimos
L. F. Ladaria (Universidade Gregoriana, Roma)
V. Grossi (Augustinianum, Roma)
Ph. Lécrivain (Centre-Sèvres, Paris)
B. Sesboüé (Centre-Sèvres, Paris)

Tomo 3: **Os sinais da salvação**, 2ª ed.
(séculos XII-XX)
Sacramentos e Igreja, Virgem Maria
H. Bourgeois (Institut Catholique de Lyon)
P. Tihon (Université de Louvain)
B. Sesboüé (Centre-Sèvres, Paris)

Tomo 4: **A palavra da salvação**
(séculos XVIII-XX)
Doutrina da Palavra de Deus, Revelação, fé, Escritura, Tradição, Magistério
Ch. Theobald (Centre-Sèvres, Paris)
B. Sesboüé (Centre-Sèvres, Paris)

Bernard Sesboüé, SJ ^(DIREÇÃO)
J. Wolinski

HISTÓRIA DOS DOGMAS tomo 1

O DEUS DA SALVAÇÃO

(séculos I — VIII)

A tradição, a regra de fé e os Símbolos
A Economia da salvação
O desenvolvimento dos dogmas trinitário e cristológico

Edições Loyola

Título original:
*Histoire des dogmes
tome I: Le Dieu du salut*
© 1994, Desclée, Paris
ISBN 2-7189-0625-1

Supervisão: Danilo Mondoni, SJ
Tradução: Marcos Bagno
Capa: Manú dos Santos
Diagramação: Telma dos Santos Custódio
Revisão: Sandra Garcia Custódio

Edições Loyola Jesuítas
Rua 1822, 341 – Ipiranga
04216-000 São Paulo, SP
T 55 11 3385 8500/8501 • 2063 4275
editorial@loyola.com.br
vendas@loyola.com.br
www.loyola.com.br

Todos os direitos reservados. Nenhuma parte desta obra pode ser reproduzida ou transmitida por qualquer forma e/ou quaisquer meios (eletrônico ou mecânico, incluindo fotocópia e gravação) ou arquivada em qualquer sistema ou banco de dados sem permissão escrita da Editora.

ISBN 978-85-15-02038-6
3ª edição: 2015
© EDIÇÕES LOYOLA, São Paulo, Brasil, 2002
110412

Sumário

Abreviaturas	15
Apresentação	17
As principais opções	20
Articulação do histórico e do dogmático	21
Os quatro volumes	22
Sentido da história e sentido do dogma	23

Introdução
O ponto de partida 25

Capítulo I
Primeiros discursos cristãos e tradição da fé 29

  I. Os primeiros discursos cristãos 29
    1. **O judeu-cristianismo** 29
      A fé dos judeu-cristãos 31
      O judeu-cristianismo "heterodoxo" 36
    2. **O gnosticismo** 37
      As origens do gnosticismo 39
      O gnosticismo cristão 39
      As grandes características do movimento gnóstico 40
      Ortodoxia e heterodoxia dos gnósticos 41
    3. **O discurso cristão dos Padres apostólicos a Ireneu** 42
      Um primeiro discurso pastoral e litúrgico 43
      O discurso apologético 44
      O discurso contra os heréticos 46
  II. Tradição e regra de fé 47
    1. **O dogma antes do dogma: a regra de fé** 48
    2. **A forma da regra de fé: "a ordem da tradição"** 50

A tradição no Novo Testamento 51
A tradição entre os Padres apostólicos... 51
A doutrina da tradição em Ireneu... 52
3. **A manutenção da regra de fé: a sucessão apostólica** 54
4. **A norma da regra de fé: o cânon das Escrituras** 58
A formação do cânon cristão das Escrituras... 59
A gênese do cânon do Antigo Testamento 59
A gênese do cânon do Novo Testamento.. 62
A significação dogmática do cânon das Escrituras................................. 65

Capítulo II
O CONTEÚDO DA TRADIÇÃO: REGRA DA FÉ E SÍMBOLOS (SÉCULOS II-V) 67
Dogma e história 67
I. AS FUNÇÕES DO SÍMBOLO DE FÉ NA IGREJA... 68
1. **A função confessional** 69
2. **A função doutrinal** 72
II. GÊNESE E HISTÓRIA DOS SÍMBOLOS DE FÉ 75
1. **A situação das confissões de fé no Novo Testamento** 75
Primeiro modelo cristológico: o nome de Jesus e um título 76
Segundo modelo cristológico: o "querigma".................................. 76
O modelo binário: Deus-Pai e Cristo... 77
O modelo ternário: Pai, Filho, Espírito... 78
2. **A situação das confissões de fé na época dos Padres apostólicos** .. 80
Os dois modelos cristológicos 80
Os modelos binário e ternário... 81
3. **A união das fórmulas cristológicas e trinitárias** 82
4. **No Ocidente: o velho Símbolo romano dito "Símbolo dos Apóstolos"** 84
5. **No Oriente: rumo ao Símbolo de Niceia-Constantinopla** 85
6. **Novas gerações de Símbolos ao longo da história** 87
Símbolos conciliares.. 87
O Símbolo de "Niceia-Constantinopla" 87
Os documentos simbólicos teológicos e confessionais 88
III. AS ESTRUTURAS DO SÍMBOLO 89
1. **Estrutura formal: uma relação entre dois parceiros** 89
Uma estrutura de aliança.. 89
Uma estrutura dialogal... 90
2. **Estrutura do conteúdo: uma Trindade "econômica"** 91
3. **Comparação com as "anáforas" eucarísticas** 94
IV. O PRIMEIRO ARTIGO 95
1. **Creio em Deus; creio num só Deus** 96

    2. **Deus-Pai todo-poderoso** 97
    3. Criador do céu e da terra 99
 V. O segundo artigo 100
    1. **A construção do artigo** 100
    2. **Os títulos cristológicos** 102
        "Jesus Cristo" ou "Cristo Jesus" 102
        Filho de Deus, unigênito 103
        Nosso Senhor 103
    3. **O adendo ao querigma: a origem divina e humana de Cristo** 104
        Geração humana 104
        Geração divina 105
        A encarnação no Oriente 105
    4. **O cerne do artigo: o "querigma" cristológico** 106
        Algumas variantes num relato estilizado 106
        Um adendo mais tardio: a descida aos infernos 107
    5. **O retorno de Cristo** 109
 VI. O terceiro artigo 110
    1. **A construção do artigo** 110
    2. **No Oriente, no século IV: a divindade do Espírito Santo** 111
    3. **No Oriente, o resto de uma sequência "econômica" sobre o Espírito profético** 112
    4. **A sequência eclesial: o Espírito e a Igreja** 113
        A Trindade e o Espírito Santo na Igreja 113
        A santa Igreja 115
        A Igreja católica e apostólica 115
        A comunhão dos santos 117
        O batismo e a remissão dos pecados 118
        A ressurreição dos mortos ou da carne 118
        A vida eterna 119
        Conclusão 120

Capítulo III
A economia trinitária da salvação (século II) 121
 I. A releitura cristã das Escrituras e o argumento profético 121
    1. **O mistério pascal, fundamento de uma hermenêutica** 122
    2. **O argumento das profecias** 124
        Justino: o Antigo Testamento como justificação do advento de Jesus 124
        Ireneu: a concordância dos dois Testamentos 125
        Tertuliano: a consonância entre os profetas e o Senhor 126

    3. Orígenes: dos três ou quatro sentidos da Escritura 127
        Tipologia e alegoria 127
        Os três — ou quatro — sentidos da Escritura 129
        Novidade e continuidade na obra da salvação............................. 132
II. O cristianismo sob o olhar da razão: os apologistas.. 133
    1. **A acusação de ateísmo e o recurso à razão** 133
    2. **A teologia do Verbo nos apologistas** 136
        Justino e a objeção judaica contra o "outro Deus"...................... 137
        Teófilo de Antioquia e o Verbo proferido 138
        Cristo, Poder de Deus e Sabedoria de Deus 139
        Nascimento do Filho e "delimitação" 140
III. Ireneu: economia trinitária e salvação em Jesus Cristo 141
    1. **A economia trinitária da salvação** 142
        Os primeiros empregos do termo "trindade"............................... 142
        Teologia e "economias".. 143
        A utilização anti-herética das economias 144
        Economias, regra da fé e referência a Ef 4,6............................. 146
        A "complascência" do Pai, fundamento das economias................ 147
        As economias como manifestação da Trindade 148
        Economias, filiação e condescendência divina 150
    2. **A salvação em Jesus Cristo: mediação e recapitulação** 151
        Cristo "um e mesmo"... 151
        Cristo, verdadeiro homem e verdadeiro Filho de Deus................ 152
        A recapitulação em Cristo, Novo Adão 154
        Maria, a nova Eva.. 155

Capítulo IV
Da economia à "teologia" (século III).. 157
  I. O adocianismo e o modalismo monarquianos nos séculos II e III................... 158
    1. **O monarquianismo adocianista** 158
    2. **O monarquianismo unitariano e modalista** 159
    3. **Sabelianismo e "revelação funcional"** 161
  II. A questão do número em Deus antes de Tertuliano: Justino e Hipólito 161
    1. **Justino e a questão do "outro Deus"** 161
    2. **Hipólito e a relação visível/invisível, Verbo/Filho** 162
  III. Economia e teologia trinitária em Tertuliano 164
    1. **Unidade de substância e Trindade: a consideração do "Deus uno"** 165
        A monarquia... 165
        As três comparações montanistas 167

    2. **Economia e disposição: demonstração do número em Deus** 168
        Alteridade e "disposição": perspectiva do número na substância una....... 168
        A perspectiva do mundo pelo grau, pela espécie e pela forma................. 169
    3. **Da cristologia à Trindade eterna** 170
        O nascimento do Filho no exterior, como "saída" do Pai 171
        A geração do Filho no interior do Pai, como Sabedoria......................... 172
        A "processão" do Espírito Santo.. 173
        Uma Trindade (somente) econômica? A tese de Harnack....................... 174
        A origem eterna do Filho e do Espírito... 175
        Tertuliano precursor em cristologia... 176
    4. **Substância e Pessoa: a contribuição de Tertuliano** 178
  IV. Orígenes e a teologia do Verbo de Deus.. 179
    1. **Orígenes e os inícios da teologia erudita** 180
        Um precursor: Clemente de Alexandria.. 180
        Fisionomia teológica de Orígenes.. 181
        Regra da fé e teologia erudita.. 182
        Preexistência das almas e mistério pascal... 183
    2. **Imaterialidade de Deus e geração eterna do Filho** 185
        A imaterialidade de Deus 185
        A geração eterna do Filho.. 185
        Gerado "como a vontade que procede do espírito"................................. 187
    3. **Do Pai, "Bondade em si", ao Filho, "Imagem da Bondade"** 188
        O Filho, "Imagem da Bondade" de Deus 189
        A distinção Deus (*ho theos*) e Deus (*theos*) 190
        A distinção "Um-múltiplo" e a teologia das "nomeações"..................... 191
    4. **A teologia do Espírito Santo à luz de Jo 1,3** 193
    5. **Orígenes e as três hipóstases** 194
    6. **Novas perspectivas sobre a encarnação** 196
        As duas naturezas de Cristo 196
        O Verbo intermediário e mediador.. 197
        O papel intermediário da alma de Cristo... 197
    7. **A dupla posteridade de Orígenes** 199
    8. **O "subordinacionismo" dos Padres pré-nicenos** 201

Capítulo V
A divindade do Filho e do Espírito Santo (século IV)................................. 205
  I. A divindade do filho e o debate em torno do concílio de Niceia (325).......... 206
    1. **A heresia de Ário e o concílio de Niceia (325)** 206
        O início do conflito: Ário e Alexandre em Alexandria........................... 207
        A doutrina de Ário: uma convicção "monarquiana"............................... 208

      A doutrina de Ário: uma convicção cristológica 210
      A reunião do concílio de Niceia 211
      A "definição" de Niceia: os adendos ao Símbolo........................... 213
      A "virada" de Niceia, evento dogmático....................................... 215
  2. A crise consecutiva ao concílio de Niceia 217
      Nascimento e desenvolvimento da controvérsia 217
      Atanásio, o "defensor" de Niceia 219
      A contribuição de Hilário de Poitiers.. 222
      A "recepção" do concílio de Niceia... 223
      Emergência da eclesiologia conciliar.. 224

II. A divindade do Espírito Santo e o concílio de Constantinopla I (381) 226
  1. A emergência das heresias "pneumatistas" 227
      O arianismo radical de Aécio e de Eunômio 227
      Os "trópicos" egípcios 229
      Os "pneumatômacos" do Oriente.. 229
  2. Os grandes argumentos em favor da divindade do Espírito Santo 230
      Atanásio de Alexandria 230
      Basílio de Cesareia.. 232
      Uma linguagem particularmente prudente................................... 234
  3. A reunião do concílio de Constantinopla I (381) 235
      O Símbolo de Niceia-Constantinopla: origem e destino............... 236
      A sequência sobre o Espírito Santo 239

Capítulo VI
O mistério da Trindade: Reflexão especulativa e elaboração da
linguagem. O "Filioque". As relações trinitárias. (A partir do século IV) 243
I. Da elaboração dos conceitos à fórmula trinitária 244
  1. A elaboração especulativa da distinção trinitária 245
      A contestação trinitária de Eunômio 245
      A resposta especulativa de Basílio de Cesareia............................ 247
  2. A elaboração da fórmula trinitária 251
      Breve história dos conceitos de pessoa e hipóstase 252
      O papel dos capadócios na elaboração da fórmula trinitária 255
  3. Da fórmula de fé de 382 ao concílio de 553 259

II. De Agostinho a Santo Tomás: rumo à doutrina das relações subsistentes .. 262
  1. Agostinho, herdeiro do pensamento grego 264
  2. De Boécio a Gilbert de la Porrée 266
  3. Santo Tomás e as relações subsistentes 268
      Reflexão sobre a relação 268
      Reflexão sobre a pessoa 269
      Conclusão: as pessoas, "relações subsistentes"............................. 270

III. A doutrina do "Filioque" e o debate doutrinal entre Ocidente e Oriente .. 272
   1. **Os Padres gregos e a processão do Espírito Santo** 273
   2. **Agostinho, criador da doutrina do Filioque** 276
   3. **Duas considerações trinitárias** 278
   4. **Da inserção do "Filioque" no Símbolo ao cisma entre Oriente e Ocidente** 280
   5. **Os fracassos das tentativas de união: Lião II e Florença** 282
      O concílio de Lião II (1274) 282
      O concílio de Ferrara-Florença (1439-1445) 285
   6. **O "Filioque" e o diálogo ecumênico no presente** 288

Capítulo VII
Cristologia e soteriologia. Éfeso e Calcedônia (séculos IV-V) 291
  I. Cristologia e soteriologia no século IV 292
    1. **Os grandes argumentos soteriológicos: mediação de Cristo e divinização do homem** 292
    2. **O Cristo Salvador em Atanásio de Alexandria** 299
    3. **Apolinário de Laodiceia e o "apolinarismo"** 304
    4. **A cristologia da escola de Antioquia (Diodoro de Tarso e Teodoro de Mopsuéstia)** 307
    5. **A cristologia dos capadócios** 312
    6. **No final do século, duas cristologias em tensão: Alexandria e Antioquia** 316
  II. Os grandes debates cristológicos do século V 317
    1. **A unidade de Cristo em questão: Nestório e Cirilo. O concílio de Éfeso (431)** 317
       O ponto de partida da crise: Nestório e a "Theotokos" 318
       A intervenção de Cirilo: a carta de janeiro de 430 319
       A resposta de Nestório 323
       A terceira carta de Cirilo a Nestório 326
       A reunião do concílio de Éfeso 328
       O Ato de União de 433 331
       Nestório era "nestoriano"? 332
       Um primeiro balanço 334
    2. **Uma pessoa em duas naturezas distintas: Êutiques e o concílio de Calcedônia (451)** 334
       A questão levantada por Êutiques 336
       O "latrocínio" de Éfeso (449) 337
       O Tomo de Leão a Flaviano 339
       A reunião do concílio de Calcedônia (451) 343
       À margem de Calcedônia: a eclesiologia conciliar 345

   A fórmula cristológica de Calcedônia 346
   O balanço de Calcedônia 350
   A recepção de Calcedônia 351

Capítulo VIII
NA ESTEIRA DE CALCEDÔNIA: CRISTOLOGIA E SOTERIOLOGIA A PARTIR DO SÉCULO VI 355

 I. AS INTERPRETAÇÕES DE CALCEDÔNIA 355

  1. Uma leitura "efesiana" de Calcedônia: Constantinopla II (553) ... 355
   O papel de Justiniano antes do concílio 356
   As peripécias do concílio: o imperador e o papa 357
   Qual o valor do concílio de Constantinopla II? 358
   Os cânones de Constantinopla II: a interpretação de Calcedônia 360
   O balanço do concílio 363

  2. Monoenergismo e monotelismo: Constantinopla III (681) 364
   Um prelúdio: a crise agnoíta 365
   A crise do monoenergismo e do monotelismo 368
   Primeira etapa: o monoenergismo 368
   Segunda etapa: o monotelismo 370
   Terceira etapa: o sínodo de Latrão de 649 371
   A reunião de Constantinopla III (680-681) 372
   O decreto dogmático de Constantinopla III 373
   O balanço do concílio 375

  3. A querela das imagens: Niceia II (787) 376
   Uma tradição contraditória sobre as imagens 376
   A irrupção do conflito iconoclasta 377
   A teologia das imagens recapitulada por João Damasceno 378
   O "concílio" oriental de Hiéria 379
   A convocação do concílio de Niceia II 380
   Os debates de Niceia II sobre as imagens 380
   A definição dogmática sobre as imagens 381
   A recepção de Niceia II 382

 II. A SOTERIOLOGIA DO PRIMEIRO MILÊNIO 384
   Prioridade dada à mediação descendente 385
   A iluminação 385
   Redenção e libertação: o Cristo vencedor 387
   A doutrina do sacrifício: Agostinho 392

 III. CRISTOLOGIA E SOTERIOLOGIA NO SEGUNDO MILÊNIO 397

  1. A cristologia no segundo milênio 397
   O sentido de uma constatação 397

A questão das "três opiniões"	398
Ciência e consciência de Jesus	400
Os tempos modernos: o Cristo dos filósofos e dos historiadores	403
Vaticano II: Cristo, verdade do homem	406
O movimento cristológico contemporâneo	408
2. **A soteriologia no segundo milênio**	410
A virada de santo Anselmo	411
O argumento soteriológico de Anselmo	412
Juízo crítico da doutrina de Anselmo	414
Santo Tomás: da redenção à satisfação	415
A satisfação no concílio de Trento	418
Os tempos modernos: da substituição à satisfação "vicária"	420
Conclusão e transição	425
Bibliografia geral	429
I. Antigas histórias dos dogmas	429
II. O contexto histórico	429
III. Patrologias e instrumentos de trabalho	430
IV. Estudos	431
Bibliografia brasileira	433
Índice de autores	437

Abreviaturas

ACO	*Acta Conciliorum Œcumenicorum*, ed. E. Schwartz, Berlim, De Gruyter, 1959-1984.
BA	*Bibliothèque Augustinienne*, Paris, Desclée de Brouwer.
Budé	Éditions Les Belles Lettres, Association Guillaume Budé, Paris.
CCSG	*Corpus Christianorum. Series Graeca*, Turnhout, Brepols.
CCSL	*Corpus Christianorum. Series Latina*, Turnhout, Brepols.
CH	Ireneu de Lião, *Contre les hérésies*; trad. A. Rousseau, Paris, Cerf, 1984 (= tradução dada em *SC* 263-264; 293-294; 210-211; 100 1 e 2; 152-153 ligeiramente retocada).
COD	*Les Conciles œcuméniques*, sob a direção de G. Alberigo; texto original e tradução francesa, t. II-1: *Les Décrets de Nicée I à Latran V*; t. II-2: *Les Décrets de Trente à Vatican II*, Paris, Cerf, 1994.
CSCO	*Corpus Scriptorum Christianorum Orientalium*, Louvain.
CSEL	*Corpus Scriptorum Ecclesiasticorum Latinorum*, Viena.
DC	*Documentation Catholique*, Paris.
DECA	*Dictionnaire Encyclopédique du Christianisme Ancien*, 2 vols., Paris, Cerf, 1990.
DHGE	*Dictionnaire d'Histoire et de Géographie Ecclésiastiques*, Paris, Letouzey et Ané.
DSp	*Dictionnaire de Spiritualité* (Chantilly), Paris, Beauchesne.
DTC	*Dictionnaire de Théologie Catholique*, Paris, Letouzey.
DzS	Denzinger-Schönmetzer, *Enchiridion Symbolorum, definitionum et declarationum de rebus fidei et morum*, Friburgi Brisgoviae, Herder, 36ª ed., 1976.
FC	G. Dumeige, *La Foi catholique*, Paris, Orante, 1969, ed. revista, 1993.
GCS	*Die Griechischen Christlichen Schriftsteller der ersten (drei) Jahrhunderte*, Berlim-Leipzig.
HE	*Histoire Ecclésiastique* (Eusébio e outros historiadores antigos).

JTs	*Journal of Theological Studies*, Oxford, Clarendon Press.
LV	*Lumière et Vie*, Lião.
Mansi	*Sacrorum Conciliorum nova et amplissima collectio*, Florença e Veneza, 1759-1798; reprodução e continuação por J. B. Martin e L. Petit, 53 tomos, Paris, Welter, 1901-1927.
NRT	*Nouvelle Revue Théologique* (Namur), Tournai, Casterman.
PF	"Les Pères dans la foi", col. dirigida por A. G. Hamman, Paris, DDB, segundo a ed. Migne.
PG	*Patrologia graeca* (J. P. Migne), Paris.
PL	*Patrologia latina* (J. P. Migne), Paris.
RB	*Revue Biblique*, Jerusalém-Paris.
RHE	*Revue d'Histoire Ecclésiastique*, Louvain.
RSR	*Recherches de Science Religieuse*, Paris.
RSPT	*Revue des Sciences Philosophiques et Théologiques*, Paris, Vrin.
RTL	*Revue Théologique de Louvain*.
SC	*Sources Chrétiennes* (Lião), Paris, Le Cerf.
STh	Santo Tomás de Aquino, *Suma teológica*.
TD	*Textes et Documents*, col. dirigida por H. Hemmer e P. Lejay, Paris, Picard, 1904-1912.
TRE	*Theologische Realenzyclopedie*, Berlim/Nova York, W. de Gruyter.
TU	*Texte und Untersuchungen zur Geschichte der altchristlichen Literatur*, Leipzig.
VG	*Vigiliae Christianae*, Leiden.
TZ	*Theologische Zeitschrift*, Basileia, F. Reinhardt Verlag.
ZKTh	*Zeitschrift für die katholische Theologie*, Viena, Herder.
ZNTW	*Zeitschrift für die neutestamentliche Wissenschaft*, Berlim, De Gruyter.

Apresentação
B. Sesboüé

O gênero literário da história dos dogmas nasceu na Alemanha durante a segunda metade do século XIX e brilhou com grandes nomes (Seeberg, Loofs, Harnack) oriundos sobretudo do protestantismo liberal. A intenção original era incontestavelmente a crítica da dogmática tradicional das Igrejas. A análise científica dos textos, empreendida, aliás, com pressupostos frequentemente positivistas e segundo uma concepção hermenêutica que nem sempre tinha consciência de si mesma, acusava um sensível distanciamento entre os dados da história e a letra dos dogmas oficiais.

A primeira história dos dogmas produzida pela teologia católica francesa foi a obra magistral de J. Tixeront, cujos três volumes surgiram entre 1905 e 1911 e conheceram reedições até 1931[1]. Essas datas são bastante eloquentes acerca do contexto doutrinal conturbado da crise modernista, em cujo seio o autor empreendeu sua corajosa iniciativa. Com efeito, o modernismo católico não abrangeu apenas o domínio da crítica bíblica; diante de certos resultados da ciência alemã, brotou também da percepção de uma oposição, que parecia então irredutível para alguns, entre, de um lado, os dados da história, isto é, o desenvolvimento (até mesmo a "evolução") dos dogmas cristãos século após século e, de outro, a concepção abstrata de uma teologia escolástica que parecia pressupor que todas as fórmulas e instituições da Igreja remontavam igualmente às origens cristãs. Foi na convicção de que esse conflito era intransponível que o modernista Joseph Turmel escreveu uma volumosa *Histoire des dogmes*, a fim de provar não somente a existência de uma evolução "criadora" dos dogmas, mas também as aquisições heterogêneas destes[2].

---

1. J. Tixeront, *Histoire des dogmes dans l'antiquité chrétienne*, t. I, *La Théologie anténicéenne*; t. II. *De saint Athanase à saint Augustin (318-430)*; t. III, *La Fin de l'âge patristique (430-800)*, Paris, Gabalda, 1905-1911.

2. Joseph Turmel, *Histoire des dogmes*, 6 volumes, Paris, Rieder, 1931-1936.

Desde então, felizmente, a problemática dessa questão mudou. O movimento produziu-se simultaneamente do lado da história e do lado da teologia. Os conhecimentos históricos não cessaram de se enriquecer e de se aperfeiçoar, convidando a matizar julgamentos precipitados demais ou peremptórios demais. A concepção do dogma também se modificou: não se busca mais estabelecer de maneira demasiado material e imediata, tanto no plano das fórmulas quanto no das instituições eclesiais e sacramentais, a identidade do dogma consigo mesmo ao longo do tempo. A abordagem da necessária normatividade do dogma se tornou mais aberta e sadiamente crítica. Ela libertou-se de certo número de fixações, que eram tão somente o reflexo de uma angústia. Ela está atenta à distância histórica e resitua a diferença das linguagens e das práticas na continuidade do sentido. Em suma, de um lado a historiografia renovou-se consideravelmente; de outro, foi a hermenêutica teológica da história do pensamento cristão que se deslocou e se aprofundou. No momento em que nos achamos neste longo percurso, que prosseguirá enquanto existir a Igreja, o problema da relação entre história e dogma, para retomar o título de uma obra célebre de Maurice Blondel[3], já não se apresenta de maneira conflituosa. Se permanece uma tensão legítima entre os dois pontos de vista, essa tensão parece administrável com toda a honestidade intelectual e crente.

Desde a época de Tixeront (e levando em conta a tradução parcial em francês, pelas Éditions du Cerf, do manual alemão de história dos dogmas publicado sob a direção de M. Schmaus, A. Grillmeier, L. Scheffczyk e M. Seybold[4]), a teologia francesa não teve nenhuma publicação sintética que merecesse o nome de história dos dogmas. Pareceu-nos que uma obra nova desse tipo respondia a uma necessidade da Igreja e da sociedade.

Na Igreja, a história dos dogmas já não é hoje objeto de uma crise. Diante dos progressos realizados há mais de um século, progressos efetuados graças a um número considerável de trabalhos e de monografias históricas, tanto quanto de estudos teológicos sobre o desenvolvimento dos dogmas, e vista a serenidade de que dispõe a pesquisa, diferentemente de outrora, a obra parece realizável sobre bases verdadeiramente novas. Após a longa paciência das análises, é chegado o tempo da síntese. É preciso recapitular o que se adquiriu em mais de um século de investigação.

Em contrapartida, faz-se sentir atualmente na comunidade eclesial uma necessidade nova, que podemos qualificar de busca de identidade. O dogma é um aspecto inalienável da especificidade cristã. Ora, o dogma hoje tem má fama. O termo e, mais ainda, o adjetivo "dogmático" são empregados correntemente em nossa cultura para fustigar uma atitude ideológica intransigente,

---

3. Maurice Blondel, *Histoire et Dogme*, Montligeon, 1904.

4. *Handbuch der Dogmengeschichte*, Freiburg, Herder, atualmente inacabada. As Éditions du Cerf traduziram alguns volumes entre 1966 e 1978.

que recusa tanto o debate quanto a realidade dos fatos, quando não serve para designar regiões tão abstratas do saber que já não interessam a mais ninguém. Na Igreja, o lado "autoritário" do dogma é frequentemente compreendido e vivido como uma coerção e um obstáculo a uma verdadeira liberdade de pensar. Por trás desses sentidos pejorativos, o que recobrem exatamente o termo e a função do dogma na fé da Igreja? Em que o dogma representa um elemento essencial em torno do qual os cristãos precisam se agrupar? Em que sentido ele pertence à identidade cristã? Essa identidade, por seu turno, tem duas faces: uma face sincrônica, pois é soberanamente importante que os cristãos possam ter um conhecimento refletido daquilo que os une e os engaja na fé, considerando-se as diferenças confessionais; uma face diacrônica, pois não é menos capital que esses mesmos cristãos possam se aperceber de que sua fé — quaisquer que tenham sido os desdobramentos de seu discurso — continua a ser hoje em dia a mesma dos apóstolos. Por isso, não propomos nem uma enciclopédia, nem um dicionário, nem um catecismo para adultos; queremos centrar o interesse naquilo que tais obras pressupõem. Pretendemos expor, conforme um tratamento tão científico quanto possível, a história dos dogmas, a fim de permitir que os cristãos de hoje conheçam e compreendam melhor a gênese e o conteúdo das afirmações assumidas por sua fé.

Essa necessidade nos parece também, em parte, a de nossa sociedade. Já se foi o tempo em que essas questões só interessavam os especialistas, os professores e os clérigos em formação. Não somente inúmeros leigos cristãos já manifestaram sua demanda, como também pessoas que experimentam o desejo de ter mais clareza sobre o conteúdo do dogma cristão que pertence à história e à cultura que nos moldam. De fato, uma história dos dogmas margeia a história do pensamento ocidental e de sua formação. Independentemente de suas características propriamente doutrinais, ela cruza os interesses da própria cultura. Assim, temos em vista também o leitor comum de hoje em dia. É a este público, sem dúvida diverso mas unido pelas mesmas exigências, que estes livros se dirigem.

Essas considerações já anunciam a intenção da obra: propor, num estilo alerta e vivo, claro e pedagógico, uma pequena "suma" da história dos dogmas, apoiada na melhor e mais atualizada documentação, mas sem pretender entrar em todos os detalhes. A dimensão dos quatro volumes não o permitiria. As árvores, portanto, não nos esconderão a floresta. Ainda que seus autores sejam pesquisadores de primeira linha e especialistas no domínio que tratam, a obra não tem como intenção primeira apresentar pesquisas novas, mas sintetizar os melhores resultados dos conhecimentos adquiridos. Ela se apoiará nos trabalhos mais importantes, mas não ostentará erudição. Sua originalidade se situa antes de tudo numa apresentação coerente do percurso e na maneira de recolher os ensinamentos desta história dogmática. Isso supõe certa hermenêutica doutrinal.

As principais opções

Propor uma história dos dogmas num volume relativamente leve supõe que se tenham efetuado certas escolhas.

Antes de mais nada, que é um dogma? O termo precisa ser definido na medida em que circunscreve o conteúdo da obra. Uma história dos dogmas não é a de todas as doutrinas que foram objeto da pesquisa e do ensino da longa sequência dos doutores cristãos. Os dogmas nascem das afirmações que pertencem à fé. O critério original de seu reconhecimento se encontra, portanto, nos Símbolos da fé e nos "artigos" que os compõem. Os dogmas se desenvolveram a partir dessa célula-mãe. Muitos deles encontraram sua expressão normativa em definições conciliares. Os concílios, portanto, constituirão uma referência maior na obra. Mas essa referência não é exclusiva, pois certos dogmas centrais, por exemplo o da redenção, se desenvolveram sem dar lugar a uma definição formal: não se deve confundir "dogma" com "dogma definido". O conceito de dogma, como expressão autorizada de um ponto pertencente à fé cristã, também está ligado ao conceito de tradição. Por tradição não se entende aqui o conjunto muito amplo das teologias, das práticas e dos costumes afirmados e vividos na Igreja segundo a lei da lenta evolução. Entende-se por tradição a transmissão viva das afirmações de fé na comunidade cristã. Essa tradição precisa ser discernida caso a caso: tarefa que cabe também a uma história dos dogmas. Símbolos da fé, decisões conciliares, dogmas transmitidos pela tradição viva serão, portanto, objeto desta obra, tanto em sua gênese quanto segundo seus desenvolvimentos históricos.

Uma história dos dogmas deve igualmente situar-se com clareza diante da Escritura. Muitas histórias tomam seu ponto de partida no testemunho do Novo Testamento. Essa opção tem a vantagem de remontar ao evento fundador do cristianismo, isto é, a vida, a morte e a ressurreição de Jesus de Nazaré, proclamado pelos que creem Cristo, Senhor e Filho de Deus, assim como à sua atestação revelada, e de seguir o primeiro desenvolvimento doutrinal inscrito na sequência dos livros do Novo Testamento. Teoricamente, essa opção decerto é preferível. Mas ela nos afastaria de nosso verdadeiro propósito e nos tornaria redundantes diante de inúmeras boas obras atualmente existentes e facilmente acessíveis, que propõem em seus diferentes aspectos a teologia, a cristologia e a pneumatologia, a soteriologia, a eclesiologia e a moral do Novo Testamento. Nosso ponto de partida se situará, assim, precisamente no momento em que desaparece a geração das testemunhas apostólicas do evento fundador de Jesus, confessado como Cristo. O testemunho da Escritura permanece, no entanto, como critério decisivo da validade de todo dogma. O apelo à Escritura funcionará, assim, a título de releitura e de verificação. O dogma cristão se apresenta sempre como uma tradução, uma interpretação e uma explicitação de um dado que se acha na Escritura. Em linguagem técnica, é uma *norma normata* regulada por uma *norma normans*. Expor a história dos dogmas é, portanto, mostrar igualmente em que sentido eles são uma maneira autorizada na Igreja de compreender e de viver a mensagem da Escritura.

O caráter normativo e a dimensão histórica da referência dogmática não permitem passar ao largo das diferenças confessionais. Os autores da obra são católicos e, no espírito da busca de identidade evocado mais acima, visam propor uma história dos dogmas pertencentes à fé católica. Esta afirmação decorre da simples honestidade intelectual. A especificidade propriamente católica de certos dogmas será, portanto, claramente indicada. Mas uma perspectiva histórica séria não pode fazer abstração nem dos debates mais importantes nem da diversidade das interpretações católicas. As diferenças de ponto de vista e de posições que concernem à ortodoxia e ao protestantismo serão introduzidas no momento em que adquirirem sua pertinência histórica máxima. Serão retomadas cada vez que sua problemática exercer uma interferência nas posições católicas. Ortodoxia e protestantismo serão abordados não somente fora de toda perspectiva polêmica, mas também com a maior boa vontade ecumênica, no desejo de propor ao leitor registros honestos e bem informados.

Articulação do histórico e do dogmático

Geralmente, as obras deste gênero privilegiam ou a sucessão dos períodos ou a repartição temática. No primeiro caso, o interesse incide sobre o conjunto do trabalho dogmático realizado por cada século, que é destacado segundo seu próprio centro de gravidade, em razão da situação da Igreja na história e na cultura da época (mas, então, fica-se quase sempre limitado à época patrística). No segundo caso, opera-se uma repartição sistemática do *corpus* dogmático (por exemplo, teologia fundamental: revelação, fé, Escritura, tradição, magistério; teologia dogmática: Trindade, criação, pecado; cristologia, soteriologia; eclesiologia, doutrina mariana, graça; sacramentos, escatologia) e segue-se o desenvolvimento de cada unidade dogmática desde as origens até nossos dias.

Diante das vantagens respectivas e dos limites dessas duas soluções, optamos deliberadamente por uma *articulação do histórico e do dogmático* ou do temático. Vemos, de fato, que um dado período concentrou seus esforços em algumas questões maiores que são então objeto de conflitos, de investigações e de desenvolvimentos na interpretação e na formulação das coisas. Os grandes debates trinitários e cristológicos pertencem à Igreja antiga; seguem-se-lhes no Ocidente os conflitos sobre a graça e a apropriação da salvação na pessoa de cada um; a Idade Média abre-se à reflexão sobre a Igreja e os sacramentos; os tempos modernos retornam aos problemas ligados à verificação da revelação e da fé sob a ótica da razão. Cada assunto será tratado, portanto, no quadro do período em que conheceu seu maior destaque. Mas, se queremos apresentar os grandes períodos respeitando suas problemáticas datadas, também fazemos questão de propor o filme contínuo do desenvolvimento dos dogmas essenciais. Assim, não desmembraremos a unidade temática de um dogma, de modo que suas antecipações e suas sequências em outro período serão abordadas dentro do quadro da unidade temática em que o dogma encontrou seu centro de gravidade.

O estudo dos grandes concílios será um ponto de apoio fundamental nesta perspectiva e servirá a esta articulação. Esta opção constitui a originalidade da obra e nos parece a melhor para torná-la significante hoje. Temos consciência da aposta assumida e das dificuldades que ela comporta. Em particular, há o risco de certos temas menores não serem levados em conta. Em contrapartida, esta conjunção dos pontos de vista exigirá flexibilidade no tratamento. A divisão dos períodos admitirá certo "encavalamento": pois há séculos durante os quais um desenvolvimento prossegue ou termina, enquanto outro nasce e cresce conforme uma formalidade nova.

Os quatro volumes

Esta opção resulta na seguinte composição dos quatro volumes segundo quatro períodos, comportando inevitáveis encavalamentos de um sobre o outro e quatro agrupamentos dogmáticos, cada um formando uma unidade real:

O primeiro tomo, intitulado *O Deus de Salvação*, tratará do período que vai do século I ao VIII e terá como temas centrais Deus, a Trindade e o Cristo, bem como a soteriologia.

O segundo tomo, *O Homem e sua Salvação*, abordará o período que vai do século V ao XVII e se ocupará da antropologia cristã, com os temas da criação, do pecado original, da justificação e da graça, da ética cristã e dos fins últimos.

O terceiro tomo, *Os Sinais da Salvação*, percorrerá o período que vai do século XII ao XX, e tratará dos sacramentos, da Igreja e da Virgem Maria.

O quarto tomo, enfim, *A Palavra da Salvação*, irá do século XVI ao XX, para abordar a doutrina da Palavra de Deus: a revelação, a fé, a Escritura, a tradição e o magistério.

O primeiro período trata antes de tudo do mistério do Deus de Jesus Cristo e aborda principalmente o desenvolvimento que se efetuou na Igreja do Oriente. Os Padres gregos aparecem ali em primeiro plano. A salvação entra em cena sobretudo como uma obra empreendida por Deus em favor do homem. Os pontos mais importantes do desenvolvimento ulterior (por exemplo, a questão do *Filioque*) serão articulados a ela.

O segundo período nos faz passar ao Ocidente e ao domínio da teologia latina. Trata das questões da apropriação do mistério do Cristo pelo homem, em particular do pecado e da graça. A problemática agostiniana condiciona-o amplamente. Evidentemente, o tema da criação do homem à imagem de Deus será retomado com destaque. Essa problemática conduz a uma nova consideração da doutrina da salvação, mais ascendente, na qual se considera antes de tudo aquilo que cabe ao homem.

O terceiro período tem seu ponto de partida na Idade Média latina: é nessa época que vem à luz a consideração técnica dos sacramentos, de sua definição e de seu número. É claro que os Padres tinham falado do batismo, da eucaristia e dos demais ritos que mais tarde tomarão o nome genérico de sacramentos. No século XV aparecem os primeiros tratados da Igreja. A consideração dos sacramentos está no primeiro plano da preocupação do concílio de Trento; a da Igreja se torna cada vez mais precisa até as constituições dogmáticas do Vaticano I e do Vaticano II.

O quarto período aborda as grandes questões que decorrem de uma reflexão fundamental sobre a fé: estas são as mais antigas em seus pressupostos e as mais recentes em sua tematização e em sua determinação dogmática. Por isso a conclusão da obra reata com seu ponto de partida.

Sentido da história e sentido do dogma

A preocupação de casar o ponto de vista histórico e o ponto de vista temático é correlativa ao projeto inerente a uma história que quer ser história dos dogmas. Uma obra assim é, ao mesmo tempo, um livro de história e um livro de teologia. De um lado, pretende respeitar com uma honestidade científica os resultados da pesquisa histórica hoje reconhecidos; de outro, deseja dar conta dos pontos cardinais do mistério cristão, na medida em que são objeto da fé dos que creem e entretêm uma coerência e uma solidariedade entre si. Este trabalho pretende conciliar esses dois registros sem nada sacrificar de um e de outro. Quer propor de maneira culturalmente credível a história dos dogmas: se é sua originalidade, também é sua dificuldade.

Certamente os diferentes autores não pretendem ser os sustentadores de uma única teologia do desenvolvimento dogmático sobre a qual se teriam posto de acordo. Neste setor da teologia, como nos demais, o pluralismo é legítimo. Desde Möhler e Newman no século XIX, multiplicaram-se as teorias no século XX e mobilizaram-se grandes nomes (M. Blondel, P. Rousselot, H. de Lubac, K. Rahner, M. D. Chenu...). Mas esses autores pretendem, sim, situar sua exposição na perspectiva cristã global de um desenvolvimento homogêneo. A fé, cujas afirmações se desdobram na história, é a fé recebida dos apóstolos, atestada nos livros do Novo Testamento, transmitida pela via e pela voz da tradição viva da Igreja, a fé que as primeiras gerações cristãs formalizaram em suas confissões e seus Símbolos de fé. Segundo a bela fórmula de Ireneu, "sendo a fé uma e idêntica, nem aquele que pode dissertar abundantemente sobre ela tem mais, nem aquele que dela fala pouco tem menos"[5]. Essa fé não evolui no

---

5. Ireneu, *Contre les hérésies*, I,10,3; Rousseau, p. 66.

sentido de que incorpora progressivamente conteúdos que lhe são estranhos. Ela se desenvolve segundo seu lado racional, pois a cada época deve responder às questões novas que emergem da consciência e das culturas. Não devemos esquecer que o primeiro termo técnico da linguagem dogmática foi introduzido em Niceia (325) no Símbolo de fé por meio de um *isto é (tout'estin)*. Isso significa que as formulações dogmáticas traduzem a linguagem da fé interpretando-a, organizando-a e destacando suas implicações racionais. Esta obra se inscreverá, portanto, nessa perspectiva hermenêutica, mas sem cair no gênero literário da apologética. O desenvolvimento das instituições sacramentais obedece também a leis próprias, que sempre põem em questão a relação da Igreja com o mundo. Quando a conciliação da história e do dogma apresentar uma dificuldade particular, os autores terão a lealdade de reconhecê-la, propondo sua própria interpretação.

Insistimos em agradecer aqui àqueles que estiveram na origem deste projeto: André Paul, que tomou a iniciativa em nome das edições Desclée; Joseph Doré, PSS, e o Pe. Pierre Vallin, SJ, que refletiram conosco sobre os desafios do tema e das melhores opções para conduzi-lo a bom termo.

Bernard Sesboüé agradece também mui especialmente ao Pe. Joseph Moingt, SJ, que lhe permitiu utilizar a documentação reunida por ele em cursos inéditos. As citações de textos e as traduções empregadas serão assinaladas em notas, bem como as passagens em que a exposição se inspirar em tais documentos. Joseph Wolinski também se valeu, para a abordagem de Tertuliano, da grande obra de J. Moingt sobre esse autor.

INTRODUÇÃO
O ponto de partida
B. Sesboüé

No ponto de partida do longo percurso histórico que constitui o desenvolvimento do dogma eclesial está a pregação dos discípulos de Jesus de Nazaré, que o proclamam Cristo e Senhor num discurso muito simples que tem a forma de um relato. Esta proclamação (*kerygma*, querigma) parte do evento pascal, de que estes homens se fazem testemunhas. Ele é pronunciado com a força do Espírito que a primeira comunidade acaba de receber:

> Israelitas, escutai estas palavras; Jesus, o Nazareu, homem que Deus tinha acreditado junto de vós, operando por ele milagres, prodígios e sinais no meio de vós, como sabeis, esse homem, segundo o plano bem determinado da presciência de Deus, vós o entregastes e suprimistes, fazendo-o crucificar pelas mãos dos ímpios; mas Deus o ressuscitou, livrando-o das dores da morte, porque não era possível que a morte o retivesse em seu poder. [...]
> Este Jesus, Deus o ressuscitou, disso nós todos somos testemunhas. Exaltado assim pela destra de Deus, ele recebeu do Pai o Espírito Santo prometido e o derramou, como estais vendo e ouvindo. [...]
> Que toda a casa de Israel saiba com certeza: a esse Jesus que vós crucificastes, Deus o fez Senhor e Cristo.
>
> (At 2,22-36)*

Essa proclamação comporta também uma argumentação que não foi contemplada na citação: o evento Jesus cumpre as Escrituras, representadas pelos textos de dois salmos. Esse é o conteúdo inicial da fé cristã, já transmitido em

---

(*) As citações das Escrituras nesta tradução serão feitas com base em *Bíblia — Tradução Ecumênica*, São Paulo, Loyola, 1995. (N. do T.)

sua totalidade simples, e que será doravante objeto de uma tradição/transmissão eclesial constante. Essa é também a primeiríssima "regra da fé". Todo o Novo Testamento é sua orquestração, ao mesmo tempo histórica e doutrinal.

Mas, como já foi dito, a opção desta obra consiste em começar a exposição histórica do dogma cristão a partir da conclusão do Novo Testamento. Esta formulação rápida demanda algumas explicações de método e de conteúdo.

No plano da história, não se pode isolar arbitrariamente o Novo Testamento da literatura cristã não canônica na simplicidade de um antes e de um depois, separados por um ponto do tempo. As coisas são infinitamente mais complexas. Por um lado, a redação do Novo Testamento ultrapassa o período apostólico concebido em sentido estrito, o período das testemunhas do evento Jesus. Mais ainda, a determinação do cânon das Escrituras do Novo Testamento, isto é, sua conclusão formal, só ocorrerá perto do final do século II. Por outro, muitos textos não canônicos são cronologicamente contemporâneos dos últimos documentos do Novo Testamento, alguns até anteriores. Entre uma e outra literatura se estende, portanto, uma ampla zona em que o *já* [canônico] é vizinho do *ainda-não*. A diferença que os separa é, antes de tudo, de ordem doutrinal, ou dogmática, se admitirmos o emprego anacrônico desse termo na época que nos ocupa.

Ocorre que a distinção entre escritos apostólicos e escritos não ou pós-apostólicos, se for manejada com precaução, é fundada na história, na medida em que um dos primeiros critérios da canonicidade continuou sendo a pertença de um escrito ao período apostólico globalmente considerado. O fato de essa distinção ser "dogmaticamente" justificada não é indiferente a uma história dos *dogmas*, uma vez que o fenômeno de conclusão do cânon significa a tomada de consciência pela Igreja pós-apostólica de sua distância em relação ao evento fundador e da necessidade de reconhecer uma *autoridade* prioritária ao conjunto dos escritos que atestam em verdade esse evento e a fé das primeiras testemunhas. A fixação do cânon dos escritos do Novo Testamento é um ato de autoridade, que exprime um discernimento doutrinal a propósito da mensagem evangélica e supõe que não é qualquer doutrina que tem direito de cidadania na Igreja que se pretende "apostólica". Essa fixação do cânon é uma decisão que faz intervir a noção de uma norma dentro da fé.

Assim, nesta obra, recebemos os ensinamentos do Novo Testamento não como uma documentação do mesmo tipo que as outras literaturas cristãs, mas como a referência normativa de todo discurso cristão e, portanto, de todo dogma. Esta história dos dogmas será desenvolvida, desse modo, à luz do Novo Testamento, como à da regra da fé transmitida pela Igreja. Mas só recorrerá a ele diretamente quando for necessário para esclarecer os desdobramentos subsequentes e mostrar a continuidade de uma doutrina através da diversidade histórica das linguagens.

Entretanto, nosso ponto de partida não pode nos fazer desconsiderar certos escritos judeu-cristãos contemporâneos da redação do Novo Testamento, ou pelo menos anteriores à constituição de seu cânon, nem o fenômeno da gnose cristã.

No início desta história, encontramo-nos confrontados com uma espécie de programa genético em que se acham encerrados, numa unidade simples, não somente a totalidade do conteúdo da fé (que se exprime progressivamente nos Símbolos), mas também o conjunto dos critérios e das referências de sua autenticidade (tradição apostólica, cânon das Escrituras) e das instâncias de regulação (sucessão apostólica e episcopal) que permitem às comunidades cristãs permanecer na fidelidade à tradição recebida. Mas esse programa genético se exprime mediante literaturas diversas numa época em que tais referências e instâncias ainda não se situam sob forma explícita ou institucional. Devemos, portanto, levar em conta ao mesmo tempo a pluralidade histórica e complexa de vários discursos cristãos e demarcar, a partir deles, a existência e a gênese de uma referência formalmente autorizada que faz sua unidade. Essas duas realidades representam a situação original daquilo que é a trama desta obra: o dado histórico e o dado normativo chamado a se tornar o "dogma".

Porque o dogma, no sentido preciso que o termo vai tomar progressivamente, não existe já pronto. O dogma, enquanto dogma, é um constructo. Tem, portanto, uma história. A história dos dogmas é feita do encontro do dado evangélico e da regra da fé com o incansável questionamento que emerge, época após época, da consciência e da razão humanas.

É ao estudo desses dados primitivos que são consagrados os dois primeiros capítulos deste livro.

CAPÍTULO I
Primeiros discursos cristãos e tradição da fé

B. Sesboüé

I. OS PRIMEIROS DISCURSOS CRISTÃOS

Três tipos de discurso principais se apresentam nas origens da literatura cristã, a título de interpretações do querigma: o judeu-cristianismo, o gnosticismo e os Padres apostólicos. Esses três discursos se comunicam uns com os outros por meio de sutis fenômenos de osmose e, até mesmo, se sobrepõem parcialmente. Mas a flexibilidade de suas fronteiras em nada elimina a distinção legítima de seus respectivos perfis.

1. O JUDEU-CRISTIANISMO

Referências bibliográficas: M. Simon, *Verus Israël. Étude sur les relations entre chrétiens et juifs dans l'empire romain (135-425)*, Paris, De Boccard, 1948. — L. Goppelt, *Les origines de l'Église. Christianisme et judaïsme aux deux premiers siècles*, Paris, Payot, 1961. — Judéo-Christianisme (Mél. J. Daniélou), *RSR* 60 (1972), 5-323. — J. Daniélou, *Théologie du Judéo-Christianisme*, Paris, Desclée/Cerf, [2]1991.

Até uma época ainda recente, remontava-se o discurso cristão a alguns escritos agrupados desde o século XVII sob a designação de "Padres apostólicos", isto é, provenientes de homens que pertenciam à geração que se seguiu à dos apóstolos e dos quais alguns puderam ainda ter contato com eles. A literatura apócrifa do Antigo e do Novo Testamento era considerada de maneira pejorativa. Para Harnack, a doutrina cristã tinha "nascido do encontro da mensagem evangélica e da filosofia grega"[1]. Mas a descoberta de documentos novos chamou uma atenção cada vez mais positiva para a primeiríssima literatura cristã que exprime a fé em Jesus Cristo dentro das categorias do judaísmo contemporâneo e à luz do Antigo Testamento, num tempo em que o Novo começava decerto a circular, mas ainda não estava constituído como *corpus*. Assim, comunidades de origem judaica, conservando, às vezes, as observâncias do judaísmo, asseguraram uma ligação entre a pregação apostólica e as primeiras expressões do cristianismo de origem pagã (o "pagano-cristianismo").

A existência desse judeu-cristianismo primitivo tem um grande alcance doutrinal, se nos lembrarmos que para a epístola aos Efésios o corpo da Igreja cristã é constituído pela reconciliação dos pagãos e dos judeus:

> Ele quis assim, a partir do judeu e do pagão, criar em si um só homem novo, estabelecendo a paz, e reconciliá-lo com Deus, ambos em um só corpo, por meio da cruz, onde ele matou o ódio.
>
> (Ef 2,15-16)

O termo judeu-cristianismo abrange realidades bastante diferentes, mesmo que nos atenhamos ao ponto de vista doutrinal que é o nosso aqui. De fato, houve judeu-cristãos perfeitamente "ortodoxos" quanto à fé cristã e judeu-cristãos cuja cristologia adocianista reconhecia em Jesus um profeta, mas não o Filho de Deus. Retenhamos aqui somente a definição dada por J. Daniélou, que vê o judeu-cristão a partir do *corpus* literário que ele deixou:

> Pode-se [...] chamar de judeu-cristianismo uma forma de pensamento cristão que não implica ligação com a comunidade judaica, mas que se exprime em quadros emprestados do judaísmo. A palavra tem então um sentido muito mais amplo. [...] Ela compreende também homens que romperam completamente com o meio judeu, mas que continuam a pensar dentro de suas categorias. [...] Esse judeu-cristianismo foi evidentemente o dos cristãos vindos do judaísmo, mas também de pagãos convertidos[2].

O quadro desse pensamento judeu é o da apocalíptica. "É uma teologia visionária[3]."

Os escritos judeu-cristãos que chegaram até nós são relativamente numerosos. São originários da Síria, da Ásia Menor, do Egito, da Grécia e até mesmo de Roma, mas pouquíssimos provêm diretamente da Palestina. São o eco, portanto, de uma larga expansão do cristianismo no mundo mediterrâneo

---

1. J. Daniélou, op. cit., p. 5
2. Ibid., p. 37.
3. Ibid., p. 6.

após a dispersão forçada da primeira comunidade de Jerusalém, em particular a Antioquia, e após a destruição do Templo em 70. Compreendem primeiramente apócrifos do Antigo e do Novo Testamento[4]. Existem, assim, uma *Ascensão de Isaías* e *Testamentos dos Doze Patriarcas*, um livro designado como *2 Henoc*, mas também e sobretudo um "ciclo de Pedro" de origem antioquena, comportando um Evangelho, Atos e um Apocalipse (como no ciclo canônico de João na Ásia Menor), um *Evangelho dos Nazarenos*, um *Evangelho dos Ebionitas*, um *Evangelho segundo os Hebreus*, conservando a tradição evangélica dos judeu-cristãos vindos da Palestina, um *Evangelho dos Egípcios*. O modo de produção desses escritos e seu conteúdo são ao mesmo tempo próximos e diferentes dos escritos canônicos. Escreve J. Daniélou: "Com efeito, foi por meio das categorias emprestadas do Antigo Testamento (que constituía o fundo de sua cultura teológica) que os primeiros escritores cristãos, canônicos ou não canônicos, expressaram o conteúdo teologal da vida de Jesus"[5]. Encontramos aí também documentos litúrgicos, como a *Didaqué* e as *Odes de Salomão*. Certos escritos, tradicionalmente catalogados entre os Padres apostólicos, aparecem hoje como expressões do judeu-cristianismo: a *Epístola aos Coríntios* de Clemente de Roma, a *Epístola de Barnabé*, *O Pastor* de Hermas e mesmo, em certa medida, as *Epístolas* de Inácio de Antioquia.

Os judeu-cristãos propuseram, assim, a seus irmãos de raça, como também aos pagãos, os mistérios da fé segundo uma estrutura semítica. Utilizaram particularmente o gênero apocalíptico tal como foi elaborado e cultivado sobretudo no judaísmo da época. Apresentaram um aprofundamento meditado dos dados principais da Boa-Nova, praticando uma exegese do Antigo Testamento análoga àquela dos judeus da diáspora (cf. Fílon e os autores alexandrinos), ou seguindo outras interpretações das Escrituras, próximas dos escritos palestinos atribuídos a autores bíblicos (o *Testamento de Jó*, por exemplo). Respeitaram aqueles métodos e praticaram o mesmo tipo de criatividade interpretativa sobre os textos, mas fazendo já entrar em jogo o argumento profético acerca do Cristo. Constituíram assim um elo entre a exegese judaica e a exegese cristã que se seguirá, lançando as bases da interpretação cristã das Escrituras.

A fé dos judeu-cristãos

Qual era o conteúdo da fé dos judeu-cristãos? O quadro geral da dogmática judeu-cristã, acabamos de ver, é o da apocalíptica. "O *dogma* cristão primitivo e fundamental", escreve A. Paul, "tomou corpo espontaneamente na língua e na escrita apocalípticas. [...] O dogma é, de algum modo, a *visão que se tornou*

---

4. Cf. a nomenclatura completa desses escritos, ibid., pp. 35-86. A exposição a seguir depende em parte da síntese empreendida por este livro, sempre levando em conta as críticas que o meio científico lhe dirigiu.

5. Cf. ibid., p. 135s.

fórmula"[6]. Ora, a apocalíptica repousa numa cosmologia da escala dos sete céus, habitados pelos diferentes seres corporais e espirituais, segundo uma hierarquia precisa, sendo o sétimo céu a morada de Deus. É em função dessa estrutura do cosmo celeste, reveladora do mistério, que "os dogmas essenciais serão formulados"[7]. Essa cosmologia dá um lugar importante aos anjos, assim como aos demônios que servem para interpretar o problema do mal. A angelologia judeu-cristã é assim muito desenvolvida na literatura apocalíptica, como se vê no Apocalipse de João.

Os anjos constituem a primeira criação e são distribuídos em diversas categorias nos diferentes céus, segundo sua hierarquia. São prepostos às diversas coletividades humanas e protegem igualmente os indivíduos de quem são os guardiães. Os demônios são anjos decaídos. Existia, de fato, um arcanjo superior à frente de um grupo de anjos a quem a terra fora confiada. Mas, tomado de ciúme pelo homem, causou-lhe a ruína e se fez pecador. Tornou-se Satã e foi punido. Entre os demônios também existe uma hierarquia, a dos demônios superiores, potências cujo chefe se chama Beliar, e os demônios inferiores ou espíritos, que são os demônios tentadores. A revelação dos segredos divinos é ligada à manifestação das "tabuinhas celestes" ou do "livro do destino". O profeta é aquele que no curso de uma ascensão celeste é admitido a contemplar o conteúdo dessas tabuinhas para revelar ao homens os desígnios de Deus.

É com base nas categorias da angelologia que a doutrina judeu-cristã designa o Verbo e o Espírito. Cristo é geralmente chamado Anjo. É talvez uma reminiscência do "anjo de YHWH", mensageiro das teofanias do Antigo Testamento, no qual os cristãos leem uma manifestação do Verbo. Mas a apocalíptica também teve seu papel: ela conhece a transformação celeste, até mesmo angélica, das grandes figuras reais e cultuais. Em seu apocalipse, *O Pastor*, Hermas fala do Verbo como do "anjo glorioso" ou do "anjo mui venerável". É ele quem discerne os justos e os pecadores, que coroa os justos e os introduz na torre, que é a Igreja. "Trata-se de funções divinas, as do julgamento das almas, da recompensa dos justos, da partilha da graça, da agregação à Igreja dos santos[8]." Esse anjo glorioso tem também um tamanho colossal, que ultrapassa infinitamente os demais anjos. "Esta representação passou para a iconografia primitiva, em que Cristo é representado frequentemente maior que os personagens que o circundam[9]." Mas Hermas modifica também o tema dos sete arcanjos do judaísmo tardio, para distinguir o Verbo dos seis outros: "O homem glorioso é o Filho de Deus, e os seis outros são os anjos gloriosos que o escoltam à direita e à esquerda[10]." É no mesmo sentido que o Verbo é identificado às vezes a Miguel. Esse anjo não é aquele que intercede simplesmente por Israel: é também

---

6. A. Paul, *Leçons paradoxales sur les juifs et les chrétiens*, Paris, DDB, 1992, p. 68.
7. Ibid., p. 171.
8. Ibid., p. 207.
9. Ibid.
10. Hermas, *Le Pasteur*, Sim. IX, 12, 8; trad. R. Joly, SC 53, p. 319.

o mediador entre Deus e os homens (expressão que se acha em 1Tm 2,5). A transcendência do Verbo sobre os demais anjos é, assim, perfeitamente marcada. Esta cristologia angélica, largamente difundida, sobreviverá até o século III. Mas o contexto de seu uso mostra que ela não pode ser compreendida no sentido em que o Verbo seria assimilado pura e simplesmente a uma criatura. Alguns autores querem ver aí a origem do "subordinacionismo" anterior ao concílio de Niceia, isto é, da doutrina que subordina o Filho ao Pai num grau de ser inferior[11]. Retornaremos em momento oportuno a essa questão muito debatida até os dias de hoje[12].

Uma identificação análoga é feita entre o anjo Gabriel e o Espírito Santo, porque o anjo Gabriel foi o mensageiro da encarnação. Mas encontra-se também a assimilação do Verbo a Gabriel, assim como, aliás, outros títulos angélicos aplicados ao Verbo. Frequentemente o Verbo e o Espírito são associados entre si; mas sua transcendência é sublinhada em relação aos "outros" anjos. O tema dos dois Serafins de Is 6,2 serve a essa interpretação. Evidentemente, não se deve buscar nessa literatura uma formalização do tema trinitário. Mas o vocabulário angélico empregado, com suas explicações e correções, tem por sentido colocar o Verbo e o Espírito "com" Deus numa transcendência absoluta sobre os demais anjos. Essa maneira de fazer será frequente na elaboração do vocabulário cristão: utilizam-se as categorias e as representações do Antigo Testamento, mas faz-se com que elas sofram uma evolução semântica por meio de um jogo complexo de aproximações e de oposições, a fim de habilitá-las a exprimir a novidade cristã.

A utilização da denominação angélica para o Verbo está longe de ser a única. O judeu-cristianismo dispõe de uma grande quantidade de títulos para falar do Filho de Deus. Ele se serve de diversas expressões semíticas, das quais várias não serão conservadas a seguir. Designa em particular o Cristo como o "Nome" de Deus. Sabe-se que no Antigo Testamento o Nome designa frequentemente o tetragrama YHWH. Sabe-se também a pregnância, no mundo semítico, da simbologia do nome, que manifesta escondendo. Esse uso se encontra no Novo Testamento (Rm 10,12-13; Jo 17,6 em que Cristo por sua própria pessoa manifesta o Nome do Pai). Inácio de Antioquia está "acorrentado pelo Nome"[13]. Frequentemente o "Nome de Deus[14]" designa o Filho. É assim que o Evangelho testemunha uma cristologia do Nome autenticamente judeu-cristã. Esse uso fala, a seu modo, de uma identidade de ser entre o Filho e o Pai, que se traduzirá mais tarde em identidade de natureza.

O Verbo também é chamado de Lei na tradição judeu-cristã. No judaísmo contemporâneo, a Torah é uma realidade divina, preexistente, uma espécie de

---

11. Como sustenta J. Hadot, *La formation du dogme chrétien des origines à la fin du IVe siècle*, Charleroi, CUNIC, 1990, pp. 17-27.

12. Cf. infra, pp. 201-204.

13. Inácio de Antioquia, *Éphés.*, 1,2; 3,1; trad. P. Th. Camelot, SC 10 bis, pp. 69-71.

14. Hermas, *Le Pasteur*, Sim. IX, 14,5-6; Vis. III,1,9; SC 53, pp. 325 e 103.

encarnação da Palavra divina. Hermas identifica assim Lei e Filho de Deus[15]. Justino associa o termo Lei a "aliança": "Há agora outra Aliança; outra lei saiu de Sião, Jesus Cristo"[16]. O Verbo, enfim, é chamado de princípio *(archè)*, no espírito do prólogo de João, mas o termo se torna então uma categoria pessoal. Também é chamado "dia".

A expressão da encarnação inscreve-se, por seu turno, nas concepções da apocalíptica judaica. Pode-se dizer que esse modo de expressão é "mítico" no sentido que este termo tem hoje em dia: não fábula, mas modo de representação imaginária de um dado religioso irrepresentável em si mesmo e pleno de sentido quanto à relação do homem com Deus. A encarnação é apresentada como uma "descida" do Filho, que atravessa sucessivamente os diferentes céus. Mas essa descida tem a particularidade de estar oculta aos anjos, ideia que já se acha em Paulo (1Cor 2,8; Ef 3,9-11) e se encontra em Inácio de Antioquia[17], decerto sob a influência da *Ascensão de Isaías*. O Espírito é associado a essa descida, sob o nome de "Sabedoria". O parto pela Virgem Maria é chamado de mistério realizado no silêncio, e considerado milagroso, assim como a concepção virginal de Jesus, de que os autores falam à maneira de Lucas e Mateus. Um tema desenvolvido com favor (por exemplo, em Inácio de Antioquia[18]) é o dos magos e da estrela. Um astro de brilho excepcional, símbolo do Messias, se manifesta no momento do nascimento de Jesus. A cena representa também a vitória de Cristo sobre os demônios, uma vez que os magos, comparados a sacerdotes idólatras, se convertem durante a adoração de Jesus. O combate de Cristo contra as forças do mal se antecipa assim à natividade. De igual modo, em seu batismo, Jesus entra no Jordão, isto é, nas águas da morte, para ali vencer o dragão. Estabelece-se o elo entre batismo e paixão, inclusive descida aos infernos. O príncipe do abismo é vencido. O batismo de água é também ligado ao batismo escatológico pelo fogo do juízo (cf. Mt 3,11): no batismo, o Espírito desce sobre Jesus, que é libertado desse fogo. Desse modo, a natividade, o batismo e a cruz aparecem como as três etapas da redenção.

A doutrina da redenção dá um amplo espaço à descida aos infernos, que será retomada mais tarde como uma afirmação do Símbolo ocidental[19]. Essa visão da salvação se refere à cosmologia já evocada; exprime a vitória de Cristo sobre as potências do mal, o anúncio da salvação aos justos e sua libertação. Trata-se, de fato, de responder à questão da sorte dos justos mortos antes da vinda de Cristo. Mas alguns documentos vão mais longe ao falar de uma ressurreição já cumprida[20], traço bastante interessante para a compreensão dos últimos tempos. A descida aos infernos está igualmente ligada ao tema do ba-

---

15. Ibid., Sim. VIII,3,2; *SC* 53, p. 267.
16. Justino, *Dialogue avec Tryphon*, XXIV,1; ed. G. Archambault, *TD*, t. 1, p. 111.
17. Inácio de Antioquia, *Éphés.* XIX,1; *SC* 10 bis, p. 89.
18. Ibid., XIX,2-3.
19. Cf. infra, p. 107.
20. Cf. J. Daniélou, op. cit., pp. 298-299.

tismo, pois a imersão batismal é considerada não somente como uma descida à morte, mas também como uma descida aos infernos, e a emersão das águas já é a vitória de uma ressurreição[21].

O alcance soteriológico da ascensão é igualmente destacado: ela é a réplica cosmológica e apocalíptica da encarnação, pois uma elevação corresponde ali a uma descida. Esse tema já estava presente no Novo Testamento (Ef 4,7-9), mas aqui é desenvolvido. Em sua ascensão, Cristo repercorre os sete estágios de céus para alcançar o céu propriamente divino. Mas dessa vez a subida triunfal de Cristo ocorre em seu corpo e é manifestada aos anjos que o adoram. Algumas vezes a própria ressurreição de Jesus é compreendida como uma exaltação e uma ascensão. Essa perspectiva fará escola em Justino, Hipólito, Orígenes e até nos Gregórios de Nazianzo e de Nissa. "A teologia judeu-cristã", escreve J. Daniélou, "é uma *theologia gloriae*"[22]. Mesmo a cruz, que rapidamente se tornou um emblema e um signo cultual para os cristãos, é uma cruz de glória e um sinal de vitória. É o instrumento da salvação e, como tal, quase identificada ao Cristo. É comparada a diversos instrumentos humanos: mastro ou arado, "máquina" de elevação a Deus em Inácio de Antioquia[23]. Justino e Ireneu em sua celebração da cruz permanecem herdeiros de visões judeu-cristãs[24]. Sua forma lhe confere um simbolismo cósmico, já que ela indica as quatro dimensões do universo: seu braço horizontal exprime a universalidade da salvação, enquanto o braço vertical traduz a reconciliação do céu e da terra. Seu cruzamento dá consistência à nova criação, consolidada, refundada e unificada. A cruz é a potência de Cristo. Essa cruz luminosa remete à estrela dos magos. Assim como fora anunciada no Antigo Testamento por diversas figuras de bastão, de escadas, de hastes ou árvores (o carvalho de Mambré), ela se torna por sua vez uma profecia do final dos tempos, quando será manifestada como cruz escatológica. Os *Atos de André* (século II) contêm uma célebre apóstrofe do mártir à cruz dizendo:

> Rejubila, ó cruz! [...] Eu vim a ti porque sei que és o meu bem. Vim a ti que me desejaste. Reconheço teu mistério, por causa do qual foste plantada. Pois tu foste plantada no mundo para firmar o que é instável. Uma de tuas partes se estende para o céu para que representes o Verbo celeste. Outra se estendeu à direita e à esquerda a fim de pôr em debandada a potência ciumenta e inimiga e a fim de reunir o mundo em um. Outra foi plantada na terra para que ligues o que está sobre a terra e o subterrâneo ao que está nos céus. Ó Cruz, instrumento da salvação do Altíssimo[25].

---

21. Cf. *Odes de Salomon*, XXII.
22. 4. J. Daniélou, op. cit., p. 327.
23. Inácio de Antioquia, *Éphés.*, IX,1; *SC* 10, p. 77.
24. Cf. M. Fédou, La vision de la croix dans l'oeuvre de saint Justin "philosophe et martyr", *Recherches Augustiniennes* XIX (1984) 29-110.
25. Trad. J. Prieur (ligeiramente modificada), *Acta Andreae*; *CC* "Series Apocryphorum", 6, pp. 738-740.

A doutrina judeu-cristã abre lugar também à Igreja. Trata evidentemente do batismo e da eucaristia. Esses pontos serão retomados no tomo III desta obra. Sua perspectiva apocalíptica levou-a também a conceber um "milenarismo", isto é, um reinado de mil anos do Messias e dos justos na terra, antes da passagem última do universo para o mundo da ressurreição. Essa doutrina, atestada até em Ireneu e Melitão de Sardes, vem de uma leitura literal de certos textos do Apocalipse de João. Não será recebida na Igreja posterior, mas reviverá sob formas culturais diversas no curso da história. (O discernimento de sua significação será tratado no tomo II, no capítulo consagrado à escatologia.)

O judeu-cristianismo "heterodoxo"

Uma parte notável da literatura judeu-cristã é, contudo, considerada hoje como "heterodoxa". Alguns pesquisadores chegaram mesmo a definir, a seu respeito, um primado da heterodoxia sobre o que se tornará mais tarde a "ortodoxia" cristã. O ponto principal diz respeito à recusa da divindade de Cristo, em particular entre os ebionitas, cuja designação não vem de um personagem, mas do termo hebraico *ebion* que significa "pobre". Sua cristologia vê na pessoa de Jesus o maior dos profetas, mas não o Filho de Deus. Jesus, que nasceu de José e de Maria, foi eleito por Deus no momento de seu batismo. Rigorosamente monoteístas, os ebionitas não podem admitir a fé nos três nomes divinos. Ao lado deles deve-se assinalar os elkasaítas (do nome de um personagem chamado Elxai ou, antes, termo vindo do hebraico e significando "força oculta"), conhecidos por Orígenes e Hipólito, e cuja doutrina é vizinha à dos ebionitas. Na mesma opinião encontramos Cerinto, Carpócrates e os diversos nomes que Ireneu apresenta como uma genealogia da gnose.

Pode-se apoiar esse julgamento retroativo de "heterodoxia" em testemunhos da época? De fato, não podemos nos contentar com uma transferência da ortodoxia ulterior para as origens. A questão não é fútil, pois o discernimento das origens é sempre um problema particularmente delicado. Neste caso, ele diz respeito à especificidade cristã em relação ao judaísmo e à continuidade da fé. Sabe-se que as primeiras comunidades cristãs, contemporâneas da redação dos livros do Novo Testamento, conheceram reais diversidades — alguns dirão fraturas —, mesmo trazendo em seu seio uma grande sede de unidade. Essa questão é hoje objeto de debates entre exegetas e historiadores. Ch. Perrot avalia, por sua parte, que o movimento que se depreende dos livros do Novo Testamento é aquele que vai "das diversidades primeiras à unidade eclesial em construção, e não o movimento contrário"[26].

Pode-se dizer que o cristianismo nascente podia integrar igualmente cristologias tão divergentes quanto as que encontramos entre certos judeu-cristãos?

---

26. Ch. Perrot, *Des premières communautés aux Églises*, RSR 79 (1991) 223-252, artigo que comporta uma notícia bibliográfica sobre a questão.

Um primeiro discernimento permite, segundo Turner, distinguir "uma tradição da grande Igreja, em torno da qual pululam as seitas heterodoxas"[27]. O judeu-cristianismo heterodoxo é um prolongamento da heterodoxia judaica, pois o próprio judaísmo veiculava a noção, senão a palavra, de ortodoxia e de heterodoxia. Ao lado de sua corrente central, ele exibia de fato grupos cismáticos. Hegesipo, judeu do século II convertido à fé, fala claramente das sete heresias que existiam no povo judeu e que estão na fonte da heterodoxia cristã[28]. O testemunho de Hegesipo convida a situar a primeira heterodoxia cristã na fronteira do judaísmo heterodoxo samaritano e do cristianismo[29]. Esse dado estabelece uma ligação com o foco original do gnosticismo "cristão" que parece ter sua fonte na gnose judaica pré-cristã. Em todo caso, o judaísmo rabínico da época polemizava contra os "heréticos", entre os quais podemos contar certamente os judeu-cristãos. De outro lado, Inácio de Antioquia é testemunha de uma polêmica cristã muito antiga contra os cristãos judaizantes. Ele afirma, em fórmulas que se tornaram célebres, que "é absurdo falar de Jesus Cristo e de judaizar, pois não foi o cristianismo que acreditou no judaísmo, mas o judaísmo no cristianismo"[30].

O judeu-cristianismo é para nós cheio de ensinamentos na medida em que atesta a possibilidade, para a fé cristã, de se exprimir em culturas diferentes. Ela o faz aqui em sua cultura semítica original. Este horizonte dá um relevo maior à futura aculturação deste mesmo cristianismo no mundo grego. Mas o judeu-cristianismo antigo não sobreviveu à formidável expansão do cristianismo em meio pagão. Tornando-se minoritário, sobrecarregado pelas tendências heterodoxas que o atravessavam, ele foi mais ou menos despejado na categoria de uma seita[31]. No entanto, encontramos no século IV, no norte da Mesopotâmia, uma expressão semítica da fé cristã da qual Afraat, o sábio persa, é um brilhante representante[32]. Do ponto de vista da história do cristianismo, esse desaparecimento foi incontestavelmente uma perda.

2. O GNOSTICISMO

> **REFERÊNCIAS BIBLIOGRÁFICAS:** F. Sagnard, *La Gnose valentinienne et le témoignage de saint Irénée*, Paris, Vrin, 1947. — H. Cornélis-A. Léonard, *La Gnose éternelle*, Paris, Fayard, 1959. — R. M. Grant, *La Gnose et les origines chrétiennes*, Paris, Seuil, 1964. — M. Scopello, *Les Gnostiques*, Paris, Cerf, 1991.

---

27. Cf. H. E. W. Turner, *The Pattern of Christian Truth. A Study in the Relations between Orthodoxy and Heresy in the Early Church*, London, Mowbray, 1954, pp. 97-143. Resumido por J. Daniélou, op. cit., p. 87.
28. Notícia conservada por Eusébio, *HE*, IV,22,2-3 e 7; *SC* 31, pp. 200-201.
29. Cf. J. Daniélou, op. cit., p. 107.
30. Inácio de Antioquia, *Magnés.*, X,3; *SC* 10 bis, p. 105.
31. Cf. M. Simon, op. cit.
32. Cf. Aphraate le Sage Persan, *Les Exposés*; ed. M. J. Pierre, *SC* 349 e 359.

Alguns elementos do judeu-cristianismo são próximos da gnose. Existe, portanto, uma sobreposição parcial desta com aquele. Mas o gnosticismo levanta problemas específicos à interpretação das origens cristãs.

Entre "gnose" e "gnosticismo" é preciso desde logo manter a distinção estabelecida pelos pesquisadores: "gnose" designa uma tendência constante do espírito humano que busca o sentido da vida no conhecimento; "gnosticismo" é o movimento histórico que se desenvolveu nos séculos II e III e que nos ocupa aqui[33]. O gnosticismo, portanto, é uma manifestação histórica da gnose, cujo nome *(gnôsis)* significa "conhecimento". É um vasto movimento religioso cujo desenvolvimento é contemporâneo das origens do cristianismo. Conhecemo-lo, de um lado, graças a fontes cristãs antigas, por meio das refutações dos heresiólogos cristãos, que citaram fartamente seus adversários: Justino, Ireneu, Hipólito de Roma, Clemente de Alexandria, Orígenes, Epifânio de Salamina e Eusébio; e, de outro lado, graças a fontes originais recuperadas durante o século XX: em particular pela descoberta em 1945 dos quarenta escritos de Nag Hammadi (Egito), entre os quais o *Evangelho da verdade*, e dos manuscritos de Qumran em 1947.

O gnosticismo é uma doutrina que define a salvação pelo conhecimento. Para ter dele uma ideia global, consideremos estas duas definições, a de um gnóstico antigo e a de um erudito moderno:

> **Definição de Teódoto:** "A gnose: Quem éramos? O que nos tornamos? — Onde estávamos? Aonde fomos lançados? — Rumo a que meta nos precipitamos? De onde somos resgatados? — Que é a geração? E a regeneração?"[34].
>
> **Definição de Charles-Henri Puech:** "Chama-se ou pode se chamar gnosticismo — também gnose — toda doutrina e toda atitude religiosa fundada na teoria ou na experiência da obtenção da salvação pelo conhecimento"[35].

O gnosticismo contemporâneo das origens cristãs é, portanto, um "conhecimento perfeito", obtido por revelação e iluminação ao longo de uma experiência interior. Essa revelação proporciona a salvação, entendida como uma regeneração ou como o retorno do gnóstico a seu eu original e ao princípio divino que o constitui, apesar de seu exílio no mundo material decaído que tenta apanhá-lo em sua armadilha. O gnóstico não é verdadeiramente deste mundo. Nele, só o homem interior e espiritual é capaz de salvação, não o corpo nem a alma inferior.

Mas a gnose, entendida em sentido amplo, é uma tendência profunda e constante do espírito humano: pode-se falar, portanto, de "gnose eterna". A época contemporânea conhece algumas ressurgências dela. Por seu turno, a

---

33. Cf. M. Scopello, op. cit., p. 13.
34. Citado por Clemente de Alexandria, *Extraits de Théodote*, 78, 2; trad. F. Sagnard, SC 23, p. 203.
35. Ch. H. Puech, *Annuaire du Collège de France*, 53ᵉ année, p. 163.

psicologia do profundo se interessa pelo mundo das representações gnósticas, como projeções do inconsciente humano.

As origens do gnosticismo

No plano da história, a origem e a evolução do gnosticismo são mal conhecidas. Sem falar dos precursores iranianos da gnose, pode-se mencionar uma pré-gnose grega e uma pré-gnose judaica. Do lado grego, Platão pode ser considerado, de fato, um ancestral da gnose com sua concepção da reminiscência e suas exegeses alegorizantes dos mitos e da religião grega. Em todo caso, o movimento platônico, alegorizando por sua vez sobre seus escritos, será um dos veículos da gnose. Mais tarde, os gregos, entrando em contato com as religiões de mistérios do Oriente e do Egito, tentarão transpô-las em "sabedoria", sempre pelo método da alegoria. Do lado judeu, a Palestina aparece como o "berço possível do movimento gnóstico" (Cornélis, Doresse). Certas "seitas judaicas" apresentam traços gnósticos, como os essênios de Qumran, os samaritanos e outros grupos mencionados por Hegesipo, que apresentava a heterodoxia judaica como o ambiente original do gnosticismo cristão[36]. Segundo estudos recentes, a ponte entre a gnose e o judaísmo seria constituída pela "mística da Merkabah", detectável desde *I Henoc* e em outros apocalipses palestinos, e mesmo em textos alexandrinos do século II a.C.[37] Para esses gnósticos o conhecimento da Lei depende de um modo de interpretação cuja chave é reservada aos iniciados. De igual modo, a apocalíptica judaica e as especulações cosmológicas às quais se entrega podem abordar certos temas gnósticos. Na confluência das tendências gnósticas gregas e judaicas, é preciso assinalar Fílon de Alexandria (20 a. C.-40 d. C.).

O gnosticismo cristão

Esse ambiente permite compreender o nascimento do gnosticismo cristão. Ele provém dos meios mais ou menos dissidentes do judaísmo, sobretudo helenístico. Os escritos joaninos já polemizam com os primeiros gnósticos cristãos: o Apocalipse menciona os nicolaítas (Ap 2,6 e 15). João, segundo Ireneu, encontrou Cerinto em Éfeso; Saturnino ensinou em Antioquia. Mais tarde, Ireneu reconstituirá uma genealogia da gnose que se transmitiu por tradição secreta de mestre a discípulo desde Simão Mago (cf. At 8), via Menandro, Saturnino, Basílides e Isidoro. De igual modo, Epifânio é filho de Carpócrates.

---

36. Cf. J. Daniélou, op. cit., p. 105.
37. Dado comunicado por M. André Paul, a quem agradeço as sugestões acerca do judeu-cristianismo.

Essa reconstituição, que não apresenta todas as garantias de historicidade, representa bem, contudo, o funcionamento da gnose.

Em meados do século II, a história do gnosticismo cristão se ilumina com suas duas grandes figuras: Valentim e Marcião. Valentim, originário de Alexandria, recebeu ali sua formação sob o imperador Adriano. Esteve em seguida em Roma e rompeu com a Igreja sob o episcopado de Aniceto. É o teólogo do pleroma dos trinta éons, doutrina apoiada por uma exegese alegórica dos textos da Escritura. Entre seus discípulos orientais estão Bardesanes e Marcos; no Ocidente, Ptolomeu e Heraclião. A escola valentiniana é a que será mais conhecida dos Padres da Igreja.

Marcião, nascido no Ponto por volta de 85, discípulo de Cerdão, também esteve em Roma. Dualista, estima que o vinho novo do Evangelho não pode ser conservado nos odres velhos do Antigo Testamento, que ele rejeita. O Pai todo-amor de Jesus não pode ser o mesmo Deus vingador da Antiga Aliança. Apeles será seu discípulo. As escolhas deliberadas e arbitrárias que Marcião operou nos escritos neotestamentários contribuíram a seu modo para a constituição do cânon do Novo Testamento, pelas reações que provocaram.

Diante desse movimento, a fé cristã frequentemente se considerou como a "verdadeira gnose". Esse termo tem lugar destacado no pensamento paulino (cf. 1Cor 2,7-8; 2Cor 12,2-4; Cl 2,2-3) que conhece duas trilogias, a da fé, esperança e conhecimento (gnose), e a da fé, esperança e caridade[38]. A ideia de conhecer, e da salvação pelo conhecimento, também está presente no evangelho de João (Jo 17,3). Ireneu denuncia a "falsa gnose". O combate com os gnósticos será travado, assim, contra essa "pretensa" ou "falsa" gnose (Ireneu) pela "verdadeira gnose" (Clemente de Alexandria e Orígenes).

As grandes características do movimento gnóstico

Alguns traços caracterizam particularmente o gnosticismo cristão: um grande uso das representações mitológicas; uma interpretação muito imaginativa das Escrituras, que dá um lugar privilegiado aos primeiros capítulos do Gênesis e pratica a simbologia dos números; um gosto pela apocalíptica; um esoterismo fundamental, que se traduz num elitismo, pois o gnóstico se beneficia da revelação de um segredo reservado a iniciados; uma atitude anticósmica e anticarnal: o mundo visível é mau, pois é o fruto de uma decadência; por isso, o homem é prisioneiro de um corpo incapaz de salvação, o que acarreta uma interpretação doceta da cristologia: a humanidade de Cristo é só uma aparência *(dokein)* e não pôde sofrer na cruz; uma atitude anti-histórica: o homem é prisioneiro do tempo e deve ser libertado dele; uma atitude antinômica ou dualista: o mundo

---

38. Cf. J. Dupont, *Gnôsis. La connaissance religieuse dans les épîtres de saint Paul*, Paris, Gabalda, 1949.

é uma mistura de duas naturezas contrárias e inconciliáveis (luz e trevas); o gnóstico deve, portanto, escapar do mundo inferior e liberar seu parentesco espiritual com o mundo superior; uma metafísica de intermediários, enfim, por meio dos quais o gnóstico deve retornar a sua origem e a seu fim.

A gnose valentiniana, em particular, divide a humanidade em três grupos, determinados em função de sua origem: os "espirituais", os puros (ou *pneumáticos*), isto é, os gnósticos que são os "verdadeiros cristãos" e serão salvos; aqueles que são obra do Demiurgo ou do deus "intermediário" (os *psíquicos*), em quem os gnósticos identificam os cristãos da grande Igreja; e, por fim, os "materiais" *(ílicos)* que são excluídos de toda salvação. Desse modo, a liberdade humana não desempenha nenhum papel na salvação.

Ortodoxia e heterodoxia dos gnósticos

A gnose cristã levantou e levanta ainda hoje numerosos problemas de discernimento: na obra dos grandes teólogos gnósticos, o que decorre de uma expressão autêntica da fé cristã e o que deve ser considerado como "heresia"? Ora, uma "larga zona de penumbra se estende na época entre a ortodoxia e a heresia", segundo Turner[39]. Os mestres gnósticos manifestam um talento teológico incontestável. Alguns, como Harnack[40], quiseram ver neles os primeiros teólogos cristãos, os primeiros a transmitir a mensagem de Cristo em ambiente grego, ao passo que a interpretação católica de outrora os rejeitava, como os Padres antigos, para o domínio da total heterodoxia. Hoje, eruditos católicos como A. Houssiau, J. Daniélou e A. Orbe, protestantes como G. K. Kretschmar e R. M. Grant, devolveram os títulos de nobreza à literatura gnóstica e acentuaram as estreitas relações de pensamento entre doutores gnósticos e cristãos. A. Orbe chegou mesmo a "esta conclusão paradoxal de que às vezes os gnósticos exprimiram a doutrina ortodoxa, ou alguns de seus aspectos, de maneira mais satisfatória do que seus contemporâneos ortodoxos"[41]. Aliás, "toda expressão utilizada por um doutor gnóstico não exprime necessariamente uma doutrina gnóstica"[42]. Há, por exemplo, nos escritos de Valentim numerosas fórmulas autenticamente cristãs. Alguns doutores gnósticos foram personalidades e teólogos de primeiro plano. Várias de suas exegeses e de suas ideias devem ser, portanto, recolhidas com grande cuidado. Pode-se estabelecer certo paralelo entre suas doutrinas e a do cristianismo: eles apresentam o mistério de Deus numa teologia do pleroma; explicam a queda; têm uma teologia da criação e da

---

39. H. E. W. Turner, citado por R. M. Grant, *La gnose et les origines chrétiennes*, p. 156.
40. A. von Harnack, *Histoire des dogmes (1893)*, Paris, Cerf, 1993, pp. 19-20.
41. R. M. Grant, op. cit., pp. 155-156. Cf. A. Orbe, *Estudios valentinianos, I-V*, in *Analecta Gregoriana*, 65, 83, 99-100, 113, 158, Roma, 1955-1956.
42. R. M. Grant, op. cit., p. 155, citando Van Unnick.

salvação na qual as diversas manifestações de Jesus ou do Cristo têm um lugar decisivo; têm uma escatologia; constituem uma Igreja.

Entretanto, mesmo que exista uma diferença da tonalidade, hoje imperceptível, entre a ortodoxia e a gnose, e a afinidade de certos temas que justifiquem a expressão "gnose cristã", nem por isso se deve concluir que a literatura gnóstica em suas teses-mestras possa representar a primeira teologia cristã. Seu dualismo profundo é radicalmente estranho ao cristianismo e trouxe consigo uma cristologia "doceta" que contradiz formalmente o mistério da encarnação, ao reconhecer em Cristo somente a "aparência" de uma humanidade. A teogonia dos trinta éons de Valentim nada tem a ver com o mistério trinitário. Essa gnose não poderia constituir uma primeira ortodoxia cristã, chamada mais tarde a se transformar em outra.

Foi também em reação aos perigos representados pelo gnosticismo nas comunidades cristãs que a "grande Igreja" formalizou e às vezes estabeleceu as grandes referências da ortodoxia: fixação do cânon das Escrituras contra as amputações praticadas por Marcião; estabelecimento de fórmulas de fé que se tornarão os Símbolos; emergência de um episcopado representando a sucessão apostólica do ministério, instituído, como é perceptível, para manter a verdade da fé. Essa regulação nova da vida da fé não deixou de sacrificar certa "liberdade criadora"[43] em benefício de uma instituição preocupada com sua autodefesa. Mas trata-se de uma reação "visceral" sem a qual não se poderia explicar a rejeição maciça da gnose, expressa por Justino, Ireneu e seus sucessores. Escreve R. M. Grant:

> A rejeição da gnose pela Igreja, como pela Sinagoga, tem um grande alcance. Antes de tudo, é o reconhecimento pelos cristãos, de origem ocidental ou judia, da realidade do tempo e do espaço, e mais ainda, eu diria, do fato de que não se deixou de venerar em Deus o Pai todo-poderoso, Criador do céu e da terra. Contra todos os ataques gnósticos, a Igreja conservou o Antigo Testamento e sustentou firmemente que a história de Jesus não devia ser entendida em termos puramente simbólicos[44].

3. O DISCURSO CRISTÃO DOS PADRES APOSTÓLICOS A IRENEU

O estudo do judeu-cristianismo e da gnose já nos fez encontrar as primeiras gerações dos Padres da Igreja do final do século I e meados do II, chamados "Padres apostólicos" e "apologistas". Esses homens têm uma função oficial na Igreja: uns são bispos, outros são responsáveis por escolas catequéticas. Alguns deles são judeu-cristãos e a maioria teve de se confrontar com a gnose. É útil retraçar a evolução de seu discurso segundo sua intenção maior e seus destinatários.

---

43. Ibid., p. 156.
44. Ibid., p. 157.

Um primeiro discurso pastoral e litúrgico

> OS AUTORES E OS TEXTOS: *La Doctrine des douze apôtres (Didachè)*, ed. W. Rordorf e A. Tuilier, *SC* 248, 1978. — Clemente de Roma, *Épître aux Corinthiens*, ed. A. Jaubert, *SC* 167, 1971. — Inácio de Antioquia, *Lettres*; Policarpo de Esmirna, *Aux Philippines*; *Martyre de Polycarpe*; ed. P. Th. Camelot, *SC* 10bis, 1969. — *Homélie du IIe siècle, dite IIe Épître de Clément aux Corinthiens*, ed. H. Hemmer e A. Picard, *Pères apostoliques*, II, *TD* 1909; ou *Les Écrits des Pères apostoliques*, Paris, Cerf, 1991, pp. 124-145. — *Épître dite de Barnabé*; ed. P. Prigent e R. A. Kraft, *SC* 172, 1971. — Hermas, *Le Pasteur*, ed. R. Joly, *SC* 53, 1958.

A primeira literatura patrística é pastoral e litúrgica. São cartas que os bispos ou outros responsáveis das Igrejas dirigem a suas comunidades: Clemente (ou a Igreja) de Roma, Inácio de Antioquia e Policarpo de Esmirna; é a carta posta sob o patronato de Barnabé (companheiro de Paulo); são também homilias, como a homilia chamada antigamente *II Epístola de Clemente (aos Coríntios)*. São sucessoras diretas das cartas apostólicas do Novo Testamento. Há também um relato de martírio *(Martírio de Policarpo)*, um documento catequético, litúrgico e canônico (a *Didaqué* ou *Doutrina dos doze apóstolos)*; há, enfim, o apocalipse original que traz à Igreja uma mensagem de penitência, intitulado *O Pastor* e cujo autor é um leigo, Hermas. Neste primeiríssimo discurso, é a vida das comunidades cristãs que se exprime, com sua fé, suas dificuldades e seus conflitos, suas instituições e sua liturgia.

Todos esses documentos são a expressão de uma preocupação *ad intra*: trata-se de manter a boa ordem e a unidade nas comunidades; de ensiná-las e exortá-las à força diante do martírio sempre possível; de chamar à conversão aqueles que não são fiéis a seu compromisso cristão; de zelar pela organização das comunidades. Salvo o *Pastor* de Hermas, são obras breves, nascidas da necessidade ou da atualidade. Em seu conjunto, esses autores não se apoiam num Novo Testamento constituído e reconhecido como Escritura. Para eles "as Escrituras" designam os livros do Antigo Testamento. Se, por um lado, conhecem algumas epístolas paulinas, por outro não citam os evangelhos, mas se referem às palavras do Senhor como herdeiros da tradição oral[45]. Mas herdaram espontaneamente o princípio de exegese, apostólico e judeu-cristão, que vê no Antigo Testamento uma longa profecia do advento de Jesus Cristo. Esta literatura é modesta, às vezes balbuciante. Mostra-se mais pobre que a do Novo Testamento. Mas representa toda a audácia e o risco da tomada de palavra de homens que têm consciência de já não serem apóstolos.

---

45. Cf. o debate a este respeito entre as posições divergentes de E. Massaux, *L'influence de l'évangile de saint Matthieu sur la littérature chrétienne avant saint Irénée*, reimpressão, Leuven, University Press, 1986, e H. Köster, *Synoptische Überlieferung bei den Apostolischen Vätern*, Berlim, Akademie Verlag, 1957, retraçado por F. Neyrinck em sua apresentação da nova edição de Massaux.

O discurso apologético

OS AUTORES E OS TEXTOS: Justino, *Dialogue avec Tryphon*, ed. G. Archambault, 2 vols., *TD*, 1909; *Apologies*, ed. A. Wartelle, Paris, Études Augustiniennes, 1987.
— Atenágoras, *Supplique au sujet des chrétiens*, ed. B. Pouderon, *SC* 379, 1992.
— Teófilo de Antioquia, *Trois livres à Autolycus*, ed. G. Bardy e J. Sender, *SC* 20, 1948. — *À Diognète*, V,1-VI,1; ed. H.-I. Marrou, *SC* 33bis, 1965. — Orígenes, *Contre Celse*, ed. M. Borret, *SC* 132, 136, 147, 150, 227, 1967-76.

A partir de meados do século II, aquela literatura dá lugar em grande medida a uma literatura apologética de defesa e de ilustração da fé cristã, primeiramente diante dos adversários externos, os judeus e os pagãos, depois contra adversários que se manifestam no interior da Igreja, os heréticos.

O discurso aos judeus é ilustrado principalmente pelo *Diálogo com Trifão*, de Justino, escrito segundo o modelo longínquo dos diálogos platônicos. A ficção literária recupera ali um eco de discussões reais da época entre judeus e cristãos. O essencial do debate opõe dois sistemas coerentes de interpretação das Escrituras: o sistema cristão vê em Jesus o Cristo, portanto o Messias, que é a chave das Escrituras; ele contradiz assim radicalmente a interpretação rabínica, para a qual o Messias ainda está por vir, um Messias cuja manifestação gloriosa não poderia ser reconhecida na morte ignominiosa de Jesus de Nazaré na cruz. Justino é para nós a primeira testemunha de uma argumentação escriturística organizada sobre a relação entre os dois Testamentos. Antes de Justino, Aristão de Pela escrevera uma discussão entre Jasão (um judeu-cristão) e Papisco (um judeu de Alexandria) a respeito de Cristo. Mas esse diálogo está perdido, assim como as apologias aos judeus de Apolinário de Hierápolis.

Mas o discurso aos pagãos representa uma urgência maior ainda, pois o verdadeiro perigo para as nascentes comunidades cristãs vem do lado deles: além das perseguições, os pagãos ridicularizam e caluniam a fé e as práticas dos cristãos. Repetem que estes adoram uma cabeça de asno, que praticam o incesto e o assassínio ritual de crianças; em suma, acusam-nos de serem ateus. Os cristãos, de fato, não eram nem judeus nem pagãos: formavam uma "terceira raça" (*triton genos*, diz Aristides de Atenas) na humanidade. Justino tem a coragem de se dirigir às mais altas autoridades do império, imperador e senado, para lhes apresentar uma apologia da fé cristã empreendida em nome da razão. Nesse discurso racional que visa expor uma verdade universal, Justino não hesita em fazer aproximações entre o cristianismo e certos traços da filosofia e da religião pagã, e mesmo com a mitologia. Desenvolve a doutrina das "sementes do Verbo" presentes em todos os povos. Sustenta que os filósofos gregos tomaram empréstimos dos profetas que lhes são anteriores. O argumento profético também é utilizado, mas com mais discrição. Eis como ele responde à acusação de ateísmo:

> Chamam-nos de ateus: certamente, reconhecemos que somos os ateus de pretensos deuses desse gênero, mas não do Deus de verdade, Pai da justiça, da sabedoria, de todas as virtudes, sem nenhuma mescla de mal[46].

Desse discurso destinado aos pagãos, Justino é a testemunha mais qualificada, mas não a única: antes dele Quadrato e Aristides de Atenas escreveram apologias ao imperador Adriano. O discípulo de Justino, Taciano, escreverá depois dele um *Discurso aos gregos*. Outras apologias se perderam. Depois dele, Atenágoras de Atenas enviou a Marco Aurélio e a seu filho Cômodo uma *Súplica acerca dos cristãos*, e Teófilo de Antioquia fará o mesmo, dirigindo-se a seu amigo pagão Autólico. A carta *A Diogneto*, cujo destinatário conhecemos tanto quanto ignoramos seu autor, é também uma apologia do cristianismo vinda dos últimos anos do século II. Ficou célebre a definição que ela dá dos cristãos:

> Pois os cristãos não se distinguem dos outros homens nem pelo país, nem pela linguagem, nem pelas vestimentas. Não habitam cidades que lhes sejam próprias, não se servem de nenhum dialeto extraordinário, seu modo de vida nada tem de singular [...]. Cada um deles reside em sua pátria, mas como estrangeiros domiciliados. Cumprem todos os seus deveres de cidadãos e suportam todos os encargos como estrangeiros. Casam-se como todo mundo, têm filhos, mas não abandonam seus recém-nascidos. Compartilham todos a mesma mesa, mas não o mesmo leito. São de carne, mas não vivem segundo a carne. Passam a vida na terra, mas são cidadãos do céu. Obedecem às leis estabelecidas e sua maneira de viver supera em perfeição as leis. Amam todos os homens e todos os perseguem [...]. Fazendo somente o bem, são castigados como celerados. Castigados, veem-se na alegria como se nascessem para a vida. Os judeus lhes fazem guerra como estrangeiros; são perseguidos pelos gregos, e aqueles que os detestam não saberiam dizer a razão de seu ódio. Numa palavra, o que a alma é no corpo, os cristãos o são no mundo[47].

Essa literatura cristã só podia provocar a réplica dos pagãos. A grande resposta do paganismo aos "filósofos" cristãos foi dada por Celso com a publicação, em 178, de seu *Discurso verdadeiro*, que queria ser uma contestação aos "falsos discursos" dos cristãos. Celso não desconhecia os escritos de Justino. Tinha também um conhecimento real das Escrituras: cita frequentemente as palavras dos evangelhos. Mesmo não hesitando diante dos qualificativos injuriosos a respeito dos cristãos ("bando de gente simples", "de modos dissolutos", "charlatães e impostores"), evita retomar por conta própria as acusações grosseiras contra os cristãos de antropofagia ou incesto. Sua argumentação é muito mais refinada. Critica a história bíblica, a ressurreição de Cristo e os "absurdos" contados pelos apóstolos e seus sucessores. Sublinha a superioridade das ideias

---

46. Justino, *Ière Apologie*, VI,1: Wartelle, p. 105.
47. *À Diognète*, V,1-VI,1; *SC* 33 bis, pp. 63-65.

religiosas e filosóficas dos gregos. Mas levanta também o problema político de uma religião nova que recusa prestar culto ao imperador. Vale a pena captar o tom da obra:

> A raça dos judeus e dos cristãos [compara-se] a um bando de morcegos, a formigas saídas de seu buraco, a sapos reunidos em conselho em torno de um charco, a vermes em assembleia num canto do atoleiro, discutindo juntos quem dentre eles são os maiores pecadores, dizendo: "A nós Deus revela e prediz tudo de antemão; ele despreza o mundo inteiro e o movimento do céu e descuida da ampla terra; governa só para nós; só se comunica conosco, por seus mensageiros, não cessando de enviá-los e de buscar o meio pelo qual nos uniremos a ele para sempre"[48].

Celso erigiu contra o cristianismo uma das críticas mais radicais da história. Seus argumentos ainda têm impacto hoje em dia. O eco da obra deve ter sido importante já que, três quartos de século mais tarde, Orígenes foi instado a refutá-lo. Fez isso numa longa obra intitulada *Contra Celso*, nova apologia do cristianismo que "reflete como um espelho a luta entre o paganismo e o cristianismo [...] [Celso e Orígenes] são homens de uma grande cultura que representam dois mundos"[49]. Orígenes cita o texto de Celso tão abundantemente que nos permite reconstituir em ampla medida o opúsculo de seu adversário, que se perdeu.

O discurso contra os heréticos

> **OS AUTORES E OS TEXTOS:** Ireneu, *Contre les hérésies*, trad. A. Rousseau, Paris, Cerf, 1984. — Clemente de Alexandria, *Extraits de Théodote*, 78, 2, trad. F. Sagnard, *SC* 23, 1948.

Judeus e pagãos representam os adversários externos. Mas ao mesmo tempo a Igreja tem de enfrentar "dissidentes" em seu interior e inaugura um discurso anti-herético. Vimos a emergência de uma primeira forma de heterodoxia, com certas tendências judeu-cristãs "judaizantes" e com o gnosticismo. Ora, esses dois fenômenos de sincretismo religioso se produzem num momento em que os Símbolos de fé ainda estão em sua pré-história. Paulo e João já tiveram contas a ajustar com os ambientes gnósticos. O gnosticismo pode ser considerado a primeira heresia cristã, pois se desenvolve fora de toda regra da fé. Constituiu um movimento tão forte e tão poderoso e exerceu tamanha sedução sobre a vida das comunidades, multiplicando com proselitismo os pequenos grupos "sectários", que os responsáveis pelas Igrejas consideraram sua refutação como

---

48. Texto em Orígenes, *Contre Celse*, IV,25; *SC* 136, p. 239.
49. J. Quasten, *Initiation aux Pères de l'Église*, t. II, p. 72.

uma nova urgência. Justino foi levado assim a escrever um *Livro contra todas as heresias* e um *Contra Marcião*, hoje perdidos, que influenciaram Ireneu. Foi imitado por Hegesipo. O tom é polêmico, e a dinâmica é a da exclusão. Mas os gnósticos praticavam a mesma exclusão às avessas[50]. O conflito entre as duas partes incidia sobre a identidade cristã, que cada grupo reivindicava para si e negava ao outro.

Mas o grande campeão da fé cristã contra as heresias foi Ireneu de Lião — originário de Esmirna, onde diz ter conhecido em criança o velho Policarpo — com o livro célebre cujo título original era *Desmascaramento e refutação da falsa gnose*, mas conhecido mais geralmente como *Contra as heresias*. Num espírito muito moderno, dá-se o trabalho de expor primeiro a doutrina de seus adversários, considerando que "dá-los a conhecer já é derrotá-los"[51]. Pois ele os "desmascara" e os faz sair da aura de segredo, que era um elemento de seu prestígio. Refuta-os primeiramente pela razão, mostrando suas contradições internas e mútuas. Mas isso não basta: faz questão de refutá-los também pelas Escrituras, manejadas segundo a tradição oficial da Igreja, isto é, manifestando a concordância das palavras dos profetas com as do Senhor e dos apóstolos, e portanto do Antigo com o Novo Testamento. Ireneu desenvolve uma grande argumentação escriturística de perspectiva dogmática. Mas este longo percurso nas Escrituras leva-o a discernir as harmonias do desígnio de Deus, desta grande "disposição" ou "economia" divina que anuncia e cumpre a salvação dos homens em Jesus Cristo. Trazendo toda novidade em sua vinda, Cristo "recapitula" em sua breve existência toda a história da humanidade, das origens ao fim, isto é, resume-a e assume-a, liberta-a e termina-a, para conduzi-la a seu cumprimento e pôr o homem em comunhão com Deus. Com Ireneu o discurso cristão dá um passo de gigante: ele é de fato, conforme o dizer de Altaner, "o pai da dogmática"[52].

II. TRADIÇÃO E REGRA DE FÉ

A breve apresentação que fizemos acima dos escritos judeu-cristãos, do gnosticismo e dos primeiros desenvolvimentos do discurso patrístico mostrou que a questão da "regra" ou da normatividade da fé atravessa estruturalmente os primeiros discursos cristãos. Apesar da diversidade das correntes, das zonas de sombra cambiante entre ortodoxia e heterodoxia e da discrição dos testemunhos sobre o funcionamento de uma regulação da fé numa época em que ainda se buscava as instituições para fazê-lo, era impossível explicar os documentos sem encontrar imediatamente esse aspecto das coisas. Esses testemunhos originais

---

50. M. Scopello, *Les Gnostiques*, p. 116.
51. Ireneu, *CH* I,31,3; Rousseau, p. 134.
52. B. Altaner, *Précis de patrologie*, p. 209.

eram, em sua complexidade e em suas divergências, portadores da mensagem cristã: neles a referência aos principais artigos da fé e, portanto, àquilo que se chamará progressivamente os "dogmas", já estava presente.

1. O DOGMA ANTES DO DOGMA: A REGRA DE FÉ

Se o conteúdo do dogma tem uma história, o sentido da palavra também tem. Nos primórdios do cristianismo, o termo *dogma* é um anacronismo. A palavra decerto emerge em alguns escritos (Clemente de Roma, Inácio de Antioquia). A *Didaqué* fala do "preceito do Evangelho" *(to dogma tou euaggeliou)*[53]. Mas não tem o sentido teologicamente elaborado que lhe dará o concílio Vaticano I, para o qual é dogma de fé toda verdade revelada pela Palavra de Deus e proposta à crença, enquanto revelada, pelo magistério da Igreja[54]. Na época oscila-se entre os sentidos de "decisão" e de "doutrina". A formalização progressiva do conceito estará ligada ao desenvolvimento das próprias formulações dogmáticas, elaboradas em novos tipos de linguagem[55].

Mas a realidade que o termo *dogma* é chamado a abarcar já existe. Trata-se do Evangelho e de sua mensagem, de sua autoridade única na ordem da fé e das condições de fidelidade à sua verdade. É legítimo, portanto, iniciar uma história dos dogmas deste primeiríssimo limiar em que uma literatura cristã pós-apostólica se diferencia dos escritos do Novo Testamento. Se ainda não há concílios — será preciso aguardar o final do século II para ver a realização dos primeiros concílios locais e o IV para a reunião do primeiro concílio ecumênico de Niceia —, já existe uma consciência viva de que a fé cristã comporta uma *normatividade*, ou uma *regra*, ou ainda *artigos* de fé.

A ideia de que a fé cristã deve permanecer fiel a si mesma, conservar sua autenticidade e não admitir mistura com doutrinas estranhas já está presente no Novo Testamento. Ela se exprime na polêmica empreendida por Paulo contra os Gálatas judaizantes, quando proclama o anátema a quem quer que anuncie um evangelho diferente do que ele próprio tem proclamado (Gl 1,8-9). Encontramo-la na decisão colegiada dos Atos dos Apóstolos acerca da recusa de impor as observâncias judaicas aos cristãos vindos do paganismo (At 15). A interpretação retrospectiva que vê nessa reunião o "concílio de Jerusalém" expressa uma verdade profunda. A primeira decisão (o termo *dogma* é empregado em At 16,4), que sob a forma de uma prescrição disciplinar encerrava uma afirmação doutrinal de uma importância capital para o futuro do cristianismo, foi tomada por uma assembleia colegiada composta dos "apóstolos e dos anciãos

---

53. *La Didachè*, 11,3; SC 248, p. 185.
54. Cf. *DzS* 3011; *COD* II-2, p. 1641.
55. Cf. W. Kasper, *Dogme et Évangile*, Paris, Casterman, 1967, pp. 28-36. As determinações a respeito do termo "dogma" nos tempos modernos serão tratadas no volume IV desta obra.

(ou presbíteros)" (At 15,6). Essa assembleia oferece o modelo simbólico das futuras reuniões conciliares dos bispos "sucessores dos apóstolos".

O zelo da "ortodoxia", no sentido etimológico deste termo, isto é, da manutenção da autenticidade da lei diante dos desvios ameaçadores, exprime-se amplamente nas epístolas ditas pastorais do *corpus* paulino (1Tm 6,3-6; 2Tm 4,1-4; Tt 3,10-11). Existem, de fato, "heterodidascais" (1Tm 1,3; 6,3), isto é, mestres que ensinam outra coisa que não a verdadeira fé. O autor conclui 1 Timóteo com o conselho: "foge dos falatórios ímpios e das objeções de uma pseudognose" (1Tm 6,20). O perigo da gnose aparece, pois, desde esse momento. De igual modo, a segunda Epístola de Pedro fala de "falsos profetas" e de "falsos doutores" (2Pd 2,1), capazes de introduzir no povo doutrinas perniciosas. Tendências e grupos que questionam a doutrina da Igreja, ou que não se inscrevem na comunhão de vida de suas comunidades, são estigmatizados: o termo *hairesis*, que oscila entre o sentido de "escola", de "seita" ou de "facção", e toma um sentido cada vez mais pejorativo, já é empregado (1Cor 11,19; Gl 5,20; 2Pd 2,1; Tt 3,10), aliás do mesmo modo como os judeus fazem a respeito dos cristãos ("a seita dos nazoreus", At 24,5 e 14). Sabe-se a fortuna que ele conhecerá daí para a frente.

A mesma preocupação habita os primeiros documentos cristãos não canônicos dos Padres Apostólicos. Se Clemente de Roma tem, antes de tudo, a preocupação de reconduzir a paz no novo conflito levantado em Corinto pelos que destituíram os "epíscopos" ou "presbíteros" da comunidade, ainda assim relembra aos moradores da cidade o risco doutrinal da decisão que tomaram ao demitir seus ministros. Citamos mais acima o testemunho de Inácio de Antioquia contra os judaizantes. Ele também insiste na união da comunidade em torno de seu bispo, de seu presbitério e de seus diáconos. Exorta os Tralianos a "só usar alimento cristão" e a "abster-se de toda planta estranha, que é a heresia", isto é, das opiniões "que misturam Jesus Cristo com seus próprios erros, tentando fazer-se passar por dignos de fé". É "permanecendo inseparáveis de Jesus Cristo Deus e do bispo e dos preceitos dos apóstolos"[56] que os cristãos se mantêm "puros" e encontram a verdade do Evangelho.

Seria errôneo, portanto, pensar que a preocupação da normatividade do Evangelho cristão só se manifestou a partir da literatura apologética de meados do século II. Ela já pertence ao primeiríssimo discurso cristão. Está presente nas crises que põem em questão a unidade das comunidades. É verdade que Justino contribuiu muito para a formalização da ideia de heresia. Mas a fórmula um tanto quanto drástica de A. Le Boulluec — "Cabe a Justino a invenção da heresia"[57] — tem de ser bem compreendida. É justa no nível do termo, que Justino submete a uma evolução semântica decisiva. A palavra indicava ainda, no mundo pagão, uma atitude, uma corrente, uma "escola" ou uma "seita" filosófica; no mundo judaico, Josefo designa com o mesmo termo os quatro

---

56. Inácio de Antioquia, *Tralliens*, VI,1-2; *SC* 10 bis, p. 117.
57. A. Le Boulluec, *La notion d'hérésie dans la littérature grecque, IIe-IIIe siècles*, t. I: *De Justin à Irénée*, Paris, Et. August., 1985, p. 110.

movimentos que são os fariseus, os saduceus, os essênios e os partidários de Judas, o Galileu. Com Justino o termo passa a qualificar formalmente uma heterodoxia cristã. Mas esse trabalho semântico, ligado à refutação das "heresias" presentes, não é em princípio um ato de exclusão, ainda que a polêmica da época se exprima em termos de uma radicalidade que não poderia ser a nossa, mas a constatação de uma incompatibilidade irredutível entre duas doutrinas, cujo risco parece vital aos olhos da fé recebida dos apóstolos. O universo doutrinal da gnose não pode se conciliar com o cristianismo. Com Justino os dois conceitos de ortodoxia e de heresia se formalizam um em relação ao outro. Se a expressão "a norma cria o erro"[58] tem uma parte de verdade, essa verdade é dialética e ligada à recíproca "o erro cria a norma". Pode se dizer até mesmo que a segunda fórmula abarca uma prioridade cronológica: uma série de "desvios" no domínio da fé, que se manifestaram desde os últimos escritos do Novo Testamento e se estenderam daí para a frente, suscitou na Igreja outra série de decisões e de instituições organizadas para a manutenção da autenticidade da mesma fé. Os apologistas sucessores de Justino são as testemunhas da mesma convicção da incompatibilidade "entre as doutrinas da verdade" e as "doutrinas do erro, isto é, as heresias"[59]. Ireneu se tornará o grande defensor da fé dos apóstolos contra o conjunto das doutrinas gnósticas.

2. A FORMA DA REGRA DE FÉ: "A ORDEM DA TRADIÇÃO"

> REFERÊNCIAS BIBLIOGRÁFICAS: D. van den Eynde, *Les normes de l'enseignement chrétien dans la littérature patristique des trois premiers siècles*, Gembloux, Duculot e Paris, Gabalda, 1933 (obra que envelheceu mas permanece útil). — H. Holstein, *La Tradition dans l'Église*, Paris, Grasset, 1960. — Y. Congar, *La Tradition et les traditions*. I. *Essai historique*, II. *Essai théologique*, Paris, Fayard, 1960 e 1963. — R. P. C. Hanson, *Tradition in the Early Church*, London, SCM Press, 1962. — O. Cullmann, *La Tradition. Problème exégétique, historique et théologique*, Neuchâtel-Paris, Delachaux e Niestlé, ²1968. — W. Rordorf, A. Schneider, *L'evolution du concept de tradition dans l'Église ancienne*, Berne, Peter Lang, 1982.

Como se exprime nessa época a referência ao Evangelho e a uma regra da fé? Uma palavra a resume, "tradição", que tem valor matricial: "No princípio era a tradição", escreve Y. Congar[60]. O termo deve ser entendido ao mesmo tempo como aquilo que foi transmitido — o Evangelho — e como o ato da transmissão. Mas deve ser compreendido de maneira abrangente. Não se trata de tradição ou tradições diversas, trata-se da única tradição da fé, tradição recebida da pregação apostólica e sustentada por um povo e seus ministros. É a tradição

---

58. Ibid., p. 35.
59. Teófilo de Antioquia, *À Autolycus*, II, 14; *SC* 20, p. 137.
60. Y. Congar, *La Tradition et les traditions*, t. I, p. 21. Y. Congar é o grande especialista contemporâneo na tradição.

viva do Evangelho, feita à Igreja; é a tradição vivida no testemunho da fé das comunidades. Desde suas origens, a Igreja vive sob o regime da tradição.

A tradição no Novo Testamento

A ideia de tradição já é firme no Novo Testamento: Paulo recebeu de sua formação judaica o princípio e o vocabulário da tradição. Ele "faz dos atos de transmitir *(paradounai)* e de receber *(paralambanein)*, ou de manter e conservar *(katekhein, krateín)*, a trama ou a lei do regime da fé pela qual se edificam as comunidades"[61]. Sob o termo *tradição* ele entende num mesmo movimento a mensagem da fé (1Cor 15,1-5), regras acerca da vida interna das comunidades (1Cor 11,2; 2Tm 2,15; 3,6) e o ideal do comportamento cristão. Esse conjunto é um todo uno. A origem dessa tradição é o Senhor (1Cor 11,23). Em Lucas e João a ideia da tradição se exprime mediante o vocabulário do "testemunho" (Lc 24,48-49; At 1,8.22; 2,32; Jo 15,17; 19,35 etc.).

A origem última dessa transmissão é o próprio Deus que enviou seu Filho e o "entregou por nós todos *(paredôken)*" (Rm 8,32), isto é, também o "transmitiu". O verbo grego *paradidonai* exprime, de fato, ao mesmo tempo, a ideia de transmitir e de entregar, ou mesmo de trair, no caso de Judas. O Filho é assim a "tradição do Pai" e é por seu turno "entregue" (Gl 2,20; Ef 5,2). Na origem da tradição cristã está, portanto, o ato fundador pelo qual Deus entregou seu Filho para nós, e seu enviado entregou-se a si mesmo a fim de se dar aos homens. A tradição eclesial, portanto, jamais será uma simples permuta: ela engajará sempre o dom pessoal daquele que transmite entregando-se no testemunho de sua própria vida.

A tradição entre os Padres apostólicos

Clemente de Roma tem plena consciência da origem desse movimento de envio e transmissão:

> Os apóstolos receberam por nós a boa-nova pelo Senhor Jesus Cristo; Jesus, o Cristo, foi enviado por Deus. Portanto, o Cristo vem de Deus, os apóstolos vêm do Cristo; as duas coisas saíram em bela ordem da vontade de Deus[62].

A mesma ideia se encontra em Inácio de Antioquia:

> Aquele que o dono da casa envia para administrar sua casa, é preciso que o recebamos como se fosse aquele mesmo que o enviou[63].

---

61. Ibid.
62. Clemente de Roma, *Aux Corinthiens*, 42,1-2; SC 167, p. 169.
63. Inácio de Antioquia, *Éphés.* VI,1; SC 10 bis, p. 75.

Ou ainda:

> Assim como o Senhor nada fez, nem por si próprio, nem por seus apóstolos, sem seu Pai, com quem ele é um, assim vós tampouco fazeis nada sem o bispo e os presbíteros[64].

Mas é verdade que o termo "tradição" permanece raro entre os Padres apostólicos. Assim, Clemente recomenda aos coríntios que se conformem "às normas gloriosas e veneráveis de nossa tradição"[65]. A ideia de norma ou de regra já está associada, portanto, à de tradição. Esta é para ele um longo movimento que se origina nos testemunhos dos patriarcas do Antigo Testamento e remonta às origens da humanidade. Esse único emprego do termo não deve fazer esquecer o título da *Didaqué*, ou *Doutrina dos doze apóstolos*, embora não seja primitivo — texto que já mencionamos e que data do final do século I ou início do II —, que põe sob o patronato da autoridade apostólica um conjunto catequético, litúrgico e disciplinar representando a tradição eclesial vinda dos apóstolos. Mais tarde, no início do século III, a *Tradição apostólica* atribuída a Hipólito de Roma fará o mesmo por esse livreto litúrgico que constitui o primeiro ritual cristão. Em meados ou perto do final do século II o autor da carta *A Diogneto* diz de si mesmo: "Transmito exatamente a tradição àqueles que se fazem discípulos da Verdade" e celebra "a fé fortalecida nos Evangelhos e a tradição conservada dos apóstolos"[66].

Os Padres apostólicos se sentem ligados pela tradição que vem dos apóstolos, porque eles mesmos já não são testemunhas. Vemos despontar aqui uma articulação nova com a distinção entre tradição apostólica e tradição pós-apostólica. Há, de uma e de outra, continuidade concreta e sucessão. Mas existe também uma descontinuidade radical: o segundo tempo da tradição não tem mais a mesma autoridade que o primeiro tempo fundador. A tradição pós-apostólica é submetida *(normata)* à tradição soberana dos apóstolos *(normans)*. É nessa condição que ela permanece de maneira constante na vida da Igreja. Essa submissão se objetiva de diversas maneiras, como se verá.

A doutrina da tradição em Ireneu

Será preciso esperar Ireneu para lermos uma doutrina refletida sobre a tradição. Num texto célebre do *Contra as heresias*, ele responde à pergunta: "Onde se pode encontrar com certeza a verdade do Evangelho?", e articula os dois tempos acima indicados da tradição. Ireneu sublinha, primeiramente, a

---
64. Id., *Magnés.*, VII,1; *SC* 10 bis, p. 101; cf. XIII,1-2.
65. Clemente de Roma, op cit., 7,2; *SC* 167, p. 111.
66. *À Diognète*, XI, 1 e 6; *SC* 33 bis, pp. 79 e 81.

origem da pregação do Evangelho no mandato dado pelo Senhor aos apóstolos e a anterioridade da pregação oral sobre o registro escrito do ensinamento:

> O Senhor de todas as coisas deu a seus apóstolos, de fato, o poder de anunciar o Evangelho, e foi por eles que nós conhecemos a verdade, isto é, o ensinamento do Filho de Deus... Este Evangelho, eles primeiro o pregaram; em seguida, pela vontade de Deus, eles no-lo transmitiram nas Escrituras, para que fosse o fundamento e a coluna de nossa fé[67].

Na atividade de transmissão dos apóstolos existem, portanto, dois momentos: um oral e outro escrito. porque as Escrituras novas (no caso os quatro evangelhos, cujos número e autores Ireneu é o primeiro a nos indicar) são também um ato de transmissão. Mas a "tradição dos apóstolos" continua sendo o invólucro vivo das Escrituras; é atestada em todas as Igrejas. É à luz dela que as próprias Escrituras devem ser lidas.

O segundo tempo da tradição se opera, de um lado, graças à sucessão apostólica dos bispos, que remonta àqueles a quem os apóstolos confiaram as Igrejas, e, de outro, na conservação das Escrituras e na confissão de fé. É precisamente dessas objetivações da tradição original que voltaremos a falar.

Para Ireneu essa tradição global, que ele chama de "tradição apostólica" (III,3,3), já que procede dos apóstolos, ou "antiga tradição dos apóstolos" (III,4,2), é praticamente idêntica à "regra da verdade", expressão de sua predileção (I,22,1; II,27,1; III,2,1; 11,1; 15,1; IV,35,4), ou à "pregação da verdade" (III,3,3) que se exprime em particular na confissão de fé. É, em termos semelhantes, a "tradição da verdade" ou ainda "a ordem da tradição" (III,4,1). Essa ordem permaneceria como a única referência "mesmo que os apóstolos não nos tivessem deixado Escrituras" (III,4,1). Essa ordem da tradição faz viver da verdade da fé os bárbaros que recebem a salvação "escrita sem papel nem tinta pelo Espírito em seus corações" (III,4,2). Em outro contexto, Ireneu conclui assim uma fórmula de fé:

> Esta é, meu caro amigo, a pregação da verdade, esta é a imagem de nossa salvação, este é o caminho da vida, que os profetas anunciaram, que o Cristo estabeleceu, que os apóstolos transmitiram e que a Igreja, sobre toda a terra, transmite a seus filhos. É preciso conservá-lo com todo o zelo possível por uma vontade boa e sendo agradável a Deus por boas obras e um modo são de pensar[68].

Essa doutrina decerto formalizou-se por antítese com a concepção da tradição esotérica professada pelos gnósticos, aos quais Ireneu opõe uma tradição

---

67. Ireneu, *CH*, III, Pref. e 1,1; Rousseau, p. 276.
68. Id., *Démonstration de la prédication apostolique*, nº 98; ed. L. M. Froidevaux, *SC* 62, p. 168.

oficial e instituída. Mas ela exibe uma convicção forte o bastante para mostrar que traduz um ensinamento recebido. Uma doutrina da tradição não é inventada; é recebida, sob pena de contradição interna. Essa doutrina, aliás, logo se transformará em autoridade. Os sucessores de Ireneu a retomam por conta própria[69]. Uma elucidação mais precisa ainda levará a distinguir o que, na tradição, pertence à regra da fé universal ou decorre de certos costumes cultuais e litúrgicos que não têm a mesma autoridade.

Qual é o conteúdo dessa "ordem da tradição" considerada como regra da fé? Ele repousa sobre o triângulo de três dados fundamentais e solidários entre si: a sucessão apostólica, o cânon das Escrituras e o Símbolo de fé. Esses três dados se pressupõem e se sustentam mutuamente no organismo vivo da tradição: um sem o outro certamente não poderia ter sobrevivido. Constituem como que a matriz do desenvolvimento futuro do dogma e da diferenciação progressiva de um anúncio global do mistério cristão nos distintos artigos de fé, depois nos múltiplos dogmas.

É preciso, portanto, abordá-los sucessivamente. O terceiro, o Símbolo de fé, é importante o bastante para merecer constituir todo o próximo capítulo.

3. A MANUTENÇÃO DA REGRA DE FÉ: A SUCESSÃO APOSTÓLICA

A missão recebida do Pai pelo Cristo e no Espírito está, desse modo, na origem da tradição. Esta se exprime em particular na sucessão apostólica dos bispos, cuja finalidade é precisamente permitir à Igreja permanecer fiel a uma tradição autêntica. Essa instância de regulação da fé aparece muito cedo na literatura cristã.

O vocabulário da sucessão apostólica está ausente do Novo Testamento, mas é bem presente a preocupação com o futuro das Igrejas e de seus ministros, em particular nas epístolas pastorais do *corpus* paulino e nos Atos dos Apóstolos. Esses documentos atestam o zelo de conservação da identidade cristã no futuro das Igrejas. Esta compreende a "fidelidade ao depósito" da tradição apostólica, a salvaguarda da "sã doutrina" nas Igrejas (cf. 1Tm 6,20; 2Tm 4,3) e o estabelecimento para tal fim dos "presbíteros" nessas Igrejas (1Tm 5,17 e 22; Tt 1,5; At 14,23; 20,17). Ela conduz à emergência do gesto ritual de imposição das mãos para a investidura daqueles (1Tm 4,14; 5,22; 2Tm 1,6; At 14,23). A imposição das mãos simboliza ao mesmo tempo a continuidade e a autenticidade do ministério que se origina no evento fundador de Jesus (referência cristológica) e a transcendência própria do dom de Deus no aqui-agora da Igreja (referência pneumatológica).

---

69. Isto é, Hipólito, Tertuliano, Clemente de Alexandria e Orígenes. Cf. textos citados por Y. Congar, op. cit., p. 44.

O vocabulário da sucessão já aparece em Clemente de Roma na releitura sintética e teológica que ele faz da atividade dos apóstolos quando fundavam as Igrejas:

> Eles pregavam nos campos e nas cidades e estabeleciam suas primícias, experimentavam-nas pelo Espírito, a fim de fazer delas epíscopos e diáconos dos futuros crentes. [...]
> Estabeleceram aqueles de que se falou mais acima e depois instituíram como regra que após a morte deles outros homens experimentados lhes *sucederiam (diadexôntai)* em seu ofício. Assim, aqueles que foram estabelecidos por eles, ou em seguida por outros homens eminentes, com a aprovação de toda a Igreja, que cumpriram seu ofício para com o rebanho de Cristo de maneira irrepreensível, [...] consideramos que não é justo demiti-los de suas funções[70].

Esses textos distinguem bem dois momentos na sucessão: primeiro, o ato pelo qual os apóstolos estabelecem pessoalmente os ministros, escolhendo-os entre as "primícias" dos crentes, como fazia o próprio Paulo (cf. Rm 16,5; 1Cor 16,15). Clemente chama-os aqui de epíscopos[71] e diáconos (cf. Fl 1,1), mas esse vocabulário ainda não está fixado: os epíscopos são também presbíteros[72]. Em seguida, institui a regra da sucessão futura. Observemos que ela leva em conta "a aprovação de toda a Igreja". Mas o povo não é livre para demitir aqueles que foram assim regularmente investidos. Ele os recebe como enviados de Deus, segundo o movimento da tradição.

Em Inácio de Antioquia a apostolicidade da trilogia hierarquizada dos ministros (epíscopos, presbíteros e diáconos), da qual é a primeira testemunha, exprime-se não pela ideia formal de sua sucessão, mas pela de sua conformidade ao "ensinamento do Senhor e dos apóstolos"[73]. Conforme uma identificação de natureza mística, o bispo rodeado de seu presbitério representa simbolicamente o Cristo rodeado de seus apóstolos. Por isso,

> Aquele que o dono da casa envia para administrar sua casa, é preciso que o recebamos como aquele mesmo que o enviou. Portanto, fica claro que devemos ver no bispo o Senhor mesmo[74].

Na segunda metade do século II, Hegesipo (113-175), judeu convertido ao cristianismo, está muito preocupado com a ortodoxia nas Igrejas. Para verificá-la, ele faz uma viagem pelo Mediterrâneo e visita-as. O critério da ortodoxia

---

70. Clemente de Roma, *Aux Corinthiens*, 42,4 e 44,2-3; *SC* 167, pp. 169 e 173.
71. O uso dos termos etimológicos *epíscopos* e *presbíteros* tem aqui o objetivo de respeitar a gênese desses ministérios, muito diferentes em suas figuras dos nossos bispos e padres atuais.
72. Cf. A. Jaubert em *SC* 167, p. 83.
73. Inácio de Antioquia, *Magnés.*, XIII,1; *SC* 10 bis, p. 107.
74. Id., *Éphés.* VI,1; *SC* 10 bis, p. 75.

consiste para ele na possibilidade de estabelecer uma lista de sucessão dos bispos remontando até os apóstolos:

> A Igreja dos coríntios permaneceu na ortodoxia até Primo tornar-se bispo de Corinto. Quando navegava para Roma, convivi com os coríntios e passei com eles vários dias durante os quais nos reconfortamos com sua ortodoxia. Tendo chegado a Roma, estabeleci ali uma sucessão até Aniceto, cujo diácono era Eleutério. Sóter sucedeu a Aniceto e, depois dele, houve Eleutério. Em cada sucessão e em cada cidade, tudo vai como é pregado pela lei, pelos profetas e pelo Senhor[75].

Esse texto estabelece firmemente um elo entre a ortodoxia e a sucessão. A segunda é apresentada como a garantia da primeira. A sucessão apostólica tem, assim, como função primeira manter as Igrejas na verdade, fielmente guardada, da fé apostólica.

A mesma doutrina floresce em Ireneu e a partir daí se transformará em autoridade. O bispo de Lião leva claramente em conta os dois polos da sucessão, um constituído por cada Igreja merecedora do nome de apostólica, e o outro que reside na sucessão apostólica dos epíscopos. Um texto de Ireneu é particularmente célebre:

> Assim, pois, a tradição dos apóstolos, que foi manifestada no mundo inteiro, é em toda a Igreja que ela pode ser percebida por todos os que querem ver a verdade. E poderíamos enumerar os bispos que foram ordenados pelos apóstolos nas Igrejas, e seus *sucessores* até nós. Os apóstolos queriam que fossem absolutamente perfeitos e em tudo irrepreensíveis aqueles que eles deixavam como *sucessores* e a quem transmitiam sua própria missão de ensinamento. [...]
> Mas como seria demasiado longo [...] enumerar as sucessões de todas as Igrejas, tomaremos somente uma delas, a Igreja grandíssima, antiquíssima e conhecida de todos, que os dois apóstolos gloriosos Pedro e Paulo fundaram e estabeleceram em Roma; mostrando que a tradição que ela guarda dos apóstolos e a fé que ela anuncia aos homens chegaram até nós por *sucessões de bispos*, confundiremos todos os que [...] constituem grupamentos ilegítimos[76].

É assim que Ireneu responde à questão do lugar onde se pode encontrar com toda a segurança a verdade do Evangelho. Esse lugar são as Igrejas apostólicas, marcadas com o sinal e a garantia da sucessão apostólica de seus epíscopos ou presbíteros[77]. Trata-se de uma sucessão oficial, institucional e verificável, à diferença da tradição esotérica dos gnósticos. Essa sucessão é atribuída ao zelo que

---

75. Hegesipo, apud Eusébio de Cesareia, *HE*, IV,22,2; ed. G. Bardy, *SC* 31, p. 200.
76. Ireneu, *CH*, III,3,1-2; Rousseau, p. 279.
77. Em Ireneu a distinção de vocabulário entre epíscopos e presbíteros não é feita, embora a distinção dos ministérios existisse na situação de algumas igrejas.

tinham os apóstolos de confiar as Igrejas a homens acima de toda suspeita quanto a seu ensinamento. É por comodidade que Ireneu se contenta em enumerar a sucessão dos bispos de Roma desde os apóstolos até Eleutério, seu contemporâneo, e em evocar no mesmo espírito as sucessões de Esmirna e de Éfeso. Esses bispos são os penhores da "ordem da tradição" vinda dos apóstolos.

Em outro contexto de sua obra, Ireneu sublinha igualmente os três componentes da sucessão apostólica no ministério. Há primeiramente a sucessão regular a partir dos apóstolos (IV,26,2.4.5), que é uma sucessão no episcopado (IV,26,2) ou a "sucessão dos bispos" (IV,33,8). O segundo elemento é o "seguro carisma da verdade" (IV,26,2) e a "palavra sã" (IV,26,4) ou a "pureza incorruptível da palavra" (IV,26,5), que se exprimem pela explicação das Escrituras "com toda a segurança" (IV,26,5) e sua "conservação imutável..., implicava três coisas: uma contagem integral, sem adição nem subtração, uma leitura isenta de fraude e, de acordo com as Escrituras, uma interpretação legítima, apropriada, isenta de perigo e de blasfêmia" (IV,33,8). O terceiro componente, enfim, é a "conduta irrepreensível" (IV,26,4), "a integridade inatacável da conduta" (IV,26,5) e o "dom sobreeminente do amor" (IV,33,8). O bispo deve ser um exemplo evangélico para seu rebanho (cf. 1Pd 5,3).

Esse conjunto de fórmulas, cujo segredo pertence a Ireneu, sublinha a solidariedade dos três elementos da sucessão apostólica, evidentemente voltada para a manutenção do "ensinamento dos apóstolos", que Ireneu logo formaliza com breves fórmulas de fé. Ireneu não se esquece tampouco de articular a apostolicidade de toda a Igreja com a do ministério, mencionando ao mesmo tempo:

— o ensinamento dos apóstolos;
— o organismo original da Igreja expandido pelo mundo inteiro;
— a marca distintiva do corpo de Cristo, consistindo na sucessão dos bispos a quem os apóstolos confiaram cada Igreja local[78].

Tertuliano é, neste domínio, herdeiro direto de Ireneu: está ao mesmo tempo preocupado com a apostolicidade das Igrejas de seu tempo e com a sucessão dos bispos. O primeiro ponto levanta um problema novo, pois já nem todas as Igrejas podem se orgulhar de terem sido fundadas diretamente por um apóstolo. Há, portanto, outro caso a se levar em conta:

> Em cada cidade os apóstolos fundaram Igrejas, às quais, a partir desse momento, as outras Igrejas tomaram emprestado o enxerto da fé *(traducem fidei)*, a semente da doutrina, e o emprestam todos os dias para se tornarem elas mesmas Igrejas. E por isso mesmo elas serão consideradas apostólicas, na qualidade de rebentos das Igrejas apostólicas[79].

---

78. Ireneu, *CH*, IV,33,8; Rousseau, p. 519.
79. Tertuliano, *De la prescription contre les hérétiques*, 20,5-6; ed. P. de Labriolle, *SC* 46, p. 113; cf. 32,3; p. 131.

A imagem é exatamente a da mergulhia*, a maneira como o morango se reproduz, lançando uma gavinha que vai gerar um broto novo e enraizar-se um pouco mais longe. Quanto à sucessão apostólica dos bispos, Tertuliano retoma o argumento de Ireneu, acrescentando-lhe seu talento oratório, quando se dirige aos heréticos:

> Mostrai a origem de vossas Igrejas; desdobrai a série de vossos bispos em sucessão desde a origem, de tal maneira que o primeiro bispo tenha tido como fiador e predecessor um dos apóstolos ou um dos homens apostólicos que ficaram até o fim em comunhão com os apóstolos[80].

Mas a sucessão apostólica não pode manter a regra de fé nas Igrejas se estas não permanecerem em estreita comunhão umas com as outras. Nenhum bispo pode ensinar de maneira isolada. De igual modo, os problemas levantados pela vida das comunidades, sejam eles doutrinais ou disciplinares, ultrapassam as circunscrições das dioceses e pedem uma resposta comum. A sucessão episcopal "é o fundamento da unidade da Igreja particular, e está igualmente a serviço da comunhão e da unidade de todas as Igrejas"[81]. Essa necessidade suscita o primeiro desenvolvimento dos sínodos ou concílios locais e regionais, reunindo ministros e fiéis, que logo se tornaram regulares. "A autoridade desses sínodos se impõe a cada bispo particular."[82] Nessa organização, a Igreja de Roma, reconhecida por Inácio de Antioquia como a "que preside a caridade" e que "instrui as outras"[83], aquela que, segundo Ireneu, é fundada sobre os dois apóstolos, Pedro e Paulo, cujos túmulos ela guarda, e que é investida por isso de uma "autoridade de fundação maior"[84], é chamada a desempenhar um papel de "primado". A partir do final do século II seu bispo se torna um parceiro da vida sinodal das Igrejas, convocando ele mesmo vários sínodos regionais. Sua Igreja torna-se a instância de apelo em caso de problemas que não podem ser resolvidos no plano local ou regional. Sua autoridade não cessará de se fortalecer com o tempo.

4. A NORMA DA REGRA DE FÉ: O CÂNON DAS ESCRITURAS

> REFERÊNCIAS BIBLIOGRÁFICAS: R. M. Grant, *La Formation du Nouveau Testament*, Paris, Seuil, 1969. — E. Käsemann, *Das Neue Testament als Kanon*, Göttingen, Vandenhoeck und Ruprecht, 1970. — H. von Campenhausen, *La Formation de*

(*) mergulhia: tipo de reprodução vegetal que consiste em enterrar um ramo de planta, ainda preso a ela, para constituir, depois de enraizado, novo exemplar, uma vez separado da planta-mãe (N. do T.).

80. Tertuliano., 32,1; p. 130.
81. Groupe des Dombes, *Le ministère de communion dans l'Église universelle*, Paris, Centurion, 1986, n° 18.
82. Ibid., n° 19.
83. Inácio de Antioquia, *Rom.*, início e III,1; SC 10 bis, pp. 125 e 129.
84. Cf. Ireneu, *CH* III,3,2; Rousseau, p. 279.

la Bible chrétienne, Neuchâtel, Delachaux et Niestlé, 1971. — J. A. Sanders, *Identité de la Bible. Torah et Canon*, Paris, Cerf, 1975. — B. M. Metzger, *The Canon of the New Testament. Its Origin, Developments and Significance*, Oxford, 1987. — Centre Sèvres, *Le Canon des Écritures. Études historiques, exégétiques et systématiques*, dir. Ch. Theobald, Paris, Cerf, 1990, pp. 77-187.

O termo *cânon* (*kanôn* em grego) significa "regra": cânon das Escrituras quer dizer, então, "regra das Escrituras". Esta regra, que toma aqui a forma da determinação e da conclusão de um catálogo de livros, é um dado fundamental da regra da fé. Ela é um elemento de seu conteúdo, ao mesmo tempo em que traz para ele a norma última.

A formação do cânon das Escrituras é contemporânea da emergência da autoridade dos bispos na Igreja. Pode-se dizer que há uma relação dialética entre esses dois fatos: no momento em que um princípio de autoridade se formaliza, também se formaliza um princípio de submissão e de obediência. Os dois são compreendidos como uma herança apostólica e estão ligados ao fato da distância que se amplia cada vez mais entre o evento fundador e o aqui-agora das Igrejas. De um lado, situa-se o princípio da sucessão, e de outro recolhem-se e autentificam-se todas as Escrituras ("sem adição nem subtração", como diz Ireneu), isto é, as Escrituras antigas, mas também os testemunhos apostólicos acerca do advento de Jesus e da pregação das primeiras testemunhas. Considera-se necessário "fechá-los" num *corpus* definitivo, a fim de manter as Igrejas na fidelidade ao ensinamento dos apóstolos.

A formação do cânon das Escrituras é um evento ao mesmo tempo histórico e dogmático. Deve, portanto, ser estudada segundo esses dois aspectos.

A formação do cânon cristão das Escrituras

A grande dificuldade levantada pela história é que não se pode estabelecer com precisão uma decisão inicial da Igreja estabelecendo formalmente o cânon das Escrituras. Trata-se de um ato disperso no espaço e no tempo. Não houve evento conciliar, mas uma consciência e um zelo que se originam nos últimos livros do Novo Testamento, em seguida um consenso que se estabeleceu progressivamente. O ato de recepção do cânon precedeu em muito toda decisão magisterial. Só se pode reconstituir *a posteriori* o que podiam ser o Antigo e o Novo Testamento deste ou daquele autor. Mas percebe-se então que a ideia do cânon se apresenta sempre como um *"já-pronto"*. O caso dos dois *corpora* se apresenta em termos diferentes.

A gênese do cânon do Antigo Testamento

Não foi a Igreja cristã que inventou a ideia de um cânon das Escrituras. Ela a recebe como uma herança judaica. De fato, havia um precedente no estabelecimento progressivo pelos judeus de um "cânon" de suas Escrituras, isto é, daquilo que se tornará o Antigo Testamento dos cristãos. O povo de Israel se habituara realmente a transmitir por escrito o relato dos grandes acontecimentos que marcaram sua Aliança com Deus. Nesses textos era conservada a atestação da revelação e da "história" de Deus com o povo que Ele escolhera. Tratava-se, portanto, de um ato de tradição, que conservava e transmitia de geração em geração a palavra de Deus com autoridade normativa. Esses escritos foram em seguida objeto de uma "compilação" num período amplamente posterior aos eventos fundadores. Essa compilação começou a partir do retorno do exílio com a obra de Esdras-Neemias e comportou em seguida várias etapas[85]. Resultou na divisão do Antigo Testamento em três grupos principais de escritos, comportando entre si uma hierarquia que nem por isso corresponde às etapas de formação do cânon. Alguns livros do segundo ou do terceiro grupo podem, de fato, ser muito antigos.

No núcleo do *corpus* estão os livros da Lei *(Torah)* de Moisés, o grande legislador e o primeiro parceiro da aliança que leva seu nome, aquele que transmitira as palavras recebidas de Deus (Gênesis, Êxodo, Levítico, Números, Deuteronômio). O segundo conjunto é o dos Profetas, cujo ministério é relativo ao cumprimento da Lei: compreende os "profetas anteriores", que hoje chamamos de livros históricos (Josué, Juízes, 1 e 2 Samuel, 1 e 2 Reis), e os "profetas posteriores", os grandes (Isaías, Jeremias, Ezequiel) e os Doze "menores". O terceiro conjunto, condizente com a cessação da profecia em Israel, é obra dos escribas que recolhem os Salmos e os livros sapienciais, ou seja, os livros inspirados pela "Sabedoria" divina. Esse último grupo ficará muito tempo fluido e aberto. No limiar da era cristã, a Escritura se apresenta, portanto, como uma coletânea tríplice; a terceira, tendo menos unidade e autoridade e exibindo limites mais vagos, era designada sob o nome de outros "Escritos" (ou "hagiógrafos").

Esse estado do cânon das Escrituras judaicas deixava pendente, assim, a questão de sua fixação. Por si só, esse processo diacrônico poderia ter se prolongado indefinidamente. O problema da fixação se apresenta a partir da tomada de consciência de uma cessação da transmissão e da passagem a uma época nova que não comporta mais a mesma normatividade. Mas o discernimento dos limites de um cânon reconhecido doravante como concluído vai dar lugar a divergências. No judaísmo antigo (antes e depois de Cristo), verifica-se uma diferença de apreciação entre o judaísmo palestinense e o judaísmo alexandrino.

O judaísmo palestinense reconhece 24 livros, ou 22 + 2, números que simbolizam uma totalidade, talvez com base no número das letras do alfabeto hebraico. (Obtém-se também 22 associando Juízes e Rute, Jeremias e as Lamentações.) Há cinco livros de Moisés, isto é, o "Pentateuco" já mencionado; treze dos profetas depois de Moisés (os doze profetas "menores" formam um só livro); quatro outros contendo hinos a Deus e instruções para a conduta humana. Essa

---

85. Cf. J. Trublet, Constitution et clôture du canon hébraïque (no qual me inspiro nesta seção) in Centre Sèvres, op. cit., pp. 77-187.

é a lista atestada num texto de Flávio Josefo[86]. Mas é difícil saber com precisão todos os livros que Josefo inseria no segundo conjunto (muito provavelmente, além dos livros já citados, Rute, 1 e 2 Crônicas, Esdras-Neemias, Ester, Jó, Lamentações, Daniel) e no conjunto dos Escritos (decerto Salmos, Cântico dos Cânticos, Provérbios, Coélet)[87]. Para a determinação do cânon a pesquisa de outrora concedia demasiada importância ao papel desempenhado pela reunião impropriamente chamada "sínodo" judaico de Jâmnia ou Javné (entre 75 e 117). Este se contentou em regular um litígio sobre o uso do Cântico dos Cânticos e sobre a canonicidade de Coélet. O característico dessa lista é receber apenas livros escritos em hebraico. São os livros hoje chamados "protocanônicos". São acolhidos por todos os judeus e todos os cristãos. No século XVI, os Reformadores retornaram a esse cânon palestinense estrito.

O judaísmo helenístico era mais receptivo aos livros recentes, dos quais alguns foram compostos diretamente em grego. Trata-se daquilo que o judaísmo palestinense chamava de "livros exteriores" e que agora designamos como "deuterocanônicos": fragmentos gregos de Ester, Judite, Tobias, 1 e 2 Macabeus, Sabedoria, Sirácida (ou Eclesiástico, livro que passou da primeira categoria para a segunda), Baruc, os capítulos 13-14 de Daniel e alguns outros. Essa lista ampliada tem como base a LXX (Septuaginta) grega, isto é, a tradução feita em Alexandria a partir do século III a.C. Uma lenda transmitida pela *Carta de Aristeias*, documento do século II a.C., contava como a "Lei" dos judeus fora traduzida do hebraico para o grego por 72 sábios judeus de Jerusalém vindos a Alexandria expressamente para tal fim, a pedido do rei Ptolomeu, e que tinham concluído seu trabalho em 72 dias[88]. Essa lenda conheceu um grande sucesso, primeiramente junto a Fílon, depois em autores cristãos (Justino, Ireneu, Clemente de Alexandria, Tertuliano, Cirilo de Jerusalém, Eusébio, Epifânio, João Crisóstomo, Jerônimo, Hilário e Ambrósio) que a ampliaram e fizeram dessa tradução um acontecimento propriamente milagroso[89]. A Igreja cristã acolheu espontaneamente o texto da LXX, como atesta o fato principal de os escritos do Novo Testamento citarem geralmente o Antigo segundo essa tradução grega e de atribuírem espontaneamente a tais escritos a autoridade de "Escrituras", isto é, de testemunho inspirado da Palavra de Deus. Mas a LXX cristã foi um pouco mais estrita que a LXX judaica (ela exclui 3 Esdras, 3 e 4 Macabeus, os Salmos de Salomão etc.). Sem jamais teorizarem a respeito, os autores do Novo Testamento supõem consumada a aceitação desse cânon das Escrituras.

Na Igreja antiga, essas Escrituras foram recebidas sob o nome de "antiga aliança" ou de "antigo testamento", por oposição ao *corpus* propriamente cristão

---

86. Flávio Josefo, *Contre Apion*, 1,8, texto traduzido e comentado por P. Vallin in Centre Sèvres, op. cit., p. 229-231.
87. Cf. a lista das hipóteses em J. Trublet, op. cit., p. 122.
88. *Lettre d'Aristée à Philocrate*, ed. A. Pelletier, SC 89.
89. Cf. A. Pelletier, op. cit., introd., pp. 78-98.

das Escrituras apostólicas. Essa designação marca toda a distância dos cristãos para com os judeus em seu modo de considerar tais Escrituras. Os autores dos três primeiros séculos citam igualmente os livros hebraicos e os livros gregos. A preocupação de listar os livros do Antigo Testamento raramente se expressa. Temos uma lista feita por Melitão de Sardes, bispo da segunda metade do século II, num texto reportado por Eusébio. Melitão diz ter ido ao Oriente e aprendido ali com exatidão "os livros da antiga aliança" — é a primeira vez que se encontra tal expressão para designar um grupo de textos[90]. A lista que ele dá dos livros "recebidos" é a do cânon palestinense, o que não causa surpresa se tiver feito a viagem desde Jerusalém. A partir de Orígenes, as controvérsias com os judeus levam certo número de escritores cristãos orientais a retornar ao cânon palestinense (Atanásio, Cirilo de Jerusalém, Epifânio, Jerônimo também). Mas essa posição é muito mais um princípio que uma prática, pois tais autores continuam a citar os livros gregos. No Ocidente, se Hilário e Rufino sofrem a influência de seus contemporâneos gregos, Ambrósio e Agostinho não fazem tais distinções. Este último, consciente de que há imprecisões no estabelecimento do cânon e de que todos os livros não são forçosamente acolhidos por todas as Igrejas, dá uma lista completa do cânon grego, relacionando assim 44 livros[91].

A gênese do cânon do Novo Testamento

Neste caso, as coisas se apresentam de modo totalmente diferente. A Igreja não dispõe de nenhuma referência e tem de inventar. É notável que para os Padres apostólicos o termo Escritura compreenda somente os livros do Antigo Testamento. "O problema da gênese do Novo Testamento é, desde logo, compreender como os escritos cristãos vieram ganhar seu lugar ao lado das Escrituras antigas"[92].

A ideia de uma "canonização" dos escritos que testemunham o advento do Cristo se manifesta a partir do final do Novo Testamento. Uma epístola pastoral (1Tm 5,18) pertencente ao *corpus* paulino designa conjuntamente, com o qualificativo de Escritura, Dt 25,4 e um dito de Jesus atestado em Lc 10,7. Na carta pseudepígrafa (isto é, posta sob o patronato de um personagem que não é seu autor) que é a 2ª Epístola de Pedro, o autor fala como se fosse o último apóstolo vivo e exprime a preocupação com a fixação da literatura apostólica[93]. Sua

---

90. Melitão de Sardes em Eusébio de Cesareia, *HE*, IV,26, 12-14; traduzido e comentado por P. Vallin, Centre Sèvres, op. cit., pp. 231-233.

91. Agostinho, *De doctrina christiana* 2,8; texto citado e comentado por P. Vallin, Centre Sèvres, op. cit., p. 227-229.

92. P. Vallin, La formation de la Bible chrétienne, in Centre Sèvres, op. cit., p. 214.

93. Cf. J. N. Aletti, La seconde épître de Pierre et le canon du Nouveau Testament, in Centre Sèvres, op. cit., p. 241.

carta assume o valor de um "discurso de despedida". A própria pseudepigrafia tem, portanto, uma relação com o cânon. O autor correlaciona a experiência de revelação, de que Pedro foi objeto na Transfiguração, e a palavra dos profetas, para terminar assim:

> Antes de tudo, fica sabendo: nenhuma profecia da Escritura é objeto de interpretação pessoal, porque nunca uma profecia foi proferida pela vontade humana, mas foi movidos pelo Espírito Santo que homens falaram da parte de Deus.
>
> (2Pd 1,20-21)

Assim se correspondem a apostolicidade (do NT), a profecia (do AT) e a inspiração que lhes é comum. Mais adiante, o autor menciona o *corpus* paulino a título de Escrituras:

> Paulo, nosso irmão e amigo, vos escreveu consoante a sabedoria que lhe foi dada. Aliás, é outrossim o que diz em todas as suas cartas, em que trata destes assuntos: nelas se encontram passagens difíceis, cujo sentido pessoas ignorantes e sem formação deturpam, como também fazem com *as demais Escrituras* [...]
>
> (2Pd 3,15-16)

Assim, vemos que "o processo de canonização do Novo Testamento é interno ao mesmo Novo Testamento"[94], ao menos de maneira incoativa. Ele é inaugurado no momento preciso em que a Igreja ultrapassa o limiar que a conduz à época pós-apostólica e toma consciência da necessidade de reconhecer à herança dos escritos apostólicos sua autoridade única.

Por hipótese, os primeiros Padres não podem ainda apoiar-se num *corpus* constituído e reconhecido como *Escrituras* em pé de igualdade com o Antigo Testamento. Em seus escritos dois pontos emergem nitidamente: de um lado, a referência aos escritos paulinos[95], cujo *corpus* pôde ser constituído muito cedo, e que eram lidos e circulavam nas Igrejas; de outro, a citação das "palavras do Senhor" que fazem apelo direto à tradição viva[96] ou ao "Evangelho", cuja autoridade é julgada superior às dos escritos antigos[97]. É a autoridade própria das palavras do Senhor que conferirá toda a importância aos livros apresentados por Justino como as "memórias" dos apóstolos, "que chamamos de evangelhos"[98], e depois como os quatro "evangelhos" por Ireneu. A emergência

---

94. Ibid., p. 253.
95. Cf. Clemente de Roma, 5,5 e 47,1; *SC* 167, pp. 109 e 177; Inácio de Antioquia, *Rom.*, IV,3; Policarpo, *Aux Philippiens*, III, 1-3; *SC* 10 bis, pp. 131 e 207.
96. Clemente de Roma, 13,1-2; 46,7-8; *SC* 167, pp. 123 e 177.
97. Inácio de Antioquia, *Philad.*, V,1 e VIII,2; *SC* 10 bis, pp. 145 e 149; *Didachè*, 8,5; 11,3; 15,3-4; *SC* 248, pp. 173, 185 e 195.
98. Justino, *Ière Apologie*, 66,3; Wartelle, p. 191.

de uma referência sólida aos textos nesses dois últimos autores não os impede, em contrapartida, de se reportarem também espontaneamente à tradição viva das Palavras *(Logia)* de Jesus[99]. O futuro *corpus* do Novo Testamento repousa assim em dois pilares: a autoridade do Senhor (evangelhos) e a dos apóstolos (epístolas), que vêm juntar-se à dos "profetas", termo que recapitula todo o Antigo Testamento[100]. Essa trilogia de testemunhos funda as argumentações escriturísticas de Ireneu.

Mas os ataques de certos gnósticos, em particular Marcião — que recusava em bloco o Antigo Testamento —, punham em questão diferentes escritos desse Novo Testamento, ao passo que os escritos ditos "apócrifos" se multiplicavam. Esses fatos exigiram, da parte de Ireneu e Tertuliano, a defesa do princípio de recepção da totalidade das Escrituras "sem adição nem subtração". Mas a primeira lista que possuímos, o chamado Cânon Muratori, do nome de um erudito que o descobriu no século XVIII, é mais tardia. A data desse documento de origem romana ainda permanece bastante incerta (de 200 a 300 segundo os especialistas)[101]. O texto, no passado, foi atribuído a Hipólito. Ele compreende: os quatro evangelhos; treze epístolas de Paulo (menos Hebreus); Judas, 1 e 2 João, o Apocalipse. Além da Epístola aos Hebreus, faltam ali também Tiago e 1 e 2 Pedro. Mas também encontramos ali um *Apocalipse de Pedro* e *O Pastor* de Hermas. Verifica-se, portanto, uma hesitação para determinados livros; essa hesitação também atuara em relação à *I Epístola de Clemente* e à *Didaqué*, sinal da grande autoridade de ambas nas Igrejas do século II.

Se, no essencial, o cânon do Novo Testamento é um fato consumado quanto ao princípio e ao conteúdo no final do século II, continuarão a pairar dúvidas sobre a pertinência dos escritos litigiosos (Hebreus, algumas epístolas católicas e Apocalipse) até o final do século IV. A lista estabelecida por Eusébio de Cesareia[102] dá conta, assim, dos livros homologados, dos livros contestados e dos livros apócrifos. Na virada do século V, alguns concílios africanos dão a lista dos escritos do Novo Testamento; essa lista aparecerá no decreto dito de Gelásio[103]. Mas será preciso aguardar o concílio de Florença (1442) e seu decreto para os jacobitas[104] para ver um concílio ecumênico fornecer a lista dos livros santos. Essa é a mesma lista retomada pelo concílio de Trento no decreto *Sacrosancta* em 1546[105].

---

99. Cf. Y.-M. Blanchard, *Aux sources du canon, le témoignage de saint Irénée*, Paris, Cerf, 1993.

100. Sobre a argumentação escriturística de Ireneu, cf. B. Sesboüé, *La preuve par les Écritures chez saint Irénée*, NRT 103 (1981) 872-887.

101. Cf. Ph. Henne, *La datation du canon de Muratori*, RB 100, pp. 54-75.

102. Eusébio de Cesareia, *HE*, III, 25; *SC* 31, pp. 133-134.

103. *DzS* 179-180.

104. *DzS* 1334-1335; *COD* II-1, p. 1171.

105. *DzS* 1502-1503; *COD* II-2, pp. 1351-1352.

A significação dogmática do cânon das Escrituras

"A história do cânon", escreveu com justeza Harnack, "é um capítulo da história do dogma"[106]. No plano doutrinal a determinação eclesiástica do cânon das Escrituras, em particular daquele do Novo Testamento, tem um alcance considerável para a relação entre Escritura e tradição, assim como entre Escritura e Igreja. Vimos que a Igreja não inventou a ideia de um cânon, nem a de Escritura inspirada. Ela herda o cânon judaico sob a forma da Bíblia grega da Septuaginta. Mas é a Igreja das testemunhas apostólicas que compõe aquilo que se tornará o Novo Testamento. É em seguida a Igreja pós-apostólica que, no interior do processo descrito e levando em conta suas hesitações e sua progressividade, confere a esses novos escritos o caráter sagrado de Escrituras e constitui a partir delas um novo cânon.

Portanto, não são os livros da Escritura que se autorizam a si mesmos como cânon. *A lista dos livros da Escritura não é escriturística*. Isso se verifica para os dois Testamentos, ainda que a consciência da gênese de um *corpus* apareça em sua trama por meio da releitura repetida dos documentos anteriores. Em ambos os casos, a tradição viva de um povo produziu, depois recolheu e por fim canonizou "livros" *(biblia)*, isto é, uma "bíblia" ou uma "biblioteca". Para o Antigo Testamento o processo foi sobretudo "diacrônico", com os livros a se unir uns aos outros ao longo do tempo até um ponto de parada. Para o Novo Testamento foi sobretudo "sincrônico", já que todos os livros supostamente dão testemunho de um evento fundador a cuja época eles pertencem[107]. Esse dado de fato não é contingente. Dada a compreensão judeu-cristã da revelação, não era possível que fosse diferente. Não pode bastar que um livro e, menos ainda, um conjunto de livros se autorizem a si mesmos como testemunho da Palavra de Deus.

Essa "Bíblia" foi produzida no seio de um povo que vivia uma experiência de Deus. Situa-se no interior de uma história de salvação. De igual modo, será por seu turno reconhecida por esse povo em nome de critérios que ultrapassam necessariamente o conteúdo particular de cada livro, porque prezam a coerência do conjunto e a ideia que o povo faz de sua história santa. Estamos aqui diante de um dado antropológico: o livro enquanto livro não pode bastar-se a si mesmo. Ele supõe sempre uma relação viva entre aquele que escreve e aquele que lê. Um livro é sempre um ato de transmissão ou de tradição. Ele ganha sentido e valor na comunidade cultural que o produz. Só recebe autoridade no interior desse processo de comunicação. Lemos um livro porque, de uma maneira ou de outra, alguém o pôs em nossas mãos. A Bíblia é o livro que a Igreja põe nas mãos dos cristãos.

---

106. A. von Harnack, apud M. J. Lagrange, *Histoire ancienne du canon du Nouveau Testament*, Paris, Gabalda, 1933, p. 105.
107. Cf. P. Vallin, Centre Sèvres, op. cit., pp. 222-223.

A canonização dos livros santos é, portanto, da parte da Igreja, um ato de recepção e de obediência da fé. Nos concílios, as Escrituras são objeto dessa recepção, com frequência simbolizada liturgicamente. A recepção visa manter a Igreja na fidelidade à iniciativa de Deus que a suscitou. A Igreja é, pois, antes de tudo, um sujeito que "recebe" e obedece à autoridade de Escrituras que são para ela um "já-pronto". Mas, conforme uma mediação que pertence à lógica da encarnação da Palavra de Deus, o ato de recepção da Igreja se traduz necessariamente por um ato de autoridade. É a Igreja que "autoriza" o cânon das Escrituras. É ela que decide o que lhe pertence e o que não lhe pertence, segundo a lei comum dos processos humanos de comunicação. Há, portanto, um paradoxo, já que um ato de obediência toma a forma de um ato de autoridade. Esse ato é também um ato de pregação, de comunicação e de tradição. Não pode haver Escritura autorizada senão numa tradição viva.

O cânon se encontra, portanto, no âmago da relação entre Escritura e Igreja. Existe aí uma solidariedade e uma pressuposição recíproca: se a Igreja fundamenta a Escritura, a Escritura por seu turno fundamenta a Igreja. A decisão que incide sobre o cânon é o primeiro ato eclesial de interpretação das Escrituras. Como tal, já é um ato "dogmático". Original em seu objeto como em sua forma, é em seu princípio o primeiro de uma série. Isso quer dizer que todos os atos dogmáticos, cuja lista será longa, serão também atos de obediência ao mesmo tempo que atos de autoridade.

O cânon é, portanto, a conclusão de um perímetro que traça uma fronteira segura entre dois tempos da Igreja e de seu discurso. Mas essa conclusão é também uma abertura a novas palavras vivas no curso futuro da história da Igreja.

Podemos reconhecer, findo o processo, que os critérios de reconhecimento dos livros do cânon do Novo Testamento foram triplos: o critério apostólico, isto é, a pertença de um texto ao testemunho original da época apostólica e das testemunhas do evento fundador; o critério eclesiológico: trata-se de livros já acolhidos em certas Igrejas e cuja autoridade estendeu-se às demais; enfim, o critério cristológico: a Igreja reconheceu os documentos que apresentam imagens de Cristo julgadas conformes ao querigma apostólico.

O cânon das Escrituras é uma regra da fé. Ora, essa mesma fé, no mesmo momento, depositou seu conteúdo, sob a forma de uma unidade simples, nos Símbolos da fé, que são, eles também, "regras da fé" e portanto "cânones". O cânon tem valor simbólico, assim como o Símbolo tem valor canônico. Entre o Símbolo e o cânon existe a relação de uma unidade simples à totalidade múltipla. O Símbolo resume a fé em seu sentido; o cânon coleciona a totalidade dos testemunhos autênticos desta mesma fé. Símbolo e cânon são inseparáveis. Nesse sentido, o Símbolo é um cânon dentro do cânon, isto é, a regra de leitura, vinda da tradição, da regra que são as Escrituras. Encontra-se o mesmo paradoxo nos dois casos: atos da Igreja pós-apostólica pretendem uma autoridade apostólica. O mesmo se dava com o episcopado.

CAPÍTULO II
O conteúdo da tradição: Regra da fé e Símbolos (séculos II-V)

B. Sesboüé

Dogma e história

"A ordem da tradição" ganhou corpo, como vimos, mediante três expressões solidárias: a sucessão apostólica, o cânon das Escrituras e os Símbolos da fé. As duas primeiras têm mais o valor de uma garantia formal da fidelidade da Igreja à tradição apostólica. A terceira explicita-lhe o conteúdo. Por isso ela se reveste de uma importância particular. Nela se concretiza de maneira privilegiada "a regra da fé" cristã, cuja expressão vai criar um gênero literário original ao qual será dado o nome de "Símbolo". Os artigos de fé que esses textos da Igreja desenvolvem constituem o cerne do dogma cristão, pois os símbolos de fé atestam que a fé cristã, se é primeiro e antes de tudo um *crer em*, compreende também um *crer que*.

Os primeiros documentos dogmáticos da tradição eclesial são, com efeito, os Símbolos de fé. No *Enchiridion symbolorum* de Denzinger[1], a célebre obra que apresenta uma seleção dos maiores textos dogmáticos da Igreja, os primeiros documentos citados são os Símbolos de fé. Eles têm uma autoridade maior que os textos conciliares, já que "recebê-los" é uma tradição dos concílios, do mesmo modo como recebem as Escrituras. Seu estudo, portanto, é um dos fundamentos de uma história dos dogmas.

Como os dogmas, mais tarde, os Símbolos têm uma história. Seu paradoxo é o de não pertencer mais à Escritura, concluída de uma vez por todas com

---

1. Cf. *DzS* na lista das abreviaturas.

o desaparecimento da geração apostólica, e ter pretensões, no entanto, a uma autoridade apostólica, coisa que se exprime particularmente no Ocidente com o Símbolo dito "dos apóstolos". De fato, uma lenda tardia afirmava que os artigos do Símbolo ocidental tinham sido compostos pelos doze apóstolos reunidos no Pentecostes. Esse paradoxo abrange uma lenta gênese que se origina nas fórmulas de fé do Novo Testamento e termina, através da rica diversidade dos Credos particulares, na constituição de fórmulas autenticamente eclesiais, segundo duas linhagens distintas no Oriente e no Ocidente.

É essa história do dogma antes do dogma, da coisa antes da palavra, que este capítulo gostaria de retraçar. Para melhor apreender a natureza e o esforço desse desenvolvimento, vale a pena deter-se, primeiramente, nas funções do Símbolo de fé na Igreja.

> TEXTOS E COMENTÁRIOS ANTIGOS: F. Hahn, *Bibliothek der Symbole und Glaubensregeln der alten Kirche*, Breslau, Morgenstern, 1897. — Denzinger-Schönmetzer, *Enchiridion*, n° 1-76 (registro das principais confissões classificadas segundo seus lugares de origem). — Hipólito de Roma, *La Tradition apostolique*; ed. B. Botte, SC 11 bis, 1968. — Cirilo de Jerusalém, *Catéchèses baptismales*; PG 33, cols. 331-1060, trad. J. Bouvet revista, PF, 1993. — Teodoro de Mopsuéstia, *Homélies catéchétiques*, ed. Tonneau-Devreesse, Cité du Vatican, 1949. — Rufino de Aquileia, *Exposition du Symbole*, PL 21, cols. 335-386. — Agostinho, Sermons 212-216, *De la tradition et de la reddition du Symbole*; PL 38, cols. 1058-1076. — Nicetas de Remesiana, *Du Symbole*, PL 52, cols. 866-874.
>
> REFERÊNCIAS BIBLIOGRÁFICAS: P. NAUTIN, *Je crois à l'Esprit Saint dans la sainte Église pour la résurrection de la chair. Étude sur l'histoire et la théologie du Symbole*, Paris, Cerf, 1947. — J. DE GHELLINCK, *Patristique et Moyen Âge. Études d'histoire littéraire et doctrinale*. T. I, *Les Recherches sur les origines du Symbole des Apôtres*, Gembloux, Duculot, ²1949. — *Lumière et Vie*, n° 2, 1952: Le Symbole des Apôtres. — J. N. D. KELLY, *Early Christian Creeds*, London, Logmans, Green and Co., ²1960. — V. NEUFELD, *The Earliest Christian Confessions*, Leyden, Brill, 1963. — J. N. D. KELLY, *The Athanasian Creed*, London, Longmans, 1964. — O. CULLMANN, *La foi et le culte de l'Église primitive*, Neuchatel, Delachaux & Niestlé, 1963. — H. DE LUBAC, *La foi chrétienne. Essai sur la structure du Symbole des Apôtres*, Paris, Aubier, ²1970. — A. DE HALLEUX, Le Symbole de la foi, in *Patrologie et œcuménisme*, Leuven, University Press/Peeters, 1990, pp. 1-110. — R. P. C. HANSON, Confessions et symboles de foi, DECA, I, pp. 531-537.

I. AS FUNÇÕES DO SÍMBOLO DE FÉ NA IGREJA

Essas funções, numerosas e variadas, podem ser agrupadas em duas principais: a função *confessional* e a função *doutrinal*.

1. A FUNÇÃO CONFESSIONAL

Afirmar a função "confessional" de fórmulas chamadas "confissões de fé" pode parecer uma tautologia. Mas esta tem o interesse de chamar a atenção para o que implica a denominação conferida a esse gênero literário. A atenção aqui incide sobre o ato de confessar e sobre o sujeito que confessa, quer se trate daquele que crê individualmente ou da comunidade.

Toda sociedade sente a necessidade de possuir um documento breve que resuma sua natureza, seu objetivo ou seu ideal, e exprima o acordo que une os membros que a compõem. Esse texto é uma referência de base, necessária à identidade do grupo. Ele dá conta da unanimidade ou do consenso que permite ao grupo existir. Para poder desempenhar seu papel e servir de referência viva e espontânea, ele deve ser bem conhecido de todos e, portanto, compreensível para todos. É preciso também que veicule de maneira eloquente a motivação afetiva da comunidade formada e seja capaz de mobilizar o ideal que a anima. Esse tipo de enunciado constitui geralmente para seus membros um compromisso e uma adesão: um compromisso para os membros fundadores e uma adesão para os que entram depois deles no grupo. Cada um declara subscrever a essa carta e aceita que ela seja normativa para si. Esse texto breve é objeto de um pacto ou de um juramento que une aquele que é recebido e a sociedade que o recebe.

Desempenham essa função, por exemplo, a Declaração dos Direitos do Homem, das Nações Unidas, a Constituição ou lei fundamental de um Estado, o manifesto de um partido político, a carta de um movimento, a "fórmula" de uma ordem religiosa etc., bem como as fórmulas de iniciação atestadas na história das religiões. Conforme o caso, pede-se um voto ou uma assinatura, ou ainda a recitação oral da carta por parte do novo membro durante uma cerimônia de iniciação.

É essa mesma realidade que está em questão nos textos da Igreja chamados *Símbolos, confissões* ou *profissões de fé, fé* ou *Credo*. Esse vocabulário variado remete à necessidade, para a Igreja, de ter sua carta. Para nos convencer disso, basta interrogar sobretudo a origem e o sentido do termo *símbolo*:

> O símbolo — escreve E. Ortigues — é um penhor de reconhecimento, um objeto partido em dois e dividido entre dois parceiros aliados que deviam conservar cada qual a sua parte e transmiti-la a seus descendentes, de tal modo que esses elementos complementares, novamente aproximados, permitiam, por seu ajuste recíproco, fazer reconhecer os portadores e certificar os vínculos de aliança contraídos anteriormente.
>
> O *sym-bolon* consiste, portanto, na correlação entre elementos sem valor isolado, mas cuja reunião *(sym-ballô)* ou ajuste recíproco permite que dois aliados se façam reconhecer como tais, isto é, como ligados entre si *(sym-ballontes,* contraentes) [...] Duas ideias parecem, portanto, essenciais: (1) o princípio do simbolismo: ligação mútua entre elementos distintivos cuja combinação é

significativa, e (2) o efeito do simbolismo: ligação mútua entre sujeitos que se reconhecem comprometidos um para com o outro num pacto, numa aliança (divina ou humana), numa convenção, numa lei de fidelidade[2].

A partir da prática concreta do reconhecimento mútuo, esse texto nos fala da natureza do símbolo, tal como este é imanente ao funcionamento de toda linguagem (relação entre dois significantes) e tal como se verifica no caso particular dos Símbolos de fé, fórmulas de compromisso ou de juramento e sinais de reconhecimento entre cristãos.

Não surpreende, portanto, que um dos primeiríssimos empregos cristãos desse termo tivesse a ver com a confissão da fé batismal. Encontramo-lo na pena de Cipriano de Cartago no século III:

> Se alguém objeta que Novaciano [...] batiza com o mesmo Símbolo que nós, [...] saiba [...] antes de tudo que nós não temos o mesmo Símbolo, nem a mesma interrogação que os cismáticos[3].

Esse trecho polêmico sobre o batismo dos heréticos visa ao Símbolo de forma interrogativa ao qual o neófito respondia com o tríplice "eu creio" de seu compromisso. A situação solene da entrada na Igreja, sublinhada pela forma dialogada do Símbolo (a resposta de quem crê combinando-se com a fé proposta pelo celebrante), atesta perfeitamente a definição do Símbolo: é um juramento selado numa aliança, um juramento de adesão ao conteúdo essencial do mistério cristão. A profissão do Símbolo de fé é um caso de linguagem performativa "onde a fala realiza o que ela exprime pelo fato mesmo de exprimi-lo. [...] Há identidade entre ato e enunciado. O agente e o locutor coincidem. É nisso que consiste a essência do juramento ou do pacto"[4].

O uso do termo *Símbolo*, de feição grega, aplicado à confissão de fé, se generalizará no Ocidente, onde passará das interrogações batismais aos Credos declaratórios. Refluirá no Oriente, onde o vemos aparecer, mas discretamente, a partir do século IV[5]. Mas a consciência cristã antiga percebia sempre que a confissão de fé ou o Símbolo, objeto de compromisso batismal, permanecia um signo de reconhecimento entre cristãos e de identidade cristã. Rufino evocará, por exemplo, no final do século IV, a situação dos soldados engajados nas guerras civis, sem sinal distintivo. Quando cada campo quer reconhecer os seus, é pedida a "senha" *(interrogatus symbolum)*[6]. O

---

2. Edmond Ortigues, *Le Discours et le symbole*, Paris, Aubier 1962, pp. 60-61.
3. Cipriano, *Lettre* 69, 7,1; trad. Bayard, Budé, 1925, t. II, p. 244.
4. E. Ortigues, op. cit., p. 167.
5. Cf. concílio de Laodiceia, Cân 7; Hefele-Leclercq, op. cit., t. I 2, Paris, Letouzey, 1907, p. 999. — Sobre este assunto, cf. P. Th. Camelot, Symbole de Nicée ou foi de Nicée?, *Orientalia Christiana Periodica* XIII (1947) 425-433.
6. Cf. Rufino de Aquileia, *Comment. sur le Symbole des Apôtres*, 2; PL 21, 338.

Símbolo de fé, desse modo, é a senha que permite aos verdadeiros cristãos reconhecerem-se entre si.

A mesma análise valeria para os demais termos que designam as fórmulas de fé. A *confissão* de fé (*homologia*, que exprime o acordo mútuo) ou *profissão* (declaração e manifesto), cujo vocabulário é amplamente atestado no Novo Testamento, designa o ato de reconhecimento público (confessa-se "com a boca", cf. Rm 10,9) da iniciativa de Deus em Jesus Cristo e o compromisso da fé. Os Padres gregos chamam também uma fórmula desse tipo simplesmente de "fé" *(pistis)*, designando com a mesma palavra o conteúdo da fé e o compromisso na fé. É exatamente o sentido de nosso termo *Credo*, que recebemos do latim sem traduzir. A primeira palavra da fórmula tornou-se deste modo o seu nome: tudo o que cai sob a égide do "eu creio" exprime, de fato, o compromisso concreto de quem crê para com o mistério do Cristo.

A função confessional do Símbolo comporta, assim, um tríplice aspecto: primeiro, o compromisso daquele que crê para com Deus no interior de uma estrutura de Aliança, um compromisso que é fruto de um retorno ou conversão. Exprime, a seguir, a unanimidade da comunidade reunida na mesma confissão de fé, pois o *eu* pessoal de cada cristão entra no *nós* da Igreja.

> Para realizar o *symballein*, a união, com Deus — escreve J. Ratzinger —, é preciso obrigatoriamente passar pelo *symballein*: a união, com os outros homens. A fé exige a unidade, ela convoca os irmãos na fé, ela está essencialmente voltada para a Igreja[7].

À função confessional pertence, enfim, o serviço do reconhecimento mútuo, tal como a conscientização por cada um de sua verdadeira identidade. O cristão se define por seu Credo: ele o sabe de cor, proclama-o na assembleia litúrgica, pode ter de vir a testemunhá-lo em circunstâncias graves.

Essas reflexões sobre a função confessional do Símbolo nos aproximam das diversas "situações na vida" *(Sitz im Leben)* em que a necessidade de uma confissão de fé se fará sentir, e que serão os lugares de gênese e de desenvolvimento das diferentes fórmulas. O. Cullmann distingue cinco delas: o batismo e o catecumenato, o culto regular, os exorcismos, as perseguições e a polêmica contra os heréticos[8].

O lugar de exercício principal da função confessional do Símbolo é certamente a liturgia da Igreja. A celebração do batismo também vai constituir um *Sitz im Leben* privilegiado para a gênese dos Símbolos. O elo entre Símbolo e sacramento deve ser sublinhado, pois ambos os termos contêm a ideia de juramento: na origem do termo latino *sacramentum* está a ideia de "engajamento

---

7. J. Ratzinger, *Foi chrétienne hier et aujourd'hui*, Paris, Mame, 1969, p. 49.
8. O. Cullmann, *La foi et le culte*..., p. 56; cf. também W. Rordorf, La confession de foi et son 'Sitz im Leben' dans l'Église ancienne, *Novum Testamentum*, 9 (1967) 225-238.

religioso" ou de "iniciação confirmada por um juramento"[9]. Tertuliano enfatizará, no espectro riquíssimo das significações de *sacramentum*, a analogia entre o juramento militar, que tinha um caráter sagrado *(sacramentum militiae)*, e o sacramento cristão do batismo *(sacramentum fidei)*, juramento sagrado pelo qual aquele que crê entra no mistério do Cristo[10]. O batismo é o alistamento de um soldado de Cristo. Mas o conjunto do culto cristão, e em particular a eucaristia, será também um lugar de afirmação da fé.

O culto está inevitavelmente ligado à catequese. É o caso particularmente do batismo, que só é conferido depois de um longo período de catecumenato. É bastante normal que a catequese pré-batismal se organize em torno do conteúdo dos artigos do Símbolo que será confessado durante a celebração.

Os exorcismos foram também ocasiões para invocar contra o demônio o nome de Jesus Cristo em fórmulas de confissão de fé, como já insinua At 3,6, em que Pedro cura um paralítico "em nome de Jesus Cristo", milagre que introduz um discurso querigmático (At 3,11-26). Justino atesta essa ligação de maneira bem explícita[11]. Durante as perseguições, o mártir fazia passar sua confissão de fé do testemunho da palavra ao testemunho da vida: a *homologia* tornava-se um *martyrion*, como no caso de Jesus (cf. 1Tm 6,13).

Em sua polêmica contra os heréticos docetas, Inácio de Antioquia insiste na realidade concreta de cada um dos acontecimentos do itinerário de Jesus. Contra os gnósticos, enfim, Ireneu se apoiará fartamente em certo número de formulações da "regra da fé" ou "regra da verdade", quer binárias, quer ternárias. Mas a diferença de situação acarreta aqui uma ligeira diversificação do gênero literário: Símbolo e "regra da fé" não são a mesma coisa. Aquele põe em primeiro plano a função confessional; a "regra da fé" — em particular em Ireneu — está antes de tudo preocupada com a função doutrinal.

2. A FUNÇÃO DOUTRINAL

O ato de confessar a fé tem um conteúdo. Na linguagem corrente, o termo *confissão* ou *Símbolo* terminou mesmo por evocar mais diretamente o conteúdo da fé do que o ato de confessá-la. Esse conteúdo exprime abreviadamente o essencial da fé: ele assegura, portanto, a função doutrinal do Credo. Segundo Orígenes,

> Pode-se chamar "verbo abreviado" a fé do Símbolo que é transmitida aos que creem e na qual a soma de todo o mistério está contida, encerrada em fórmulas breves[12].

---

9. Cf. Ch. Mohrmann, *Études sur le latin des chrétiens*, Roma, ed. di storia e letteratùra, 1958, pp. 237-238.
10. Tertuliano, *Aux Martyrs* 3,1; *CCSL* 1, p. 5; *Les Spectacles* 24,4; *CCSL* 1, p. 248; etc.; cf. R. F. Refoulé, intr. ao *Traité du baptême*, SC 35, pp. 49-50.
11. Justino, *Dialogue avec Tryphon* 30,3; 76,6; 85,2; *TD* I, p. 133 e II, p. 55.
12. Orígenes, *Comment. sur Romains*, 7, 19; *PG* 14, 1154.

Na fórmula breve do Símbolo tudo tem sentido, o dito e a maneira de dizer, a sequência dos artigos e a estrutura que os articula. A confissão de fé é a referência doutrinal primeira de todo discurso na fé. Por isso ela tem um caráter normativo, pois declara aquilo que compromete a obediência da fé. O Símbolo aparece então como uma expressão privilegiada da "regra da fé" ou da "regra da verdade", fórmulas familiares a homens como Ireneu e Tertuliano.

As fórmulas de confissão desempenharão por esse motivo um papel essencial na iniciação cristã: elas vão fornecer o esquema de base da formação dos catecúmenos. A catequese será a segunda "situação na vida" geradora de Símbolos. Mas, por esse motivo, quer se trate de catequese ou de liturgia, frequentemente somos conduzidos ao batismo.

Para situar com mais precisão a função doutrinal do Credo em relação ao conjunto do discurso cristão, duas aproximações sucessivas são úteis.

Na primeira aproximação, o Símbolo aparece como o "ponto focal" para o qual convergem todas as linhas de força da revelação atestada nas Escrituras; após terem se cruzado na fórmula breve, elas vão se distender novamente num feixe divergente no discurso pluriforme da tradição eclesial. A totalidade da fé se encontra ali reunida numa unidade simples. A gênese dos Símbolos é assim significativa da passagem do discurso das Escrituras à literatura pós-apostólica.

Em relação às Escrituras, o Símbolo é uma *conclusão* e uma recapitulação que dá sentido a elas. Ele apresenta de maneira simples a unidade imanente à diversidade do rico testemunho do Antigo e do Novo Testamentos. Exprime a unidade de uma diversidade; desse modo, é um ato de interpretação das Escrituras. Como vimos, ele tem um estatuto paradoxal, já que se apresenta com uma autoridade apostólica e tem valor normativo para a fé, ao passo que não pertence como tal às Escrituras. É, ao contrário, uma fórmula "oral" que deve permanecer viva.

Em contrapartida, o Símbolo aparece como um *ponto de partida*, a "célula-mãe" da tradição eclesial. Haverá mesmo várias gerações de Símbolos cujas funções doutrinais vão se diversificar. Mais globalmente, o Símbolo será a matriz do ensinamento catequético e o ponto de partida do discurso dogmático, já que as primeiras definições de fé tomarão a forma de adendos ao Símbolo. Ele servirá também de referência fundamental para o comentário e interpretação das Escrituras, assim como para a elaboração das teologias. Está, portanto, no cerne da tradição viva da fé.

Mas essa primeira aproximação permanece insuficiente, pois não dá conta do arco de tempo no qual se inscreve a gênese dos Símbolos. Quando muito, ela daria crédito à lenda da redação do Símbolo no dia de Pentecostes pelos doze apóstolos[13]. *Uma segunda aproximação* convida então a considerar o deslocamento no tempo desse ponto focal, até aqui considerado no momento de sua aparição. O arco de tempo revela assim um *já* da confissão de fé na Escritura:

---

13. Sobre esta lenda, conf. infra, p. 85.

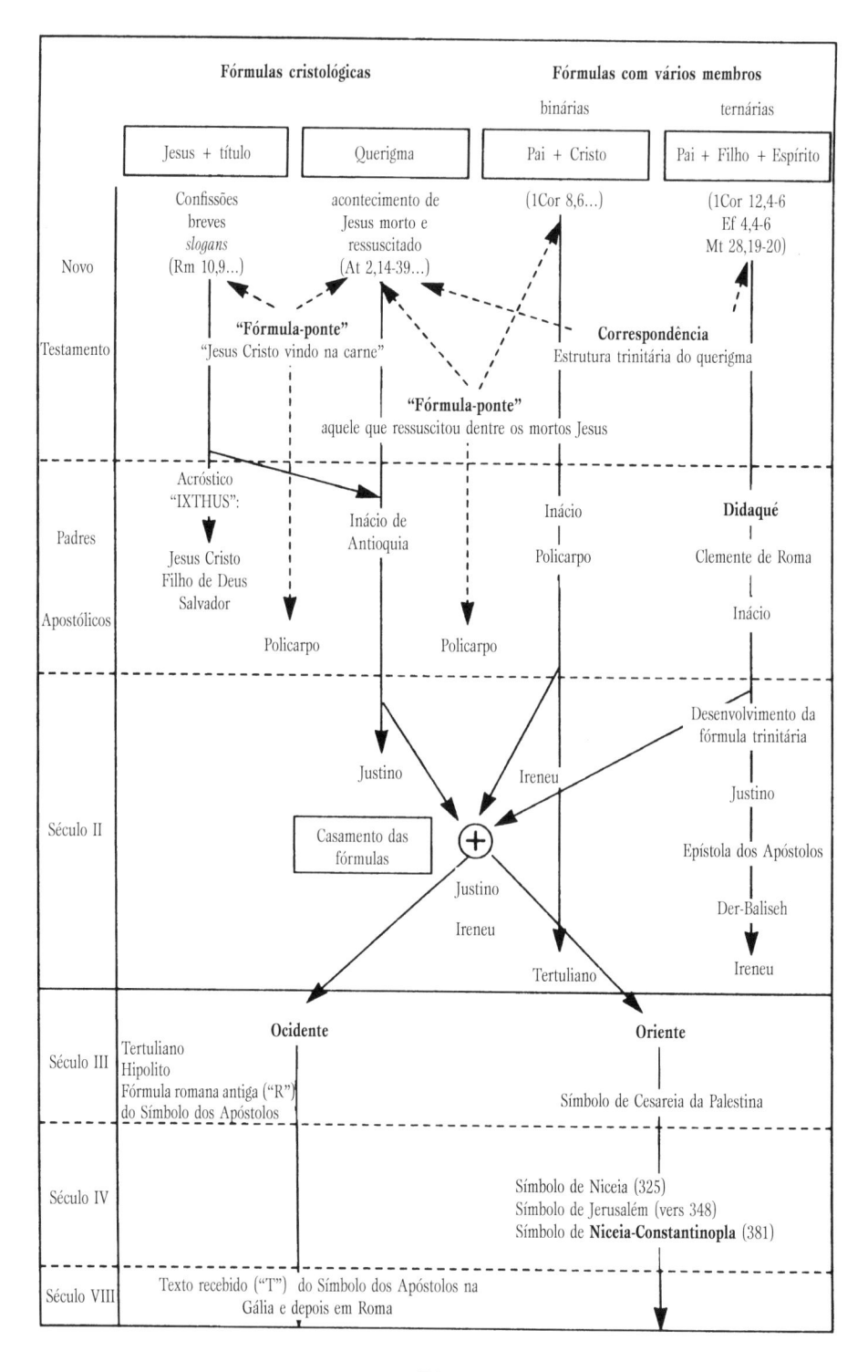

	Fórmulas cristológicas		Fórmulas com vários membros	
			binárias	ternárias
	Jesus + título	Querigma	Pai + Cristo	Pai + Filho + Espírito
Novo Testamento	Confissões breves *slogans* (Rm 10,9...)	acontecimento de Jesus morto e ressuscitado (At 2,14-39...)	(1Cor 8,6...)	(1Cor 12,4-6 Ef 4,4-6 Mt 28,19-20)
	"Fórmula-ponte" "Jesus Cristo vindo na carne"		**Correspondência** Estrutura trinitária do querigma	
		"Fórmula-ponte" aquele que ressuscitou dentre os mortos Jesus		
Padres Apostólicos	Acróstico "IXTHUS": Jesus Cristo Filho de Deus Salvador	Inácio de Antioquia ↓ Policarpo	Inácio | Policarpo	**Didaqué** | Clemente de Roma | Inácio
Século II		Justino	Ireneu	Desenvolvimento da fórmula trinitária Justino Epístola dos Apóstolos Der-Baliseh Ireneu
		Casamento das fórmulas ⊕ Justino Ireneu Tertuliano		
Século III	**Ocidente** Tertuliano Hipólito Fórmula romana antiga ("R") do Símbolo dos Apóstolos		**Oriente** Símbolo de Cesareia da Palestina	
Século IV			Símbolo de Niceia (325) Símbolo de Jerusalém (vers 348) Símbolo de **Niceia-Constantinopla** (381)	
Século VIII	Texto recebido ("T") do Símbolo dos Apóstolos na Gália e depois em Roma			

pois esta corresponde a uma necessidade original das comunidades apostólicas e suas primeiras formulações se acham inscritas no Novo Testamento. O tempo revela também um *ainda não*, pois não encontramos Símbolos totalmente constituídos no dia seguinte à conclusão do Novo Testamento. Ao contrário, assistimos a uma estruturação progressiva das fórmulas, que comporta primeiramente um tempo de grande fluidez, antes de chegar à fixação de um modelo comum, apesar das variantes que este pode comportar. Todo esse prazo de gênese é muito instrutivo quanto à natureza do Símbolo e às situações vitais que presidiram sua constituição.

Enfim, o Símbolo, considerado como fórmula breve, não é suprimido por seus próprios desdobramentos, pois as funções às quais responde permanecem. O Credo se transmite sempre no presente do indicativo numa expressão que deve permanecer viva. É por isso que, mesmo se as fórmulas propriamente litúrgicas nos parecem fixadas há muito tempo, existe, no entanto, uma história do símbolo que continua ao longo das eras. Esta história faz alternar períodos calmos e tempos de maior criatividade. Mas cada vez que a questão do Símbolo se apresenta novamente de modo premente, é sempre um sinal importante para a vida da fé na Igreja.

II. GÊNESE E HISTÓRIA DOS SÍMBOLOS DE FÉ

A pré-história e a história dos Símbolos são relativamente obscuras e complexas: elas deram origem, há mais de um século, a uma literatura considerável. Tentaremos resumir, de maneira um tanto esquemática, suas grandes etapas, sendo o acontecimento decisivo o "casamento" das fórmulas cristológicas e das fórmulas trinitárias. A ordem da exposição seguirá o movimento do tempo, mas acompanha a ordem da investigação que foi, no mais das vezes, regressiva: a investigação remontou no tempo a partir das fórmulas bem atestadas, a fim de descobrir seus antecedentes mais longínquos. Um erro de hipótese durante muito tempo levou a crer na existência de um modelo originário único que depois se teria diferenciado, ou de um modelo simples que se teria complexificado progressivamente, quando na verdade o que se produziu foi o contrário: a partir de modelos diferentes, uma evolução cheia de criatividade articulou progressivamente fórmulas diversas entre si e conduziu a uma relativa fixidez.

1. A SITUAÇÃO DAS CONFISSÕES DE FÉ NO NOVO TESTAMENTO

Simplificando um pouco as coisas, pode-se dizer que o Novo Testamento apresenta quatro *modelos* principais de confissões de fé: dois modelos cristológicos, um modelo binário comportando a menção do Pai e do Filho (ou de Cristo), e um modelo ternário enumerando o Pai, o Filho e o Espírito[14].

Primeiro modelo cristológico: o nome de Jesus e um título

Este modelo se caracteriza pelo enunciado do nome de Jesus, ao qual é acrescido um título que exprime sua identidade no tocante à revelação. Quem crê confessa, portanto, a relação da pessoa concreta de Jesus a uma afirmação de fé. Eis as expressões mais correntes:

> Jesus é Senhor (Rm 10,9; Fl 2,11; 1Cor 12,3)
> Jesus é o Cristo (At 18,5 e 28; 1Jo 2,22)
> Jesus é o Filho de Deus (At 8,36-38 no texto ocidental).

Essas fórmulas brevíssimas parecem *slogans* (Kelly). Elas podem constituir uma aclamação litúrgica. A cena de Filipe e do eunuco etíope já nos orienta, na última delas, rumo a um contexto batismal. A fórmula "Jesus é Senhor" toma um sentido muito concreto quando se sabe que a proclamação "César é Senhor" tinha um valor religioso. O cristão proclama o reinado atual e universal de Jesus ressuscitado, que de algum modo "tomou o poder" no céu, na terra e nos infernos[15]. Durante as perseguições se pedirá aos cristãos que digam "anátema ao Cristo" e "César é Senhor". O testemunho prestado à fé *(martyrion,* mártir) na perseguição constituirá o contexto privilegiado para o uso dessa fórmula cristã[16].

Esse modelo de confissão de fé evoluirá para uma cristalização em que os títulos combinados entre si vão se tornar simples aposições ao nome de Jesus. Ao mesmo tempo, a carga afetiva perderá sua intensidade. A constelação "Jesus-Cristo" ou "o Cristo-Jesus" já é frequente em Paulo. Aparecem também em suas epístolas fórmulas mais completas: "Nosso Senhor Jesus-Cristo" (por exemplo, Cl 3,1) e "Jesus-Cristo nosso Senhor" (por exemplo, Ef 3,11; 1Tt 2,2). Redescobrimos hoje o valor de confissão inscrito nessas expressões com hífen. Dizer "Jesus" ou dizer "o Cristo" não é exatamente a mesma coisa.

Segundo modelo cristológico: o "querigma"

Este segundo modelo é constituído por uma fórmula *narrativa* mais ou menos desenvolvida. Conta-se ali o advento de Jesus, insistindo-se em seu mistério de morte e ressurreição. Este relato é atestado segundo formas diversas.

---

14. Sobre esta questão, cf. J. N. D. Kelly, *Early Christian Creeds,* cap. I, pp. 6-29. — P. Benoît, Les origines du Symbole des apôtres dans le Nouveau Testament, LV 2, (1952) 39-60.
15. Cf. O. Cullmann, op. cit., p. 83.
16. Cf. *Martyre de Polycarpe,* 8,2; *SC* 10 bis, p. 253; O. Cullmann, op. cit., p. 63.

Há primeiramente as grandes "proclamações" *(kèrygma)* dos Atos dos Apóstolos, isto é, os discursos pronunciados por Pedro (At 2,14-39; 3,12-26; 4,9-12; 5,29-32; 10,34-43), depois por Paulo (13,16-41), que representam modelos muito primitivos da pregação cristã. Cada discurso tem suas características particulares, mas o esquema de base é sempre o mesmo: apresenta-se Jesus de Nazaré, esse homem credenciado por Deus em razão de suas palavras, de seus milagres e de suas ações; foi crucificado, mas Deus o ressuscitou.

O mesmo esquema toma uma forma já consagrada pela repetição tradicional na pena de Paulo:

> Eu vos transmiti, em primeiro lugar, o que eu mesmo recebera:
> Cristo morreu por nossos pecados, segundo as Escrituras.
> Foi sepultado,
> ressuscitou ao terceiro dia, segundo as Escrituras.
> Apareceu a Cefas, depois aos Doze.
> (1Cor 15,3-5)

A esse modelo se referem muitos textos do Novo Testamento sob a forma de uma citação parcial ou de uma alusão. Toda a sequência é então evocada a partir de um membro significativo (por exemplo, 1Ts 4,14; 5,10; Gl 1,4; 2,20; Rm 4,25; 8,34; etc.).

Esse mesmo querigma cristológico pôde, assim, inserir-se em certos esquemas particulares de exposição: por exemplo, o do rebaixamento e da elevação (Fl 2,6-11) — que o Oriente sublinhará — ou o da cristologia dita de dois graus (Rm 1,3-4 e 1Pd 3,18), que distingue o Cristo "segundo a carne" (em razão de seu nascimento humano e de sua morte) e o Cristo "segundo o Espírito" (em razão de sua ressurreição). Será o esquema da tradição ocidental[17].

Pode-se constatar, por fim, uma espécie de "fórmula-ponte" entre esses dois primeiros modelos cristológicos: "Jesus Cristo vindo na carne" (1Jo 4,2; 2Jo 7). Essa fórmula tem o formato breve e bem marcado do primeiro modelo. Mas o que ela proclama de Jesus (já tornado Jesus Cristo) não é um título, mas o evento global de sua encarnação.

Observemos, por fim, que essas fórmulas querigmáticas são postas na boca daqueles que ensinam, ao passo que as fórmulas breves exprimiam, antes, a resposta de quem crê. As primeiras exercem sobretudo a função doutrinal; vão servir de base à catequese. As segundas exprimem mais formalmente a função confessional. Sua feição literária é particularmente adaptada para isso.

O modelo binário: Deus-Pai e Cristo

Este modelo comporta a enumeração intencional dos nomes de Deus-Pai e de Cristo. A cada um se acha relacionada uma intervenção própria na história da salvação. Tal como esta fórmula típica:

---

17. Cf. W. Rordorf, op. cit., p. 226.

> [...] para nós, só há um Deus, o Pai, de quem tudo procede, e para o qual nós vamos, e um só Senhor, Jesus Cristo, pelo qual tudo existe e pelo qual nós existimos.
>
> (1Cor 8,6; cf. também 1Tm 2,5-6 e 6,13)

Alguns autores acreditam que essas fórmulas eram destinadas ao ensinamento dos pagãos: aos judeus que acreditavam no Deus do Antigo Testamento bastava anunciar o Cristo; aos pagãos era preciso anunciar também o Deus único e criador[18]. Será essa, de todo modo, a interpretação de Ireneu, cuja grande obra *Contra as heresias* é construída sobre a fórmula binária: um só Deus, um só Cristo:

> Aos judeus eles [= os apóstolos] proclamavam que Jesus, a quem tinham crucificado, era o Filho de Deus, o Juiz dos vivos e dos mortos, e que recebera do Pai o reinado eterno sobre Israel [...]; aos gregos anunciavam um só Deus, Criador de todas as coisas, e seu Filho Jesus Cristo[19].

Mas isso talvez não dê conta de toda a realidade: aqui também existe uma fórmula-ponte com o querigma: "*Aquele* que ressuscitou dentre os mortos *Jesus* nosso Senhor" (Rm 4,24; 8,11; 2Cor 4,14; Cl 2,12; 1Pd 1,21). Essa fórmula é ao mesmo tempo histórica e binária, já que menciona Deus e Jesus. Ora, ela parece mais adaptada ao ambiente judeu, em que a expectativa da ressurreição dos mortos era viva, do que ao ambiente pagão, para o qual ela constituía um grave obstáculo à fé. É, portanto, provável que ela se tenha cristalizado a partir do querigma aos judeus.

Que devemos pensar da ausência do Espírito Santo nesse modelo? Ela se explica na medida em que se trata de fórmulas catequéticas, e não litúrgicas ou batismais. O Espírito, de fato, é muito menos objeto de um ensinamento do que aquele por cujo poder e graça a fé é anunciada e confessada: "ninguém pode dizer 'Jesus é Senhor', a não ser pelo Espírito Santo" (1Cor 12,3).

O modelo ternário: Pai, Filho, Espírito

Trata-se sempre de fórmulas enumerativas e escandidas pelos três nomes divinos. Convém chamá-las "ternárias" e não "trinitárias", já que o termo "Trindade" não se encontra no Novo Testamento. Mas a ligação estreita estabelecida entre esses três nomes divinos está evidentemente na base da reflexão trinitária da Igreja. O querigma também relacionava concretamente os nomes do Pai, do Filho e do Espírito, exprimindo suas atividades respectivas

---

18. Cf. O. Cullmann, op. cit., p. 72.
19. Ireneu, *CH*, III,12,13; Rousseau, p. 332.

na única história da salvação. Está, portanto, em correspondência com o modelo ternário.

Consideremos aqui somente as fórmulas deliberadamente construídas na enumeração. Elas vão desempenhar um papel decisivo para a gênese dos Credos. Há, antes de tudo, duas célebres fórmulas paulinas:

> Há diversidade de dons da graça, mas o Espírito é o mesmo; diversidade de ministérios, mas é o mesmo Senhor;
> diversos modos de ação, mas é o mesmo Deus que realiza tudo em todos.
> (1Cor 12,4-6)

> Há um só corpo e um só Espírito, do mesmo modo que a vossa vocação vos chamou a uma só esperança;
> um só Senhor, uma só fé, um só batismo;
> um só Deus e Pai de todos, que reina sobre todos, age por meio de todos e permanece em todos.
> (Ef 4,4-6)

Essas duas fórmulas se assemelham muito: cada uma remonta do Espírito ao Pai. Paulo e seu discípulo relacionam as realidades variadas da vida da Igreja à unidade de um só mistério, a unidade do Espírito e a unidade do Senhor confirmando a unidade última do Deus e Pai. Paulo associa igualmente os três nomes divinos em suas saudações: "A graça do Senhor Jesus Cristo, o amor de Deus, e a comunhão do Espírito Santo estejam com todos vós" (2Cor 13,13).

Trata-se de fórmulas de ensinamento. Uma terceira fórmula ternária é de outra procedência, mais tardia e de origem decerto litúrgica. É a ordem batismal que conclui o evangelho de Mateus: o texto não pertence à tradição apostólica comum, mas exercerá uma influência decisiva sobre o desenvolvimento das fórmulas batismais:

> Ide, pois; de todas as nações fazei discípulos, batizando-as em nome do Pai e do Filho e do Espírito Santo, ensinando-as a guardar tudo o que vos ordenei.
> (Mt 28,19-20)

Desses testemunhos do Novo Testamento devemos acentuar não somente a pluralidade de fórmulas, mas também de modelos (*pattern*, Kelly). Cada modelo remete a uma situação de vida eclesial relativamente detectável. O ensinamento da fé e a confissão litúrgica (batismo) aparecem em primeiro plano. Esses modelos coexistiram sem problema. Não parece ser necessário tentar ver neles, como O. Cullmann[20], um desenvolvimento contínuo que teria passado das fórmulas cristológicas às fórmulas de dois, depois de três membros.

---

20. Cf. O. Cullmann, op. cit., p. 68.

2. A SITUAÇÃO DAS CONFISSÕES DE FÉ NA ÉPOCA DOS PADRES APOSTÓLICOS

Diante das fórmulas de fé que se encontram nos escritos dos Padres apostólicos, pode-se constatar que a situação entre eles é fundamentalmente a mesma que acaba de ser descrita no Novo Testamento[21]. Reencontramos os quatro modelos, e um mesmo autor não tem dificuldade em utilizar modelos diferentes. Alguns textos característicos podem ilustrar essa constatação.

Os dois modelos cristológicos

O primeiro modelo é mais frequentemente atestado sob a forma de uma titulação mais ou menos desenvolvida em torno do nome de Jesus. Um exemplo célebre é dado pelo acróstico *ICHTHYS* ("peixe", em grego) que é formado pelas iniciais da fórmula "Jesus, Cristo, Filho de Deus, Salvador"[22]. O nome e a imagem do peixe se tornaram assim sinal de reconhecimento entre cristãos, e por conseguinte um dos primeiros "símbolos" iconográficos do cristianismo. Encontra-se também em Policarpo a fórmula-ponte já assinalada:

> Qualquer um que não confesse que Jesus Cristo veio na carne é um anticristo[23].

O segundo modelo, querigmático, é firmemente atestado nas cartas de Inácio de Antioquia:

> Sede, portanto, surdos quando vos falarem de outra coisa que não Jesus Cristo, da raça de David, [filho] de Maria, que em verdade nasceu, comeu e bebeu, que em verdade foi perseguido sob Pôncio Pilatos, que em verdade foi crucificado, e morreu, aos olhos do céu, da terra e dos infernos, que também em verdade ressuscitou de entre os mortos. Foi seu Pai que o ressuscitou, e será ele também [o Pai] que, à sua semelhança, nos ressuscitará em Jesus Cristo, a nós que cremos nele, fora de quem não temos a vida verdadeira[24].

Esse texto é notável por mais de uma razão: reproduz, de maneira bem marcada, a sequência querigmática herdada da tradição neotestamentária. Mas introduz algumas novidades notáveis. Menciona o nascimento virginal de Jesus, dado que sempre esteve ausente dos querigmas do Novo Testamento, mas que

---

21. Cf. J. N. D. Kelly, op. cit., pp. 65-70.
22. Cf. O. Cullmann, op. cit., p. 71.
23. Policarpo, *Lettre aux Philippiens*, 7,1; SC 10 bis, p. 213.
24. Inácio de Antioquia, *Aux Tralliens*, 9,1-2; SC 10 bis, p. 119. Outras fórmulas cristológicas, *Aux Éphésiens*, 18,2, e *Aux Smyrniotes*, 1,1-2; pp. 87 e 155-157.

pertencerá doravante a todos os Credos cristológicos. Traz também a menção que se tornará clássica: "sob Pôncio Pilatos" (já presente em At 3,13 e 1Tm 6,13). A fórmula inaciana é também marcada pelo caráter de atualidade, ao mesmo tempo em que reitera a mensagem tradicional. A locução adverbial "em verdade", quatro vezes repetida, torna manifesta a intenção de se opor aos hereges "docetas" que recusam crer na verdadeira humanidade de Jesus. O Credo torna-se assim uma "regra" de fé que distingue os verdadeiros cristãos. Essa insistência, imposta pela conjuntura, não lhe sobreviverá.

Nessa fórmula vemos igualmente soldar-se os dois modelos neotestamentários: a fórmula breve, tornada título de Jesus (aqui: "Jesus Cristo", em outros lugares: "nosso Senhor" ou "nosso Deus, Jesus Cristo"), encabeça a sequência querigmática. Esse elo discreto traduz a força de atração mútua dos diferentes modelos e anuncia uma junção muito mais decisiva. Em Inácio de Antioquia, o segundo artigo dos futuros Símbolos já está pronto.

Os modelos binário e ternário

O modelo binário se encontra também em Inácio de Antioquia e Policarpo de Esmirna[25]. Ele sobreviverá até o final do século II, com Ireneu, e início do III, com Tertuliano[26]. Mais uma vez, Policarpo é testemunha de uma fórmula-ponte, ao mesmo tempo binária e querigmática:

> Crendo naquele que ressuscitou nosso Senhor Jesus Cristo de entre os mortos e lhe deu a glória[27].

O modelo ternário terá mais futuro. Clemente de Roma testemunha-o de modo privilegiado:

> Por que querelas — escreve ele aos coríntios —, cóleras, disputas, cisões e guerras no meio de vós? Não temos um só Deus, um só Cristo, um só Espírito de graça que foi difundido sobre nós e uma só vocação em Cristo?[28]

O parentesco com as fórmulas paulinas é evidente. Mas desta vez a enumeração parte do Pai e desce até o Espírito.

A *Didaqué* retoma, por seu turno, a herança da fórmula batismal presente em Mateus:

---

25. Id., *Aux Magnésiens*, 8,2; *Lettre aux Philippiens*, 12,2; *SC* 10 bis, pp. 103 e 221.
26. Ireneu, *CH*, I,3,6; III,1,2; Rousseau, p. 39 e 277. — Tertuliano, *De la prescription contre les hérétiques*, 36,4; *SC* 46, p. 138.
27. Policarpo, *Lettre aux Philippiens*, 2, 1 (retomando 1Pd 1,21); *SC* 10 bis, p. 205.
28. Clemente de Roma, *Aux Corinthiens*, 46, 5-6; também 58,2; *SC* 177 e 193. Inácio usa também uma fórmula ternária, *Aux Magnésiens*, 13,1; *SC* 10 bis, p. 107.

Para o batismo, batizai desta maneira: após ter dito antes tudo o que precede, batizai em nome do Pai, e do Filho, e do Espírito Santo, na água corrente[29].

Essa fórmula da *Didaqué* é uma peça capital na gênese dos Símbolos. Ela é uma testemunha privilegiada do uso de um Credo ternário no contexto batismal. Ora, acontece que é no interior desse esquema ternário que vai se dar a unidade dos diversos modelos de confissões de fé.

3. A UNIÃO DAS FÓRMULAS CRISTOLÓGICAS E TRINITÁRIAS

O acontecimento decisivo na gênese dos Símbolos de fé é incontestavelmente a união dos dois modelos cristológico e trinitário (o termo já pode ser empregado). Vemo-lo realizar-se, depois de vários tateios, em Justino e Ireneu, durante a segunda metade do século II. O fato será irreversível. Eis como podemos tentar reconstituir as coisas.

De um lado, a fórmula trinitária se enriquece, a exemplo de seus antecedentes neotestamentários binários e ternários: a menção de cada nome divino é acompanhada de um atributo, de um título ou de uma atividade que lhe é própria na história da salvação. O Pai é confessado como o Criador, ou o soberano do universo *(pantokratôr)*. Uma titulação mais ou menos desenvolvida acompanha a menção do Filho, ou mesmo, às vezes, uma citação breve da sequência querigmática (por exemplo: "que foi crucificado sob Pôncio Pilatos"). Ao nome do Espírito é associada a profecia, depois é nomeada a Igreja, a ressurreição da carne ou a remissão dos pecados. Esses desdobramentos são sempre frutos da atividade batismal da Igreja[30].

Vemos então a sequência querigmática inteira vir se enxertar no segundo artigo do esquema trinitário[31]. Os dois modelos parecem atravessados por um movimento de atração mútua. A inserção conhece um momento de hesitação: mais breve no início, ganha progressivamente todo o seu desenvolvimento; de igual modo, em Ireneu ela ocorre uma vez no quadro do terceiro artigo, e o querigma é transferido à atividade profética do Espírito que anunciou o advento do Cristo[32]. Neste caso, o modelo cristológico segue os passos do modelo trinitário. Essa variante é muito característica do fenômeno de "soldagem". Mas, bem depressa, a reunião se fará no segundo artigo. Mais tarde, o Símbolo pseudoatanasiano dito *Quicumque*[33] e o hino *Te Deum* permanecerão como testemunhas de uma fórmula trinitária seguida de um enunciado cristológico.

---

29. *Didachè*, 7,1; *SC* 248, p. 171.
30. *Epistula apostolorum*, DzS 1: Papiros de Der-Balyseh, DzS 12; Justino, Ière *Apologie*, 61,3 e 10; Wartelle, p. 183, numa descrição do batismo; Ireneu, *CH* I,3,6 e III,1,2 (fórmulas binárias), IV,33,7 (fórmula trinária); Rousseau, pp. 39, 277 e 518-519.
31. Cf. J. N. D. Kelly, op. cit., pp. 70-82; O. Cullmann, op. cit., p. 75; W. Rordorf, art. cit., p. 227.
32. Ireneu, *CH*, 1,10,1; Rousseau, pp. 65-66.
33. DzS 75-76.

Seria demorado citar os textos aqui. Mencionemos apenas esta bela fórmula, lucidamente construída, de Ireneu:

> E eis a regra da nossa fé, o fundamento do edifício e o que dá firmeza à nossa conduta:
> Deus Pai, incriado, que não é contido, invisível, um Deus, o criador do universo; este é o primeiríssimo artigo da nossa fé.
> Mas como segundo artigo: o Verbo de Deus, o Filho de Deus, Cristo Jesus Nosso Senhor, que apareceu aos profetas segundo o gênero de suas profecias e segundo o estado das economias do Pai; por quem tudo foi feito; que, ademais, no final dos tempos, para recapitular todas as coisas, se fez homem entre os homens, visível e palpável, para destruir a morte, fazer surgir a vida e operar uma comunhão de Deus e do homem.
> E como terceiro artigo: o Espírito Santo, pelo qual os profetas profetizaram e os Pais aprenderam aquilo que diz respeito a Deus, e os justos foram guiados na via da justiça, e que, no final dos tempos, foi difundido de uma maneira nova sobre nossa humanidade para renovar o homem sobre toda a terra em vista de Deus[34].

Essa fórmula de Ireneu é interessante por sua incisão doutrinal: ela pretende oferecer a regra da fé cristã, fortemente estruturada em torno dos três nomes divinos tornados objeto de três "artigos" de fé. É a primeira vez que encontramos o termo "artigo", fadado a ter futuro na tradição da Igreja. O conteúdo do querigma está bem situado no segundo artigo, após uma titulação particularmente desenvolvida. Encontra-se ali a menção da encarnação, da morte e da ressurreição, essas duas últimas, é fato, transcritas no vocabulário próprio a Ireneu. A intenção catequética, portanto, parece predominante, mas trata-se de uma catequese batismal, pois Ireneu deixa claro logo depois que "em nosso novo nascimento, o batismo ocorre por esses três artigos"[35], que constituem os "três capítulos de nosso selo"[36].

Justino e Ireneu são para nós as testemunhas do "casamento" das fórmulas, mas não há certeza de serem eles seus autores. A razão fundamental dessa reunião deve ser buscada na pressuposição mútua que existia entre os dois modelos e que os animava num movimento de convergência. A sequência cristológica pressupunha, de fato, a ligação de Jesus ao Pai que o enviara e ao Espírito que o Pai difundira. A enumeração trinitária, por seu turno, não era fruto de uma especulação sobre Deus, mas a conclusão tirada da história da salvação na qual se haviam manifestado o Pai, o Filho e o Espírito. Entre os dois modelos, a titulação de Cristo, cristalização da confissão breve do Novo Testamento, pôde desempenhar uma função afiveladora, pois ela se juntou, de

---

34. Ireneu, *Démonstration de la prédication apostolique*, nº 6, *SC* 62, p. 39-40. Encontra-se em Justino a mesma atestação da união das fórmulas na *Ière Apologie*, 13,1-3; Wartelle, pp. 113.

35. Ibid., nº 7, *SC* 62, p. 41.

36. Ibid., nº 100, *SC* 62, p. 170.

um lado, ao modelo cristológico e, do outro, veio acompanhar a menção do Filho no modelo trinitário. Quanto ao lugar eclesial dessa união, temos boa chance de acertar ao situá-lo na catequese batismal: esta foi o lugar privilegiado da reunião entre o ensinamento da fé (contexto original das fórmulas cristológicas) e a liturgia (contexto original das fórmulas trinitárias).

4. NO OCIDENTE: O VELHO SÍMBOLO ROMANO DITO "SÍMBOLO DOS APÓSTOLOS"

O tempo das mutações se esgotou. As atestações que dele guardamos se reduzem a *Credos de autor*, apresentados, sobretudo em Ireneu, como expressões da "regra da fé". Mas, no início do século III, encontramos *Credos de Igreja*, que mostram a cristalização litúrgica oficial da gênese anterior. A história desses Credos é bastante diferente no Ocidente e no Oriente.

A *Tradição apostólica* de Hipólito de Roma, que data do início do século III, é a primeira coletânea de regulamentações eclesiásticas e litúrgicas desde a *Didaqué*. A descrição que ela dá da "tradição do santo batismo" comporta um Símbolo batismal sob forma interrogativa. Esse texto é particularmente venerável, pois é o ancestral direto e mais remotamente atestado daquilo que a Igreja ocidental chama até hoje de "Símbolo dos Apóstolos":

— Crês em Deus-Pai todo-poderoso?
— Creio.
— Crês em Cristo Jesus, Filho de Deus, que nasceu da Virgem Maria por obra do Espírito Santo, foi crucificado sob Pôncio Pilatos, morreu, ressuscitou no terceiro dia, vivo de entre os mortos, subiu aos céus e está sentado à direita do Pai, que virá julgar os vivos e os mortos?
— Creio.
— Crês no Espírito Santo na santa Igreja?
— Creio[37].

Esse diálogo acompanha a tríplice imersão batismal. É o padre que recita a fórmula do Símbolo. O batizado só faz exprimir a adesão de sua fé. Após cada uma de suas respostas, o padre lhe põe a mão sobre a cabeça e o mergulha na água. Esse Credo, bastante breve, representa exatamente o ponto de chegada da gênese acima descrita: é uma fórmula trinitária ampliada, que comporta, no segundo artigo, a inserção da sequência cristológica.

Para obter o "Símbolo dos Apóstolos" sob seu estado antigo, basta passar o texto da forma interrogativa e dialogada à forma declarativa: ele se torna então uma longa frase comandada pelo verbo "creio". Será o Credo da Igreja de Roma,

---

37. Hipólito de Roma, *La Tradition apostolique*, n° 21, SC 11 bis, pp. 85-87.

isto é, a fórmula romana antiga (chamada "R"), atestada com algumas variantes durante o século IV[38]. Encontramo-la mais tarde em Ambrósio de Milão[39].

Esse mesmo Credo vai ganhar todo o Ocidente. No século VIII ele é enriquecido (muito provavelmente na Gália) com alguns adendos: o Pai é confessado "criador do céu e da terra"; o segundo artigo comporta a menção da descida aos infernos; o terceiro acrescenta a comunhão dos santos e a vida eterna. Trata-se então de nosso Símbolo atual, do texto "recebido" em todo o Ocidente (chamado "T").

Que pensar da atribuição desse Símbolo aos apóstolos? Trata-se de uma lenda que durante muito tempo teve autoridade no Ocidente, ao passo que o Oriente parece não tê-la conhecido. Ela remonta a Ambrósio e a Rufino e se acha ingenuamente expressa num sermão do século VII, falsamente atribuído a Agostinho[40]. O autor relata que os Doze apóstolos redigiram o Símbolo que leva seu nome no dia de Pentecostes, antes de se separar. Cada um teria pronunciado um dos doze artigos. (Mas é praticamente impossível dividir o Símbolo de maneira convincente em doze artigos.) No século XV, o humanista Lourenço Valla denunciou o caráter lendário dessa opinião[41].

Ocorre que essa atribuição apócrifa comporta um elemento de verdade. Certamente é errado dizer que os apóstolos redigiram um Símbolo que é, com toda evidência, um documento da Igreja pós-apostólica e que não pertence às Escrituras. No entanto, é correto atribuir ao Símbolo uma autoridade apostólica. A gênese que acaba de ser descrita dá prova disso. Não somente a maioria das expressões do Símbolo vêm efetivamente do Novo Testamento, mas sobretudo a regra viva de fé que ele transmite é a herança direta das confissões de fé da Igreja dos apóstolos. O Símbolo constitui, portanto, uma regra apostólica. Está no cerne da tradição da fé.

5. NO ORIENTE: RUMO AO SÍMBOLO DE NICEIA-CONSTANTINOPLA

No Oriente, Orígenes ainda é uma boa testemunha dos Credos de autor[42]. Mas entre ele e os primeiros Credos de Igrejas verificamos um relativo silêncio. Este é consequência da disciplina do arcano *(disciplina arcani),* que se estende a partir de meados do século III: a chave dos mistérios cristãos não deve de modo nenhum cair nas mãos dos pagãos. Estes não devem assistir às liturgias do

---

38. Cf. *Codex Laudianus*, profissão subscrita por Marcelo de Ancira e texto comentado por Rufino, *DzS* 11-12. — Sobre a história deste Símbolo, cf. P. Th. Camelot, Le Symbole des apôtres, origines, développements, signification, *LV* 2 (1952) 61-80.

39. Ambrósio de Milão, *Explication du Symbole*, *DzS* 13; Agostinho, *Sermon* 213, *DzS* 14.

40. Ambrósio de Milão, Lettre 42,5; *PL* 16, 1174. — Rufino, *Explication du Symbole*, 2; *PL* 21, 337. — Pseudo-Agostinho, *Sermon* 240, *PL* 39, 2189.

41. Sobre a história desta lenda, cf. H. de Lubac, op. cit., pp. 23-59.

42. Orígenes, *Commentaire sur Matthieu*, series 33; *PG* 13, 1643-1644.

batismo e da eucaristia; não devem tampouco conhecer o texto do Símbolo. Os catequistas, com grande reserva, citam trechos dele aos catecúmenos e insistem, em seguida, para que seus ouvintes o aprendam de cor, sem escrevê-lo:

> Encerramos — diz Cirilo de Jerusalém a seus catecúmenos — nestes poucos versículos todo o ensinamento da fé. Eis precisamente o que quero que vós aprendais textualmente e que reciteis a sós com grande cuidado, sem escrevê-lo em papiros, mas gravando-o pela memória em vosso coração [...] Guardai esta fé como um viático todo o tempo de vossa vida e não recebais nenhuma outra senão ela[43].

Graças a Eusébio de Cesareia, que o pronunciou diante do concílio de Niceia e talvez o tenha redigido em parte, conhecemos o Símbolo batismal da Igreja de Cesareia da Palestina. Seu segundo artigo, consagrado ao Filho, é típico da tradição oriental: entre a titulação do Cristo e a menção da encarnação, ele desenvolve, em linguagem joanina, o que diz respeito à origem divina do Filho antes de todos os séculos. Essa insistência, um pouco "metafísica" aos olhos do Ocidente, indica o lugar dos futuros grandes debates doutrinais do Oriente. Este segundo artigo nos aparece hoje como um "rascunho" do futuro Símbolo de Niceia-Constantinopla:

> E (nós cremos) num único Senhor, Jesus Cristo, Verbo de Deus, Deus de Deus, Luz da Luz, Vida da Vida, Filho único, gerado, primogênito de toda criatura, gerado do Pai antes de todos os séculos, por quem tudo foi feito, que, para nossa salvação, se encarnou, compartilhou da vida dos homens, sofreu, ressuscitou ao terceiro dia, subiu para junto do Pai e retornará na glória para julgar os vivos e os mortos[44].

Era usual no Oriente que cada grande Igreja possuísse sua fórmula particular de Credo. A estrutura decerto era comum, mas as variantes podiam ser numerosas. Quando um bispo assumia a cátedra, enviava a seus irmãos no episcopado a fórmula de sua "fé", isto é, o Símbolo de sua Igreja. Estes faziam então ato de reconhecimento do Símbolo de seu irmão e o admitiam em sua comunhão. Esse sistema parece ter funcionado longo tempo, até a generalização do uso do futuro Símbolo de Niceia-Constantinopla. Um dos Símbolos mais célebres do século IV foi o de Jerusalém, amplamente comentado por Cirilo aos catecúmenos (por volta de 348). A partir do final do século IV, numerosas fórmulas chegaram até nós (Símbolos de Salamina, de Antioquia, de Mopsuéstia etc.[45]).

---

43. Cirilo de Jerusalém, *Catéchèses baptismales*, V,12; Bouvet, *PF*, pp. 91-92.
44. *DzS* 40.
45. *DzS* 41-45 e 50-51

6. NOVAS GERAÇÕES DE SÍMBOLOS AO LONGO DA HISTÓRIA

Símbolos conciliares

Com o concílio de Niceia de 325 começa uma nova etapa da história dos Símbolos. Busca-se, de fato, uma solução à crise doutrinal procedendo à adição de certas expressões mais "técnicas" aos artigos em litígio. É assim que o concílio de Niceia acrescenta ao Símbolo o famoso "consubstancial ao Pai", a fim de responder à contestação ariana. A entrada do vocabulário da filosofia grega num Símbolo de linguagem até então puramente escriturística vai causar escândalo. As Igrejas levarão cinquenta anos para se tranquilizar: inúmeros sínodos se realizarão e proporão uma fórmula de fé que refletirá as tendências doutrinais da maioria dos bispos presentes. Essas fórmulas serão ou ortodoxas, ou ambíguas por causa de certos silêncios, ou francamente heréticas. A reconciliação virá no momento do concílio de Constantinopla I (em 381), que deverá, além disso, trazer todas as explicações necessárias sobre a divindade do Espírito Santo, como Niceia fizera acerca da divindade do Filho[46].

Os antigos Credos eram Credos para catecúmenos, escreve H. C. Turner; os novos Credos são para bispos[47]. De fato, vemos que o Símbolo se torna objeto de um uso propriamente dogmático. Ele é o lugar da definição conciliar. Trata-se, portanto, de outra geração de Símbolos: o que eles ganham em precisão doutrinal, perdem em poder litúrgico. Por isso o concílio de Éfeso decidirá não mais fazer adendos ao Símbolo. A definição de Calcedônia (451) será expressa num texto separado, de feição ainda simbólica, mas que não visará mais a um uso catequético ou litúrgico.

O Símbolo de "Niceia-Constantinopla"

A origem deste Símbolo oficialmente atribuído ao primeiro concílio de Constantinopla pelo de Calcedônia é um tanto quanto obscura. A despeito das inúmeras hipóteses aventadas, é muito provável que o concílio de Constantinopla o tenha emendado, completado e promulgado sem tê-lo realmente composto[48]. Após ter conhecido um momento de eclipse na primeira metade do século V, esse Credo foi adotado em quase todo o Oriente como Símbolo batismal a partir do século VI[49]. Fato mais importante ainda para o futuro: ele é introduzido na mesma época na liturgia da missa, no Oriente primeiro (a partir de Constantinopla), depois

---

46. Esses dois dossiês serão tratados no capítulo V.
47. Citado por Th. Camelot, *LV* n° 2, 1952, p. 74.
48. A questão da origem deste Símbolo será retomada mais adiante (pp. 235-239) a propósito do concílio de Constantinopla I.
49. Sobre La réception du Symbole oecuménique de Nicée à Chalcédoine, cf. A. de Halleux, op. cit., pp. 25-67.

no Ocidente, onde seu uso se generalizará progressivamente, na Espanha no final do século VI, na Irlanda, depois na Gália e na Germânia no VIII, para ser adotado em Roma no IX. Mas o Ocidente terá a audácia de proceder de maneira unilateral a um novo adendo, o do "Filioque", afirmando que o Espírito Santo procede do Pai "e do Filho". Esse incidente alimentará um longo contencioso entre Oriente e Ocidente ainda não resolvido[50].

É este Símbolo que é proclamado ou cantado hoje ainda nas liturgias dominicais. Ele chega até nós trazido por séculos de confissão da fé. Constitui uma referência ecumênica capital entre as Igrejas divididas.

Os documentos simbólicos teológicos e confessionais

Outra geração de Símbolos nascerá na Igreja latina por ocasião de suas reuniões conciliares: serão então Símbolos para teólogos, isto é, catálogos cada vez mais completos dos pontos da fé. A Reforma do século XVI fará nascer assim novas confissões de fé, bastante desenvolvidas, portadoras das funções confessionais e doutrinais para as novas Igrejas: confissão luterana de Augsburgo de 1530, os 39 artigos da Comunhão anglicana em 1563, a confissão helvética posterior de 1566, a Confissão reformada de La Rochelle de 1571 e muitas outras ainda. O século XX também atesta o caráter vivo da função do Símbolo na Igreja: assim a confissão de Barmen emitida em 1933 pela Igreja "confessional" da Alemanha em resistência ao nazismo, as confissões propostas pelo Conselho Ecumênico das Igrejas, o Credo de Paulo VI em 1968, ou ainda os esforços recentes de numerosos cristãos para enunciar sua fé na atualidade de seu tempo. A função do Símbolo responde a uma necessidade constante. A célula-mãe do discurso cristão é também um ponto de retorno constante para a preparação catecumênica e para a catequese, a pregação, a liturgia, a teologia e o dogma. É o lugar essencial da verificação da fé. Por isso ela dá lugar periodicamente a formulações novas, sem para tanto jamais renunciar às primeiras.

Este caráter vivo, evolutivo e diferenciado do Símbolo na história eclesial não põe em questão, portanto, as grandes confissões de fé da Igreja antiga, em particular o Símbolo dos apóstolos e o de Niceia-Constantinopla ainda em uso litúrgico. Mas as adaptações e os desdobramentos que o Credo sofre em razão das questões vindas da história e da cultura são o sinal de que ele não pertence à ordem de uma Escritura fixada de uma vez por todas, mas à de uma tradição viva. Esta deve se preocupar com as questões novas que direta ou indiretamente contradizem a mensagem essencial da fé. É assim que certos problemas podem emergir num momento dado no nível do *status confessionis*, isto é, tomar um valor decisivo no discernimento do que pertence ao ser cristão e do que o contradiz: em Niceia, tratava-se da divindade do Filho; em Constantinopla, da

---

50. Cf. infra, pp. 272-290, o estudo da questão do *Filioque*.

divindade do Espírito Santo; no século XVI foi, por parte das Igrejas nascidas da Reforma, a justificação pela fé.

III. AS ESTRUTURAS DO SÍMBOLO

Esse breve percurso pela gênese e pela história dos Símbolos de fé permite apreender bem suas estruturas formal e material. Vamos tomar aqui como etapa de referência o século III, ou seja, o nível de elaboração posterior à união das fórmulas cristológica e trinitária, que se exprime na *Tradição apostólica* de Hipólito e no velho Símbolo romano. É lá que emerge de fato a estrutura definitiva do conteúdo do Símbolo, válido igualmente para o Oriente: elementos desse conteúdo poderão variar; a estrutura permanecerá a mesma. Essa opção, entretanto, não nos impede de fazer referência às fórmulas anteriores, em que se busca, por meio da variedade das expressões, o que foi recolhido na estrutura final. Este estudo manifestará a implicação das perspectivas cristológica e trinitária, cuja reunião norteou a constituição dos Símbolos da Igreja.

1. ESTRUTURA FORMAL: UMA RELAÇÃO ENTRE DOIS PARCEIROS

Uma estrutura de aliança

Essa estrutura diz respeito ao sentido concreto do Credo, na medida em que exprime um ato. Tudo depende do verbo que introduz a fórmula e de sua primeira oração: "Creio em Deus". Essa afirmação põe em cena dois parceiros e a relação que se inscreve entre eles pelo ato de fé. Essa relação é a de uma aliança, pois o ato de fé é a resposta a uma iniciativa que o precede e que vem de Deus. Esse nome divino será glosado, não em primeiro lugar por seus atributos essenciais, mas por suas atividades em benefício do crente. Este declara que crê em Deus que fez, que faz e que fará — pela ação conjunta e articulada de suas três pessoas — certo número de coisas em favor do crente: criação, salvação, santificação. O Credo privilegia formalmente, portanto, a estrutura do *crer em* sobre a do *crer que*. Ele é testemunha de um ato de discernimento da tradição primitiva que, a partir das formulações autorizadas pelo Novo Testamento, escolheu a construção que relaciona diretamente a pessoa do crente e as pessoas do Pai, do Filho e do Espírito. Mais tarde, Agostinho tematizará o alcance da coisa ao distinguir cuidadosamente o *credere Deum*, isto é, "crer que Deus existe", o *credere Deo*, isto é, "crer na palavra de Deus", e o *credere in Deum*, "solecismo cristão", analisado por H. de Lubac, que traduz um ato original[51]. O crente ex-

---

51. Os textos de Agostinho são recenseados e analisados por H. de Lubac, *La foi chrétienne*, pp. 157-159 e 307-337.

prime o fervor da adesão total e do dom de si àquele a quem deu sua fé; ele se confia a Deus de maneira absoluta e definitiva. A preponderância dada ao *crer em* nem por isso suprime o alcance do *crer que*. Pois o enunciado dos benefícios concedidos por Deus em favor do homem por seu Filho e em seu Espírito comporta um "momento" de verdade professada. Mas a fé é antes de tudo uma adesão de pessoa a pessoa; é em seguida um conjunto estruturado de verdades em que crer (o que é muito diferente de um "catálogo"). O segundo aspecto é subordinado ao primeiro.

É ao modelo do *crer em* que se deve ligar, ao que parece, as demais construções que se encontram no curso da gênese dos Símbolos, ou seja, a ausência de toda expressão de introdução. "Jesus é Senhor" significa: "Para mim Jesus é Senhor", ou "Jesus é meu Senhor" (cf. Fl 3,8) ou "*nosso* Senhor". Clemente de Roma, na fórmula citada mais acima, diz: "Não temos um só Deus?", exprimindo com esse torneio de posse a adesão do crente a Deus e a seu Cristo. Este é o Cristo do crente, como Deus era o Deus de Israel e Israel o povo de seu Deus. A fé afirma, primeiro e antes de tudo, uma ligação existencial e histórica que vai de pessoa a pessoa.

Uma estrutura dialogal

Como vimos, a afirmação feita na primeira pessoa, "creio", tomou o lugar de uma resposta situada num diálogo. Na liturgia, o Credo declaratório é secundário ao Símbolo batismal que procedia por interrogações. Ainda que as fórmulas declaratórias sejam mais numerosas, a alusão ao batismo permite perceber que o texto simbólico ao qual um autor se refere é o das interrogações batismais. O "tu crês?" exprime a prioridade da iniciativa criadora e salvífica de Deus em relação à resposta do crente. Há primeiro um Deus que, por seu Filho e em seu Espírito, se aproximou do homem para se dar a ele. Eles agiram primeiro. Eles têm o direito de fazer uma pergunta ao homem. Cabe-lhes a primeira palavra. O homem só tem acesso à segunda palavra. Sua palavra de homem só faz responder à palavra original de Deus. Não esqueçamos que, no período considerado, o diálogo das interrogações batismais constituía propriamente a linguagem sacramental e performativa da entrada no mistério do Cristo: ele escandia uma tríplice imersão que mergulhava simbolicamente o neófito na morte e na ressurreição de Cristo e o acolhia na Igreja. Ao responder "creio", o batizado se apropria da salvação em Jesus Cristo; é salvo pela graça de Cristo por meio de sua fé. Essa estrutura dialogal já estava presente nos discursos querigmáticos dos *Atos* em que o anúncio detalhado do advento de Jesus provocava a resposta da fé e a decisão de se fazer batizar (At 2,37-39; cf. 8,35-39).

Mais tarde, no desenvolvimento do catecumenato, encontraremos um rito análogo, mas dessa vez preparatório ao batismo: o da *traditio symboli*, entrega do texto do Símbolo ao catecúmeno, seguido algum tempo depois da *redditio symboli*, ou seja, da profissão do Símbolo pelo catecúmeno diante da comunidade eclesial.

O EU do "[eu] creio" é certamente o de um crente individual, mas de um crente inserido no EU de toda a Igreja, um EU que é também um NÓS. A Igreja, presente no EU de cada um e de todos, os faz entrar no EU de sua própria profissão de fé[52]. É notável que os Símbolos conciliares comecem por um "Nós cremos...". Esse "Nós" é, primeiramente, o da assembleia dos Padres do concílio, mas por meio deles é o "Nós" oficial de toda a Igreja que se exprime. De igual modo, o uso litúrgico fará passar legitimamente o Símbolo de Niceia-Constantinopla do NÓS ao EU. O próprio Espírito está presente neste EU e neste NÓS, já que "ninguém pode dizer 'Jesus é Senhor' a não ser pelo Espírito Santo" (1Cor 12,3).

2. ESTRUTURA DO CONTEÚDO: UMA TRINDADE "ECONÔMICA"

Quantos artigos de fé devemos contar no Credo? Essa pergunta conheceu diversas respostas hesitantes que buscavam organizar a sucessão das afirmações de maneiras mais ou menos extrínsecas. A mais difundida consistiu em contar doze artigos, já que houve doze apóstolos. Mas essa explicação, bastante tardia, não corresponde a nada de sério. A divisão do Símbolo em doze artigos varia de um comentador para outro.

Uma fórmula de Ireneu conta sete artigos, em referência ao candelabro de sete braços[53]. Outras apresentações veem cinco artigos em referência à parábola evangélica dos cinco pães[54]. Essas imagens significam uma hesitação, pois o Símbolo se desenvolveu no sentido da Igreja e dos efeitos da salvação. Mas não se sabe muito bem como articular esses novos pontos com os três artigos trinitários. Uma possibilidade consistia em numerá-los simplesmente de acordo com os três nomes divinos. Alargava-se então a construção do "Creio em...". Mas logo surge uma dificuldade: não se pode crer *na* Igreja e em seus dons do mesmo modo como se crê *em* Deus, Pai, Filho e Espírito. Acredita-se na Igreja, acredita-se no mistério da Igreja, numa acepção diferente: mas a Igreja não é Deus[55]. De fato, todas as afirmações concernentes à Igreja e aos efeitos da salvação pertencem ao artigo sobre o Espírito Santo.

Encontramos também fórmulas com dois artigos que se prolongam até Ireneu e Tertuliano e conhecem o mesmo enriquecimento vindo do querigma cristológico. Como interpretar este silêncio sobre o Espírito Santo? Seria o sinal de uma hesitação sobre seu caráter pessoal? Não parece, pois a presença dos três artigos é bem atestada em toda a tradição batismal. A efusão do Espírito é relacionada normalmente com o batismo. E não podemos determinar que a

---

52. Cf. H. de Lubac, op. cit., pp. 217-230.
53. Ireneu, *CH*, V,20,1; Rousseau, p. 627.
54. Épître des apôtres, *DzS* 1.
55. Cf. H. de Lubac, *La foi chrétienne*, pp. 235-262.

estrutura em três artigos seja fruto de um desenvolvimento da de dois artigos. A resposta parece estar, antes, no contexto próprio das fórmulas binárias, a evocação da *regula veritatis*, no sentido de critério da verdade: se a fé judaica se exprime pela fórmula "um só Deus", a fé cristã lhe acrescenta "um só Cristo". Não se pretende então resumir a totalidade da fé, mas sublinhar sua originalidade essencial, a relação do Deus-Pai (o do Antigo Testamento) com o Cristo que é seu próprio Filho. Essa relação constituía a afirmação central do querigma. A fórmula binária é a do ensinamento catequético e apologético[56].

Quaisquer que sejam essas variantes na expressão e na interpretação, a única verdadeira estrutura do Símbolo é a dos três nomes divinos. A prova disso já é dada pela firmeza do esquema ternário na Escritura, em particular a ordem batismal de Mt 28, e pelos primeiros desdobramentos do modelo ternário. Os primeiros Padres sublinharam a estrutura ternária com muita lucidez, como Justino ao dirigir-se aos pagãos:

> Não, nós não somos ateus:
> — nós adoramos o criador deste universo [...]
> — O mestre que nos deu este ensinamento e que nasceu para isso, Jesus Cristo, aquele que foi crucificado sob Pôncio Pilatos, procurador da Judeia no tempo de Tibério César, nele reconhecemos o Filho do Deus verdadeiro: nós o colocamos em segundo lugar,
> — e, em terceiro lugar, o Espírito profético[57].

Esses três "lugares" traduzem a ordem dos três nomes divinos, tal como revelados na Escritura. Vimos mais acima o modo como Ireneu formaliza o ensinamento da fé em três "artigos". Os três nomes divinos permanecem em primeiro lugar e cada um deles reúne um grupo original de atividades a serviço dos homens[58].

Enfim, a tradição do batismo atesta, sem dúvida, a existência de três interrogações e de três imersões no curso da celebração do sacramento. De igual modo, o termo "Trindade" emerge em meados do século II, em grego, com Teófilo de Antioquia (Trias)[59] e, no início do século III, em latim, com Tertuliano[60]. Cipriano falará do "Símbolo da Trindade"[61]. E no século IV Jerônimo falará da "fé na Trindade"[62], associando-a à unidade da Igreja.

Como se deve entender este esquema trinitário, tal como se apresenta no Símbolo? Não se trata de um enunciado formal sobre a Trindade eterna, mas do

---

56. Cf. ibid., p. 80.
57. Justino, *Ière Apologie*, 13,1-3; Wartelle, p. 113; cf. também 6,1-2.
58. Cf. H. de Lubac, op. cit. pp. 61-98: "Symbole trinitaire".
59. Teófilo de Antioquia, *Trois livres à Autolycus*, II,15; SC 20, p. 139.
60. Tertuliano faz um emprego corrente do termo em seu *Contra Práxeas*; CC 1.
61. Cipriano, *Lettre* 75, 11; Bayard, Budé, t. II, 298.
62. Jerônimo, *Lettre* 46,3; PL 22,485. Numerosos textos são citados neste sentido por H. de Lubac, op. cit., pp. 61-98.

relato dos gestos que a Trindade realizou na história em benefício dos homens. É uma exposição da "economia" da salvação, no sentido que Ireneu dava a esse termo, isto é, da "disposição" escolhida por Deus em suas sucessivas iniciativas, que encontram seu ápice no envio de seu Filho e no dom de seu Espírito[63]. O Símbolo é um "Credo histórico" que é narrado. Os grandes "querigmas" dos Atos dos Apóstolos procediam da mesma maneira. Aqui também os Credos de autor, mais circunstanciados, confirmam a convicção que se depreende dos textos litúrgicos. Consideremos apenas esta fórmula de Tertuliano que liga os três nomes divinos pelo tema do envio ou da missão do Filho e do Espírito para a salvação dos homens:

> Desde sempre, e mais ainda agora que estamos mais bem instruídos pelo Paráclito, que conduz à inteira verdade, nós cremos que Deus é em verdade único, mas com um modo de disposição, que chamamos "economia", tal que este Deus único tem também um Filho, seu Verbo, que saiu d'Ele e por quem tudo foi feito e sem o qual nada foi feito.
> Cremos que este Filho foi enviado pelo Pai à Virgem e que nasceu dela, homem e Deus, Filho do homem e Filho de Deus, e que foi chamado Jesus Cristo; que sofreu, morreu, foi sepultado segundo as Escrituras, foi ressuscitado pelo Pai, foi restabelecido no céu e sentou-se à direita do Pai, devendo vir julgar os vivos e os mortos.
> Foi ele quem, por sua vez, enviou, da parte do Pai, conforme sua promessa, o Espírito Santo Paráclito, santificador da fé dos que creem no Pai e no Filho e no Espírito Santo[64].

No primeiro artigo, segundo o uso preponderante do Novo Testamento, Deus designa o Pai. O termo não deve abarcar sem mais os três nomes divinos, como na teologia trinitária elaborada em ambiente latino. A Deus-Pai é relacionada a economia da criação (à qual o Filho é associado em muitas fórmulas). Este primeiro tempo é o da *origem* e do fundamento de todas as coisas. A história da salvação se origina no ato criador.

O segundo artigo narra a economia da salvação operada pelo Filho: é a história de Cristo, desde sua origem e sua primeira saída de junto do Pai sob forma de palavra criadora, passando por sua encarnação e seu mistério pascal, até o anúncio de seu retorno no final dos tempos como juiz dos vivos e dos mortos. Este segundo tempo é o do *advento* central e da plenitude dos tempos.

O terceiro artigo descreve a economia da santificação da humanidade, realizada pelo Espírito Santo, já em ação nos profetas, no corpo da Trindade

---

63. Cf. H. de Lubac, op. cit., pp. 99-147: "Trinité économique".
64. Tertuliano, *Contre Praxéas*, 2; trad. segundo J. Moingt, *Théologie trinitaire de Tertullien*, t. I, Paris, Aubier, 1966, p. 67.

que é a Igreja. Essa economia de tipo sacramental (menção do batismo) prossegue até a ressurreição da carne. O terceiro tempo é o da *atualidade* da vida eclesial no Espírito.

Esses três tempos se encadeiam segundo a ordem das manifestações e das missões divinas: o Pai enviou o Filho, que enviou por seu turno o Espírito da parte do Pai. É o EU ou o NÓS crente da Igreja que desde o início os proclama antes de se confessar ela mesma no terceiro artigo segundo uma bela circularidade. Como diz ainda Tertuliano:

> Uma vez que o testemunho da fé e a garantia da salvação têm por caução as três pessoas, necessariamente a menção da Igreja se encontra associada a elas. Pois onde estão os três, Pai, Filho e Espírito Santo, lá também se encontra a Igreja, que é o corpo dos três[65].

A Igreja aparece assim como o lugar de residência da Trindade em meio aos homens.

3. COMPARAÇÃO COM AS "ANÁFORAS" EUCARÍSTICAS

É útil destacar a semelhança, na intuição e na estrutura, entre os Símbolos e as antigas preces eucarísticas, chamadas "anáforas". Estas comportam igualmente três tempos correspondentes às três pessoas divinas.

O primeiro tempo é o do louvor de Deus-Pai pelos benefícios de sua criação e de suas "disposições" na história da salvação: corresponde ao prefácio.

O segundo tempo rememora o acontecimento central desta história, operado por Jesus Cristo. Traz a perícope da instituição e a "anamnese" ou memória da morte de Jesus, sua ressurreição, ascensão e retorno na glória.

O terceiro tempo comporta a "epiclese", isto é, a invocação do Espírito Santo, tanto sobre os dons quanto sobre a comunidade, a fim de que esta se torne o corpo de Cristo, e em seguida o conjunto de orações pela Igreja. Este movimento é bem sentido por Justino[66]. (Está um pouco ocultado nas anáforas da tradição latina, que comportam duas epicleses: uma sobre os dons antes do relato da instituição e outra sobre a comunidade após a consagração.) Uma análise mais esmiuçada poderia mostrar que muitas expressões são comuns entre esses dois tipos de fórmulas litúrgicas que se desenvolveram como vasos comunicantes.

Mas a formalidade da oração eucarística é diferente da do Símbolo: já não é o compromisso na Aliança, mas o memorial da Aliança, celebrado no louvor

---

65. Tertuliano, *Traité du baptême*, 6,2; SC 35, p. 75.
66. Justino, *Ière Apologie*, 65,3 e 67,2; Wartelle, pp. 189-191 e 191.

pela comunidade. O que é professado no Símbolo é aqui proclamado, vivido e atualizado na Igreja.

A estrutura do Símbolo exprime, portanto, o que está no cerne da fé cristã: esta é uma confissão indissociavelmente trinitária e cristológica, já que é o Cristo que revela o mistério do Pai, do Filho e do Espírito. É também um Credo histórico, que professa a grande sequência das iniciativas de Deus desde o Alfa da criação até o Ômega da Parusia. Ela alcança a atualidade da vida do cristão pelo mistério da Igreja. Tomemos de empréstimo a uma testemunha do século IV, Basílio de Cesareia, a expressão da viva consciência que tinha a Igreja antiga do penhor do Símbolo de fé confessado no momento do batismo:

> De que modo somos cristãos? Pela fé, dirá todo mundo. Mas de que maneira somos salvos? Porque renascemos do alto, evidentemente, pela graça do batismo. Pois como poderia ser de outro modo? Após ter adquirido a ciência desta salvação efetuada pelo Pai, pelo Filho e pelo Espírito Santo, nós iríamos largar a forma do ensinamento recebido? [...] É igual prejuízo partir sem batismo ou ter recebido um que careça de um único ponto vindo da tradição. Quanto à profissão de fé que depositamos no momento de nossa primeira entrada, quando, afastando-nos dos ídolos, nos aproximamos do Deus vivo, aquele que não a conserva em toda ocasião e não se prende a ela durante toda sua vida como a uma sólida salvaguarda, este se torna estrangeiro das promessas de Deus, contradizendo o escrito assinado de sua própria mão, que ele entregou como confissão da fé. Pois se o batismo é para mim princípio de vida, e se o primeiro dos dias é o da regeneração, está claro que a palavra mais preciosa será também aquela que foi pronunciada quando recebi a graça da adoção filial[67].

IV. O PRIMEIRO ARTIGO

Um rápido comentário do conteúdo dos três artigos do Símbolo se impõe a uma história dos dogmas. As afirmações apresentadas no Símbolo são, antes de mais nada, artigos de fé. Praticamente todas elas têm um forte apoio escriturístico e são portadoras de numerosos desenvolvimentos futuros. Importa particularmente recuperar a motivação primeira e concreta de cada expressão, sua carga afetiva e seu sentido para os primeiros crentes, assim como o lugar eclesial de sua formação. Nossa referência será dupla: no Ocidente, o Símbolo romano e, no Oriente, o Símbolo de Niceia-Constantinopla, isto é, os dois pontos de chegada litúrgicos do itinerário antigo. A análise das semelhanças como das diferenças entre essas duas tradições é, de fato, instrutiva para o sentido dos conteúdos.

---

67. Basílio de Cesareia, *Sur le Saint-Esprit*, X,26; ed. B. Pruche, *SC* 17 bis, p. 337.

1. CREIO EM DEUS; CREIO NUM SÓ DEUS

Observa-se uma primeira diferença entre os Credos ocidentais e orientais: enquanto os primeiros dizem simplesmente "creio em Deus", os outros insistem na unidade divina, dizendo "creio num só Deus". A menção dessa unidade será repetida a propósito do Filho, do Espírito e da Igreja. Tentou-se encontrar, para essa variação, uma interpretação polêmica: o Oriente, na esteira de Ireneu, cujo *leitmotiv* é "um só Deus, um só Cristo", teria conservado solidamente a afirmação repetida do *um só* contra os gnósticos que dividiam a unidade de Deus numa multiplicidade de princípios ou de *éons*, ou contra Marcião que sustentava que o Deus "cruel" do Antigo Testamento não podia ser o Pai de Jesus. O Ocidente, ao contrário, teria suprimido essa insistência para lutar contra o modalismo trinitário dos sabelianos[68].

Esse tipo de explicação não é muito convincente, pois na época considerada as incidências heréticas tiveram menos influência sobre a redação do Credo do que se tem podido acreditar. Verifica-se, aliás, que Justino e Ireneu empregam fórmulas ternárias sem a insistência no *um só*[69].

A razão de fundo dessa diferença vem do fato de que as duas formulações correspondem a dois modelos escriturísticos diferentes: a menção repetida do *um só* remonta aos modelos paulinos (1Cor 12,4-6 e Ef 4,4-6; 1Cor 8,6), ao passo que sua ausência se prende à ordem batismal de Mt 28,19-20.

Isso posto, ocorre que a insistência repetida na unidade tem um sentido cristão muito forte. No plano escriturístico, ela representava a herança judaica no interior do cristianismo, que retomava por conta própria a confissão de fé do Antigo Testamento: "Um só Deus *(Eis ho Theos; monos ho Theos)*" (cf. Dt 6,4), com toda a carga de aliança que aí se encontra, mas acrescentando-lhe a especificidade cristã: "um só Cristo". O Deus dos cristãos é, sim, o do Antigo Testamento e não outro, mas confessado de maneira nova, um só em três nomes distintos, conforme uma expressão de Tertuliano[70].

Essa insistência é também uma maneira de dizer a unidade de Deus mantida na "disposição" revelada pelo Novo Testamento: a repetição do *um só* ou *o mesmo* diante dos três nomes divinos apresentados na ordem de seu envio mostra que a salvação vem de uma origem única, Deus-Pai (ordem descendente), e sobe de volta à mesma fonte (ordem ascendente), segundo uma economia única. Um só Deus enviou um só Filho e difundiu um só Espírito para fazer uma só Igreja. Assim, esses três nomes não rompem a unidade de Deus. Cada um participa dessa unidade por seu próprio caráter único.

A unidade de Deus é também representada pela unidade da confissão e da comunidade confessante: só há um corpo, como só há um Espírito. A unidade da Igreja dá testemunho assim da unidade de Deus. A fórmula de Clemente de

---

68. Cf. infra, pp. 159-161, I.2, sobre a heresia sabeliana.
69. Cf. Justino, *Ière Apologie*, 6,2 e 13,1-3; Ireneu, *Démonstration*, n. 3 e 6.
70. Tertuliano, *Contre Praxéas*, 31,1; *CCSL* 2, p. 1204.

Roma, citada mais acima, exprime claramente esta convicção. Assim, a afirmação da unidade envolve a reciprocidade da unidade divina e da unidade da Igreja, reunida numa só fé, numa só esperança e num só batismo. O cristianismo pretende manifestar assim sua diferença para com o politeísmo pagão.

2. DEUS-PAI TODO-PODEROSO

Esta expressão representa o âmago do primeiro artigo[71]. É fruto do desenvolvimento espontâneo do nome "Pai". Mas a constelação é complexa e engloba uma tríplice conexão: entre *Deus* e *Pai*, entre *Pai* e *todo-poderoso* e entre *Deus* e *todo-poderoso*. Trata-se de uma titulação unificada ou de determinações distintas?

"Deus todo-poderoso": "esta parece ser mesmo a expressão patrística mais familiar antes do século IV"[72]. A expressão completa aparece em meados do século II no *Martírio de Policarpo*[73], num texto de tonalidade litúrgica. Encontramo-la equivalentemente em Justino[74]. De igual modo, segundo Rordorf[75], o *Sitz im Leben* (a situação vital) da confissão de "Deus, Pai todo-poderoso" deve ser buscada na liturgia e em particular no início da grande oração eucarística, o louvor do Pai, que se tornou o "Prefácio". Esta constelação existiu, portanto, independentemente dos Credos e é uma herança das bênçãos judaicas: louva-se num estilo hínico a grandeza e as dádivas de Deus. Isso se exprime pelos nomes "Pai", *Pantokrator*, "rei" ou "mestre do universo" e, depois, "criador". A liturgia admite facilmente certa redundância dos títulos.

Se nos remetermos ao Novo Testamento ou à LXX, em nenhum lugar encontraremos a expressão toda pronta. Mas seus elementos já estão lá. Na LXX o *Kyrios Pantokrator* traduz a expressão hebraica *Yahveh Sabaoth* (2Sm 5,10; 7,8). *El Shaddai* é também vertido por *Pantokrator* (Jó 5,17). Encontramos também em Amós (5,16): "*Kyrios, ho Theos, ho Pantokrator*" ("Senhor Deus, todo-poderoso"). No Novo Testamento o termo *Pantokrator* é mais raro (2Cor 6,18 e 9 vezes no Apocalipse, uma das quais é a expressão completa de Amós: Ap 4,8). São retomadas das expressões da LXX, num contexto que é, no mais das vezes, o da liturgia celeste. É ainda um indício de que a origem concreta dessa titulação nos Credos se encontra na liturgia eucarística primitiva, no que

---

71. Cf. J. N. D. Kelly, op. cit., p. 131-139.
72. A. de Halleux, Dieu le Père tout-puissant, in *Patrologie et oecuménisme*, p. 74, que remete a quatro empregos de Clemente de Roma, *Epístola aos Coríntios*, título; 2,3; 32,4 e 62,2.
73. *Martyre de Polycarpe*, 19,2; *SC* 10 bis, p. 269.
74. Justino, *Ière Apologie*, 61,3 e 10; Wartelle, p. 183. Também em Ireneu, *CH*, I,10,1; Rousseau, p. 65.
75. Cf. W. Rordorf, La confession de foi..., pp. 231-235, que cita textos da *Didaqué* e de Justino neste sentido; para as fórmulas eucarísticas, cf. *Didachè* 10,3; *SC* 248, p. 179; e Justino, *Ière Apologie* 65,3; Wartelle, p. 189.

retoma da liturgia judaica. Por seu lado, a dupla "Deus-Pai" ou "Deus e Pai" é muito frequente no Novo Testamento (Gl 1,3; Fl 2,11; Ef 4,6; 1Cor 8,6).

O sentido global da constelação, entretanto, não substitui o significado próprio de cada um de seus elementos. Quando Deus é confessado como Pai, de quem se pensa que Ele é Pai? É de seu Filho Jesus Cristo, do conjunto dos homens ou de todos os seres que Ele criou? Parece que no século II é a paternidade criadora universal de Deus que está em primeiro plano, numa admiração jubilosa diante da sábia ordenação do mundo. Clemente diz: "Pai e criador do mundo inteiro"[76]; Justino fala do "Pai e Senhor do universo"[77]; Taciano, do "Pai das coisas visíveis e invisíveis". O elo com *todo-poderoso* vai neste sentido, assim como a explicitação da menção da criação que se seguirá. A paternidade está ligada à soberania universal de Deus. A criação é também uma paternidade, porque já é uma aliança.

Este sentido dominante não exclui a conotação de um "Pai nosso", isto é, do Pai dos homens e dos cristãos. A *Homilia do século II*, chamada *II Epístola de Clemente*, fala de Deus como Pai dos cristãos[78]. Tertuliano, Cipriano e Orígenes comentarão o termo neste sentido: o cristão é aquele que pode chamar Deus de Pai no sentido pleno da palavra. Agostinho mais tarde fará disso um tema privilegiado de seu comentário do Símbolo. Deus é o Pai de um povo, gerado pela adoção filial que ocorre no batismo.

A estrutura geral do Credo, enfim, sublinha o elo entre o Pai e o Filho, que leva do primeiro ao segundo artigo. A dependência dos Símbolos para com os modelos paulinos e Mt 28 prova isso. Policarpo menciona explicitamente numa fórmula binária: "Deus, Pai de nosso Senhor Jesus Cristo"[79]. Isso é percebido como a revelação própria ao Novo Testamento, que manifestou em Jesus Cristo o segredo da paternidade do Deus Pai do mundo e dos filhos que Ele reuniu num só povo. Deus se mostra em tudo um Pai, porque é originalmente Pai do Filho que enviou aos homens. O comentário de Cirilo de Jerusalém vai neste sentido.

Pantokrator é mais eloquente que o *omnipotens* latino, pois não se trata somente da capacidade daquele que pode fazer tudo. Esse termo ativo indica a atualização dessa capacidade numa perspectiva de soberania real, de majestade, de autoridade e de transcendência. Evoca também a atividade criadora e a providência de um Deus que "sustenta" todo o universo. Tem primeiramente um sentido cósmico e adquire, a seguir, um sentido político. É o que os mosaicos e ícones orientais visarão representar. Escreve J. Ratzinger:

> Chamando Deus ao mesmo tempo de "Pai" e "Mestre de todas as coisas", o Credo juntou um conceito familiar a um conceito de potência cósmica, para

---

76. Clemente de Roma, *Aux Corinthiens*, 19,2 e 35,3; *SC* 167, pp. 133 e 157.
77. Justino, *Ière Apologie*, 12,9; 61,3; Wartelle, pp. 113 e 183.
78. *Homélie du IIe siècle*, 8,44; 10,1; *Les écrits des Pères apostoliques*, pp. 134 e 136.
79. Policarpo de Esmirna, *Aux Philippiens*, 12,2; *SC* 10 bis, p. 221.

descrever o único Deus. Desse modo ele exprime exatamente o problema da imagem cristã de Deus: a tensão entre o poder absoluto e o amor absoluto, entre o distanciamento absoluto e a proximidade absoluta, entre o Ser absoluto e a atenção concedida ao que há de mais humano no homem[80].

3. CRIADOR DO CÉU E DA TERRA

No Ocidente esta menção só aparecerá a partir do século VI e pertencerá ao texto já recebido (texto "T"). Ela decerto é fruto de uma contaminação com os Símbolos orientais que muito cedo a comportavam. Sua fonte escriturística é uma reminiscência de Gn 1,1: "No início Deus criou o céu e a terra", expressão retomada em Ne 9,6, depois em Ap 10,6. A breve confissão de fé binária de 1Cor 8,6 comporta também a ideia da criação, mas em outro vocabulário; ela menciona igualmente o papel criador do Filho, que encontraremos nas fórmulas litúrgicas orientais, pois a criação é uma obra trinitária. Ireneu já é testemunha de uma fórmula muito desenvolvida, quando fala da fé:

> Em um só Deus, Pai todo-poderoso, que fez o céu e a terra, e os mares e tudo o que aí se encontra[81].

Tertuliano dirá:

> A regra de fé [...] é a que consiste em crer que há um só Deus, que não é outro senão o Criador do mundo[82].

O céu e a terra constituem um binômio oposicional destinado a exprimir uma totalidade. Ireneu acrescenta a menção aos mares. Os Símbolos orientais farão outro adendo, na mesma linha da universalidade, ao dizer "das coisas visíveis e invisíveis", expressão que vem de Cl 1,16 (onde, porém, se acha aplicada a Cristo). Pode-se discernir igualmente nessa menção do Deus criador uma ponta antignóstica: o Deus confessado pelos cristãos é mesmo o criador de que fala o Antigo Testamento, e não outro Deus.

Deve-se observar que a catequese ética dos primeiros séculos se constituiu a partir do primeiro artigo do Credo[83], como testemunham a *Didaqué* e este texto de Hermas:

> Primeiro ponto entre todos: crê que há um só Deus, aquele que tudo criou e organizou, que fez tudo passar do nada ao ser, que contém tudo e não é contido

---

80. J. Ratzinger, *Foi chrétienne hier et aujourd'hui*, p. 89.
81. Ireneu, *CH*, I,10,1; Rousseau, p. 65.
82. Tertuliano, *De la prescription contre les hérétiques*, XIII; ed. R. F. Refoulé, P. de Labriolle, SC 46, p. 106.
83. Cf. W. Rordorf, art. cit., pp. 236-238.

por nada. Crê, pois, nele e teme-o e, por este temor, sê continente. Observa estes preceitos etc.[84]

A moral cristã aparece como a resposta ao mesmo tempo obediencial e filial à paternidade todo-poderosa e benévola de Deus, da parte daquele que se sabe criado por um Pai.

V. O SEGUNDO ARTIGO

1. A CONSTRUÇÃO DO ARTIGO

Sabemos que o segundo artigo é formado de duas unidades distintas que vieram sucessivamente comentar a menção do Filho nos enunciados trinitários: os títulos de Cristo, um condensado das fórmulas breves primitivas, e o querigma cristológico, isto é, o relato esquematizado do evento pascal. Mas desde Inácio de Antioquia temos encontrado um adendo importante concernente à origem de Cristo e sua concepção virginal. Enfim, a dimensão escatológica do advento de Cristo é fortemente sublinhada na pregação apostólica: não surpreende, portanto, que ela encerre o artigo.

O quadro da página seguinte destaca esses quatro pontos do segundo artigo. Oferece para o Oriente o Símbolo de Niceia-Constantinopla, compreendendo, portanto, o acréscimo conciliar do "consubstancial ao Pai", porque é o melhor representante das fórmulas orientais do século IV. Esse Credo, de fato, aproxima-se do Símbolo de Jerusalém (cerca de 348) e do de Salamina (decerto interpolado na obra de Epifânio)[85]. No Ocidente a referência é a forma antiga do Símbolo de Hipólito de Roma, no qual se manteve a menção do sepultamento, parcialmente atestada nos textos, e se acrescentou a descida aos infernos, que é um adendo mais tardio.

A diferença principal que salta aos olhos diante dessas duas tradições de Símbolos diz respeito ao adendo ao querigma. Enquanto o Oriente desenvolve uma longa sequência sobre a geração única do Filho e a preexistência eterna de Cristo, o Ocidente fica mudo a esse respeito e se contenta em exprimir de maneira breve a geração humana. O enraizamento da fórmula ocidental é mais antigo, já que a encontramos em Inácio de Antioquia. O texto oriental sobre a preexistência parece datar do final do século III ou do início do IV: sua atestação mais antiga se acha no Símbolo de Cesareia[86].

Pode-se pensar que o Oriente é mais metafísico e mais preocupado com a ontologia de Cristo, e que o Ocidente é mais concreto e fala sobretudo dos

---

84. Hermas, *Le Pasteur*, Prec. 1, 26; SC 53, p. 145.
85. Símbolo de Jerusalém, restituído com base em Catéchèses de Cyrille VI-XVIII, *DzS* 41; Símbolo de Salamina, forma breve, *DzS* 42; Epifânio, *Ancoratus*, c. 118.
86. Símbolo de Cesareia, *DzS* 40.

CONSTRUÇÃO DO SEGUNDO ARTIGO DO SÍMBOLO	
ORIENTE	**OCIDENTE**
Os títulos de Cristo	
E num só Senhor Jesus Cristo, o Filho de Deus, o unigênito,	E no Cristo Jesus Filho de Deus Nosso Senhor,
O adendo ao querigma: a origem de Cristo **Geração eterna:**	
Que foi gerado do Pai antes de todos os séculos, Luz da luz, Deus verdadeiro de Deus verdadeiro, gerado não criado, (consubstancial ao Pai) por quem tudo foi feito;	
Geração segundo a carne:	
Que, por nós homens e para nossa salvação, desceu dos céus, e se encarnou pelo Espírito Santo na Virgem Maria se fez homem,	que nasceu pelo Espírito Santo e da Virgem Maria
O querigma	
foi crucificado por nós sob Pôncio Pilatos, sofreu e foi sepultado, ressuscitou ao terceiro dia conforme as Escrituras, e subiu aos céus, senta-se à direita do Pai	foi crucificado sob Pôncio Pilatos, morreu (e foi sepultado), (desceu aos infernos) ressuscitou ao terceiro dia, vivo de entre os mortos, subiu aos céus, está sentado à direita do Pai,
O retorno de Cristo	
e retornará em glória para julgar os vivos e os mortos; e seu reino não terá fim.	que virá julgar os vivos e os mortos.

fatos. Entretanto, há uma "isotopia" funcional entre as duas sequências: elas desempenham o mesmo papel. O Oriente e o Ocidente estão unidos por uma preocupação semelhante, embora ausente dos querigmas. Estes, centrados no evento pascal, tomam Jesus na idade adulta e proclamam sua Senhoria e sua divindade à luz de sua ressurreição. Eles se inscrevem numa cristologia "ascendente". As fórmulas simbólicas, por seu turno, recolhem o resultado de um movimento de reflexão que se operou a partir desta proclamação original, e da qual o Novo Testamento fornece a atestação. Essa reflexão se orienta da frente para trás, ela remonta da glorificação de Cristo à sua origem. A questão subjacente é saber de onde vem aquele que foi glorificado em sua humanidade, que "está" diante de Deus mesmo antes de sua vinda em meio aos homens. A sequência dos grandes hinos paulinos atesta essa questão (Fl 2,6-11; Cl 1,15-20; Ef 1,3-5; Hb 1,2), que encontra outra formulação nos relatos da infância de Jesus, em Mateus e em Lucas 1-2. Esses relatos querem acentuar a dupla origem de Cristo, ao mesmo tempo divina e humana, mediante a afirmação da concepção virginal de Jesus: ele nasceu, sim, carnalmente, como cada um dos homens, das entranhas de uma mãe; mas tem somente a Deus por Pai. O prólogo de João, afirmando a preexistência eterna do Verbo junto de Deus, vem concluir este itinerário da fé. O querigma, assim completado e inserido no esquema trinitário, trata doravante da totalidade do itinerário de Cristo, desde sua saída do Pai até seu retorno ao Pai e sua segunda parusia. É no núcleo dessa sequência que virão ocupar lugar, no século IV, em Niceia e em Constantinopla, as expressões não escriturísticas que glosam as fórmulas escriturísticas tradicionais.

2. OS TÍTULOS CRISTOLÓGICOS

"Jesus Cristo" ou "Cristo Jesus"

Na pena de Paulo a titulação cristológica já está constituída sob a tríplice forma: "Nosso Senhor Jesus Cristo" (Rm 5,1), "Jesus Cristo nosso Senhor" (Rm 7,25) e "Cristo Jesus nosso Senhor" (Rm 6,23; 8,39). Paulo tem predileção pela ordem "Cristo Jesus" (Rm 6,3; 6,11; 6,23 etc.) que permanecerá arcaica e menos habitual. É a de Hipólito, que também se encontra em Tertuliano. Mas a ordem mais frequente no Oriente, e que se generalizará no Ocidente, é a de "Jesus Cristo".

Cristo ainda não se tornou um nome ou um apelativo. Permanece como um título, o de Ungido do Senhor ou Messias, de Pastor e de Salvador escatológico. Os Padres o comentam neste sentido, desde os Padres apostólicos, passando por Justino e Ireneu, até Cirilo de Jerusalém. Seu interesse é mostrar a identidade da função e da pessoa, da missão e da existência de Jesus. Seu "por-nós" revela o que ele é em si mesmo. De fato, esse título por si só recapitula a titulação inteira de Jesus; e, se ele se torna progressivamente um apelativo, é porque assumiu, em ambiente grego, a significação do conjunto dos demais títulos. Hoje, contudo, retoma-se consciência de que não se trata simplesmente de um nome, mas da afirmação essencial da fé concernente a Jesus.

Filho de Deus, unigênito

O título de *Filho de Deus* pertence já às confissões de fé do Novo Testamento. A novidade dos Símbolos orientais é empregar a seu respeito o adjetivo vindo do Prólogo de João, "único gerado" ou Unigênito *(monogenes)* (Jo 1,14.18; também 3,16.18). A intenção é sublinhar o caráter único da filiação de Jesus, sua íntima relação com o Pai e sua diferença absoluta com a filiação adotiva dada aos outros homens. Mas o termo conota igualmente o valor particularmente precioso daquele que é único e, por isso, objeto de uma afeição particular. Na parábola dos vinhateiros homicidas, diz-se que ao mestre "só lhe restava seu *filho [único] bem-amado*" (Mc 12,6) para enviar em último lugar a seus vinhateiros. Ora, esse filho simboliza Jesus enviado pelo Pai.

O elo de transmissão desse título aos Credos orientais parece uma vez mais ser a liturgia, como mostra a doxologia do martírio de Policarpo[87]. Traduz uma insistência na origem divina de Jesus, sua preexistência junto do Pai. Destaca o paralelismo entre as duas gerações do Filho, divina e carnal, que é objeto de grande preocupação no Oriente.

Nosso Senhor

A menção de nosso Senhor vem, obviamente, da confissão neotestamentária primitiva (1Cor 12,3). O termo *Senhor (Kyrios)* é um nome propriamente divino, já que é o equivalente do tetragrama hebraico (YHWH) na Septuaginta. Deve-se a uma disposição da linguagem na Escritura e na tradição primitiva, finamente diagnosticada por Tertuliano: o Pai é chamado Deus, e o Filho, Senhor, a fim de evitar fazer pensar que há dois deuses, sempre confessando a divindade própria do Filho[88]. Sublinhou-se mais acima a carga afetiva do título.

Sua atestação é maciça em toda a pré-história dos Símbolos (Inácio, Policarpo, Justino, Ireneu). No curso da formação dos Credos os três títulos principais da titulação, *Cristo, Filho* e *Senhor*, constituem uma constelação voluntariamente redundante, na qual suas significações originais se comunicam. É a mesma titulação que se encontra na cláusula das orações da liturgia romana.

---

87. *Martyre de Polycarpe*, 20; SC 10 bis, p. 271.
88. Tertuliano, *Contre Praxéas*, 13,6; CCSL 2, p. 1175.

3. O ADENDO AO QUERIGMA: A ORIGEM DIVINA E HUMANA DE CRISTO

Geração humana

A atestação da geração humana de Cristo é a mais primitiva. Também é sólida, embora varie em suas formas antigas. Já a encontramos em Inácio de Antioquia[89], cujas cartas datam do início do século II. Podemos acrescentar Justino quando diz que "Jesus Cristo, nosso Mestre, foi gerado sem união carnal"[90], ou que devia "nascer de uma virgem, tornar-se homem"[91]. De igual modo, Ireneu crê em

> Cristo Jesus, o Filho de Deus, que, por causa de seu superabundante amor pela obra por ele modelada, consentiu ser gerado na Virgem para unir ele mesmo e por ele mesmo o homem a Deus[92].

Por seu turno, Tertuliano diz que o Filho

> foi enviado pelo Pai à Virgem e que nasceu dela homem e Deus, Filho do homem e Filho de Deus e que foi chamado Jesus Cristo[93].

A mesma afirmação se encontra sob forma simples no Símbolo de Hipólito, mas com uma referência escriturística mais próxima de Lc 1,35.

As citações acima explicitam bem o alcance, já assinalado, dessa afirmação. Se ela diz respeito imediatamente à geração humana do Filho, também visa a sua origem divina. Ela fala da dupla origem de Cristo mediante a originalidade de sua geração humana. Essa afirmação é, primeiro e antes de tudo, cristológica. Somente mais tarde se considerará a dimensão propriamente mariana.

Para a fórmula ocidental, K. Holl, no início do século XX, emitiu uma hipótese, retomada e completada por A. von Harnack, sobre a articulação entre a titulação e a sequência que retraça o advento de Cristo. Esta última seria o comentário dos dois títulos de *Filho* e *Senhor*: a menção do Filho acarretaria a afirmação de seu nascimento virginal; a de Senhor seria desenvolvida no querigma pascal[94]. Isso permanece apenas como hipótese, talvez demasiado lógica para ser completamente justa, e que topa com a dificuldade de que a titulação é tríplice e o termo *Cristo* não seria então comentado. Outra hipótese, mais sugestiva, faria da sequência cristológica o comentário de dois adjetivos, *"natum et passum"*, atestados no *Sacramentário gelasiano* no final dos títulos cristológicos.

---

89. Cf. p. 80.
90. Justino, *Ière Apologie*, 21,1; Wartelle, p. 127.
91. Ibid., 31,7; 46,5; Wartelle, pp. 139 e 161; *Dialogue avec Tryphon*, 63,1; TD, t. I, p. 297.
92. Ireneu, *CH*, III, 4,2; Rousseau, p. 283.
93. Tertuliano, *Contre Praxéas*, II,1; CCSL 2, p. 1160.
94. Cf. O. Cullmann, op. cit., p. 80; J. N. D. Kelly, op. cit., pp. 120-121.

P. Nautin sublinha que esse par opõe muito formalmente os atributos divinos do Pai, não gerado e impassível, ao paradoxo do advento do Filho, que se sujeitou ao nascimento e ao sofrimento[95].

Geração divina

Nos Símbolos orientais a sequência sobre a origem divina do Filho ocupa, de fato, o mesmo lugar e desempenha o mesmo papel que a afirmação do nascimento virginal no Símbolo ocidental. A menção do nascimento, ainda ausente dos Símbolos de Niceia e de Jerusalém, se encontra no de Niceia-Constantinopla, decerto por causa de um acréscimo vindo do Ocidente.

O lugar escriturístico original dessa sequência é, antes de tudo, o prólogo de João, de onde saíram, junto com o termo Unigênito *(monogenes)*, as expressões da luz, de Deus verdadeiro e o "por quem tudo foi feito" (Jo 1,3). Pode-se pensar também em Cl 1,16-17: o "primogênito de toda criatura" é "antes de todas as coisas". O Oriente insiste igualmente no papel criador do Filho.

Observe-se que a expressão "Deus verdadeiro de Deus verdadeiro", que é um acréscimo do final do século III, constitui uma distorção na regra primitiva da linguagem, diagnosticada por Tertuliano. No prólogo de João o Verbo é, de fato, chamado "Deus", mas "Deus" é aqui um atributo e não o sujeito, que permanece sendo o Pai.

A encarnação no Oriente

Esse desenvolvimento sobre a geração divina leva logicamente a apresentar, sempre numa perspectiva joanina, o nascimento humano de Jesus como um ato de encarnação. O Oriente gosta de enfatizar a descida do Filho, segundo o movimento do hino de Fl 2,6-11, descida que será seguida de sua ascensão gloriosa. A fórmula de João, "o Verbo se fez carne", torna-se aqui um verbo "encarnou-se" *(sarkothenta)*, glosado, para maior precisão, com outro verbo, geralmente traduzido por "se fez homem", mas que diz literalmente "humanizou-se" *(enanthropesanta)*. Existe, provavelmente, nessa duplicação de expressões uma farpa contra Apolinário, que sustentava que pela encarnação o Filho assumira apenas um corpo de homem e não uma alma inteligente e livre, lugar ocupado pelo Verbo[96]. Mas a carne, no sentido joanino e na tradição antiga, não exprimia apenas a parte corporal do homem, mas sua totalidade, encarada do ponto de vista de sua fragilidade caduca e mortal. Os concílios do século IV repudiarão, e com razão, a teoria de Apolinário: a encarnação do Filho é sua humanização total.

---

95. Cf. P. Nautin, *Je crois à l'Esprit Saint*, pp. 39-40.
96. Cf. infra, pp. 304-307.

Esse movimento de descida é introduzido pela menção capital de sua finalidade: "por nós, homens, e para nossa salvação". É a retomada de todos os "por nós" (Rm 5,8; 8,32; 1Cor 1,13; 11,24; 2Cor 5,15.21; Ef 5,2; Tt 2,4...) e dos "por nossos pecados" (Gl 1,3-4; Rm 4,25; 1Cor 15,3; Hb 5,1; 10,12; 1Pd 3,18) que encontramos no Novo Testamento. Ireneu fala também "da superabundância do amor" do Filho por sua obra e gosta de enfatizar que o Verbo "sofreu por nós e ressuscitou por nós"[97]. Essa fórmula, com efeito, dá sentido a todo o evento pascal, cujo relato vai se seguir, que foi cumprido por nós. Encontramos aqui o elemento de relação pessoal e recíproca que une quem crê àquele que agiu por ele.

4. O CERNE DO ARTIGO: O "QUERIGMA" CRISTOLÓGICO

Algumas variantes num relato estilizado

Praticamente toda essa sequência sobre o evento pascal remonta ao querigma primitivo. A menção "sob Pôncio Pilatos" vem do Símbolo ocidental e foi retomada no Oriente pelos Credos de Niceia-Constantinopla e de Salamina. Tem sua origem em 1Tm 6,13: "Ordeno-te [...] na presença de Cristo Jesus, que deu testemunho *(martyresantos)* diante de Pôncio Pilatos numa bela profissão de fé". O termo *mártir* é o lugar de uma transição semântica da confissão ao sofrimento. Estabelece-se, pois, um elo entre a confissão sofredora do mártir diante dos funcionários imperiais, perseguidores dos cristãos, e a paixão de Jesus comparecendo diante de Pilatos, considerada como o modelo de todos os martírios. De igual modo, um dos discursos de Pedro nos Atos censura os judeus por terem "rejeitado" Jesus "na presença de Pilatos" (At 3,13). Essa cláusula já é habitual em Inácio (que lhe acrescenta uma vez "Herodes, o tetrarca"[98]) e Justino (que lhe acrescenta igualmente "no tempo de Tibério César"[99]). É um encorajamento aos cristãos ameaçados e sugere um uso do Símbolo de fé no quadro das perseguições.

Mais tarde, com Rufino por exemplo, essa menção será interpretada como a atestação da inserção concreta da história da salvação na história humana. O evento confessado pelo cristão não se produziu num tempo "primitivo" ou mítico: é claramente datado no seio da história universal.

"Foi crucificado": a expressão deve ser tomada em seu sentido forte: a ignomínia desta morte, "escândalo para os judeus e loucura para os pagãos" (1Cor 1,23), é o paradoxo por excelência da confissão cristã. "O crucificado" tornara-se uma expressão corrente para designar Jesus. O mesmo é, simulta-

---

97. Ireneu, *CH*, III,16,6; Rousseau, p. 352.
98. Inácio de Antioquia, *Aux Smyrniotes* 1,2; SC 10 bis, p. 157.
99. Justino, *Ière Apologie*, 13,3; Wartelle, p. 113.

neamente, o crucificado e o "Senhor da glória" (1Cor 2,8). O cristão proclama que o crucificado é Senhor.

"Sofreu, morreu e foi sepultado": a última afirmação vem do resumo catequético do querigma retomado por Paulo, que faz seguir a menção da "morte por nossos pecados" da menção à deposição no túmulo (1Cor 15,3-5). Conhece-se o lugar que a deposição de Jesus no túmulo ocupa nos quatro evangelhos: os relatos são precisos e circunstanciados tanto em João quanto nos sinóticos. A deposição no túmulo atesta, com efeito, a realidade da morte; é como que sua conclusão manifesta. Por isso mesmo ela atesta igualmente a realidade da ressurreição.

"Ressuscitou ao terceiro dia, conforme as Escrituras": a afirmação da ressurreição de Jesus pode ser considerada como o cerne da fé cristã. Sua formulação, sobretudo no Oriente, retoma exatamente o resumo catequético de Paulo já citado: "ressuscitou ao terceiro dia, segundo as Escrituras" (1Cor 15,4). A convicção de que todo o advento de Jesus se realizou "segundo as Escrituras" é um dos *leitmotiv* do Novo Testamento. Morte e ressurreição de Jesus não seriam críveis se não fosse dado o sinal de que pertencem a um desígnio de Deus, misteriosamente anunciado antes de ser realizado.

"Subiu aos céus, onde está sentado à direita do Pai": a ascensão e o assento à direito de Deus interpretam a ressurreição como uma glorificação e uma exaltação de Cristo. Essas duas afirmações resumem os testemunhos repetidos dos evangelhos e dos Atos sobre a ascensão (Mc 16,19; Lc 24,51; At 1,6-11) e sobre seu ponto de chegada junto de Deus (At 2,33; Rm 8,34; Cl 3,1; Ef 1,20; Hb 1,3; 1Pd 3,22), textos influenciados pela afirmação do Salmo messiânico 110,1. Dizer que Cristo se senta à direita de Deus é dizer que ele é igual a Deus e proclamado como tal em sua humanidade.

Um adendo mais tardio: a descida aos infernos

A primeira aparição da descida aos infernos se apresenta em certos Símbolos promulgados pelos semiarianos em meados do século IV. É, verossimilmente, de origem siríaca. Mas essa inserção não é contemplada no Símbolo de Niceia-Constantinopla. No Ocidente, Rufino a conhece em Aquileia. Está presente no Símbolo pseudoatanasiano *Quicumque*[100]. Encontramo-la no texto "T" do Símbolo romano.

A interpretação de seu fundamento escriturístico (Mt 12,40; At 2,24 e 27; Rm 10,3-8; Ef 4,7-10; e sobretudo 1Pd 3,18-20; 4,5-6) é hoje em dia fortemente controvertida[101]. A opinião dominante é de que se trata de alusões a representa-

---

100. Símbolo *Quicumque*, pseudoatanasiano; *DzS* 75-76.
101. Cf. Ch. Perrot, La descente du Christ aux enfers dans le Nouveau Testament, *LV* 87 (1968) 5-29.

ções arcaicas e que os textos mais nítidos sobre a descida de Cristo não dizem respeito ao inferno onde se encontram os mortos, mas ao combate de Cristo contra as potências do mal (anjos decaídos). Esse tema antigo é mais judeucristão que propriamente escriturístico. Podemos seguir sua evolução, variantes e harmonizações na literatura judeu-cristã, como faz J. Daniélou[102].

A significação maior que se depreende daí, atestada na tradição antiga e motivo de sua inserção nos Símbolos, é a de um anúncio da salvação aos mortos. Encontramo-la em Inácio de Antioquia ao evocar os profetas que

> sendo seus discípulos pelo espírito, esperavam-no como seu mestre. E é por isso que aquele a quem esperavam justamente os ressuscitou, por sua presença, de entre os mortos[103].

Também em Ireneu:

> E é por isso que o Senhor desceu nos lugares inferiores da terra, a fim de levar àqueles também a boa-nova de sua vinda, que é a remissão dos pecados para todos os que creem nele. Ora, eles creram nele, todos os que anteriormente tinham esperado nele, isto é, aqueles que anteriormente haviam anunciado sua vinda e cooperado em suas "economias", os justos, os profetas e os patriarcas[104].

Para compreender de maneira autenticamente simbólica essa afirmação mitológica quanto à representação, convém se referir às ideias judeu-cristãs sobre o estado da alma depois da morte: dizer que Jesus morreu e que fora sepultado equivalia a dizer que ele entrara no *Sheol*, correspondente bíblico do *Hades* grego (cf. At 2,27 citando Sl 16,10). Cristo, portanto, satisfez àquela lei e partilhou a condição da morte humana, não somente por seu ato de morrer, mas pelo estado de estar morto. Esse dado primitivo abre caminho à interpretação de certos teólogos contemporâneos, como H. Urs von Balthasar, que veem na descida de Cristo aos infernos o ponto mais baixo de sua "quenose", uma verdadeira descida no inferno. Tratar-se-ia então de uma participação não somente no estar-morto dos homens, mas na segunda morte de que fala o Apocalipse acerca dos condenados[105]. Mas essa interpretação apresenta grandes dificuldades.

A tradição antiga vê aí muito mais um ato de salvação, não somente seu anúncio, mas uma libertação que já constitui uma ressurreição antecipada dos santos do Antigo Testamento[106]. É a vitória total de Cristo sobre a morte, no

---

102. Em seu livro, *Théologie du judéo-christianisme*.
103. Inácio de Antioquia, *Aux Magnésiens*, IX, 2; SC 10 bis, p. 105.
104. Ireneu, *CH*, IV, 27,2; Rousseau, p. 498.
105. H. Urs von Balthasar, *La gloire et la croix*, III, 2: *Nouvelle Alliance*, Paris, Aubier, 1975, pp. 197-202.
106. J. Daniélou, op. cit., pp. 298-299.

lugar mesmo das vítimas da morte. É também a afirmação da universalidade da salvação que responde à pergunta: como Cristo, vindo tão tarde na história dos homens, pôde salvar todos os que o precederam? Essa mesma salvação que se estende até o Ômega da ressurreição final remonta até o Alfa da história do mundo. Tal é o alcance doutrinal e dogmático da descida aos infernos[107].

5. O RETORNO DE CRISTO

"De novo há de vir, cheio de glória, para julgar os vivos e os mortos": uma fórmula análoga se encontra no fim do querigma de Pedro na casa de Cornélio: "Por fim, ele nos prescreveu que proclamássemos ao povo e déssemos este testemunho: foi a ele que Deus designou como juiz dos vivos e dos mortos" (At 10,42; cf. 1Pd 4,5). A fórmula do Símbolo associa o retorno glorioso de Cristo ao anúncio do juízo escatológico entregue em suas mãos. A segunda parusia ocupa um grande espaço na argumentação de Justino diante de Trifão[108], pois ela permite repartir as profecias acerca de Cristo entre suas duas vindas: a primeira, sofredora e quenótica, e a segunda, definitivamente gloriosa. O sentido da afirmação é dirigir a fé de quem crê para o futuro: o advento de Cristo não terminou, não pertence a um passado remoto. Ele atravessa as três instâncias do tempo: inscreve-se no passado desde as origens de todas as coisas em Deus; pertence ao presente, o que será mais enfatizado pelo segundo artigo; e comporta, enfim, um porvir escatológico. Ele cumprirá definitivamente o final dos tempos inaugurado com a ressurreição de Jesus. É normal, portanto, que o retorno de Cristo ocorra logo após a ressurreição e a menção do assento à direita.

"E seu reino não terá fim": esta última afirmação é própria dos Símbolos orientais e nunca passou para o Ocidente. Sua motivação é polêmica. De fato, uma heresia, atribuída a Marcelo de Ancira, no século IV, sustentava que na parusia o Verbo retornaria no Pai a ponto de se confundir com ele. O mistério trinitário só teria assim um valor "econômico" e histórico, mas não "teológico" e eterno. Essa ideia vem de uma interpretação abusiva do texto paulino: "Pois é necessário que ele reine, até que tenha posto todos os seus inimigos debaixo dos seus pés. [...] E quando todas as coisas lhe houverem sido submetidas, então o próprio Filho será submetido Àquele que tudo lhe submeteu, para que Deus seja tudo em todos" (1Cor 15,25.28). Esse texto exprime o cumprimento último da missão do Filho; mas não diz de modo algum que este Filho não terá mais razão de ser. Muito pelo contrário, o Filho, glorificado em sua humanidade, continuará a exercer eternamente sua função mediadora: é nele e por ele que os eleitos verão a Deus.

---

107. Encontra-se uma confirmação desse sentido no século IV em Afraate, o sábio persa, cf. P. Bruns, *Das Christusbild Aphrahats des Persischen Weisen*, Bonn, Borengässer, 1990, pp. 197-206.
108. Cf. Justino, *Dialogue avec Tryphon*, 31,1; 32,1; 34,2; 49,2; 110,2; 111,1; *TD* I e II.

VI. O TERCEIRO ARTIGO

1. A CONSTRUÇÃO DO ARTIGO

O terceiro artigo do Símbolo levanta problemas de construção mais difíceis que os precedentes. No plano da história, seu desenvolvimento é mais tardio. Este se produziu em direções bastante diferentes e sua estrutura é menos clara e imediatamente enraizada na Escritura. Em contrapartida, verificamos a longa sobrevida, até Tertuliano, de fórmulas de dois artigos, em que o Espírito Santo permanece na pressuposição. Existem também fórmulas em que o terceiro artigo é reduzido a um dom como a remissão dos pecados ou a ressureição da carne[109].

CONSTRUÇÃO DO TERCEIRO ARTIGO DO SÍMBOLO	
ORIENTE	**OCIDENTE**
E no Espírito Santo	Creio no Espírito Santo
Sequência "teológica": a divindade do Espírito Santo **(de fato a mais recente)**	
Que é Senhor e que dá vida, Que procede do Pai, Que com o Pai e o Filho recebe a mesma adoração e a mesma glória,	
As ações do Espírito profético **(resto de uma sequência "econômica")**	
que falou pelos profetas (Cf. *Símbolo ampliado de Salamina*: que falou dentro da Lei, que pregou pelos profetas, e desceu no Jordão, fala nos apóstolos e habita nos santos) *DzS* 44.	
Sequência eclesial: o Espírito e a Igreja	
Creio na Igreja, una, santa, católica e apostólica.	[na] santa Igreja (católica, "T") (na comunhão dos santos, "T")
Reconheço um só batismo para a remissão dos pecados; espero a ressureição dos mortos e a vida do mundo que há de vir Amém	na remissão dos pecados, "R" [para] a ressureição da carne (na vida eterna, "T")

---

109. Cf. Tertuliano, *De la prescription contre les hérétiques*, XXXVI,5; SC 46, p. 138.

No século IV, no Oriente, os Símbolos de Niceia e de Cesareia da Palestina se contentam em mencionar no terceiro artigo "e no Espírito Santo", sem mais. No Ocidente, onde o artigo se desenvolve mais rapidamente, constata-se certa fluidez em sua construção: ele se apresenta como uma sequência de afirmações justapostas, sem manifestar elo orgânico entre si.

Esse dado um tanto quanto hesitante deve ser acolhido como tal. Ele é testemunha de uma vida que tenta se exprimir. O jogo das variantes revela, aliás, uma multiplicidade de significações. O quadro anterior permite discernir três sequências bem distintas no Símbolo de Niceia-Constantinopla, às quais só corresponde uma sequência no Símbolo de Hipólito (em que foram inseridos adendos do texto recebido "T" que datam dos séculos VII-VIII).

A ideia principal deste artigo consiste em mostrar a ligação entre o Espírito e a Igreja. A confissão cristã do mistério da Igreja pertence ao terceiro artigo e não ao segundo. Esse é um ponto principal que nenhuma eclesiologia poderia esquecer. Após a Igreja, definida segundo suas notas essenciais, uma série de menções vem esclarecer a natureza dos dons salutares recebidos do Espírito na Igreja mediante uma economia sacramental discretamente evocada pela menção ao batismo ou à remissão dos pecados. Esse desenvolvimento, que no Símbolo de Hipólito é o único, é o mais antigo.

No Oriente, o terceiro artigo se estende igualmente sobre a pessoa do Espírito Santo, compreendido antes de tudo como o Espírito profético. Os textos desenvolvem mais ou menos a seu respeito uma sequência paralela ao relato do advento de Cristo na história da salvação. (Acrescentamos no quadro a sequência ampliada de uma fórmula de Salamina, decerto obra de Epifânio, que indica bem seu espírito.)

Enfim, o concílio de Constantinopla pretendeu responder às diversas negações da divindade do Espírito, sobrevindas a partir de 360, por uma sequência propriamente "teológica" e que se molda discretamente na sequência do segundo artigo que afirma a divindade do Filho. O comentário de cada uma dessas sequências seguirá a ordem do texto, que é, portanto, diferente da ordem histórica.

2. NO ORIENTE, NO SÉCULO IV: A DIVINDADE DO ESPÍRITO SANTO

A análise detalhada das fórmulas desta sequência será dada no quadro do estudo do concílio de Constantinopla I, no contexto ao qual ela pertence[110]. Aqui, portanto, só faremos algumas observações que dizem respeito à construção de conjunto desse Credo.

Antes de tudo se notará que a fórmula que introduz a fé no Espírito não comporta, no Oriente, a menção a "um só", como nos dois artigos precedentes. O Símbolo de Jerusalém, no entanto, conservara essa insistência repetida. Há

---

110. Cf. infra, pp. 239-242.

aí uma pequena incoerência de construção que parece dever-se ao fato de que o artigo definido é posto três vezes em destaque a propósito do Espírito: "*o* Espírito, *o* Santo, *o* Senhor", no sentido de "*que* é Santo, *que* é Senhor".

Essa sequência "teológica", que trata da divindade do Espírito Santo e de sua pertença ao Deus trinitário, é consecutiva à grande crise dos anos 360 que difundia a ideia de que o Espírito é só um dom de Deus e uma criatura[111]. Até então sua divindade jamais fora posta em questão. A sequência tem por objeto dizer, a propósito da origem e da divindade do Espírito, o que o segundo artigo exprimira a propósito da origem e da divindade do Filho. Mas aqui a Escritura não dá nenhuma linguagem: o Filho é gerado pelo Pai; o Espírito não o é e, todavia, não é criado. Que dizer a seu respeito? Outra dificuldade: a inserção de termos filosóficos acerca do Filho ("consubstancial") criou longos rebuliços nas Igrejas. Para evitá-los, é preciso, portanto, expressar tão claramente quanto possível a divindade do Espírito recorrendo somente à linguagem da Escritura. Tais são as coerções às quais terá de obedecer a redação dessa sequência.

3. NO ORIENTE, O RESTO DE UMA SEQUÊNCIA "ECONÔMICA" SOBRE O ESPÍRITO PROFÉTICO

"*Que falou pelos profetas*" é no Símbolo oriental o alvo-testemunho de uma sequência sobre as funções do Espírito na economia da salvação, funções relacionadas sobretudo a seu caráter profético. Para a tradição antiga, o Espírito é antes de tudo "o Espírito profético", aquele que inspirou todos os profetas do Antigo Testamento: é assim que o define Justino em suas fórmulas[112]. O mesmo Justino fala até mesmo do "Espírito Santo, que prediz pelos profetas toda a história de Jesus"[113]. A mesma afirmação é retomada por Ireneu, neste curioso Símbolo em que ele conecta a sequência do querigma ao terceiro artigo do esquema trinitário, por meio do anúncio profético, atribuído ao Espírito, do advento de Jesus:

> e no Espírito Santo, que proclamou pelos profetas as "economias", a vinda, a paixão, a ressurreição de entre os mortos e o arrebatamento corporal nos céus do bem-amado Cristo Jesus Nosso Senhor e sua parusia do alto dos céus na glória do Pai[114].

Ou ainda, é o Espírito que "põe as economias do Pai e do Filho sob os olhos dos homens"[115]. Mas a presença do Espírito não se limita aos tempos dos

---

111. Cf. infra, os debates sobre a divindade do Espírito Santo, pp. 227-230.
112. Justino, *Ière Apologie*, 6,2 e 13,3; Wartelle, pp. 105 e 113.
113. Ibid., 61,13; Wartelle, p. 185.
114. Ireneu, *CH* I,10,1; Rousseau, p. 65.
115. Ibid., IV,33,7; Rousseau, p. 518.

profetas: o Espírito é "difundido no final dos tempos"[116], o que constitui uma transição à Igreja. Orígenes exprime a mesma transição ao falar do Espírito que "foi em seguida dado aos apóstolos"[117]. Todas as funções do Espírito se encontram igualmente expressas no Símbolo ampliado de Salamina (cujo texto foi incluído no quadro acima). Esta sequência põe em série a revelação da Lei, a pregação profética, o batismo em que Jesus recebeu o Espírito, a palavra dos apóstolos e, enfim, a habitação nos santos, isto é, sua presença na Igreja. É o resumo de uma catequese sobre o papel do Espírito Santo na economia da salvação. Seu final é uma transição bem natural à sequência sobre a Igreja.

4. A SEQUÊNCIA ECLESIAL: O ESPÍRITO E A IGREJA

Encontramos pouquíssimas menções à Igreja e à vida eclesial durante a pré-história do Símbolo, antes da *Epístola dos Apóstolos*[118]. O que vai ser o núcleo do terceiro artigo do Símbolo de Hipólito e do velho Símbolo romano é quase completamente ausente entre os Padres apostólicos e Justino. É com Ireneu que este elo entre Espírito e Igreja se formaliza[119]. Tertuliano menciona, por seu turno, o Espírito como "santificador da fé dos que creem no Pai e no Filho e no Espírito Santo"[120].

A Trindade e o Espírito Santo na Igreja

A construção das afirmações sobre a Igreja levanta algumas dificuldades. Vários textos se contentam com uma enumeração que faz pensar numa multiplicação dos artigos[121]. Uma fórmula situa a Igreja na cláusula final de todo o Símbolo: "na santa Igreja", sublinhando assim o elo da Igreja com os três nomes divinos[122]. Esse elo entre Igreja e Trindade é valorizado nas doxologias da *Tradição apostólica* de Hipólito: "Glória a ti, Pai e Filho com o Espírito Santo na santa Igreja"[123]. Essa significação deve ser contemplada, ainda que as fórmulas ulteriores privilegiem o elo entre o Espírito e a Igreja.

O texto do terceiro artigo no Símbolo da mesma *Tradição apostólica* se apresenta também sob a forma de uma enumeração. Mas P. Nautin, num estudo[124] que

---

116. Ireneu, *Démonstration*, nº 6; *SC* 62, p. 40.
117. Orígenes, *Comment. sur Mat.*, series 33; *PG* 13, 1644.
118. *Epístola dos Apóstolos*, por volta de 160-170 na Ásia Menor; *DzS* 1.
119. Por exemplo, no Símbolo construído em sete artigos, *CH*, V,20,1; Rousseau, p. 627.
120. Tertuliano, *Contre Praxéas*, 2,1; *CCSL* 2, p. 1160.
121. Como a *Epístola dos Apóstolos*.
122. Papiro litúrgico de Der-Balizeh, *DzS* 2.
123. Hipólito, *Tradition apostolique*, 6; *SC* 11 bis, p. 55.
124. Cf. P. Nautin, *Je crois à l'Esprit Saint*.

ganhou autoridade (já que obteve, em sua essência, o aval de Dom Botte, G. Dix e J. N. D. Kelly), restitui assim a construção do terceiro artigo:

> Crês também no Espírito Santo
> Na santa Igreja
> Para a ressurreição da carne?[125]

Sua argumentação se apoia nas diversas versões (etíope, árabe...) do texto, nos hábitos de Hipólito em sua *Tradição apostólica* e no fato capital da tríplice interrogação batismal. A Igreja não podia ser posta no mesmo patamar dos três nomes divinos. No mundo de representações dos Padres da Igreja, de fato, o Pai está acima de todas as coisas, o Filho ressuscitado senta-se à sua direita, enquanto o Espírito está na Igreja. Encontraremos a mesma representação localizante em Ireneu:

> Acima de todas as coisas há o Pai, e é ele a cabeça do Cristo; por meio de todas as coisas, há o Verbo, é ele a cabeça da Igreja; em nós todos há o Espírito[126].

> Lá onde está a Igreja, lá está também o Espírito de Deus; e onde está o Espírito de Deus, lá está a Igreja e toda graça[127].

A restituição proposta por Nautin foi contestada por D. M. Holland, que o censura por ter feito pouquíssimo caso da tradição ocidental da *Tradição apostólica*, objeção que ganha ainda mais peso se considerarmos que o documento é de origem romana. Holland prefere manter, à guisa de texto original: "Creio no Espírito Santo e na santa Igreja e na ressurreição da carne"[128]. Deve-se reconhecer, com efeito, que o Símbolo dos apóstolos, em suas etapas "R" e "T", deteve-se numa justaposição de acusativos para o terceiro artigo. A dúvida na matéria não pode ser completamente dirimida. A tese de Nautin, entretanto, conserva interesse em razão do jogo de significações que ela destaca a partir de numerosos textos patrísticos. Ela, aliás, não exclui outras interpretações possíveis. Botte, que aceita a correção "na Igreja", sustenta que a Igreja se relaciona com as três pessoas e não só com o Espírito[129]. Por seu lado, H. de Lubac leva em consideração numerosos comentários do Símbolo ocidental que sublinham a diferença entre a natureza da fé, que se dirige aos três nomes divinos, e a que se relaciona com a Igreja, diferença nitidamente marcada por aquela das construções literárias[130].

---

125. P. Nautin, ibid., p. 27.
126. Ireneu, *CH*, V,18,2; Rousseau, p. 624.
127. Ibid., III,24,1; Rousseau, p. 395.
128. D. M. Holland, Credis in Spiritum Sanctum et sanctam Ecclesiam et resurrectionem carnis?, *ZNTW* 61 (1970) 126-144.
129. Cf. B. Botte, Note sur le symbole baptismal de saint Hippolyte, in *Mélanges J. de Ghellinck*, T. I, Gembloux, Duculot, 1951, pp. 189-200.
130. H. de Lubac, *La foi chrétienne*, pp. 235-262.

O Símbolo oriental, por sua vez, mantém nitidamente a construção "em" diante da menção à Igreja. Repete, acerca dela, o "uma só", ao passo que não o fez para o Espírito. Essa menção é uma reminiscência do "um só corpo, um só batismo, uma só fé" (Ef 4,4-6). No entanto, esse Credo não repete, a propósito da Igreja, o "e" que introduz a fé no Filho e no Espírito. Não há, portanto, ambiguidade quanto à pertença da Igreja ao terceiro artigo. A mesma construção pode também compreender significações diferentes. Crer "numa só Igreja" é crer no mistério da Igreja.

A santa Igreja

A expressão "santa Igreja" é rara nos Padres apostólicos e se difunde a partir da segunda metade do século II. A primeira obra em que se torna estereotipada e frequente é a *Tradição apostólica* de Hipólito.

Ela é a retomada, acerca da Igreja, do *"Qahal Yahveh"*, do "povo santo de Deus", reunido por ele numa "convocação santa", qualificação frequentemente afirmada no Antigo Testamento (Ex 12,16; 19,6; Lv 23,2.3.7 etc.). Sabemos que o texto do Êxodo sobre o "sacerdócio real" e a "nação santa" (Ex 19,6) foi retomado por 1Pd 2,9 a respeito da Igreja: "Vós sois um povo eleito, um sacerdócio real, uma nação santa". De igual modo, a Igreja é "sem mancha nem ruga, nem defeito algum; [...] santa e irrepreensível" (Ef 5,27). O Novo Testamento chama correntemente os cristãos de "santos" (1Cor 1,1; Fl 1,1; Cl 1,1 etc.). Essa denominação permanecerá entre os primeiros Padres da Igreja.

Qual é o seu sentido? Não se trata imediatamente de santidade moral: a Igreja antiga sabia que comportava inúmeros pecadores e que ela estava num processo de conversão. Trata-se de uma participação recebida na vida mesma de Deus, pois só Deus é santo. O povo da Igreja, suscitado por Deus, tornou-se eleito, consagrado (*hieros*, muito próximo de *hagios*), celeste e espiritual *(pneumatikos)*, por causa de sua comunhão no Espírito que é santo. Pois a Igreja é o lugar do dom de Deus aos homens e por isso mesmo instrumento da salvação. Essa afirmação testemunha uma tomada de consciência reflexiva da Igreja sobre si mesma à luz de sua origem e de sua vocação. Notar-se-á, no texto ocidental, a passagem em quiasma de "o Espírito Santo" para "a santa Igreja"[131].

A Igreja católica e apostólica

A unidade e a santidade da Igreja são as duas únicas notas cuja origem é escriturística. Na menção à Igreja "católica e apostólica", estamos lidando com criações da tradição que, aliás, estão ausentes em Hipólito, e só o adjetivo

---

131. Cf. P. Nautin, op. cit., pp. 54-63.

"católica" entrará no texto "T" do Símbolo romano. No Oriente, é o adjetivo "católica" que entra primeiro nos Símbolos (Niceia, Papiro de Der-Baliseh, Cirilo de Jerusalém) e a sequência completa das quatro "notas" da Igreja se encontra pela primeira vez nos Símbolos de Salamina e de Niceia-Constantinopla. Aqui, mais uma vez, a origem e a história das palavras explicam seu sentido[132].

Católica: o termo *katholikos*, no sentido de "universal" ou "geral", é bastante raro no grego profano. Sua certidão de nascimento cristã se encontra em Inácio de Antioquia, que alerta suas comunidades contra eucaristias heréticas ou cismáticas:

> Onde aparece o bispo, que lá esteja a comunidade, assim como onde está Cristo Jesus, lá está a Igreja católica[133].

O sentido desse primeiro emprego é de uma exegese difícil e controvertida. O termo ali ainda não traz a carga doutrinal que ele revestirá progressivamente[134]. Ocorre que sua evolução levará a expressão "a Igreja católica" a abranger ao mesmo tempo a Igreja universal e a plenitude de cada Igreja particular ou local, presidida pelo bispo. De igual modo, o *Martírio de Policarpo* é dirigido a "todas as comunidades da santa Igreja católica que residem em toda parte": a carta fala de "toda a Igreja católica espalhada por toda a terra", mas apresenta Policarpo como "o bispo da Igreja católica de Esmirna". Este bendiz Jesus Cristo, "o pastor da Igreja católica em toda a terra"[135]. Existe, portanto, no termo, ao mesmo tempo, um sentido extensivo e geográfico e um sentido intensivo, que caracteriza cada Igreja local. A Igreja "católica" significa também a só e única Igreja verdadeira, autêntica e ortodoxa.

São exatamente essas conotações que se firmam quando o termo se difunde e se acha integrado ao Símbolo: a Igreja católica é a Igreja universal espalhada por toda a terra habitada (*oikoumene*, com um matiz geográfico); é também a Igreja por inteiro presente em cada Igreja local; é, enfim, a Igreja autêntica por oposição às heréticas[136]. O termo é, neste sentido, uma criação cristã tão característica que será transcrito para o latim sem tradução.

Apostólica: esse termo é também uma criação cristã que evoca primeiramente uma realidade histórica; é apostólico aquilo que diz respeito aos apóstolos e pertence à época deles. Mas logo o adjetivo toma um sentido doutrinal e institucional. No Credo ele parece atraído pelo "católica" com o objetivo de atestar a autenticidade da Igreja: só é apostólica a Igreja que remonta aos apóstolos.

---

132. Cf. J. N. D. Kelly, "Catholique" et "Apostolique" aux premiers siècles, *ISTINA* (1969) 33-45.

133. Inácio de Antioquia, *Aux Smyrniotes*, VIII,2; *SC* 10 bis, p. 163.

134. Sobre as múltiplas interpretações deste texto, cf. A. de Halleux, "L'Église catholique" dans la lettre ignacienne aux Smyrniotes, in *Patrologie et oecuménisme*, pp. 90-109.

135. *Martyre de Polycarpe*, I,1; VIII,1; XVI,2; XIX,2; *SC* 10 bis, pp. 243, 253, 265, 269.

136. Cf. o comentário desta nota por Cirilo de Jerusalém, *Catéchèses baptismales*, XVIII,23; Bouvet *PF*, p. 310.

Isso quer dizer duas coisas: a Igreja apostólica guarda e transmite fielmente a doutrina dos apóstolos, que é a pedra de toque da fidelidade aos ensinamentos do Senhor. A palavra dos apóstolos pertence ao tríplice testemunho fundador com a dos profetas e a do Senhor. Mas a Igreja é também apostólica por sua instituição. A estrutura ministerial da Igreja também vem dos apóstolos, pois estes tomaram disposições para confiar as Igrejas, depois do desaparecimento deles, a "homens seguros". Essa convicção é constantemente expressa, como vimos mais acima, desde Clemente de Roma até Tertuliano. A sucessão dos bispos "apostólicos" é, portanto, um elemento da apostolicidade da Igreja. Pode-se concluir, assim, com J. N. D. Kelly, que "quando os cristãos inseriram o título *apostólica* no Credo e o recitaram com confiança e orgulho, entendiam com isso afirmar a apostolicidade da Igreja no sentido de ela estar em continuidade com os apóstolos, não somente em matéria de fé, por seu testemunho, mas também em matéria de estrutura de organização e de prática"[137].

Os dois atributos são solidários: a catolicidade sublinha a sincronia; a apostolicidade, a diacronia. Nos limitamos aqui às significações antigas, pois desde a Reforma a polêmica entre Igrejas divididas no Ocidente utilizará as quatro notas da Igreja de maneira apologética, carregando-as de significações novas[138].

A comunhão dos santos

Foi dito que essa expressão é um acréscimo ocidental do texto recebido "T" ao Símbolo romano "R". Está ausente dos Símbolos orientais.

Antes de sua inserção no Símbolo, a expressão designa a comunhão com as coisas santas (*sanctorum* é um neutro), isto é, a eucaristia. É pouco usada no Oriente, mas a encontramos nesse sentido nas regras breves de Basílio de Cesareia[139], e também em Jerônimo, ao traduzir Teófilo de Alexandria, que fala de alguém que "foi separado da comunhão dos santos por muitos bispos"[140].

A partir das primeiras emergências da fórmula no Símbolo ocidental, a interpretação eucarística desaparece e a expressão é compreendida como um aposto a "Igreja católica": constitui ao mesmo tempo a definição, o comentário e um atributo explicativo de "Igreja". É assim que Nicetas de Remesiana (na Sérvia atual) a comenta em sua explicação do Símbolo em meados do século IV:

> Após a confissão da santa Trindade, tu confessas crer na santa Igreja católica. A Igreja é outra coisa que a assembleia de todos os santos? Crê, pois, que é nesta Igreja que obterás a comunhão dos santos[141].

---

137. J. N. D. Kelly, art. cit., p. 45.
138. Cf. o estudo sobre a Igreja no tomo 3 desta obra.
139. Basílio de Cesareia, *Les règles monastiques*, Petites Règles, Q. 309; ed. L. Lèbe, Maredsous, 1969, p. 343.
140. Jerônimo, Lettre 92,3; ed. J. Labourt, Budé, 1954, t. IV, p. 152.
141. Nicetas de Remesiana, *Explication du Symbole*, 10; *PL* 52, 871 bc.

A Igreja é assim uma "comunhão", a comunhão constituída pelos santos: nela se obtém a comunhão com os santos. A expressão desenvolve, portanto, a afirmação da santa Igreja.

Com base no sentido precedente, a afirmação passará a visar à comunhão com os santos do céu. Pois a catolicidade, considerada no tempo, engloba os justos "que foram, que são e que serão". Ela compreende os seres celestes. Este sentido desenvolveu-se em ligação com o culto dos mártires e a visita a seus túmulos[142].

O batismo e a remissão dos pecados

A remissão dos pecados é uma menção bastante antiga, já que a encontramos na *Epístola dos Apóstolos*. Entretanto, está ausente do Símbolo de Hipólito, mas já se encontra na fórmula mais antiga do Símbolo romano ("R"). Segundo Nautin, é preciso entendê-la aqui como "para a remissão dos pecados". Essa interpretação se impõe, de fato, por vários razões. A origem escriturística da afirmação é o relato das primeiras conversões após o querigma de Pedro no dia do Pentecostes: "Convertei-vos: receba cada um de vós o batismo no nome de Jesus Cristo para o perdão dos pecados" (At 2,38). Esse texto correlaciona o batismo, o perdão e o dom do Espírito. A mesma ligação é expressa por Tertuliano, quando diz que Jesus não precisava de um "batismo de penitência" para a remissão dos pecados[143]. Encontramos claramente a ligação na formulação dos Símbolos orientais. Está subentendida na fórmula ocidental que não menciona o batismo, mas que é utilizada em sua celebração.

O sentido da afirmação é mesmo o de expressar o alcance do batismo para a existência cristã. O batismo é o fundamento de todos os sacramentos: comporta o dom do Espírito e a remissão dos pecados. O elo entre o Espírito e o batismo no terceiro artigo é importante, pois é pelo batismo que o Espírito Santo torna santa a Igreja. O batismo é objeto de um ato de fé e é assim que ele traz a justificação. Não se deve, pois, buscar na origem da menção à remissão dos pecados uma alusão ao sacramento de penitência ou de reconciliação. A afirmação é independente das querelas penitenciais. Mas é verdade que a remissão dos pecados na Igreja não se limita só ao batismo.

A ressurreição dos mortos ou da carne

A ressurreição da carne é a única menção que vem acompanhar a da Igreja no Símbolo de Hipólito, daí sua importância. Encontramo-la em outras formulações

---

142. Cf. J. N. D. Kelly, op. cit., pp. 388-397. — Para este comentário inspirei-me numa conferência feita por M. Jourjon no Groupe des Dombes.

143. Tertuliano, *Traité du baptême*, XI,3; SC 35, p. 82.

antigas[144]. P. Nautin aqui também lê "para a ressurreição da carne", apoiando-se em diversos textos contemporâneos[145]. Pois a ressurreição da carne é atribuída ao Espírito. Este traço está conforme à teologia do tempo, em particular à de Ireneu, que influencia Hipólito. Mas essa reconstrução do texto de Hipólito por Nautin é mais discutida do que a que concerne à Igreja.

O sentido da afirmação é óbvio: a fé na ressurreição dos mortos ou da carne (as duas expressões são equivalentes) é central no cristianismo; é o correlato da ressurreição de Cristo. Mas é um dogma exorbitante, objeto de ataques incessantes vindos, primeiro, dos pagãos helenizados e, depois, da gnose. Sabe-se do fracasso de Paulo diante do Areópago a este respeito (At 17,31-33); por causa de dúvidas emitidas entre os coríntios, o mesmo Paulo terá ainda de fazer a demonstração do dogma em sua grande argumentação de 1Cor 15: a ressurreição dos mortos é ali vigorosamente afirmada e justificada à luz da ressurreição de Cristo. Ela continuará a ser objeto de uma polêmica permanente entre os Padres apostólicos, Justino, Taciano, Hermas e sobretudo Ireneu, que a liga formalmente à ação do Espírito, e Tertuliano, autor de um livro apaixonado e comovente sobre a ressurreição da carne[146].

Era, pois, bastante normal que o Símbolo assim exprimisse o elo entre a ressurreição de Cristo e a ressurreição da carne, obra do Espírito, já secretamente em ação na Igreja, e que será plenamente manifestada no final dos tempos. A perspectiva escatológica da ressurreição da carne junta-se à do juízo dos vivos e dos mortos no segundo artigo.

A salvação cristã é assim a salvação de todo o homem, considerado em sua condição concreta, temporal e histórica, portanto frágil e sujeita à lei da morte. Ela não promete a simples imortalidade da alma, mas sim a vitória sobre a morte. Quando o EU eclesial professa sua fé na ressurreição de Cristo como evento de salvação, professa que esta ressurreição é para ele; que pelo dom do Espírito ele já a vive de maneira oculta na Igreja; que ele tem fé e esperança na promessa desta ressurreição que será manifestada quando da conclusão da história trinitária da salvação.

A vida eterna

A vida eterna é uma expressão corrente no evangelho de João. Nos Símbolos orientais, vem glosar a menção da ressurreição dos mortos para exprimir seu resultado definitivo. Ela comporta a ideia de incorruptibilidade.

O Oriente a menciona desde o século IV, sob a forma da "vida do mundo que há de vir"; ela retornará no Ocidente no texto recebido ("T") do Símbolo dos apóstolos.

---

144. Cf. Papiro de Der-Balizeh, *DzS* 2; Tertuliano, *Traité de la prescription contre les hérétiques*, XXXVI, 5; *SC* 46, p. 138.

145. P. Nautin, op. cit., pp. 28-42.

146. Tertuliano, *De la résurrection de la chair*; *CCSL* 2, pp. 921-1012.

Cabe observar que as expressões escatológicas do Símbolo se limitam às afirmações universais. Não se aborda ali, de modo algum, a escatologia pessoal, cujos problemas só se levantarão a partir da Idade Média.

Conclusão

O Símbolo de fé é a célula-mãe de todo o desenvolvimento dogmático na Igreja. Viu-se como as primeiras definições estão ali inseridas. Quando elas se desenvolverem de maneira independente, farão sempre referência a ele, assim como as assembleias conciliares acolherão simultaneamente as Escrituras e o Símbolo. Este tem, portanto, valor de fundamento de todo o edifício, em seu elo com a Escritura, da qual ele representa uma interpretação particularmente autorizada.

O Símbolo exprime "a essência do cristianismo". Do mistério cristão ele apresenta ao mesmo tempo a estrutura e o conteúdo na articulação da Trindade, da cristologia e do mistério da Igreja. A ordem da exposição é trinitária e situa a cristologia em seu lugar. Mas essa ordem recobre uma ordem de descoberta que vai da cristologia à Trindade, da confissão da vitória e da realeza do Cristo ressuscitado ao enraizamento de sua missão no envio pelo Pai e no dom do Espírito. A prioridade entre os dois é portanto recíproca e não caberia falar de um deslocamento do centro de gravidade da fé[147].

O comentário aqui apresentado deteve-se deliberadamente no século IV, época em que as grandes fórmulas tradicionais estão perfeitamente constituídas. Mas toda a sequência desta obra continuará o estudo do Credo em razão do desenvolvimento de cada um de seus temas ao longo da história. Pois todos os grandes dogmas da fé eclesial se prendem a um ou outro de seus artigos que serão objeto de uma hermenêutica constante. É sobremaneira importante que seu valor simbólico não se torne estranho à compreensão de seu conteúdo. Não era o propósito deste capítulo refletir sobre o papel do Símbolo na vida eclesial atual e sobre os ensaios de que foi objeto nos anos recentes. Mas o ponto de vista de sua gênese, de suas funções, de sua estrutura e de seu conteúdo desenha o quadro que se abre às novas tarefas.

---

147. Como sugere com matizes O. Cullmann, op. cit., pp. 76-87.

CAPÍTULO III
A economia trinitária da salvação (século II)
J. WOLINSKI

REFERÊNCIAS BIBLIOGRÁFICAS: J. LEBRETON, *Histoire du dogme de la Trinité*, t. 2, Paris, Beauchesne, 1928. — A. GRILLMEIER, *Le Christ dans la tradition chrétienne*, t. 1: *De l'âge apostolique à Chalcédoine*, Paris, Cerf, 1965, pp. 55-150. — J. LIEBAERT, *L'Incarnation*, I: *Des origines au concile de Chalcédoine*, Paris, Cerf, 1966. — *Mysterium Salutis, Dogmatique de l'histoire du salut*, t. 5, pp. 211-261; t. 6, pp. 15-140; t. 12, pp. 345-358 (Incarnation, Trinité, Mystère Pascal chez les Pères), Paris, Cerf, 1970-1972. — B. STUDER, *Dieu sauveur. La rédemption dans la foi de l'Église ancienne*, Paris, Cerf, 1989. — A. ORBE, *Introducción a la teología de los siglos II y III*, t. I y II, Roma, P.U.G., 1987. — M. SIMONETTI, *Studi sulla cristologia del II e III secolo*, Roma, "Augustinianum", 1993. — J. MOINGT, *La théologie trinitaire de Tertullien*, 4 vols., Paris, Aubier, 1966-1969; id., *L'homme qui venait de Dieu*, Paris, Cerf, 1993.

Na segunda metade do século II, o discurso cristão ganhou impulso com os escritos dos Padres apologistas e a obra anti-herética de Ireneu. Mas ainda não é chegada a hora das grandes definições dogmáticas. Nossos autores se dedicam sobretudo a refletir sobre a obra da salvação referindo-se às Escrituras, cuja autoridade agora está bem estabelecida. A maneira de interpretá-las constitui um aspecto importante da atitude teológica desse período e marcará de forma duradoura o pensamento cristão. É do método patrístico de interpretação das Escrituras que trataremos para começar, estendendo nosso estudo até o século III com Orígenes.

I. A RELEITURA CRISTÃ DAS ESCRITURAS E O ARGUMENTO PROFÉTICO

OS AUTORES E OS TEXTOS: Inácio de Antioquia, Justino, Ireneu, Clemente de Alexandria, Orígenes: cf. supra, pp. 43-44 e p. 46. — Orígenes, *Traité des principes*, t. III, L.

IV; trad. H. Crouzel e M. Simonetti, *SC* 268, 1980. — Outra tradução: Orígenes, *Traité des principes (Peri Archôn)*, por M. Harl, G. Dorival e A. Le Boulluec, Paris, "Études augustiniennes", 1976. — Orígenes, *Commentaire sur Saint Jean*, trad. Cécile Blanc, t. I (L. I-V), *SC* 120; t. II (L. VI e X), *SC* 157, 1966 e 1970.

REFERÊNCIAS BIBLIOGRÁFICAS: H. J. SIEBEN, *Exegesis Patrum*, Roma, 1983 (bibliografia). — H. DE LUBAC, *Histoire et Esprit. L'intelligence de l'Écriture d'après Origène*, Paris, Aubier, 1950; *Exégèse médiévale. Les quatre sens de l'Écriture*, 4 vols., Paris, Aubier, 1959. — J. DANIÉLOU, *Bible et Liturgie*, Paris, Cerf, ²1958. — J. PÉPIN, *Mythe et allégorie*, nova ed., Paris, "Études Augustiniennes", 1976. — M. SIMONETTI, "Per typica ad vera", *VC* 18, (1981), pp. 357-382. — B. DE MARGERIE, *Introduction à l'histoire de l'exégèse*, 4 vols., Paris, Cerf, 1980-1990. — A. M. PELLETIER, *Lectures du Cantique des Cantiques*, Roma, Pont. Ist. Bibl., 1989.

A leitura das Escrituras pelos Padres dos séculos II e III não pode ser compreendida fora do âmbito da fé no Cristo ressuscitado. Uma nova hermenêutica se impõe, rompendo com as interpretações judaicas da Bíblia. É à luz da ressurreição, objeto do querigma, que os cristãos releem o Antigo e o Novo Testamento. Essa referência é para eles algo tão evidente que não sentem necessidade de insistir nesse ponto. Certos indícios, contudo, permitem verificar isso indiretamente e dar uma ideia do "fundamento existencial" de sua hermenêutica.

1. O MISTÉRIO PASCAL, FUNDAMENTO DE UMA HERMENÊUTICA

REFERÊNCIAS BIBLIOGRÁFICAS: R. LE DÉAUT, *La nuit pascale*, Roma, P.I.B., 1963. — R. CANTALAMESSA, *La Pâque dans l'Église ancienne*, Bern/Frankfurt, Peter Lang, 1980. — J. P. JOSSUA, *Le salut Incarnation ou mystère pascal*, Paris, Cerf, 1968.

Exprimindo-se numa linguagem figurada, Inácio de Antioquia resume em algumas palavras toda a Boa-Nova da salvação: "Se o Senhor recebeu uma unção sobre a cabeça, foi a fim de insuflar à sua Igreja a incorruptibilidade"[1]. A unção aqui é uma alusão à ressurreição, como confirma a palavra "incorruptibilidade" *(aphtarsia)*[2]. Foi por ela que Jesus foi "feito Senhor e Cristo" (At 2,32), isto é, foi estabelecido, "segundo o Espírito Santo, Filho de Deus com poder, por sua Ressurreição de entre os mortos: Jesus Cristo, nosso Senhor" (Rm 1,4). A ressurreição tocou o Cristo, Cabeça do Corpo, e, da Cabeça, ela desce sobre o Corpo, como o óleo que escorre pela barba, a barba de Aarão, e pela gola de sua túnica (Sl 132,2). A mesma carta contém outra alusão à Ressurreição:

---

1. Inácio de Antioquia, *Aux Éphésiens*, 17,1; trad. P. Th. Camelot, *SC* 10 bis, p. 87.
2. Cf. 1Cor 15,42.50.53.54.

> Só há um médico, carnal e espiritual, gerado e não gerado, feito em carne, Deus *(en sarki genomenos theos)*, na morte vida verdadeira, [nascido] de Maria e [nascido] de Deus, primeiro passível, agora impassível, Jesus Cristo nosso Senhor[3].

Numa primeira leitura, pareceria que Inácio opõe aqui as duas naturezas de Cristo, como fará três séculos mais tarde o concílio de Calcedônia. Na realidade, ele expõe somente os efeitos da ressurreição[4] pela qual Cristo "é feito Deus" enquanto homem. A fórmula *"en sarki genomenos theos"* poderia, assim, ser traduzida com toda a naturalidade "na carne tornado Deus". Não que o Cristo se tenha tornado Deus porque não o teria sido previamente, mas no sentido de que ele "se torna" o que ele já "era", mas em sua carne, pela ressurreição, como em Rm 1,4. Encontramos a mesma ideia em Melitão de Sardes:

> É assim que é novo e antigo, eterno e temporal, corruptível e incorruptível, mortal e imortal, o mistério da Páscoa. [...] Corruptível é o carneiro, incorruptível o Senhor, imolado como cordeiro, ressuscitado como Deus. [...] A figura se tornou verdade, e o cordeiro, Filho, e o carneiro, homem, e o homem, Deus. [...] É carneiro enquanto sofre, homem enquanto é sepultado, Deus enquanto ressuscita. Tal é Jesus, o Cristo[5].

Já sensível no modo como Clemente de Roma cita o Antigo Testamento[6], o vestígio da nova hermenêutica aparece claramente em Inácio de Antioquia:

> Ouvi aqueles que diziam: "Se não o encontro nos arquivos, não acreditarei no Evangelho", e quando eu lhes dizia: "Está escrito", eles me respondiam: "Eis a questão!" Para mim, meus arquivos são Jesus Cristo; meus arquivos invioláveis são sua cruz, sua morte, sua ressurreição, e a fé que vem dele[7].

Assim, aos cristãos judaizantes que buscam nos "arquivos", isto é, nas Escrituras do Antigo Testamento, a prova do Evangelho, Inácio responde que o que aconteceu a Jesus já está escrito preto no branco nas profecias. Diante da perplexidade de seus contraditores, ele proclama então o que é definitivamente sua razão de crer: o evento pascal de Jesus. Coloca assim em correspondência os dois fundamentos da fé: as Escrituras antigas e o evento novo para o qual ele não dispõe ainda de um *corpus* escriturístico.

Ireneu também vê no Cristo ressuscitado aquele que dá sentido às Escrituras e introduz no mundo uma novidade que ultrapassa seu anúncio pelas

---

3. Inácio de Antioquia, op. cit., 7,2; *SC* 10 bis, p. 75.
4. P. Th. Camelot em sua intr. a *SC* 10 bis, pp. 30-33.
5. Melitão de Sardes, *Sur la Pâque*, 2,4,7,9; trad. O. Perler; *SC* 123, pp. 61-65.
6. Cf. *Épître aux Corinthiens*, 16; *SC* 167, pp. 125-129.
7. Inácio de Antioquia, *Aux Philadelphiens*, 8,2; *SC* 10 bis, pp. 149-151.

profecias. Todos os profetas anunciavam a Paixão de Cristo, mas "nenhum deles, morrendo e ressuscitando, abriu o Testamento novo da liberdade"[8]. Essa novidade se identifica com a pessoa mesma do Senhor:

> Mas então, pensareis talvez, o que o Senhor trouxe de novo com sua vinda? — Ora, sabei que ele trouxe toda novidade ao trazer sua própria Pessoa *(semetipsum)*, anunciada previamente[9].

2. O ARGUMENTO DAS PROFECIAS

O recurso ao Antigo Testamento, mais particularmente aos textos proféticos, já é prática corrente no Novo Testamento. Se a expressão "conforme as Escrituras" é rara (1Cor 15,3.4), encontramos frequentemente expressões vizinhas, tais como "como disse a Escritura" (Jo 7,38), "está escrito", "a fim de que se cumprisse a Escritura (ou as Escrituras)". Em Lucas (24,27.33 e 24,45-47), a explicação das Escrituras é posta na boca de Jesus, tal como em João: "Vós perscrutais as Escrituras [...] são elas que dão testemunho a meu respeito" (Jo 5,39; 5,46). Segundo essa hermenêutica, o Antigo Testamento por inteiro é uma grande profecia de Cristo[10].

Justino: o Antigo Testamento como justificação do advento de Jesus

Com Justino, o recurso ao Antigo Testamento, considerado como profecia de Cristo, torna-se um argumento apologético. No *Diálogo com Trifão*[11], o judeu Trifão intima Justino a lhe provar que Jesus, homem maldito porque morto na cruz, é mesmo o Messias:

> Dá-nos [...] a prova de que aquele que, como dizes, foi crucificado e subiu aos céus é mesmo o Cristo de Deus[12].
> Demonstra-nos que ele tinha de ser crucificado, de morrer em tal grau de vergonha e desonra pela morte maldita da lei[13].

Justino responde fazendo ver que existem, acerca do Messias, duas séries de profecias: uma anunciando um Messias sofredor, e a outra, um Messias glorioso. Cristo, por ter morrido na cruz e por haver de regressar em sua glória, é

---

8. Ireneu, *CH*, IV,34,3; Rousseau, p. 528.
9. Ibid., IV,34,1; p. 526.
10. Cf. C. H. Dodd, *Conformément aux Écritures*, Paris, Seuil, 1968.
11. Cf. supra, p. 44.
12. Justino, *Dialogue avec Tryphon*, 39,7; *TD* I, p. 177.
13. Ibid., 90,1; *TD* II, p. 83.

o único a corresponder a essa dupla profecia. É assim que Justino "justifica", com base em longas citações do Antigo Testamento, a concepção virginal de Jesus e sua morte na cruz.

Utiliza também a profecia diante dos pagãos. Trata-se então de refutar a objeção da origem recente de Cristo, surgido "há apenas cento e cinquenta anos"[14]. Justino responde que sua vinda fora anunciada bem antes pelos profetas, que são mais antigos que Platão e os outros filósofos. O interesse da demonstração se deve ao fato de que o cumprimento da profecia não se realiza somente na vinda do Cristo, mas também no que se tem realizado desde então na pessoa dos cristãos. A profecia de Isaías 2,2 ("uma lei sairá de Sião") foi cumprida quando doze apóstolos "saíram" de Jerusalém para cruzar o mundo. Ela se confirma todos os dias no exemplo da vida nova que os cristãos levam[15].

O cumprimento das profecias estendido aos cristãos se encontra em Ireneu, Clemente de Alexandria e Orígenes. Este dá como prova da divindade das Escrituras a eficácia delas em converter os homens e a expansão milagrosa da fé pelo mundo[16]. O anúncio do Cristo ressuscitado é indissociável dos "testemunhos" (cf. At 1,8; 2,32) que Deus escolheu para levá-lo aos homens.

Segundo Justino, enfim, a correspondência entre a profecia e seu cumprimento não aparece por si mesma. É o fruto de uma revelação que vem do evento:

> Se, pela boca dos profetas, foi anunciado obscuramente que o Cristo sofreria e que, depois disso, seria o Senhor de todas as coisas, ninguém entretanto podia compreendê-lo antes que Ele próprio tivesse persuadido os Apóstolos de que essas coisas se acham claramente anunciadas nas Escrituras[17].

O anúncio se torna "profecia" somente porque Cristo a proclama como tal, e é seu cumprimento que lhe dá sentido. Paradoxalmente, a iluminação não vai da profecia ao evento, mas do evento à profecia. Mas, então, de que serve a profecia? Quando o evento se produz, ela permite compreender que é um acontecimento querido por Deus, realizado por seu poder e sua vontade[18]. O encadeamento anúncio-realização manifesta a existência de um desígnio de Deus e permite reconhecê-lo quando ele se cumpre.

Ireneu: a concordância dos dois Testamentos

Ireneu, como Justino, afirma que "toda profecia, antes de seu cumprimento, é apenas enigma e ambiguidade para os homens; mas quando chega o

---

14. Justino, *Ière Apologie*, 46,1; Wartelle, p. 161.
15. Ibid., 39,-1-3; p. 149.
16. Orígenes, *Traité des principes*, IV, 1,1-3; SC 268, pp. 257-271.
17. Justino, *Dialogue...*, 76,6; TD II, p. 11.
18. Ibid., 84,2; p. 53.

momento e se cumpre a predição, então ela encontra sua exata interpretação"[19]. A profecia, portanto, não é de modo algum uma maneira de conhecer de antemão o segredo do futuro. Ela nos introduz num desígnio cujo cumprimento ultrapassa infinitamente o anúncio. A novidade anunciada é tamanha que nenhuma palavra podia exprimi-la previamente.

Contra os gnósticos que depreciam o Antigo Testamento, Ireneu pretende mostrar que o Deus do Antigo Testamento é mesmo o Pai de Jesus e que há apenas um só Deus e um só Cristo. A prova pelas Escrituras consiste, portanto, para ele, em aproximar sistematicamente os textos do Novo Testamento e os do Antigo. Primeiro, ele a põe em ação brevemente segundo o princípio do tríplice testemunho concordante: os profetas, os apóstolos e o Senhor. Em seguida, consagra-se a um método binário enfatizando sucessivamente a concordância dos apóstolos e dos profetas (livro III, tratado a partir dos Evangelhos e dos Atos dos Apóstolos), a das palavras do Senhor e dos profetas (livro IV, consagrado às "palavras claras" e às parábolas de Jesus), antes de voltar aos profetas em conexão com os testemunhos de Paulo, do Senhor e do Apocalipse (livro V). É nesse jogo repetido de correspondências a propósito de múltiplos textos e temas que se baseia a "prova pelas Escrituras"[20].

Ireneu esclarece que o cumprimento que dá a chave das Escrituras é a cruz de Cristo, mas também, como em Justino, a realização da salvação naquele que crê. Aludindo ao método segundo o qual interpretou as Escrituras, conclui:

> Se, portanto, alguém ler as Escrituras da maneira como acabamos de mostrar — e é desta maneira que o Senhor as explicou a seus discípulos após a ressurreição de entre os mortos, provando-lhes por elas que era preciso "que o Cristo sofresse e entrasse em sua glória" (Lc 24,46) e que "em seu nome a remissão dos pecados fosse pregada" (Lc 24,47) no mundo inteiro —, será um discípulo perfeito[21].

Tertuliano: *a consonância entre os profetas e o Senhor*

A consonância entre as "declarações da profecia e as do Senhor" constitui também a grande regra de exegese de Tertuliano[22]. Deus nada faz "repentinamente": age sempre de modo refletido e consequente. Ele não podia nos dar seu Filho sem preparar sua vinda. Por isso lhe deu sua caução no Antigo Testamento, antes de no-lo enviar no Novo. O anúncio e a preparação da vinda de Cristo

---

19. Ireneu, *CH* IV,26,1; Rousseau, p. 491.
20. Cf. B. Sesboüé, La preuve par les Écritures chez saint Irénée, *NRT* 103 (1981) 872-887.
21. Ibid., p. 492.
22. Tertuliano, *Contre Marcion*, IV,39; citado e comentado por J. Moingt, *Théol. Trin. de Tert.*, pp. 174-175.

dão ao homem a possibilidade e a obrigação de crer[23]. Se a Trindade é mesmo a grande revelação do Novo Testamento, seria inquietante que Deus não tivesse dado nenhum indício dela no Antigo. Por isso, na parte central do *Contra Práxeas*, Tertuliano desenvolve longamente os argumentos tirados do Antigo Testamento (cap. 11-14) antes de recorrer ao Novo (cap. 15-17).

3. ORÍGENES: DOS TRÊS OU QUATRO SENTIDOS DA ESCRITURA

Com Clemente de Alexandria a busca de um sentido oculto sob o sentido corrente se estende a todas as Escrituras. Se vêm de Deus, elas devem ter um sentido digno d'Ele. Mas, a verdade é perigosa para quem a recebe indignamente. "Eis por que os santos mistérios das profecias, reservados aos eleitos e àqueles cuja fé predestinou à gnose, estão envoltos em parábolas."[24] A gnose designa aqui esse conhecimento *(gnôsis)* superior do sentido profundo das Escrituras.

O mesmo acontece com Orígenes, mestre da escola de Alexandria, principal representante da exegese dita "alegórica". Para ele também, a Escritura é portadora do "sentido do Espírito de Deus oculto na profundeza e recoberto pelo estilo narrativo ordinário de uma linguagem que visa aparentemente a outra coisa", sentido que introduz ao conhecimento do desígnio de Deus[25]. Ler o Evangelho no nível do sentido ordinário não é suficiente:

> Trata-se de traduzir o evangelho sensível em evangelho espiritual. Pois de que valeria uma interpretação do evangelho sensível se não a traduzíssemos em Evangelho espiritual? Nada, ou pouca coisa — e ela seria obra do primeiro capaz de compreender o sentido palavra por palavra[26].

Tipologia e alegoria

Se é verdade que Orígenes é considerado hoje em dia como o representante principal da exegese alegórica, é na perspectiva da "tipologia" que se deve compreender sua leitura da Escritura.

A *tipologia* é um procedimento de leitura que consiste em relacionar uma realidade do Antigo Testamento, chamada "figura" *(typos)*, com uma realidade correspondente do Novo. Pode tratar-se de um personagem, de um objeto, de

---

23. Ibid., p. 175.
24. Clemente de Alexandria, *Stromates*, VI,15,124-126; citado por Cl. Mondésert, *Essai sur Clemente de Alexandria*, Paris, Aubier, 1944, p. 134.
25. Orígenes, *Traité des principes*, IV,2,7 (14) (Rufino); *SC* 268, p. 329; trad. M. Harl, op. cit., p. 223.
26. Id., *Commentaire sur saint Jean*, I,8 (10), § 44; *SC* 120, p. 85.

uma prescrição da Lei, de um evento, que anunciam este ou aquele aspecto da economia da salvação[27]. Temos um exemplo disso em Paulo quando escreve que os acontecimentos do Êxodo são figuras *(typoi)* para nos servir de exemplo (1Cor 10,6), ou quando fala de Adão, figura *(typos)* d'Aquele que devia vir, o Cristo (Rm 5,14). Esse princípio hermenêutico estruturará o pensamento dos Padres e comandará sua exegese, sua pregação, sua compreensão dos "mistérios", isto é, dos sacramentos.

Os Padres, portanto, não inventaram a tipologia. Eles a encontram nos profetas, que no tempo do cativeiro fortaleceram a esperança de seu povo fazendo apelo às intervenções de Deus no passado. Os profetas anunciam que no final dos tempos Deus realizará obras análogas às do início, até mesmo obras maiores ainda. Haverá um novo dilúvio para aniquilar os pecadores e poupar o resto para inaugurar uma humanidade nova. Haverá um novo êxodo, um novo Paraíso. Isso constitui uma primeira tipologia, chamada *escatológica*, porque incide sobre o final dos tempos. Ela se enraíza no dinamismo da expectativa messiânica[28].

O Novo Testamento retoma a tradição tipológica do Antigo Testamento, mas esclarecendo de maneira decisiva que o que era anunciado pelos Profetas foi cumprido no Cristo. Temos assim uma *tipologia cristológica*. A pregação apostólica utiliza-a para mostrar como o Cristo cumpre e ultrapassa a Profecia do Antigo Testamento.

Mas essa mesma tipologia se prolonga numa tipologia *sacramental* ou *eclesiológica*. De fato, as maravilhas anunciadas no Antigo Testamento, e cumpridas no mistério pascal, continuam a se realizar nos sacramentos (cf. 1Cor 10) e na vida da Igreja. Os sacramentos encontram assim no Antigo Testamento uma justificação, e os Padres, uma mina inesgotável de figuras para explicá-las[29].

Encontramos esse procedimento em Orígenes. Mas ele o aplica a toda a Escritura, utilizando outros procedimentos, sobretudo a leitura alegórica. Esta era utilizada pelos pensadores pagãos para interpretar Homero ou Hesíodo, e por Fílon para interpretar a Bíblia. Orígenes retoma o procedimento transpondo-o.

A alegoria é um procedimento poético ou retórico pelo qual se diz uma coisa para significar outra (*alla agoureuein*: dizer outras coisas)[30]. Encontramos uma palavra da mesma raiz em Paulo (Gl 4,24): "Há nisso uma alegoria" *(allegoroumena)*.

Esse procedimento, adotado pelos Padres, tinha seus riscos. Embora eles não o utilizem jamais de modo puramente arbitrário, havia por que temer os excessos, e eles nem sempre foram evitados. Encontramos alguns em Orígenes. Mas seria injusto reduzir sua exegese a um "alegorismo" sem fundamento,

---

27. J. Daniélou, *Bible et Liturgie*, pp. 8-14.
28. Cf. G. von Rad, *Théologie de l'Ancien Testament* II, Genève, Labor et Fides, 1965, pp. 285-286 e 293.
29. Daniélou, op. cit., pp. 8-11.
30. M. Simonetti, verbete "Allégorie" em *DECA*, p. 78.

esquecendo que ele a desenvolve antes de tudo na perspectiva da tipologia, em referência ao desígnio divino da salvação.

Os três — ou quatro — sentidos da Escritura

É no *Tratado dos princípios* que Orígenes expõe longamente os princípios de sua hermenêutica, distinguindo três sentidos na Escritura, em base a um fundamento antropológico:

> Assim como o homem é composto de corpo, alma e espírito (cf. 1Tm 5,23), assim a Escritura que Deus deu em sua providência para a salvação dos homens[31].

Os três sentidos anunciados são o sentido literal, o sentido moral e o sentido espiritual ou místico. Mas Orígenes não dá a definição de cada um. Contenta-se em ilustrá-los com exemplos[32].

O *sentido literal* designa hoje o sentido que o autor inspirado quis dar a seu texto (sentido que frequentemente já é um sentido "espiritual"). Não é o caso em Orígenes. Para ele, o sentido literal é o primeiro sentido que vem ao espírito. É acessível a qualquer homem. Identifica-se com a "história", isto é, como aquilo que é "contado".

O *sentido moral* é uma transposição do primeiro sentido, aplicado ao homem interior. O procedimento vem de Fílon de Alexandria († 54 d. C.) ao interpretar o Antigo Testamento. A vida de Abraão, de Isaac, de Jacó, a saída do Egito, servem para descrever o itinerário da alma para Deus. Em Orígenes, a explicação para esse segundo nível não faz intervir necessariamente os dados da fé.

O *sentido espiritual* ou *místico*, enfim, nos introduz nos mistérios mesmos, os do Cristo e da Igreja. Relaciona-se com tudo o que tem a ver com a fé[33].

Mas H. de Lubac fez uma constatação que abre novas perspectivas. Observou que Orígenes, muito livre na aplicação de sua teoria, inverteu frequentemente os dois últimos termos de sua tríade, fazendo passar o terceiro sentido antes do segundo. Temos assim duas trilogias distintas:

1. Sentido literal	1. Sentido literal
2. Sentido moral 1	
3. Sentido espiritual	2. Sentido espiritual
	3. Sentido moral 2

Essa mudança é repleta de consequências, pois na segunda trilogia o sentido moral ganha uma significação completamente diferente. Ele ainda se relaciona

---

31. Origène, *Traité des principes*, IV,2,4; *SC* 268, p. 313 (texto da Filocalia).
32. Ibid., IV,3,1-13; pp. 343-393.
33. Ibid., IV,2,7; pp. 327-331.

com as atividades da alma, mas estas já não são consideradas como uma realidade de ordem ética: recebem todo o seu valor do sentido espiritual, do qual se tornam como que uma aplicação concreta na vida do cristão. O sentido moral torna-se a reprodução em nós dos mistérios descobertos no sentido espiritual. Esses mistérios eram anunciados antigamente de modo profético, ou figurativo. Agora se realizam de modo efetivo, em nós. Orígenes evoca frequentemente esta atualização do mistério naquele que crê:

> É sobretudo naqueles que podem tirar proveito dela que há, individualmente, uma vinda do Verbo. Pois de que me serviria que o Verbo tenha vindo para o mundo se eu mesmo não o tenho?[34]

> De que vos pode servir, com efeito, que o Cristo tenha vindo outrora na carne, se também não tiver vindo até vossa alma? Roguemos para que cada dia seu advento se realize em nós[35].

Finalmente, toda palavra, toda ação, toda atitude de Jesus se relacionam de algum modo com aquele que crê hoje:

> Reunindo tudo o que se refere a Jesus, veremos que tudo o que está escrito a seu respeito é considerado como divino e digno de admiração: seu nascimento, sua educação, seu poder, sua paixão, sua ressurreição não ocorreram apenas no tempo marcado, mas operam em nós ainda hoje[36].

O sentido espiritual também é chamado de sentido místico ou "anagógico". A anagogia (*agô* — *ana*: conduzir — para o alto) é um processo da fé pelo qual a alma "sobe para Deus", assimilando-se pouco a pouco a Ele por participação com Cristo. O sentido espiritual, aplicado ao homem, vale primeiramente para a Igreja, mas também para cada cristão. Ele se desdobra entre o hoje e o amanhã escatológico. Obtém-se assim um *quarto sentido, escatológico*, relativo ao final dos tempos:

1. Sentido literal	1. Sentido literal
2. Sentido espiritual	2. Sentido espiritual
3. Sentido moral 2	3. Hoje
	4. No final dos tempos

Com base nesse esquema, ampliado agora a quatro termos, são possíveis inúmeros desdobramentos[37]. Orígenes dá um exemplo disso no comentário ao dito de Jesus: "Destruí este templo, e em três dias eu o reerguerei" (Jo 2,19). O

---

34. Id., *Homélies sur Jérémie* IX,1; trad. P. Husson e P. Nautin, SC 232, p. 379.
35. Id., *Homélies sur S. Luc*, XXII, 3; SC 87, p. 303.
36. Ibid., VII,7; p. 161.
37. Cf. quadro na página seguinte.

Esquema I

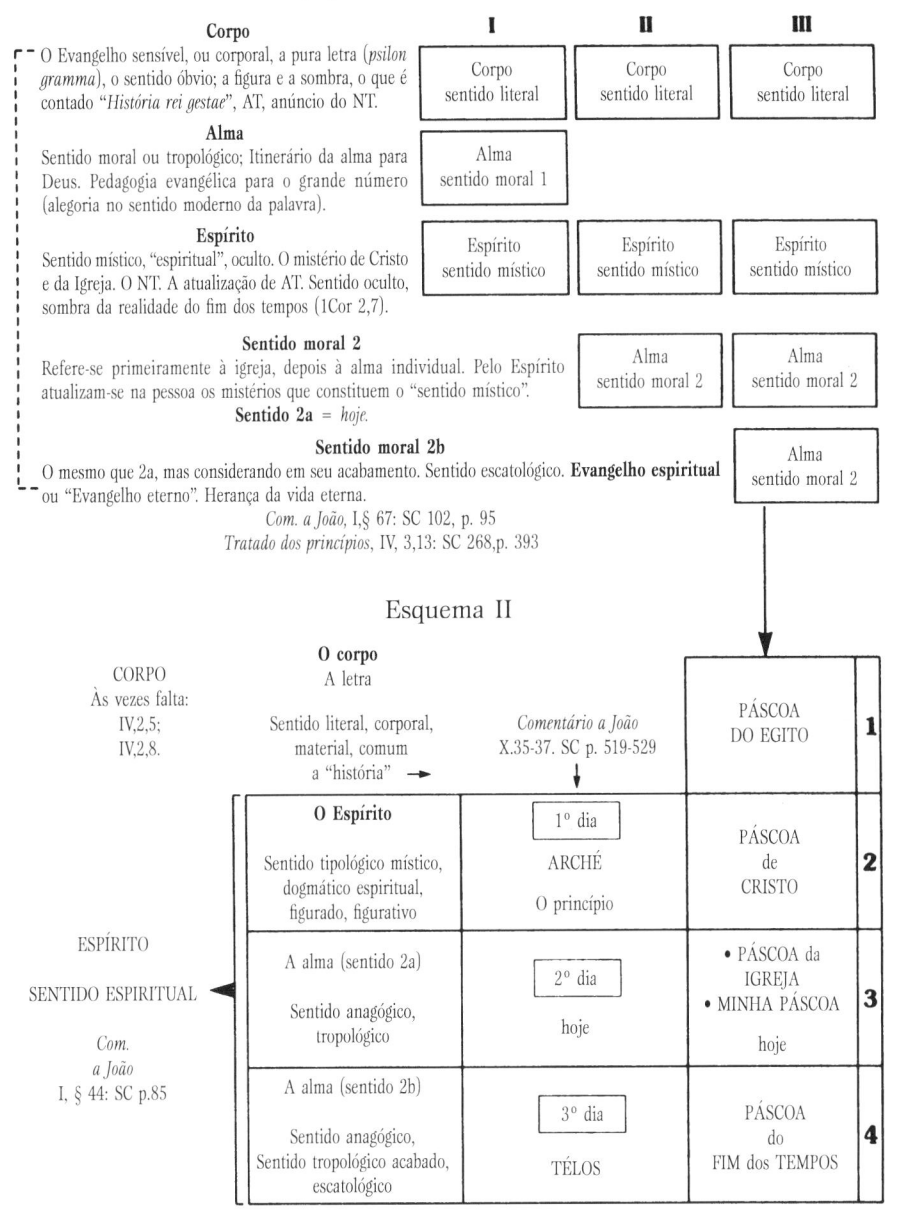

Esquema antropológico: { Corpo / alma / Espírito }

Corpo
O Evangelho sensível, ou corporal, a pura letra (*psilon gramma*), o sentido óbvio; a figura e a sombra, o que é contado "*História rei gestae*", AT, anúncio do NT.

Alma
Sentido moral ou tropológico; Itinerário da alma para Deus. Pedagogia evangélica para o grande número (alegoria no sentido moderno da palavra).

Espírito
Sentido místico, "espiritual", oculto. O mistério de Cristo e da Igreja. O NT. A atualização de AT. Sentido oculto, sombra da realidade do fim dos tempos (1Cor 2,7).

Sentido moral 2
Refere-se primeiramente à igreja, depois à alma individual. Pelo Espírito atualizam-se na pessoa os mistérios que constituem o "sentido místico".
Sentido 2a = *hoje*.

Sentido moral 2b
O mesmo que 2a, mas considerando em seu acabamento. Sentido escatológico. **Evangelho espiritual** ou "Evangelho eterno". Herança da vida eterna.
Com. a João, I,§ 67: SC 102, p. 95
Tratado dos princípios, IV, 3,13: SC 268, p. 393

	I	II	III
Corpo	Corpo sentido literal	Corpo sentido literal	Corpo sentido literal
Alma	Alma sentido moral 1		
Espírito	Espírito sentido místico	Espírito sentido místico	Espírito sentido místico
		Alma sentido moral 2	Alma sentido moral 2
			Alma sentido moral 2

Esquema II

CORPO
Às vezes falta:
IV,2,5;
IV,2,8.

ESPÍRITO

SENTIDO ESPIRITUAL

Com. a João
I, § 44: SC p.85

O corpo A letra — Sentido literal, corporal, material, comum a "história"	*Comentário a João* X.35-37. SC p. 519-529	PÁSCOA DO EGITO	1
O Espírito — Sentido tipológico místico, dogmático espiritual, figurado, figurativo	1º dia ARCHÉ O princípio	PÁSCOA de CRISTO	2
A alma (sentido 2a) Sentido anagógico, tropológico	2º dia hoje	• PÁSCOA da IGREJA • MINHA PÁSCOA hoje	3
A alma (sentido 2b) Sentido anagógico, Sentido tropológico acabado, escatológico	3º dia TÉLOS	PÁSCOA do FIM dos TEMPOS	4

que é dito sobre o corpo pessoal de Cristo é a figura *(typois)* do que acontece com seu corpo verdadeiro, que é a Igreja. Os três dias "figuram" uma tríplice ressurreição, a do Cristo na manhã de Páscoa, a ressurreição da Igreja, que se faz ao longo dos séculos, e a terceira Páscoa[38], que ocorrerá com a ressurreição final. "É por isso que uma ressurreição aconteceu [a do Cristo], e uma ressurreição acontecerá [no final dos tempos], se todavia estivermos sepultados com Cristo e se ressuscitarmos com ele"[39]:

> Pois haverá um terceiro dia no novo céu e na nova terra, quando estes ossos, isto é, toda a casa de Israel, se reerguerem no grande Dia do Senhor, após sua vitória sobre a morte. Por conseguinte, a ressurreição do Cristo [...] abarca o mistério da ressurreição do corpo todo do Cristo[40].

Todas as ações dos homens se inscrevem assim no Evangelho eterno (Ap 14,9)[41], que será manifestado no grande dia da ressurreição final.

Novidade e continuidade na obra da salvação

Somente do Cristo a Escritura recebe seu sentido "místico" ou "espiritual". Mas ele não o revela por novas palavras que exprimiriam apenas um sentido já presente no texto. Revela-o porque o cumpre, fazendo-o advir a partir de um primeiro sentido já "semeado nas Escrituras"[42]. Cristo, propriamente falando, cria o sentido espiritual por um ato de sua onipotência, e esse ato outra coisa não é senão sua morte, sua ressurreição e o dom do Espírito Santo agindo atualmente na Igreja e naquele que crê[43]. Assim compreendido, o sentido espiritual toma uma dimensão existencial. Ele se identifica com a atualização do mistério pascal no coração livre de cada homem, e em toda a humanidade. Identifica-se com o *Novo Nascimento* e a *Nova Criação*, objetos da salvação.

A exegese dita "alegorizante" ora irrita ou diverte com seus procedimentos[44], ora deslumbra com os esplendores que nela descobrimos. Esses esplendores pertencem ao que há de mais puro na tradição cristã, à margem das definições conciliares, e se exprimem numa linguagem de fé diretamente baseada na Escritura. Essa exegese marcou o pensamento cristão durante toda a Idade Média, que a resumiu sob a forma de um dístico célebre:

> A letra te ensina a história; a alegoria, no que crer;
> o sentido moral, o que fazer; e o que visar, a anagogia.

---

38. Orígenes, *Commentaire sur saint Jean*, X,18 (13), § 111; SC 157, p. 449.
39. Ibid., X,37 (21), § 244; p. 529.
40. Ibid., X,35 (20), § 229; p. 521.
41. Ibid., I,10 (11), § 67-74; SC 120, p. 95-97; Id., *Traité des principes*, IV 3,13; SC 268, p. 391.
42. Ireneu, *CH* IV,10,1; Rousseau, p. 433.
43. H. de Lubac, *Histoire et Esprit*, p. 271.
44. Ibid., p. 327.

Littera gesta docet, quid credas allegoria
Moralis quid agas, quo tendas, anagogia[45].

Tendo-se tornado o método dos quatro sentidos da Escritura, assim foi praticada até o alvorecer dos tempos modernos, como testemunham os *Pensamentos* de Pascal. Ela constituía uma grade hermenêutica, totalizando as três instâncias do tempo (passado, presente e futuro) e permitindo uma leitura atualizadora pela qual os crentes se apropriavam das Escrituras. Hoje, incontestavelmente, ela envelheceu e já não responde a todos os nossos problemas[46]. Mas o essencial de seu método, que deriva da tipologia, permanece válido, sobretudo pela maneira de articular os dois Testamentos entre si à luz do mistério pascal. Paul Beauchamp lembra que esse dado não deve ser ignorado pela exegese de hoje[47]. Situada no contexto do pensamento dos Padres, ela continua interessante para a teologia, na medida em que esta pretende enraizar-se cada vez mais na Escritura.

II. O CRISTIANISMO SOB O OLHAR DA RAZÃO: OS APOLOGISTAS

OS AUTORES E OS TEXTOS: cf. *supra*, p. 44

REFERÊNCIAS BIBLIOGRÁFICAS: A. PUECH, Les apologistes grecs du I*I*e *siècle de notre ère*, Paris, Hachette, 1912. — B. STUDER, *Der apologetische Ansatz zur Logos-Christologie Justins des Martyrers, Festchrift C. Andresen,* Göttingen, 1979 (bibliografia pp. 438-448). — O. SKARSAUNE, *The Proof from Prophecy. A Study in Justin Martyr's,* Leiden, Brill, 1987.

O discurso cristão começa como uma boa-nova, o anúncio da salvação. Se tivesse seguido sua inclinação natural, teria se consagrado a evidenciar a lógica profunda das "economias" divinas, como fará Ireneu[48]. Mas as objeções do monoteísmo judaico e as interrogações críticas do espírito grego obrigarão os pensadores cristãos a inaugurar outro tipo de discurso, o discurso apologético, no qual, sem renunciar à sua fé, darão um lugar especial à razão.

1. A ACUSAÇÃO DE ATEÍSMO E O RECURSO À RAZÃO

Segundo Atenágoras, três acusações são dirigidas contra os cristãos: ateísmo, antropofagia e incesto[49]. Encontramos eco delas nos outros apologistas do

---
45. Cf. Id., *Théologies d'occasion*, Paris, DDB 1984, pp. 117-136.
46. Ibid., pp. 422-446.
47. Cf. P. Beauchamp, *L'un et l'autre Testament*, t. I e II, Paris, Seuil, 1976 e 1990.
48. Ireneu, *CH* I,10,3; Rousseau, p. 67; cf. II,25,2, p. 229.
49. Atenágoras, *Supplique au sujet des chrétiens*, 3,1; *SC* 379, p. 81.

século II⁵⁰. Somente a primeira interessa à história do dogma. A refutação que Atenágoras lhe opõe é significativa. Os cristãos não afirmam, como o ateu Diágoras, que não existe Deus nenhum. Ao contrário, reconhecem "um Deus único, criador deste universo"[51], um "Deus pai deste universo", como afirma Platão[52]. Após ter salientado a concordância dos cristãos com a maioria dos pensadores, poetas e filósofos pagãos, Atenágoras proclama a superioridade dos cristãos sobre eles. Os pagãos raciocinam por simples conjecturas; os cristãos se apoiam nos profetas, por cuja boca falou o Espírito Santo[53]. Às opiniões humanas se opõe o que vem do próprio Deus.

O procedimento dos apologistas é simples. Consiste, num primeiro momento, em reunir as provas que derivam da razão e podem atingir os pagãos, com base em demonstrações tomadas de empréstimo aos mesmos autores pagãos[54]; em seguida, em integrar a esse cabedal outros elementos propriamente cristãos, tirados da revelação. Não lhes parece problemático que isso modifique profundamente os primeiros dados. A primeira afirmação sobre a unicidade de Deus continua sustentada, mas é enriquecida com uma significação nova que supostamente não contradiz aquela da qual se partiu:

> Que não somos ateus — já que reconhecemos como Deus o ser único incriado, eterno, invisível, impassível, incapturável e ilimitado [...] que criou o universo, que o ordenou e o governa por *intermédio do Verbo* saído d'Ele — já dei provas suficientes disso.
> Com efeito, também reconhecemos um Filho de Deus. E que ninguém ache ridículo que Deus tenha um Filho...[55].

Justino, antes de Atenágoras, procede do mesmo modo. Também afirma que os cristãos não são ateus, já que adoram "o criador do universo"; em seguida completa essa primeira afirmação acrescentando-lhe a menção ao Cristo e ao Espírito, na linha da regra da fé:

> Não, nós não somos ateus, uma vez que adoramos o Criador deste universo [...] O mestre que nos deu este ensinamento e que foi gerado para isso, Jesus Cristo, aquele que foi crucificado sob Pôncio Pilatos, procurador da Judeia no tempo de Tibério César, nele reconhecemos o Filho do verdadeiro Deus: nós o colocamos em segundo lugar, e no terceiro, o Espírito profético...[56].

---

50. Cf. B. Pouderon, em *SC* 379, p. 80, n. 1.
51. Atenágoras, op. cit., 4,2; *SC* 379, p. 85.
52. Atenágoras cita Platão, *Timeu* 28c, em 6,2; *SC* 379, p. 89.
53. Atenágoras, op. cit., 7,3; p. 95.
54. Cf. B. Pouderon, em *SC* 379, p. 98, n. 1.
55. Atenágoras, op. cit., 10,1-2; p. 101.
56. Justino, Ire *Apologie*, 13,1-3; Wartelle, p. 113.

Para Justino esse procedimento não é contrário à razão, porque o apologista admite que todos os homens participam do Verbo[57]. Os filósofos conheceram parcialmente a verdade por meio da "semente do Verbo que está dispersa em toda raça de homens"[58]. Não é espantoso, portanto, que nem tudo seja falso na filosofia deles[59]. É por isso que a plena verdade só vem pelos profetas e pelos Apóstolos[60]. Justino admite, portanto, um conhecimento indireto de Deus nos filósofos, ainda que, ao fim e ao cabo, seja declarado insuficiente diante da revelação concedida por Cristo.

A crítica da filosofia e de toda palavra humana sobre Deus se fundamenta numa distinção de grande interesse. Justino afirma que é impossível dar um nome a Deus e declara que as palavras empregadas a respeito d'Ele são apenas qualificações, que tomam sentido nas intervenções de Deus em nosso favor:

> Mas o Pai do universo, que não foi gerado *(agennetos)*, não tem nome que lhe seja imposto, pois receber um nome supõe alguém mais antigo que dá esse nome. Estas palavras — Pai, Deus, Criador, Senhor, Mestre — não são nomes *(onomata)*, mas qualificações *(prosreseis)*, tiradas de seus benefícios e de suas obras[61].

Justino considera, portanto, que o nome "pai", embora escriturístico, é impróprio para falar de Deus em Si mesmo. A razão disso é que a palavra se relaciona aqui com o Deus criador e Pai do universo. Dito isso, ele justifica o caráter inefável de Deus atribuindo-lhe um título de origem filosófica, o título de "não gerado" *(agennetos)*. O termo já é empregado por Inácio de Antioquia, e em outros lugares por Justino mesmo, para exprimir o caráter divino do Filho[62]. Na medida em que Justino não pretende fazer dele a definição adequada de Deus (como será o caso em Eunômio), o termo é útil. Permite purificar a linguagem bíblica de um antropomorfismo que era necessário superar. O diálogo da fé com a razão dá aqui seus frutos. Mas, ao mesmo tempo, abre a porta a um perigo: o de impor à mensagem revelada todos os *a priori* da mesma razão. Um exemplo clássico é a noção de impassibilidade, que pode levar o teólogo a recusar a Deus o caráter "humano" que a Bíblia todavia lhe reconhece. Também a razão precisa ser purificada à luz da fé. A inovação dos apologistas terá mais tarde consequências negativas quando, em nome da imutabilidade divina, alguns recusarão o engajamento de Deus na história, como será o caso com Ário, Nestório e certas formas de monofisismo.

A abordagem de Deus inaugurada por Justino na passagem citada acima também é interessante por duas razões. Primeiro, ele fala de Deus a partir de

---

57. Cf. Ibid., 46,2; p. 161.
58. Id., II*ª* Apologie, 8,1; Wartelle, p. 209.
59. Ibid., 10,3; p. 211.
60. Id., *Dialogue...*, 7-8; *TD* I, pp. 37-45.
61. Id., II*ª Apologie*, 6,1; Wartelle, p. 205.
62. Id., *Dialogue...*, 126,2; *TD* II, p. 247.

seus benefícios. Deus será reconhecido por meio do que Ele realiza na obra da salvação. O homem renuncia a conhecer Deus por intermédio de um conceito que lhe desvelaria o mistério de um só golpe; prefere conhecê-Lo a partir de seus dons, que o introduzirão pouco a pouco ao conhecimento que é fruto de uma relação viva com Ele. Já está aí, em germe, a teologia de Ireneu e de suas "economias".

O segundo mérito daquele trecho é dar um lugar de destaque ao Filho no processo do conhecimento do Pai. Justino, de fato, prossegue:

> Quanto a seu Filho, o único chamado propriamente *Filho* — o Verbo ao mesmo tempo existindo com Ele e gerado por Ele antes das criaturas, quando, no começo, criou e ordenou com ele o universo —, é chamado *Cristo*, porque recebeu a unção e Deus pôs ordem no universo por ele, e este nome mesmo comporta um sentido incognoscível, da mesma forma como o apelativo "Deus" [...] Quanto a *Jesus*, é um nome e uma significação (conhecida): ao mesmo tempo homem e salvador. Pois [...] ele se tornou homem segundo a vontade de Deus-Pai, e foi gerado para a salvação dos crentes[63].

O caráter sabiamente matizado que, mediante os nomes do Filho, nos faz passar do incognoscível (a unção do Cristo preexistente) ao conhecido (o Jesus histórico)[64], ilustra o quanto o discurso sobre o Deus Pai do universo é inseparável de um discurso sobre o Filho. O texto distingue, aliás, dois estados do Filho, primeiro Verbo *"existindo com"* o Pai, depois Verbo *"gerado por Ele antes das criaturas"*, a partir do momento em que o Pai cria e ordena o universo. Gerado, isto é, *tornado Filho*. Nessa perspectiva, o Verbo é eterno, mas o "Filho" não o é, na medida em que a geração do Verbo como Filho está ligada à "criação". Esse ponto de vista surpreende. No entanto, é compartilhado pelos outros apologistas e por Tertuliano. Constitui o ponto original da teologia do Verbo *(Logos)* nos apologistas.

2. A TEOLOGIA DO VERBO NOS APOLOGISTAS

A literatura apologética do século II abre uma nova etapa na elaboração do dogma, pondo em primeiro plano a palavra *Logos*, ou *Verbo*. Por aí é apresentada a questão da preexistência de Cristo, que resume toda a novidade do discurso dos Padres apologistas[65]. A perspectiva se amplia sem cessar: da proclamação do querigma remonta-se ao nascimento virginal de Jesus[66], que se torna muito

---

63. Id., *IIe Apologie*, 6,3-5; Wartelle, p. 205.
64. Ibid.
65. J. Moingt, *L'homme qui venait de Dieu*, p. 88.
66. Justino, *Dialogue...*, 23,3; 43,1 e 7; 45,4; 48,2; 50,1...

presente em Justino, e apresenta-se a questão do que se passava com o Cristo "antes" desse nascimento.

O termo *logos*, frequente no Novo Testamento, só é utilizado quatro vezes para designar Cristo. Trata-se então de mostrar que seu mistério ultrapassa os limites de um homem como os outros. A referência ao prólogo de São João (Jo 1,1 e 1,13) só será feita progressivamente. Justino, que conhece o evangelho de João e decerto temas próximos dos do prólogo, jamais o cita[67]. Seu uso do termo *logos* para dizer quem é o Cristo tem uma motivação missionária, o desejo de entrar em diálogo com a filosofia de seu tempo.

Numa passagem do *Diálogo com Trifão*, Justino utiliza o termo *logos*, entre outros títulos aplicados a Cristo, com base no Antigo Testamento:

> Como princípio *(arche)* antes de todas as criaturas, Deus gera de si mesmo certa potência de Verbo *(dynamin logiken)* que o Espírito Santo chama também a *glória do Senhor*, ou ainda ora *Filho*, ora *Sabedoria*, ora *Anjo*, ora *Deus*, ora *Senhor* e *Verbo*... Ela pode receber todos esses nomes porque executa a vontade do Pai e porque nasceu da vontade que provém do Pai [...] Assim vemos nascer de um primeiro fogo outro fogo sem que seja diminuído o fogo do qual ele foi aceso.
> Terei por testemunha o Verbo da Sabedoria [...] Ele disse por Salomão: "... O Senhor engendrou-me primícia de sua ação, prelúdio de suas obras antigas..." (Pr 8,22; Justino cita aqui Pr 8,21-36)[68].

Como mostra o final da citação, Justino relaciona aqui com o Cristo, considerado como Verbo, tudo o que é dito da Sabedoria em Provérbios 8,21-36. Levanta assim a questão da preexistência do Verbo, considerado em ligação com a "criação", por causa de Pr 8,22: "O Senhor engendrou-me primícia *(arche)* de sua ação, prelúdio de suas obras antigas". Este versículo torna-se, a partir deste momento, o versículo por excelência da preexistência ligada à criação.

Justino e a objeção judaica contra o "outro Deus"

O recurso ao Verbo ainda é modesto em Justino, mas é em sua obra que aparece claramente a razão que explica sua entrada na teologia dos Padres apologistas com a objeção do judeu Trifão (o rabino Tarphon?), a quem escandaliza a confissão de Cristo como Deus:

---

67. Alusão ao tema de Jo 1,1 na *Ière Apologie*, 63,15; de Jo 1,3 na *IIe Apologie*, 6,3; Wartelle, pp. 187 e 205; de Jo 1,13 no *Dialogue...*, 63,2; *TD* I, p. 297; 135,6; *TD* II, p. 289; de Jo 1,18, *Dialogue...*, 105, 1; p. 145. As semelhanças temáticas não repousam numa base literária suficiente (segundo um estudo inédito de J. Moingt).
68. Justino, *Dialogue...*, 61,1-3; *TD* I, pp. 285-287.

> Ouvir-te dizer que esse Cristo é Deus, que ele preexistiu antes dos séculos, que depois consentiu em se fazer homem e nascer, e que não é um homem entre os homens, isso me parece não apenas paradoxal como também insensato![69]

A indignação de Trifão não é fingida. Ela testemunha o escândalo que representa a afirmação de que existe "outro Deus" (Cristo) ao lado do Único:

> Como poderias demonstrar que há *outro Deus* ao lado daquele que fez o universo?[70]

Sublinhando, para rejeitá-la, a menção a um "outro Deus", Trifão desfere o ataque contra a questão do número introduzido no Deus único pela confissão cristã do Cristo como Deus. A questão estará também no centro dos debates no *Contra Práxeas* de Tertuliano e retornará no *Comentário sobre São João* de Orígenes.

O argumento principal que Justino aciona é tirado do Antigo Testamento mesmo: é o recurso às teofanias. O procedimento será constante em todos os Padres antes do concílio de Niceia[71]. É evidente para eles que Deus se manifestou no Antigo Testamento. Mas também é claro, e Trifão parece aceitar este segundo pressuposto[72], que não podia se tratar do Pai: "Dizer que o Autor e Pai do universo teria abandonado os espaços supracelestes para aparecer num canto da terra, ninguém, por mais pobre de espírito, ousaria fazê-lo"[73]. Trifão pensava decerto que os Patriarcas só tinham visto um anjo. Justino conclui que "nem Abraão, nem Isaac, nem Jacó, nem homem algum viu o Pai, [...] mas somente aquele que, por sua vontade, também é Deus, seu Filho e seu Anjo"[74]. Os patriarcas viram, portanto, o "Anjo do Senhor", que se apresenta a eles ao mesmo tempo distinto do Senhor e como o próprio Senhor.

Teófilo de Antioquia e o Verbo proferido

Teófilo de Antioquia desenvolve a mesma teologia, explicitando mais ainda a comparação do Verbo, que exprime ao mesmo tempo a Palavra ainda oculta no coração do Pai e esta mesma Palavra expressa no exterior:

> O Verbo existe sempre imanente *(endiathétos)* no coração de Deus. Antes que nada mais existisse, [este] se aconselhava com ele, que é sua Inteligência e sua Sabedoria. E quando Deus decidiu fazer tudo o que deliberara, engendrou este

---

69. Ibid., 48,1; p. 215; 38,1; p. 169.
70. Ibid., 50,1; pp. 225; 55,1; p. 241; 56, 1-22 (cinco menções); pp. 245-265.
71. Cf. G. Aeby, *Les missions divines de saint Justin à Origène*.
72. Justino, *Dialogue...*, 60,3; *TD* I, p. 281.
73. Ibid., 60,2; p. 281.
74. Ibid., 127,2; *TD* II, p. 253.

Verbo para fora *(prophorikon)*, "primogênito de toda criatura" (Cl 1,15), sem ser ele mesmo privado do Verbo, mas após ter gerado o Verbo, entretendo-se em todas as coisas com seu Verbo[75].

Plutarco e Porfírio atribuem ao estoicismo ter distinguido dois estados nos pensamentos humanos[76]. Antes deles, Fílon emprega frequentemente a distinção entre o *verbo interior* e o *verbo proferido* (o *logos endiathétos* e o *logos prophorikos*)[77]. O pensamento de Teófilo se prende a essa distinção. O Verbo *(Logos)* existe eternamente em Deus como seu Pensamento. É gerado como Filho antes da criação, em vista dessa última[78]. Que o Verbo, enquanto Filho gerado, em seu segundo estado, goze de uma subsistência própria que o distingue do Pai — não cabem dúvidas. Mas qual era seu primeiro estado? A questão ainda não é levantada.

Cristo, Poder de Deus e Sabedoria de Deus

O que é significativo entre os Padres apologistas é sua preocupação de buscar pontos de contato possíveis com a filosofia da época. Eles admitem, como numerosos de seus contemporâneos marcados pelo *Timeu* de Platão, pelo médio-platonismo e pelo estoicismo, que há em Deus uma inteligência e uma potência criadoras, que eles designam com expressões tais como potência *(dynamis)*, verbo *(logos)*, potência racional *(dynamis logikè)*, atividade eficaz *(energeia)*[79]. Ora, acontece que essas expressões, e outras semelhantes que dizem respeito a Deus, são aplicadas a Cristo. Justino compara expressamente o Cristo à alma do mundo, este poder *(dynamis)* que vem em segundo lugar depois do "primeiro Deus" no *Timeu* de Platão[80]. Ele admite uma unção do Verbo antes da criação[81], graças à qual este pode por sua vez "ungir" o universo, isto é, embelezá-lo e ordená-lo *(kosmein)*, em suma: fazer dele um "mundo" *(kosmos)*, o que é igualmente a função da alma do mundo no médio-platonismo[82].

A atitude dos apologistas se caracteriza assim por uma dupla ação. No ponto de partida, situam a existência do Cristo, concebido como um ser pessoal bem distinto do Pai, segundo a tradição cristã. Em seguida,

---

75. Teófilo de Antioquia, *À Autolycus*, II,22; trad. G. Bardy, J. Senser (modificada); SC 20, p. 155; cf II,10; p. 123.
76. Cf. M. Spanneut, *Le stoïcisme des Pères, de Clément de Rome à Clément d'Alexandrie*, Paris, Seuil, 1957, pp. 310-316.
77. M. Pohlenz, citado por M. Spanneut, *Le stoïcisme des Pères*, p. 311, n. 61.
78. A. Orbe, *Hacia la primera teología de la procesión del Verbo*, Roma, P.U.G., 1958, I, pp. 144-152, citado por J. Daniélou, *Message évangélique et culture hellénistique*, p. 325.
79. Cf. Teófilo de Antioquia, *Trois livres à Autolycus*, I,3; SC 20, p. 63.
80. Justino, Ire *Apologie*, 60,1-7; Wartelle, p. 181; cf. J. Daniélou, *Message évangélique...*, p. 319.
81. Id., IIe *Apologie*, 6,3; Wartelle, p. 205.
82. Albino, *Epítome* X,3.

transferem para ele todas as potencialidades cosmológicas do Deus do Antigo Testamento, todas as potências de criação reconhecidas ao "Pai do universo" pela filosofia, e de um modo geral todas as intervenções de Deus no mundo[83]. É na operacionalização dessas virtualidades no exterior de Deus que o Filho é *gerado*, em ligação com Pr 8,22, mas também com Gn 1, com o Sl 44,7-8, e o prólogo de João.

Nascimento do Filho e "delimitação"

Vestígios dessa teologia se encontram também em Clemente de Alexandria, no século III. Segundo ele, o Verbo se fez carne não somente quando se tornou homem no momento de sua vinda à terra, mas também "no princípio", quando "se tornou Filho, não segundo a substância *(ousia)*, mas segundo a delimitação *(perigraphè)*"[84]. O Deus que não pode ser circunscrito aceita sê-lo na manifestação de seu Filho. O que há de inefável em Deus é o Pai, e o grande sinal que ele dá de seu amor é o Filho, a quem gerou de si mesmo[85]. Assim, "antes de ser criador, Deus era, e era bom. Foi por isso que quis ser *criador e Pai...*"[86].

Desse modo, o que há de participável em Deus se põe à disposição do homem e se constitui em hipóstase no Filho, segundo um plano estabelecido desde sempre. "Assim se explica", segundo J. Daniélou, "que a oposição do Deus oculto e do Deus manifestado coincide com a distinção do Pai e do Filho, sem que a unidade da natureza divina do Pai e do Filho seja comprometida"[87].

A relação invisível/visível servirá durante todo o século III para conciliar a transcendência de Deus (identificada com o Pai invisível) com sua abertura ao homem (identificada com o Filho capaz de visibilidade). Mas é evidente que esta última solução traz em si o germe de certo subordinacionismo, já que, segundo essa problemática, se o Filho preexistente pode se manifestar, ele não está na mesma situação de Deus que, por causa de sua transcendência, não pode fazê-lo. Novos problemas surgirão quando, a partir de Niceia, o Filho será confessado em tudo igual ao Pai e, portanto, creditado com a mesma transcendência que este.

A teologia do Verbo que descobrimos entre os apologistas estabelece, portanto, um elo entre a geração do Filho e a criação do mundo. J. Lebreton sublinhava outrora os limites dessa teologia: "A geração do Filho de Deus, ligada à criação do mundo tanto quanto ao seu fim, acha-se arrastada por ela na

---

83. J. Daniélou, *Message évangélique...*, pp. 322-323.
84. Clemente de Alexandria, *Extraits de Théodote*, 19,1 e 5; trad. F. Sagnard, SC 23, pp. 93 e 97.
85. Id., *Quel riche sera sauvé?*, 37,1-4, citado por J. Daniélou, *Message évangélique...*, p. 337.
86. Id., *Le Pédagogue* I,9,88,2; trad. H.-I. Marrou, M. Harl, SC 70, 1960, p. 267.
87. J. Daniélou, op. cit., pp. 325-326.

contingência e no tempo"⁸⁸. A objeção merece ser considerada. A crise ariana mostrará que o perigo não era ilusório. Mas ocorre que a teologia dos apologistas contém uma parte de verdade. Não é indiferente que — ficando salva a absoluta independência da geração eterna do Filho — um elo seja reconhecido entre a criação do homem e essa geração do Filho, com base num ato livre de Deus. A Escritura nos autoriza a isso quando fala de nossa eleição "n'Ele antes da fundação do mundo" (Ef 1,4). Não se trata de subordinar a geração eterna do Filho à criação do mundo, mas de enraizar a criação do mundo na geração do Filho. Entre os homens e o Filho existe um elo, de que a Escritura dá testemunho. Os primeiros Padres da Igreja ainda não se interrogam sobre a natureza desse elo. É um *elo de direito* ou somente um *elo de fato*? O arianismo o compreenderá como um elo de direito, e o Verbo será compreendido como um momento necessário da vinda à existência da criatura. Mas podemos compreendê-lo também como um elo de fato, de sorte que fique salvaguardada a gratuidade do dom. Este deriva exclusivamente do "bel-prazer" *(eudokia)* do Pai. Ireneu de Lião ainda não levanta a questão no plano teórico, mas tem o mérito de ter elaborado uma primeira teologia que parte desse "bel-prazer", isto é, do mistério da salvação, identificado com sua economia trinitária.

III. IRENEU: ECONOMIA TRINITÁRIA E SALVAÇÃO EM JESUS CRISTO

> Os TEXTOS: IRENEU DE LIÃO, *Contre les hérésies. Dénonciation de la gnose au nom menteur*, trad. A. Rousseau, Paris, Cerf, 1984; tradução retomada e ligeiramente modificada da edição de *SC*: L. I: *SC* 263-264; L. II: *SC* 293-294; L. III: *SC* 210-211; L. IV: *SC* 100 1 e 2; L. V: *SC* 152-153, 1965-1982. — Id., *Démonstration de la prédication apostolique*, trad. L. M. Froidevaux, *SC* 62, 1959.
>
> REFERÊNCIAS BIBLIOGRÁFICAS: E. SCHARL, Recapitulatio mundi. *Der Rekapitulationsbegriff des heiligen* Irenäus *und seine Anwendung auf die Körperwelt*, Roma, P.U.G., 1940. — A. HOUSSIAU, *La christologie de saint Irénée*, Gembloux, Duculot, 1955. — G. AEBY, *Les missions divines de Saint Justin à Origène*, Fribourg, Ed. Univ., 1958. — A. BENOIT, *Saint Irénée. Introduction à l'étude de sa théologie*, Paris, P.U.F., 1960. — H. J. JASCHKE, *Der Heilige Geist im Bekenntnis der Kirche. Eine Studie des Irenäus von Lyon im Ausgang der christlichen Glaubensbekenntnis*, Münster, Verlag Aschendorff, 1976 (bibliografia). — R. TREMBLAY, *La manifestation et la vision de Dieu selon saint Irénée de Lyon*, Münster, 1978. — Y. DE ANDIA, *Homo vivens. Incorruptibilité et divinisation de l'homme selon Irénée de Lyon*, Paris, Études Augustiniennes, 1986. — A. ORBE, *Teología de san Ireneo, comentario al libro V del "Adversus Haereses"*, t. I-III, Madrid/Toledo, La Editorial Católica, 1985-1988. — J. FANTINO, *La théologie d'Irénée*, Paris, Cerf, 1994.

---

88. J. Lebreton, La théologie de la Trinité chez Cyrille d'Alexandrie, *RSR* 34 (1947) 156.

Com a obra de Ireneu de Lião aparece um novo tipo de discurso, o discurso anti-herético. A ele devemos antes de tudo ter precisado a noção de *tradição* e mostrado o papel que ela desempenha na interpretação das Escrituras[89]. Também por aí se define o *status* da heresia, que lê as Escrituras não com base na regra de fé recebida dos Apóstolos, mas com base em seus fundadores, acusados de tirar suas doutrinas de seu próprio âmago e de pregar uns para os outros[90]. Mas o grande mérito de Ireneu é ter desenvolvido pela primeira vez uma vasta visão do mistério cristão, em resposta aos sistemas gnósticos, que também pretendiam oferecer aos homens uma resposta de conjunto a suas questões. Esta teologia se caracteriza por um lugar mais importante dado à Trindade, mas em relação constante com a obra da salvação.

1. A ECONOMIA TRINITÁRIA DA SALVAÇÃO

Os primeiros empregos do termo "trindade"

O termo "trindade" não se encontra no que chegou até nós da obra de Ireneu. Embora seja utilizado muito frequentemente para falar das três pessoas divinas na obra de Orígenes conservada em latim, só figura três vezes no que nos resta em grego. O termo possui um *status* teológico afirmado em Tertuliano, mas, com uma só exceção, unicamente no *Contra Práxeas* (nove empregos trinitários)[91]. No Oriente, o termo se lê pela primeira vez *(trias)* em Teófilo de Antioquia. Está longe de significar ali, como hoje, o mistério de "um só Deus em três Pessoas". Utilizado numa passagem que vê nos três primeiros dias da criação (Gn 1,3-14) três figuras *(typoi)* representando o Pai, o Verbo e a Sabedoria (isto é, o Espírito Santo), o termo nada mais faz senão designar os três. Poderíamos traduzi-lo por *tríade*. Mas o texto é interessante por outra razão. Ele passa com toda a naturalidade da tríade a uma tétrade ao acrescentar o homem:

> Os três dias que precedem os luminares são as figuras *(typoi)* da Trindade *(tes triados)*: de Deus, de seu Verbo e de sua Sabedoria. A quarta figura *(typos)* diz respeito ao homem, que precisa da luz. Assim, temos: Deus, Verbo, Sabedoria, Homem. É por isso que foi no quarto dia que se criaram os luminares[92].

Entretanto, se parece não empregar o termo *trias*, Ireneu se interessa pela Trindade mais que os Padres que o precederam. A isso se adiciona a particularidade de que, como em Teófilo de Antioquia, os Três estão em relação constante com o homem e sua história. Esta ganha um amplo lugar na teologia de Ireneu.

---

89. Cf. supra, pp. 52-54.
90. Ireneu, *CH* III,1-5, em particular III,2,1; Rousseau, p. 278.
91. Cf. J. Moingt, *Théol. trin. de Tert.*, t. IV, p. 243.
92. Teófilo de Antioquia, *Trois livres à Autolycus*, II,15; *SC* 20, p. 139.

Teologia e "economias"

No plano da elaboração teológica, a contribuição de Ireneu parece, à primeira vista, limitada. Paradoxalmente, sua reflexão sobre o mistério intratrinitário marca um tempo de estagnação em relação à dos apologistas e dos gnósticos. A razão disso é que, em reação a estes últimos, Ireneu recusa dissertar sobre o mistério de Deus. Rejeita a analogia do verbo humano aplicada ao Verbo[93] e repreende os gnósticos por falarem sobre a geração do Filho "como se eles mesmos tivessem feito o parto de Deus"[94]. A raiz da heresia, segundo ele, é a audácia orgulhosa do homem que pretende conhecer os mistérios inefáveis e se recusa a reservar certas questões a Deus. "Que fazia Deus antes de fazer o mundo?" Sobre esse ponto a Escritura não nos informa e deixa a resposta a Deus[95]. Algumas questões podem ser resolvidas aqui na terra, outras não o serão nem sequer no além, "a fim de que Deus sempre ensine, e que o homem seja sempre o discípulo de Deus". Ireneu interpreta nesse sentido 1Cor 13,9-13 sobre a fé, a esperança e a caridade, que "permanecerão estas três coisas", mesmo quando o que é parcial for abolido. A fé e a esperança permanecerão, com a caridade, para que o homem possa "receber e aprender dele [Deus] cada vez mais, porque ele é bom, suas riquezas não têm limite, seu reino é sem fim e sua ciência, sem medida"[96].

Ireneu, entretanto, não condena a investigação. Será obrigado, pela controvérsia, a consagrar a ela uma obra importante. Por outro lado, tem o cuidado de pôr em evidência a coerência admirável do que a fé ensina. É possível apresentar ao homem um "corpo da verdade"[97], cujo esplendor o tocará. Uma evidência irradia da verdade percebida em sua totalidade, e não apenas em cada um de seus elementos, como bem observou H. Urs von Balthasar[98]. Mas para atingir esse duplo objetivo — refutar e convencer —, Ireneu não constrói sínteses especulativas. Consagra todas as suas forças a estudar a "economia", ou as "economias", de Deus.

Para um Padre da Igreja do século II, o termo *economia* designa o plano de Deus para o homem e a execução desse plano[99]. Empregado no singular, representa o desígnio de Deus considerado em seu conjunto, ao passo que o plural remete às múltiplas realizações concretas por meio das quais Deus realiza esse desígnio. Após ter resumido na "grande notícia" o mito gnóstico de Ptolomeu, Ireneu relembra a seu leitor a reta fé da Igreja[100], em seguida esboça uma espécie de definição da teologia tal como a concebe:

---

93. Ireneu, *CH* II,13,8; Rousseau, p. 178; 28,4-6; p. 238-240.
94. Ibid., II,28,6; p. 240.
95. Ibid., II,28,3; pp. 237-238.
96. Ibid., II,28,3; p. 237.
97. Ibid., II,27,1; p. 233; I,9,4; p. 63.
98. H. U. von Balthasar, *La Gloire et la Croix*, II,1; *Styles*, Paris, Aubier, 1968, pp. 40-49.
99. J. Moingt, *Théol. trin. de Tert.*, p. 895.
100. Ireneu, *CH*, I,10,1-2; Rousseau, pp. 65-66.

O grau maior ou menor de ciência não aparece no fato de mudar a própria doutrina e imaginar falsamente outro Deus fora d'Aquele que é o Criador [...] Eis em que se prova a ciência de um homem: apreender a exata significação das parábolas e fazer emergir sua concordância com a doutrina da verdade; mostrar a maneira como se realizou o desígnio salvífico de Deus em favor da humanidade, tornar público numa ação de graças por que o Verbo de Deus "se fez carne" (Jo 1,14) e sofreu sua Paixão[101].

A investigação deve ser fiel à regra da verdade. Ela incidirá sobre o mistério e sobre a economia do único Deus, único a existir verdadeiramente, o Deus criador:

Devemos [...] nos exercitar numa reflexão sobre o mistério e sobre a "economia" do único Deus existente, crescer no amor d'Aquele que fez e não cessa de fazer por nós tão grandes coisas e nunca nos afastar desta convicção que nos faz proclamar da maneira mais categórica que só Aquele é verdadeiramente Deus e Pai, que fez este mundo, moldou o homem, deu crescimento à sua criatura e a chamou de seus bens menores para os bens maiores que estão junto d'Ele...[102].

A utilização anti-herética das economias

Numerosos são os desvios que Ireneu põe em relevo e condena entre os heréticos. Mas todos convergem para um só: a rejeição do Deus criador. Assim se dá com Marcião e sua tese dos dois Deuses: a rejeição do Deus "justo" (e desumano) do Antigo Testamento e a proclamação de "outro" Deus, o Deus "bom" revelado hoje somente pelo Cristo no Novo Testamento. O mesmo vale para os gnósticos. Eles imaginaram acima do Deus criador de todas as coisas, a quem chamam "Demiurgo", um "pleroma" divino, composto de trinta éons emitidos a partir do primeiro e superiores ao Demiurgo. Este teria por origem uma paixão ruim surgida no Pleroma e seria fruto de uma queda[103]. Ireneu protesta contra tal afronta infligida ao Criador. Recusa categoricamente toda hipótese de algo além deste Criador, qualquer "outro Deus" que esteja acima do Deus Criador:

Convém que comecemos pelo ponto primeiro e mais fundamental, a saber: pelo Deus Criador que fez o céu e a terra e tudo o que eles encerram, este Deus a quem tais blasfemadores chamam "fruto de uma queda". Vamos mostrar que

---

101. Ibid., I,10,3; p. 67.
102. Ibid., II,28,1; p. 235.
103. Cf. supra, p. 40.

não existe nada que esteja acima dele nem depois dele e que ele fez todas as coisas, não sob a moção de outro, mas por sua própria iniciativa e livremente, sendo o único Deus, o único Senhor, o único Criador, o único Pai, o único que contém tudo e dá o ser a tudo[104].

Essa profissão de fé, resolutamente "monoteísta" — da qual se lembrarão os monarquianos combatidos logo depois por Hipólito e Tertuliano —, é reveladora. De fato, podia se imaginar que a tentativa gnóstica concordava bastante bem com a novidade radical trazida por Cristo. Ela prometia uma aparente libertação ao pretender desligar o homem de toda submissão ao Deus do Antigo Testamento. Nesse contexto, o cristão que proclamava sua fé "num só Deus" tinha de designar quem era esse "Deus verdadeiro": o Criador deste mundo imperfeito, Deus do Antigo Testamento, ou o outro Deus mais prestigioso, que os heréticos anunciavam em nome do Evangelho, um Deus Bom, revelação de um Novo Testamento que Marcião e os gnósticos separavam do Antigo.

A profissão de fé de Ireneu se inscreve na linha de uma *recusa* e de uma *escolha*, constitutivas da fé cristã[105]: a *recusa* de um deus estranho à história e sem história, e a *escolha* de um Deus presente na história, tendo ele próprio uma história por causa de seu Verbo desde sempre presente no gênero humano. Esse Deus, que dirige a história para conduzi-la à salvação, ao mesmo tempo sofre a história, ao ter feito a opção de se humanizar, por oposição ao outro Deus que se oculta e recusa a responsabilidade pelo mundo e seus sofrimentos. "A relação do Pai com o Filho que se estabelece na história, e que Ireneu chama de 'economia', introduz a história no interior de Deus por causa da imanência do Verbo no tempo do homem."[106]

A grandeza de Ireneu foi não somente ter reconhecido Deus no Criador, mas tê-lo identificado com o Pai, ao reconhecer neste nome uma dupla dimensão: Deus é o Pai de um Filho que "é" eterno, e o Pai dos homens que, tendo tido um começo, "se tornam" filhos por meio das economias[107]. Daí resulta que o nome *Deus*, que não cabe a ninguém mais senão ao Pai, acaba por ser estendido ao Filho *e aos filhos por adoção*:

> Uma coisa garantida e indiscutível é que ninguém foi proclamado Deus e Senhor de modo absoluto pelo Espírito a não ser o Deus que domina sobre todas as coisas com seu Verbo *e aqueles que recebem o Espírito da filiação adotiva*, isto é, os que creem no verdadeiro Deus único e no Cristo Jesus, Filho de Deus[108].

---

104. Ireneu, *CH* II,1,1; Rousseau, p. 139.
105. Cf. J. Moingt, *L'homme qui venait de Dieu*, pp. 106-107.
106. Ibid., p. 107.
107. Ireneu, *CH* II,25,3; Rousseau, p. 230; III,18,1; p. 360; V,36,3; p. 679.
108. Ibid., IV,1,1; p. 406.

Economias, regra da fé e referência a Ef 4,6

A regra da fé, que até mesmo os iletrados professam[109] na Igreja, é o fundamento em que Ireneu apoia sua refutação dos gnósticos. Ele a apresenta associando explicitamente as *economias* com a perspectiva *trinitária*. Retomemos aqui um texto já amplamente citado acerca do Símbolo[110]:

> E eis a regra da nossa fé,
> [...] Deus Pai, incriado, [...] Deus único, o criador do universo; este é o primeiríssimo artigo da nossa fé.
> Mas como segundo artigo: o Verbo de Deus, o Filho de Deus, Cristo Jesus Nosso Senhor, que apareceu aos profetas segundo o gênero de suas profecias e segundo o *estado das economias do Pai*; por quem tudo foi feito; que, ademais, no final dos tempos, para *recapitular* tudo, se fez homem...
> E como terceiro artigo: o Espírito Santo, pelo qual os profetas profetizaram [...]
> E é por isso que, em nosso novo nascimento, o batismo se faz com esses três artigos[111].

Os três artigos da regra da fé se referem às três pessoas da Trindade numericamente distintas, em relação com as três perguntas feitas ao batizado e as três imersões que seguem suas respostas. Os Três são distinguidos sem serem isolados, pois todos os três participam, embora de maneira diferente, da única obra da salvação. Esta, orientada para o dom da incorruptibilidade outorgado pelo Pai, reserva a Ele, naturalmente, o primeiro lugar:

> [O batismo] nos concede a graça do novo nascimento em Deus-Pai, por meio de seu Filho, no Espírito Santo. Pois aqueles que levam o Espírito de Deus são conduzidos ao Verbo, isto é, ao Filho; o Filho os apresenta ao Pai, e o Pai lhes outorga a incorruptibilidade[112].

Isso é confirmado de maneira interessante pela interpretação trinitária que Ireneu faz de Ef 4,6. Em Paulo este versículo só diz respeito ao Pai: "um só Deus e Pai de todos, que reina sobre todos *(epi panton)*, age por meio de todos *(dia panton)* e permanece em todos *(en pasin)*". Após ter citado o versículo, Ireneu reparte seus três membros e suas três preposições — *epi*, *dia*, *en* — entre as três pessoas da Trindade:

> Pois acima de tudo *(epi)* está o Pai, e por meio de tudo *(dia)* há o Filho, pois foi por seu intermédio *(dia)* que tudo foi criado pelo Pai; mas em *(en)* nós todos

---

109. Ibid., III,4,1-2; I,9,4; I,10,1-12.
110. Cf. supra, pp. 82-83.
111. Ireneu, *Démonstration de la prédication apostolique* 6-7; SC 62, pp. 39-40.
112. Ibid., 7; pp. 41-42.

há o Espírito, que clama Abbá, Pai, e molda o homem à semelhança de Deus. Portanto, o Espírito mostra o Verbo, e é por isso que os profetas anunciavam o Filho de Deus. Mas o Verbo articula o Espírito, fala aos profetas e eleva o homem a Deus[113].

O interesse dessa exegese, inaugurada por Ireneu, é nos pôr em presença de um procedimento que será constante entre os Padres. Certo, o versículo, em Paulo, só diz respeito ao Pai. Mas como este é inseparável do Filho, Ef 4,6 ou Rm 11,36 devem poder falar também do Filho, e mesmo do Espírito Santo. Reencontramos o tema do único Deus, o único que existe, e que, entretanto, não existe sozinho.

A "complascência" do Pai, fundamento das economias

O recurso às economias para refutar as teses gnósticas utiliza um princípio teológico fundamental em Ireneu, o primado da iniciativa de Deus[114]. Ele estabelece esse primado, o primado do "complascência" de Deus *(eudokia)*[115], fazendo uma distinção entre o conhecimento de Deus segundo *sua grandeza* e o conhecimento de Deus *segundo seu amor*.

Essa distinção se estabelece por oposição à concepção gnóstica do conhecimento de Deus. A teologia dos gnósticos era notável, em muitos aspectos, em seu desejo de manifestar o sentido oculto da revelação, adaptando-a às exigências da época[116]. Mas tal empresa repousava sobre o pressuposto de que a humanidade se divide em duas (e mesmo três) categorias de homens, que não podem, todas, atingir o mesmo grau de verdade. Alguns privilegiados, os *perfeitos*, também chamados de *espirituais* (ou *pneumáticos*, de *pneuma*, "espírito"), teriam acesso a uma forma superior de conhecimento, ao passo que os outros, os *psíquicos* (de *psyche*, "alma", cf. 1Cor 15,44-49), estariam excluídos dela. À pretensão dos *perfeitos* de conhecer o Pleroma por conta própria, Ireneu opõe a impossibilidade absoluta de conhecer a Deus segundo sua grandeza. Mas ao mesmo tempo abre outro caminho para conhecer a Deus, o conhecimento segundo seu amor:

> Segundo sua grandeza e sua inexprimível glória, "ninguém verá a Deus e viverá" (Ex 33,20), pois o Pai é inapreensível; mas segundo seu amor, sua bondade para com os homens e sua onipotência, ele até concede àqueles que o amam o privilégio de ver a Deus — coisa que os profetas precisamente profetizavam —, pois "o que é impossível para os homens é possível para Deus" (Lc 18,27). Por si mesmo, de

---

113. Ibid., 5; pp. 37-38.
114. M.-J. Le Guillou, *Le mystère du Père*, Paris, Fayard, 1972, pp. 23-46.
115. Cf. Lc 2,14; Mt 11,26; Lc 12,32; Ef 1,5; Mt 3,17; Mt 17,5.
116. Cf. supra, p. 41.

fato, o homem jamais poderá ver a Deus; mas Deus, se quiser, será visto pelos homens, *por aqueles que ele quiser, quando quiser e como quiser*...[117]

Deus se dá a ver se quiser, a quem quiser, quando quiser e como quiser. Cabe a ele fixar as condições de sua revelação aos homens. Essas condições não são mais do que a história na qual Deus e o homem se comprometem um com o outro. O homem é chamado a *se adaptar* progressivamente a Deus[118]. Mas o próprio Deus, no Verbo, *se adapta* ao homem e aprende a habitar nele:

> O verbo de Deus [...] habitou no homem e se fez Filho do homem para habituar o homem a compreender Deus e acostumar Deus a habitar no homem, segundo a vontade do Pai[119].

As economias como manifestação da Trindade

As "economias" nos ensinam que o desígnio de Deus é fazer dos homens seus filhos. Ireneu o diz em fórmulas célebres:

> Desde o começo [Deus] preparou as núpcias de seu Filho[120].
> Pela Lei e pelos Profetas, prometeu tornar sua salvação visível para toda carne, de sorte que o Filho de Deus se tornaria Filho do homem para que, por seu turno, o homem se tornasse Filho de Deus[121].
>
> Tal é a razão pela qual o Verbo se fez homem, e o Filho de Deus, Filho do homem: para que o homem, unindo-se ao Verbo e recebendo assim a adoção filial, se torne filho de Deus[122].

A seguir, as economias nos ensinam que o Deus Criador é o Pai de Nosso Senhor Jesus Cristo, em razão dos elos que mantêm unidos o Antigo Testamento e o Novo. Os dois Testamentos se correspondem porque o mesmo Deus está presente em ambos.

A dimensão trinitária, apenas esboçada no início do livro IV, desenvolve-se em seguida numa visão da história da salvação dividida em três etapas:

> Pois Deus tudo pode: visto outrora por intermédio do Espírito segundo o modo profético, depois visto por intermédio do Filho segundo a adoção, ele será visto novamente no reino dos céus segundo a paternidade — o Espírito prepara de

---

117. Ireneu, *CH* IV,20,5; Rousseau, p. 472; cf. IV,20,1 e 20,4.
118. Cf. A. Rousseau, em sua edição de *CH*, p. 710, na palavra "accoutumance" (índice).
119. Ireneu, *CH*, III,20,2; Rousseau, p. 372; cf. III,17,1; IV,12,4; V,5,1. Sobre a "Théologie de l'accoutumance chez saint Irénée", cf. P. Évieux, *RSR* 55, (1967), pp. 5-54.
120. Ibid., IV,36,5; p. 540.
121. Ibid., III,10,2; p. 302; cf. III,16,3; V, Prefácio.
122. Ibid., III,19,1; p. 368.

antemão o homem para o Filho de Deus, o Filho o conduz ao Pai, e o Pai lhe dá a incorruptibilidade e a vida eterna, que resultam da visão de Deus para aqueles que o veem[123].

Ireneu desenvolve longamente este tema das economias, explicitando o conteúdo de cada uma das etapas. A primeira é confiada ao Espírito, que prepara para a segunda, conduzida pelo Filho. Mas ambas visam a um fim mais alto, a visão do Pai, que assegura a incorruptibilidade, associada à ressurreição. Estamos nas fontes de uma teologia da história, pois os três momentos comportam um verdadeiro progresso, com mutação qualitativa na passagem de um momento para o outro. Assim é questionada a noção platônica do tempo considerado como o reflexo homogêneo de uma eternidade imutável.

Em contrapartida, Ireneu relaciona de modo original cada um dos momentos da economia da salvação a uma das três pessoas da Trindade, o que lhe permite distingui-las mantendo ao mesmo tempo sua unidade, conforme uma ordem precisa. Esta corresponde a Mt 28,19 (não citado) e a 1Cor 12,4-7:

> Por meio de tudo isso, com efeito, é o Pai mesmo que se dá a conhecer: o Espírito presta sua assistência, o Filho fornece seu ministério, o Pai dá a conhecer sua vontade, e o homem é tornado perfeito em vista da salvação [...]. O Apóstolo expõe a mesma coisa quando diz: "Há diversidade de dons da graça, mas o Espírito é o mesmo; diversidade de ministérios, mas é o mesmo Senhor; diversos modos de ação, mas é o mesmo Deus que realiza tudo em todos"[124].

A iniciativa é reservada ao Pai, cuja visão nos assegura a incorruptibilidade. É ele que "realiza tudo em todos" (1Cor 12,6). Mas só pode ser visto no Filho: "Ninguém jamais viu a Deus; Deus Filho único, que está no seio do Pai, no-lo revelou" (Jo 1,18). É por isso que desde o princípio o Filho é o revelador do Pai. Ele dispôs todas as economias "ao modo de uma melodia harmoniosamente composta": tudo isso "ele desdobrou em tempo oportuno, para o proveito dos homens"[125]:

> Pois foi para eles que ele cumpriu tão grandes "economias", mostrando Deus aos homens e apresentando o homem a Deus, salvaguardando a invisibilidade do Pai para que o homem não viesse a desprezar a Deus e tivesse sempre algo para onde progredir, e ao mesmo tempo tornando Deus visível aos homens por múltiplas "economias", por receio de que, privado totalmente de Deus, o homem perdesse até mesmo a existência. Pois a glória de Deus é o homem vivo, mas a vida do homem é a visão de Deus[126].

---

123. Ibid., IV,20,5; p. 472.
124. Ibid., IV,20,6; p. 473.
125. Ibid., IV,20,7; p. 474.
126. Ibid., cf. IV,11,2; p. 435.

As "economias" se apresentam como um desenvolvimento que vai do menos ao mais, sem que se possa vislumbrar um termo a este devir. Elas se inscrevem na perspectiva do mistério pascal. Enraizada no ato criador pelo qual Deus fez do nada todas as coisas, tirando-as não de uma matéria preexistente mas "de si mesmo" *(a semetipso)*[127], a economia nos encaminha para a visão do Pai por intermédio do Verbo feito carne, na qual se manifestou, pela ressurreição, a luz do Pai:

> Enfim, na carne de nosso Senhor fez irrupção a luz do Pai, depois, brilhando a partir de sua carne, ela veio em nós, e assim o homem teve acesso à incorruptibilidade, envolto que estava por esta luz do Pai[128].

Economias, filiação e condescendência divina

A abertura para o infinito é constitutiva do homem livre, porque ela repousa na oposição radical entre o incriado e o criado. "Deus faz, enquanto o homem é feito."[129] Paradoxalmente, essa oposição entre o Incriado e o criado lança as bases de uma relação filial entre o homem e Deus. Com efeito, se a relação essencial do homem com Deus é a "da graça e da ação de graça"[130], é normal que Deus dê sempre e que o homem receba sempre:

> Pois ele não nos libertou para que nos separássemos dele, [...] mas para que, tendo recebido mais abundantemente sua graça, nós o amássemos mais ainda, recebêssemos dele uma glória tanto maior quanto estivermos para sempre em presença do Pai[131].

Mas a oposição entre o Incriado e o criado, já presente em Atenágoras, toma aqui um relevo novo por causa da controvérsia com os gnósticos. Como eles, Ireneu admite que o homem é chamado à perfeição, mas contra eles recusa dizer que o homem é perfeito "desde o princípio". "Como serás deus se ainda não foste feito homem? Como [...] serás perfeito se mal acabas de ter sido criado?"[132] A perfeição do homem não está situada no início, mas no fim, no término de um devir que se enraíza na encarnação do Verbo. Decerto, Deus, que tudo pode, era capaz de dar a perfeição ao homem desde o princípio, mas o homem, criancinha, era incapaz de recebê-la; não estava habituado à conduta perfeita:

---

127. Ibid., IV,20,1; p. 469.
128. Ibid., IV,20,2; p. 470.
129. Ibid., IV,11,2; p. 435.
130. J. Daniélou, *Message évangélique...*, p. 331.
131. Ireneu, *CH*, IV,13,3; Rousseau, p. 444; cf. IV,11,2; cf. IV,12,2.
132. Ibid., IV,39,2; p. 556.

Por isso, o Verbo de Deus, embora fosse perfeito, se fez criancinha com o homem, não para si mesmo, mas por causa do estado de infância em que estava o homem, a fim de ser compreendido na medida em que o homem era capaz de compreender[133].

Estamos na presença da primeira expressão refletida — mas sem a palavra — do tema da *condescendência* divina, outro aspecto importante das economias. Na encarnação do Filho, Deus se apresenta ao homem como um homem verdadeiro *sem deixar de ser Deus*, e isso é algo espantoso: "Não ser encerrado pelo maior, ser entretanto contido pelo menor, eis algo divino" *(Non coerceri maximo, contineri tamen a minimo, divinum est)*[134]. O homem, por seu lado, permanecendo sempre homem, torna-se presença e epifania de Deus. O tema da condescendência divina será retomado, sob formas variadas, pelos Padres capadócios, João Crisóstomo e toda a tradição patrística.

2. A SALVAÇÃO EM JESUS CRISTO: MEDIAÇÃO E RECAPITULAÇÃO

O lugar central de Cristo nas "economias" se exprime por meio do conjunto do *Contra as heresias* em torno do tema da "recapitulação" e do Cristo "novo Adão". Uma reflexão mais especializada se esboça na segunda parte do livro III, em reação contra certos erros cristológicos. O primeiro contemplado é a "cristologia fragmentada" dos gnósticos.

Cristo "um e o mesmo"

Resumindo em si o mundo que devia salvar, o Cristo dos gnósticos é constituído das diversas naturezas que compõem o mundo. Estas permanecem estranhas umas às outras. O "Cristo" gnóstico não é um indivíduo substancialmente uno, mas um aglomerado de três ou quatro substâncias heterogêneas: "Eles confessam assim com a boca um só Cristo Jesus, mas o dividem no pensamento"[135]. Além disso, o Cristo vindo do alto não assumiu um corpo verdadeiro, mas somente sua aparência. Não morreu na cruz. Por isso os gnósticos declaram sem valor a morte dos mártires.

Ireneu demonstra longamente, com base nos Evangelhos, que Jesus e o Cristo não são "um outro" e "um outro", mas "um só e o mesmo", de sorte que o Verbo de Deus tornado Filho do homem suportou em si mesmo o sofrimento e a morte[136].

---

133. Ibid., IV,38,2; p. 552.
134. Citado por Hölderlin; cf. G. Fessard, *La dialectique des exercices spirituels de saint Ignace de Loyola*, Paris, Aubier, 1956, p. 167.
135. Ireneu, *CH*, III,16,1; Rousseau, p. 346; cf. 16,6; 16,8.
136. Cf. ibid., III,18,6; p. 365; cf. III,16,2; 16,3; 16,7; 16,8; 16,9; 17,1; 17,4.

Cristo, verdadeiro homem e verdadeiro Filho de Deus

O livro III do *Contra as heresias* comporta, em sua segunda parte[137], uma inovação significativa para a história do dogma. Ireneu utiliza ali pela primeira vez um procedimento que será frequentemente retomado a seguir. Este consiste em valorizar uma verdade da fé apresentando-a a partir de duas heresias opostas, cada uma comportando somente a "metade" da verdade. Ireneu de repente muda de interlocutor, deixando de lado a cristologia dos gnósticos, que estava refutando, para dela reter sobretudo o caráter doceta; agora ataca o erro oposto, o do adocionismo dos ebionitas.

O procedimento tem como ponto de partida o mistério do Cristo "mediador de Deus e dos homens" (cf. 1Tm 2,5)[138], ao mesmo tempo "homem e Deus" na obra da salvação:

> Ele reuniu e uniu [...] o homem a Deus. Pois, se não tivesse sido um homem a vencer o adversário do homem, o inimigo não teria sido vencido em toda a justiça. Em contrapartida, se não fosse Deus quem nos tivesse outorgado a salvação, não a teríamos recebido de maneira estável [...].
> Pois era preciso que o "Mediador de Deus e dos homens" (1Tm 2,5), por seu parentesco com cada uma das duas partes, reconduzisse ambas à amizade e à concórdia, de modo que ao mesmo tempo Deus acolhesse o homem e o homem se oferecesse a Deus[139].

A maneira como Ireneu refuta as duas heresias dá a impressão de que ele já antecipa o dogma de Calcedônia e suas "duas naturezas". Mas não é o caso. Se prepara de longe a grande definição, sua perspectiva é diferente e, como tal, não carece de interesse. A ênfase é dada ao caráter soteriológico da mediação de Cristo, num contexto que é o da passagem da desobediência à obediência, e da morte à incorruptibilidade.

A refutação da primeira heresia, doceta, tem, decerto, uma perspectiva ontológica. Tende a provar que Cristo é verdadeiramente homem. Mas Ireneu não disserta sobre a integridade da natureza humana de Cristo. Na linha da teologia paulina dos dois Adões — o primeiro Adão, figura de Cristo, e o Novo Adão (Rm 5,12-21) —, ele põe em paralelo dois atos livres e duas solidariedades, que conduzem uma à morte e a outra à vida:

> Era preciso que aquele que viesse matar o pecado e resgatar o homem digno de morte se fizesse aquilo mesmo que este era [...] a fim de que o pecado fosse

---

137. Ibid., III,18,7 a 19,1; pp. 366-368.
138. Cf. B. Sesboüé, *Jésus-Christ, l'unique médiateur*, t. I: *Problématique et relecture doctrinale*, Paris, Desclée, 1988, em particular pp. 92-94, 179-183.
139. Ireneu, *CH*, III, 18,7; Rousseau, pp. 365-366.

morto por um homem e que o homem assim saísse da morte. Pois tal como pela desobediência de um só homem, que foi o primeiro moldado com terra virgem, "muitos foram constituídos pecadores" e perderam a vida, assim era preciso que, pela obediência de um só homem, que é o primeiro nascido da Virgem, "muitos fossem justificados" e recebessem a salvação (cf. Gn 2,5; Rm 5,12.19)[140].

O resultado do ato redentor supõe que seja verdadeiro o "tornar-se carne" do Verbo (contra os docetas), mas o ato redentor mesmo não se reduz a esse "tornar-se". Consiste na escolha livre de Cristo que, assumindo as consequências da desobediência de Adão, morre por obediência e por aí opera a "reversão" *(recirculatio)* da liberdade pervertida do homem para saná-la num ato que remonta às origens do pecado; pois "o que foi ligado só pode ser desligado se refizermos em sentido inverso a trama dos nós"[141].

O segundo painel do díptico se opõe aos ebionitas[142], para quem Cristo é apenas um "simples homem":

> Ao contrário, aqueles que afirmam que (Jesus) não passa de um simples homem *(psilos anthropos)* gerado de José permanecem na escravidão da antiga desobediência e nela morrem por ainda não terem sido unidos ao Verbo de Deus-Pai e não terem tomado parte na liberdade que nos vem pelo Filho, conforme o que ele mesmo diz: "Se é o Filho que vos liberta, sereis realmente homens livres" (Jo 8,36)[143].

Ireneu defende aqui a divindade do Filho. Este não nos salvaria se não fosse o Verbo de Deus, "antídoto de vida", fonte de incorruptibilidade e de imortalidade[144]. Mas aqui também a atenção não incide apenas sobre a natureza divina de Cristo: visa também e sobretudo ao seu agir. Ireneu não retoma o título de "Deus", mas o de "Filho de Deus"[145], para provar que o ato de obediência de Cristo não é o ato de um "simples homem", mas o do Filho, único a poder nos libertar, segundo Jo 8,36. Cristo é o único mediador porque pode empreender um ato de obediência que é ao mesmo tempo humano e divinamente filial. Somente ele podia restaurar o homem em sua verdadeira condição, que é a de ser livre, mas de uma liberdade "à semelhança de Deus"[146], um homem livre com a liberdade do Filho.

---

140. Ibid., pp. 366-367; cf. III,16,6; p. 352.
141. Ibid., III,22,4; pp. 385-386.
142. Cf. supra, p. 36.
143. Ibid., III,19,1; p. 367.
144. Ibid., p. 368.
145. Ibid., III,18,7 e III,19,1; pp. 366 e 368.
146. Ibid., IV,37,4; p. 548.

A recapitulação em Cristo, Novo Adão

Ireneu com certeza toma emprestado o termo "recapitular" *(anakephalaiosasthai)*[147] de Paulo (Ef 1,10; Rm 13,9)[148], que utiliza a forma verbal:

> Deus, Pai de nosso Senhor Jesus Cristo [...] nos fez conhecer o mistério da sua vontade, o desígnio benevolente *(kata tem eudokian autou)* que de antemão determinou em si mesmo para levar os tempos à sua plenitude: recapitular tudo em Cristo *(anakephalaiosasthai ta panta en to Christo)*... (Ef 1,3.9-10)

Como seu modelo, Ireneu também utilizará geralmente a forma verbal. A continuação de Ef 1 relaciona implicitamente o termo "recapitular" com o Cristo "cabeça *(kephale)* para a Igreja": "Sim, ele [Deus] o pôs [a Cristo] no topo de tudo, como cabeça da Igreja que é o seu corpo" (Ef 1,22). A recapitulação em Cristo em Ef 1,10 consiste mesmo em "reunir o universo inteiro sob um só chefe *(anakephalaiosasthai)*, Cristo", segundo as traduções modernas desse termo. O texto de Rm 13,9 evoca ainda mais a ideia de resumo, já que todos os mandamentos "se recapitulam" no do amor.

Em Ireneu, podemos reduzir a três os numerosos sentidos que dá àquele termo. O primeiro sentido da recapitulação é soteriológico. Designa o ato pelo qual o Filho de Deus tornado homem restabelece a vontade do homem caído na desobediência, segundo o ensinamento paulino de Rm 5,12-21.

O segundo sentido é ontológico. Serve de fundamento ao primeiro. Cristo não teria podido cumprir o ato salvador se não tivesse assumido a condição humana do homem em sua totalidade. Mas ao tomar carne da Virgem Maria, Cristo fez muito mais do que assumir uma individualidade concreta, limitada ao homem nascido de Maria. Por sua Encarnação, ele recapitulou toda a humanidade:

> Por isso Lucas apresenta uma genealogia que vai do nascimento de nosso Senhor a Adão e comporta setenta e duas gerações: desse modo ele religa o fim ao começo e dá a entender que o Senhor é Aquele que recapitulou em si mesmo todas as nações dispersas a partir de Adão, todas as línguas e as gerações dos homens, inclusive o próprio Adão[149].

Em sua dimensão "ontológica", a recapitulação se estende a todos os homens. Mais de trinta citações do *Contra as heresias* ilustram este ponto: Cristo "resume" e "recapitula" em si a grande "economia" da salvação da ovelha perdida, o homem e suas origens, a obra modelada, a carne, a desobediência de Adão e sua morte, a inimizade de Deus contra a serpente, todas as nações, línguas e

---

147. A. Houssiau, *La christologie de saint Irénée*, pp. 204-230; J. Daniélou, *Message évangélique...*, pp. 161-169.
148. Talvez pelo viés de Justino, citado por Ireneu, *CH* IV,6,2; p. 419.
149. Ireneu, *CH*, III,22,3; Rousseau, pp. 384-385; cf. III,22,1.

gerações, a longa história dos homens, e finalmente todas as coisas[150]. O desígnio da recapitulação já está, de fato, presente desde a criação do homem.

O terceiro sentido é escatológico. Já realizado no Cristo-Cabeça em razão de sua ressurreição, o desígnio de salvação ainda tem de acontecer com os outros homens, progressivamente atraídos para a Cabeça e integrados a seu corpo, que é a Igreja. É somente no fim dos tempos que terminará a recapitulação, em seu definitivo desabrochar: Cristo regressará "do alto dos céus para recapitular todas as coisas (Ef 1,10) e ressuscitar toda carne do gênero humano"[151].

Maria, a nova Eva

Sobre o modelo do Cristo Novo Adão, Ireneu lança as bases de uma teologia mariana ao inaugurar o tema de "Maria, a nova Eva", terra virgem de onde é tirado o corpo de Cristo pela ação de Deus. Ela é a garantia da realidade humana desse corpo. Cristo não passou por meio dela "como a água através de um tubo", segundo as teses gnósticas, mas ele verdadeiramente "recebeu" dela sua humanidade por um nascimento admirável[152].

Em contrapartida, Maria tem um papel ativo nas economias. Ela prefigura a parte que o homem deve assumir na obra de sua salvação:

> Tal como Eva, desobedecendo, se tornou causa de morte para si mesma e para todo o gênero humano, assim também Maria, obedecendo, se tornou causa de salvação para si mesma e para todo o gênero humano[153].

O nascimento virginal de Jesus reveste, enfim, em Ireneu, uma significação teológica interessante. Ela manifesta que a obra cumprida por Cristo é ao mesmo tempo retomada da obra antiga e começo de uma ordem nova, a nova criação, o novo nascimento:

> Como os homens deixarão o nascimento de morte se não forem regenerados por meio da fé no nascimento novo que foi dado contra toda expectativa por Deus em sinal de salvação (cf. Is 7,14), o nascimento que aconteceu no seio da Virgem? Ou como receberão de Deus a filiação adotiva se permanecerem nesse nascimento que é segundo o homem neste mundo?[154]

Ao nascer de Maria, Jesus entra na linhagem dos patriarcas e se torna filho de Adão. Ao nascer de Maria virgem, ele representa uma ruptura, pois

---

150. Referências em A. Rousseau, *CH*, p. 728 (índice).
151. Ireneu, *CH*, I,10,1; Rousseau, p. 65; V,36,3; pp. 678-679.
152. Ibid., I,7,2; p. 51; III,19,2; p. 369; III,22,1-2; pp. 383-384.
153. Ibid., III,22,4; p. 386.
154. Ibid., IV,33,4; p. 517; cf. V,1,3, p. 572.

não tendo, como os outros homens, pai na terra, mas outro Pai, ele é homem, mas não um "simples homem".

A história dos dogmas convida a distinguir entre a expressão da fé num momento dado da história e a elaboração racional de certos dados dessa fé. No primeiro ponto Ireneu é uma testemunha de grande importância para o século II. No segundo ponto, mais especulativo, sua contribuição está longe de ser desprezível. Decerto ele tem dificuldade em explicar como o Verbo podia estar engajado na Paixão sem sofrer em sua divindade[155]. No domínio propriamente trinitário, Ireneu está limitado por sua concepção da "emissão" *(probole)*, que ele concebe como uma "manifestação, fora do princípio emissor, daquilo que é emitido por este"[156]. Portanto, se J. Fantino tem razão ao rejeitar a hipótese de uma preexistência do Filho "somente relativa à criação"[157], e se é claro que o Filho existe desde sempre, Ireneu não está em condições de explicar como. Por isso se recusa a falar do tema. Mas percebeu a contradição que havia entre os gnósticos sobre o "como" das emissões. Para Ptolomeu, elas se fazem no exterior do Pleroma; para Valentim, elas lhe são imanentes. Ireneu observou bem este ponto:

> Eles dirão que ele foi emitido não fora do Pai, mas *dentro* do Pai? Nesse caso, fica supérfluo falar de emissão. Pois como o intelecto *(nous)* foi emitido, se está no interior do Pai? Pois a emissão é a manifestação do que é emitido no exterior do emissor[158].

Falar de uma emissão "imanente" ao Pleroma é orientar-se para o que será a grande solução que permite falar da geração do Filho em Deus. Ireneu não explorou essa trilha. Mas assinalou-a. Práxeas reterá essa lição para criticar Tertuliano, e Tertuliano, para responder a Práxeas, lançando ao mesmo tempo os primeiros marcos de uma nova etapa da história da teologia trinitária.

---

155. Cf. J. Moingt, *L'homme qui venait de Dieu*, pp. 114-116.
156. Ireneu, *CH*, II,13,6; Rousseau, p. 176.
157. J. Fantino, *La théologie d'Irénée*, p. 350; cf. pp. 347-356.
158. Ireneu, op. cit., 13,6; p. 176; cf. J. Moingt, *Théol. Trin. de Tert.*, t. II, p. 651.

CAPÍTULO IV
Da economia à "teologia" (século III)
J. WOLINSKI

O início do século III assiste ao estabelecimento das primeiras formulações de um dogma fundamental da fé cristã, o dogma da Trindade. Por esse dogma os cristãos se distinguem das duas grandes religiões monoteístas, o judaísmo e o Islão. É nele que a encarnação encontra seu fundamento: ela seria impensável se Deus não tivesse um Filho. O Ocidente deve ao dogma trinitário a noção de *pessoa*, distinta da de *natureza*. A confissão da Trindade funda a certeza de que a existência em sua forma mais elevada é dom, troca, relação, Amor. O dogma trinitário condiciona todos os outros dogmas cristãos. Ele comanda a liturgia, dá à mística cristã seu caráter próprio e constitui para o cristianismo o centro indiscutido de referência.

O dogma da Trindade é o mistério de um só Deus em três pessoas. Essa formulação clássica é tardia: será elaborada no final do século IV. Não a encontramos, portanto, nos Padres ditos pré-nicenos, que exprimem o mistério da Trindade em outros termos, relacionando-o sempre às intervenções da Trindade na história da salvação. Os primeiros cristãos viveram da fé trinitária, sem formulá-la claramente, confessando o Símbolo, celebrando o batismo e a eucaristia. A formulação mesma só veio progressivamente. Foi estimulada de maneira decisiva no final do século II com o aparecimento de certas heresias.

Após a evocação das principais heresias antitrinitárias na virada do século II para o III, apresentaremos o pensamento de Hipólito, de Tertuliano (150-220) e de Orígenes (185-253), antes de concluir com a questão do "subordinacionismo" dos Padres pré-nicenos.

REFERÊNCIAS BIBLIOGRÁFICAS: G. L. PRESTIGE, *Dieu dans la pensée patristique*, Paris, Aubier, 1955; cf. a bibliografia geral do cap. III. — *Clavis Patrum Graecorum*, t. I, ed. M. Geerard, Turnhout, Brepols, 1983. — J. DANIÉLOU, *Les origines du christianisme latin*, Paris, Cerf, 1978. — J. MOINGT, *La théologie trinitaire de Tertullien* (citada *TTT*), 4 vols., Paris, Aubier, 1966-1969 (com uma bibliografia crítica, pp. 29-48).

I. O ADOCIANISMO E O MODALISMO MONARQUIANOS NOS SÉCULOS II E III

Aos olhos dos judeus, como dos pagãos, se os cristãos adoram o Cristo é porque adoram dois Deuses. Para escapar dessa grave acusação, duas soluções se apresentavam ao espírito: negar que Cristo seja "Deus", ou negar que seja "outro" Deus. A primeira solução consiste em dizer que Cristo é um homem tornado Deus porque adotado por Deus como seu Filho (adocianismo); a segunda, que ele é o Deus único, mas vindo a nós sob outro modo (modalismo). No século III as duas opiniões só se opõem na aparência. Os historiadores as designam sob o nome de monarquianismo, "adocianista" no primeiro caso, "modalista" ou "unitariano" no segundo.

1. O MONARQUIANISMO ADOCIANISTA

REFERÊNCIAS BIBLIOGRÁFICAS: M. SIMONETTI, Note di cristologia pneumatologica, *Augustinianum* 12 (1972) 201-232; Sabellio e il sabellianismo, *Studi Storico-Religiosi*, 4 (1980) 7-28. — Cf. J. MOINGT, *TTT*, I, p. 33.

Os vestígios de um "adocianismo" já se encontram atestados por Ireneu por volta de 180. Ele fala dos ebionitas, para quem Cristo é um "simples homem" gerado de Maria e de José[1]. Esses judeus tornados cristãos veem em Jesus um profeta elevado por Deus à dignidade de Filho de Deus[2]. Eusébio de Cesareia fala de Teódoto, o Curtidor, em Roma, "que foi o primeiro a dizer que Cristo é um simples homem *(psilos anthropos)*"[3]. A fonte anônima citada por Eusébio repreende os mesmos heréticos por abandonarem as Escrituras e impressionarem os simples recorrendo à filosofia[4]. Paulo de Samósata, condenado por um concílio em Antioquia em 268[5], é acusado de sustentar doutrina análoga. Encontramo-la de novo sob outra forma em Fotino de Sírmio em meados do século IV[6]. Mas a redução de Cristo a ser apenas um homem batia muito diretamente contra a fé dos cristãos para que o adocianismo tivesse um impacto profundo sobre a história das doutrinas. Muito mais importante foi a influência do monarquianismo "unitariano".

---

1. Ireneu, *CH*, III,19,1; Rousseau, p. 367; cf. I,26,1-2; pp. 116-117.
2. A. F. J. Klijn, verb. "Ébionites", *DECA*, I, pp. 737-738.
3. Eusébio de Cesareia, *HE* V,28,6; trad. G. Bardy, *SC* 41, p. 75.
4. Cf. ibid. V,28,14-15; pp. 77-78.
5. Cf. ibid., VII,27-30; pp. 211-220.
6. Cf. M. Simonetti, verb. "Monarchiens", *DECA*, II, p. 1663.

2. O MONARQUIANISMO UNITARIANO E MODALISTA

O *monarquianismo* (*mone* — *arche*: único — princípio) é uma forma de monoteísmo que admite um só princípio, Deus. Pode ser ortodoxo ou herético. Por *modalismo* entende-se uma doutrina que, em nome do monoteísmo, elimina mais ou menos radicalmente o número em Deus, isto é, nega n'Ele a existência de três pessoas eternamente distintas. Se falará decerto de Pai, Filho e Espírito Santo, mas sem ver aí muito mais do que três modos diferentes, para Deus, de se relacionar com o mundo[7]. É o mesmo e único Deus que se manifesta sob rostos diferentes. Basílio de Cesareia, no século IV ainda, denunciará o Deus modalista "de múltiplos rostos" *(polyprosopon)*[8]. Em tais condições, admite-se certa diversidade do lado de Deus. Isso já constitui um progresso em relação aos primeiros representantes dessa tendência — Noeto, Práxeas e, talvez, Sabélio — para os quais não há verdadeira diversidade em Deus. O modalismo deles é um modalismo "unitariano".

A crise monarquiana começa em Esmirna, por volta de 180, com a pregação de Noeto. Ela irrompe não mais numa seita dissidente, mas no seio mesmo da Igreja, em nome da fé tradicional. Pois o dogma do "Deus único" parece a alguns duplamente ameaçado: por Marcião e os gnósticos, que falam de "outro Deus" ou de "dois Deuses", e pela nova teologia dos que falam de uma Trindade engajada nas "economias".

A primeira reação "unitariana" é, portanto, a de Noeto. Um fragmento atribuído a Hipólito assim a resume: "Ele diz que Cristo é, ele mesmo, o Pai, e que foi o Pai que nasceu, que sofreu e que morreu"[9]. Temos aí a expressão mesma do *patripassianismo*: já que só existe um Deus, no rigor dos termos foi Ele, o Pai, que se encarnou e sofreu. Noeto desenvolve sua doutrina recorrendo ao Antigo e ao Novo Testamento. Utiliza particularmente três versículos que se tornarão clássicos a partir de Orígenes (Jo 10,30; 14,9 e 14,10)[10].

Pouco depois, Práxeas, em Roma, se opõe a Montano e retoma a doutrina de Noeto. Segundo Tertuliano, "ele prestou um duplo serviço ao demônio: expulsou a profecia e introduziu a heresia; pôs o Paráclito em fuga e o Pai na cruz"[11]. Mas foi em Cartago que Tertuliano combateu a heresia[12]. A ideia de *monarquia* está no centro da doutrina. Em nome dessa monarquia muitos fiéis, "espíritos simples e sem instrução", reagem com horror quando ouvem falar de "economia" *(expavescunt ad oikonomiam)*. Segundo eles, a economia acarreta "a

---

7. G. Bardy, verb. "Monarchianisme", *DTC* X,2, 1929, col. 2305.
8. Basílio de Cesareia, *Lettre* 210,3; Y. Courtonne II, Budé, 1961, p. 192.
9. Hipólito, *Elenchos*, IX,10; *PG* 16/3, 3378; trad. J. Moingt, *TTT* I, p. 193; cf. *Contre Noët* 1; Nautin, pp. 234-236.
10. Id., *Contre les hérésies*, 7; ed. P. Nautin, Paris, Cerf, 1949, pp. 246-248.
11. Tertuliano, *Contre Praxéas*, 1,5; *CCSL* II, p. 1159; Moingt, *TTT* I, p. 91; cf. ibid., pp. 88-100.
12. J. Moingt, *TTT* I, pp. 93-96.

divisão da unidade". Brandem o termo grego *monarchia* e acusam seus adversários de politeísmo[13]. Mas Práxeas retoma a tese de Noeto, modificando-a: se o Pai sofre, é no sentido de "sofrer com" o Filho. Ele é o Espírito-Pai descido na Carne-Filho, nascido de Maria[14]. O parentesco desse pensamento com o adocianismo parece claro.

Para Práxeas, como para Noeto, Cristo é, enfim, um homem sobre o qual desceu o Espírito divino *(pneuma)*. Temos aqui uma "cristologia pneumática"[15], da qual M. Richard dá outro exemplo numa homilia do século III: "Como o Espírito divino, em sua pureza, era inacessível a todas as coisas, de medo que nada pudesse sofrer efusões sem mistura do Espírito, ele mesmo, encerrando-se em si mesmo de sua própria vontade, recolhendo e comprimindo em si mesmo toda a grandeza da divindade, veio com as dimensões que quis..."[16]. Encontra-se a mesma doutrina na cristologia que Hipólito atribui ao papa Calisto[17].

O grande nome que representa o modalismo na história é o de Sabélio, um líbio que foi ensinar em Roma, onde será condenado por volta de 220 pelo mesmo papa Calisto († 222). Não nos resta documento algum emanado dele. Decerto é preciso distinguir entre Sabélio, que devia professar um patripassianismo moderado, e seus discípulos, artífices do verdadeiro modalismo. Sua teologia dará ensejo à controvérsia entre Dionísio de Roma e Dionísio de Alexandria no final do século III.

Depois de Niceia, Sabélio se tornará a referência obrigatória toda vez que a distinção das pessoas parecer ameaçada. Será o caso com a teologia de Marcelo de Ancira († cerca de 375). A resistência ao termo *consubstancial* do Símbolo de Niceia virá em parte do fato de se suspeitar nele um sentido sabeliano.

A palavra *monarquia (monarchia)* permanece, contudo, um termo autenticamente cristão. É utilizado num sentido ortodoxo por Justino, Taciano, Teófilo de Antioquia e Tertuliano[18]. Exprime a verdadeira fé em Dionísio de Roma, Basílio de Cesareia, Cirilo de Jerusalém, Gregório de Nazianzo, Gregório de Nissa[19]. A monarquia é então o mistério do Pai, único "princípio" e "origem" (*arche* tem os dois sentidos) do Filho e do Espírito Santo.

---

13. Tertuliano, op. cit. 3,2; *CCSL* II, p. 1161; cf. J. Moingt, *TTT* I, pp. 110-113.
14. Tertuliano, op. cit. 29,5-7; *CCSL* II, pp. 1203.
15. Cf. Liébaert, *L'Incarnation*, pp. 75-80.
16. *Une homélie pascale inspirée du traité sur la Pâque d'Hippolyte*, 45; trad. P. Nautin, *SC* 27, p. 164; cf. M. Richard, *Opera minora*, II, documento 22, pp. 286-289.
17. Cf. Hipólito, *Elenchos* IX,12; *PG* 16/3, 3384-3385; citado por J. Liébaert, *L'incarnation*, p. 76.
18. Cf. Justino, *Dialogue*..., 1,3; Taciano, *Discours contre les grecs*, 14; Teófilo de Antioquia, *Trois livres à Autolycus*, II,4.
19. Cf. Dionísio de Roma, *DzS* 112; Basílio de Cesareia, *Lettre* 210,3; Cirilo de Jerusalém, *Catéchèses baptismales* VII,1; Gregório de Nazianzo, *Discours* 29,2; *Discours catéchétique*, 3.

3. SABELIANISMO E "REVELAÇÃO FUNCIONAL"

Poderíamos ver um "sabelianismo de fato" em certo "agnosticismo teológico". Consistiria em invocar a transcendência de Deus para recusar todo valor à linguagem humana sobre Deus. A Escritura e a Tradição nos falariam de um Deus pluripessoal para melhor nos atingir, mas seria entendido que esse discurso só é válido do nosso ponto de vista. A revelação seria apenas "funcional"[20]. Nada de real lhe corresponderia em Deus. Mas tal interpretação põe em questão um princípio essencial da revelação cristã: Deus se revela a nós tal como é, porque se dá a nós livremente tal como é, ou, mais exatamente, porque escolheu nos assumir nele, tal como realmente é. A correspondência entre as economias trinitárias e a Trindade pertencerá sempre ao essencial da fé cristã.

II. A QUESTÃO DO NÚMERO EM DEUS ANTES DE TERTULIANO: JUSTINO E HIPÓLITO

A refutação do monarquianismo enfrenta a questão do número em Deus. Esta foi contemplada incidentalmente em Justino. Retorna ao primeiro plano com Hipólito e, sobretudo, com Tertuliano.

1. JUSTINO E A QUESTÃO DO "OUTRO DEUS"

No *Diálogo com Trifão*, Justino afirma em vários momentos que existe "outro Deus" além do Pai. O final do livro contém a primeira evocação de um "modalismo" que não tem mais a ver com os judeus, mas com os cristãos. Partindo das teofanias e dos títulos de Cristo tais como "Anjo" ou "Palavra" (*Logos*), os cristãos imaginam que esses títulos designam somente uma "potência" que jorra do Pai, depois retorna a Ele e então cessa de existir, à semelhança do sol que envia seus raios, depois os recolhe em si mesmo ao cair da noite[21]. Justino lhes responde afirmando, sem provar, uma distinção numérica entre o Filho e o Pai:

> Esta Potência que a Palavra profética também chama de Deus [...] e Anjo não é contada nominalmente apenas, como a luz e o sol, mas é *numericamente* outra coisa *(arithmo heteron)* [...] Esta Potência foi gerada do Pai por sua Potência e sua Vontade, mas sem amputação, como se o ser *(ousia)* do Pai tivesse sido dividido à maneira dos objetos que são distribuídos ou cortados. [...] O fogo no qual se acendem muitos fogos não é diminuído, mas permanece o mesmo[22].

---

20. Cf. H. de Lubac, *La foi chrétienne*, Paris, Aubier, ²1970, pp. 113-114.
21. Cf. Justino, *Dialogue...* 128,2; *TD* II, pp. 257-259.
22. Ibid., 128,4; pp. 259-261 (trad. modificada).

2. HIPÓLITO E A RELAÇÃO VISÍVEL/INVISÍVEL, VERBO/FILHO

Possuímos uma refutação da heresia de Noeto que constitui o final de um *Tratado (syntagma) Contra as heresias* atribuído a Hipólito. A questão da autoria dessa obra ainda é muito debatida. Mas a obra, de real interesse, se inscreve perfeitamente no contexto antimonarquiano. Ela relembra Ireneu e anuncia Tertuliano.

> **Os textos:** R. Butterworth, *Hippolytus of Rome, Contra Noetum*, texto e trad., Londres, 1977; trad. franc. P. Nautin, sob o título *Contre les Hérésies Fragment* (= Livro X apenas), Paris, Cerf, 1949 (citado *Contre Noët*). — *Une homélie pascale inspirée du Traité sur la Pâque d'Hippolyte*; ed. P. Nautin, SC 27, 1950.
>
> **Referências bibliográficas:** M. Richard (discussão das teses de P. Nautin), *RSR* 45 (1955) 379-404; Hippolyte de Rome, *DSp* 7 (1969) cols. 531-571; *Opera minora* t. I, Turnhout, Brepols, 1976, os documentos 10 a 15. — K. Koschorke, *Hippolyt's Ketzerbekämpfung und Polemik gegen die Gnostiker*, Wiesbaden, 1975. — V. Loi, M. Simonetti (eds.), *Ricerche su Ippolito*, Roma, 1977.

O fundamento da fé é buscado por Hipólito nas Escrituras lidas na Igreja: "Vejamos tudo o que proclamam as divinas Escrituras e reconheçamos tudo o que elas ensinam. Como o Pai quis ser crido, creiamos nele; como quis que o Filho fosse glorificado, glorifiquemo-lo; como quis que o Espírito fosse dado, recebamo-lo"[23]. É à luz dessa fonte revelada que ele examina o mistério de Deus, que é o de um Deus "único" e ao mesmo tempo "múltiplo":

> Deus [...] era único *(monos)* e não tinha [...] nada de contemporâneo a si mesmo [...]. Mas mesmo sendo único *(monos)* era múltiplo *(polys)*, pois não era sem Razão *(alogos)* nem sem Sabedoria *(asophos)*, sem Poder nem Decisão; mas tudo era nele e ele era o Todo. E quando quis, como quis, ele gerou seu Verbo *(logos)*, por meio do qual fez tudo nos tempos fixados por ele[24].

Deus é "único" e "não único", mas "múltiplo", porque é "razoável" e "sábio", isto é, porque tem em si o Verbo e o Espírito Santo[25], contidos nele desde sempre, mas de modo oculto. Encontra-se a mesma afirmação em Tertuliano[26] e, sob formas diferentes, nos outros Padres da Igreja. Ela constitui a grande novidade do Evangelho, por oposição sobretudo à fé dos judeus:

> Não podemos pensar o Deus único *(hena theon)* se não crermos no Pai e no Filho e no Espírito Santo. Pois os judeus glorificaram o Pai, mas não lhe rende-

---

23. Hipólito, *Contre Noët*, 9; Nautin, p. 250.
24. Ibid., 10; p. 251.
25. P. Nautin, p. 159.
26. Cf. J. Moingt, *TTT* III, pp. 782 e 1042.

ram graças, porque não reconheceram o Filho; os discípulos reconheceram o Filho, mas não no Espírito Santo, e por isso é que renegaram[27].

O mesmo tema se encontrará em Tertuliano:

> É próprio da fé judaica crer num só Deus recusando acrescentar-lhe o Filho e, depois do Filho, o Espírito [...]. Mas Deus quis inovar seu Testamento de modo a ser crido único *(unus)* de uma maneira nova: pelo Filho e pelo Espírito[28].

A geração do Verbo pelo Pai "quando quis e como quis" se inscreve na linha de pensamento de um Teófilo de Antioquia e na perspectiva mais geral da relação oculto/revelado que comanda o pensamento de Hipólito:

> Seu Verbo *(logos)*, que ele mantinha em si mesmo e que era invisível ao mundo criado, ele o torna visível. Enunciando primeiramente como voz e gerando-o como luz saída da luz, ele emitiu como Senhor para a Criação sua própria Inteligência *(nous)*, e esta, que era primeiro visível só a ele e invisível ao mundo criado, ele a tornou visível, a fim de que o mundo, vendo-a graças a essa epifania, pudesse ser salvo[29].

Do Verbo como Verbo, que é tal por toda a eternidade, passa-se ao Verbo como Filho, que só começa a sê-lo a partir da criação e tem acesso à filiação perfeita somente tornando-se carne ou, mais exatamente, uma vez que a carne foi introduzida diante do Pai para lhe ser entregue em oferenda:

> Quem é, pois, este *próprio Filho* (Rm 8,3) que Deus enviou *na carne*, senão o Verbo, a quem chamou *Filho* porque devia tornar-se homem? Pois foi o nome novo do amor pelos homens que ele assumiu ao chamar-se *Filho*. Com efeito, nem o Verbo, sem a carne e tomado em si mesmo, era verdadeiro *(teleios)* Filho, embora fosse verdadeiro Unigênito (cf. Jo 1,18); nem a carne, tomada em si mesma sem o Verbo, podia existir, pois é no Verbo que ela tem seu sustento. Assim, pois, ele se manifestou único verdadeiro Filho de Deus[30].

Hipólito quer estabelecer a distinção do Verbo em relação ao Pai invocando sua "geração" e seu "tornar-se Filho". Após Niceia, tomou-se o hábito de pensar a geração do Filho como uma geração eterna, em referência ao Símbolo desse concílio. Hipólito a contempla à luz da ressurreição. A exemplo de At 13,33, considera que a geração de que fala o Salmo 2,7 ("Tu és meu filho; eu, hoje,

---

27. Hipólito, *Contre Noët*, 14, citando Mt 28,19; Nautin, p. 256.
28. Tertuliano, *Contre Praxéas*, 31,1-2; *CCSL* II, p. 1204; trad. J. Moingt, *TTT* III, p. 771.
29. Hipólito, op. cit., 10; Nautin, p. 252.
30. Ibid., 15; p. 258; cf. ibid., 4; p. 242.

te gerei") se cumpriu no hoje da ressurreição, que se conclui com o retorno ao seio do Pai[31].

Hipólito já emprega a expressão "duas pessoas" *(duo prosopa)* a propósito do Filho e do Espírito Santo, mas somente no sentido de serem as duas "manifestações" do Pai:

> Certamente não falarei de dois Deuses, mas de um só, e de duas pessoas pela economia e, em terceiro, da graça do Espírito Santo. Pois o Pai é um, mas as pessoas são duas, porque há também o Filho e em terceiro há o Espírito Santo[32].

A manifestação das pessoas se faz no contexto da economia, lugar em que se reconhece o número e a Trindade. "Ninguém negará o *um só Deus*, mas não se suprimirá tampouco a *economia.*"[33] Ele emprega a expressão paulina de Ef 3,9, "economia do mistério" *(oikonomia tou mysteriou)* para aplicá-la a Cristo em referência à ressurreição, mas invertendo a fórmula, que se torna "o mistério da economia" *(mysterion oikonomias)*: "'É só contigo que Deus está' (Is 45,14) mostrava o mistério da economia (cf. Ef 3,9) porque, o Verbo tendo-se encarnado e 'humanizado', o Pai estava no Filho o Filho no Pai (cf. Jo 14,10)"[34].

O elo entre a confissão do Deus único e as economias estará no centro da teologia de Tertuliano que, no início do *Contra Práxeas*, dá como fundamento dessa maneira de fazer a própria regra da fé[35].

III. ECONOMIA E TEOLOGIA TRINITÁRIA EM TERTULIANO

Tertuliano († cerca de 225) inaugura um novo tipo de discurso em sua resposta ao monarquianismo de Práxeas. O *Contra Práxeas* é o primeiro tratado de teologia trinitária propriamente especulativa. Marca uma data na elaboração do dogma da Trindade[36].

Apesar de um temperamento às vezes excessivo e uma verve pouco conformista, Tertuliano está longe de ser um inimigo da tradição. Põe seu imenso talento a serviço dos simples, perturbados pelas "novidades" dos hereges. Sua passagem ao montanismo (por volta de 207) decerto não teve em seu espírito a gravidade que a ideia de cisma conota hoje em dia. Tornando-se adepto da "nova Profecia" que Montano proclamava, Tertuliano ajudará a Igreja, que ele abandonou, em sua luta contra Práxeas. Joseph Moingt, ao cabo de seu

---

31. Ibid., 4; pp. 240-242; cf. o comentário de P. Nautin, pp. 143-144.
32. Ibid., 14; pp. 255-256; cf. Ibid., 7; p. 246.
33. Ibid., 3; p. 238; cf. 4 e 8; p. 240 e 248.
34. Ibid., 4; p. 241 (3 menções); cf. J. Moingt, *TTT* III, pp. 915 e 926-928.
35. Tertuliano, *Contre Práxeas* 2,1-2; *CCSL* II, p. 1160; Moingt, *TTT* I, p. 67.
36. Cf. J. Moingt, *TTT* I, p. 53; *L'homme qui venait de Dieu*, p. 123.

grande estudo sobre Tertuliano, não hesita em reconhecer nele um "homem da Tradição" e um autêntico Padre da Igreja[37].

> Os TEXTOS: TERTULIANO, *Apologétique*, ed. J.-P. Waltzing, Budé, 1929; *Contre Praxéas*, CCSL II, ed. e trad. inglesa, E. Evans, Londres, S.P.C.K., 1948; numerosas passagens traduzidas em J. MOINGT, *Théologie trinitaire de Tertullien* (citadas aqui com algumas modificações); *Contre Marcion*, L. I e II, ed. R. Braun, SC 365-368, 1990-1991; CCSL II; *Tertulliani adversus Marcionem*, ed. C. Moreschini, Milão, 1971; *Contre les valentiniens*; ed. J.-Cl. Fredouille, SC 280-281, 1980-1981; *La chair du Christ*, ed. J.-P. Mahé, SC 216-217, 1975.

> REFERÊNCIAS BIBLIOGRÁFICAS: E. PETERSON, Der Monotheismus als politisches Problem, em *Theologische Traktate*, München, H. Wild, 1951, pp. 45-147. — G. KRETSCHMAR, *Studien zur frühchristlichen Trinitäts-theologie*, Tübingen, P. Siebeck, 1956. — C. ANDRESEN, Zur Entstehung und Geschichte des trinitarischen Personbegriffes, *ZNTW* 52 (1961) 1-39. — D. R. BRAUN, *"Deus christianorum": Recherches sur le vocabulaire doctrinal de Tertullien*, Paris, PUF, 1962. — B. J. HILBERATH, *Der Personsbegriff der Trinitätstheologie in Rückfrage von Karl Rahner zu Tertullians "Adversus Praxean"*, Innsbruck-Wien, Tyrolia Verlag, 1986.

1. UNIDADE DE SUBSTÂNCIA E TRINDADE: A CONSIDERAÇÃO DO "DEUS UNO"

Desde o início de seu *Contra Práxeas*, como dissemos, Tertuliano cita a regra da fé. O essencial do livro (partes II e III) consistirá num recurso à Escritura, primeiro Antigo e depois Novo Testamento. Aí está, aos olhos do autor, o argumento principal contra a heresia. Mas sua obra comporta também uma primeira parte, consagrada a desarmar os preconceitos que impediriam de compreender a Palavra de Deus, e uma última que retoma alguns pontos particulares, sobretudo a cristologia. É a primeira parte (caps. 1-10) que interessa sobretudo à história dos dogmas, pois é ali que Tertuliano confronta os dados da fé com as exigências da razão, em resposta às objeções de seus adversários.

A *monarquia*

A primeira dificuldade que Tertuliano aborda diz respeito à "monarquia". Em nome desse princípio, os partidários de Práxeas acusam seus adversários de politeísmo: "Vós pregais dois e até mesmo três Deuses!"[38]. A objeção tem a ver com a religião popular, que imagina Deus como um soberano a dominar

---

37. J. Moingt, *TTT* III, p. 1091.
38. Tertuliano, *Contre Praxéas*, 3,1; CCSL II, p. 1161.

o mundo e os homens. Ser Deus é comandar e se fazer adorar. A divindade é mais ou menos assimilada a uma senhoria concebida como o poder de um só[39]. Tertuliano responde mostrando que esse tipo de monarquia não exclui a Trindade:

> Para mim, que conheço também o grego, a *Monarquia* significa apenas o camando de um só. Mas isso não implica que a Monarquia, porque é "de um só", prive este último de Filho, ou o impeça de se dar um filho, ou o impeça de administrar seu poder único (*monarchia*) como bem entender[40].

Tertuliano começa por responder que, ao referir-se às economias, ele apenas se submete à vontade da monarquia, daquele que escolheu livremente dirigir-se a nós pelo Filho e pelo Espírito. Rejeitando as economias, são os monarquianos que rejeitam a monarquia: "Veja se não é antes você que destrói a Monarquia, você que inverte sua disposição e economia (*dispositionem et dispensationem*), tal como foi estabelecida em tantos nomes quanto Deus o quis"[41].

Ele continua mostrando que ter um Filho em nada priva o Pai de sua autoridade:

> Mas eu que não faço o Filho vir de nenhum outro lugar senão da substância do Pai, um Filho que não faz nada sem a vontade do Pai, que recebeu d'Ele todo poder, como posso, em toda boa-fé, destruir a Monarquia, que conservo no Filho, a ele transmitida pelo Pai? O que digo dela entenda-se também do terceiro grau, pois sustento que o Espírito não vem de nenhum outro que não do Pai pelo Filho[42].

O Filho não põe em perigo a unidade do mandamento divino porque provém da substância do Pai. Ele não é outro Deus, que se posiciona como rival, e não é sua própria vontade que ele cumpre, mas a do Pai.

Sublinhando que o Filho provém "da substância do Pai", Tertuliano busca apenas garantir a supremacia deste último. Dizer que os três são um não significa ainda que as três pessoas *são* um só Deus, mas somente que elas *fazem* um só Deus. Isso basta para sustentar a afirmação bíblica de um só Deus, único e supremo Senhor, mas não significa ainda que os Três existam como um só[43].

---

39. J. Moingt, *L'homme qui venait de Dieu*, p. 128.
40. Tertuliano, *Contre Praxéas* 3,2; CCSL II, p. 1161.
41. Ibid., 4,2; pp. 1162-1163.
42. Ibid., 4,1; pp. 1162; Moingt, *TTT* III, p. 838.
43. Expressão de J. Moingt, *L'homme qui venait...*, p. 129.

As três comparações montanistas

Outra maneira de mostrar que o número em Deus não compromete a unidade é o recurso a certas comparações. Já as encontramos na passagem da *Apologética* consagrada à Trindade[44], mas são desenvolvidas sobretudo no *Contra Práxeas*:

> A verdadeira "emissão" *(probole)*, guardiã da unidade, nós a sustentamos dizendo que o Filho foi proferido fora do Pai, mas não separado. Pois Deus proferiu o Verbo *(Sermo)*, assim como o Paráclito mesmo o ensina, como a raiz (origina) o ramo, e a nascente o rio, e o sol o raio; pois essas espécies são, elas também, as "emissões" *(probolai)* dessas substâncias de onde saem... Mas nem o ramo está separado da raiz, nem o rio da nascente, nem o raio do sol, tanto quanto não o está de Deus o Verbo *(Sermo)*[45].

Imagens análogas foram empregadas pelos apologistas e por Ireneu[46]. Mas, sob a forma que tomam aqui, elas provêm dos montanistas. Estes se serviam delas para estabelecer a existência distinta do Paráclito (o Espírito Santo) e sua pertença orgânica às duas outras pessoas da Trindade. Tertuliano as retoma para mostrar que o Pai e o Filho são "duas coisas, mas unidas *(conjunctae)*, e mantidas coesas *(cohaerentes)*". A distinção das pessoas acompanha a unidade delas com base numa única substância[47].

A utilização trinitária das comparações recorre a um princípio que comanda toda a teologia de Tertuliano, a afirmação de que "Deus é corpo":

> Quem negará que Deus seja *corpo*, mesmo se Deus é espírito? Pois o espírito é um corpo de um gênero próprio, em sua própria configuração[48].

Se os seres invisíveis têm um corpo pelo qual Deus os pode ver, por mais forte razão Deus mesmo o terá. Para Tertuliano, como para os cristãos de seu tempo, o que não é "corporal" de certa maneira não existe realmente. O corpo-espírito de que se trata é evidentemente uma substância de ordem superior, como convém a Deus[49]. Este não pode ser apalpado diretamente, mas tem como sê-lo. Em contrapartida, o fundo sólido que o constitui pode se comunicar sem se dividir, e se "dispor" de diferentes modos sem diminuir nem aumentar, como a alma que se desdobra sem mudar de massa. Dá-se com esse corpo o mesmo

---

44. Cf. Tertuliano, *Apologétique* 21,12-14; Budé, pp. 49-50.
45. Id., *Contre Praxéas*, 8,5; CCSL II, p. 1167; Moingt, *TTT* I, p. 266.
46. Justino, *Dialogue*..., 61,2; *TD* I, p. 287; ibid., 128,2-4; II, pp. 257-261; Ireneu, *CH* II,13,5; Rousseau, p. 176.
47. Tertuliano, *Contre Praxéas*, 8,6; CCSL II, p. 1168.
48. Ibid., 7,8; CCSL II, pp. 1166-1167; Moingt, *TTT* II, p. 323.
49. Cf. A. Grillmeier, *Le Christ dans la tradition chrétienne* I, p. 169.

que com um bloco de metal submetido à laminação, que é "estendido sem ser aumentado"[50]. A medida *(modulus)* não muda, mas as propriedades, como a cor ou o brilho, que eram ocultas, vêm à luz.

As três imagens montanistas do rio, do ramo e do raio de sol ilustram outra constante do pensamento de Tertuliano, a relação entre o "oculto" e o "revelado". Antes de sua manifestação, o rio, o ramo e o raio de sol já existiam, mas ocultos na nascente, na raiz ou no sol. De igual modo o número existia desde sempre em Deus, mas só apareceu com as "economias".

2. ECONOMIA E DISPOSIÇÃO: DEMONSTRAÇÃO DO NÚMERO EM DEUS

Tertuliano utiliza o termo *oikonomia* (em grego) pela primeira vez ao referir-se à regra da fé no início do *Contra Práxeas*:

> Quanto a nós, desde sempre, mas mais ainda agora que estamos mais bem instruídos pelo Paráclito, que conduz à inteira verdade, cremos seguramente que Deus é único, mas com um modo de disposição *(dispensatione)* que chamamos de "economia" *(oikonomiam*, em grego), assim como este Deus único tem também um Filho, seu próprio Verbo *(Sermo)*, que saiu dele[51].

Tertuliano não introduz o termo grego *oikonomia* por conta própria, mas recebe-o dos montanistas, que o herdaram da Ásia Menor, como os monarquianos o termo *monarchia*. Com isso ele conecta sua exposição a uma tradição. A *oikonomia* remete ao desígnio salvífico de Deus realizado pelas missões do Filho e do Espírito. Entretanto, a tradução latina corrente do termo era *disposição* (*dispositio* ou *dispensatio*). Mas esse último termo comporta igualmente outro sentido, diretamente relativo às pessoas divinas. A economia das missões manifesta uma "disposição" no seio da única "substância" divina, e essa disposição é "trinitária", o que é o objeto principal da demonstração a ser feita contra Práxeas. A "economia" interessa a Tertuliano no mais alto grau, porque ela é a manifestação dessa "disposição" intratrinitária[52].

Alteridade e "disposição": perspectiva do número na substância una

Segundo J. Moingt, a utilização do conceito de disposição, para resolver no plano metafísico o antagonismo do número e da unidade, é uma criação original de Tertuliano[53]:

---

50. Tertuliano, *De l'âme*, 37,6; CCSL II, p. 840; J. Moingt, *TTT* III, p. 943.
51. Id., *Contre Praxéas* 2,1; CCSL II; J. Moingt, *TTT* III, p. 919.
52. Ibid., cf. J. Moingt, *TTT* III, pp. 918-932.
53. J. Moingt, *TTT* III, p. 887.

Não é pela diversidade que o Filho é outro *(alius)* que o Pai, mas pela *distribuição*, nem pela divisão, mas pela *distinção* [...]. O Pai é com efeito a substância total *(tota substantia)*, ao passo que o Filho é uma derivação e uma porção do todo *(derivatio totius et portio)* [...]. Com razão o Senhor se serviu desse termo *(alius)*, no caso pessoal do Paráclito, para representar, não a divisão, mas a disposição, dizendo: "E ele vos dará *outro* Paráclito" (Jo 14,16)[54].

A "disposição" se refere a um projeto em vista do qual se organizam objetos, providências, ações ou pessoas. A natureza comporta assim uma ordem ou "disposição". De igual modo, "em Deus nada é imprevisto, pois tudo o que vem dele foi *disposto*"[55]. Mas a disposição pode significar também várias coisas postas no interior de uma mesma substância, segundo uma ordem determinada, em razão de um movimento imanente de autodesdobramento da substância em si mesma[56]. Tertuliano exprime o resultado desse desdobramento com um vocabulário da particularidade, em que se encontram, entre outras, as noções de grau, de espécie e de forma.

A perspectiva do mundo pelo grau, pela espécie e pela forma

No início do *Contra Práxeas*, Tertuliano lança o fundamento da unidade entre os três: há um só Deus porque do Único provêm os Três *(dum ex uno omnia)*; em seguida, expõe o que distingue os Três:

> Três eles são, não pelo *status*, mas pelo grau, nem pela substância, mas pela forma, nem pela potência, mas pela espécie[57].

O grau *(gradus)* se relaciona a objetos situados numa série[58]. Assim, "o Espírito é terceiro a partir de Deus e do Filho, tal como terceiro a partir da raiz é o fruto saído do ramo". É assim que a Trindade se desdobra a partir do Pai "por *graus* engastados e conjuntos"[59]. Enfatiza-se não a distância, mas o movimento de saída pelo qual os termos da série se colocam unindo-se, uns pelos outros, ao primeiro. O Pai tem e não tem "grau". Enquanto o Filho e o Espírito estão ocultos, não há grau e só se fala de "um só Deus". Aparecendo o Filho e o Espírito, eis que eles "fazem número" e pode-se atribuir o primeiro grau ao Pai[60]. É evidente

---

54. Tertuliano, *Contre Praxéas* 9,1-3; *CCSL* II, p. 1168; J. Moingt, *TTT* I, p. 267.
55. Id., *Contre Marcion*, III,2-3; *CCSL* I, p. 510; J. Moingt, *TTT* II, p. 872.
56. Cf. J. Moingt, *TTT* III, p. 930.
57. Tertuliano, *Contre Praxéas* 2,4; *CCSL* II, p. 1161.
58. Cf. J. Moingt, *TTT* II, p. 448.
59. Tertuliano, op. cit., 8,7; *CCSL* II, p. 1168; J. Moingt, *TTT* II, p. 454.
60. Cf. J. Moingt, *TTT* II, p. 468.

que esse modo de falar, cujo caráter "econômico" não devemos esquecer, será abandonado quando for considerado o mistério trinitário "em si mesmo", e não mais mediante suas manifestações *ad extra*.

O aspecto *(species)* exprime o visível da coisa, aquilo por que ela aparece. Nas metáforas trinitárias, ele abrange duas realidades distintas, mas ligadas entre si porque manifestações de uma mesma substância. A nascente e o rio são dois aspectos *(species)* de um mesmo curso d'água. "Enumerarei o sol e seu raio como duas coisas e dois aspectos *(species)* de uma mesma substância única e indivisível, como Deus e seu Verbo *(Sermo)*"[61].

A forma *(forma)* se relaciona igualmente à manifestação. O termo ganhou um sentido muito rico no século III por causa das especulações gnósticas. No *Contra os valentinianos* de Tertuliano ele corresponde a *morphosis*, "ato de tomar forma", no sentido ativo de dar uma forma àquilo que não a tem. O *desejo* culpado da Sabedoria, expulso do Pleroma, existe primeiramente no estado de substância pneumática inacabada, "sem forma". É conformado uma primeira vez com a forma "segundo a substância"[62]. Existe então por uma existência individual, mas mergulhada na ignorância. Em seguida recebe do "Paráclito", convertendo-se na direção dele, uma nova forma, aquela "segundo o conhecimento"[63].

A forma se torna aqui princípio de individuação do ser espiritual[64]. Sua utilização é o primeiro exemplo de uma reflexão sobre a pessoa como atividade espiritual e autoposição no ser pelo conhecimento. Tertuliano começa a se servir do termo para precisar o *status* das "pessoas" divinas no seio da mesma substância[65].

O mesmo ocorre com seu recurso às "emissões" *(probolai)* dos gnósticos. O sentido que Valentim dá a esse termo lhe abrirá novas perspectivas em teologia trinitária.

3. DA CRISTOLOGIA À TRINDADE ETERNA

As questões trinitárias ocupam a maior parte do *Contra Práxeas*. Incidem principalmente sobre o Filho. Como seus predecessores, Tertuliano, sem negar a eternidade do Verbo, só o chama de "Filho" a partir de sua "saída" do Pai. Mas começa a considerar uma geração do Verbo como "Sabedoria" (Pr 8,22), no interior do Pai.

---

61. Tertuliano, op. cit., 13,10; *CCSL* II, p. 1176; J. Moingt, *TTT* II, p. 445.
62. Tertuliano, *Contre les valentiniens*, 14,1,1.9; *SC* 280, p. 112; Ireneu, *CH* I,4,1; Rousseau, p. 40.
63. Tertuliano, op. cit., 16,2; *SC* 280, p. 118; cf. Ireneu, *CH* I,4,5; p. 42.
64. Cf. J. Moingt, *TTT* II, p. 510.
65. Cf., ibid., pp. 510 e 513.

O nascimento do Filho no exterior, como "saída" do Pai

A primeira menção da emissão do Verbo para o exterior se lê na *Apologética*[66]. Parece que o recurso à ideia de emissão *(probole)* já tinha curso na Igreja daquela época. Quando, segundo os dados do *Contra Práxeas*, os monarquianos o repreendem por falar das "emissões", Tertuliano responde que tem o direito de usar o que pertence ao patrimônio da verdade. Serve-se disso para provar que o Verbo é verdadeiramente gerado: "O Verbo de Deus foi ou não gerado? Combata comigo neste terreno. Se ele foi gerado, reconheça a 'emissão' (expressão) da verdade"[67]. A emissão, que significa uma "saída para o exterior", prova a distinção numérica.

Mas outro ponto merece ser observado. Tertuliano, na esteira de Ireneu[68], viu muito bem a diferença que existe entre Ptolomeu, para quem as emissões se fazem no exterior de Deus (isto é, do Abismo), e Valentim, para quem elas ocorrem no interior do Pleroma:

> Ptolomeu, por seu turno, tomou emprestado [o caminho traçado por Valentim]: distinguiu nominalmente e numericamente os éons, considerando-os como substâncias pessoais *(in personales substantias)*, mas situadas fora de Deus [o *Propator*], ao passo que Valentim as incluíra na totalidade mesma da divindade, na qualidade de pensamentos, de sentimentos e de emoções[69].

Valentim concebe o Pleroma como uma plenitude cuja riqueza desabrocha no interior de si mesma. Tertuliano é o primeiro a empreender essa rota. Ele o faz sobretudo meditando sobre a alma, que é rica em si mesma de suas potências e de suas faculdades. Nesse contexto, ele começa a distinguir dois "momentos" na geração do Filho: o ato materno pelo qual a criança é "posta no mundo" e o ato paterno pelo qual ela é primeiramente "gerada" no seio da mãe:

> Fundado primeiramente por Deus *(conditum ab eo)* para a obra de pensamento sob o nome de Sabedoria — "O Senhor engendrou-me primícia de sua ação" (Pr 8,22) —, é em seguida gerado *(dehinc generatus)* para a obra efetiva: "Eu estava lá quando Ele firmou os céus"; a partir daí [...] foi tornado Filho, Primogênito *(primogenitus)* na medida em que foi gerado antes de todas as coisas, Filho único *(unigenitus)* na medida em que só ele foi gerado por Deus, no sentido próprio do termo *(proprie)*, do ventre de seu coração *(de vulva cordis ipsius)*, como o próprio Pai atesta (Sl 44,2)[70].

---

66. Tertuliano, *Apologétique* 21,14; Budé, p. 50.
67. Tertuliano, *Contre Praxéas*, 8; CCSL II, p. 1167.
68. Ireneu, *CH* II, 13 e 17.
69. Tertuliano, *Contre les valentiniens*, 4,2; SC 280, p. 87; cf. Ireneu, *CH*, II,13,5-6; Rousseau, pp. 175-176.
70. Tertuliano, *Contre Praxéas*, 7,1; CCSL II, p. 1165; J. Moingt, *TTT* III, p. 1052; cf. p. 1056.

Tertuliano se interessa em primeiro lugar pelo nascimento como emissão ao exterior *(de vulva cordis)*, por causa da luta contra o modalismo. Da geração "no interior" ele diz pouca coisa. Mas uma perspectiva nova foi entrevista.

A geração do Filho no interior do Pai, como Sabedoria

No *Contra Hermógenes* Tertuliano já admite, com base em Pr 8,22, que a Sabedoria é anterior à criação, mas nega que seja eterna. O que o prova não é a fórmula "houve um tempo em que o Filho não era"[71]. O filho de que se trata aqui não é o Filho de Deus, mas Adão[72]. Tertuliano nega a eternidade da Sabedoria porque lhe atribui uma origem. Ora, "aquilo que nasceu ou é feito não é eterno, já que está sujeito a um fim tanto quanto a um começo"[73]. Quem provém de outro tem necessariamente um começo. Ter um começo é o sinal da dependência no ser. Ário raciocinará do mesmo modo e daí concluirá que o Verbo é uma criatura. O pensamento de Tertuliano se abre para perspectivas bem diferentes.

No *Contra Práxeas* o autor declara que, mesmo quando Deus ainda não enviara seu Verbo *(Sermo)*, "ele o mantinha dentro de si mesmo, com e em sua Razão, meditando e dispondo silenciosamente consigo mesmo o que em breve diria pelo Verbo"[74]. A analogia do discurso tem aqui por objetivo tornar plausível a ideia de um segundo interlocutor em Deus:

> Assim o discurso é de algum modo segundo em ti... Isso se dá ainda mais plenamente também em Deus, de quem és a imagem e a semelhança. Posso, portanto, supor sem temeridade que Deus, mesmo naquele momento, antes da constituição do universo, não estava só: tinha em si mesmo a Razão e nela o Verbo *(Sermo)*, que ele fazia segundo a partir de si mesmo, *agitando-o no interior de si mesmo*[75].

Essas reflexões têm, aos olhos de Tertuliano, uma importância apenas relativa. Elas servem somente para mostrar que é possível imaginar em Deus uma segunda presença, da qual nosso discurso interior não passa de uma longínqua imagem. Os argumentos decisivos são tirados da Escritura. Isso não impede que da Escritura em questão (Pr 8,22) tenha sido extraída uma reflexão propriamente teológica.

---

71. Tertuliano, *Contre Hermogène*, 3,4; CCSL I, p. 399.
72. Cf. J. Moingt, *TTT* III, pp. 1030-1031.
73. Tertuliano, op. cit., 7,2; CCSL I, p. 402-403; cf. J. Moingt, *TTT* III, pp. 1039-1040.
74. Tertuliano, *Contre Praxéas* 5,4; CCSL II, p. 1164; J. Moingt, *TTT* III, p. 1044.
75. Tertuliano, 5,6-7; CCSL II, p. 1164; J. Moingt, *TTT* III, pp. 1049-1050.

A *"processão"* do Espírito Santo

Tertuliano não fala da "processão" do Espírito Santo no sentido atual, intratrinitário, desse termo. Não fala expressamente de sua origem, mas estende sistematicamente ao Espírito Santo o que diz do Filho[76]. Esse procedimento será frequentemente retomado, em particular por Atanásio de Alexandria e pelos capadócios.

As metáforas que apresentam os Três num movimento de exteriorização dizem respeito não apenas às processões eternas, mas às ações divinas no exterior, a começar pela criação:

> Porque já aderia a Deus uma segunda pessoa, seu Verbo *(Sermo)*, e uma terceira, o Espírito no Verbo, [...] [Deus] falava àquelas com quem fazia o homem (Gn 1,26) e a quem o fazia semelhante, ao Filho que devia revestir-se do homem, ao Espírito que devia santificá-lo; falava-lhes como a seus ministros e assistentes, em virtude da união da Trindade[77].

Esse texto mostra bem a posição do Espírito Santo na "disposição" intratrinitária. Ele está "no Filho" como o Filho estava "no Pai" antes dos tempos. Mas a distinção já aconteceu, uma vez que o Pai fala igualmente ao Espírito. Este saiu do Pai, mas permanece ainda no Verbo. A partir desse estádio, o Espírito faz número com o Pai. Não é preciso, então, esperar até o Pentecostes para admitir sua existência distinta. Pode-se fixar o momento em que o Espírito "sai" do Filho e com isso se distingue igualmente dele? Segundo o *Contra Práxeas*, o Espírito foi enviado pelo Cristo uma vez ascendido ao céu. Mas já estava presente nos profetas para preparar a vinda do Cristo. Uma passagem do mesmo livro, já citada, fala de sua proveniência "do Pai, pelo Filho", *a Patre per Filium*:

> Não faço o Filho vir de nenhum outro lugar senão da substância do Pai, [...] como posso, em toda boa-fé, destruir a Monarquia? [...] O que digo dela entenda-se também do terceiro grau, pois sustento que o Espírito não vem de nenhum outro que não do Pai pelo Filho[78].

Alguns historiadores viram nesse texto o primeiro testemunho conhecido sobre a processão do Espírito, atestando já o "do Pai pelo Filho" e anunciando o "do Pai e do Filho"[79]. Mas a passagem não trata diretamente senão das relações de autoridade entre o Pai e as duas outras pessoas da Trindade.

---

76. Cf. ibid., J. Moingt, p. 1062.
77. Ibid., 12,3; *CCSL* II, p. 1173; J. Moingt, *TTT* III, p. 1063.
78. Ibid., 4,1; *CCSL* II, p. 1162; J. Moingt, *TTT* I, p. 265; cf. supra, p. 166, n. 42.
79. Cf. J. Moingt, *TTT* III, p. 1067.

É verdade que Tertuliano põe no segundo plano dessas relações a proveniência do Filho "a partir da substância do Pai", que ele estende ao Espírito "por intermédio do Filho". As relações com o Pai se situam assim no plano da substância: "Sustento que o Espírito não vem de nenhum outro que não do Pai pelo Filho". O Espírito provém, sim, da substância do Pai. Ora, se assim for, é graças ao Filho, *per Filium*. Este, portanto, não é estranho ao processo. Mas nada permite dizer que ele desempenhe ali um papel ativo. O riacho recebe a água por intermédio do rio, mas não é o rio que produz a água, é a nascente, isto é, o Pai. A fórmula de Tertuliano tem seu interesse, mas só de longe anuncia o concílio de Constantinopla I (381) e sua fórmula "ele procede do Pai"[80].

Uma Trindade (somente) econômica? A tese de Harnack

A teologia de Tertuliano baseia-se numa correspondência entre a economia e o mistério trinitário. Essa correspondência foi causa de mal-entendido. Jogando com a correspondência entre *dispositio* e *oikonomia*, alguns reduziram a "disposição" interna da Trindade a não ser nada mais senão o resultado do que se cumpriu nas economias.

A origem dessa interpretação é a tese de A. Harnack, segundo a qual os apologistas, e sobretudo Tertuliano, teriam transformado o monoteísmo judaico primitivo num triteísmo helenizado, cuja prova manifesta seria o emprego de *oikonomia*. Segundo essa tese, a substância divina, que na origem é "una", se diversifica pela "saída" do Filho, em seguida do Espírito, nas economias. A unidade original torna-se "trindade econômica". Os "três Deuses" que resultam dessa *disposição* da substância divina nos tempos são, entretanto, somente "manifestações temporárias", pois no fim dos tempos o Filho devolverá todas as coisas ao Pai, a distinção se apagará e tudo voltará à unidade primitiva, como no Pleroma dos gnósticos[81]. Nessa perspectiva, a substância divina conhece um desenvolvimento histórico em razão da economia, mas é só uma aparência, já que no final não subsiste nada disso. Chega-se ao paradoxo de o adversário do modalismo ter se tornado ele mesmo modalista.

Na realidade, em Tertuliano as pessoas divinas existem plenamente constituídas desde o primeiro instante da criação, pois é nessa qualidade que elas tomam parte na criação[82]. As economias não realizam a distinção das pessoas, mas a manifestam. A pluralidade origina-se da unidade numerosa, e não da singularidade; origina-se dela porque nela estava contida; mantém-se nela porque

---

80. *DzS* 150.
81. Cf. A. von Harnack, *Lehrbuch der Dogmengeschichte*, Tübingen, Mohr (Siebeck) 1909, t. I, p. 575-582; t. II, pp. 298-300; tese discutida por J. Moingt, *TTT* III, p. 892.
82. Cf. J. Moingt, op. cit., p. 914.

a unidade já estava, ela mesma, disposta em vários, e por nenhuma outra razão. A *disposição* é uma das palavras-chave que resumem esse paradoxo[83].

A origem eterna do Filho e do Espírito

A existência eterna dos Três só aparece progressivamente em Tertuliano. No *Contra Hermógenes* ele se interroga sobre o "começo" que precede a criação. Sem falar ainda de "geração eterna" do Filho, ele já orienta seu pensamento neste sentido por uma reflexão interessante sobre a noção de "começo". Deixa claro que o começo de que fala Pr 8,22 não implica a temporalidade:

> A divindade viva e autêntica, não é nem a novidade nem a antiguidade que a estabelecem, mas só a verdade. A eternidade não comporta o tempo. Ela mesma é a totalidade do tempo [...]. Deus é tão estranho ao começo e ao fim quanto ao tempo, juiz e medida do começo e do fim[84].

Tertuliano dá um passo a mais no *Contra Práxeas* ao afirmar que a Sabedoria já estava "em Deus" antes de ser "constituída com vista às obras" de Deus:

> Antes de todas as coisas Deus era só, sendo ele mesmo por si só, e mundo e lugar e tudo. Só, pois fora dele nada mais havia. E entretanto ele não estava só naquele momento, pois tinha consigo aquele que está nele, seu Verbo *(Ratio)*. Pois Deus é racional *(rationalis)*[85].

Ocorre que o Filho e o Espírito Santo são pensados em relação com a criação. Ao cabo de sua investigação, Tertuliano admite que antes da "saída" do Verbo como "proferição" no exterior, há uma geração do Verbo que se faz no interior, por uma operação intelectual. Mas o objetivo dessa operação é pensar o mundo[86].

A pergunta se levanta então: "Desde quando?". A resposta é: "Desde sempre". É aqui que intervém um princípio, claramente exposto no *Contra Marcião*: a intenção criadora de Deus é eterna. O ato de sua inteligência e a disposição de sua bondade não estão sujeitos a nenhum começo:

> A bondade suprema [do Criador], evidentemente, não é repentina, não é fruto de um estímulo acidental e provocado do exterior, como se devêssemos relacionar sua origem ao momento em que ela se pôs a criar. Se, com efeito, foi ela

---

83. Ibid., pp. 880, 887-889, 931.
84. Tertuliano, *Contre Marcion*, I,8,2-3; *SC* 365, p. 137.
85. Id., *Contre Praxéas* 5,2; *CCSL* II, p. 1163; J. Moingt, *TTT* III, p. 782.
86. Cf. J. Moingt, op. cit., p. 1045.

que estabeleceu o começo a partir do qual se pôs a criar, ela mesma não teve começo, já que o produziu.

Sua bondade não esteve submetida ao tempo, sendo anterior ao tempo, ela que criou o tempo [...]. Deve-se concebê-la eterna inata em Deus, perpétua, e por isso digna de Deus[87].

Tertuliano não insiste na eternidade do Filho e do Espírito Santo porque não imagina que se possa ter receios a esse respeito. A razão disso é dada nesse grande texto do *Contra Marcião* sobre a bondade eterna de Deus. Era impensável que Deus existisse sem razão. Era "preciso" não apenas que ele mesmo existisse, mas que existisse tudo o que vemos ter saído dele para o conhecer e que lhe "dá razão" de ter criado o mundo[88].

Tertuliano precursor em cristologia

Tertuliano é uma testemunha da fé no Cristo Filho de Deus feito homem. A questão é explicitamente levantada na controvérsia com Práxeas: "Quem, afinal, nasceu de Maria?" (a saber: o Pai ou o Verbo?). Tertuliano responde: "Foi o Verbo"[89].

Entrando na lógica do amor salvador, ele rejeita o docetismo de Marcião que recusava admitir um nascimento humano verdadeiro para Cristo:

> Tu desprezas, Marcião, este objeto natural de veneração: e como nasceste? [...] Cristo, pelo menos, amou este homem, este coágulo formado no seio em meio às imundícies [...]. Assim, ao mesmo tempo que o homem, ele amou seu nascimento, amou sua carne. Não se pode amar um ser sem amar ao mesmo tempo o que o faz ser o que é[90].

Ele sustenta em tudo e contra tudo o escândalo da cruz, levando o paradoxo ao ponto de apresentar a loucura da cruz como um índice positivo em favor de sua credibilidade:

> Não poderias ser sábio se não fosses louco neste mundo, crendo nas loucuras de Deus [...]. Por que destruir esta desonra necessária à fé? [...]. O Filho de Deus foi crucificado? Não tenho vergonha porque é preciso ter vergonha. O Filho de Deus morreu? É preciso acreditar nisso, porque é absurdo. Foi sepultado, ressuscitou: isso é certo porque é impossível[91].

---

87. Tertuliano, *Contre Marcion*, II,3,3-5; *SC* 268, p. 33.
88. Cf. J. Moingt, *TTT* III, pp. 1071-1074, que cita vários textos do *Contra Marcião* I-II.
89. Tertuliano, *Contre Praxéas* 27, 6; *CCSL* II, p. 1199.
90. Id., *La chair du Christ*, 4,2-3; *SC* 216, pp. 223-225.
91. Ibid., 5,1-4; *SC* 216; pp. 227-229.

A integridade da natureza humana é igualmente defendida. Tertuliano ensina a existência de uma alma no Cristo. O homem não pode existir sem a união da alma e do corpo[92]. Por isso, no Cristo, "encontramos sua alma e sua carne designadas por palavras diretas e nítidas, isto é, sua alma como alma, sua carne como carne"[93]. "Ele tomou as duas substâncias do homem, a carne e a alma."[94] Tertuliano já utiliza, acessoriamente, o argumento soteriológico para provar a existência de uma alma verdadeira em Cristo:

> Cristo tomou a alma em si para salvar a alma [...]. Uma vez que empreendera salvar nossas almas por aquela que tomara, [...] ele também devia tomá-la nossa, isto é, da mesma forma que a nossa[95].

O *Contra Práxeas* contém um capítulo consagrado à encarnação. Tertuliano afirma ali que o Verbo se fez carne "sem se transformar na carne". A fim de descartar tal "transformação" *(transfiguratio)*, ele procura provar que a união de Deus e do homem Jesus se fez "sem confusão":

> Vemos [em Cristo] uma dupla constituição *(statum)*, que não é confusão, mas conjunção *(non confusum, sed conjunctum)* numa única pessoa, Deus e o homem Jesus *(in una persona deum et hominem Jesum)*[96].

A expressão "sem confusão" será retomada por Leão Magno e pelo concílio de Calcedônia. Outro termo, *proprietas*, "realidade particular", "propriedade", confirma a distinção em Cristo:

> A realidade particular *(proprietas)* de uma e da outra substância é mantida, de tal sorte que o Espírito, de uma parte, cumpria nele o que lhe era próprio *(res suas)*, virtudes, prodígios e sinais, e a carne, por seu turno, desenvolve suas tendências [...]. Como as duas substâncias agiam distintamente, cada uma segundo sua constituição *(in statu suo)*, por esse motivo lhes correspondiam as atividades e as possibilidades próprias a cada uma[97].

Essa passagem ilumina o sentido da expressão "Deus e homem numa só pessoa". Ela está longe de já exprimir a união hipostática, isto é, a união do homem com o Filho de Deus na unidade de um único ser concreto. O termo *pessoa* ainda não implica um conceito metafísico da pessoa. A cristologia de

---

92. Id., *La résurrection des morts*, 40,2-3; trad. M. Moreau, PF p. 102; cf. J. Moingt, *TTT* II, p. 419.
93. Tertuliano, *La chair du Christ*, 13,4; *SC* 216, p. 267.
94. Id., *Contre Praxéas* 16,4; *CCSL* II, p. 1181.
95. Id., *La chair du Christ*, 10,1 e 3; *SC* 216, p. 257.
96. Id., *Contre Praxéas* 27,11; *CCSL* II, p. 1199.
97. Ibid., 27, 11-13; *CCSL* II, pp. 1199-1200; J. Moingt, *TTT* II, p. 525.

Tertuliano se insere numa linha de pensamento que tem um tom um tanto quanto nestoriano: Deus e o homem estão tão pouco unidos que representam, antes, dois sujeitos justapostos, aos quais são atribuídas duas séries de ações distintas: uma divina e a outra, humana[98]. Compreende-se que essa teologia, apresentada no concílio de Calcedônia pelos representantes de Leão, tenha suscitado alguma perplexidade no espírito dos Padres gregos[99].

4. SUBSTÂNCIA E PESSOA: A CONTRIBUIÇÃO DE TERTULIANO

Primeiro teólogo a se exprimir em latim, Tertuliano forjou cerca de novecentos termos novos ou carregados de significações novas[100]. Com isso ele marcou a história do dogma no Ocidente. Duas palavras, sobretudo, serão consideradas: *substância* e *pessoa*.

Substância. Tertuliano fixou logo de saída "senão o sentido, ao menos o uso de substância *(substantia)* no domínio trinitário"[101]. Ele emprega o termo cerca de quatrocentas vezes. Na teologia, o termo sublinha que o Filho existe realmente. Por essa razão, ele está no âmago da controvérsia com os modalistas. O Filho existe segundo a substância, mas não é substância no mesmo nível do Pai, pois a recebe deste. O Pai é, em si só, a totalidade da substância divina *(summa substantia, tota substantia)*, substância viva e fecunda que se comunica sem se dividir. O Filho é apenas uma derivação dela *(derivatio tortius et portio)*. Tertuliano já defende a unidade de substância, mas não a concebe ainda no sentido de Niceia.

Pessoa. Tertuliano utilizou uma centena de vezes o termo *pessoa (persona)*. Cinco empregos, todos no *Contra Práxeas*, dizem respeito à Trindade[102]. O termo ainda não tem nele o sentido forte que tomou em seguida. Ele *designa* o que há de "numeroso" e de distinto em Deus, mas não o *significa*. A pessoa é dita tal como é percebida, não tal como deveria ser concebida, em si mesma e por si mesma.

Todavia, a contribuição de Tertuliano aqui é importante. "Seu principal título de glória é ter oposto à unidade da substância a Trindade das Pessoas. Viu a necessidade de reservar um termo para exprimir o que há em Deus de comum e de único, e outro termo para o que é distinto e numeroso. Não é uma simples questão de palavras, mas de reflexão[103]."

---

98. Cf. J. Moingt, *L'homme qui venait de Dieu*, pp. 135-136.
99. Cf. *Actes du concile de Chalcédoine*, IIIe Session, § 25-26, trad. A. J. Festugière, Genève, P. Cramer, 1983, p. 38.
100. B. Altaner, *Précis de patrologie*, p. 227.
101. J. Moingt, *TTT* II, p. 399.
102. Ibid., IV, p. 149.
103. Ibid., II, p. 646.

Substância e pessoa figuram juntas em fórmulas curtas, portadoras de toda uma teologia. Duas sobretudo serão consideradas aqui, sob uma forma um pouco modificada:

a) *"Uma só substância em três que se mantêm unidas"* (Tertuliano)[104]. *"Uma só substância em três pessoas"* (fórmula clássica). A primeira fórmula figura numa passagem em que se encontra igualmente o termo *pessoa*:

> Eles são dois, no plano da pessoa e não da substância, na relação da distinção e não da divisão. Por toda parte sustento uma só substância em três que se mantêm unidas *(unam substantiam in tribus cohaerentibus)*[105].

O contexto mostra que a "coesão" é de ordem não intratrinitária, mas econômica: os Três são associados à mesma obra de criação (Gn 1,26). Mas em outras ocasiões a expressão "estar em coesão" *(cohaerentes)* tem uma dimensão ontológica, e mostra que Tertuliano já fazia do termo "pessoa" um uso "refletido e intencional"[106].

b) *"Deus e o homem Jesus numa só Pessoa"* (Tertuliano). *"Duas substâncias numa só Pessoa"* (fórmula clássica). Esta segunda fórmula utiliza na cristologia um vocabulário empregado na teologia trinitária. O sentido ainda não é o de Calcedônia, mas a fórmula para exprimi-lo já foi encontrada.

Não é por seu conteúdo que as duas fórmulas de Tertuliano prefiguram os desdobramentos posteriores. Elas têm um interesse histórico na medida em que Tertuliano começa a integrar certas palavras numa *linguagem* posta a serviço de uma *reflexão*. Ao lado da defesa do número em Deus, e do tema fundamental de um Deus uno, "só" e que contudo não está só, mas é também em sua unidade um "Deus numeroso" (J. Moingt), o trabalho sobre as fórmulas teológicas é uma contribuição capital de Tertuliano à história do dogma.

IV. ORÍGENES E A TEOLOGIA DO VERBO DE DEUS

No início do século III, dois autores principais assumem o leme da reflexão cristã no Oriente: Clemente de Alexandria (cerca de 150-215) e Orígenes (185-254), representantes eminentes, sobretudo o segundo, da "escola de Alexandria". A expressão designa teologia, marcada por certo platonismo, pela exegese alegórica e, na cristologia, pela prioridade dada ao Verbo de Deus.

OS AUTORES E OS TEXTOS: CLEMENTE DE ALEXANDRIA, *Le Pédagogue*; ed. C. Mondésert e A. Plassart, *SC* 70, 108, 118, 1965-1970; *Protreptique*; ed. C. Mondésert, *SC* 2

---

104. Tertuliano, *Contre Praxéas* 12,7; *CCSL* II, p. 1173.
105. Ibid., 12,6-7.
106. J. Moingt, *TTT* II, pp. 636-639.

bis, 1976; *Stromates [Tapisseries]*; I-II, ed. C. Mondésert e M. Caster, *SC* 30, 38, 1951-1954; V, ed. A. Le Boulluec e P. Voulet, *SC* 278-279, 1981; *Extraits de Théodote*; ed. F. Sagnard, *SC* 23, 1948.

ORÍGENES, *Traité des Principes*, L. I-IV; ed. H. Crouzel e M. Simonetti, *SC* 252, 253, 268, 269 e 312, 1978-1980; outra tradução: ORÍGENES, *Traité des Principes (Peri Archôn)*, por M. Harl, G. Dorival e A. Le Boulluec, Paris, "Études Augustiniennes", 1976; — *Commentaire sur saint Jean*; ed. C. Blanc, L. I-V, *SC* 120; L. VI e X, *SC* 157; L. XIII, *SC* 222; L. XIX e XX, *SC* 290; L. XXVIII e XXXII, *SC* 385, 1966-1992; — *Homélies sur Jérémie*, ed. P. Husson e P. Nautin, *SC* 232, 238, 1976-1977; — *Entretien avec Héraclide*; ed. J. Scherer, *SC* 67, 1960; — *Contre Celse*, L. I-VIII; ed. M. Borret, *SC* 132, 136, 147, 150, 227 (índice), 1967-1976. — *Commentaire sur le Cantique des Cantiques*, L. I-IV; ed. L. Brésard e H. Crouzel (M. Borret), *SC* 375-376, 1991-1992. — GREGÓRIO TAUMATURGO, *Remerciement à Origène*, seguido de *La lettre d'Origène à Grégoire*; ed. H. Crouzel, *SC* 148, 1969; *La Philocalie*; ed., E. Junot, *SC* 226-302, 1976-1983.

REFERÊNCIAS BIBLIOGRÁFICAS: C. MONDÉSERT, *Clément d'Alexandrie. Introduction à l'étude de sa pensée religieuse à partir de l'Écriture*, Paris, Aubier, 1944. — J. MOINGT, La gnose de Clément d'Alexandrie dans ses rapports avec la foi et la philosophie, *RSR* 37 (1950) 195-251; 398-421; 536-564; 38 (1951) 82-118. — A. MÉHAT, *Études sur les "Stromates" de Clément d'Alexandrie*, Paris, Seuil, 1966.

H. CROUZEL, *Bibliographie critique d'Origène*, Steenbrugge, Abbaye St Pierre, 1971; Supplément I, 1982. — J. DANIÉLOU, *Origène*, Paris, La Table Ronde, 1948. — F. BERTRAND, *Mystique de Jésus chez Origène*, Paris, Aubier, 1951. — H. U. VON BALTHASAR, *Parole et mystère chez Origène*, Paris, Cerf, 1957; *Esprit et Feu*, I-II, Cerf, 1959-1960. — M. HARL, *Origène et la fonction révélatrice du Verbe incarné*, Paris, Seuil, 1958. — H. CROUZEL, *Théologie de l'image de Dieu chez Origène*, Paris, Aubier, 1956; *Origène et la "connaissance mystique"*, Paris, DDB, 1961; *Origène*, Paris, Lethielleux, 1985. — P. NEMESHEGYI, *La paternité de Dieu chez Origène*, Tournai, Desclée et Cie, 1960. — G. GRUBER, *ZOE, Wesen, Stufen und Mitteilung des wahren Lebens bei Origenes*, München, M. Hüber Verlag, 1962. — J. RIUS-CAMPS, *El dinamismo trinitario en la divinización de los seres racionales según Orígenes*, Roma, PIO, 1970. — P. NAUTIN, *Origène. Sa vie et son oeuvre*, Paris, Beauchesne, 1977. — M. FÉDOU, *Christianisme et religions païennes dans le Contre Celse d'Origène*, Paris, Beauchesne, 1989.

1. ORÍGENES E OS INÍCIOS DA TEOLOGIA ERUDITA

Um precursor: Clemente de Alexandria

Antes de Orígenes, Clemente de Alexandria, responsável pela Escola catequética dessa cidade, é um homem de grande cultura que contribuiu para dar à teologia um primeiro *status* científico. Clemente se situa na sequência dos apologistas, mas especula sobretudo acerca do título de Verbo *(Logos)* atribuído a Cristo. Não afirma ainda a geração eterna e, como os apologistas, relaciona estreitamente essa geração "antes do tempo" com a "criação". "A geração do Filho aparece como a primeira providência pela qual Deus limita sua infinidade para cumprir a obra criadora"[107]. De Fílon de Alexandria († 54) ele retoma uma ideia que também se encontra em Orígenes: o Pai é incognoscível porque é absolutamente uno, ao passo que o Filho é manifestado porque comporta certa multiplicidade:

> O Filho não é completamente uno, enquanto Um, nem completamente múltiplo, enquanto partes, mas de algum modo ele é o Um-todo *(hen panta)* [...]. Por isso é chamado Alfa e Ômega[108].

A influência do platonismo e do médio-platonismo aparece nessa maneira de conceber o Filho-Verbo como um intermediário entre o Pai transcendente, para além de tudo, e o mundo, marcado pelo múltiplo. Mas a base de seu pensamento é de inspiração cristã e se refere a um Deus que é Amor:

> Deus é Amor e foi por amor que se nos tornou visível. O que há de inefável nele é o Pai. O grande sinal que ele dá de seu amor é aquele que ele gerou de si mesmo. E este fruto nascido do amor é o amor[109].

Fisionomia teológica de Orígenes

Mas foi Orígenes sobretudo que marcou esta época. Foi, com Plotino, o espírito mais universal de seu tempo. Comparada à sua obra, a de seus antecessores parece um simples prelúdio[110]. Ele ajudou a Igreja a se abrir ao mundo e a suas interrogações. Reorganizou a Escola de Alexandria para fazer dela um lugar de investigação teológica. É o iniciador da "crítica textual" da Bíblia com a realização das *Héxaplas*, imensa compilação em seis colunas do texto da Septuaginta, do texto hebraico, de sua transcrição em letras gregas e de três outras versões gregas (Áquila, Símaco e Teodocião). Sua obra imensa em parte se perdeu ou foi conservada somente em traduções latinas. Contestado já em vida, objeto de controvérsia após sua morte, será condenado no V Concílio ecumênico de Constantinopla II (553)[111]. Mas os trabalhos de H. Urs von Balthasar,

---

107. J. Daniélou, *Message évangélique et culture hellénistique*, p. 342; cf. Clemente de Alexandria, *Extraits de Théodote* 19-20; SC 23, pp. 93 e 97.
108. Clemente de Alexandria, *Stromates [Tapisseries]*, IV,25,156,1-2; citado por J. Daniélou, ibid., p. 339.
109. Id., *Quel riche sera sauvé?* 37,1-4; PG 9,642; citado e comentado por J. Daniélou, op. cit., p. 337.
110. H. von Campenhausen, *Les Pères grecs*, pp. 57-58.
111. Cf. infra, pp. 356-360.

H. de Lubac, J. Daniélou e H. Crouzel reabilitaram-no amplamente, sublinhando a ortodoxia de sua fé, exceção feita de sua teoria da preexistência das almas. Seu "subordinacionismo" deriva de um fenômeno que atinge todos os Padres pré-nicenos. Orígenes foi citado oito vezes pelo concílio Vaticano II, sinal de estima incontestável[112].

O *Tratado dos princípios (Peri Archon)*, que lhe valeu ser suspeito de heresia, só existe numa tradução latina de Rufino, com alguns raros fragmentos gregos, alguns dos quais provêm do dossiê antiorigenista de Justiniano (543). Sua outra grande obra é o *Comentário sobre São João*, do qual só restam IX livros dos XXXII que devem ter sido escritos. Entre suas obras, contemplaremos também o *Comentário do Cântico dos Cânticos*, os VIII livros do *Contra Celso* e o curto *Diálogo com Heráclides*, recentemente descoberto (1941).

Regra da fé e teologia erudita

Orígenes começa o *Tratado dos princípios* declarando que a verdade é o próprio Cristo, que disse: "Eu sou a Verdade" (Jo 1,14)[113] e que falou pelos Profetas e pelos Apóstolos. O ensinamento destes últimos é transmitido na Igreja. Orígenes chama-o de "tradição apostólica" ou "tradição eclesiástica" e expõe seu conteúdo em nove pontos:

1. Um só Deus, criador de todas as coisas;
2. Cristo Jesus, sua encarnação, sua morte, sua ressurreição e sua ascensão aos céus;
3. O Espírito Santo, que falou pelos Profetas;
4. A alma e a vida eterna;
5. A ressurreição dos mortos;
6. O livre-arbítrio;
7. Os anjos, bons e maus;
8. O começo do mundo;
9. A inspiração divina das Escrituras[114].

Se os três primeiros pontos se encontram em regras de fé anteriores, os seis últimos são novos, e testemunham certa liberdade na formulação da regra da fé.

O prefácio do livro contém igualmente o que se pode chamar de "magna-carta" da teologia erudita. Orígenes distingue dois domínios, o dos dados claros da fé, destinados a todos os crentes, e o das questões deixadas abertas pelos Apóstolos:

---

112. Cf. Concílio Ecumênico Vaticano II, *Constitutions, Décrets, Déclarations, Messages*, Paris, Centurion, 1967, p. 746 (índice).
113. Orígenes, *Traité des principes*, Pref. 1; SC 252, p. 77.
114. Ibid., Pref. 2,4-8; pp. 79-87.

Os santos apóstolos pregaram a fé no Cristo, transmitiram muito claramente a todos os crentes [...] tudo o que julgaram necessário. Mas deixaram a tarefa de investigar as razões de suas asserções aos que mereceriam os dons mais eminentes do Espírito (cf. 1Cor 12,8) [...]. De outras realidades, afirmaram sua existência, seguramente para que a seguir os mais zelosos, por amor à sabedoria, tenham com que se exercitar[115].

Orígenes engajou-se ousadamente nesta investigação, com a preocupação de organizar "num só corpo" os dados da Escritura e as conclusões "descobertas, buscando a consequência lógica e seguindo um raciocínio reto"[116].

Preexistência das almas e mistério pascal

De um modo desconcertante para um moderno, Orígenes organiza seu pensamento em torno do esquema da queda das almas e de seu reerguimento: o espírito ou "a inteligência *(mens — nous)*, afastando-se de seu estado e de sua dignidade, tornou-se e chamou-se alma: se for convertida e corrigida, volta a ser inteligência" ou espírito[117]. Essa queda implica a crença na preexistência das almas, que vem de Platão, mas que Orígenes lia também em escritos judaicos[118]. As almas, que tiveram um começo, existiram em Deus, antes de virem à terra. Nele hauriam, pela contemplação, a incorruptibilidade, que fazia delas "espíritos" *(noeres* ou *pneumata)*. Desviando-se de Deus e caindo, a alma *(psyche)* "esfriou" (trocadilho com *psychros*, "frio"). Foi despojada de seus privilégios, mas permaneceu um centro de liberdade, capaz de ainda escolher o Bem. De igual modo, num desígnio de salvação, Cristo operou por amor um movimento de descida *(quenose,* cf. Fl 2) e de reerguimento (ressurreição). Juntando-se ao homem caído no mais baixo, ele revestiu todos os graus de existência da progressão rumo ao alto. Dispôs em si mesmo todas as "virtudes" pelas quais o homem pode retornar ao Pai:

> Nosso Salvador, que "Deus destinou para servir de expiação por seu sangue" (Rm 3,25), torna-se muitas coisas *(ta polla),* talvez mesmo tudo o que espera dele toda criatura capaz de receber a libertação.
> O Salvador é o primeiro e o último, não que ele não seja o que está no meio, mas [falamos] das extremidades para que fique claro que ele se fez todas as coisas[119].

---

115. Ibid., 3; pp. 79-81.
116. Ibid., Pref. 10; p. 89.
117. Ibid., II,8,3; p. 349.
118. Cf. a "Oração de José", citada por Orígenes, *Comm. sur saint Jean*, II,31 (25), § 188-190; SC 120, pp. 335-337.
119. Orígenes, *Comm. sur saint Jean* I,20 (22), § 119; p. 123; cf. I,31 (34), § 219; p. 167.

Esse esquema tem raízes no mistério pascal. Subir de volta ao Pai, conformando-se ao Cristo pela prática das "virtudes", é se conformar ao Cristo ressuscitado:

> Os santos recebem a marca da filiação e se tornam conformes não somente ao corpo glorioso de Cristo, mas também àquele que está no corpo (isto é, conformes ao Filho mesmo)[120].

O *Comentário da Epístola aos Romanos* evoca igualmente "duas ressurreições", sendo a primeira o movimento de decisão e de fé pelo qual nós escolhemos "as coisas do céu":

> A ressurreição pode ser compreendida num duplo sentido: uma, pela qual "ressuscitamos" das coisas terrestres, em espírito, por nossa decisão e pela fé; por ela pensamos as coisas do céu e buscamos as coisas a vir; a outra é a ressurreição geral de todos, que ocorrerá na carne[121].

O mistério pascal se atualiza, portanto, naqueles que se sepultam com Cristo para ressuscitar com ele a cada dia, preparando assim a "terceira Páscoa"[122], que será o terceiro Dia no novo Céu e na nova Terra, pois a ressurreição de Cristo abraça o mistério da ressurreição do corpo de Cristo por inteiro[123].

É nesse contexto que devem ser entendidas certas formulações de Orígenes que têm uma coloração "doceta". Ocorre-lhe dizer frequentemente que o homem espiritual não é mais um homem[124]. Com isso ele se recusa apenas a definir o homem por seu *status* atual, para só considerá-lo a partir daquilo que ele deve se tornar na nova criação. Ele distingue dois polos entre os quais se desenvolve um espaço para este devir:

> É preciso investigar se existe, nas questões humanas, um estado intermediário entre "o Verbo que se fez carne" (Jo 1,14) e "o Verbo que era Deus" (Jo 1,1): como se, após ter sido carne, o Verbo tivesse retornado a seu estado primitivo, perdendo pouco a pouco seu peso até ser de novo o que era no princípio, o Verbo Deus junto do Pai. João contemplou a glória deste Verbo, verdadeiramente Filho único, como vindo do Pai[125].

O Verbo retornado ao "estado primitivo" não renegou seu corpo, somente o fez entrar no mistério da ressurreição[126]. Com ele, o homem por seu turno

---

120. Id., *Sur la prière*, 22,4; citado por H. Crouzel, *Théologie de l'image...*, p. 167.
121. *Comm. de l'Ép. aux Romains*, V, 9; *PG* 14, 1047 cd; cf. H. Crouzel, La première et la seconde résurrection des hommes d'après Origène, *Les fins dernières selon Origène*, Hampshire, Variorum, 1990.
122. Orígenes, *Comm. sur st Jean*, X,18 (13), § 111; *SC* 157, p. 449.
123. Cf. ibid., X,37 (21), § 244; p. 529; § 229; p. 521.
124. Cf. ibid., XX,27, 242; *SC* 290, pp. 277; 266; p. 287.
125. Ibid., I,37 (42), § 276; *SC* 120, p. 199; cf. I,7 (9), § 43; p. 85.
126. Ibid., II,8 (4), § 61; p. 243.

é convidado a fazer a mesma passagem. A busca do sentido "espiritual" da Escritura está inteiramente a serviço dessa ascensão pascal.

2. IMATERIALIDADE DE DEUS E GERAÇÃO ETERNA DO FILHO

A obra de Orígenes constitui uma etapa importante no desenvolvimento do pensamento cristão ao afirmar de modo muito firme a imaterialidade de Deus e a geração eterna do Filho.

A imaterialidade de Deus

Contra cristãos pouco instruídos (os *simples*) que leem a Escritura tomando-a ao pé da letra, de modo demasiado antropomórfico, Orígenes ensina que Deus é não somente "sem corpo" *(asomatos)*[127], mas também "natureza espiritual" *(intellectualis)*[128]. "É um privilégio da natureza de Deus, Pai, Filho e Espírito Santo que se possa compreender sua existência sem substância material e sem a associação de um acréscimo corporal[129]." Com isso é reconhecido o *status* particular dos Três, por oposição às criaturas que, todas, mesmo os anjos, são "espíritos" em relação com um "corpo".

A afirmação da pura imaterialidade de Deus acarreta a rejeição das "emissões gnósticas", isto é, de toda geração em Deus compreendida de maneira corporal. É preciso vigiar para não cair nas fábulas absurdas daqueles que, imaginando "emissões" *(prolationes)* em Deus, "despedaçam a natureza divina e dividem Deus-Pai em sua essência, [o que seria] não somente de uma extrema impiedade, mas também da maior estupidez". Com efeito, é absolutamente ilógico pensar na divisão da natureza incorpórea em sua substância[130].

A geração eterna do Filho

É nessa convicção que é afirmada, pela primeira vez[131], a geração eterna da Sabedoria, identificada com o Filho. É impossível imaginar que Deus-Pai jamais tenha existido, um átimo que seja, sem gerar a Sabedoria de que falam os *Provérbios*:

---

127. Id., *Traité des principes*, I,1,1-4; *SC* 252, p. 91-97; Pref. 8; pp. 87-89.
128. Ibid., I,1,6; p. 101.
129. Ibid., I,6,4; p. 207; cf. II,2,2 e IV,3,15; cf. H. Cornélis, *Les fondements cosmologiques de l'eschatologie d'Origène*, Paris, Vrin, 1969.
130. Ibid., I,2,6; p. 123; cf. *Comm. sur st Jean* XX, § 157-158; *SC* 290, p. 233.
131. Cf. J. Moingt, *TTT*, III, p. 935; J. Daniélou, *Message évangélique...*, p. 345.

Ou se dirá que Deus não pôde gerar esta Sabedoria antes de tê-la gerado, de modo que ele pôs no mundo depois aquilo que não existia previamente, ou então que ele podia, sim, gerá-la, mas — suposição que não se deve fazer — que não o queria. Ambas as hipóteses são absurdas e ímpias, é claro: imaginar que Deus tenha progredido da impotência à potência ou que, podendo fazê-lo, tenha negligenciado ou adiado gerar a Sabedoria. É por isso que sabemos que Deus é sempre Pai de seu Filho único, nascido dele, tomando dele o que é, sem nenhum começo no entanto[132].

Tomar seu ser de outro não implica mais necessariamente "ter começado a existir". A sabedoria é dita gerada, não mais no plano de uma "saída" fora de Deus no momento da criação, mas é gerada desde sempre e se identifica pura e simplesmente com o Filho[133]. Este é eterno porque não há o Pai sem o Filho, que é sua Verdade, sua Sabedoria, e tudo o que caracteriza o Pai:

> Como é possível dizer que houve um momento em que o Filho não teria sido? Isso equivaleria a dizer que houve um momento em que a Verdade não teria sido, em que a Sabedoria não teria sido, em que a Vida não teria sido, quando em todos esses aspectos (de ser) especifica-se perfeitamente a substância do Pai[134].

Essa passagem nos foi conservada por Atanásio, que nos dá o texto grego da frase: "houve [um tempo] em que ele não era"[135]. Esta será utilizada na controvérsia ariana. O Filho pertence tão bem ao ser do Pai que negar a eternidade do Filho seria uma afronta ao Pai mesmo[136]. A comparação com o sol e seu resplendor enfatiza então a ideia de que o Filho é gerado "desde sempre", mas também que é gerado "sem cessar":

> Vejamos o que é nosso Salvador: "resplendor de sua glória" (Hb 1,3); o resplendor de glória não foi gerado uma vez por todas *(hapax)* de maneira a não mais ser gerado; mas por tanto tempo quanto a luz é geradora de resplendor *(apaugasmatou)*, por tanto tempo é gerado *(gennatai)* o "resplendor da glória de Deus" [...]. O Salvador é gerado sem cessar — o que lhe faz dizer: "Antes de todas as colinas ele me gera" (Pr 8,25), e não: "antes de todas as colinas ele me gerou", mas sim: "Antes de todas as colinas ele me gera"[137].

---

132. Orígenes, *Traité des principes*, I,2,2; SC 252, pp. 113-115.
133. Cf. Id., *Comm. sur st Jean*, VI,38 (22), § 188; SC 157, p. 269; I,34 (39), § 244; SC 120, p. 181.
134. Id., *Traité des principes*, IV,4,1; SC 268, p. 403; cf. I,2,4; SC 252, p. 119 (e n. 27, SC 253, p. 39); *Homélies sur Jérémie*, IX,4; SC 232, p. 393.
135. Atanásio, *Sur les décrets du concile de Nicée*, 27,1-2; citado e traduzido por H. Crouzel, SC 269, pp. 244-246.
136. Cf. Orígenes, *Traité des principes*, I,2,3; SC 252, p. 117.
137. Id., *Homélies sur Jérémie*, IX,4; SC 232, pp. 393-395.

A referência a Pr 8,22-31 nos recorda que a "geração eterna" do Filho ainda não é considerada no plano puramente intratrinitário. Ela é sempre pensada em relação com o mundo[138]. "Uma vez que Deus sempre podia e queria, nunca houve razão e motivo para que Deus não tenha sempre tido o bem que queria"[139]. Com efeito, "não pode haver pai sem filho, amo sem posses ou sem servos: de igual modo, não pode haver Deus Todo-Poderoso sem súditos sobre os quais se exerce sua dominação"[140]. Seria absurdo e ímpio pensar que as potências de Deus tenham ficado ociosas, e é por isso que "não se pode acreditar que tenha havido absolutamente um só momento em que essa potência benfeitora não tenha feito o bem"[141]. "Geração" do Filho e "criação" do mundo são contempladas conjuntamente em um Deus que está eternamente na alegria:

> Deus-Pai sempre existiu, sempre teve um Filho único que é chamado ao mesmo tempo Sabedoria [...]. Esta Sabedoria é a que fazia sempre a alegria de Deus quando ele terminou o mundo, para que compreendêssemos com isso que Deus sempre se alegra. Nesta Sabedoria, que estava sempre com o Pai, a criação estava sempre presente enquanto descrita e formada, e nunca houve um momento em que a prefiguração do que ia ser não se achasse na Sabedoria[142].

A "criação" de que se trata aqui é a do mundo inteligível, existente eternamente no Verbo, como já escrevia Fílon[143]. Orígenes também fala de uma criação "a partir do nada" *(ex nihilo)*, com um começo no ser. Esta "dupla criação" do mundo não deve ser confundida com a dupla criação do homem[144].

Gerado "como a vontade que procede do espírito"

Buscando exprimir o caráter espiritual da "geração" em Deus, Orígenes recorre à noção de "filho por natureza". Toma como referência Set, "gerado à imagem de Adão" (Gn 5,3) e passa sem transição da noção de imagem à de imitação:

> Se "o que o Pai faz, o Filho o faz igualmente" (Jo 5,19), já que o Filho faz tudo como o Pai, a imagem do Pai está formada no Filho *(deformatur in filio)* que seguramente nasceu dele como uma vontade dele, procedente da inteligência

---

138. Cf. Id., *Traité des principes*, I,2,2; SC 252, p. 115.
139. Ibid., I,2,9; p. 131.
140. Ibid., I,2,10; p. 133.
141. Ibid., I,4,3; pp. 169-171.
142. Ibid., I,4,4; p. 171; cf. *Comm. sur st Jean* XIX,22 (5), § 146-147; SC 290, p. 135-137.
143. Cf. Fílon de Alexandria, *Sobre a Providência*; cf. P. Nemeshegyi, *La paternité de Dieu...*, p. 125; H. Crouzel, em SC 253, pp. 79-81.
144. Cf. H. Crouzel, *Théologie de l'image...*, pp. 148-149.

(velut quaedam voluntas eius ex mente procedens) [...]. É assim que o ser subsistente do Filho *(subsistentia Filii)* é gerado por ele[145].

"A imitação" *define* o "como" da geração: é por imitação que o Filho é constituído Filho, isto é, Imagem do Deus invisível (Cl 1,15). "O ato de vontade" lhe *serve de exemplo*: a geração se produz "como um ato de vontade emanando do espírito". Orígenes faz uma comparação com a atividade espiritual do homem. O recurso ao ato voluntário combina bem com o tema da imitação. Em outro ponto, ele explica que o Filho cumpre não esta ou aquela obra particular, mas recebe em si toda a vontade do Pai: "Só o Filho faz toda a Vontade do Pai, porque a contém *(choresas)*. Por isso ele também é sua Imagem"[146].

Orígenes concebe assim a geração do Filho de uma maneira duplamente ativa: eternamente o Pai quer seu Filho, fazendo-o conhecer sua vontade; eternamente o Filho aquiesce à vontade paterna, que ele não cessa de contemplar[147]. Orígenes reemprega também certos esquemas gnósticos ou platônicos. A formação dos éons, que os constitui como seres completos, supõe uma passagem da existência segundo a substância à existência segundo o conhecimento[148]. Em Plotino (posterior, é verdade, a Orígenes) o espírito *(nous)* só se torna "hipóstase" pelo "retorno" na direção do Uno *(epistrophe)*. Mas se em Orígenes existe um "estar voltado" do Filho na direção do Pai[149], que está na raiz de sua "hipóstase" de Filho, o movimento que a constitui não se detém no Filho: ele é comunicado àqueles que, não sendo "filhos por natureza", passam a sê-lo pela graça:

> Se o Salvador é gerado sem cessar pelo Pai [...], de igual modo tu também, se possuis o Espírito de adoção, Deus te gera sem cessar no Salvador, em cada uma de tuas obras, em cada um de teus pensamentos. E assim gerado, tu te tornas um filho de Deus gerado sem cessar em Cristo Jesus[150].

Assim, todos aqueles que têm em si o Espírito Santo e fazem como o Filho a vontade do Pai se tornam cada vez mais "filhos".

3. DO PAI, "BONDADE EM SI", AO FILHO, "IMAGEM DA BONDADE"

Orígenes, como Tertuliano, conheceu as primeiras heresias trinitárias que são o monarquianismo e o adocianismo. Seu *Diálogo com Heráclides* menciona "aqueles que se separaram da Igreja para cair na ilusão da monarquia *(mo-*

---

145. Orígenes, *Traité des principes* I,2,6; *SC* 252, p. 123.
146. Id., *Comm. sur st Jean*, XIII,36, § 230-231; *SC* 222, pp. 155-157; cf. § 238-246; pp. 159-163.
147. Cf. ibid., XIII,36, § 228; p. 155.
148. Cf. J. Rius-Camps, *El dinamismo trinitario...*, pp. 80-95 e 278-354.
149. Cf. ibid., pp. 107-109.
150. Id., *Homélies sur Jérémie* IX,4; *SC* 232, pp. 393-395.

narchia)" e de outra doutrina "que nega a divindade de Cristo"[151]. A mesma distinção retorna no *Comentário sobre São João*:

> [Eis] o que perturba muitas pessoas que querem ser piedosas e que, por temor de reconhecer dois deuses, caem em opiniões errôneas e ímpias: ou que, confessando como Deus aquele que elas chamam de Filho, afirmam que a individualidade *(idioteta)* do Filho não é outra *(heteran)* senão a do Pai, ou que, negando a divindade do Filho, admitem que sua individualidade e sua substância pessoal são, em suas características próprias, diferentes das do Pai[152].

O monarquianismo só é nomeado uma vez na obra conhecida de Orígenes. Terá conhecido o sabelianismo? Não se saberia responder. Mas é certo que ele combateu opiniões de tipo modalista, em particular em seu *Comentário sobre São João*.

O Filho, "Imagem da Bondade" de Deus

Orígenes considera a existência distinta do Filho e do Pai ao mesmo tempo que a unidade de ambos. É-lhe necessário mostrar "em que medida eles são dois, e em que medida os dois são um único Deus *(heis theos)*"[153]. A prova da distinção é buscada a partir da relação "imagem-modelo", que Orígenes pensa tirar da Escritura:

> Penso de igual modo, acerca do Salvador, que seria razoável dizer que ele é a imagem da bondade do Pai (cf. Sb 7,26), mas não o Bem-em-si *(autoagathon)*. E talvez o Filho também seja bom, mas não bom simplesmente. E assim como ele é a imagem do Deus invisível (Cl 1,15), e por isso Deus, sem ser aquele de quem o próprio Cristo diz: "para que te conheçam a ti, o único verdadeiro Deus" (Jo 17,3), assim ele é a imagem de sua bondade, mas não como o Pai, idêntico ao Bem[154].

Esse texto interpreta Sb 7,26 à luz do princípio segundo o qual, por definição, "a imagem é inferior ao modelo, aquele que recebe, inferior àquele que dá". Encontramos o mesmo princípio expresso em Plotino:

> O ser que dá é maior, o que recebe é menor [...]. O Primeiro está para além *(epekeina)* dos segundos, e aquele que dá, para além *(epekeina)* daquele que recebe. Pois lhe é superior[155].

---

151. Id., *Entretien avec Héraclide*, 4; ed. Scherer, SC 67, pp. 61-63.
152. Id., *Comm. sur st Jean* II,2 (2), § 16; SC 120, p. 217; cf. II,10 (6), § 74; p. 255.
153. Id., *Entretien avec Héraclide*, 2; SC 67, p. 59.
154. Id., Fragment de Justinien, tirado de *Lettre a Ménass*, traduzido e comentado por H. Crouzel, SC 253, nota 75, pp. 53-55. Cf. *Traité des principes* I,2,13; SC 252, p. 141.
155. Plotino, *Ennéade* VI,7,17, 1.4-9; ed. E. Bréhier, Budé, pp. 88-89. Tradução com base em P. Henry, curso fotocopiado, I.C.P., sem data, p. VIII/25.

Segundo Plotino, todo ser que chegou ao estado de perfeição gera, e gera necessariamente, "como uma taça que transborda"[156]. Gera um ser que se lhe parece, mas que lhe é inferior, e com isso se distingue dele. Orígenes aceita esse princípio porque vê nele um meio eficaz de refutar o modalismo sem negar a divindade do Filho. O resplendor é luz como o sol de que ele emana, e é por isso que o Filho é, sim, "Deus". Não há no Filho uma "outra bondade" além da que há no Pai, e ele é chamado Imagem deste, "porque não vem de nenhum outro lugar senão desta Bondade que é o princípio"[157]. Mas o resplendor é só a Imagem do sol, e é por isso que se distingue dele. Há nisso uma forma de "subordinacionismo" que não se pode negar. Orígenes exprime-o por vezes de forma matizada[158], outras vezes com veemência, por exemplo quando se opõe aos gnósticos que se pretendiam "consubstanciais" a Deus:

> Embora ele transcenda por sua essência, sua dignidade, sua potência, sua divindade [...] tantos seres tão admiráveis, entretanto ele não é em nada comparável a seu Pai. É, com efeito, a imagem da bondade deste, e resplendor, não de Deus, mas de sua glória e de sua luz eterna; a exalação, não de Deus, mas de sua potência[159].

O "subordinacionismo" significa hoje, numa perspectiva pós-nicênica, uma relação de inferioridade ontológica entre o Filho e o Pai *considerados em si mesmos*, independentemente de toda referência à criatura. Mas Orígenes pensa o Filho, mesmo considerado em sua preexistência, não o dissociando de sua relação com as criaturas.

A distinção Deus (ho theos) *e Deus* (theos)

Retomando uma exegese de Fílon que já opõe as expressões *ho theos* e *theos* (com ou sem artigo), Orígenes utiliza o início do prólogo de João para responder aos modalistas. "No início era o Verbo, e o Verbo estava voltado para Deus *(pros ton theon)*, e o Verbo era Deus *(theos)*" (Jo 1,1): o recurso ao artigo, segundo ele, não é fortuito. O Apóstolo utiliza o artigo quando fala de Deus, o Não gerado, e o omite quando designa o Verbo.

> É preciso dizer (aos modalistas), por um lado, que o Deus (com o artigo) é Deus em si *(autotheos)*, e é por isso que o Salvador diz em sua oração a seu

---

156. Plotino, *Ennéade* V,1,6, citado por Gregório de Nazianzo, *Discours théologiques*, 29,2; ed. P. Gallay, *SC* 250, p. 181.
157. Orígenes, *Traité des principes*, I,2,13; *SC* 252, p. 141.
158. Cf. H. Crouzel, *Théologie de l'image...*, pp. 111-127.
159. Orígenes, *Comm. sur st Jean* XIII, § 152-153; *SC* 222, pp. 115; cf. § 151, p. 113; § 234, p. 157.

Pai: "que eles te conheçam a ti, único verdadeiro Deus" (Jo 17,3), e que, por outro lado, tudo aquilo que, fora do Deus em si, é deificado por participação em sua divindade, seria mais justo chamá-lo não "o Deus" *(ho theos)*, mas "Deus" *(theos*, sem artigo)[160].

A relação "o Deus — Deus" não exprime aqui — ponto importante a observar — a distinção "Pai-Filho", mas a distinção Pai e "tudo o que é deificado por participação". A distinção entre o Filho e o resto da "criação" só vem num segundo tempo, no qual o Filho é chamado o "Primogênito de toda criatura":

> [Isso posto], é de uma maneira absoluta *(kyrioteron)* que o Primogênito de toda criatura *(protokos pases ktiseos*, Cl 1,15), porque permanece junto de Deus e é por isso o primeiro a se impregnar da divindade, é mais digno que eles, permitindo àqueles que, fora dele, são "deuses" [...] que se tornem deuses, haurindo junto a Deus com o que deificá-los e, em sua generosidade, fazendo-os participar de Deus com liberalidade[161].

A "participação" em Deus que o Filho parece partilhar com a criatura não deve criar ilusão. Só ele é Filho por natureza. Orígenes o afirma muito claramente contra os gnósticos[162]. Mas seu ser filial, embora independente de nossa existência, não está isolado dela: ele recebe e faz participar. Entre o Pai, o Primogênito de toda criatura, e nós, onde estabelecer a fronteira? Situá-la entre o Filho e o Pai faria de Orígenes um precursor de Ário; entre o Filho e nós, asseguraria sua ortodoxia. Talvez seja preciso avançar a hipótese de que, para ele, existe distinção, mas não existe fronteira. O comentário tenta manter juntos, sem os confundir, *Deus*-Pai, o Filho *Deus* — e os seres livres, *"deuses"* pela graça.

A distinção "Um-múltiplo" e a teologia das "nomeações"

Compreendido nesta perspectiva que acentua a continuidade na diversidade, Orígenes se insere na tradição cristã que confessa um "monoteísmo plural", do qual o homem não é excluído:

> Deus é absolutamente uno e simples *(hen kai aploun)*. Mas, por causa da multiplicidade *(dia ta polla)* [das criaturas], nosso Salvador, que "Deus destinou para servir de expiação por seu sangue" (Rm 3,25), torna-se muitas coisas *(polla ginetai)*, talvez mesmo tudo o que espera dele toda criatura capaz de receber a libertação[163].

---

160. Ibid., II,2 (2), § 17; pp. 217-219; cf. § 13; pp. 215-217.
161. Ibid., II,2 (2), § 17; p. 219, trad. modificada.
162. Cf. Ibid., II, fragmento de Pânfilo; p. 393; XX,32 (27), § 290; *SC* 290, p. 301.
163. Ibid., I,20 (22), § 119; p. 123.

A multiplicidade que desabrocha em Cristo é expressa em Orígenes por uma grande variedade de termos. O mais conhecido é "nomeação" *(epinoia)*[164]. A palavra exprime o que se pensa de uma coisa, um ponto de vista particular, um conceito. Aplicado a Cristo, exprime um "aspecto particular" de seu ser, que, sendo substancialmente "uno"[165], comporta, entretanto, uma real diversidade, pelas manifestações múltiplas da Bondade insondável do Pai. Orígenes exprime esses diferentes atributos com palavras[166] tais como "nomes" *(onomata, onomasiai)*, "apelativos" *(kleseis)*, "denominações" *(prosegoriai)*, "virtudes" *(aretai)*, "bens" *(agatha)*, ou simplesmente com o neutro *(ta legomena peri autou)*. Finalmente, todos os bens anunciados pela Escritura se identificam com Jesus, de modo que "a partir destes textos inumeráveis que lhe dizem respeito, será possível mostrar como Jesus é uma multidão de bens e conjeturar as riquezas, que nenhum escrito contém, daquele em quem toda a plenitude da divindade se comprouve em habitar corporalmente"[167].

Segundo A. Orbe — que J. Daniélou cita e comenta —, Deus, como tal, é impossível de ser circunscrito *(aperigraptos)*. É o Filho que, provido de delimitação *(perigraphe)*, constitui a *delimitação* da Potência divina e a *Imagem* do Pai, que se torna acessível graças à humanidade do Filho[168]. Incognoscível em si mesmo, o Pai é cognoscível (e participável) em seu Filho, sua primeira e eterna "autodelimitação". Ireneu escrevia no mesmo sentido: "O Pai, por mais incomensurável que seja, é medido no Filho: o Filho é, com efeito, a medida do Pai"[169]. Imagem do Pai invisível, Imagem de sua Bondade, Filho da Caridade do Pai[170], o Filho no-lo revela a partir da obra da salvação, e mais particularmente pelo mistério da cruz:

> É preciso ousar dizer que a bondade de Cristo pareceu maior e mais divina e verdadeiramente à imagem do Pai quando ele mesmo se rebaixou, tornando-se obediente até a morte, e morte na cruz, mais do que considerar sua igualdade com Deus como um butim (ciumentamente guardado)[171].

---

164. Cf. H. Crouzel, verbete "Orígene", DECA II, p. 1835.
165. Cf. Orígenes, *Traité des principes* IV,4,1; *SC* 268, p. 403; cf. H. Crouzel, *SC* 253, p. 32, n. 3.
166. Cf. M. Harl, *Origène et la fonction révélatrice...*, p. 85, n. 60; pp. 173-175.
167. Orígenes, *Comm. sur st Jean*, I, 10 (11), § 60; *SC* 120, p. 91; cf. XIII,5-6, § 26-35; *SC* 222, pp. 47-51.
168. Cf. J. Daniélou, *Message évangélique...*, p. 348.
169. Ireneu, *CH* IV,4,2; Rousseau, p. 414; cf. Gregório Taumaturgo, *Remerciement à Origène* IV,37; *SC* 148, p. 111.
170. Cf. Orígenes, *Traité des principes* IV,4,1; *SC* 268, pp. 401-403.
171. Id., *Comm. sur st Jean* I,32 (37), § 231; *SC* 120, pp. 173-175.

4. A TEOLOGIA DO ESPÍRITO SANTO À LUZ DE JO 1,3

Orígenes é o primeiro a consagrar ao Espírito Santo uma reflexão de certa magnitude[172]. A regra de fé atinente ao Espírito Santo se resume para ele em dois pontos: 1. O Espírito é associado às duas primeiras pessoas da Trindade; 2. mas a questão de sua origem permanece aberta:

> [Os santos Apóstolos] ensinaram que o Espírito Santo está associado ao Pai e ao Filho em honra e em dignidade. No que lhe diz respeito, não vemos com clareza se ele nasceu ou não nasceu (*utrum natus aut innatus* [Rufino]; *utrum factus sit an infectus* [Jerônimo])[173].

Segundo Orígenes, entre os motivos que militam em favor do caráter "divino" do Espírito, o mais importante é sua associação com as duas outras pessoas divinas na celebração do batismo[174]. Quanto à questão da origem do Espírito, levantada mas não resolvida no início do *Tratado dos Princípios*, é retomada no *Comentário sobre São João* a propósito de Jo 1,3: "Tudo foi feito por meio dele" *(panta di'autou egeneto)*. Orígenes se pergunta se o versículo joanino se aplica também ao Espírito Santo, e responde afirmativamente:

> Para nós, que estamos persuadidos de que há três realidades subsistentes *(treis hypostaseis)*, o Pai, o Filho e o Espírito Santo, e que cremos que somente o Pai é sem origem *(agennetos)*, consideramos mais conforme à piedade e mais verdadeiro que, se todas as coisas advieram *(egeneto)* pelo Verbo, o Espírito Santo tem mais dignidade que todo o resto, e que ele é de um escalão superior a tudo o que é *do* Pai *pelo* Cristo[175].

Tendo distinguido o Espírito em relação aos outros "seres advindos por intermédio do Filho", ele continua a explicitar a relação do Espírito com este último:

> É talvez o motivo pelo qual [o Espírito Santo] não leva o nome de Filho de Deus, pois só o Filho único é, desde o princípio, filho por natureza *(physei)*, e parece que o Espírito Santo precisa de seu intermédio para subsistir individualmente, e não somente para existir, mas também para ser sábio, inteligente, justo e tudo o que se deve pensar que ele é, já que participa das nomeações *(epinoiai)* de Cristo que enumeramos[176].

---

172. Cf. id., *Traité des principes* I,3 e II,7; *Comm. sur st Jean*, II, 73-78.
173. Id., *Traité des principes*, Préface, 4; SC 252, pp. 83; cf. H. Crouzel, SC 253, pp. 14-16.
174. Ibid., I,3,1-4; pp. 143-153.
175. Id., *Comm. sur st Jean* II,10 (6) 75; SC 120, p. 255.
176. Ibid., § 76; p. 257.

A intervenção do Filho na "vinda à existência" (eterna) do Espírito é aqui claramente afirmada. Para os herdeiros de Orígenes no século IV, mas também para os arianos e os *pneumatômacos* (futuros "inimigos do Espírito Santo", pois o considerarão como uma "criatura" do Filho), a dependência do Espírito ao Filho é óbvia, em razão de Jo 1,3. Mas sua origem remonta, para além do Filho, até o Pai? Alguns heréticos negarão isso; os ortodoxos o afirmarão: o Espírito Santo, por intermédio do Filho, deriva do Pai e por isso, como o Filho que vem do Pai (Niceia), é "Deus verdadeiro".

Mas, se Orígenes leva em conta a relação de origem, não é nela que ele concentra sua atenção. O que lhe interessa é a relação entre o Espírito e a distribuição das "graças particulares" *(charismata)*:

> Creio que o Espírito Santo fornece a matéria dos dons de Deus, se assim podemos nos exprimir, àqueles que, graças a ele e por participarem dele, são chamados santos: esta matéria dos dons *(hyle ton charismaton)* [...] é produzida por *(hypo)* Deus, proporcionada por *(dia)* Cristo e subsiste segundo *(kata)* o Espírito Santo[177].

O comentário faz referência a 1Cor 12,4-6 como em Ireneu[178]. O mesmo tema é desenvolvido no *Tratado dos Princípios*, em que retorna a expressão característica "matéria de todos os dons"[179]. A "matéria" *(hyle)* evoca o estofo da coisa, um dado inerte. Em Orígenes, o Espírito só é "passivo" em relação ao Pai e ao Filho que no-lo dão. No homem, ele é pura atividade *(energeia)*, na medida em que ele atualiza em nós os "dons" por meio de nossa colaboração. Tal é o objeto principal das menções ao Espírito esparsas na obra de Orígenes[180], tal é o tema primeiro das grandes passagens sobre a atividade trinitária no batizado que Orígenes desenvolve no *Tratado dos Princípios*[181]. O homem é progressivamente assimilado ao Cristo segundo as diferentes "nomeações" *(epinoiaia)* deste último. O resultado só se cumpre em virtude da presença atuante em nós do Espírito. É neste sentido que os dons "subsistem segundo o Espírito".

5. ORÍGENES E AS TRÊS HIPÓSTASES

Orígenes exprime de diversas maneiras a distinção das pessoas da Trindade. Utiliza a expressão "dois Deuses" *(duo theous)* de par com a fórmula "um só

---

177. Ibid., § 77; p. 257.
178. Cf. Ireneu, *CH* IV,20.7; Rousseau, p. 473.
179. Orígenes, *Traité des principes* II,7; SC 252, pp. 327-335.
180. Cf. *Comm. sur st Jean* VI,43 (26), § 225; SC 157, p. 301; *Notes sur Matthieu* 134; GCS 38, p. 278.
181. Id., *Traité des principes*, I,3,5-8 e II,7.

Deus" *(hena theon)*[182]. Já raciocina com base nos nomes de *Pai* e de *Filho*: "O Filho deve ser filho de um Pai, e o Pai, pai de um Filho"[183]. Emprega o termo *trias*: o batismo é eficaz "pela potência das invocações da adorável *Tríade*"[184].

Outro termo se tornará, a seguir, uma palavra-chave do discurso trinitário: o termo "hipóstase" *(hypostasis)*. Orígenes emprega-o uma vez, como já vimos, no *Comentário sobre São João*:

> Quanto a nós, que estamos persuadidos de que há três hipóstases *(treis hypostaseis)*, o Pai, o Filho e o Espírito Santo...[185]

Os termos "hipóstase" *(hypostasis)*, "substância" *(ousia)*, "substrato" *(hypokeimenon)*, empregados a propósito de Deus, têm ainda sentidos muito próximos, senão sinônimos[186]. Eles designam a realidade concreta, por oposição àquilo que só existe no espírito. A fórmula "três hipóstases" servirá assim de título à *Enéada* V,1 de Plotino, e Eusébio de Cesareia a citará[187]. Essa referência a três hipóstases num contexto antimodalista, conjugada com a rejeição bem sustentada das "emissões" gnósticas, favorecerá uma mudança importante de perspectiva na teologia trinitária em relação a Tertuliano. Os Três já não são apresentados a partir da substância una, identificada com Deus-Pai, a "substância-origem", mas em si mesmos, a partir de sua pluralidade. A diferença entre a perspectiva grega e a perspectiva latina do mistério trinitário encontra aqui um de seus antecedentes.

Partindo do número Três, Orígenes mostra a unidade do Pai e do Filho a partir de Jo 10,30 ("Eu e o Pai somos um"), de Jo 14,10 (sua imanência recíproca) e de Jo 14,9 ("Aquele que me viu, viu o Pai")[188]. O recurso a Jo 10,30 contra os que "negam a existência de duas hipóstases" apela à unidade dos crentes "que tinham um só coração e uma só alma" (At 4,32):

> [O Filho e o Pai] são duas realidades *(pragmata)* pela hipóstase *(hypostasei)*, mas uma só pela similitude de pensamento, pela concórdia, pela identidade da vontade, de modo que quem viu o Filho, resplendor da glória, sinal da substância de Deus, viu Deus nele, que é a imagem de Deus (Jo 14,9; Hb 1,3; Cl 1,15; 2Cor 4,4)[189].

A explicação de Orígenes surpreende. A unidade considerada tem todas as aparências de uma unidade puramente "moral", entre sujeitos que permanecem

---

182. Id., *Entretien avec Héraclide*, 1-2; SC 67, pp. 54-57.
183. Id., *Comm. sur st Jean* X,27 (21), § 246; SC 157, p. 531.
184. Ibid., IV,23 (17), § 166; p. 255-257.
185. Ibid., II,10 (6), § 75; SC 120, pp. 255.
186. Cf. ibid., X,27 (21), § 246; SC 157, p. 531; cf. J. Daniélou, *Message évangélique...*, p. 345.
187. Cf. P. Aubin, *Plotin et le christianisme*, Paris, Beauchesne, 1992, p. 18.
188. Orígenes, *Contre Celse*, VIII,12; SC 150, p. 201.
189. Ibid.

exteriores uns aos outros. Essa explicação conduziria direto ao triteísmo. Mas o *Diálogo com Heráclides* esclarece o pensamento de Orígenes. Comentando de novo Jo 10,30, ele opõe três tipos de unidade: a de Adão e Eva, que são "uma só carne" (Gn 2,24), a do crente e Cristo, que são "um só espírito" (1Cor 6,17), e a que existe entre o Filho e o Pai:

> Nosso Salvador e Senhor, em sua relação com o Pai e Deus do universo, é não "uma só carne", não "um só espírito", mas — o que é superior à carne e ao espírito — um só Deus[190].

Orígenes não explica em que consiste a "unidade" designada pela expressão "um só Deus". Mostra somente que ela implica a unidade de uma pluralidade, na linha (mas para além) dos dois primeiros exemplos. De um para o outro já existe uma progressão e uma superação. Orígenes convida a ir mais além na mesma direção, rumo a uma unidade que implica um engajamento mútuo dos que "fazem unidade". Outros textos mostram que essa unidade é amor, que ela une o Pai e o Filho na contemplação, e que ela dá lugar igualmente aos homens. Eles são chamados a se tornarem todos "um só Filho", todos "um com o Pai e o Filho, como o Filho e o Pai são UM entre si" (Jo 17,21)[191].

6. NOVAS PERSPECTIVAS SOBRE A ENCARNAÇÃO

A cristologia de Orígenes, que é uma cristologia das múltiplas nomeações de Cristo, já anuncia a cristologia das duas naturezas. Ela dá também um lugar importante à noção de intermediário.

As duas naturezas de Cristo

Os "títulos" de Cristo se repartem às vezes numa série dupla: uma, que apareceu depois da queda, e outra, que lhe preexistia. Esta última, para dois títulos em quatro (depois para todos os quatro), é pensada em relação com o homem[192]. Quanto à distinção das "duas naturezas" de Cristo, ela é nitidamente afirmada desde o início do *Tratado dos Princípios*: "É preciso saber, antes de tudo, que uma é no Cristo a natureza divina, o Filho único do Pai, e outra a natureza humana que ele assumiu nos últimos tempos da economia"[193]. A

---

190. Id., *Entretien avec Héraclide*, 3; SC 67, p. 61.
191. Id., *Comm. sur st Jean*, I,16, § 92-93; SC 120, p. 109; (cf. *Traité des principes* III,6,1; SC 268, p. 249).
192. Ibid., I,20 (22), § 123; SC 120, p. 125; I,34 (39); § 246-252; pp. 183-185.
193. Id., *Traité des principes* I,2,1; SC 252, p. 111.

nitidez da exposição talvez venha, em parte, de Rufino. Mas encontra-se a distinção das duas naturezas em outros escritos conservados em grego:

> [Os crentes] veem que com Jesus a natureza divina e a natureza humana começaram a se entrelaçar, a fim de que a natureza humana, pela participação na divindade, seja divinizada, não só em Jesus, mas também em todos os que, mediante a fé, adotam o gênero de vida que Jesus ensinou[194].

O Verbo intermediário e mediador

Na visão "piramidal" do ser, própria a Orígenes, segundo uma estrutura que se encontra em Fílon, o Verbo desempenha um papel de "intermediário" por sua situação entre o Pai e as criaturas. Cristo já é "mediador" (1Tm 2,5) enquanto "Primogênito de toda criatura" (Cl 1,15)[195], título que designa, em Orígenes, o Cristo segundo a divindade. Esta, é verdade, não exclui a humanidade, que Orígenes faz intervir também na função mediadora[196]. Ocorre que seu pensamento se refere a três níveis: o Pai, o Verbo *(Logos)*, os seres que participam deste último *(logikoi)*. Nós fomos criados "segundo a Imagem", Cristo, ele mesmo "Imagem" do Pai. Assim, o Pai é a Cabeça de nossa Cabeça, o Cristo. "Um e outro tem o papel de fonte *(peges)*: o Pai, no tocante à divindade, e o Filho, no tocante ao que é do verbo *(logos)*"[197].

O papel intermediário da alma de Cristo

No plano da soteriologia, Orígenes é o primeiro a lançar o grande princípio de que o que não é assumido não é salvo:

> O homem não teria sido salvo por inteiro, se [o Salvador] não se tivesse revestido do homem por inteiro[198].

Ele se interroga pela primeira vez de modo consciente sobre o "como" da união das duas naturezas e propõe como solução a alma de Cristo "intermediária" entre Deus e a carne:

> Desta substância da alma servindo de intermediária entre um Deus e a carne — pois não era possível que a natureza de um Deus se misturasse à carne sem

---

194. Id., *Contre Celse* III,28; *SC* 136, p. 69; ibid., VII,17; *SC* 150, p. 53; *Comm. sur st Jean* I,18 (20), § 107; *SC* 120, p. 117; XIX,2,6; *SC* 290, p. 49.
195. Id., *Traité des principes* II,6,1; *SC* 252, p. 309.
196. Ibid., II,34 (28), § 209; p. 349; *Comm. du Cantique* I,3,3 e 10; *SC* 375, pp. 209 e 215.
197. Id., *Comm. sur st Jean* I,34 (39), § 249; *SC* 120, p. 183; e II,3 § 20; pp. 221.
198. Id., *Entretien avec Héraclide*, 7; *SC* 67, p. 71. Cf. infra, pp. 293-295.

mediador — nasce [...] o Deus-Homem: esta substância era a intermediária, pois para ela não era contra a natureza assumir um corpo. E de igual modo não era contra a natureza que esta alma, substância razoável, pudesse conter Deus[199].

A alma de Cristo, em sua preexistência, aderiu por amor ao Verbo e, com isso, ela mereceu ser-lhe unida de modo indefectível, preservada de toda queda[200]. Nessa perspectiva, a humanidade de Cristo (sua alma) participa da obra da salvação. Infelizmente, sua contribuição se realiza no nível da preexistência e o "mérito" precede a encarnação: a alma de Jesus amou o Verbo e por isso ela foi escolhida para ser "ungida" com sua presença e tornar-se "Cristo" na terra (Sl 44,7-8). Ora, a encarnação é um dom absolutamente gratuito de Deus. Ela não pode ser "merecida". Já não estamos no âmbito da tradição cristã, e essas considerações não serão levadas em conta.

O grande comentário sobre o "como" da união[201] tem, contudo, vários aspectos positivos. Orígenes sublinha primeiramente a grandeza do mistério que constitui a encarnação. Ele já desenvolve (ajudado por Rufino?) o tema futuro da "comunicação dos idiomas" ou propriedades, segundo a qual é comunicado à humanidade de Jesus o que é próprio à divindade, e são atribuídos à divindade as limitações da humanidade:

> Porque [a alma] continha integralmente em si o Filho de Deus, é chamada ela própria, com a carne que assumiu, Filho de Deus e Potência de Deus [...]; e reciprocamente, o Filho de Deus [...] é chamado Jesus Cristo e Filho do homem. Pois se diz que o Filho de Deus morreu, a saber, por causa dessa natureza que podia perfeitamente receber a morte; e é chamado Filho do homem, aquele que é anunciado como devendo vir na glória de Deus-Pai com os santos anjos[202].

É nesse contexto que entra em cena uma comparação que terá muito crédito entre os Padres e até os dias de hoje, na Igreja ortodoxa: a imagem do ferro mergulhado no fogo que, permanecendo ferro, absorve as propriedades do fogo[203].

Mas reduzir o mistério da encarnação à assunção de uma humanidade individual não daria conta de toda a cristologia de Orígenes. Segundo ele, não se compreende o Cristo sem o conjunto da humanidade. Há um só corpo pessoal do Verbo, mas numerosas são as "incorporações" do Verbo ao longo do tempo. Ele "toma corpo" nas Escrituras, na eucaristia e na Igreja. Dessas três realidades, a Igreja é a mais importante. Mas é então considerada em sua realização última, como "o corpo de Cristo perfeito"[204].

---

199. Orígenes, *Traité des principes* II,6,3; SC 252, p. 315.
200. Ibid., II,6,4; pp. 317-319.
201. Ibid., II,6; pp. 309-325.
202. Ibid., II,6,3; p. 317.
203. Ibid., II,6,6; p. 321.
204. H. de Lubac, *Histoire et Esprit*, p. 372; cf. p. 373, n. 159.

7. A DUPLA POSTERIDADE DE ORÍGENES

Segundo G.-L. Prestige, Orígenes seria o "pai comum da heresia ariana e da ortodoxia nicena"[205]. A fórmula seria justa se pudéssemos acrescentar que ele não é "pai" de modo igual em ambos os casos. Com efeito, os admiradores de Orígenes, no alvorecer do século IV, não recebem do mesmo modo sua herança. Alguns o retomam simplificando-o e deformando-o. Outros se libertam de alguns de seus princípios, mas permanecem fiéis a suas intuições profundas. O primeiro grupo é representado por Eusébio de Cesareia, o conhecido historiador, que será condenado por volta de 320[206], mas permanecerá na Igreja. Seu testemunho é interessante porque reflete uma mentalidade muito difundida mesmo depois de Niceia. Preocupados em combater o sabelianismo, muitos não veem ainda os limites de Ário, grande antimodalista. No segundo grupo se encontram Dionísio de Alexandria (e Dionísio de Roma), Teognosto e Alexandre de Alexandria.

Para Eusébio, o mistério da Trindade parece óbvio e constitui mesmo um bom exemplo da concordância que existe entre a fé cristã, a filosofia e os "oráculos" dos hebreus. Estes já conheceram a santa e bem-aventurada Tríade, e "Platão sugeriu coisas análogas em sua *Carta a Dionísio*", em que se trata da "tríade"[207]. O mistério é bem ilustrado pela comparação do sol, da lua e das estrelas, que diferem entre si pelo brilho de sua luz (1Cor 15,41). Mas o sol não designa aqui o Pai, como em Orígenes. Ele representa o Filho, e a lua, o Espírito Santo. Quanto ao Pai, "potência inefável e incomensurável", nenhuma imagem lhe cabe[208]. Certa diferença de natureza entre o Pai e o Filho se insinua no pensamento de Eusébio. Pode-se ver um exemplo em sua interpretação da unção que o Sumo Sacerdote recebe. Este representa o Cristo. É ungido com um unguento que comporta dois elementos, o óleo, símbolo do "simples", e as essências aromáticas, símbolo do "múltiplo" (as nomeações, ou *epinoiai*). Eusébio aplica o simbolismo do unguento somente à Potência de Deus, isto é, ao Pai:

> Na medida em que significa algo de simples, sem composição [...] a Potência de Deus é designada pela simples nomeação de óleo. Na medida em que compreende em si uma variedade de nomeações *(epinoiai)* chama-se unguento a esta Potência que contém a variedade dos bens, e é com ela que os oráculos divinos nos informam que o verdadeiro e único Sumo Sacerdote foi ungido[209].

O elemento múltiplo (os *epinoiai*) já não é identificado com o Cristo, "Sabedoria, Razão, Palavra" do Pai, mas é atribuído diretamente a este último.

---

205. G.-L. Prestige, *Dieu dans la pensée patristique*, p. 124.
206. Cf. H.-G. Opitz, *Athanasius Werke*, Urkunde, 6, III-1, p. 12.
207. Eusébio de Cesareia, *Préparation évangélique* XI,20,1; trad. G. Favrelle, SC 292, pp. 151-153.
208. Ibid., VII,15,5; trad. G. Schroeder, SC 215, p. 239.
209. Id., *Démonstration évangélique*, IV,15,16; PG 22, 293 b.

O Filho não pertence mais ao que é "próprio" do Pai; ele é somente o primeiro a "ser ungido" com a Potência. É uma Sabedoria segunda em relação à do Pai. Já é, implicitamente, a tese de Ário[210].

Diferente é a retomada de Orígenes por Dionísio de Alexandria. É certo que sua defesa demasiado enérgica das "três hipóstases" contra os sabelianos suscitará uma reação vigorosa de Dionísio de Roma[211]. Este, sem nomear seu homônimo, ataca aqueles que, em Alexandria, "dividem, separam e destroem a monarquia em três potências e hipóstases separadas, e em três divindades". Após ter evocado Sabélio, o papa Dionísio prossegue: "É necessário que a Trindade divina seja recapitulada e reconduzida a um só, como a um ápice, a saber, o Deus todo-poderoso do universo"[212].

Essa controvérsia faz avançar a reflexão sobre vários outros pontos. Dionísio de Roma busca palavras novas para marcar a diferença entre a geração do Filho e a criação do mundo[213]. Dionísio de Alexandria esboça uma reflexão interessante sobre os "nomes relativos" de Pai e de Filho, cujo uso Ário em breve[214] criticará entre os partidários de Alexandre:

> Cada um dos nomes que pronunciei é indissociável de seu vizinho. Digo "Pai", e antes mesmo de ter introduzido o Filho, eu o signifiquei no Pai. Introduzo o "Filho", e mesmo que eu não tenha previamente nomeado o Pai, ele já é de todo modo compreendido no Filho. Acrescento "Espírito Santo", e já com isso fiz saber de onde ele veio e por quem. Eles não sabem que o Pai enquanto Pai não é estranho ao Filho. O nome mesmo, de fato, esprime o princípio primeiro e a afinidade[215].

Mais tarde, Teognosto († 282) utiliza uma expressão condenada por Orígenes, mas dando-lhe outra significação, que Orígenes teria aceitado. Trata-se da expressão "nascer da substância" de outro, compreendida agora num sentido imaterial:

> A substância *(ousia)* do Filho não deve ser imaginada como vindo do exterior; ela tampouco é tirada do nada, mas nasceu da substância do Pai *(ek tes tou patros ousias)*, como o resplendor (nasce) "da" luz [...]. A substância do Pai não sofre divisão [...]. Ela não é alterada por ter sua Imagem no Filho[216].

---

210. Cf. Ário, *Talia*; B. Sesboüé, B. Meunier, *Dieu peut-il avoir un Fils?*, Paris, Cerf, 1993, p. 40.

211. Cf. Atanásio, *Sur la pensée de Denys*, 9-25; *PG* 25, 492 b-517 c; Basílio de Cesareia, *Lettre* 9,2; Budé I, pp. 38-39; *DzS* 112-115; *FC*, 206-207.

212. *DzS* 112; *FC* 205.

213. *DzS* 114. Sobre os nomes relativos, cf. infra, pp. 248-251.

214. Cf. *Profession de foi d'Arius*; Sesboüé-Meunier, op. cit., p. 34.

215. Dionísio de Alexandria, *Réfutation et Apologie*, II; *PG* 25, 504 c.

216. Teognosto, *Hypotyposes* II; *PG* 25, 460 c.

Outro deslocamento, decisivo para a teologia trinitária, é esboçado por Alexandre de Alexandria às vésperas do concílio de Niceia. Ele ousa questionar, ainda timidamente, o postulado fundamental do neoplatonismo segundo o qual por definição a imagem é inferior ao modelo:

> Aprendemos que (o Filho) é imutável e invariável como o Pai, Filho perfeito e livre de toda indigência, semelhante ao Pai, cedendo-lhe apenas num ponto, o "não gerado". Ele é a imagem exata e inteiramente semelhante do Pai. Com efeito, está claro que a imagem contém tudo aquilo por meio do qual se realiza a semelhança "maior", como o Senhor nos ensinou quando disse: "meu Pai é maior que eu" (Jo 14,28)[217].

Atanásio retomará o princípio segundo o qual é da natureza da imagem ser aquilo mesmo que é o modelo[218].

8. O "SUBORDINACIONISMO" DOS PADRES PRÉ-NICENOS

> REFERÊNCIAS BIBLIOGRÁFICAS: H. CROUZEL, *Théologie de l'image de Dieu chez Origène*, pp. 111-121. — W. MARCUS, *Der Subordinatianismus als historiologisches Phänomen*, München, Hüber 1963. — J. MOINGT, *TTT*, pp. 841-844, 1071-1072, 1084-1087. — J. N. ROWE, Origen's Subordinatianism as Illustrated in his Commentary on St. John's Gospel, *TU* 108, Berlin, 1972. — J. RIUS-CAMPS, Subordinacianismo en Orígenes?, *Origeniania Quarta*, Innsbruck, Tyrolia Verlag, 1987, pp. 151-185.

Chama-se "subordinacionismo" uma tendência teológica comum aos Padres pré-nicenos segundo a qual o Filho é considerado inferior ao Pai. Os antigos historiadores do dogma, muito surpresos com a diferença de tom e de conteúdo entre os teólogos pré e pós-nicenos, destacaram a mudança que se deu então, às vezes com o risco de ler nela a aparição de um "novo" dogma cristão em ruptura com a tradição precedente.

Estando aqui em questão o dogma, é importante fazer distinções indispensáveis. Antes de tudo, a perspectiva de fé dos autores em questão, de Justino a Orígenes, é uma coisa, e a adequação de suas elaborações conceituais acerca deles é outra. Não se poderia duvidar seriamente de sua fé na divindade do Filho e do Espírito; em todo caso, a crise ariana não poderia ser explicada se um subordinacionismo pré-ariano se houvesse instalado pacificamente na Igreja no tempo deles. Todavia, é incontestável que, em seu uso das categorias, eles investigaram, como que às apalpadelas, um problema particularmente difícil, sem dominar ainda a conceitualidade que eles implementavam.

---

217. Alexandre de Alexandria, *Lettre à Alexandre de Thessalonique*, em 324; *PG* 26, 53 c.
218. Atanásio, *Discours contre les ariens*, I,20; Sesboüé-Meunier, op. cit., p. 66.

É preciso, a seguir, distinguir duas formas de subordinacionismo. Um pode e deve ser considerado como ortodoxo (embora não seja chamado assim correntemente). É aquele que afirma a prioridade do Pai, na medida em que é a fonte e a causa da divindade do Filho e do Espírito. Nesse sentido, o Pai é "maior", o que indica a ordem revelada das pessoas divinas, que implica um primeiro, um segundo e um terceiro. Esse "subordinacionismo" é compatível com a confissão de que o Filho e o Espírito são Deus como o Pai. Será também o de Basílio de Cesareia na segunda metade do século IV[219].

O outro subordinacionismo sustenta que o Filho e o Espírito são, em definitivo, criaturas do Pai, qualquer que seja a sobreeminência deles em relação às outras criaturas. A tradição cristã não o admitirá. No plano histórico, este é que provocará a crise ariana. Mas com o concílio de Niceia, o subordinacionismo dos Padres pré-nicenos, sobretudo o de Orígenes, se tornará suspeito. Será mesmo, às vezes, comparado ao arianismo. Essa última identificação não é legítima. Existe uma diferença fundamental entre os dois tipos de teologia: para os Padres pré-nicenos, Orígenes sobretudo, o Filho é inferior ao Pai, mas é Deus e existe eternamente. Para Ário, o Filho é inferior ao Pai, e não existiu sempre: "Houve um tempo em que ele não era". É inferior como criatura.

Dito isso, seria injusto reconduzir o "subordinacionismo" pré-niceno a uma inexperiência teológica. Trata-se de um fenômeno importante do período pré-niceno. A análise de suas fontes e de suas expressões mostra sua complexidade; alguns de seus aspectos são doutrinalmente ricos de ensinamentos.

Em alguns casos, em Orígenes sobretudo, essa tendência se apoia em textos escriturísticos como Jo 14,28 ("o Pai é maior do que eu"), Mc 10,18 ("Por que me chamas bom? Ninguém é bom, senão só Deus") ou ainda a oração de Jesus dizendo a seu Pai: "a ti, o único verdadeiro Deus" (Jo 17,3).

O subordinacionismo tem outras raízes doutrinais. A primeira é a abordagem "econômica" do Filho, a única que os Padres pré-nicenos conhecem. O discurso sobre o Filho não incide, como após Niceia, nas relações intratrinitárias, mas nas relações entre o Pai, de um lado, e, de outro, o Filho em relação com o mundo. É por ocasião do surgimento deste mundo que este Filho se torna "Filho", no "momento" que precede logicamente a criação, depois em sua encarnação. A relação Pai-Filho é posta em termos subordinacionistas porque tem em vista o Filho como Verbo "expresso no exterior", tornado carne[220] e cumprindo a missão recebida do Pai. Tem em vista o Filho associado a toda a economia da salvação. Mas a economia da encarnação de que se trata aqui só se compreende no quadro da ressurreição, pela qual é realizada plenamente a geração do Filho, conforme At 13,33. De igual modo, se a Luz que nos atinge

---

219. Cf. Basílio de Cesareia, *Contre Eunome* I,25; trad. B. Sesboüé, SC 299, pp. 261-263; III,1; SC 305, pp. 145-149.
220. P. Nautin, *Hippolyte, Contre les hérésies*, p. 203.

e se dá a ver não tem, em nós, toda a força que tem em sua fonte, é também porque, por condescendência, a Luz escolheu diminuir-se para adaptar-se ao homem e vir iluminá-lo sem ofuscá-lo nem feri-lo.

É a partir dessa perspectiva que a reflexão escrutará a relação de origem que une o Filho ao Pai. O Filho é "subordinado" ao Pai porque provém dele. A subordinação é o corolário da proveniência de outro que, desse modo, é declarado "mais antigo"[221].

O ambiente da filosofia grega também contribuiu para o clima "subordinacionista" da primeira especulação trinitária. Aqui estão em questão o platonismo e o médio-platonismo, seja porque sua influência agiu diretamente a partir da cultura em que estavam imersos os Padres, seja porque ela se exerceu por intermédio de Fílon, muito marcado por essa filosofia[222]. A Tríade platônica afirma a desigualdade das três hipóstases. A filosofia sustenta que a imagem é inferior ao modelo e admite o jogo dos intermediários entre o Uno e o múltiplo. Orígenes, consciente da originalidade cristã do mediador, apela também ao esquema do Verbo "intermediário" e da alma de Cristo "intermediária" entre o Verbo e a carne. Adotará tanto mais voluntariamente certos dados dessa cultura platonizante quanto enxergar nela o meio de se opor ao modalismo sem negar a divindade do Verbo. É, antes, notável que ele tenha sabido dar conta autenticamente da divindade e da geração eterna do Filho nesse quadro conceitual, antes do discernimento radical que se exercerá no século IV. Pois não devemos nunca julgar suas afirmações com o critério do jogo das categorias que se instalarão no curso dos debates relativos a Niceia. Seja como for, não são categorias suas.

Empregado como argumento contra o monarquianismo e o sabelianismo, o subordinacionismo tentava dar lugar no pensamento cristão ao escândalo do número introduzido no seio do "Deus uno". Mas ao mesmo tempo punha em questão certa ideia da transcendência de Deus. A questão fundamental era a da relação entre o Deus transcendente e o mundo. Espontaneamente, o homem põe Deus à parte, em nome de sua transcendência. Deus não se comunica com o homem[223], ao menos diretamente. Os apologistas já transgridem essa evidência ao afirmar que o Pai do universo, que não pode vir ele mesmo "num cantinho da terra", tem em si um Filho que, este sim, veio. A transcendência é incomunicável, mas se comunica: ao Pai a incomunicabilidade, ao Filho a comunicação.

Posta nesses termos, com as facilidades que oferece o subordinacionismo, a questão da transcendência só estava resolvida parcialmente. Niceia a apresentará em toda a sua amplitude. Com efeito, ao confessar que o Filho, consubstancial

---

221. Cf. Justino, *IIe Apologie*, 6,1; Wartelle, p. 205.
222. Cf. J. Daniélou, *Philon d'Alexandrie*, Paris, Fayard, 1957, pp. 153-163; H. Crouzel, *Théologie de l'image...*, p. 112.
223. Platão, *Le Banquet*, 203 a; Ireneu, *CH* III,24,2; Rousseau, p. 396; Agostinho, *La Cité de Dieu*, VIII,18; ed. G. Combès, *BA* 34, p. 295.

ao Pai, é transcendente tanto quanto este, o concílio restabelece o grande paradoxo, que não pode mais ser eludido: Deus pessoalmente entrou na história. Esse paradoxo será de novo esquivado no nestorianismo, que recusa uma união verdadeira no Cristo entre a humanidade e a divindade. Será igualmente contornado pelo monofisismo, que atenua o mistério ao diminuir, na união, a realidade do humano. Mas esse paradoxo, que os Padres pré-nicenos souberam conservar e transmitir, de um "Deus que não vai sem o homem"[224], reaparece maior que nunca depois de Niceia. Na linha desta "nova transcendência", Deus se mostra "ainda maior", ainda mais "Deus", não ao se colocar acima do homem, como um rival poderoso demais, mas junto ao homem:

> Que a natureza todo-poderosa tenha sido capaz de descer até a humildade da condição humana é uma prova maior de poder do que milagres importantes e prodigiosos. Pois, para a potência divina, cumprir uma ação grande e sublime é só uma consequência lógica de sua natureza [...]. Mas que Deus tenha descido até nossa baixeza, eis o que mostra a superabundância de seu poder, este poder que não conhece entraves, mesmo nestas condições contrárias à sua natureza[225].

Encontramos a mesma concepção da grandeza de Deus em Basílio de Cesareia em seu tratado *Sobre o Espírito Santo*[226], ou em Máximo, o Confessor († 662):

> É claro que ele nos amou mais que a si mesmo, nós a quem ele se entregou à morte, e — embora a expressão seja ousada — é claro que ele escolheu, enquanto *mais que bom*, os ultrajes, no momento desejado pela economia de nossa salvação, preferindo-os à sua própria glória segundo a natureza, como mais dignos. *Ultrapassando a dignidade de Deus e transbordando a glória de Deus, ele fez do retorno a Ele daqueles que se haviam afastado uma saída e uma manifestação mais veemente de sua própria glória*[227].

Em reação contra as interpretações minimizantes que reaparecem na Igreja, será necessário definir certo número de afirmações fundamentais para garantir os dados da fé e salvaguardar a transcendência de Deus tal como ela se revelou no Cristo. Tal será o objeto dos primeiros grandes concílios, cuja era se abre no início do século IV.

---

224. K. Barth, *L'humanité de Dieu*, Genève, Labor et Fides, 1956, p. 38.
225. Gregório de Nissa, *La catéchèse de la foi*, 24; trad. A. Maignan, PF, pp. 68-69.
226. Basílio de Cesareia, *Sur le Saint-Esprit* VIII,18; B. Pruche, SC 17 bis, p. 309.
227. Máximo, o Confessor, *Carta* 44, citada por J.-M. Garrigues, *Maxime le Confesseur. La charité, avenir divin de l'homme*, Paris, 1976, pp. 156-157.

CAPÍTULO V

A divindade do Filho e do Espírito Santo (século IV)

B. Sesboüé

No início do século IV um acontecimento capital afeta a vida da Igreja: é a conversão do imperador Constantino (313) ao cristianismo e, na sua esteira, a do império, o que conduz a uma mudança radical de atitude do Estado para com a Igreja. Esta até então era dificilmente tolerada, frequentemente perseguida. A última vaga de perseguições, a de Diocleciano, era bem recente e fora particularmente longa. Mesmo fora desses tempos de crise, os cristãos levavam uma vida mais ou menos marginalizada na sociedade pagã oficial. Doravante, o cristianismo se torna a religião oficial do império.

As consequências disso logo se farão sentir. Os bispos, de homens particularmente ameaçados que eram, se tornam personagens importantes que exercem grande influência na vida de suas regiões. Mas também os debates teológicos podem se exteriorizar mais e ganham, portanto, maior amplidão. Um sinal dessa evolução geral não deixa dúvida: é o nascimento da era dos concílios ecumênicos. Decerto a atividade conciliar foi importante na Igreja desde o nascimento dos sínodos locais e regionais na segunda metade do século II. Mas a realização de um concílio ecumênico era, por razões políticas e econômicas, impensável.

Esse século representa também uma guinada importante na reflexão doutrinal. Até então a teologia escrutava em primeiro lugar a economia da salvação. Mas já visava, deste ponto de vista, ao mistério de Deus em si mesmo. O título do capítulo IV, *Da economia à "teologia"*, indicava essa dinâmica que se exprimia cada vez mais. Doravante o olhar da fé se lança sobre o mistério trinitário em si mesmo e escruta sua dimensão eterna, antes de inventariar de maneira análoga a ontologia de Cristo no século V. Mas esse olhar não é gratuito: se uma espécie de obstinação teológica se prende a questões cada vez mais especulativas, é sempre na convicção de que da natureza de Deus, da natureza de seu Filho tornado Cristo, da natureza do Espírito efundido por Jesus, depende a realidade da salvação trazida aos homens. A motivação soteriológica continua primordial na elaboração dos dogmas trinitário e cristológico.

Como se esperaria, essas interrogações toparam com graves aporias. No domínio trinitário tratava-se da compreensão da unicidade de Deus, "dogma" primeiro da revelação bíblica. Também era grande a tentação de responder a isso reconduzindo a expressão do mistério cristão para o quadro das teses solidamente estabelecidas da razão filosófica em ambiente helenístico. No século IV, é a divindade do Filho e a do Espírito Santo que são sucessivamente questionadas, em razão do conflito que a afirmação trinitária parecia travar com o monoteísmo, tanto bíblico quanto aquele que se tornava objeto do consenso da filosofia grega.

I. A DIVINDADE DO FILHO E O DEBATE EM TORNO DO CONCÍLIO DE NICEIA (325)

A questão da divindade do Filho ocupará quase todo o século IV. É levantada inicialmente por Ário e provoca a reunião do primeiro concílio ecumênico em Niceia em 325. Mas esse acontecimento constitui apenas o primeiro tempo da crise. Os debates só aumentam depois da celebração desse concílio, longamente contestado. A situação das Igrejas do Oriente, divididas segundo múltiplos cismas, torna-se muito confusa. É então que intervêm particularmente Atanásio de Alexandria, no Oriente, e Hilário de Poitiers, no Ocidente.

1. A HERESIA DE ÁRIO E O CONCÍLIO DE NICEIA (325)

> Os AUTORES E OS TEXTOS: Sobre Ário, seus escritos e os documentos referentes ao concílio de Niceia, ver E. BOULARAND, *L'hérésie d'Arius et la "foi" de Nicée*, t. 1: *L'hérésie d'Arius*, t. 2: *La "foi" de Nicée*, Paris, Letouzey et Ané, 1972. — Também os textos escolhidos sobre o debate trinitário no século IV em B. SESBOÜÉ e B. MEUNIER, *Dieu peut-il avoir un Fils?*, Paris, Cerf, 1993.
>
> REFERÊNCIAS BIBLIOGRÁFICAS: G. L. PRESTIGE, *Dieu dans la pensée patristique*, trad. Paris, Aubier, 1955. — (VV.AA.) *Le concile et les conciles. Contribution à l'histoire de la vie conciliaire de l'Église*, Chevetogne/Paris, Cerf, 1960. — I. ORTIZ DE URBINA, *Nicée et Constantinople*, Paris, Orante, 1963. — W. DE VRIES, *Orient et Occident. Les structures ecclésiales vues dans l'histoire des sept premiers conciles oecuméniques*, Paris, Cerf, 1974. — M. SIMONETTI, *La crisi ariana nel IV secolo*, Roma, "Augustinianum", 1975. — H. J. SIEBEN, *Die Konzilsidee der alten Kirche*, Paderborn, F. Schöningh, 1979.

O início do conflito: Ário e Alexandre em Alexandria

Por volta de 318-320, Ário, presbítero da Igreja de Alexandria, uma das metrópoles intelectuais da Antiguidade, começa a provocar reações hostis em razão de sua pregação sobre o Filho de Deus. Certa obscuridade envolve suas origens. Mas sabemos que no início da controvérsia já era um homem de idade, porque nascido em torno de 256-260. Nasceu na Líbia, como Sabélio, e foi por algum tempo discípulo de Luciano de Antioquia (cerca de 280), o mestre de pensamento de vários bispos de sua geração. Os antigos discípulos de Luciano foram chamados "colucianistas".

O passado eclesiástico de Ário fora bastante movimentado. Em Alexandria fizera parte, primeiramente, do cisma do bispo Melécio. Como diácono, tivera grandes dificuldades disciplinares com seu bispo Pedro, que chegara mesmo a excomungá-lo. O sucessor de Pedro, Aquilas, reconciliou-o com a Igreja e ordenou-o presbítero. O segundo sucessor, Alexandre, nomeou-o para a igreja de Báucalis, no bairro portuário. Tornou-se um homem influente e considerado por seu conhecimento das Escrituras e seu zelo pastoral cheio de candura.

O conflito inicial é, portanto, "paroquial". Fiéis abalados diante da pregação de seu "cura" sobre o Filho de Deus — que ele dizia "criado no tempo" — vão se queixar ao bispo. Este convida então seu presbítero para um debate público diante do clero. Depois de uma segunda conferência do mesmo tipo, Alexandre pede a Ário que rejeite suas opiniões, consideradas errôneas, e que se comprometa a ensinar a verdadeira divindade do Filho. Ário contra-ataca acusando seu bispo de sabelianismo[1], o que era uma boa tática.

Sua doutrina, contudo, se expande muito rapidamente, não apenas no Egito e na Líbia, mas também nas províncias do Oriente e da Ásia Menor, já que Ário tinha amigos entre os bispos dessas regiões, "colucianistas" como ele, em particular o influente Eusébio de Nicomédia, cidade imperial de então. Escreve a eles e pede-lhes apoio. Diante da amplitude tomada pela questão, Alexandre reúne por volta de 320 um sínodo local dos bispos do Egito e da Líbia em Alexandria, que condena, depõe e excomunga Ário, decisão que Alexandre fez conhecer a todos os bispos. Expulso de Alexandria, Ário se refugia na Palestina, depois em Nicomédia, com seu protetor Eusébio. Dois sínodos tentam agir em seu favor. A perturbação religiosa fica então grave o bastante para se tornar um problema político. Após sua vitória sobre Licínio em 324, Constantino busca restabelecer a paz religiosa e decide convocar um concílio. Será o primeiro concílio ecumênico.

Como julgar a personalidade de Ário? Como sempre, quando se trata de "hereges", os costumes da época querem que o retrato tenha cores sombrias: "inchado de vaidade", "serpente astuta", "aparência fraudulenta", "candura sedutora", escreve Epifânio de Salamina. Em meio à série de juízos pejorativos, se

---

1. Sobre a heresia de Sabélio, cf. supra, p. 160.

entrevê de todo modo que se tratava de um asceta de grande sutileza psicológica, muito dotado para a comunicação pastoral, bom conhecedor das Escrituras e igualmente formado na dialética. A questão que ele propõe à fé cristã está longe de ser medíocre. Embora seus pronunciamentos e as diversas confissões de fé que assinou trouxessem um senso um tanto quanto ambíguo de oportunidade política, é verdade que sua convicção, no fundo, era sincera.

Os escritos de Ário consistem numa série de cartas, de profissões de fé, de algumas canções populares, pois tinha a arte de modelar suas teses em fórmulas sugestivas e acessíveis ao povo simples, e enfim um poema teológico, a *Talia*, isto é, o *Banquete*. Segundo a lei comum aplicável na Antiguidade cristã aos escritos heréticos, endossada por editos imperiais, a quase totalidade da obra de Ário foi destruída ou se perdeu. As poucas peças conservadas provêm ou de seu adversário Atanásio, que as cita para refutá-lo, ou dos historiadores da Igreja que as utilizam à guisa de documentos, para não dizer peças incriminadoras[2].

A doutrina de Ário: uma convicção "monarquiana"

A doutrina de Ário tem sua origem nas ambiguidades evocadas no capítulo anterior sob a categoria de "subordinacionismo". Os Padres pré-nicenos, que situavam espontaneamente seu discurso no plano da economia da salvação, apresentavam as missões do Filho e do Espírito como subordinadas à iniciativa do Pai. Se sua fé na verdadeira divindade do Filho, e mais ainda do Espírito, não parece em questão, tendo em vista suas convicções soteriológicas, o mesmo não acontece com certos esquemas de seu pensamento e com a maneira como utilizam as categorias da filosofia grega. Nem sempre eles controlam seu vocabulário; e sobretudo não dispunham das categorias que serão elaboradas a esse respeito no século IV. O erro dos primeiros pesquisadores modernos na matéria foi projetar anacronicamente sobre os séculos II e III as categorias do IV. Sob este ângulo, certas formulações lhes pareciam nitidamente subordinacionistas.

Entretanto, verdadeiras questões se apresentavam sobre a maneira de compreender a origem do Filho no quadro da Trindade eterna. Elas já tinham sido debatidas no grupo antioqueno dos "colucianistas". Uma ambiguidade real permanecia nos espíritos, no exato momento em que tentavam traduzir nas categorias culturais gregas as afirmações tradicionais da fé sobre o Filho e o Espírito. A gravidade da crise ariana não tem outra explicação. Mas essa mesma gravidade supõe também que a Igreja pré-nicena não se habituara pacificamente à ideia do subordinacionismo. É a forte tensão em torno de um ponto reconhecido como central aos olhos de uma fé que quer ser sensata aos olhos da razão que explica a profundidade e a duração da crise ariana.

---

2. Sobre a pessoa, a vida e os escritos de Ário, cf. E. Boularand, op. cit., t. 1, pp. 9-65.

O pensamento de Ário se insere num verdadeiro subordinacionismo, por razões ao mesmo tempo religiosas e racionais. Esse pensamento é habitado por duas convicções fundamentais.

A primeira convicção diz respeito à unidade de Deus. É ao mesmo tempo bíblica e filosófica, e insere-se na tradição "monarquiana" já encontrada no debate entre Práxeas e Tertuliano. Deus é único, não gerado e eterno, todos os filósofos religiosos o reconhecem. Ora, o Verbo de que se trata na Escritura foi gerado. Ele não pode ser, portanto, ao mesmo tempo gerado e não gerado, Verbo e Deus. Aliás, não poderia haver dois não gerados, o que resultaria em dois deuses e contradiria formalmente o monoteísmo.

Ora, a eternidade de Deus está ligada a seu caráter não gerado. Assim, o Verbo, gerado em todo caso, não pode ser eterno. Dizer que é coeterno ao Pai seria dizer que é co-não engendrado, o que é contraditório e impensável. Portanto, ele não existia antes de ser gerado: ele teve um começo. Correlativamente, Deus era Deus antes de ser Pai.

Tudo isso não quer dizer que o Filho foi criado no tempo cósmico, do qual temos experiência. Ele foi gerado, ou antes de todos os tempos, ou na origem de uma duração própria aos seres inteligíveis ("séculos" sem fim). Mas foi gerado pela vontade do Pai e não de sua substância, o que teria constituído uma espécie de divisão impensável da substância paterna. Na realidade, ele foi produzido a partir do nada. Ário tinha em mente, talvez, as "prolações" gnósticas dos valentinianos, isto é, a produção em série dos trinta princípios (*aiones* ou "éons"), derivados de um par original e formados por uma sequência de partilhas. Paulo de Samósata, no século III, retomara um pouco dessa ideia de partilha e estivera na origem da condenação pelos sínodos de Antioquia de 264-269 do termo *consubstancial*. Este, portanto, estava sobrecarregado com um passado pesado quando o concílio de Niceia o retomou por conta própria.

O Filho, portanto, foi gerado, no sentido geral de que tudo vem de Deus. Na verdade, ele pertence à ordem do devir: ele foi feito, criado, fundado, mas é uma criatura muito superior, como a Escritura, aliás, reconhece. A Sabedoria, figura profética do Verbo, não diz: "O Senhor engendrou-me primícia de sua ação, prelúdio de suas obras antigas" (Pr 8,22)? O Filho nos é de tal modo superior que merece ser chamado Deus por nós; mas na realidade é um Deus "feito"; diante do Deus único, não gerado e Pai, é uma criatura.

Numa carta a Eusébio de Nicomédia, Ário caracteriza assim aquilo que o opõe a seu bispo Alexandre:

> O bispo não para de nos espicaçar e de nos perseguir com todas as velas desfraldadas; ele nos expulsou da cidade como ateus, sob pretexto de não fazermos coro com ele quando declara em público: "Um Deus eterno, um Filho eterno: ao mesmo tempo um Pai, ao mesmo tempo um Filho; o Filho coexiste com Deus sem ser gerado; ele é sempre-gerado, não tornado por geração, e Deus não precede o Filho, nem num pensamento, nem num átomo de tempo: um Deus eterno, um Filho eterno; o Filho vem do próprio Deus".

[...] Quanto a nós, o que dizemos, pensamos, temos ensinado e ensinamos? Que o Filho não é nem não gerado, nem uma parte de não gerado, e que não provém tampouco de nenhum substrato: é por vontade e conselho que ele teve a existência antes dos tempos e dos séculos; é cheio de graça e de verdade, é Deus, Filho único, imutável; e antes de ter sido gerado (cf. Pr 8,25) ou criado (cf. Pr 8,22) ou estabelecido (cf. Rm 1,4) ou fundado (cf. Pr 8,23), ele não existia; pois ele não era não gerado.

Ora, nós somos perseguidos por ter dito: "O Filho tem um começo, mas Deus é sem começo". Eis por que somos perseguidos, e também porque dissemos: "Ele é a partir do nada". Assim falamos, dado que ele não é uma parte de Deus, nem proveniente de um substrato[3].

As fórmulas bem marcadas da *Talia* são ainda mais nítidas:

Deus não era desde sempre Pai, mas houve um momento em que Deus estava só e ainda não era Pai; mais tarde é que ele se tornou Pai.
O Filho não era desde sempre; pois, uma vez que tudo veio a ser a partir do nada, o Filho de Deus também é do nada. E uma vez que tudo são criaturas e obras que vieram a ser, ele também é criatura e obra. E já que tudo ainda não era antes, mas veio a ser, para o Verbo de Deus foi o mesmo, houve um momento em que ele não era, e ele não era antes de vir a ser: ele teve um começo de ser[4].

Nessa convicção, o pensamento de Ário testemunha um senso agudo da transcendência de Deus, o Todo-Outro. Deus é de tal forma Outro que o nome "Pai", tirado de uma analogia humana, não pode dizer nada de seu ser; esse nome lhe confere um atributo que já pertence à ordem do vir-a-ser: Deus, portanto, veio a ser Pai "mais tarde". A paternidade conota sempre um "antes" e um "depois"[5]. O esquema de produção do Verbo-Filho, a exemplo da emanação plotiniana na origem de nosso cosmo, coloca portanto o Verbo-Filho em primeiro na escala dos seres criados. O Verbo está no mais alto nível dessa escala, mas pertence a ela. O Filho, portanto, está do outro lado da diferença absoluta que separa Deus da criatura. Mas está situado tão alto que pode servir de intermediário.

A doutrina de Ário: uma convicção cristológica

A segunda convicção de Ário diz respeito à encarnação e aos testemunhos evangélicos sobre a vida de Jesus; o nascimento na carne, os progressos, a fome,

---

3. Opitz, *Athanasius Werke*, III-1, pp. 1-3; trad. B. Meunier, *Dieu peut-il avoir un Fils?*, op. cit., p. 32.
4. Em Atanásio, *Discours contre les ariens* I,5; *PG* 26,21 a; trad. B. Meunier, op. cit., p. 39.
5. Cf. Ch. Kannengiesser, *Le Verbe de Dieu selon Athanase*, Paris, Desclée, 1990, p. 135.

a sede, a fadiga, os sentimentos de fraqueza, a ignorância do dia do juízo, as humilhações e os sofrimentos na cruz mostram sobejamente que este Filho está sujeito a mudanças incompatíveis com a verdadeira divindade. Os antigos falavam a esse respeito de "paixões", das quais a paixão de Jesus é um ápice. Jesus é, portanto, um Deus inferior, pois um Deus verídico não teria suportado tais tratamentos.

De igual modo, Jesus precisou ser santificado pelo Pai no momento de seu batismo, que é para ele o dia de sua adoção filial. Sua glória e sua ressurreição são igualmente recebidas do alto. Elas não lhe vêm de si mesmo, mas do Pai. Em toda a sua vida, Jesus se mostra submisso e obediente ao Pai, a quem reconhece como maior que ele.

O esquema cristológico de Ário é o seguinte: o Verbo do Pai, inferior a ele, preexistente a nosso mundo e aos anjos, mas capaz de mudança, uniu-se a uma carne humana, a título de instrumento, de tal modo que desempenha nessa carne o papel da alma, que ele substitui. Assumindo assim a condição humana, ele participa de todas as suas mudanças e de todas as suas paixões. Mas porta-se de maneira tão meritória que é tornado perfeito e associado à divindade. O arianismo insere-se assim no esquema *Logos-Sarx*, que voltaremos a encontrar mais tarde nos debates cristológicos, utilizado tanto por alguns Padres ortodoxos — que entretanto professarão a existência da alma racional de Cristo — quanto por heréticos como Apolinário — que a negará[6].

Ário desenvolve igualmente uma argumentação escriturística apoiada, como vimos, no texto de Pr 8,22, em que a Sabedoria — figura do Verbo e de Cristo — proclama: "O Senhor me criou". Se o Filho é dito gerado por Deus, é então no sentido muito geral da paternidade universal de Deus (cf. 1Cor 8,6; Jó 38,28), em que os homens podem ser chamados "filhos de Deus" (Jo 1,12; Is 1,2). Em conrapartida, o Filho se declara inferior ao Pai: "O Pai é maior do que eu" (Jo 14,28); e trata-o como único Deus verdadeiro (Jo 17,3; Mc 10,18). Enfim, Cristo está sujeito à ignorância e às "paixões" da humanidade (Mc 13,22; Jo 11,33 e 39).

É assim, portanto, que Ário interpreta as palavras da Escritura e dá conta do Símbolo de fé tradicional. Nesse Deus trinitário, o Pai é maior que o Filho e que o Espírito, que saíram dele e são nomeados depois dele na Escritura. Resolve-se a aporia do mistério trinitário: este, apresentado sempre em termos bíblicos, é reintegrado nas categorias da razão filosófica e da teologia natural. Existe, sim, um só e único Deus: o Filho e o Espírito são suas primeiras criaturas.

A reunião do concílio de Niceia

É útil deter-se um instante na convocação e na organização do concílio de Niceia. Trata-se do primeiro, e muitos pontos se tornarão jurisprudência por

---
6. Cf. infra, pp. 304-307.

longo tempo. O concílio é convocado pelo imperador Constantino, que não se preocupou em consultar Roma. Esse precedente cria uma tradição que valerá para todos os concílios orientais da Igreja. O imperador recebe os Padres de Niceia nestes termos:

> A discórdia no interior da Igreja de Deus pareceu-me mais perigosa e mais insuportável que todas as guerras e combates. [...] Tão logo fui informado, contra toda esperança, de vossa contenda, considerei que não devia de modo nenhum negligenciá-la. Ao contrário, desejoso de dar minha contribuição para remediar o mal, reuni-vos todos imediatamente. Mas eu só o poderei fazer totalmente, segundo meus votos, quando vos vir a todos unidos em espírito [...][7].

Constantino é aqui testemunha do risco político que é a dissensão religiosa. A unidade do império podia ser posta em causa pelos conflitos teológicos. Por outro lado, uma reunião tão importante de bispos é, em si mesma, um ato político. Tal assembleia não poderia ter-se reunido sem utilizar os serviços do Estado, por exemplo o transporte público.

Há mais, porém, no pensamento dos contemporâneos, em particular de Eusébio de Cesareia, o panegirista de Constantino. O imperador é o "bispo do exterior", isto é, que deve velar, do exterior, pelo bom funcionamento das instituições e pela paz religiosa. Não tem de julgar as coisas da fé em si mesmas, mas deve velar pelo bem da religião. O imperador é considerado um "mediador", pois é investido por Deus da tarefa de assumir a boa ordem e a harmonia entre o Estado ou a sociedade civil e a sociedade eclesial. Encontraremos de novo essa concepção, muito mais consciente de si mesma, com a convocação de Éfeso por Teodósio II[8].

No momento de Niceia, a Igreja acredita viver um sonho: o império, até então ameaçador e perseguidor, vem em seu socorro e toma sua defesa. Logo ela se desenganará: a preocupação imperial permanecerá, antes de tudo, política. Assim veremos já com os sucessores de Constantino: Constâncio e Constante. Será grande, para os imperadores, o perigo de querer sempre refazer a unidade da Igreja, não em torno do que a Igreja considera ser a doutrina ortodoxa, mas em torno do partido religioso que lhes parece mais capaz de reconstituí-la, a ponto de mudarem de opinião ao longo da evolução das forças em presença. O zelo pela verdade da fé torna-se, então, bastante secundário.

O concílio de Niceia contou com 250 ou 300 bispos, segundo os autores antigos. O número tradicional de 318 é simbólico: refere-se aos 318 servos de Abraão (Gn 14,14). As grandes regiões do Oriente — Ásia Menor, Síria, Palestina, Egito — estão presentes. São sobretudo metropolitas, entre os quais titulares de sedes apostólicas. Atanásio está presente ao concílio, mas acompanha seu

---

7. Em Eusébio de Cesareia, *Vie da Constantin*, III,12; *PG* 20, 1068-1069.
8. Cf. infra, p. 328.

bispo Alexandre na condição de diácono. Ário, que era presbítero e não bispo, também estava presente e gozava da simpatia de diversos bispos "colucianistas". A representação do Ocidente é muito fraca: quatro bispos, entre os quais Ósio de Córdova, que parece representar a sé de Roma, assim como dois presbíteros pertencentes à delegação romana. O papa Silvestre, convidado ao concílio, não compareceu alegando idade avançada. Esse ponto também fará jurisprudência. Três grandes esferas de influência se acham, portanto, representadas em Niceia: Antioquia, Alexandria e Roma.

O procedimento é o da reunião de *comitia*, isto é, das diferentes ordens civis do império que são postas a deliberar sobre as questões de sua competência. A presidência de honra é assegurada pelo imperador, que intervirá com discreta firmeza em favor do *consubstancial*. Do lado eclesiástico, a presidência com toda certeza foi de Ósio, cujo nome vem sempre no cabeçalho dos textos, seguido dos dois presbíteros romanos.

As questões a tratar eram principalmente o caso ariano, mas também a questão da data da Páscoa e vários pontos disciplinares atinentes à organização das Igrejas e do clero. Além de sua confissão de fé, completada por um cânone dogmático, o concílio de Niceia produziu dezenove cânones disciplinares e uma carta aos egípcios.

Os debates sobre o arianismo começaram pela proposta de uma fórmula de fé, elaborada pelos "colucianistas", favoráveis a Ário. Essa fórmula foi descartada. Eusébio de Cesareia propôs então o Símbolo de sua Igreja, que foi adotado. Mas a maioria pediu que glosas viessem aclarar o sentido das afirmações a propósito das quais nascera o litígio. Os arianizantes podiam, com efeito, subscrever perfeitamente aquela fórmula, guardando para si sua interpretação. As discussões foram longas e difíceis. Segundo Rufino, o próprio Ário compareceu frequentemente. Uma vez decididos os "adendos", dezessete Padres ainda se opuseram. Constantino ameaçou então exilar os que não assinassem; somente dois bispos se recusaram. Esse *forcing* representou graves ameaças para o futuro.

A "definição" de Niceia: os adendos ao Símbolo

A definição de Niceia se apresenta, portanto, sob a forma de adendos ao Símbolo de Cesareia. Convém apresentá-los em seu ambiente original, aquele em relação ao qual eles ganham sentido:

> Cremos num só Deus [...]
> e num só Senhor, Jesus Cristo, Filho de Deus, gerado do Pai, único gerado,
> *isto é, da substância do Pai (tout'estin ek tes ousias tou Patros)*, Deus de Deus,
> luz da luz, Deus verdadeiro de Deus verdadeiro,
> *gerado, não criado (gennethenta ou poiethenta)*
> *consubstancial ao Pai (homoousion to Patri)*,

por quem tudo foi feito, o que está no céu e o que está na terra, [...] e no Espírito Santo[9].

"Isto é, da substância do Pai": Esta sequência que descreve a origem e a natureza do Filho em relação ao Pai, de tonalidade joanina, se encontra de algum modo "traduzida" na linguagem da conceitualidade grega, como indica o termo "isto é". Não se trata de uma afirmação nova, mas de uma explicação, de uma interpretação do que já está dito. Sempre se professou que o Filho era gerado pelo Pai: é o caso de esclarecer que se trata de uma "verdadeira" geração. Se o Filho é um verdadeiro Filho por geração, ele deve sê-lo segundo a substância daquele que o gera, como acontece em toda geração natural: um homem gera um homem. Há comunicação da substância paterna ao Filho.

Entretanto, a geração afirmada em Deus deve ser purificada de todos os elementos que a afetam quando se trata de uma geração no mundo humano e animal. É uma geração espiritual, sem separação de substância. Para compreendê-la, na verdade, duas experiências da geração devem ser combinadas, a partir das palavras "Filho" e "Verbo". O termo Filho apresenta, a partir da substância paterna, outro subsistente de mesma substância. O termo Verbo remete à geração do verbo mental: nosso espírito gera, por sua atividade, um termo semelhante a ele, imanente e sem separação (mas que não é subsistente). Corrigindo essas duas representações complementares uma pela outra, é possível encarar de maneira suficientemente correta a transcendência da geração divina.

Gerado, não criado: Ao longo da segunda metade do século III, a ideia geral acerca da "produção" dos seres se diferencia na linguagem teológica, segundo dois sentidos precisos: produção por geração ou produção por criação (no que diz respeito ao homem, o equivalente da criação será a "fabricação" dos objetos). Trata-se aqui de situar a origem do Filho em um ou outro desses registros. Houve um tempo de hesitação, pois as representações evocadas pelos dois termos criavam dificuldade: imagens grosseiras da geração dos animais de uma parte, assimilação ao conjunto das criaturas de outra. Os autores também corrigiam o termo escolhido ao declarar sua intenção. Ário, por seu turno, situa sem ambiguidade o Filho entre os seres criados (*kriston*, que se acha no cânone dogmático). O concílio definiu, ao contrário, o modo de origem do Filho como uma geração, excluindo a criação. A escolha desse termo nesse binômio redobra formalmente e de maneira especulativa a linguagem escriturística que falava da geração do Verbo. Um desses modos de produção se opõe ao outro. Um ser fabricado pelo homem ou criado por Deus é, de todo modo, diferente daquele que o fez, diferentemente do ser gerado, que é produzido segundo a lei da identidade da substância.

Consubstancial ao Pai: esta é a palavra-chave, o termo que se tornará o "símbolo" do concílio de Niceia. Esse termo completa a afirmação precedente

---

9. *DzS* 125; *COD* II-1, p. 35.

"da substância do Pai" do lado de seu resultado: o gerado é consubstancial ao gerador. Há identidade de substância entre um e outro. O Filho é da mesma substância que o Pai, é tanto Deus quanto ele. Pertence ao mesmo nível de ser. O termo não acrescenta nada tampouco ao conteúdo afirmado.

Diretamente, o concílio quer definir a identidade específica do Pai e do Filho contra aqueles que sustentam que ele é de uma substância inferior e dessemelhante, mas essa identidade era explicada também no sentido de uma identidade numérica, uma vez dadas as argumentações sobre a não divisão da substância divina. Essa insistência de certos nicenos os levará até mesmo a serem acusados de não manter suficientemente a distinção do Pai e do Filho e de recair numa forma de sabelianismo.

Quem teve a ideia dessa palavra em Niceia? Alguns pensam nos ocidentais e em Ósio, pois o termo tinha maus antecedentes no Oriente, onde era controvertido. Constantino parece tê-lo apoiado fortemente. Esse termo vai criar um distúrbio maior em razão desses antecedentes, de seu caráter não escriturístico e da dificuldade de sua interpretação. Em certo sentido, seu emprego em Niceia é prematuro, na medida em que seu significado ainda não foi esclarecido. Mas a situação não tornava necessário o emprego prematuro de termos novos?

O Símbolo de Niceia é completado por um cânone dogmático que anatematizava expressões correntes dos arianos:

> Havia um tempo em que ele não era;
> Antes de ter sido gerado, ele não era;
> Ele veio a ser a partir do que não é, ou de outra hipóstase *(hypostasis)* ou substância *(ousia)*[10].

A última fórmula mostra que o concílio de Niceia não faz diferença entre *hipóstase* e *substância*. Essa equivalência entre os dois conceitos será uma fonte de confusão a seguir. Será necessário todo um trabalho semântico exercido sobre esses termos para se chegar, no final do século, à fórmula trinitária[11].

A "virada" de Niceia, evento dogmático

A definição de Niceia constitui a certidão de nascimento da linguagem propriamente dogmática na Igreja. É a primeira vez que, num texto eclesial oficial e normativo, se acham empregados termos que não vêm da Escritura, mas da filosofia grega. Essa "novidade" pareceu escandalosa a muitos contemporâneos e foi causa de uma das crises mais graves que a Igreja conheceu. Uma forma de traumatismo se produziu: o cavalo de Troia da filosofia pagã, isto é,

---

10. *DzS* 126; COD II-1, p. 35.
11. Cf. infra, pp. 252-255.

a sabedoria humana julgada inimiga da Sabedoria de Deus, era introduzido no santuário da confissão da fé. Não era blasfematório afastar-se assim da linguagem revelada da Escritura? Era certo exprimir a fé numa linguagem não somente grega, mas também erudita e técnica, intelectual e abstrata? Era preciso atravancar assim o Símbolo da fé? Era preciso fazer tamanha virada? Por trás dessas perguntas se exprime uma reação "conservadora", "tradicionalista", que será a de inúmeros monges.

Tantas questões exigem uma resposta de fundo, que ultrapassa a conjuntura do momento, à qual teremos de voltar, e que vale para a totalidade da linguagem e da função dogmática na Igreja. Essa resposta está na natureza histórica da palavra de revelação, segundo a concepção cristã, palavra que é objeto de um ato de fé. A palavra de Deus se faz, desde sempre, palavra humana, a fim de ser compreendida por inteligências humanas. Segundo a lei da encarnação, tal palavra deve permanecer viva ao longo do tempo. Não pode congelar-se em fórmulas tão intocáveis a ponto de se tornarem palavras de papagaio. É por isso que a mensagem inscrita nas Escrituras, fruto ela mesma de todo um devir histórico, precisa ser incessantemente interpretada, para permanecer compreendida segundo sua verdade. É o desafio de um diálogo sem fim entre a palavra de Deus que interroga a história dos homens, e as palavras dos homens que escrutam sem cessar a palavra de Deus, em nome das questões que emergem de sua razão e de suas situações culturais. O dogma eclesial é um ato de interpretação da palavra de Deus consignada na Escritura. Não pretende fazer-lhe acréscimos, ou dizer outra coisa, mas traduzir em linguagens culturais novas, em função de questões novas, o que era dito. Vimos isso ao sublinhar a importância do "isto é".

O evento de Niceia resume-se de fato a um conflito de interpretação. Quando surge uma dúvida sobre o sentido de uma afirmação da fé, quando se insinua uma ambiguidade, quando as palavras antigas são glosadas e interpretadas de tal maneira que o sentido que lhes era tradicionalmente reconhecido parece substancialmente mudado, quando o conflito incessantemente ressurgente entre fé e razão parece resolvido em proveito exclusivo da razão, é urgente então empregar palavras novas para conservar o sentido antigo e para resolver "de verdade" o conflito. O paradoxo da função dogmática está nisso: ela cria o novo a fim de evitar "a hemorragia de sentido" (G. Widmer) da confissão antiga. Pois, de todo modo, naquele momento, os termos antigos já não bastam para esclarecer o debate.

Esse paradoxo conduz a outro: a "helenização" da linguagem da fé é posta a serviço da "des-helenização" de seu conteúdo. O arianismo pensa o cristianismo no interior dos esquemas neoplatônicos, para os quais o Logos é inevitavelmente um *tertium quid* entre a transcendência pura de Deus e o mundo criado. *Homoousios* quer dizer:

> o Filho se mantém no grau de ser do Deus transcendente. O que dizemos do Deus transcendente, devemos dizê-lo também do Filho. Niceia rompe com a

recepção ingênua da compreensão do ser na antiguidade tardia para dar conta da significação do querigma cristológico[12].

Mas, se houve uma virada, ela se deu apenas com um passo. O *consubstancial* de Niceia, que durante tanto tempo vai parecer excessivo, na verdade era pouco demais. Um termo só pode tomar seu sentido dentro de um espaço semântico suficientemente homogêneo para lhe servir de referência. É esse espaço que será preciso criar para suprimir a ambiguidade nativa do termo *consubstancial*. O termo atrairá outros tantos em sua esteira, por meio de um trabalho de elaboração difícil. Do termo isolado se passará à fórmula construída; da fórmula se passará então a textos de definições construídas (como em Calcedônia), e mais tarde a capítulos. *Consubstancial* pode ser considerado como o embrião de todo o discurso dogmático.

2. A CRISE CONSECUTIVA AO CONCÍLIO DE NICEIA

> Os AUTORES E OS TEXTOS: ATANÁSIO, *Discours contre les ariens*, I, II e III, *PG* 26, 12-468; *Lettre sur les décrets du concile de Nicée*, *PG* 25, 415-476. — Textos escolhidos dos discursos contra os arianos em F. CAVALLERA, *Saint Athanase*, Paris, Bloud et Cie., 1908. — Textos escolhidos sobre o debate trinitário no século IV em B. SESBOÜÉ e B. MEUNIER, *Dieu peut-il avoir un Fils?*, Paris, Cerf, 1993. — HILÁRIO DE POITIERS, *La Trinité*, *PL* 10, 9-472; ed. A. Martin e L. Brésard, 3 vols., *PF*, 1981.
>
> REFERÊNCIAS BIBLIOGRÁFICAS: M. SIMONETTI, *La crisi ariana nel IV secolo*. — CH. KANNENGIESSER, *Athanase d'Alexandrie évêque et écrivain. Une lecture des traités contre les ariens*, Paris, Beauchesne, 1983. — R. D. WILLIAMS, *Arius, Heresy and Tradition*, London, 1987. — R. P. C. HANSON, *The Search for the Christian Doctrine of God, The Arian Controversy*, Edinburgh, 1988. — CH. KANNENGIESSER, *Le Verbe de Dieu selon Athanase d'Alexandrie*, Paris, Desclée, 1990. — P. SMULDERS, *La doctrine trinitaire de saint Hilaire de Poitiers*, Roma, PUG, 1944.

Nascimento e desenvolvimento da controvérsia

O concílio, que devia pôr um termo à crise, começará por relançá-la. A unanimidade dos Padres de Niceia fora "ajudada" pela firmeza de Constantino. Ela se revelou frágil e logo mostrou fissuras que aumentaram até criar uma situação de cismas múltiplos entre as Igrejas, particularmente confusa no Oriente. Podem-se distinguir três grandes fases nesse meio século de conflitos que só encontrarão seu término em 381 com o concílio de Constantinopla I.

---

12. Friedo Ricken, Das Homousios von Nikaia als Krisis des altchristlichen Platonismus, em *Zur Frühgeschichte der Christologie*, hg. von B. Welte, Freiburg, Herder, 1970, p. 99.

A primeira fase se desenrola em vida de Constantino. — Vários Padres, para começar, retiram sua assinatura (Eusébio de Nicomédia, antigo "colucianista", e desde sempre favorável a Ário, Teógnis de Niceia), apesar da opção firme de Constantino em favor de "seu" concílio. A seguir, a partir de 328, os partidários de Eusébio, arianizantes ou francamente arianos, caem em graça junto ao imperador e tentam conquistá-lo para suas opiniões, mostrando-lhe que representam a maioria. Ário é até reabilitado, depois de ter feito, diante do imperador, uma profissão de fé, bíblica e "tradicional", que permanecia cuidadosamente aquém do debate do momento. Organizam-se maquinações para eliminar de suas sedes alguns nicenos como Eustácio de Antioquia, Marcelo de Ancira, que são objeto de suspeitas de sabelianismo. O jovem Atanásio, que em 328 substituiu o velho Alexandre, primeiro adversário de Ário, é deposto em 335 pelo concílio de Tiro, organizado pelos partidários de Eusébio de Nicomédia, pela razão principal de recusar-se a reintegrar Ário em sua Igreja. Ário é, portanto, readmitido à comunhão, ao passo que Atanásio parte para o exílio em Tréveris. Mas dois grandes protagonistas da crise desaparecem sucessivamente: Ário em 336, Constantino em 337.

Segunda fase, sob Constâncio e Constante (337-361). — Após a morte de Constantino (em 337), o movimento ariano se amplia sob seu filho Constâncio que reina no Oriente e o protege, ao passo que Constante sustenta no Ocidente a ortodoxia nicena. Eusébio de Nicomédia recebe a sede de Constantinopla. A resistência a Niceia se organiza com a reunião de diversos concílios, alguns de participação mista (Antioquia em 341, Sardes em 344), outros de coloração mais francamente ariana (Antioquia em 344, Sírmio em 349-350, depois em 351). Mas Constante morre em 350 e Constâncio vai se esforçar por refazer a unidade de todo o império em torno do arianismo até 361. O papa Libério e o velho Ósio são mandados ao exílio. Hilário de Poitiers, que defende a causa de Atanásio perante o imperador, também é enviado ao exílio. Atanásio recebe o mesmo destino de maneira repetida.

Por volta de 360, a vitória ariana parecia consumada no Oriente. Mais tarde, Basílio de Cesareia comparará a situação das Igrejas naquele momento a um combate naval sob a tempestade em plena noite, onde nenhum combatente consegue mais distinguir o aliado do inimigo[13]. E Jerônimo resumirá a situação numa de suas fórmulas magistrais: "Então o termo *substância* foi abolido: a condenação da fé de Niceia foi proclamada em toda parte. A terra inteira geme e se espanta por ser ariana"[14].

Durante esse tempo, tem lugar uma sucessão ininterrupta de sínodos locais, que promulgam numerosas fórmulas de fé. Algumas são francamente arianas, outras permanecem ortodoxas no que dizem, mas são ambíguas no que calam. Se se recorre às categorias gregas, é com o fim único de eliminar o *consubstancial*, até que um concílio decida recusar todas as palavras que não estão na Escritura. Tal é a fórmula IV de Sírmio:

---

13. Basílio de Cesareia, *Sur le Saint-Esprit*, XXX, 76-77; SC 17 bis, pp. 521-527.
14. Jerônimo, *Dialogue entre un luciférin et un orthodoxe*, 19; PL 23, 172 c.

Quanto ao termo *substância*, uma vez que foi utilizado demasiado ingenuamente pelos Padres, que o povo não o compreendia e se escandalizava com ele, e que as Escrituras não o comportam, decidiu-se deixá-lo de lado e que doravante não se tratará absolutamente mais de substância a propósito de Deus. Mas assim como as santas Escrituras dizem e ensinam, dizemos que o Filho é semelhante em tudo ao Pai[15].

Nessa crise, entretanto, é preciso distinguir bem dois tipos de arianismo: um retoma realmente a doutrina de Ário, mas permanece minoritária; a outra se contenta em recusar o termo *consubstancial*, julgado inaceitável, sempre buscando outras expressões para dar conta da divindade do Cristo. Nesse sentido, a crise ariana é, em grande parte, um "cisma da linguagem" (J. Moingt). A confusão ligada a uma polêmica múltipla e a conflitos de pessoas tornará difícil o discernimento que começa, entretanto, a se produzir entre as duas posições.

Terceira fase: a cisão ariana (por volta de 357-380). — É, com efeito, o momento em que as coisas se decantam a partir de 357, portanto desde antes da morte de Constâncio. Em 361, Juliano, dito "o Apóstata", torna-se imperador e devolve às Igrejas cristãs toda sua liberdade religiosa. Os bispos exilados podem voltar. Na Igreja, os verdadeiros herdeiros do arianismo se tornam cada vez mais radicais. A segunda geração ariana, como Aécio e Eunômio, pretende dar à doutrina um fundamento racional irrefutável[16] e professa nitidamente que o Filho é "dessemelhante" *(anomoios)* ao Pai, o que lhes valerá o nome de *anomeus*. Eles dominam ainda o concílio de Sírmio de 357. Mas o grosso da tropa, dita ariana porque recusava Niceia, se aproxima dos nicenos, com Basílio de Ancira[17]. Esse "terceiro partido" ariano se constitui a partir de 358 no concílio de Ancira, onde Basílio, bispo da cidade, professa não o *consubstancial (homoousios)*, mas o *de-substância-semelhante (homoiousios)*, termo que difere do anterior apenas por um iota! Daí o nome de *homoeusianos* que lhes foi dado. O debate sobre as fórmulas entre nicenos e homoeusianos continua mediante diversos concílios. Mas as filiações a Niceia se multiplicam a partir de 362. A sequência dessa história interessa à elaboração da fórmula trinitária que será tratada no capítulo seguinte[18].

Atanásio, o "defensor" de Niceia

Atanásio permaneceu, aos olhos da história, como o grande adversário de Ário e defensor de Niceia. Esse esquema, contudo, pede uma correção importante. Atanásio não pertence à mesma geração que Ário, é quase quarenta

---

15. Fórmula IV de Sírmio, Credo datado de 22 de maio de 359; *PG* 26, 693 b; trad. J. Moingt.
16. Cf. infra, pp. 245-247
17. Que não deve ser confundido com Basílio de Cesareia.
18. Cf. infra, pp. 251-262.

anos mais jovem que este. Aquele que, em primeiro lugar, instruiu o processo contra Ário foi Alexandre, de quem Atanásio era ainda diácono no momento da reunião de Niceia. Qualquer que tenha sido o papel que desempenhou ali, não foi o que Newman lhe atribui. Aliás, nos primeiros tempos de sua atividade pastoral, Atanásio parece evitar falar da crise ariana. É apenas progressivamente que ele reconhecerá a medida da coisa e se engajará de maneira cada vez mais decidida na luta antiariana.

Atanásio nasceu em Alexandria em 298 ou 299[19]. Com a morte do bispo Alexandre, é eleito arcebispo de Alexandria, embora não tenha ainda completado os trinta anos "canônicos" para tanto. Essa irregularidade lhe causará muitos aborrecimentos. Sua longa vida de bispo será extremamente movimentada e pontuada por cinco exílios sucessivos, em razão das variações da política imperial. Foi, antes de tudo, um pastor de linguagem bíblica e mística. A partir de 335 e do retorno de seu primeiro exílio em Tréveris, escreve seus *Tratados contra os arianos* (entre 338 e 350), para responder às questões levantadas pelos monges egípcios, assim como uma série de opúsculos sobre a divindade do Filho e a *Carta sobre os decretos de Niceia*.

No primeiro *Tratado*, após citar certo número de trechos da *Talia* de Ário, Atanásio estabelece seu ponto de partida na confissão de fé para desenvolver o segundo artigo do Símbolo. Declara-se, então, contra os três argumentos maiores dos arianos que questionavam a *eternidade*, a *geração* e a *imutabilidade* do Filho. Ele mostra que o discurso ariano repousa em uma confusão entre tornar-se e geração. Em Deus uma geração eterna é perfeitamente pensável. Questionar a eternidade da geração do Filho é, na verdade, ir contra a eternidade da paternidade do Pai.

No segundo *Tratado* ele se dedica a numerosas exegeses escriturísticas sobre a divindade do Filho do ponto de vista da economia da salvação. (Elas serão completadas por exegeses do *corpus* joanino no terceiro *Tratado*, cuja autenticidade é discutida.) Ali ele refuta a interpretação dos textos invocados pelos arianos (Hb 3,2; At 2,36; Pr 8,22). O aspecto trinitário e o da encarnação são ali estreitamente solidários, pois o que Atanásio discerne antes de mais nada na doutrina de Ário é a aniquilação da mediação de Cristo. O Filho tornado Deus por graça não pode nos fazer participar de sua filiação. É esse atentado à economia da encarnação redentora que o mobiliza: "Ário roubou-me meu Salvador", teria dito ele:

> O homem, como uma criatura, não teria sido divinizado se o Filho não tivesse sido Deus verdadeiro; e o homem não poderia ter se mantido na presença do Pai se este que revestiu o corpo não fosse seu Verbo por natureza e verdadeiro. E assim como não teríamos sido libertos do pecado e da maldição se a carne revestida pelo Verbo não fosse uma carne humana por natureza (pois não teríamos nada de comum com algo de estranho a nós), assim também o homem não teria sido divinizado se não fosse o Verbo nascido do Pai por natureza, verdadeiro e próprio ao Pai, que se tivesse feito carne.

---

19. Cf. C. Kannengiesser, *Le Verbe de Dieu selon Athanase*.

Eis por que tal união adveio: para unir aquele que é homem àquele que pertence por natureza à divindade, para que sua salvação e sua divinização sejam asseguradas[20].

Tal é a convicção de fé que preside as argumentações escriturísticas de Atanásio. Se Cristo deve nos divinizar, ele deve ser verdadeiro Deus e verdadeiro Filho. É preciso, portanto, respeitar o nome de Filho que lhe é dado pelas Escrituras (Mt 3,17: a teofania do batismo; Mt 11,27: o hino de júbilo; todo o evangelho de João; Hb 1,3: "resplendor de sua glória e expressão de seu ser [*hypostasis*]" etc.).

A linguagem da Escritura obedece a uma lógica precisa: reserva o termo *gerar* ao Filho (Sl 2,7; Sl 109,3; Pr 8,25; Jo 1,18) e o termo *fazer* às criaturas (Gn 1,1; Jo 1,3). É sob essa luz, portanto, que se deve julgar o "ele me criou" de Pr 8,22, que Atanásio explica com o auxílio de Cl 1,15: "Imagem do Deus invisível, Primogênito de toda criatura". Este texto, excepcional, deve ser compreendido dentro do quadro desta lei da linguagem. Deve-se tratar aqui, portanto, da humanidade de Cristo.

Os outros nomes do Filho — Verbo, Sabedoria, Imagem, Potência, Mão — têm em si mesmos a significação de Filho e é sempre ele que têm em vista. Esses termos designam aquele que é posto do lado do criador.

Os termos novos, como "da substância do Pai", são sugeridos pela Escritura: Sl 109,3: "De meu seio te gerei"; Jo 8,42: "é de Deus que eu saí"; Jo 1,18: "o Filho único, que está no seio do Pai". As Escrituras impõem o termo *consubstancial* quando falam ao mesmo tempo de geração e de indivisão (Jo 10,30; 14,10). Atanásio justifica, pois, essas palavras à luz do sentido antigo das palavras escriturísticas. A recusa que os arianos opõem às palavras é, de fato, uma recusa da doutrina:

> Por isso, se recusam admitir tais palavras como novas e estranhas, que admitam a doutrina que o concílio quer exprimir com essas palavras e que lancem o anátema sobre os que o concílio anatematizou; [...] Mas não duvido que, tendo aceitado a doutrina do concílio, não aprovem também as próprias palavras [...] Foi justamente a razão pela qual as palavras desta sorte foram instituídas.
>
> E depois, se alguém fizer um estudo atento, reconhecerá que, embora essas palavras não estejam assim nas Escrituras, ao menos a doutrina que exprimem se encontra nelas realmente[21].

Em todo esse debate, Atanásio tem consciência de expor uma fé que pede à razão humana que se abra a perspectivas novas, a fim de poder descobrir nelas

---

20. Atanásio, *Traités contre les Ariens*, II, 70; *PG* 26, 296 ab; trad. B. Meunier, op. cit., pp. 103-104.
21. Id., *Lettre sur les décrets de Nicée*, nº 21, *PG* 25, 454 ab; trad. J. Moingt.

a inteligência, ao passo que os arianos "estão persuadidos de que aquilo que eles não conseguem conceber não pode ser"[22].

A contribuição de Hilário de Poitiers

"Foi somente depois da morte de Constantino (337) que o Ocidente começou realmente a prestar atenção à controvérsia ariana."[23] Com efeito, sua adesão à fé de Niceia fora, de imediato, bastante ampla. Em contrapartida, Constante, como vimos, deixava os bispos em liberdade, ao passo que Constâncio, no Oriente, tomava o partido dos arianos. Mas a vinda de bispos exilados do Oriente, a morte de Constante (350) e a unificação do Império sob Constâncio modificaram a situação doutrinal e política. Constâncio, que queria unificar o império em torno do arianismo, interveio por seu turno, estimulando diversos concílios no Ocidente. Os bispos recalcitrantes foram, por sua vez, exilados. Entre eles, Hilário, eleito bispo de Poitiers por volta de 350, foi enviado à Frígia (Ásia Menor) em 356, no momento em que o conflito doutrinal no Oriente ainda parecia insolúvel. Durante seus quatro anos de exílio, ele completou sua formação doutrinal e se iniciou nos escritos e nas problemáticas do Oriente. Adquiriu assim um conhecimento profundo da controvérsia ariana e se convenceu de dois pontos importantes: o mistério trinitário era ameaçado de dois lados, não somente do lado propriamente ariano, mas também do monarquianismo sabeliano, perigo ao qual Hilário se tornou particularmente sensível. A resposta a esse duplo perigo não passava forçosamente pelo *consubstancial* de Niceia, julgado ambíguo por muitos no Oriente, mas podia também exprimir-se pela fórmula *de-substância-semelhante (homoiousios)* dos homeusianos, com quem Hilário conviveu de bom grado. Escreveu então seu grande tratado sobre *A Trindade*. Por volta de 360 é autorizado a regressar à Gália, onde é acolhido triunfalmente, e preside um concílio reunido em 361 em Paris, cujas decisões doutrinais foram moderadas.

Sua obra maior sobre a Trindade, repartida em doze livros nascidos de projetos sucessivos, constitui uma soma de argumentações bíblicas e teológicas. Hilário expõe primeiramente a posição católica sobre a verdadeira divindade do Filho, desenvolvendo uma catequese sobre o Pai, o Filho e o Espírito. Refuta em seguida as "impiedades" de Ário a partir da profissão de fé que este último enviara a Alexandre de Alexandria e que Hilário traduz para o latim. Sua argumentação se apoia sucessivamente nos testemunhos do Antigo Testamento (em particular as teofanias) e do Novo. Responde, enfim, às objeções arianas, em particular as que vêm da inferioridade aparente, das enfermidades, dos sofrimentos e das humilhações de Cristo. O Filho é Deus verdadeiro e Sabedoria eterna do Pai. Hilário aborda assim os aspectos propriamente cristológicos do problema trinitário.

---

22. Id., *Deuxième lettre à Sérapion* II,1; *SC* 15, ed. J. Lebon, p. 148.
23. M. Simonetti, em *Initiation aux Pères de l'Église*, vol. IV: *Les Pères latins*, Paris, Cerf, 1986, p. 71.

Sua documentação é obtida de seu conhecimento dos debates orientais, mas também do *Contra Práxeas* de Tertuliano. Houve quem o chamasse "o Atanásio do Ocidente", mas sua teologia mantém uma distância real em relação à do bispo alexandrino. Sua abordagem do tema é original e constitui uma contribuição fundamental à doutrina trinitária. Seu discurso é sempre simultaneamente antiariano e antissabeliano: de um lado, sublinha a unidade da natureza divina; de outro, a distinção das pessoas, sempre com base na análise da relação de geração entre o Pai e o Filho:

> A única fé, portanto, é reconhecer o Pai no Filho e o Filho no Pai, por causa da unidade inseparável de sua natureza; unidade que não permite afirmar sua confusão, mas sua indivisibilidade; não sua mistura, mas a identidade de sua natureza; não sua justaposição, mas sua substancialidade; não seu inacabamento, mas sua perfeição. Trata-se, de fato, de um nascimento, e não de uma divisão; temos um Filho e não uma adoção; é Deus, e não uma criação. E não é um Deus de outra espécie; não, o Pai e o Filho são um. Nascendo, o Filho não é dotado de uma nova natureza que seria estranha à natureza própria daquele de quem provém[24].

Mas Hilário praticamente nunca emprega o termo *consubstancial*, o que traduz certa reticência sua para com ele. Por sua amplitude e seu conteúdo, a obra "representou um fato novo no campo da literatura teológica de língua latina"[25]. Anuncia os grandes tratados de Agostinho.

Hilário também escreveu um livro *Sobre os Sínodos*, no contexto da preparação dos concílios de Rimini e de Selêucia (359). Seu objetivo era fazer os ocidentais perceberem que nem todos os adversários do *consubstancial* — que ele traduz por *essentiae unus* — eram obrigatoriamente arianos, que o próprio *consubstancial* comportava riscos de sabelianismo. Apresenta de modo favorável a tese homeusiana — cuja fórmula ele traduz por *similis essentiae*. Sua obra mostra que um ocidental de então podia compreender a complexidade da situação doutrinal do Oriente.

A "recepção" do concílio de Niceia

O meio século que separou Niceia de Constantinopla I representou o prazo necessário para que o conjunto dos cristãos aceitasse plenamente a legitimidade e a necessidade da nova linguagem racional. Foi o tempo da "recepção" de Niceia. A "recepção" é um fenômeno eclesial assim definido por Y. Congar:

> Por "recepção" entendemos aqui o processo pelo qual um corpo eclesial assume como sua uma determinação que ele mesmo não se deu, reconhecendo, na medida promulgada, uma regra que convém à sua vida [...]. A recepção comporta

---

24. Hilário de Poitiers, *Sur la Trinité* VIII,41; ed. Martin, PF, III, p. 154.
25. M. Simonetti, op. cit., p. 81.

uma relação própria de consentimento, eventualmente de julgamento, em que se exprime a vida de um corpo que desenvolve recursos espirituais originais[26].

Foi assim que Atanásio pôde proclamar que toda a terra habitada dera seu acordo à fé de Niceia[27]. A recepção, assim entendida, é um fato de Igreja, que se produz ou não se produz, que, portanto, não se decreta, mas se constata após o evento. O exemplo da recepção de Niceia mostra que esse fato pode passar por certo número de conflitos ou, pelo menos, por vicissitudes, e que ultrapassa o tempo de uma geração. É um dado orgânico e não jurídico (J. Fransen), embora possa ter consequências jurídicas. A história da recepção dos outros concílios confirma a experiência feita depois de Niceia, e teremos oportunidade de abordá-la. Sem opor esse dado à legitimidade e à autoridade da decisão tomada por um concílio, convém dizer que a recepção pertence ao sentido e à autoridade das definições e das fórmulas. À autoridade que ensina, o povo cristão remete um rosto novo da verdade recebida pela maneira como ele a compreende e a vive. Isso se insere num movimento de ida e vinda entre o povo e o magistério eclesial.

A recepção de um concílio enquanto ato do corpo da Igreja — que torna sua, por meio das vicissitudes do tempo, uma definição conciliar — deve ser distinguida da confirmação do concílio pelo bispo de Roma, o que se tornará uma regra geral. Essa confirmação, que é de ordem jurídica, pertence de algum modo ao concílio como evento dogmático. Para o caso de Niceia, tal confirmação não ocorreu. A assinatura dos representantes do papa no concílio permaneceu suficiente.

Emergência da eclesiologia conciliar

Esse tempo é também o da tomada de consciência da autoridade conciliar. Ao cabo desse longo conflito, não foi apenas o concílio de Niceia que foi recebido como tal, mas a ideia mesma do concílio e de sua autoridade, pois a doutrina atinente à autoridade conciliar não preexistia à reunião do concílio de Niceia. Ela foi elaborada no âmago dos debates que demarcaram sua difícil recepção. Em que consistia a novidade própria desse concílio? Como os contemporâneos apreenderam essa novidade? Os estudos recentes de H. J. Sieben e de W. de Vries, convergentes sem extrair o mesmo julgamento sobre todos os pontos, renovaram essa questão à luz dos textos[28].

Em primeiro lugar, que consciência animava os Padres participantes do concílio? Eles se apresentam como constituintes do "grande e santo concílio",

---

26. Y. Congar, La 'réception' comme réalité ecclésiologique, *RSPT* 56 (1972) 370.
27. Atanásio, *Lettre aux évêques africains contre les ariens*, 1; PG 26, 1029 a, citado por Y. Congar, art. cit., pp. 375-376.
28. H. J. Sieben e W. De Vries, op. cit., na bibliografia, p. 237.

aquele que exprime as decisões da "Igreja católica e apostólica". Essas expressões exprimem a convicção de que a Igreja universal aí está representada. De fato, o concílio se atribui uma autoridade particular e estima que suas decisões têm um caráter definitivo e irrevogável. A consciência dessa autoridade emerge das decisões disciplinares tomadas em relação à Igreja de Alexandria (cisma de Melécio), e das regras que se impõem às sedes de Alexandria, Antioquia, Jerusalém e mesmo Roma. Nenhum concílio precedente ousara tomar medidas acerca da organização da Igreja universal.

Entretanto, a crise subsequente ao concílio mostrou que essa convicção ainda não era partilhada pelo corpo da Igreja. Os testemunhos são suficientemente diferentes para serem, no mínimo, sinal de uma hesitação. Não era evidente para todos, na época, que Niceia, enquanto concílio ecumênico, foi um fato novo. Segundo H. J. Sieben, o papa Júlio I, em 335, parece pôr o concílio de Niceia no mesmo pé do de Antioquia de 269 e pensar que o juízo lançado contra os arianos está sujeito a revisão. W. de Vries não se diz convencido por essa opinião[29]. O que estaria em questão é o juízo de fato sobre os homens e não o Símbolo doutrinal. Para Eusébio de Cesareia, Niceia não tem uma importância particular.

No entanto, Niceia permanece como algo de singular. O qualificativo "ecumênico" lhe é atribuído de maneira exclusiva para seu tempo. Atanásio lhe dá frequentemente esse título porque se haviam reunido ali bispos vindos de todo o universo. Para ele, "Niceia era o 'grande' sínodo, o sínodo 'de primeira importância', o sínodo 'ecumênico' onde 'toda a Igreja católica' condenara Ário e seus partidários. Ainda segundo Atanásio, dá-se com Niceia o mesmo que se dá com o todo em relação às partes"[30]. Para que um sínodo seja ecumênico, é preciso que todo o universo esteja representado nele; a unanimidade é exigida para a decisão; o decreto deve estar em conformidade com a Escritura Santa, o ensinamento dos apóstolos e a tradição dos santos Padres. A doutrina de um concílio ecumênico não pode mais ser questionada a seguir[31]. Mas o bispo de Alexandria não menciona a necessidade da participação do bispo de Roma.

A posição de Atanásio, evidentemente, é determinante na matéria. J. H. Sieben estima entretanto que ela evoluiu, conferindo ao concílio uma autoridade cada vez maior à medida que o tempo passava. No início, a legitimidade da condenação de Ário não lhe parecia evidente. A fórmula de fé do concílio ainda não tinha para ele uma autoridade absoluta. Ele mesmo tenta refutar os arianos pela Escritura e pela razão e não invocando o concílio. Depois, em 363, estima que Niceia constitui um resumo da ortodoxia. Em seguida, o concílio se torna para ele a fé da Igreja católica como tal, sem no entanto falar de uma autoridade

---

29. H. J. Sieben, op. cit., p. 31-33; W. De Vries, op. cit., p. 22.
30. W. de Vries, op. cit., p. 24, resumindo a posição de H. J. Sieben.
31. Cf. M. Goemans, *Hetagemeen Concilie in de vierde Eluw*, Nijmegen-Utrecht, 1945.

absoluta da parte dela. Enfim, em 363, ele diz que o Símbolo de Niceia é como a palavra de Deus que permanece eternamente[32].

O concílio, para ele, era "infalível"? "Se entendermos por 'infalibilidade dos concílios' uma impossibilidade de se enganar ligada, por assim dizer, automaticamente à realização de certas condições", responde H. J. Sieben, "então deve-se afirmar que Atanásio ignora tal infalibilidade. Ele conhece, certamente, critérios com os quais se pode medir a legitimidade e o valor relativo dos sínodos, mas não a ponto de poderem justificar uma pretensão absoluta à verdade."[33] Esse julgamento é um tanto quanto minimizante aos olhos de W. de Vries. Se Atanásio não fala de infalibilidade, seu último escrito comporta expressões muito nítidas: "pedra eterna posta na fronteira"; "pedra gravada erguida para sempre contra toda heresia"; "palavra de Deus que permanece eternamente"[34].

Essas hesitações, que demarcam um movimento de reconhecimento progressivo da autoridade de Niceia, movimento ligado ao de sua recepção, é um caso exemplar de passagem de uma autoridade de fato a uma autoridade de direito. À medida que o tempo permite o recuo e favorece um discernimento sobre os conflitos provocados por Niceia, percebe-se que o concílio confirmou a fé dos apóstolos, que é fiel à Escritura; diz-se em seguida que ele falou de maneira definitiva e atribui-se esse carisma a seu caráter ecumênico. Foi a unanimidade da Igreja, representada por seus bispos, que se exprimiu em Niceia. Ora, a Igreja não pode se enganar em sua fé em razão das promessas de Cristo. Ao mesmo tempo, o concílio se vê revestido de uma autoridade *de jure*. Mas esse julgamento interveio num segundo momento. Após 381 Niceia será unanimemente considerado como pedra de toque da ortodoxia. Nos debates de Éfeso entre Cirilo e Nestório, o Símbolo de Niceia é considerado como a referência dogmática incontestada pelos dois debatedores. Estimam até que o texto de Niceia deve bastar para resolver sua contenda.

II. A DIVINDADE DO ESPÍRITO SANTO E O CONCÍLIO DE CONSTANTINOPLA I (381)

> Os autores e os textos: Atanásio, *Lettre à Sérapion*; ed. J. Lebon, *SC* 15, 1947. — Basílio de Cesareia, *Contre Eunome*, seguido de Eunômio, *Apologie*; ed. B. Sesboüé, G. M. de Durand, L. Doutreleau, *SC* 299 e 305, 1982 e 1983. — Basílio de Cesareia, *Sur le Saint-Esprit*, II-VIII; ed. B. Pruche, *SC* 17bis, 1968. — Dídimo Cego, *Traité du Saint-Esprit*; ed. L. Doutreleau, *SC* 386, 1992. — Teodoro de Mopsuéstia, *Les homélies catéchétiques* IX, 1; ed. R. Tonneau e R. Devreesse, Città del Vaticano, Bibl. Vaticana, 1949.

---

32. H. J. Sieben, op. cit., pp. 25-67.
33. Ibid., p. 63; trad. W. De Vries, op. cit., p. 27.
34. Atanásio, *Lettre aux évêques africains*; PG 26, 1032 a; 1048 a; 1032 a; citado por W. de Vries, op. cit., p. 27.

REFERÊNCIAS BIBLIOGRÁFICAS: H. DÖRRIES, *De Spiritu Sancto. Der Beitrag des Basilius zum Abschluss des Trinitarischen Dogmas*, Göttingen, Vandenhoeck & Ruprecht, 1956. — I. ORTIZ DE URBINA, *Nicée et Constantinople*, Paris, Orante, 1963. — A. M. RITTER, *Das Konzil von Konstantinopel und sein Symbol*, Göttingen, Vandenhoeck & Ruprecht, 1965. — *La signification et l'actualité du IIe concile oecuménique pour le monde chrétien d'aujourd'hui*, Genève, Ed. du Centre Orthodoxe du Patriarcat Œcuménique, 1982. — A. DE HALLEUX, *Patrologie et oecuménisme. Recueil d'études*, Leuven, University Press/Peeters, 1990, p. 303-442: "Pneumatologie".

Até por volta de meados do século IV, a divindade do Espírito Santo ainda não fora posta em questão. Deus é eminentemente Espírito. Seu sopro é aquele mesmo da vida de Deus. Esse sopro planava sobre as águas no momento da criação: é, portanto, preexistente. Fora enviado aos profetas bem antes da vinda de Cristo. Ele não assumiu carne. Sua origem divina, portanto, não levantava problema. Desde suas primeiras expressões, a doutrina cristã viu nele o dom eminentemente divino que foi feito à Igreja e põe seus membros em comunhão com Deus. Por todas essas razões, a divindade do Espírito permanecera uma aquisição pacífica da fé; mas nem por isso sua personalidade fora realmente posta a claro.

Mas a longa série de debates em torno da divindade do Filho transformou profundamente essa problemática antiga. É notável que a divindade do Espírito tenha sido posta em questão por volta de 360, no momento mesmo em que começa a se impor a legitimidade da afirmação nicena sobre o Filho. Trata-se de algum modo de um ricocheteio. Tudo o que acaba de ser dito na Igreja acerca da divindade do Filho deve ser aplicado igualmente ao Espírito? Não convém situá-lo ou do lado de uma simples "força" divina não pessoal, ou francamente do lado da criatura? A maneira como se provou a divindade do Filho se volta, de fato, contra o Espírito Santo: não se disse insistentemente que o Filho era gerado e não criado, e que não há terceiro modo de produção de um ser? Assim, já que se diz que o Espírito não é gerado nem não gerado, não devemos considerá-lo como criado?

1. A EMERGÊNCIA DAS HERESIAS "PNEUMATISTAS"

As heresias pneumatistas derivam suas diversas formas de uma origem tríplice.

O arianismo radical de Aécio e de Eunômio

Há, primeiramente, o arianismo radical da segunda geração ariana, o de Aécio e de Eunômio, o "dialético". Aécio era sírio, diácono de Antioquia, que se manifesta sobretudo entre 355 e 365 como chefe de fila dessa tendência. Lógico clássico, tirou as conclusões extremas do arianismo ao declarar o Filho dessemelhante ao Pai, o que valeu a seu grupo o nome de "anomeus" (do grego *anomoios*, "dessemelhante"). Foi deposto do diaconato em 360[35]. Eunômio, nascido na Capadócia por volta de 335, tornou-se seu discípulo. Mas sua personalidade e seu vigor de "dialético" foram tamanhos que logo ele eclipsou o mestre aos olhos dos contemporâneos. Posto em dificuldades em 360 no concílio de Constantinopla, que depôs Aécio do diaconato, Eunômio soube, por uma grande habilidade na apresentação de sua *Apologia*[36] — em que propõe uma doutrina "anomeana" falando apenas da semelhança do Filho com o Pai —, receber o bispado de Cízico. Não ficou ali muito tempo, tendo sido condenado ao exílio; morreu por volta de 394.

Aécio e Eunômio desenvolvem a partir de 357 as implicações lógicas do arianismo primitivo, a ponto, aliás, de provocar uma cisão no campo ariano. Detenhamo-nos aqui no que eles dizem do Espírito Santo: assim como o Filho é a primeira criatura do Pai, o Espírito é a primeira criatura do Filho. Assim como o Filho é de um nível ontológico inferior ao Pai, o Espírito é de um nível ainda mais inferior ao Filho e submisso a ele. O grande princípio — "tal é a relação do Filho com o Pai, tal é a relação do Espírito com o Filho" — é utilizado em prol da concepção de uma Trindade em *dégradé*. "O terceiro em dignidade e em ordem", escreve Eunômio, "é também o terceiro em natureza."[37] A unidade divina repousa, portanto, numa relação de desigualdade. De igual modo, "a divindade e a potência demiúrgica faltam" ao Espírito, "mas ele é repleto do poder de santificação e de ensinamento"[38]. Não se poderia ser mais claro.

Basílio de Cesareia, que os refuta no início de seu tratado *Sobre o Espírito Santo*[39], nos faz conhecer a argumentação deles sobre as partículas ou preposições. Esses adversários pretendiam tomar de empréstimo à Escritura uma regra linguística segundo a qual o texto bíblico reservava ao Pai a partícula *de quem*, já que tudo vem do Pai (causalidade principal); ao Filho a partícula *por quem*, já que tudo existe pelo Filho (causalidade instrumental); e ao Espírito a partícula *em quem*, já que o Espírito exprime uma condição de momento ou de lugar (portanto uma "causalidade" de tipo totalmente inferior). De igual modo, glorifica-se o Pai pelo Filho e no Espírito. Nessa diferença no uso das partículas Aécio e Eunômio concluíam estar a diversidade de natureza do Filho e do Espírito. Segundo Aécio, que invoca um princípio de correspondência estrita entre a estrutura do ser e a da linguagem, "dos seres de natureza dessemelhante

---

35. Sobre o que resta da obra de Aécio, ver as fórmulas reunidas por G. Bardy, L'héritage littéraire d'Aétius, *RHE* 24 (1928) 809-827.
36. Eunômio, *Apologie*; SC 305, pp. 235-299.
37. Ibid., 25; SC p. 285.
38. Ibid., p. 287.
39. Basílio de Cesareia, *Sur le Saint-Esprit*, II-VIII; SC 17 bis, pp. 261-321.

fala-se de modo dessemelhante", e inversamente, "os seres dos quais se fala de modo dessemelhante são de natureza dessemelhante"[40].

Os "trópicos" egípcios

Trata-se de fiéis assinalados por Serapião, bispo de Thmuis, no delta do Nilo. Atanásio os chamará de "trópicos", pois eles argumentam acerca dos "tropos" *(tropoi)* ou "figuras de linguagem" empregadas pela Escritura. Fazem-se notar por volta de 359-360.

Sua argumentação pode ser assim resumida: se o Espírito possui a divindade, só pode possuí-la por nascimento; se é gerado do Pai, o Filho é então seu irmão; se é gerado do Filho, o Pai é então seu avô! Mas essas duas hipóteses devem ser excluídas, pois nunca foi dito que o Espírito é gerado. Se não é gerado do Pai, não pode lhe ser consubstancial.

Por outro lado, as figuras de linguagem *(tropos)* das Escrituras mostram que o Espírito é uma criatura, e mais precisamente um anjo. O profeta Amós fala de Deus que "cria o *pneuma*" (Am 4,13): esse termo pode significar "vento" ou "Espírito". Contra toda evidência, os trópicos o compreendem aqui no segundo sentido. Mas têm a materialidade da palavra para si. De igual modo, a Escritura emprega enumerações ternárias nas quais, depois do Pai e do Filho, o Espírito é substituído por uma criatura ou um anjo: "Conjuro-te na presença de Deus e de Cristo Jesus, bem como dos anjos eleitos" (1Tm 5,21).

Os trópicos de Thmuis são ortodoxos em relação ao Filho: aliás, é sua compreensão do *consubstancial* que se volta como germe de heresia contra o Espírito. Já que o Filho era dito consubstancial porque gerado, eles concluíam daí que o Espírito não podia sê-lo, já que não era gerado.

Os "pneumatômacos" do Oriente

Uma terceira tendência se manifestou no mesmo momento (359-360) na região de Constantinopla no seio do partido ariano moderado e se difundiu pelo Oriente. Este grupo foi chamado de "macedonianos" por causa de Macedônio, arcebispo de Constantinopla destituído em 360. Mas o nome que mais lhes ficou foi o de "combatentes contra o Espírito Santo" ou "pneumatômacos". Pelo fato de um modo inferior de produção das coisas ser atribuído ao Espírito Santo (os seres não são criados dele, nem por ele, mas somente nele), os macedonianos concluem daí por uma inferioridade de natureza no Espírito. Sua divindade é, pois, atacada por meio de sua potência. Enumerado abaixo do Pai e do Filho, o Espírito não deve ser glorificado com eles. Como os trópicos, os macedonianos

---

40. Ibid., II, 4; p. 261.

são ortodoxos acerca do Filho[41]. Um pouco mais tarde, Eustácio de Sebaste, o antigo mestre de Basílio em seus projetos de vida ascética, abraçará a posição pneumatômaca. Apesar de todos os esforços do bispo de Cesareia, a ruptura interveio entre os dois. Esse incidente teve grande influência na redação do tratado *Sobre o Espírito Santo*.

2. OS GRANDES ARGUMENTOS EM FAVOR DA DIVINDADE DO ESPÍRITO SANTO

Atanásio de Alexandria

Neste novo debate, dois homens de primeiro plano empreenderam a defesa da divindade do Espírito Santo: Atanásio de Alexandria e Basílio de Cesareia. O primeiro, em suas *Cartas a Serapião*, respondeu às objeções dos trópicos de Thmuis. O segundo, em seu célebre tratado *Sobre o Espírito Santo*, leva em conta sobretudo o arianismo radical de Aécio e Eunômio e a tendência macedoniana. As argumentações escriturísticas de ambos, que tentam extrair leis de linguagem no discurso bíblico, têm uma concordância essencial.

Atanásio mostra aos trópicos que o Espírito não pode ser nem uma criatura nem um anjo, já que a Escritura lhe atribui prerrogativas e atividades propriamente divinas. Ele vem de Deus (1Cor 2,12); enche o universo (Sb 1,7); é único como Deus-Pai e o Senhor Jesus (1Cor 12,4-6). Suas atividades são as de Deus e não de uma criatura: ele santifica e renova as criaturas (1Cor 6,11; Tt 3,5-6; Sl 103,30); ele as vivifica (Rm 8,11; Jo 4,14 e 7,39); marca-as com sua unção e seu selo (Is 61,1; Ef 1,13; 1Jo 2,27); torna-as participantes da natureza divina (1Cor 3,16-17; 1Jo 4,13). Em suma, "aquele que une a criatura ao Verbo não pode ser ele mesmo do número das criaturas; aquele que confere a filiação por adoção não pode ser estranho ao Filho"[42].

Quanto ao texto de Amós 4,13 invocado pelos trópicos para provar que o Espírito é uma criatura, Atanásio não se contenta em declarar insustentável tal interpretação. Tenta apoiar sua posição na linguagem usual da Escritura, aquela cuja recorrência se impõe: quando a palavra *pneuma* quer dizer simplesmente "vento", é empregada só, sem artigo e sem determinação; quando significa "Espírito", é sempre acompanhada de uma determinação que elimina a ambiguidade ao manifestar algum de seus atributos: Espírito de Deus, do Pai, do Cristo, Espírito Santo, Espírito consolador etc. No mínimo vem acompanhado de artigo[43]. Essa reflexão é exemplar de uma argumentação "linguística" que

---

41. O movimento "pneumatômaco" nos é descrito sobretudo por Sozômeno, *HE*, IV,27; *PG* 67, 1199; e VI, 11; 1320-1321.

42. Atanásio, *Lettre à Sérapion* I,25; *SC* 15, p. 129.

43. Ibid., I,4; pp. 84-85.

pertencia à técnica exegética dos Padres, muito apegados ao valor das palavras na Escritura.

Um segundo argumento é tirado das relações trinitárias: pois uma convicção doutrinal quer que o Espírito tenha com o Filho a mesma relação que o Filho com o Pai. A pertença do Filho ao Pai é idêntica à pertença do Espírito ao Filho. Ou ambos são criaturas; ou ambos pertencem com propriedade ao mistério de Deus. Se o Filho é imagem do Pai, o Espírito por seu turno é imagem do Filho, já que é Espírito do Filho (Gl 4,6) e Espírito de filiação (Rm 8,15). É Espírito de sabedoria e de força (Is 11,2) e de glória (1Pd 4,14), nomes que pertencem ao Filho. Por isso Deus age inseparavelmente por seu Verbo e por seu Espírito (1Cor 12,4-6): ele cria por um e pelo outro (Sl 147,7); eles habitam semelhantemente em nós (Ef 3,16-17). Também devemos adorar a Deus como Espírito e como Verdade (Jo 4,23-24), isto é, no Espírito Santo e no Filho (que é a Verdade):

> Assim, pois, se o Filho, por causa de sua condição em relação ao Pai, [...] não é uma criatura, mas é consubstancial ao Pai, de igual modo o Espírito Santo tampouco pode ser uma criatura [...] por causa de sua condição em relação ao Filho e porque é do [Filho] que ele é dado a todos e porque o que ele tem pertence ao Filho[44].

Terceiro grande argumento, enfim: se o Espírito é uma criatura, não há mais Tríade, mas apenas uma díade. Ora, isso seria a ruína da fé batismal. O símbolo trinitário, com efeito, se funda no caráter único e inseparável dos três Nomes divinos na Escritura (cf. Rm 8,15; 1Jo 4,12-13; Jo 3,16; 16,14.17; 17,4; etc.).

Resta a difícil questão da origem do Espírito. Toda a argumentação de Atanásio, como mais tarde a de Basílio, repousa numa convicção "ontológica" que diferencia profundamente o cristianismo da tradição filosófica grega. Não há transição entre Deus e a criatura. O Espírito, portanto, deve estar de um lado ou de outro. No entanto a Escritura nada nos diz de sua origem: ele não é nem criado, nem gerado. O único termo empregado a seu respeito é "proceder": "O Espírito de verdade que procede do Pai" (Jo 15,26). Mas essa expressão diz respeito à missão do Espírito na economia da salvação, e não à sua origem na Trindade. Atanásio, é claro, retoma essa afirmação, mas sem insistir nela (I,33; III,1). Cita também os textos joaninos (Jo 14,26; 16,14-15 e 17,10) nos quais é dito que o Espírito é enviado "em nome" do Filho, que ele "recebe" dele e daquilo que lhe pertence; o Espírito, portanto, pertence também ao Pai. Mas não vai além da afirmação da Escritura. Não procura aprofundar um mistério que o ultrapassa. Para ele, a Escritura apenas insinua uma relação original do Espírito com o Pai.

Nos anos 374-375, Dídimo, o Cego, autor alexandrino, escreve *Sobre o Espírito Santo*, visivelmente influenciado por Atanásio, já que ali encontramos as mesmas argumentações das *Cartas a Serapião*. Dídimo retoma particularmente

---

44. Ibid., III,1; p. 165.

o movimento doutrinal. Enquanto, acerca do Filho, era possível ir da origem à consubstancialidade, este caminho é proibido quanto ao Espírito Santo, já que a Escritura guarda silêncio sobre sua origem. É preciso, pois, fazer o movimento inverso, provando primeiramente que ele pertence à natureza divina e concluindo que deve ter também uma origem divina. No plano da linguagem, Dídimo é mais explícito que o próprio Basílio na afirmação de que o Espírito é Senhor e Deus. Tampouco hesita em falar da consubstancialidade do Espírito com o Filho e com o Pai.

Basílio de Cesareia

Foi em 375 que Basílio de Cesareia escreveu um tratado importantíssimo para provar a divindade do Espírito Santo. Já em sua obra teológica de juventude, *Contra Eunômio*, consagrara um livro breve ao Espírito Santo. Desta feita, toma como ponto de partida um incidente litúrgico que deve ter sido obra dos pneumatômacos:

> Bem recentemente, enquanto eu orava com o povo e encerrava a doxologia a Deus-Pai de duas maneiras, ora *com* o Filho e *com* o Espírito Santo, ora *pelo* Filho, *no* Espírito Santo, alguns dos que lá estavam nos acusaram, dizendo que havíamos empregado expressões estranhas, contraditórias[45].

Essa controvérsia sobre as preposições é bem representativa dos argumentos de Aécio e Eunômio, tanto quanto dos pneumatômacos. A primeira doxologia garante a igualdade de natureza do Espírito com o Pai e o Filho. Basílio pretende mostrar seu pleno acordo com a segunda, esta também tradicional e bíblica. Por isso sua primeira argumentação vai se demorar nas preposições e mostrar que é falsa a pretensa regra linguística das Escrituras invocada por Aécio. Recorde-se o argumento: o que se diz de modo diferente é diferente quanto ao ser. Ora, a Escritura emprega três preposições diferentes para as três pessoas divinas: *de (ek)* para o Pai, *por (dia)* para o Filho e *em (en)* para o Espírito. Basílio refuta o princípio e seu fundamento, mostrando que as três preposições são empregadas a propósito das três pessoas. Assim, o *por* (1Cor 8,9; 2Cor 1,12) e o *em* (Ef 3,9; 2Tm 1,1) também falam do Pai; o *de* (Ef 4,15) e o *em*, do Filho; e o *de* (Mt 1,20; Jo 3,6) e o *por* (1Cor 2,10; 12,8), do Espírito Santo. É fácil, portanto, concluir: "Se uma diferença de expressão indicava, segundo eles, uma mudança de natureza, então que a identidade dos termos os faça agora ceder à confusão de ter de reconhecer que a essência não difere"[46]. Essa argumentação linguística tem sua pertinência estrutural.

---

45. Basílio de Cesareia, *Sur le Saint-Esprit* I,3; *SC* 17 bis, pp. 257-259. — Sobre as etapas de composição e a estrutura deste tratado, cf. H. Dörries, *De Spiritu Sancto*, p. 261.

46. Ibid., V,11; *SC* 17 bis, p. 283.

Em contrapartida, a doxologia que diz *com* se baseia na ordem batismal de Mt 28,19, que *conumera* o Espírito com o Filho e o Pai com auxílio da partícula *e (kai)*. A Igreja faz a mesma coisa em sua liturgia batismal e sua profissão de fé.

A segunda grande argumentação parte precisamente da regra da fé batismal e situa a coisa numa perspectiva global. Um princípio doutrinal caro a Basílio e de grande importância dogmática exige que a regra batismal seja a da fé e da doxologia. Basílio exprimia-o assim numa carta de 373:

> Cremos como somos batizados e glorificamos como cremos. Assim, já que um batismo nos foi dado pelo Salvador em nome do Pai, do Filho e do Espírito Santo, apresentamos uma profissão de fé conforme a este batismo e uma glorificação conforme a esta fé, glorificando o Espírito Santo com o Pai e o Filho, porque estamos persuadidos de que ele não é estranho à natureza divina[47].

Existe, pois, um elo de correspondências entre a celebração do batismo que se faz em nome do Pai, do Filho e do Espírito, a regra de fé que preside tanto a instrução quanto a profissão batismal e que vem do mandamento do Senhor em Mt 28,19 e, finalmente, a doxologia ou glorificação que deve obedecer à lei do batismo. Esta regra de fé, que "conumera" as três pessoas colocando-as no mesmo plano, corresponde à tríplice imersão do neófito. Ela autoriza, portanto, a doxologia que as "conumera" igualmente. Em seu tratado *Sobre o Espírito Santo*, o bispo desenvolve com emoção este argumento batismal:

> Para mim, peço em minha oração para partir com esta profissão para a casa do Senhor e, a eles, exorto-os a conservar esta fé inviolada até o dia do Cristo, guardando zelosamente o ensinamento sobre o batismo na confissão da fé e na glorificação[48].

Essa argumentação repousa, mais uma vez, na lei linguística inscrita nos textos confessionais e litúrgicos da Igreja. Mas, a propósito da identidade divina do Espírito, Basílio não retoma o termo *consubstancial*. Prefere o de "identidade de honra", *homotimos*, termo construído em grego do mesmo modo como o famoso *homoousios*. A igualdade de honra, na confissão de fé e na doxologia, prova a conaturalidade das três pessoas.

Como Atanásio e Dídimo, Basílio retoma também os argumentos que procedem com base em nomes e atividades atribuídas ao Espírito pela Escritura. O nome Espírito que lhe é dado é precisamente um nome divino, já que "Deus é Espírito" (Jo 4,24); é Espírito Santo com a santidade que é própria de Deus; partilha com o Filho o nome de Paráclito (Jo 14,26); é Senhor (2Ts 3,5; 2Cor

---

47. Id., *Lettres*, 159,2; ed. Y. Courtonne, Budé 1961, p. 86. Este princípio é frequentemente afirmado em Basílio.

48. Id., *Sur le Saint-Esprit* X,26; *SC* 17 bis p. 339. Este texto é sequência do citado supra, p. 95.

3,17-18). Quanto às suas atividades, são senhoriais: criação (Sl 32,6), recriação e renovação (Sl 103,30), santificação (1Cor 6,11). Como Cristo, envia os apóstolos (At 13,2; o caso de Saul e Barnabé). Conduz a Deus, que é verdade (Jo 16,15). Intercede por nós (Rm 8,34). Tentá-lo é mentir a Deus (At 5,4.9: o caso de Ananias e Safira). Blasfemar contra ele é imperdoável (Mt 12,32). Suas atividades são tão inseparáveis das do Filho quanto o Filho é inseparável do Pai: recebemos a vida do Filho e do Espírito (Rm 8,2); somos herdeiros do Filho pelo Espírito de adoção (Rm 8,26); o Espírito glorifica o Filho como o Filho glorifica o Pai (Jo 16,14 e 17,4).

Basílio fala pouco da processão do Espírito Santo, uma vez que ele também argumenta a partir da igualdade do Espírito com o Pai e o Filho com base em seus nomes, seu ser e seu agir. No entanto, cita Jo 15,26 aproximando-o de Sl 33,6: "Pela sua palavra, o Senhor fez os céus e todo o exército deles, com o sopro de sua boca". Assim ele comenta:

> Trata-se de uma Palavra que estava com Deus desde o começo e que é Deus, e do Sopro da boca de Deus, o Sopro [= Espírito] de verdade que procede do Pai[49].

Esse sopro que sai de Deus é uma indicação sobre a origem do Espírito, que não tem lugar por modo de geração. Essa visão do Espírito no mistério de Deus se integra para ele na teologia trinitária:

> O caminho do conhecimento de Deus vai, portanto, do Espírito que é um, pelo Filho, até o Pai, que é um; e, em sentido inverso, a bondade natural, a santidade de natureza e a dignidade real escoam do Pai, pelo Unigênito, até o Espírito. Assim se confessam as hipóstases sem arruinar a piedosa doutrina da Monarquia[50].

Uma linguagem particularmente prudente

É notável, entretanto, que o grande defensor da divindade do Espírito Santo não consinta jamais em dizer claramente que o Espírito é Deus. Isso se dá por duas razões: primeiro, essa afirmação não se encontra tal e qual na Escritura; em seguida, ela cria dificuldade para alguns cristãos fracos na fé. Com a meta de facilitar a comunhão entre as Igrejas, Basílio pede somente a aceitação da fé de Niceia e a profissão de que o Espírito não é uma criatura. Essa flexibilidade na linguagem num ponto capital da fé é um exemplo de "ecumenismo" por antecipação. Mas essa indulgência foi mal interpretada nos meios que hoje chama-

---

49. Ibid., XVI,38; p. 381.
50. Ibid., XVIII,47; p. 413.

ríamos tradicionalistas. Gregório de Nazianzo relata ao amigo bispo de Cesareia um incidente significativo que se produzira durante uma refeição "eclesiástica". Um monge atacou vivamente Basílio e seu irmão Gregório de Nissa:

> — Que estais dizendo? — clama ele [...] — A que ponto sois mentirosos e bajuladores! Que se faça elogio a esses homens em todo o resto, não me oponho; mas o principal, não o concedo: quanto à ortodoxia, é enganoso elogiar Basílio, enganoso elogiar Gregório; um trai a fé pelos argumentos que sustenta; o outro é cúmplice dessa traição pelo que deixa fazer. [...] Eu cheguei no momento [...] da reunião organizada em honra do mártir Eupsíquio [...] e lá escutei Basílio, o Grande, falar sobre a teologia; sobre o Pai e o Filho, foi excelente, foi perfeito, foi de uma maneira que qualquer outro teria dificuldade em atingir; mas o Espírito, ele o escamoteava. [...] Basílio [...] se limita a deixar entrever obscuramente as coisas e só faz, por assim dizer, esboçar a doutrina; não proclama francamente a verdade; com mais política do que piedade, martela nossos ouvidos, e com o poder de sua palavra mascara sua duplicidade[51].

A resposta de Basílio a essa suspeita será dolorosa e magoada. Sua atitude foi chamada "economia", não no sentido da economia da salvação, mas no de uma prudência e de uma sabedoria concreta, ao mesmo tempo pastoral e pedagógica[52]. É notável que a sequência do Símbolo de Niceia-Constantinopla sobre o Espírito Santo imitará a prudência de Basílio: ele proclamará o Espírito Senhor, mas não Deus.

3. A REUNIÃO DO CONCÍLIO DE CONSTANTINOPLA I (381)

Na série dos concílios ecumênicos, o de Constantinopla I constitui um caso totalmente original. No momento em que se reuniu, não tinha de modo algum consciência de ser "ecumênico", no sentido que a expressão tomara na ocasião do concílio de Niceia. Foi um concílio do Oriente, convocado por Teodósio, imperador do Oriente. Foi presidido primeiramente por Melécio de Antioquia e, depois da morte deste, por Gregório de Nazianzo, que não resistiu a uma série de contestações, e enfim por Nectário, novo arcebispo de Constantinopla. As atas do concílio se perderam e nossa documentação histórica a seu respeito é muito lacunar[53]. É certo que a carta sinodal de 382, escrita no

---

51. Gregório de Nazianzo, *Lettres* 58; ed. P. Gallay, Budé 1964, pp. 74-75.
52. Sobre esta atitude de economia e suas variações em Basílio, cf. B. Pruche, introdução ao tratado *Sur le Saint-Esprit*, SC 17 bis, pp. 79-110. — Paulo VI citou esse exemplo de Basílio como modelo para o diálogo ecumênico hoje num discurso dirigido ao patriarca Atenágoras, *Doc. Cath.*, 1499 (1967) col. 1382.
53. Notícias que se repetem nos historiadores antigos da Igreja, Sócrates, Sozômeno, Teodoreto. Algumas indicações nos dois Gregórios, de Nissa e de Nazianzo.

ano seguinte em Roma pelos mesmos Padres conciliares, evoca o "tomo" que foi "composto no ano passado pelo sínodo ecumênico de Constantinopla"[54]. Mas este concílio se viu recoberto por um silêncio quase absoluto durante três quartos de século. É preciso esperar o concílio de Calcedônia para que uma verdadeira autoridade ecumênica seja reconhecida a seu Símbolo e, consequentemente, ao concílio mesmo[55].

No plano doutrinal que nos interessa aqui, o papel do concílio de Constantinopla I foi pôr termo no Oriente à heresia ariana e proclamar a divindade do Espírito Santo. Mas os concílios devem também abordar os problemas de conjuntura e de disciplina. Tratava-se então, antes de tudo, de situar no conjunto da Igreja a autoridade do bispo de Constantinopla, Nova Roma, que ganhara importância considerável desde que a cidade se tornara capital do império do Oriente. Havia também problemas de pessoas a resolver após tantos anos de cismas, problemas de que a metrópole de Antioquia dera uma triste ilustração[56]. Assim, além do célebre Símbolo que traz seu nome, o concílio promulgou quatro cânones disciplinares, o terceiro dos quais[57] atribuía o segundo lugar em honra e em dignidade à sede imperial de Constantinopla, depois de Roma. Esse ponto criará dificuldades aos olhos da velha Roma: os papas recusarão sempre avalizar esse cânone; mais tarde, o cânon 28 de Calcedônia sobre o mesmo tema terá a mesma sorte[58].

Este concílio reuniu cerca de 150 bispos, isto é, mais ou menos a metade dos participantes do concílio de Niceia. Seus membros mais conhecidos fazem parte do grupo dos amigos de Basílio, prematuramente desaparecido[59], em particular seus irmãos Gregório de Nissa e Pedro de Sebaste, seu amigo do coração Gregório de Nazianzo, seu correspondente Anfilóquio de Icônio, e Melécio, o bispo contestado de Antioquia por quem Basílio sempre tomara partido. Estavam igualmente presentes Cirilo de Jerusalém e Diodoro de Tarso.

O Símbolo de Niceia-Constantinopla: origem e destino

O concílio de Calcedônia (451) atribui oficialmente a paternidade deste Símbolo aos cento e cinquenta Padres de Constantinopla. Entretanto, a origem do texto é obscura e deu lugar a múltiplas hipóteses[60]. Não se trata, com efeito,

---

54. Cf. *COD* II-1, p. 83.
55. Cf. I. Ortiz de Urbina, *Nicée et Constantinople*, pp. 223-240.
56. Cf. F. Cavallera, *Le schisme d'Antioche*, Paris, Picard, 1905.
57. Cf. *COD* II-1, p. 89.
58. Cf. infra, p. 345-346.
59. Em 1º de janeiro de 379, segundo a data tradicional, hoje antecipada para 377 (P. Maraval, La date de la morte de Basile de Césarée, *Rev. Ét. Aug.* 34 [1988] 25-39) ou 378 (J. R. Pouchet, La date de l'élection épiscopale de saint Basile et celle de sa mort, *RHE* 87 [1992] 5-33).
60. Cf. J. N. D. Kelly, *Early Christian Creeds*, pp. 296-367.

da retomada formal do Símbolo de Niceia, pois os dois primeiros artigos mantêm diferenças sensíveis entre os dois documentos. Harnack estimava que se tratava de uma retomada modificada do Símbolo de Jerusalém. Essa hipótese não é mais considerada hoje em dia. Por outro lado, encontra-se no *Ancoratus* de Epifânio de Salamina, obra que visava ancorar os cristãos em sua fé, em 374, um Símbolo quase idêntico ao de Constantinopla, portanto sete anos antes[61]. A hipótese que faria de Epifânio o primeiro autor deste Símbolo, ainda considerada por I. Ortiz de Urbina[62], hoje em dia é rejeitada: estima-se hoje, com razão, que esse texto é, na obra de Epifânio, uma interpolação desajeitada[63]. O grande editor dos decretos conciliares, E. Schwartz, já o mostrara e concluíra daí que era preciso restituir o Símbolo ao concílio de Constantinopla, segundo o testemunho dos Padres de Calcedônia. Estes afirmavam com efeito que Constantinopla "confirmara" a fé de Niceia. Tal expressão, como mostrou J. Lebon[64], não visa forçosamente a uma criação literária estrita, mas pode traduzir também a retomada de um ou outro dos Símbolos orientais existentes, que haviam integrado os adendos típicos de Niceia. Constantinopla "renovou" a fé de Niceia. É a solução preferida por A. M. Ritter, ao cabo de um longo estudo sobre o assunto[65]. Muitas hipóteses de detalhe foram lançadas (origem palestina, síria etc.) e no estado atual da pesquisa numerosos pontos permanecem abertos. A parte propriamente redacional dos Padres de Constantinopla I nos dois primeiros artigos permanece incerta e decerto reduzida.

Luise Abramowski[66] bem recentemente voltou a dar grande importância ao testemunho oferecido sobre a origem do Símbolo por Teodoro de Mopsuéstia, contemporâneo dos acontecimentos, presbítero de Antioquia na época e discípulo de Diodoro de Tarso, que estava presente ao concílio. Teodoro, por volta de 392, mostra como os Padres de Constantinopla terminaram por completar e desenvolver o brevíssimo terceiro artigo de Niceia:

> Nossos Pais bem-aventurados [= os de Niceia] emitiram simplesmente, sem aprofundar: "E ao Espírito Santo". Consideraram que isso bastava para o auditório daquele tempo; mas seus sucessores nos transmitiram um ensinamento completo sobre o Espírito Santo. Em primeiro lugar os bispos ocidentais se reuniram em concílio, porque não podiam vir ao Oriente, por causa da perseguição (exercida) pelos arianos nessa região; mais tarde, a graça de Deus fez cessar

---

61. Epifânio de Salamina, *Ancoratus*; PG 43, 232 c; DzS 42.
62. I. Ortiz de Urbina, *Nicée et Constantinople*, p. 187.
63. Cf. A. de Halleux, *Patrologie et oecuménisme*, pp. 46-47 e 312-313. — Mesma opinião em W. Schneemelcher, Die Entstehung des Glaubensbekenntnisses von Konstantinopel (381), in *La signification et l'actualité...*, pp. 178-179.
64. Cf. A. de Halleux, op. cit., p. 313.
65. A. M. Ritter, *Das Konzil von Konstantinopel...*, pp. 185-187.
66. Luise Abramowski, Was hat das Nicaeno-Constantinopolitanum (C) mit dem Konzil von Konstantinopel zu tun?, *Theologie und Philosophie* 67 (1992) 481-513, que propõe uma retomada muito minuciosa de toda a questão.

a perseguição e os bispos orientais também acolheram com alegria a doutrina transmitida por este concílio do Ocidente. Concordaram com sua maneira de ver e com suas subscrições mostraram sua comunhão (de opiniões)[67].

Segundo esse testemunho, portanto, um concílio ocidental já teria completado o terceiro artigo do Símbolo de Niceia sobre o Espírito Santo e o Oriente teria subscrito esse texto num Sínodo que Ritter[68] estima ser o de Antioquia — realizado pelos partidários de Melécio — em 379. Isso explicaria o fato de certas semelhanças do Símbolo de Constantinopla com o antigo Símbolo romano. Infelizmente este Símbolo enviado por Dâmaso a Antioquia e ao qual se deu o nome de código *Romano-Nicaenum*, já que se trata da fórmula latina completada com as expressões de Niceia, se perdeu. Pode-se pensar que o texto comentado por Teodoro está em ligação com a fórmula romana, mas não sabemos em que medida. Seu terceiro artigo é mais breve que o de Constantinopla. A própria L. Abramowski reconhece que a fórmula romana e o texto de Constantinopla não podiam ser totalmente idênticos[69].

Teodoro sustenta, com efeito, que foi o concílio de 381 que completou o Símbolo na sequência sobre o Espírito Santo. Na mesma homilia ele prossegue:

> Como aqueles que inclinam para o mal introduziram seus desaforos — alguns chamaram o Espírito Santo de servo e criatura e outros, abstendo-se desses nomes, não puderam chamá-lo Deus —, foi necessário que aqueles doutores da Igreja, vindos de todo o mundo e herdeiros dos bem-aventurados primeiros padres, revelassem claramente diante de todos a intenção de seus pais, e em sua busca cuidadosa mostrassem o que era a verdade de sua fé, explicando também o pensamento de seus pais. E eles nos escreveram palavras que alertassem os fiéis e aniquilassem o erro dos hereges. E como tinham feito seus pais para a profissão de fé no Filho, combatendo a impiedade de Ário, assim fizeram estes acerca do Espírito Santo, refutando os que o blasfemam[70].

Cabe, portanto, nesta questão distinguir bem o caso da redação do terceiro artigo e a origem global do Símbolo. Pode-se pensar que com exceção das menções já adquiridas do Espírito Santo e levando em conta uma influência real do Símbolo enviado por Dâmaso, "é toda a cláusula pneumatológica do *constantinopolitanum* que deve representar o adendo propriamente dito do concílio de 381"[71].

A redação da sequência pneumatológica afirmando a divindade do Espírito Santo tinha como objetivo fazer os macedonianos retornar à ortodoxia neonicena.

---

67. Teodoro de Mopsuéstia, *Les homélies catéchétiques* IX,1; op. cit., pp. 213-215.
68. A. M. Ritter, op. cit., p. 154.
69. L. Abramowski, art. cit., p. 498.
70. Teodoro de Mopsuéstia, op. cit., IX,14; pp. 235-237.
71. A. de Halleux, op. cit., p. 314.

Empresa que fracassou. Quem foi o autor da sequência? Entre os "protagonistas da ortodoxia pneumatológica, Atanásio e Dídimo, Epifânio, Ambrósio, Basílio e os dois Gregórios. Segundo A. de Halleux, "tudo orienta para os padres capadócios, teólogos mais prestigiosos da assembleia"[72], que, aliás, são parentes, amigos e herdeiros do pensamento de Basílio de Cesareia. A influência real deste último, falecido havia no mínimo dois anos, sobre a redação é discutida pelos historiadores[73]. Mas é de fato a pneumatologia de Basílio que se acha concretamente posta em fórmulas neste artigo, como se poderá constatar no breve comentário a seguir. As prudências da formulação recordam a famosa "economia" basiliana: esta redação mantém uma discrição voluntária na linguagem com o objetivo de permitir a concórdia com os macedonianos. É difícil ser mais preciso: sabe-se que Gregório de Nazianzo lamentava as "concessões" feitas aos adversários durante as negociações conciliares e teria preferido uma confissão mais formal da divindade do Espírito; conhecem-se, em contrapartida, as vicissitudes de suas relações com o concílio. W. Jaeger pensou num papel importante de Gregório de Nissa, mas com indícios ambíguos[74]. Pode-se concluir somente que este terceiro artigo apresenta uma recapitulação da pneumatologia basiliana e se apoia, numa situação nova, sobre o precedente de sua atitude conciliadora.

A primeira história deste Símbolo após o concílio é tão obscura quanto a de sua origem. Decerto em sua carta ao papa Dâmaso os Padres do sínodo de 382 se referem à obra realizada no ano anterior, mas não insistem em seu próprio Símbolo. A partir daí, é toda a obra do concílio que submerge num silêncio quase completo e mesmo em certo esquecimento até 451. A grande controvérsia cristológica entre Cirilo e Nestório refere-se apenas ao Símbolo de Niceia de 325. Os argumentos dos protagonistas incidem sobre a maneira de interpretar a construção desse Símbolo. Mesma atitude em Éfeso. É preciso esperar a celebração do concílio de Calcedônia para que o Símbolo de Constantinopla seja associado ao de Niceia como referência incontestável da fé. É lido solenemente, aclamado e proclamado conforme ao Símbolo de Niceia. Por isso mesmo os Padres de Calcedônia lhe reconheciam uma autoridade ecumênica, a maior possível, em pé de igualdade com o Símbolo de Niceia. É a partir daí que o Símbolo de Constantinopla, chamado no mais das vezes de Niceia-Constantinopla, desalojará seu glorioso predecessor no uso litúrgico como Credo oficial da Igreja.

A sequência sobre o Espírito Santo

Esta sequência comporta cinco cláusulas que afirmam a divindade do Espírito Santo, sua pertença à Trindade, sua processão do Pai e sua atividade

---

72. Ibid., pp. 314-316.
73. Cf. ibid., pp. 316-317.
74. Sobre esta questão cf. ibid., pp. 319-321.

salvífica[75]. Mas para não reavivar os debates sobre a linguagem e a fim de facilitar um acordo esperado com os macedonianos, os Padres de Constantinopla não reproduziram, acerca do Espírito Santo, os termos filosóficos empregados em Niceia. Os documentos da época, entretanto, mostram que eles eram aplicados igualmente ao Espírito. Os termos que definem a fé no Espírito Santo foram, pois, escolhidos de maneira a significar, numa linguagem equivalente, a consubstancialidade do Espírito ao Filho e ao Pai. O paralelismo, de fato, é intencional entre o que é afirmado do Espírito e o que é dito do Filho. Essa sequência é um exato resumo da argumentação dos Padres contemporâneos da Igreja, em particular Basílio de Cesareia, desde que foi levantada a questão da divindade do Espírito:

"... e no Espírito Santo." — É notável que não se encontre repetida aqui a menção ao *único* Espírito, como era o caso quanto ao Pai e ao Filho[76], ao passo que Símbolos contemporâneos — e portanto verossimilmente o modelo sobre o qual trabalhavam os Padres — mantinham a recorrência do "um só". A intenção parece ter sido fazer passar o adjetivo do *status* de epíteto para o de atributo e, portanto, reforçar seu valor: a fé se exprime em relação ao do Espírito que é santo, qualificativo que lhe é atribuído pelo Novo Testamento. O Espírito é Santo por natureza, por esta santidade que é a propriedade da natureza divina — pois só Deus é santo — e lhe permite ser santificador, tal como o Filho é redentor. Afirmando sua fé na santidade do Espírito, a Igreja exprime o fundamento de sua fé em sua própria santidade e no batismo que a santifica.

"Que é Senhor". — O Espírito não será chamado Deus, já que a Escritura não o menciona assim. Encontramos aqui a reserva basiliana. Também o termo Senhor é capital porque é um nome propriamente divino, aquele pelo qual a LXX traduzia o tetragrama YHWH. Designa, portanto, não somente o Filho, o Cristo glorificado, mas também o Espírito. Esse título põe o Espírito no mesmo plano que o Criador soberano do mundo e seu Filho estabelecido à sua direita, pois não há transição entre a Senhoria divina e o *status* de servo criado. O emprego do termo a propósito do Espírito, embora contradiga a linguagem de 1Cor 8,6 ("um só Senhor"), tem certo fundamento na Escritura: "Pois o Senhor é o Espírito" (2Cor 3,17).

"E dá a vida". — O Espírito "vivificante" é uma referência a seu papel criador, recriador e divinizador na economia da salvação, pois o Espírito é aquele que comunica a vida divina à semelhança do Filho ressuscitado e cheio de vida. É com efeito "o Espírito que vivifica" (Jo 6,63); "o Espírito é vossa vida" (Rm 8,10); é "Espírito vivificante" (1Cor 15,45). É portanto radicalmente diferente

---

75. Cf. A. de Halleux, La profession de l'Esprit Saint dans le Symbole de Constantinople, em *Patrologie et oecuménisme*, pp. 322-337. Vou me inspirar várias vezes nesse comentário.

76. Apesar do testemunho de Teodoro de Mopsuéstia, que estima que os Padres de Constantinopla acrescentaram a menção *um só* Espírito; *Homélies catéchétiques* X,2-3, pp. 247-249.

das criaturas que ele vivifica, pois ele mesmo possui a vida por natureza. Está do lado dos que dão e não do dos que recebem. De onde lhe vem essa vida?

"Que procede do Pai". — O recurso ao texto de Jo 15,26, "O Espírito que procede *(ekporeuetai)* do Pai", para definir a propriedade hipostática do Espírito vem de Gregório de Nazianzo[77]. O termo "proceder" tinha no evangelho um sentido antes de tudo "econômico" e designava o envio do Espírito ao mundo. É empregado aqui para remediar a carência vocabular escriturística acerca da origem do Espírito: tal como o Filho é gerado, o Espírito "procede". Não é, pois, uma criatura.

Mas o termo não parece, na época, ter ainda um sentido técnico elaborado. "Sublinhando que o Espírito procede do Pai, os autores do Símbolo não pretendiam explicitar em que ele se distingue do Pai e do Filho, mas simplesmente demonstrar, no mesmo estilo alusivo, que o Espírito Santo, proveniente de Deus, não podia ser criatura."[78] O Espírito não é nem não gerado como o Pai, nem gerado como o Filho; mas tampouco é criado, pois tem uma origem divina eterna. Ele "procede *do* Pai": o *para*, "da parte de", do texto joanino foi substituído por um *ek*, "a partir de", que enfatiza a origem. A expressão traduz à sua maneira a consubstancialidade do Espírito, já que este provém da fonte da divindade, o Pai[79]. A perspectiva ultrapassa o caso da economia; ela visa, sim, à "teologia" e à relação hipostática do Espírito com o Pai, mas de uma maneira ainda não desenvolvida.

O Espírito, portanto, possui a vida por natureza, porque procede do Pai, assim como o Filho é gerado dele. Não é criado, mas é consubstancial, porque é de origem divina. João 15,26 pode ser explicitado por Jo 15,13: o Espírito de verdade ensinará a verdade completa sobre Deus aos apóstolos, porque ele vem da intimidade de Deus e só dirá o que ouviu, assim como o Filho revelou veridicamente o Pai, porque estava em seu seio (Jo 1,18). Um e outro dizem o que ouviram no seio do Pai.

A controvérsia futura entre latinos e gregos sobre o *Filioque* é totalmente estranha à intenção do concílio. Mas é aqui que o Ocidente, no tempo de Carlos Magno, se porá a fazer um adendo unilateral, sem o acordo do Oriente, dizendo que o Espírito procede do Pai "e do Filho". Esse adendo será a fonte de um contencioso que dura até hoje.

"Que com o Pai e o Filho recebe conjuntamente a mesma adoração e a mesma glória". — Essa cláusula exprime a correspondência entre a *lex credendi* e a *lex orandi*. O Espírito faz parte da adoração única que se dirige a Deus. Por conseguinte, o Espírito deve ser adorado e glorificado em igualdade com Deus, assim como o Filho é glorificado à direita do Pai. Ele recebe o mesmo culto e as mesmas honras. Essa igualdade é expressa pelo *com*, expresso de maneira

---

77. Gregório de Nazianzo, *Discours théologiques*, 31,8-9; ed. P. Gallay, *SC* 250, pp. 291-293.
78. A. de Halleux, op. cit., p. 331.
79. Cf. ibid., pp. 330-333.

pleonástica (*co*-adorado *com*), partícula que "conumera" o Espírito com o Pai e o Filho. É assim que fazia a Escritura (Mt 28,19) e a doxologia que Basílio justificava em Cesareia: "Glória ao Pai, *com* o Filho, *com* o Espírito Santo". Essa formulação é, pois, um eco das argumentações de Basílio de Cesareia contra os "pneumatômacos".

O concílio de Constantinopla I foi de pacificação. Pôs fim aos cinquenta anos de conflitos que assolaram o Oriente cristão após o concílio de Niceia. Recolheu a herança deste e confirmou sua definição ao retomar a afirmação do consubstancial a propósito do Filho. Situou seu próprio ensinamento na esteira de seu glorioso predecessor, afirmando a propósito do Espírito, com outros termos decerto, a mesma divindade que a do Pai e a do Filho. Não foi, portanto, sem razão — além das numerosas contaminações que se produzirão na tradição manuscrita entre as duas confissões de fé — que seu Símbolo recebeu a designação de Símbolo de *Niceia-Constantinopla*.

CAPÍTULO VI
O mistério da Trindade:
Reflexão especulativa e elaboração da linguagem.
O "Filioque". As relações trinitárias.
(A partir do século IV)

B. SESBOÜÉ

A questão de um Deus ao mesmo tempo uno e trinitário se apresentou na Igreja desde o início do século III. Ela foi investigada primeiramente à luz da economia da salvação. Mas a confissão dos três nomes divinos não podia deixar de levantar a questão do número em Deus. No século IV a divindade do Filho e a do Espírito estiveram no centro das preocupações. Inevitavelmente, essa dupla afirmação, doravante formalizada numa linguagem precisa, reconduzia a atenção para a Trindade enquanto tal. Como a Igreja cristã podia continuar a professar o monoteísmo afirmando ao mesmo tempo a perfeita divindade do Filho e do Espírito?

Esse mesmo século IV, portanto, deu lugar a debates durante os quais será especulativamente escrutada a natureza da distinção trinitária. Essa reflexão era um preâmbulo necessário à elaboração de uma fórmula trinitária, indispensável à unanimidade da confissão da fé. Essa fórmula é bem conhecida: ela afirma que há três pessoas distintas em uma só natureza divina. Essa expressão é a do vocabulário latino no qual ela se desenvolveu a partir de Tertuliano. Mas em sua simplicidade aparente ela não deixa suspeitar o difícil trabalho de sua elaboração conceitual no Oriente, onde o termo *pessoa (prosopon)* era julgado insuficiente por si só para dar conta da distinção real dos três nomes divinos e tinha de ser apoiado pelo de *hipóstase*, ou ato concreto de subsistir na única substância. A fórmula grega falará, pois, de três hipóstases ou pessoas em uma só substância ou natureza.

O objetivo deste capítulo é refazer primeiramente a dupla elaboração dos conceitos e da fórmula trinitária na segunda metade do século IV, principalmente no Oriente.

Mas a história do dogma da Trindade não se detém aí. Um novo conflito vai se abrir entre o Oriente e o Ocidente a propósito da processão do Espírito Santo. Esse conflito é importante para a compreensão de todo o jogo complexo das relações de origem na Trindade. É simbolizado pela fórmula latina "que procede do Pai *e do Filho (Filioque)*", acrescentada no Ocidente ao texto do Símbolo de Niceia-Constantinopla e sempre rejeitada no Oriente.

Enfim, será útil retraçar brevemente a evolução da doutrina que, tendo suas raízes em Basílio e Agostinho, compreendeu no Ocidente a distinção trinitária em termos de relações. Serão estas as três secções deste capítulo.

I. DA ELABORAÇÃO DOS CONCEITOS À FÓRMULA TRINITÁRIA

OS AUTORES E OS TEXTOS: ATANÁSIO, *Tome aus Antiochiens*; *PG* 26, col. 795-810. — BASÍLIO DE CESAREIA, *Contre Eunome*, seguido de EUNÔMIO, *Apologie*, ed. B. Sesboüé, G. M. de Durand, L. Doutreleau, *SC* 299 e 305, 1982 e 1983. — BASÍLIO DE CESAREIA, *Lettres*; trad. Y. Courtonne, t. I, II e III, *Budé*, 1957, 1961, 1966.

REFERÊNCIAS BIBLIOGRÁFICAS: A. DE HALLEUX, "Hypostase" et "personne" dans la formation du dogme trinitaire (ca. 375-381), em *Patrologie et oecuménisme*, pp. 113-214. — R. POUCHET, *Basile le Grand et son univers d'amis d'après sa correspondance. Une stratégie de communion*, Roma, "Augustinianum", 1992.

As necessidades da exposição pedem que se coloque em sucessão episódios que se superpõem uns aos outros no tempo. Se a crise acerca do Espírito Santo é incontestavelmente posterior à atinente ao Filho, a primeira já estava habitada pelo problema delicado da conciliação entre a unicidade de Deus e a multiplicidade das pessoas. Como a afirmação de três pessoas em Deus pode, com efeito, não "dividir" a substância divina?

Era inevitável, portanto, que a afirmação nicena da plena e completa divindade do Filho, em razão de sua geração eterna, redobre na reflexão teológica a urgência de um confronto com essa dificuldade. Neste plano a argumentação escriturística não basta: é preciso avançar no terreno da razão, onde o adversário lançou a aporia.

Esse tempo de clarificação conceitual está ligado também ao esforço de clarificação de uma linguagem capaz de dar conta, com toda a coerência, do que é uno e do que é trino em Deus. Para sair da multiplicidade das fórmulas, mais ou menos contraditórias, elaboradas entre os concílios de Niceia e de Constantinopla I, e da confusão que elas provocavam na vida das Igrejas, tal esforço, apoiado numa suficiente clarificação dos conceitos, era necessário e urgente.

Somente uma fórmula trinitária equilibrada que se impusesse a todos podia recompor a unanimidade dos crentes em sua confissão do Deus único em três pessoas. Nessa dupla tarefa, o papel principal, no Oriente, foi desempenhado por Basílio de Cesareia. Seu trabalho se realizou em dois tempos: primeiro foi-lhe necessário, contra as negações metafísicas de Eunômio, elaborar conceitualmente a distinção trinitária; em seguida, ele se engajou num combate eclesial para a elaboração de uma fórmula equilibrada e completa.

1. A ELABORAÇÃO ESPECULATIVA DA DISTINÇÃO TRINITÁRIA

A *contestação trinitária de Eunômio*

Eunômio de Cízico, o grande campeão da segunda geração ariana, levou o debate trinitário para o plano dos conceitos com auxílio de uma lógica racional implacável. Por isso foi apelidado de "tecnólogo". Sua intenção era dar conta da confissão de fé tradicional à luz da Escritura e não cabe duvidar de sua sinceridade. Mas tão logo a afirmação da fé conduz a uma aporia aos olhos da razão, Eunômio submete imediatamente a fé àquilo que ele pensa ser as exigências imprescritíveis da razão.

Para Eunômio[1], não somente o não gerado — é assim que ele prefere chamar o Pai — é a substância de Deus, mas também Deus é substância não gerada. Essa tese primeira funda e resume ao mesmo tempo sua teologia. Ela é para ele objeto de uma fé metafísica e constitui a premissa maior de todos os seus raciocínios. Mas, ao mesmo tempo, diversos argumentos também lhe ocorrem. O não gerado é uma "noção natural" que se impõe como tal a todo espírito, pois o não gerado não é um simples conceito *(epinoia)*, resultado da reflexão humana, pelo qual Eunômio tem apenas uma estima pífia. O não gerado não entra na rede articulada das noções e dos conceitos inventados pelo espírito humano. Se entrasse, perderia seu valor de absoluto. O não gerado se impõe ao mesmo tempo no plano do ser e no plano da linguagem. Esse termo diz tudo do ser de Deus, e com ele Eunômio está convencido de ter penetrado o segredo da substância divina. É assim que o não gerado não pode ser dito por privação, pois Eunômio se deu conta de que a privação de geração em Deus é, de fato, a privação de uma privação e, portanto, um dado eminentemente positivo.

Se assim é, o não gerado é absolutamente estranho a toda geração: ele não pode nem ser gerado nem gerar. Vê-se imediatamente a consequência disso para o ser do Filho: este é repelido para fora da esfera divina. A transcendência do não gerado é absoluta e não poderia comportar a menor comparação com outro termo. O Filho, ainda que chamado de rebento, não é objeto de uma verdadeira geração, impensável em Deus. É, de fato, uma criatura. Não se pode,

---

1. Resumo aqui a argumentação da *Apologia*, de Eunômio.

assim, considerá-lo igual ao não gerado, o que implicaria lançar a contradição de dois não gerados.

Essa tese se acha confirmada por uma concepção da linguagem totalmente original, em que Eunômio opõe os nomes que vêm de Deus e falam da natureza das coisas e aqueles que são fruto da invenção humana e não têm valor nenhum. No primeiro caso, em nome de uma concepção "tradicionalista" da linguagem, ele cai num realismo exagerado; no segundo caso, num nominalismo perfeito. Na primeira vertente ele concluirá, em nome da adequação perfeita entre os nomes e as coisas, que, se duas coisas são as mesmas, elas devem partilhar o mesmo nome, e vice-versa. Se o Filho é chamado de rebento, seu ser é todo diferente do do Pai, pois a incompatibilidade dos nomes acarreta a das substâncias. Para Eunômio a diferença absoluta que o pensamento cristão sempre colocou entre Deus e a criatura não ocorre entre a Trindade e o mundo, mas entre o Pai não gerado e o Filho rebento. Eunômio recusa também toda distinção entre *geração* e *devir*, tudo o que vem depois do não gerado é da ordem do devir e do criado.

Mas essa concepção da linguagem precisa de "contrafogos", pois se poderia tirar dessa argumentação impávida consequências manifestamente contrárias à confissão de fé cristã, colocando ostensivamente o Filho do lado das criaturas. Eunômio invoca, então, uma concepção muito cômoda da *homonímia* e da *sinonímia*, que lhe permite matizar suas conclusões. Para ele existe homonímia pura, isto é, equivocidade, entre os dois registros de linguagem, divino e humano. Chamar o Filho de rebento segundo a primeira linguagem não o situa, portanto, em pé de igualdade com os animais que são rebentos. A mesma palavra não tem então o mesmo sentido. Em contrapartida, os nomes diferentes que dizem respeito ao Filho no primeiro registro são todos sinônimos, como criatura e rebento. Há mais, porém: as palavras empregadas para o Pai e o Filho, como "luz", são respectivamente sinônimos de não gerado e de gerado em cada caso. Assim, o termo "luz" já não tem o mesmo sentido quando fala do não gerado ou do rebento.

Definitivamente, o Filho é fruto da atividade do não gerado, atividade que Eunômio chama de "Pai". Esse "Pai", portanto, é um termo distinto do não gerado. Isso permite dizer que o gerado é semelhante ao Pai num sentido muito particular, já que o termo Pai não designa mais o primeiro nome divino. O sistema tem sua habilidade, já que conserva uma aparência de sentido para as afirmações tradicionais da fé. Logicamente, como se viu, o Espírito é, por seu turno, uma criatura do Filho. Eunômio pode, assim, continuar a professar "três hipóstases" e sustentar que o Filho é "verdadeiro Deus", já que é criador e semelhante ao "Pai". Mas estamos, de fato, em presença de um sistema de emanação de tipo neoplatônico, "um desenvolvimento da gênese do múltiplo a partir do Uno"[2].

---

2. J. Daniélou, Eunome l'arien et l'exégèse néo-platonicienne du Cratyle, *REG* 69 (1956) 428.

O ponto forte de Eunômio se situa em sua vigorosa intuição do não gerado; seu ponto fraco está numa concepção demasiado arbitrária da linguagem; sua habilidade está em seu modo de dar uma roupagem cristã a uma doutrina que já não é cristã.

A resposta especulativa de Basílio de Cesareia

Diante dessa "construção de ferro", o jovem Basílio de Cesareia fica em apuros. Por um lado, é apegado à fé trinitária de maneira muito firme para consentir em sacrificá-la às exigências racionais de Eunômio; mas, por outro, foi formado nas mesmas escolas de seu adversário e, exatamente como ele, é herdeiro do que há de melhor no empenho filosófico da tradição helenística. O que é negação em Eunômio permanece em Basílio como objeto de uma questão delicada à qual é preciso agora responder no terreno da razão. É o que faz Basílio no seu *Contra Eunômio*. Entretanto, ele escreve sua reflexão na convicção da fé: quer dar conta, na verdade, do Símbolo trinitário em concordância com os testemunhos da Escritura.

Isso posto, Basílio precisa atacar a teoria da linguagem e do conhecimento de seu adversário, em particular fazer descer o qualificativo *não gerado* do pedestal inacessível em que Eunômio o colocou. Com efeito, é fácil mostrar, com base no uso comum tanto quanto no da Escritura, que o não gerado é um termo da linguagem humana como os outros, um conceito *(epinoia)* formado como todos os outros por abstração da experiência sensível, e que tem o mesmo valor que os outros. Esse conceito é um conceito privativo, já que indica o que não é presente em Deus. Basílio formaliza assim uma concepção *a posteriori* da linguagem: a linguagem é fruto da atividade humana e os nomes seguem as coisas.

Mas nem tudo ainda está dito: em seu conjunto, os conceitos elaborados por nossa linguagem para falar de Deus são usados tanto para o Pai quanto para o Filho: *eterno, imortal, incorruptível* etc. Como pode ser que o *não gerado* seja reservado ao Pai e não possa ser comunicado ao Filho? Também a teoria do conceito ainda é insuficiente: tem de ser completada por uma teoria dos nomes. Basílio se dedica à tarefa em dois textos decisivos de seu livro (II,4 e II,9). Estabelece de saída uma primeira distinção entre *nomes próprios* e *nomes comuns*. Os nomes de Pedro e de Paulo não podem remeter a substâncias diferentes, já que os dois personagens são homens "consubstanciais" entre si, pertencentes à substância única da humanidade. *Pedro* e *Paulo* designam uma "coincidência de propriedades" familiais e eclesiais que desenham dois perfis originais e permitem distinguir a personalidade dos dois apóstolos. Em sentido próprio, esses nomes designam, pois, "propriedades" e não o sujeito substancial. Essa distinção, aparentemente formal, é capital. Sublinhemos apenas que a concepção da substância em Basílio não é aristotélica e permanece um tanto quanto coisista: é ao mesmo tempo genérica (uma única substância para todos os homens "consubstanciais") e concreta (a substância é sujeito).

O conhecimento das substâncias e particularmente da substância divina escapa ao homem: este só pode conhecer qualidades ou propriedades que caracterizam as substâncias. Entre essas propriedades é preciso ainda distinguir, a propósito de Deus, propriedades essenciais (comuns a toda a substância, como a luz) e propriedades relativas (particulares a cada uma das pessoas).

Ademais, entre os nomes comuns convém distinguir os *nomes absolutos* e os *nomes relativos*. Os nomes absolutos, como *homem, cavalo* e *boi*, se referem ao sujeito como tal e ao qual se aplicam. Em contrapartida, os nomes relativos, como *filho, escravo, amigo*, indicam somente uma ligação do sujeito com outra coisa. Se os nomes absolutos já são incapazes de exprimir a substância — já que visam ao sujeito com base em propriedades —, *a fortiori* os nomes relativos não o podem. Ora, não esqueçamos que o termo *rebento*, reivindicado por Eunômio para exprimir a substância do Filho, é um termo puramente relativo. De igual modo, o *não gerado*, que não passa de um substituto técnico do nome *Pai*, é um termo relativo. Por isso é importante distinguir o conceito de *eterno* e o de *não gerado*: são formalmente diferentes e não têm o mesmo significado. "Pois chama-se de *não gerado* aquilo que não tem nenhum princípio nem nenhuma causa de seu ser, e *eterno* aquilo que é, segundo seu ser, mais antigo que todo tempo e todo século"[3]. É possível, portanto, conceber uma geração eterna. Contudo, a oposição entre o não gerado e o rebento não é mais uma oposição de substância, mas uma pura oposição relativa no seio da mesma substância. O atributo *não gerado* abandonou a ordem dos *atributos essenciais* para entrar na dos *atributos relativos*. Eis a razão por que não pode ser comunicado ao Filho.

Essas duas reflexões sobre os nomes próprios e os nomes comuns, articuladas uma com a outra, permitem transferências analógicas à questão trinitária. *Pedro* e *Paulo* são nomes próprios que não designam a substância: o mesmo se dá com *Pai* e *Filho*, que não designam a substância divina, mas as propriedades pessoais de um e do outro.

Em contrapartida, os termos *rebento*, mas também *Pai* e *Filho* são também termos puramente relativos:

> Ditos para eles mesmos, [Pai e Filho] exprimem somente a relação de um com o outro. É pai aquele que proporciona ao outro o princípio de seu ser na natureza semelhante à sua; é filho aquele que recebeu de outro por geração o princípio de seu ser[4].

Essa reflexão é decisiva, pois permite conceber em Deus uma geração puramente espiritual (sem separação material de substância como entre os viventes

---

3. Basílio de Cesareia, Contre Eunome, II,17; SC 305, p. 71.
4. Ibid., II,22; p. 93.

terrestres), perfeitamente eterna (não intervindo ao cabo de um devir) e portanto puramente *relativa*.

Como se percebeu, toda essa reflexão parte de uma concepção *a posteriori* do conhecimento. Enquanto Eunômio se apoiava numa via descendente, revelando ao mesmo tempo o ser e o nome do não gerado, Basílio segue uma trilha ascendente, que se articula no jogo dos atributos positivos e negativos de Deus. Ele faz intervir sem cessar uma correção analógica, semelhante à que se chamará mais tarde a "via de eminência". Pelo jogo de "nomes múltiplos e variados", agrupamos os "componentes de uma ideia que, aos olhos do todo, é, de fato, totalmente obscura e mínima, mas, para nós pelo menos, é suficiente"[5].

Um grande texto recapitulativo vem então atar como um feixe e concluir esse poderoso movimento de investigação:

> Se se quiser aceitar o que é verdadeiro, isto é, que o gerado e o não gerado são propriedades distintivas consideradas na substância, conduzindo como que pela mão rumo à noção nítida e sem confusão de Pai e de Filho, se escapará ao perigo da impiedade e se conservará a coerência nos raciocínios. As propriedades, como características e formas consideradas na substância, fazem uma distinção no que é comum graças às características que as particularizam, mas não rompem a conaturalidade da substância. Por exemplo, *a divindade é comum, mas a paternidade e a filiação são propriedades*; e da combinação dos dois elementos, do comum e do próprio, opera-se em nós a compreensão da verdade. Assim, quando ouvimos falar de uma luz não gerada, pensamos no Pai, e de uma luz gerada, concebemos a noção do Filho. Enquanto luz e luz, não há contrariedade nenhuma entre eles, mas enquanto gerado e não gerado, nós os consideramos sob o aspecto de sua antítese.
>
> Tal é, com efeito, a natureza das propriedades de mostrar a alteridade na identidade da substância. Elas mesmas, as propriedades, se distinguem frequentemente umas das outras opondo-se e se afastam até formarem contrários, mas não rompem a unidade da substância [...]. Uma só substância serve de substrato a todos, e essas propriedades não alteram a substância nem incitam a uma espécie de sedição entre elas[6].

Nesse texto Basílio opera uma primeira transferência dos nomes *Pedro* e *Paulo* para os de *Pai* e *Filho*. Mas *Pedro* e *Paulo* são nomes *próprios* cuja predominância é *absoluta*. *Pai* e *Filho* são nomes *comuns e relativos* que, entretanto, desempenham na Trindade o papel de *nomes próprios*. Esse uso analógico lhes dá uma dimensão *absoluta*, já que designam a propriedade individual de cada um. Mas uma segunda transferência é operada: dos nomes *comuns relativos* — *filho, escravo, amigo* — para o termo *rebento*, a fim de mostrar que este nome é

---
5. Ibid., I,10; p. 205.
6. Ibid., II,28; pp. 119-121.

exclusivamente *relativo*. Ora, *rebento* é só um péssimo substituto do nome *Filho*. Estamos, pois, diante de um paradoxo: de um lado, *Pai* e *Filho* se tornam, no uso trinitário, nomes *próprios* e designam substratos ou sujeitos (como *Pedro* e *Paulo*). Mas, de outro, conservam um conteúdo puramente *relativo* e definem uma pura oposição relativa entre os dois termos de uma geração, à diferença de Pedro e Paulo que designam sujeitos cujas propriedades absolutas são diferentes e que não entram numa oposição relativa.

Enfim, a definição privilegiada por Basílio da propriedade absoluta e comum na substância divina é a da *luz*. O termo retorna frequentemente em seu texto e constitui uma referência ao Símbolo de Niceia que designou o Filho como "luz da luz".

Nesse texto recapitulativo Basílio articula, portanto, formalmente a conexão entre substância comum e conatural, designada por sua propriedade absoluta de luz, e as propriedades relativas, que são objeto de consideração intelectual no interior dessa única substância. De um lado, há a luz, propriedade essencial, comum e "absoluta" da substância. Do outro, há as propriedades relativas, definidas por três pares equivalentes: gerado/não gerado, Pai/Filho, paternidade/filiação. A fórmula decisiva é a seguinte: "A paternidade e a filiação são propriedades". Ora, os termos abstratos *paternidade* e *filiação* isolam o lado propriamente relativo dos nomes *Pai* e *Filho*. Embora o termo *relação* esteja ausente desse texto, o elemento novo reside na formalização da definição das propriedades: seu conteúdo é exclusivamente relativo. O esforço de reflexão deságua na junção definitiva da perspectiva das relações e da das propriedades. Assim, a propriedade tem por conteúdo uma relação e essa relação designa um sujeito divino como tal, o Pai ou o Filho, que são simplesmente designados sob o nome *propriedades*, já que o termo *pessoa*, tal como *hipóstase*, está ausente do texto. Seria possível dizer que as propriedades são em Deus "conceitos concretos", "conceitos subsistentes".

Essa elaboração, que é fruto de um rasgo de inteligência, comporta no entanto um paradoxo: Basílio não tomou completamente consciência do alcance de sua descoberta. Assim, quando tenta definir a propriedade do Espírito, fala de santidade. Gregório de Nazianzo perceberá essa inconsequência, já que a santidade não é uma propriedade relativa que exprime a origem. Por isso proporá a *processão*, como vimos no capítulo anterior.

É notável que, em todo esse esforço, Basílio empregue muito pouco o termo técnico *hipóstase*, que no entanto ele conhecia muito bem. Recusa empregar para início de conversa um termo ambíguo, amplamente utilizado pelos arianos no sentido de *substância*. Ele prefere, portanto, estabelecer de saída firmemente a unidade da substância, para que fique excluído que três hipóstases possam significar três substâncias. Sua preocupação ainda não é a de preparar uma fórmula — o que fará mais adiante, com grande perseverança —, mas elaborar uma coerência, mostrando como se pode falar de três pessoas em Deus, sem dividir a única divindade. Uma vez realizado este trabalho, ele poderá então dar um sentido desprovido de qualquer ambiguidade à afirmação das três hipóstases.

2. A ELABORAÇÃO DA FÓRMULA TRINITÁRIA

Os debates posteriores ao concílio de Niceia haviam manifestado uma grande confusão na linguagem trinitária. O conflito de fundo entre os arianos e os nicenos se complicara numa profusão de fórmulas elaboradas por uma multidão de concílios, dos quais uns no fundo eram ortodoxos, outros heréticos quanto à divindade do Filho, mas todas recusavam o consubstancial de Niceia, julgado perigoso por muitos motivos.

Essa confusão, que deu ensejo a um "cisma da linguagem"[7] nas Igrejas do Oriente no século IV, recobria as duas tentações da fé em matéria trinitária. De fato, uns privilegiavam em suas fórmulas o lado da unidade; e, por temor de um triteísmo sociologicamente representado pelo arianismo, aproximavam-se perigosamente do modalismo de tipo sabeliano. Os outros privilegiavam o lado da distinção e, por temor da "tentação judaica", se orientavam por expressões suspeitas de triteísmo.

Era urgente, portanto, pôr ordem no uso trinitário dos conceitos filosóficos, já que se decidira empregá-los na expressão da fé. Era tempo de se chegar a uma expressão conceitual sintética que traduzisse adequadamente, numa linguagem equilibrada e coerente, os dois lados do dogma trinitário. Impunha-se um trabalho de elaboração e ao mesmo tempo de recapitulação dos resultados anteriores.

Para a realização desse trabalho, necessitava-se da intervenção de forças novas: o velho Atanásio, o grande defensor de Niceia, partidário convicto do uso de palavras novas para a defesa da fé antiga, não sentia a necessidade dessa clarificação — que uns digam *uma hipóstase* e os outros *três hipóstases*, pouco importa, desde que se saiba o que cada um quer dizer. Tal atitude, num mundo cultural unificado, só fazia dar um *sursis* à necessária unificação da linguagem.

É Basílio de Cesareia e, depois dele, os outros dois capadócios, Gregório de Nazianzo e Gregório de Nissa, que vão prosseguir a elaboração da linguagem da fé. O *consubstancial* não podia ficar isolado: ele já não bastava. Melhor: sua justa interpretação (já que alguns de seus partidários, como Marcelo de Ancira, eram suspeitos de retornar ao sabelianismo) exigia que fosse situado num conjunto coerente de termos que se equilibrassem uns aos outros. Agora era sobre o conceito de *hipóstase* que se devia fazer incidir o esforço da reflexão.

---

7. Expressão tomada de empréstimo de um curso inédito de J. Moingt.

Breve história dos conceitos de pessoa e hipóstase

No início do século III, Tertuliano já falava de "três pessoas" *(tres personae)* em Deus[8]. Este vocabulário logo será lei no Ocidente. Na mesma época, Hipólito de Roma fala em grego de duas pessoas *(prosopa)* do Pai e do Filho[9]: *prosopon* é, em grego, o termo equivalente do latim *persona*.

Hypostasis é desconhecido de Aristóteles como termo filosófico. A palavra entrará no campo da filosofia graças aos estoicos. Sua etimologia (bem como o modo como se compreende sua relação com os verbos *hyphistemi* ou *hyphistamai*) torna-a ambígua: pode significar ou uma coisa, ou uma ação. Como coisa, exprime uma base, um fundamento, na história natural um sedimento, o resultado de uma precipitação, em geral tudo o que *se mantém sob*, portanto toda realidade "substancial". Nessa linha, seu emprego filosófico fará do termo um sinônimo de *ousia* ou "substância".

Como ação, *hypostasis* significará o ato de se manter sob, ou de suportar, o suporte. Nesse sentido, sua evolução semântica seguirá a do verbo *hyphistemi* nos empregos intransitivos deste último. *Hyphistemi* significa *manter-se sob*, mas também *subsistir*, num sentido bem próximo ao de *hyparcho*, "existir". Seu particípio, *hyphestos*, terá mais ou menos o mesmo sentido de *hypostasis* no sentido ativo.

Como se vê, o uso filosófico desse termo podia se desenvolver seguindo duas linhas: a primeira conduzia a identificar *hypostasis* com *ousia* e, portanto, na linguagem dogmática, a falar de uma só hipóstase em Deus; a segunda conduzia a identificar *hypostasis* com o ato concreto de subsistir na substância e, portanto, a falar de três hipóstases em Deus. Ao longo do desenvolvimento do discurso cristão, o termo vai lentamente passar do lado da substância para o da subsistência e, portanto, da pessoa.

Até o final do século II, tratando-se de autores pagãos ou cristãos, *hypostasis* e *ousia* são praticamente sinônimos no sentido de substância. Orígenes é o primeiro a fazer uma tentativa de diferenciação entre os dois termos. Ele se diz persuadido de que há "três hipóstases" em Deus[10] e afirma que o Pai e o Filho são "duas hipóstases"[11]. Sustenta ao mesmo tempo que as três pessoas são uma só *ousia*, substância. O vocabulário de Orígenes permanece, contudo, diferente do que se elaborará no século IV. Dionísio de Alexandria, discípulo de Orígenes e sob sua influência, defende claramente a fórmula das três hipóstases. Esse uso quer responder à heresia modalista, contra a qual o termo *prosopon* não parecia suficiente: ele podia, de fato, significar também a personagem, o papel desempenhado no teatro. Um sabeliano não sentia dificuldade diante da

---

[8]. Tertuliano, *Contre Praxéas* XII,2; *CCSL* 2, p. 1173; cf. J. Moingt, *TTT*, II, Paris, Aubier, 1966, p. 636-639.
[9]. Cf. supra, p. 163.
[10]. Orígenes, cf. supra, pp. 194-196.
[11]. Orígenes, *Contre Celse* VIII,12; *SC* 150, p. 201.

afirmação de três *prosopa* em Deus, sempre entendendo a coisa à sua maneira, isto é, que o Pai desempenhava sucessivamente os papéis do Filho e do Espírito. Foi esse equívoco que os latinos não puderam ou não quiseram entender. Faziam questão de que os gregos se limitassem à expressão das três *prosopa*, que eles entendiam sem problemas, pois equivalia às *tres personae* latinas. Por isso o papa Dionísio de Roma repreendeu rispidamente seu homônimo alexandrino, acusando-o de triteísmo[12].

É de se compreender, aliás, tendo em vista a relativa pobreza do vocabulário latino. A tradução — mais exatamente, a transcrição — latina *hypo-stasis* dava exatamente *sub-stantia*. Para traduzir duas palavras gregas cheias de matizes sutis, os latinos só tinham uma. Ademais, "três hipóstases" significavam para eles "três substâncias" e portanto três deuses.

No início do século IV, o alexandrino Ário dá evidentemente um fundamento para aquelas suspeitas: ele não tem dificuldade alguma em admitir as três hipóstases, mas compreende-as no sentido de três substâncias *(ousiai)* hierarquicamente subordinadas. O Filho é diferente do Pai segundo a substância e, portanto, é criado, sempre conservando em relação a nós um *status* e um prestígio divinos. A fórmula que afirma "três hipóstases", já contestada, se vê assim sobrecarregada de um novo ônus. Compreende-se desde logo que Alexandre de Alexandria e seu sucessor Atanásio mantenham um vocabulário mais tradicional e identifiquem *hypostasis* e *ousia*. Essa equivalência é reconhecida oficialmente no concílio de Niceia em 325 pelo cânon que anatematiza os que afirmam que o Filho é de outra hipóstase ou substância que não a do Pai[13]. A ortodoxia daqueles que os modernos chamam de "velhos nicenos" permanecerá fiel a esse uso dizendo "uma substância ou hipóstase em três pessoas"[14].

Todavia, no curso das lutas arianas, a expressão *três hipóstases em Deus* reaparece, sobretudo no campo semiariano, isto é, aquele que continuava a recusar o *consubstancial* de Niceia, reconhecendo contudo a divindade do Filho, e permanecia preocupado com os remanescentes do sabelianismo. Seus representantes sustentavam ainda mais a pluralidade das hipóstases na medida em que viam nela a contrapartida necessária ao *consubstancial*, do qual se aproximavam progressivamente. Assim o debate dogmático se reportava a essa nova divergência de linguagem entre os partidários das três hipóstases, que elaborarão a ortodoxia dita "neonicena", e os partidários de uma só hipóstase. O Ocidente, como mostram as intervenções de Dâmaso junto a Antioquia[15], era espontaneamente favorável aos "velhos nicenos", pois fazia sempre a equivalência entre *hipóstase* e *substância*.

---

12. *DzS* 112-115.

13. *DzS* 126; *COD* II-1, p. 35.

14. Sobre toda essa questão, cf. A. de Halleux, "Hypostase" et "personne" dans la formation du dogme trinitaire, op. cit., pp. 113-214. Sigo a definição dada pelo autor (p. 117) dos "velhos nicenos" e dos "neonicenos". Estes últimos se baterão pela fórmula: "uma substância em três hipóstases ou pessoas".

15. Ibid., pp. 118-130.

O sínodo local realizado em Alexandria em 362 por Atanásio é, quanto a isso, muito instrutivo: é o sínodo da reconciliação e da boa fé. Autoriza o uso livre de duas linguagens trinitárias: ou a de uma hipóstase (linguagem preferencial de Atanásio e que era também a de Paulino de Antioquia, reconhecido por Alexandria e Roma), ou de três hipóstases (linguagem utilizada no Oriente e que era a de Melécio de Antioquia, rival de Paulino, reconhecido pelos capadócios). O texto dá testemunho de um diálogo e de uma escuta recíproca dos parceiros que reconheciam sua concordância na fé por meio da cisão de suas linguagens. Pergunta-se a uns por que eles dizem três hipóstases, a fim de verificar se suas fórmulas não encobrem a tese ariana de três substâncias diferentes; estes respondem:

> Porque nós cremos na santa Trindade, e não somente numa Trindade nominal, mas [numa Trindade] que existe verdadeiramente e subsiste *(hyphestosan)*: o Pai existe verdadeiramente e subsiste *(hyphestota)*; o Filho é substancial e subsiste *(hyphestota)*; e o Espírito Santo subsiste e existe *(hyphestos kai hyparchon)*, nós o sabemos; mas não dizemos que há três deuses ou três princípios[16].

Pergunta-se então aos outros por que dizem uma hipóstase em Deus; eles respondem:

> Porque estimamos que *hipóstase* significa a mesma coisa que substância *(ousia)*; e pensamos que só há uma, porque o Filho é da substância *(ousia)* do Pai, e por causa da identidade da natureza[17].

Por isso se recusam a dizer que o Filho e o Espírito são sem substância ou sem hipóstase. Paulino de Antioquia e seus partidários permanecerão sempre muito reticentes quanto ao vocabulário das três hipóstases[18]. Aquela concordância meritória só podia ser instável. A unanimidade na fé deve poder traduzir-se na unanimidade do uso dos termos que a exprimem, ao menos no mesmo espaço de cultura.

A prova disso é dada, a seu modo, por Jerônimo, um latino que viveu no Oriente e que queria ser, lá, a testemunha da *romana fides*. Ele evoca essa decisão numa célebre carta a Dâmaso. Mas mantém sua reticência bem latina quanto ao vocabulário das "três hipóstases". Os "campônios" de que fala são os partidários de Melécio de Antioquia, ele próprio fielmente defendido por Basílio de Cesareia:

> Após a profissão de fé de Niceia, após o decreto de Alexandria, elaborado em acordo com o Ocidente, uma progenitura de arianos, uns "campônios", exige de

---

16. Atanásio, *Tome aux Antiochiens*; 5, *PG* 26, 801 b; trad. J. Moingt.
17. Ibid., 801 c.
18. Cf. A. de Halleux, op. cit., pp. 146-147.

mim, o Romano, uma palavra toda nova: "as três hipóstases". Que apóstolos, rogo-te, teriam estabelecido essa tradição? Que novo Paulo, doutor dos gentios, teria ensinado essa doutrina? Nós os interrogamos: em vossa opinião, como se pode compreender as três hipóstases? — "Três pessoas subsistentes", dizem eles. Respondemos: "Assim cremos nós". O sentido não lhes basta, é a palavra mesma o que exigem, pois não se sabe que veneno se oculta em suas sílabas. Gritamos: "Se alguém não confessa as três hipóstases como três *enupostata*, isto é, três pessoas subsistentes, que seja anátema!". E porque não articulamos os mesmos termos que eles, somos julgados heréticos[19].

A doutrina de Jerônimo é perfeitamente ortodoxa e ele reconhece de fato a ortodoxia do sentido dado pelos melecianos à fórmula deles: "três pessoas subsistentes". Todavia, ele permanece *a priori* desconfiado quanto ao termo *hipóstase*, que julga habitado por um veneno devido ao preconceito ocidental que se prende ao termo. Tampouco mede a realidade das lutas doutrinais, nem o peso dos vocabulários no Oriente. Assim, uma reconciliação das linguagens torna-se necessária entre as Igrejas do Oriente, de um lado, e entre Oriente e Ocidente, do outro.

O papel dos capadócios na elaboração da fórmula trinitária

No início de sua carreira teológica, Basílio de Cesareia manifesta paradoxalmente uma dupla reticência quanto aos termos-chave do vocabulário trinitário, tanto para com o *consubstancial* quanto para com as *três hipóstases*.

Sua correspondência de juventude com Apolinário, cuja autenticidade é decerto discutida, mas permanece muito verossímil[20], exprime uma desconfiança em relação ao termo definido em Niceia: ou, de fato, ele veicula a ideia de uma divisão da substância, ou cabe a uma interpretação sabeliana da Trindade[21]. De igual modo, numa carta da mesma época, dirigida a Máximo, o jovem Basílio expressa sua preferência pela fórmula: o Filho é "absolutamente semelhante segundo a substância"[22]. É nesse sentido que ele interpreta Niceia. No *Contra Eunômio* ele ainda não faz apelo àquele concílio e emprega só uma vez o termo *consubstancial* num sentido trinitário[23], sem nenhuma insistência. Em contrapartida, as fórmulas "semelhante segundo a substância" ou "semelhança segundo a substância" são mais frequentes ali.

---

19. São Jerônimo, *Lettre* XV,3; ed. J. Labourt, *Lettres*, Budé, 1949, I, p. 47. — Sobre o papel de São Jerônimo, cf. A. de Halleux, op. cit., p. 131-141.
20. Cf. G. L. Prestige, *St Basil the Great and Apollinaris of Laodicea*, London, S.P.C.K., 1956; e H. de Riedmatten, La correspondance entre Basile de Césarée et Apollinaire de Laodicée, I *JTS* n.s. 7 (1956) 199-210; II *JTS* n.s. 8 (1957) 53-70; ver um julgamento mais reticente em R. Pouchet, op. cit., p. 112-117.
21. Basílio de Cesareia, *Lettre* 361; Courtonne, III, p. 221.
22. *Lettre* 9,3 (por volta de 361-362); Courtonne, I, p. 39.
23. Basílio, *Contre Eunome* I,20; *SC* 299, p. 245.

Basílio de Cesareia manifesta uma reticência original análoga para com as três hipóstases: ele nasceu no campo eclesiástico em que se dizia espontaneamente "três hipóstases em Deus". A expressão preexistia manifestamente à sua atividade teológica, como atesta o *Tomo aos antioquenos*, posterior ao Sínodo de 362, realizado por Atanásio em Alexandria. Ora, Basílio se mostra severo a respeito de Dionísio de Alexandria, a quem censura por admitir não somente a distinção das hipóstases, mas ainda uma diferença de substância[24]. A análise do *Contra Eunômio* revelou que, contrariamente ao que se esperava, o termo *hipóstase* está ausente dos textos-chave que elaboram conceitualmente a distinção trinitária. O único termo que designa as pessoas divinas é *propriedade*. Basílio só fala uma única vez em toda a obra das "três hipóstases", num sentido técnico indiscutível. Fala igualmente da "hipóstase do Espírito Santo"[25]. Mas esses dois empregos se encontram no livro III, cujos diversos índices fazem pensar que é mais tardio que os dois outros.

Esse estado de coisas, quando se sabe a circunspecção do homem sobre o que ele diz e sobre o que não diz, não pode ser fortuito. Ele traduz uma intenção. Basílio sabe que seu adversário Eunômio pensa, sem mais, "três hipóstases" no sentido de "três substâncias". A expressão é, portanto, carregada demais de ambiguidade para ser utilizada sem precaução. A elaboração conceitual de uma pluralidade em Deus que não divide a unidade da substância era para ele prioritária. É o que ele faz com sua doutrina das propriedades relativas e subsistentes. Poderá em seguida trazer de novo o termo *hipóstase* em sentido descoberto, sem recear nenhuma deriva doutrinal. Com Basílio o termo deixa definitivamente o lado da unidade em Deus para ocupar o lado da distinção.

Basílio aparece, portanto, por meio de sua correspondência e suas homilias, como um convertido ao consubstancial e — analogicamente — como um convertido à necessidade de chamar de *hipóstase* as propriedades pessoais em Deus. Ora, essas duas conversões são solidárias: são fruto de uma dupla experiência feita nas lutas teológicas e eclesiais da época. O *consubstancial*, deixado por si só, é ambíguo: alguns nicenos de primeira hora, como Marcelo de Ancira e seus discípulos, recaíram no perigo de sabelianismo. Basílio vê esse perigo ressurgir em Atérbio, bispo de Neocesareia no Ponto, pois o *consubstancial* permanece unilateral: ele exprime o lado da unidade divina, sem falar do da distinção. Durante muito tempo se brigou acreditando que ele falava demais; percebe-se, de fato, que ele fala de menos. Nesse ponto Basílio se opõe firmemente às intervenções de Dâmaso em favor de Paulino e do vocabulário da hipóstase única[26].

Reciprocamente, a fórmula das *três hipóstases* divulgadas nos meios não nicenos, que recobrem um espectro de posições teológicas que vão de uma verdadeira ortodoxia até o arianismo mais radical, é também ambígua, tanto

---

24. *Lettre* 9,2; Courtonne, I, p. 38.
25. Basílio de Cesareia, *Contre Eunome* III,3,5 e 7,37; *SC* 305, pp. 155 e 173.
26. Cf. A. de Halleux, op. cit., pp. 118-130; R. Pouchet, op. cit., pp. 726-727.

que não elimina a dúvida que pesa sobre a unicidade divina e a consubstancialidade das hipóstases.

Diante desse estado de coisas, uma solução se impõe: é preciso "casar" essas duas linguagens parciais e ambíguas porque parciais. Associadas uma à outra, elas se completarão, se corrigirão e se equilibrarão. Não basta dizer *três pessoas*; é necessário falar de *três hipóstases consubstanciais* na unidade da divindade. Tal foi o ato de inteligência teológica que se cristalizou no espírito de Basílio e que está na origem da fórmula dogmática oriental, depois plenamente reconhecida pelo Ocidente, sobre a Trindade. Esse ato de inteligência não foi feito a frio no silêncio do gabinete. Ele se realizou numa luta pela autenticidade da fé e ao mesmo tempo pela reconciliação das Igrejas divididas por um cisma da linguagem, envolvendo e favorecendo em algumas delas uma parte de heresia real.

A reconciliação pela qual se bate o bispo de Cesareia será fruto de uma conversão das Igrejas: se as Igrejas "homeusianas" ainda não nicenas ou neonicenas devem aceitar doravante sem segundas intenções o *consubstancial*, as Igrejas dos velhos nicenos devem, por seu turno, professar sem reticência as *três hipóstases* perfeitas. De um lado, a profissão do *consubstancial* é a garantia de que não se entende essas três hipóstases no sentido de três substâncias; do outro, a afirmação das três hipóstases é a garantia da sinceridade e da retidão da profissão das três pessoas.

Podemos encontrar marcos dessa intenção, aqui rapidamente resumida, na correspondência de Basílio, principalmente a de seu episcopado, e em suas homilias. Bastará aqui dar alguns exemplos em cada sentido.

Basílio se faz, de uma parte, o apóstolo da aceitação do concílio de Niceia que ele interpreta, de modo aliás anacrônico, lendo ali já o apoio para a distinção real da substância e das hipóstases. Eis o que diz do *consubstancial*:

> Este termo corrige também a malícia de Sabélio, pois suprime a identidade da hipóstase e introduz uma noção perfeita das pessoas *(prosopa)*. Com efeito, não existe nada que, tomado em si mesmo, seja consubstancial a si mesmo, mas uma coisa o é a outra coisa. Esse termo também é bem escolhido e conforme à religião porque ao mesmo tempo define a propriedade das hipóstases e faz ver a perfeita semelhança da natureza.

Essa convicção doutrinal dá lugar a um apelo premente à aceitação de Niceia da parte dos sustentadores das *três hipóstases*:

> [O bem] consiste na união daquilo que até então estava disperso. Ora, a união se faria se quiséssemos nos dobrar à condição dos mais fracos nos pontos em que não causamos prejuízo algum às almas. [...] Proponhamos aos irmãos que querem se juntar à nós a fé de Niceia. Se a aceitarem, peçamos-lhes ainda que admitam que o Espírito Santo não deve ser chamado de criatura, peçamos-lhes enfim que

os que o chamam assim não sejam recebidos em sua comunhão. Fora desses pontos, considero que não devemos procurar nada[27].

Com o risco de fazer um contrassenso sobre o cânon doutrinal de Niceia, Basílio sustenta mesmo que os Padres do concílio mantiveram uma distinção entre substância e hipóstase. Disso ele tira o ensinamento seguinte, capital a seu propósito:

> É preciso, portanto, admitir também que o Pai é numa hipóstase particular, o Filho numa hipóstase particular e o Espírito Santo numa hipóstase particular, como os Padres mesmos expuseram claramente[28].

A súplica em favor das três hipóstases, que se dirige aos nicenos rígidos, é também firme e premente[29]. Pois Basílio teme um retorno disfarçado ao sabelianismo. Assim escreve aos clérigos de Neocesareia: "Não rejeiteis as hipóstases. Não renegueis o nome de Cristo"[30]. Aliás, ele tem plena consciência de bater-se em duas frentes: o retorno ao judaísmo, de um lado, e a degradação rumo ao politeísmo, do outro. A linguagem trinitária que ele preconiza constitui uma resposta articulada a essas duas tentações cristãs. Esse tema das duas frentes surge com frequência em seus textos:

> Pratica-se, em vosso meio, a distorção da fé, por ódio às doutrinas apostólicas e evangélicas [...]. O sabelianismo é judaísmo, e ele se introduz em vosso meio sob uma aparência de cristianismo na pregação evangélica. Com efeito, aquele que diz que o Pai, o Filho e o Espírito Santo são um só ser em várias pessoas e que admite para os três uma só hipóstase, que faz ele senão negar a preexistência do Filho? Nega também sua vinda em missão entre os homens, sua descida aos infernos, sua ressurreição, o juízo que ele deve ministrar. Nega também as operações próprias do Espírito. [...]
> É enrubescendo que vos escrevo isso, porque os que estão implicados nessa questão são do nosso sangue, e é chorando em minh'alma, porque sou obrigado, como os que se batem contra dois adversários, a repelir e a arruinar com os argumentos apropriados as tentativas que são feitas de parte e de outra para desnaturar a doutrina e a devolver à verdade a força que lhe convém. De um lado é o anomeu que nos dilacera; do outro, ao que parece, é Sabélio. [...]
> É preciso saber: assim como aquele que não admite a unidade da substância cai no politeísmo, assim também aquele que não admite a propriedade das hipóstases é arrastado para o judaísmo [...]. Não basta contar diferenças de pessoas, é preciso também admitir que cada pessoa existe numa verdadeira hipóstase. Com

---

27. Basílio, *Lettre* 113 (de 372); Courtonne II, p. 17.
28. Id., *Lettre* 125,1 (373); Courtonne II, p. 31.
29. Cf. *Homelie* XVI,4; *PG* 31 480 b; *Lettre* 126; Courtonne II, p. 36.
30. Basílio, op. cit., 207,4 (em Neocesareia, de 375); Courtonne II, p. 188.

efeito, essa ficção das pessoas sem hipóstase o próprio Sabélio não a rejeitou [...]. Esse erro que se apagara há tanto tempo é agora renovado pelas invenções dessa heresia sem nome, por esses homens que rejeitam as hipóstases e renegam o nome do Filho de Deus[31].

Numa carta de 376 a seu amigo Anfilóquio de Icônio, destinatário do tratado *Sobre o Espírito Santo*, Basílio articula claramente a diferença entre substância e hipóstase:

> A substância e a hipóstase têm entre si a mesma diferença que existe entre o comum e o particular como, por exemplo, a que existe entre o animal em geral e tal homem determinado. Por isso reconhecemos uma só substância na divindade, de tal sorte que não se pode dar definições diferentes do ser; a hipóstase, ao contrário, é particular, nós o reconhecemos, para que haja em nós uma ideia distinta e clara sobre o Pai, o Filho e o Espírito Santo. Com efeito, se não consideramos os caracteres que foram definidos para cada um, como a paternidade, a filiação e a santificação, e se só confessamos Deus segundo a ideia comum do ser, é-nos impossível dar conta sadiamente de nossa fé. É preciso, pois, juntar o que é particular ao que é comum e confessar assim a fé: o que é comum é a divindade; o que é particular é a paternidade; depois é preciso reunir essas noções e dizer: creio em Deus Pai. Na confissão do Filho é preciso fazer a mesma coisa [...] O mesmo também para o Espírito Santo [...]. Assim a unidade será completamente salvaguardada na confissão da única divindade; o que é particular às pessoas será confessado na distinção das propriedades particulares que o pensamento atribui a cada uma[32].

Essa atividade doutrinal de Basílio pode ser chamada de "ecumênica" no sentido moderno do termo. A elaboração da fórmula trinitária é um ato de reconciliação ao mesmo tempo conceitual e humana. Elementos separados de vocabulário se reúnem e se articulam, enquanto Igrejas divididas reencontram a unidade. No centro dessas divisões há o espetáculo lamentável da cidade de Antioquia, dividida entre comunidades cristãs rivais, cada uma com seu bispo. Os dois Gregórios, o irmão e o amigo de Basílio, se tornarão, com seus temperamentos próprios, os propagandistas de sua fórmula.

3. DA FÓRMULA DE FÉ DE 382 AO CONCÍLIO DE 553

O trabalho de Basílio de Cesareia e de seus amigos capadócios se acha depositado no texto da carta sinodal de Constantinopla de 382. Nesse ano o papa

---

31. Basílio, *Lettre* 210,3-5 (em Neocesareia, de 375); Courtonne II, pp. 192-196. Cf. Homélie XXIV,1-2; *PG* 31, 600b-604d.

32. Basílio, *Lettre* 236,6 (de 376); Courtonne III, pp. 53-54.

Dâmaso convidara os bispos do Oriente a se reunirem com ele em concílio na Itália. Numa longa carta, os bispos, reunidos em Constantinopla um ano depois do concílio, declinam o convite invocando, por um lado, a falta de preparação para a viagem e, por outro, a situação ainda muito frágil de suas Igrejas que, após a tormenta ariana, não podiam viver muito tempo sem seus bispos. Mas inserem nessa carta uma confissão de fé trinitária que é a primeira atestação oficial do que permanecerá como a fórmula dogmática de fé na Trindade:

> É precisamente esta confissão de fé que vós, nós e todos os que não pervertem a palavra da verdadeira fé devemos aprovar juntos: é a mais antiga e conforme ao batismo, que nos ensina a crer no nome do Pai e do Filho e do Espírito Santo, a crer evidentemente numa só divindade, potência e substância *(ousia)* do Pai, do Filho e do Espírito Santo, na dignidade igual em honra e coeterna de sua realeza, em três hipóstases *(hypostasis)* perfeitas ou ainda em três pessoas *(prosopon)* perfeitas; de sorte que nem a peste de Sabélio poderia encontrar lugar aí, ela que confunde as hipóstases e suprime portanto as propriedades, nem a blasfêmia dos eunomianos, arianos e pneumatômacos poderia achar força, blasfêmia que divide a substância ou a natureza ou a divindade e que introduz na Trindade incriada, consubstancial *(homoousios)* e coeterna uma natureza nascida mais tarde, criada ou de outra substância[33].

Esse texto representa a recapitulação do trabalho de Basílio de Cesareia em vista do estabelecimento de uma fórmula trinitária. Faz referência à confissão batismal e constitui um comentário da menção aos três nomes divinos. Essa formulação constitui um "isto é", estabelecido na linguagem cultural grega, da confissão bíblica tradicional. A fórmula trinitária que permanecerá usual em toda a Igreja até nossos dias é, portanto, adquirida segundo seu vocabulário grego. Ela não se contenta em afirmar a unidade da substância ou da natureza. Ela canoniza o emprego do consubstancial, não somente a propósito do Filho, mas como um qualificativo comum às três pessoas divinas, portanto como um atributo da Trindade, respondendo à linguagem das três hipóstases, doravante afirmadas sem ambiguidade alguma. Os dois lados do mistério trinitário, a unidade e a pluralidade, são assim expressos numa linguagem compatível e coerente. Essa fórmula — que vai mais longe em sua linguagem do que o Símbolo do ano anterior — é a testemunha da passagem definitiva do termo *hipóstase* do lado da substância para o da subsistência e, portanto, da pessoa. Ela representa a posição do "neonicenismo".

O Sínodo romano, reunido no mesmo ano pelo papa Dâmaso, se exprime nos termos correspondentes do vocabulário latino, mas ignorando ainda o termo *hipóstase*, ao qual não dá nenhum equivalente latino[34].

---

33. *COD* II-1, p. 81.
34. *DzS* 172-176.

Esses documentos não têm a autoridade jurídica de decisões ecumênicas. Entretanto, têm grande autoridade em matéria de fé na medida em que representam o acordo de todo o Oriente, de um lado, e já o acordo do Oriente e do Ocidente, de outro. Essa linguagem nunca mais será questionada.

Por isso não surpreende que o concílio de Constantinopla II, em 553[35], reunido antes de tudo por razões cristológicas, consagre seu primeiro cânon a avaliar o que já é um ponto pacífico:

> Se alguém não confessar uma só natureza ou substância do Pai, do Filho e do Espírito Santo, uma só potência e um só poder, uma Trindade consubstancial, uma só divindade adorada em três hipóstases ou pessoas, seja anátema.
>
> Pois existe um só Deus e Pai, de quem são todas as coisas, um só Senhor Jesus Cristo, por quem são todas as coisas, um só Espírito Santo, em quem são todas as coisas[36].

Esse cânon se decompõe em duas partes. A primeira exprime a unidade da Trindade na nova linguagem conceitual. A segunda a exprime na antiga linguagem escriturística e tradicional. As duas frases são coordenadas por um "pois", que exprime a equivalência entre as duas formulações: a segunda frase é o resumo do argumento escriturístico que funda a linguagem conceitual da primeira.

A primeira frase afirma ao mesmo tempo a unidade e a distinção de duas maneiras: ela agrupa os conceitos que podem ser empregados no mesmo sentido. Opõe os termos que devem ser empregados no plural e significam o que é próprio a cada pessoa divina, e os que devem ser empregados no singular e significam o que é comum.

Deve-se dizer no singular: "uma só natureza ou substância", o que marca a assimilação semântica do termo *substância* ao termo *natureza*. Em outras palavras, o sentido concreto de *natureza (physis)* atraiu para si o de *substância (ousia)*. Esta, portanto, é entendida como substância concreta e única da divindade, substância individual. Por seu turno, o termo *natureza* não pode mais ser empregado a propósito do Pai e do Filho para designar suas hipóstases, enquanto indivíduos subsistentes. Essa natureza divina única é uma só potência (princípio de ação inerente à natureza) e um só poder (potência de agir *ad extra*, dominação).

Essa natureza é uma Trindade consubstancial: em Niceia se falava do Filho consubstancial ao Pai, porque gerado deste. A expressão não parecia reversível. Aqui se afirma a consubstancialidade mútua das três pessoas, porque elas subsistem juntas na mesma natureza, numericamente una: a consubstancialidade é apreendida como um fato de natureza. É a Trindade como tal que

---
35. Cf. infra, pp. 355-364.
36. *DzS* 421; *COD* II-1, p. 255.

é definida consubstancial. Essa Trindade consubstancial é uma só divindade, porque cada pessoa possui a propriedade da divindade que é a unidade.

Deve-se dizer no plural, do lado da distinção: "em três hipóstases". Contrariamente ao cânon de Niceia, que não fazia a distinção entre *hypostasis* e *ousia*, o concílio consagra e define a oposição dos dois termos: há três hipóstases na única substância ou na Trindade consubstancial. A hipóstase deve ser compreendida como o ato concreto de subsistir, ou o subsistente real. Uma só frase põe em relação lógica os dois termos tão controvertidos no século IV: a afirmação da consubstancialidade elimina o equívoco de três hipóstases separadas. A afirmação das três hipóstases elimina o equívoco de uma consubstancialidade compreendida num sentido modalista.

O termo latino correspondente a *hypostasis* é *subsistentia* e não *substantia*, que era antigamente a transcrição recebida de *hypostasis*. A mudança de tradução materializa a evolução semântica realizada sobre o conceito de hipóstase no vocabulário trinitário.

"Ou três pessoas *(prosopa)*." A fórmula das três *prosopa* nunca criou dificuldade senão à revelia, na medida em que os modalistas podiam entendê-la de pessoas sem hipóstases, isto é, sem realidade, em razão de seu sentido original: "face" ou "figura"; ou "máscara de teatro", "papel teatral", "personagem"; ou "pessoa" no sentido gramatical. O termo importante aqui é o *ou* que marca a assimilação de um termo ao outro. Essa conjunção elimina a ambiguidade que cada um dos termos tomado separadamente podia encerrar: o termo *prosopon* confirma que *hipóstase* é tomado, sim, no sentido de subsistente; *hipóstase* confirma que a pessoa considerada é um subsistente real.

A segunda frase afirma a unidade das três pessoas distintas de dois modos. Primeiro, por oposição a todo o resto, os Três são um só Deus porque exercem juntos a mesma e indivisível senhoria; mas o fazem cada qual à sua maneira, o que leva a reconhecer sua distinção. Em seguida, a unidade da divindade se exprime por relação a ela mesma pela tríplice repetição de *heis*, *unus*, conforme à explicação que muitos Padres deram dela: há um só Filho e um só Espírito que, procedendo ambos do Deus único, o Pai, e procedendo sob o selo da unidade, isto é, no interior dele mesmo, possuem nele, na indivisão, a mesma e única divindade e são, com ele, um só Deus.

II. DE AGOSTINHO A SANTO TOMÁS: RUMO À DOUTRINA DAS RELAÇÕES SUBSISTENTES

> Os autores e os textos: Cirilo de Alexandria, *Dialogues sur la Trinité* I-II, III-V, VI-VII; ed. G. M. de Durand, SC 231, 237, 246, 1976-1978. — Agostinho, *La Trinité*; t. I, ed. M. Mellet, Th. Camelot, t. II, ed. Agaësse, J. Moingt, BA 15 e 16, 1955. — Os textos de santo Tomás sobre as relações subsistentes se acham em particular na *Suma Teológica*, Ia q. 28, a. 1-4; q. 29, a. 3-4; q. 30, a.2; q. 40, a. 1-2; *De Potentia*, q. 8, a.1-3; q. 9, a.4,9.

REFERÊNCIAS BIBLIOGRÁFICAS: I. CHEVALIER, *Saint Augustin et la pensée grecque*, Fribourg, 1940. — A. KREMPEL, *La doctrine de la relation chez St Thomas. Exposé historique et systématique*, Paris, Vrin, 1952. — P. VANIER, *Théologie trinitaire chez St Thomas d'Aquin*, Montréal-Paris, 1953. — A. MALET, *Personne et amour dans la théologie trinitaire de St Thomas d'Aquin*, Paris, Vrin, 1956. — B. LONERGAN, *Divinarum Personarum conceptionem analogicam evolvit*, Roma, Pont. Univ. Greg., 1959.

A fórmula trinitária estava definida no Oriente e no Ocidente, levando-se em conta a tradução adequada dos conceitos, desde o final do século IV. Essa fórmula é ponto pacífico na Igreja até os dias de hoje, permanecendo ainda objeto constante de investigação e de reflexão teológica e filosófica ao longo dos séculos. Embora o propósito desta história dos dogmas não seja tratar de toda a evolução da teologia trinitária, é importante contudo retraçar os esforços sucessivos da teologia para dar conta especulativamente do conteúdo dessa afirmação central da fé, que parece desafiar a razão. A reflexão passou da conciliação lógica da Trindade e da unidade divinas à sua conciliação propriamente metafísica. Tais esforços afetam de muito perto o sentido da fórmula. Eles conhecerão, aliás, algumas incidências conciliares no Ocidente.

No Oriente, os debates trinitários prosseguirão até o final do século V. Depois que Eunômio respondeu à obra de Basílio de Cesareia com uma *Apologia da Apologia* precedente, Gregório de Nissa, irmão caçula do falecido bispo de Cesareia, lhe responderá em doze livros de um novo *Contra Eunômio*[37]. Pouco tempo depois, Teodoro de Mopsuéstia escreveu, segundo Fócio, vinte e cinco livros *Pró Basílio, contra Eunômio*, obra hoje perdida. Nos anos 386-387 o jovem João Crisóstomo, ainda presbítero em Antioquia, pronunciou nove homilias *Sobre a incompreensibilidade de Deus contra os anomeus*[38]. Quanto aos livros IV e V do *Contra Eunômio* basiliano, geralmente reconhecidos como inautênticos, tudo leva a datá-los no final do século IV[39]. No início do século V, Cirilo de Alexandria entra por sua vez na controvérsia antiariana com seus *Diálogos sobre a Trindade*[40], dos quais o VII, consagrado ao Espírito Santo, dá um amplo espaço às teses eunomianas. Sua reflexão, marcada pela influência das categorias basilianas, se inscreve espontaneamente na fórmula trinitária grega, tal como foi estabelecida no final do século precedente: uma substância ou natureza, de um lado, três hipóstases ou pessoas, do outro. Cirilo escreve, por exemplo:

> Ao dizer "Pai, Filho e Espírito Santo", não é mais a partir do que é indivisivelmente a natureza completa da divindade que se dá uma indicação; é a partir do que permite, na identidade da substância da Santa Trindade, discernir hipóstases próprias; a linguagem distribui então a cada um dos seres concebidos o nome

---

37. *PG* 45, 237-1122.
38. *Hom.* I-V; ed. J. Daniélou, A. M. Malingrey, R. Flacelière; *SC* 28 bis, 1970; *Hom.* VII-XII; ed. A. M. Malingrey, *SC* 396, 1994. As *Hom.* XI-XII são de 398.
39. *PG* 29, 672-773.
40. Cf. os autores e os textos, p. 262.

que lhe convém e estabelece em sua hipóstase própria os que são unidos pela substância⁴¹.

Vê-se a seriedade com que a Igreja antiga tomou a contestação trinitária de Ário e de Eunômio.

O destino do pensamento trinitário de Basílio será sensivelmente diferente no Oriente e no Ocidente. O Oriente, de língua grega, reterá sobretudo sua doutrina das propriedades divinas e desenvolverá uma teologia das hipóstases consideradas segundo seu "em-si". A "triadologia" oriental vê no Pai a fonte de toda a deidade. Do Pai provêm a geração do Filho e a processão do Espírito, cognoscíveis por sua vez pelas propriedades que os constituem em sua originalidade incomunicável. Por meio do Filho e do Espírito as "energias" do Pai escoam para o mundo no ato criador. A consideração da natureza é segunda em relação à das pessoas. Este ainda é hoje o horizonte da teologia trinitária das Igrejas ortodoxas. O Ocidente, ao contrário, concentrará sua reflexão trinitária na noção de relação e chegará, com Santo Tomás, ao conceito de pessoa como "relação subsistente".

A partir de 750, certo número de autores cristãos orientais adota o árabe em seus escritos e cria um "dialeto árabe cristão". Esses autores chocam-se contra a maré crescente do Islã. Há entre eles "nestorianos" como Timóteo I, Jorge de Moçul, Ibn al-Tayyib, Eli de Nísibe, Elias I; fiéis do concílio de Calcedônia: Abu Qurra, Ibn Yumm, Ibn al-Fadi; e "monofisitas", isto é, cristãos que recusam a fórmula de Calcedônia acerca das duas naturezas em Cristo: Abu Ra'ita, Nono de Nísibe, Ibn Zur'a, Ibn Suwar. Sua teologia é comandada pela necessidade de justificar o caráter monoteísta do mistério trinitário aos olhos dos muçulmanos. Apoiando-se nas Escrituras, são coagidos pela contestação do Islã a debater racionalmente o mistério, e recorrem a Aristóteles. Servem-se também de seus predecessores da patrística grega, citam Basílio de Cesareia e se inspiram em suas investigações sobre a oposição entre os nomes relativos e os nomes absolutos. Repetem que o Pai é conhecido por sua paternidade, o Filho por sua filiação, e o Espírito por sua processão. Encontramos neles a oposição entre os nomes de natureza e os nomes de pessoas, e até mesmo os exemplos dados por Basílio. Essas conexões mostram o quanto o esforço do bispo de Cesareia penetrou na cultura cristã. Essa literatura é hoje objeto de uma redescoberta⁴².

1. AGOSTINHO, HERDEIRO DO PENSAMENTO GREGO

Herdeiro imediato dos Padres gregos e de seus colegas latinos mais velhos (Hilário e Ambrósio), Agostinho retoma a questão onde seus predecessores

---

41. Cirilo de Alexandria, *Dialogues sur la Trinité* II, 422 cd; *SC* 231, p. 239; cf. a intr. de G. M. de Durand sobre a teologia trinitária dos *Diálogos*, ibid., pp. 44-86.
42. Cf. Rachid Haddad, *La Trinité chez les théologiens arabes (750-1050)*, Paris, Beauchesne, 1985.

a tinham deixado, tanto em sua reflexão sobre as hipóstases quanto em suas primeiras observações sobre a relação. Confessa conhecer mal o grego, mas pôde se servir de algumas traduções latinas; em todo caso, mostra-se bem a par da terminologia grega e é mais que provável que tenha conhecido as obras trinitárias de Atanásio, Basílio de Cesareia, Gregório de Nazianzo e decerto também de Dídimo, o Cego[43]. Assim, pôde colher as primeiras "sementes" de sua reflexão sobre a relação nos debates trinitários do Oriente, já em Atanásio, mas também e sobretudo em Basílio de Cesareia e Gregório de Nazianzo.

Em sua grande obra sobre *A Trindade*[44], Agostinho afirma primeiramente que o Pai e o Filho são uma só substância, na qual não há acidente nem diversidade. Mas isso não fecha a porta para uma distinção real entre eles:

> Não decorre disso, porém, que toda atribuição tenha um sentido substancial. Há, com efeito, a relação, por exemplo: o Pai é relativo ao Filho e o Filho é relativo ao Pai, que não é um acidente. Um é sempre Pai, o outro sempre Filho. [...] Visto que o Pai só é chamado Pai porque tem um filho, e o Filho é chamado filho porque tem um pai, não se trata aí de qualificações da ordem da substância. Nem um nem outro se referem a si mesmos, mas um ao outro e essas qualificações são correlativas. [...] Por isso se ser Pai e ser Filho não é a mesma coisa, a substância nem por isso é diferente[45].

É diferente, portanto, ser Pai ou Filho, já que esses nomes são usados relativamente um ao outro, mas sem implicar diferença no tocante à substância. São termos correlativos, que exprimem uma relação recíproca, mas não se pronunciam quanto à substância daqueles acerca dos quais são afirmados.

Mas Agostinho nem por isso esquece o lado absoluto da propriedade pessoal. A pessoa do Pai não é somente relativa. Agostinho mantém-se em toda fidelidade à teoria grega das propriedades segundo a qual a hipóstase exprime um modo próprio e incomunicável de subsistir na substância (um em-si). A pessoa significa, pois, algo de absoluto:

> Quando, na Trindade, falamos da pessoa do Pai, não falamos de outra coisa senão da substância do Pai. Por conseguinte, assim como a substância do Pai é o Pai mesmo, e não o que o Pai faz, mas o que o faz ser, de igual modo a pessoa do Pai não é outra coisa senão o Pai mesmo. "Pessoa" é um termo absoluto *(ad se dicitur persona)*, não um termo relativo ao Filho ou ao Espírito Santo[46].

---

43. Cf. M. Mellet e Th. Camelot, nota sobre "Augustin et le grec", em *La Trinité*, BA 15, pp. 579-580.

44. Ver o dossiê dos textos de Agostinho sobre as relações trinitárias em I. Chevalier, op. cit., pp. 17-36.

45. Agostinho, *La Trinité*, V,6; BA 15, p. 433-435. Cf. *La Cité de Dieu*, XI,10,1; ed. Bardy-Combès, BA 35, pp. 63-65.

46. Id., *La Trinité*, VII,6,11; BA 15, p. 541.

Assim, o para-outrem significado pelo termo relativo *Pai* permanece separado na consideração do em-si constituído pela pessoa do Pai. A relação parece imprópria para exprimir a subsistência da pessoa, e de seu lado a pessoa é de tal modo identificada à substância que é difícil ver como "três pessoas" podem não fazer "três substâncias". A tradução — ou, antes, a transcrição — latina da fórmula grega, "uma essência, três hipo-stases", materializa essa dificuldade: em latim não se ousa dizer "uma essência, três sub-stâncias". A fórmula autorizada é "uma essência (ou substância) e três pessoas"[47]. Foi preciso empregar esses termos contra os hereges para responder à pergunta: "três o quê?", mas nenhuma dessas palavras é totalmente adequada:

> De resto, se se pergunta "três o quê?", a palavra humana fica totalmente limitada. Responde-se: três pessoas, mas é menos para dizer isso do que para ficar sem dizer nada[48].

Agostinho, portanto, permanece numa aporia: não consegue harmonizar o ponto de vista absoluto da pessoa e o aspecto das relações. Toda a teologia latina medieval retomará essa questão até o desfecho proposto por Santo Tomás.

2. DE BOÉCIO A GILBERT DE LA PORRÉE

Num célebre opúsculo intitulado *Como a Trindade é um só Deus e não três deuses*[49], Boécio (480-524), político e teólogo que se tornaria o mestre pensador da Idade Média, observou que a noção de relação era muito apropriada para manter juntas a unidade e a distinção em Deus, pois ela nada diz do que nele mesmo é o sujeito do qual é afirmada, mas exprime somente nesse sujeito uma relação com outro, um *ad aliquid*. Isso lhe permite apresentar este princípio:

> A substância contém a unidade, a relação multiplica a Trindade: por isso só é afirmado individualmente e separadamente aquilo que diz respeito à relação[50].

Por outro lado, Boécio elabora uma definição da pessoa que estará em voga sobre grande parte da Idade Média. Na perspectiva da tábua das categorias, ele observa que é uma substância e não um acidente; na perspectiva da tábua dos predicamentos, ela é individual; colocada sobre a Árvore de Porfírio, ela é racional. Boécio obtém assim esta definição: "uma substância individual de natureza racional" *(naturae rationalis individua substantia)*[51]. A pessoa como substância

---

47. Ibid., V,8-9,10; *BA* 15, p. 447.
48. Ibid., V,9,10; *BA* 15, p. 449.
49. Boécio, *Quomodo trinitas unus Deus et non tres dii*; *PL* 64, 1247-1255.
50. Ibid., 1255.
51. Id., *Livre de la personne et des deux natures contre Eutychès et Nestorius*, III; *PL* 64, 1343.

individual se opõe à natureza como substância específica, ou princípio de especificação. Os conceitos de relação e de pessoa ainda não estão reunidos, mas é nesse rumo que se inclinava o pensamento latino.

Prior da abadia de Bec na Normandia e mais tarde arcebispo de Cantuária, Anselmo (1033-1109) retomou por conta própria o princípio de Boécio sobre a relação: esta é o único princípio de distinção. A unidade divina se estende tanto que não intervém a oposição de relação:

> Nem a unidade deixa às vezes sua consequência escapar, onde alguma oposição de relação não cria obstáculo, nem a relação perde o que é seu, a não ser onde a unidade inseparável faz oposição[52].

Esse princípio, que comporta uma reciprocidade dos limites entre a unidade e a relação, será retomado no decreto para os jacobitas do concílio de Florença, mas segundo sua primeira afirmação somente: "Tudo é um, onde não intervém uma oposição de relação"[53].

Por outro lado, Anselmo identifica de tal modo o conceito de pessoa com o de substância e de natureza que as hesitações de Agostinho se transformam para ele em recusa: não se deve dizer "três pessoas".

Dialético de gênio, Gilbert de la Porrée, bispo de Poitiers (1085-1154), explicava segundo as regras da gramática especulativa que o nome "divindade" significava a forma segundo a qual Deus é dito Deus, e não diretamente o supósito "Deus". Dizia também que a relação não é significada como os outros acidentes sob a razão formal de inerir a uma coisa *(esse in)*, mas sob o modo de um relacionada a outro *(esse ad ou ad aliquid)*[54]. Em Deus, portanto, a relação não é significada sob o modo de ser a pessoa, mas como sendo assistente à pessoa. Daí alguns espíritos pouco lógicos acreditarem que ele ensinava que a divindade (ou a natureza) não é realmente idêntica a Deus e que as relações divinas são entidades realmente distintas da natureza e das pessoas. Foi essa interpretação errônea que foi condenada no concílio de Reims em 1148[55]. Gilberto dava ao mesmo tempo esta definição pseudoetimológica da pessoa: *per se una*[56]. Santo Tomás a comentará[57].

Ricardo de São Vítor († ca. 1173) corrigia assim a definição boeciana da pessoa: "a pessoa, em Deus, outra coisa não é senão a existência incomunicável"[58]. Guilherme de Auvergne († 1249), Prévotin († ca. 1210), em certa medida

---

52. Anselmo de Cantuária, *De la procession du Saint-Esprit*, I; trad. M. Corbin e P. Gilbert em Anselmo de Cantuária, *Oeuvres*, t. 4, Paris, Cerf, 1990, p. 229.
53. Em 1442; *DzS* 1330.
54. Gilbert de la Porrée, *Comentaire du livre de Boèce sur la Trinité*; PL 64, 1291-1292.
55. *DzS* 745.
56. Gilbert de la Porrée, op. cit., 1257 a.
57. *STh*, Ia Q. 29, a.4.
58. Ricardo de São Vítor, *La Trinité*, L. 4, XVIII; ed. G. Salet, *SC* 63, p. 267.

Alexandre de Hales (1180-1245) e São Boaventura (1221-1274) davam substancialmente esta outra definição da pessoa: "uma hipóstase distinguida por uma propriedade enobrecente". Queriam dizer com isso que as pessoas se distinguem pelo modo de origem ou de processão e não pelas relações que manifestam somente essa distinção por via de consequência.

Um grande volume de trabalho e de reflexão fora portanto fornecido. Todavia, não se pode dizer que a clareza reinava nos espíritos. O comportamento da hipóstase ou da pessoa em relação à substância ainda não fora regulado de maneira satisfatória.

3. SANTO TOMÁS E AS RELAÇÕES SUBSISTENTES

Santo Tomás de Aquino é herdeiro dessa tradição que tem dificuldade em unificar o ponto de vista absoluto da pessoa e o da relação. Vai, portanto, buscar exprimir numa noção única o que a pessoa tem de próprio e de relativo, por um lado, e o que ela tem de comum e de absoluto, por outro. É-lhe necessário elaborar um conceito que signifique ao mesmo tempo o aspecto pelo qual uma pessoa é uma coisa particular perante as outras, e o aspecto pelo qual ela é uma mesma realidade subsistente como todas as outras. Essa noção única repelirá simultaneamente, no primeiro caso, o sabelianismo e, no segundo, o triteísmo, esses dois escolhos que delimitam a reflexão teológica.

Desse modo a pessoa não será o puro relativo privado de um suporte absoluto, como receava Agostinho, nem aquele absoluto flanqueado por um relativo que se pensava ver em certa versão do pensamento de Gilbert de la Porrée. A noção que santo Tomás forjará, fazendo reunir-se em Deus os conceitos de relação e de pessoa, será a de "relação subsistente".

Seu método é muito "gramatical" e parte de um soberano respeito pela linguagem: ele distingue sempre a maneira como a coisa é em si mesma, *secundum rem*, e a maneira como essa coisa é conforme a afirmação que se faz dela, *secundum praedicationem*. Em cada conceito ele distingue a coisa significada, *res significata*, e a perspectiva formal da significação, *vis significandi*, ou a razão formal de inteligibilidade, *ratio intelligentiae*, própria deste conceito. Em cada termo ou expressão ele discerne a significação direta, *in recto*, e indireta, *in obliquo*. O respeito a essa espessura própria da linguagem é o único meio de colocar em Deus, como pede o dogma, realidades que nas criaturas são inconciliáveis, sem perder nossa confiança nas palavras que empregamos.

Reflexão sobre a relação

A relação em geral é segundo seu *conceito*, ou sua *ratio propria*, isto é, segundo a razão sob a qual ela é significada, um relacionado a outro, *ad aliquid*, já que exprime formalmente uma relação com outro. Quando falo de meu irmão, não exprimo nada que o defina como homem, não designo nele senão uma relação comigo, isto é, nele um para-um-outro. Mas segundo seu *modo concreto de existir* ou segundo seu ser, a relação é acidente, isto é, ela não existe por si, mas inere a um sujeito: ela é um ser-em, um *esse in*.

Se agora transferimos analogicamente a noção de relação em Deus, constatamos que do término ao princípio de uma processão existe uma relação real. Já que término e princípio são de mesma natureza, a relação é real e recíproca e existe uma oposição real entre os dois termos. Como o conceito de oposição relativa contém a distinção dos dois termos, onde a relação é real, a distinção o é também. Se, pois, há em Deus processões substanciais, há também nele relações reais, recíprocas e realmente distintas. Pois afirmar que existem relações em Deus é dizer que o conceito formal de relação se verifica plenamente nele. A razão própria da relação em nada é modificada pelo fato de sua transferência em Deus.

Que acontece com o ser-em *(esse in)* ou com o modo de existir da relação, uma vez que esta é transferida em Deus? Deus não tem acidente e tudo o que existe nele é sua própria essência. Portanto, todo ser acidental transportado em Deus posui nele o ser substancial:

> Tudo o que, nas criaturas, possui um ser acidental, *quando referido a* Deus, possui nele o ser substancial; pois nada existe em Deus à maneira de um acidente em seu sujeito, tudo o que existe em Deus é sua essência[59].

Assim, o *ser-em (esse in)* da relação se torna idêntico ao ser *(esse)* da substância divina. A relação, pois, não faz número com a essência, ela não é realmente distinta da essência; não há quatro termos em Deus.

Mas seu conceito próprio, sua *vis significandi*, permanece distinta da essência (de uma distinção virtual que é o fato da consideração do espírito): o que se diz da relação não é necessariamente afirmável da essência e vice-versa. Pois o conceito de relação contém um modo de oposição e portanto de distinção entre princípio e término, o que o conceito de essência não contém.

O trabalho de Santo Tomás consistiu, mantendo intacta a significação do conceito de relação como *esse ad*, em pôr em relevo seu *esse in*, convertido do acidental ao substancial por causa da natureza divina. O ser da relação, tão acidental e frágil em nossa experiência, toma assim em Deus uma dimensão absoluta.

Reflexão sobre a pessoa

Santo Tomás transporta então essa noção de relação para a noção de pessoa. Cabe dizer que a relação é na pessoa, que é entre as pessoas, ou constitutiva da pessoa?

---

59. *STh*, Ia, q. 28, a 2; trad. A.-M. Roguet, Paris, Cerf, 1984, t. I, p. 362.

A palavra *pessoa* apresenta esta particularidade paradoxal em Deus. Ela é, por um lado, afirmada de cada uma das Três e empregada no plural para designá-las conjuntamente. Isso é contrário à regra dos nomes essenciais que só são atribuídos no singular para a única substância divina. Mas, por outro lado, ela não exprime um relacionado a outro *(ad aliquid)* à maneira dos nomes relativos. Ele reveste, portanto, um duplo caráter de um termo absoluto e de um termo relativo. Mas como uma e outra significação pertencem a este único e mesmo nome *pessoa*?

Para responder a essa pergunta, Santo Tomás se dedica a uma "exposição reverencial" da definição boeciana da pessoa: "uma substância individual de natureza racional". A fórmula de Boécio colocava diretamente *(in recto)* a substância e de maneira indireta *(in obliquo)* o caráter individual e distinto, portanto o aspecto relativo da pessoa. A tradição teológica retivera sobretudo, dessa definição, o caráter absoluto, aquilo em que a pessoa que significa uma propriedade *(persona ad se dicitur)* é realmente idêntica à substância divina.

Santo Tomás, ao contrário, põe em relevo, em seu comentário, o aspecto da distinção, o caráter individual da pessoa, isto é, o que a distingue das outras e manifesta uma relação de uma com a outra. A pessoa será então: "'uma substância individual', já que 'pessoa' significa o singular do gênero substância"[60]. A ênfase da definição passou de *substância a indivíduo*, isto é, o aspecto relativo é expresso *in recto,* e o absoluto, *in obliquo.*

Conclusão: as pessoas, "relações subsistentes"

Realizado esse trabalho, basta aproximar os conceitos de relação e de pessoa para ver que em Deus eles coincidem. Eles têm, de fato, mesma significação relativa e mesma significação absoluta. Na noção de relação Santo Tomás salientou o aspecto absoluto; na de pessoa, o relativo:

> Em Deus, dissemos, não há distinção senão em razão das relações de origem. Por outro lado, a relação em Deus não é como um acidente inerente a um sujeito: ela é a essência divina mesma; por conseguinte, ele é subsistente no mesmo nível da essência divina. Assim, pois, como a deidade é Deus, assim também a paternidade divina é Deus Pai, isto é, uma pessoa divina. Assim a "pessoa divina" significa a relação enquanto subsistente: em outras palavras, significa a relação por maneira de substância — isto é, de hipóstase subsistente na natureza divina (embora o que subsiste na natureza divina não seja outra coisa senão a natureza divina)[61].

---

60. Ibid., q. 29, a.1; p. 368.
61. Ibid., q. 29, a.4; p. 373.

A pessoa divina é, portanto, um ser puramente relacional, sendo ao mesmo tempo um ser relacional subsistente. Quando um homem é pai, distingue-se o que ele é em si mesmo e o que ele é para seu filho, um pai. A relação nele é acidental. Já em Deus essa relação é o que constitui a pessoa como tal. *O para-outrem relacional da pessoa é identicamente seu em-si*: o que o Pai é para seu Filho o constitui unicamente em si mesmo como Pai; em outras palavras: o Pai é por inteiro Pai, não é senão isso, *ele é paternidade subsistente*. E só essa relação subsistente o distingue realmente de seu Filho; para todo o resto, ele é um com o Filho.

É assim que se pode compreender que cada uma das relações subsistentes faça número com as demais, sem fazer número com a essência e sem dividi-la. A pessoa como relação subsistente é, pois, exatamente essa noção única capaz de exprimir ao mesmo tempo os dois aspectos do mistério trinitário.

No plano propriamente dogmático, a elaboração da doutrina trinitária se vê concluída com os concílios medievais. Mas a reflexão teológica e filosófica sobre esse dado inesgotável tem continuado até os dias de hoje. No quadro desta história dos dogmas, só podemos assinalar alguns momentos importantes.

É notável que o dado trinitário tenha continuado a preocupar a filosofia dos tempos modernos, depois que ela reivindicou sua autonomia perante a teologia. É bem conhecida a reflexão desiludida de Kant, feita de um ponto de vista ético: "Da doutrina da Trindade, tomada à letra, não há absolutamente nada a tirar para a prática"[62]. Em um Hegel, ao contrário, ela constitui a referência maior do sistema, onde se torna, numa perspectiva perfeitamente racionalizada, o símbolo dialético da união do homem e de Deus. Vimos, por outro lado, como a doutrina trinitária pôs na órbita filosófica o conceito de pessoa, elaborado a propósito de Deus, mas cada vez mais amplamente utilizado pela filosofia contemporânea a propósito do homem. P. Ricoeur escreveu que "o símbolo dá no que pensar": de modo semelhante, o mistério trinitário dá no que pensar.

A teologia do século XX é testemunha, após um longo período de repetição escolástica, de um retorno a uma reflexão muito viva sobre a Trindade. Esta já não aparece como uma álgebra do três e do um, mas como a revelação desconcertante da capacidade de Deus de entrar em nossa história, de assumir uma solidariedade total com o destino do homem e de se comunicar pessoalmente. Num clima de ateísmo crescente, a originalidade cristã de Deus ganha relevo. A Trindade surge aí como um mistério de salvação. Sabe-se o lugar que ela ocupa na obra magistral de Karl Barth[63]. Do lado católico, Karl Rahner recapitulou vigorosamente a doutrina dos Padres sob a forma de um axioma amplamente acolhido hoje em dia: "A Trindade que se manifesta na economia da salvação é a Trindade imanente, e vice-versa"[64]. Isso significa que Deus é

---

62. E. Kant, *Le conflit des facultés. Oeuvres philosophiques*, t. 3, Paris, Gallimard, 1986, p. 841.
63. K. Barth, *Dogmatique* I,I vol. 2, Genève, Labor et Fides, 1953.
64. K. Rahner em *Mysterium Salutis. Dogmatique de l'histoire du salut*, t. 6, Paris, Cerf, 1971, p. 29.

em sua eternidade tal como se manifesta: o envio de seu Filho e o dom de seu Espírito seriam falsas aparências se o Filho e o Espírito não pertencessem desde sempre à vida do Pai. Mas é preciso evitar esquecer um considerando maior desta fórmula: a Trindade econômica é "a Trindade interior, é ela mesma, comunicada livre e gratuitamente"[65]. O mesmo autor protestou contra um emprego demasiado "coisista" do conceito de pessoa em Deus e propôs definir as pessoas divinas como "três modos de subsistir", o que remete curiosamente ao vocabulário de Basílio de Cesareia[66].

A contribuição específica de Hans Urs von Balthasar foi sublinhar que o mistério da cruz, em sua ligação com a ressurreição, é o lugar definitivo de revelação da Trindade[67]. Na cruz contemplamos, na linguagem da existência humana, o dom total do Filho que entrega sua vida ao Pai, o dom total do Pai ao Filho a quem ressuscitará, tendo esses dons mútuos a fecundidade do dom de seu Espírito comum aos homens. Balthasar foi seguido e até superado neste ponto pelo teólogo reformado Jürgen Moltmann, que vê na cruz não somente o lugar da revelação, mas também o lugar da realização da Trindade[68]. Mas essa tese extrema e unilateral põe em questão a absoluta transcendência de Deus. Mais recentemente, Walter Kasper não hesita em dizer, de um ponto de vista cristão, que a verdadeira resposta ao ateísmo contemporâneo se encontra na "confissão trinitária, que é preciso resgatar de sua marginalidade, para fazer dela a gramática de toda a teologia"[69].

Essas brevíssimas evocações mostram a atualidade da questão trinitária, indissociável em nossa cultura da questão de Deus.

III. A DOUTRINA DO "FILIOQUE" E O DEBATE DOUTRINAL ENTRE OCIDENTE E ORIENTE

OS AUTORES OS TEXTOS: AGOSTINHO, *Traité 99 sur Jean 4-7*; *La Trinité*, IV,20,29; V,13,14 e 14,15; XV,17,29; 27,47; *Contre Maxime*, 14,1; *PG* 42,770. — FÓCIO, *Mystagogie du Saint-Esprit*, *PG* 102, 280-396. — ANSELMO DE HAVELBERG, *Dialogues* (avec Nicetas de Constantinople), L. I; ed. G. Salet, *SC* 118, 1966; L. II; *PL* 188, col. 1163-1210.

REFERÊNCIAS BIBLIOGRÁFICAS: J. GILL, *Le Concile de Florence*, Paris, Desclée, 1964. — H. WOLTER & H. HOLSTEIN, *Lyon I e Lyon II*, Paris, Orante, 1966. — J. GILL, *Constance et Bâle-Florence*, Paris, Orante, 1965. — *Russie et Chrétienté*, 4ᵉ série, 1950, nº 3-4. — FR. DVORNIK, *Le schisme de Photius, Histoire et légende*,

---

65. Id., *Écrits théologiques*, t. 8, Paris, DDB 1967, p. 131.
66. Id., *Traité fondamental de la foi*, Paris, Centurion 1983, pp. 158-162.
67. H. Urs von Balthasar, Le mystère pascal, em *Mysterium salutis*, t. 12, Paris, Cerf, 1972.
68. J. Moltmann, *Le Dieu crucifié. La croix du Christ, fondement et critique de la théologie chrétienne*, Paris, Cerf, 1974.
69. W. Kasper, *Le Dieu des chrétiens*, Paris, Cerf, 1985, p. 7.

Paris, Cerf, 1950. — P. Evdokimov, *L'Esprit Saint dans la tradition orthodoxe*, Paris, Cerf, 1969. — Conseil Œcuménique des Églises, *La théologie du Saint-Esprit dans le dialogue œcuménique*, Document *Foi et Constitution*, n° 103, Paris, Centurion/ Presses de Taizé, 1981. — Y. Congar, *Je crois en l'Esprit Saint*, t. III, Paris, Cerf, 1980. — A. de Halleux, *Patrologie et Œcuménisme*, secção III: "La pneumatologie", p. 303-442.

O século IV presenciou grandes debates sobre o Espírito Santo. Eles conduziram ao estabelecimento formal da doutrina sobre sua divindade. O Espírito é igual e consubstancial ao Pai, já que deriva eternamente dele sua origem, mas de um modo diverso da geração. Afirmou-se igualmente a existência de uma ligação particular entre o Espírito e o Filho, pois o Espírito está na mesma situação em relação ao Filho que o Filho em relação ao Pai. Sublinhou-se o papel do Filho na missão do Espírito, já que o Filho é aquele que dá e envia o Espírito e já que este último "recebe" do Filho o que difunde dele.

Entretanto, essa ligação do Espírito com o Filho ficou indeterminada no que diz respeito à "teologia", isto é, à Trindade imanente e eterna. A conjuntura polêmica do século IV explica por uma parte essa indeterminação. As argumentações eram dirigidas contra aqueles que, de uma maneira ou de outra, queriam fazer do Espírito uma criatura do Filho. Era prioritário portanto sublinhar a ligação "processional" do Espírito ao Pai, sem negar com isso sua ligação com o Filho. Mas subjaz uma dificuldade maior: por meio dessa questão se apresenta não apenas o problema da origem do Espírito, mas também o conjunto das relações recíprocas das três pessoas, isto é, da estrutura trinitária por inteiro. Como definir a relação entre o Espírito e o Filho? Pode ela ser outra coisa que não uma ligação de origem? O Oriente responderá "sim", o Ocidente, "não". Mas essa resposta negativa não é uma recaída na velha objeção dos "dois princípios" invocada outrora pelos arianos, e não destrói a unidade da Trindade?

Questões delicadas, para as quais a Escritura não dá respostas claras, e que vão ser tratadas no Oriente e no Ocidente segundo uma perspectiva trinitária bastante diferente. Os gregos, com efeito, insistem na monarquia paterna e definem as pessoas mais por suas propriedades incomunicáveis do que por suas relações, ao passo que os latinos visam ao mistério trinitário de maneira mais sintética, com base no movimento dessas relações pessoais no interior da única natureza. O "estranhamento" político entre Oriente e Ocidente levará a uma formalização de duas teologias que se combaterão durante séculos e serão uma das causas de um cisma milenar.

1. OS PADRES GREGOS E A PROCESSÃO DO ESPÍRITO SANTO

É a partir da crise pneumatológica de meados do século IV que se podem recolher as primeiras fórmulas significativas da tradição grega sobre a ligação entre o Espírito e o Filho[70]. Segundo Atanásio, o Espírito é o que é próprio do Filho:

> A condição própria que reconhecemos como a do Filho perante o Pai, veremos que é precisamente a que o Espírito possui perante o Filho. Assim como o Filho disse: "Tudo o que o meu Pai possui me pertence" (Jo 16,15), assim veremos que, pelo Filho, tudo isso pertence também ao Espírito[71].

Esse princípio é retomado por Basílio:

> Assim o Espírito se encontra em relação ao Filho como o Filho em relação ao Pai... Se o Espírito é ordenado ao Filho e o Filho ao Pai, é claro que o Espírito o é também ao Pai[72].

Ora, essa ligação de consubstancialidade, que faz do Espírito ser o que é "próprio" do Filho como o Filho o é do Pai, não é somente uma ligação de natureza, é também uma ligação pessoal, que une de uma maneira particular as duas hipóstases do Filho e do Espírito.

Por outro lado, os bens divinos nos vêm do Pai pelo Filho no Espírito. Epifânio de Salamina conjuga frequentemente Jo 15,26 e 16,14 para dizer: o Espírito recebe sempre do Filho tal como procede sempre do Pai[73]; é, portanto, comum aos dois. Assim se acha estabelecida uma analogia entre a missão econômica e a processão eterna do Espírito, quando se diz em resumo que este último é de um e do outro.

Se tal é a lei da economia, não deve, de fato, ser remetida para a teologia, já que a economia é nossa única fonte de conhecimento do interior divino? É preciso então confessar que a substância que procede do Pai no Espírito é similarmente "recebida" por ele do Filho (ou por meio do Filho) que lha comunica da parte do Pai. É esta a origem da fórmula preferencial no Oriente: o Espírito procede do Pai pelo Filho.

> O Espírito Santo, que a santa Escritura chama de Paráclito, haure sua substância do Pai pelo Filho, ele que é dado do Pai pelo Filho aos crentes[74].

Gregório de Nissa diz também:

> Convém, pois, conceber uma potência [divina] que deriva sua origem do Pai, progride pelo Filho e encontra sua consumação no Espírito Santo[75].

---

70. Para as citações a seguir, sirvo-me de um dossiê inédito de fórmulas patrísticas acerca do *Filioque*, estabelecido por J. Moingt.
71. Atanásio, *Lettre à Sérapion*, III,1; SC 15, p. 164.
72. Basílio de Cesareia, *Sur le Saint-Esprit*, XVII,43; SC 17 bis, p. 399.
73. Cf. Epifânio de Salamina, *Ancoratus*, 120; PG 43, 236 b.
74. Basílio de Ancira, citado por Epifânio, *Ancoratus*, III,16; PG 42, 433 b; trad. J. Moingt.
75. Gregório de Nissa, *Lettre* 24,15; ed. P. Maraval, SC 363, p. 287.

Gregório de Nissa é testemunha, em particular, de fórmulas que afirmam que o Espírito é "manifestado pelo Filho": não se trata aqui de uma simples manifestação "econômica", mas do exercício pelo Filho de sua propriedade de ser "luz de luz", expressão presente no Símbolo de fé. A teologia da luz permite dar um sentido ortodoxo à fórmula "pelo Filho" mostrando a coeternidade do Filho e do Espírito e o papel original do primeiro na processão do segundo[76]. Nesse nível reconhece-se uma ligação eterna entre o Filho e o Espírito.

Os Padres gregos de antes de 400 dizem, portanto, que o Espírito procede do Pai; não deixam entender que o Espírito procede também do Filho. Mas mostram uma ligação "natural", "eterna" e "pessoal", particular entre o Filho e o Espírito. O Filho desempenha, pois, um papel — ainda mal determinado — na processão do Espírito.

No século V, no tempo das grandes querelas cristológicas, Cirilo de Alexandria afirma também uma ligação eterna entre o Espírito e o Filho, no seio de uma perspectiva em que a fronteira entre "teologia" e "economia" ainda permanece indefinida, pois essa ligação é a réplica exata da que une o Filho ao Pai. Sua argumentação pode se resumir assim: de uma parte, o Pai está no Filho como a água da fonte está no rio, e o Filho é o "próprio" e a "semelhança" do Pai conforme procede dele; de outra parte, o Espírito é o próprio do Pai, igualmente porque procede dele, e é o "próprio" e a "semelhança" do Filho como o Filho o é do Pai; ele é, enfim, Espírito do Filho exatamente como é Espírito do Pai[77]. Isso o conduz a uma fórmula célebre, frequentemente citada em sentidos contrários:

> O Espírito Santo é Espírito de Deus Pai e similarmente do Filho, ele que deriva substancialmente dos dois, isto é, do Pai e do Filho[78].

Um texto assim deve ser interpretado com prudência: não é o equivalente das fórmulas de Agostinho. A teologia ortodoxa aplica-o à soteriologia, isto é, à missão do Espírito. O texto só diz respeito à missão econômica do Espírito[79]. A. de Halleux estima igualmente que a fórmula "não visa à origem intratrinitária do Espírito Santo"[80]. Os teólogos latinos leram ali, por sua parte, a insinuação de uma ligação de origem análoga à que relaciona respectivamente o Filho e o Espírito ao Pai.

Segundo Cirilo, Cristo dispôs soberanamente do Espírito como de um bem sobre o qual tinha direito de propriedade: não o recebeu nem o deu como que

---

76. Cf. A. de Halleux, "Manifesté par le Fils" aux origines d'une formule pneumatologique, em *Patrologie et oecuménisme*, pp. 338-366.
77. Cf. Cirilo de Alexandria, *Dialogues sur la Trinité*, VI; SC 246, pp. 27-33; *Comment. sur Jean* VII-VIII; *PG* 74, 33 cd; 36 c.
78. Id., *De adoratione* I; *PG* 68, 148a, trad. J. Moingt.
79. Cf. J. Meyendorff, La procession du Saint-Esprit chez les Pères Orientaux, *Russie et chrétienté* 1950, n°s 3-4, pp. 161-165.
80. A. de Halleux, Cyrille, Théodoret et le "Filioque", p. 384. Cf. este estudo aprofundado, pp. 367-395.

de fora, mas de dentro e "de sua própria plenitude fez escoar o Espírito". Tal como um homem que exala para fora o sopro que faz subir de suas profundezas, assim Jesus soprou o Espírito sobre os apóstolos, a fim de lhes mostrar "que ele difunde divinamente da natureza divina o Espírito que (vem) dele", e que dispõe dele com a mesma autoridade íntima que o Pai. Não se pode compreender que se trata aí de uma prerrogativa ligada a um papel na origem do Espírito[81]?

> Assim como o Espírito procede do Pai — diz ainda Cirilo —, sendo seu segundo a natureza, da mesma maneira exatamente (ele procede) através do Filho mesmo, pois é fisicamente seu e lhe é consubstancial[82].

Cirilo de Alexandria permanece então como um elo na elaboração das fórmulas gregas, ainda que para ele as duas perspectivas, econômica e teológica, do envio do Espírito sejam vistas dentro de um mesmo movimento. A ligação eterna do Espírito ao Filho parece envolver uma ligação de origem, mas o papel exato do Filho nessa origem permanece indeterminado. O Espírito procede portanto do Pai pelo Filho, mas só o Pai é a fonte da divindade do Espírito como do Filho. Só ele merece ser chamado de "causa" (no sentido metafísico do termo). Encontraremos um ensinamento análogo no século VII em Máximo, o Confessor, que estimava mesmo que o *Filioque* não era contrário à ortodoxia[83], e no século VIII em João Damasceno[84]. Ambos são testemunhas da fórmula "do Pai pelo Filho"[85].

2. AGOSTINHO, CRIADOR DA DOUTRINA DO FILIOQUE

No Ocidente, Hilário de Poitiers, muito influenciado pela teologia grega, argumenta sobre o fato de que o Espírito "recebe do Filho" como do Pai[86]. Mas sua reflexão não sai do plano da economia. O mesmo se dá com Ambrósio quando antecipa algumas fórmulas agostinianas. Agostinho, após ter empregado as fórmulas tradicionais herdadas da patrística grega, é o primeiro a afirmar explicitamente em 418 que o Espírito procede do Pai e do Filho. As expressões que ele elabora durante sua investigação teológica se tornarão referências decisivas para os concílios de Lião e de Florença[87]. Eis as principais:

---

81. Cf. Cirilo de Alexandria, *Contre Nestorius* I; *PG* 76, 172 d-173b; *Comment. sur Jn* IX; *PG* 74, 256 d-257 d. Inspiro-me aqui numa argumentação de J. Moingt.
82. Id., *Contre Nestorius* IV,3; *PG* 76,184 d; trad. J. Moingt.
83. Máximo Confessor, *Lettre a Marin*; *PG* 91, 136 ab.
84. Cf. João Damasceno, *Exposition de la foi orthodoxe*, I,8 e 12; *PG* 94, 822-833 e 844-849.
85. Ibid., 849.
86. Hilário de Poitiers, *La Trinité*, VIII,20; *PL* 10, 250-251; ed. A. Martin, PF II, p. 136. *Fragments historiques* II,31; *PL* 10, 656.
87. Cf. sua análise feita por Th. Camelot, La tradition latine sur la procession du Saint-Esprit "a Filio" ou "abutroque", *Russie et chrétienté*, 1950, nos 3-4, pp. 186-191.

a. "Ao mesmo tempo dos dois (Simul ab utroque)". — O Espírito Santo procede "ao mesmo tempo dos dois", do Pai e do Filho:

> [Ele] não procede do Pai no Filho e depois do Filho na criatura para santificá-la, mas procede ao mesmo tempo de ambos, embora o Pai tenha dado ao Filho que o Espírito proceda também dele como de si [...]. Mas assim como o Pai tem a vida em si e deu também ao Filho ter a vida nele, assim lhe deu que a vida proceda dele, como procede de si[88].

Também:

> Não podemos negar que o Espírito Santo procede também do Filho: não é à toa que o mesmo Espírito é chamado Espírito do Pai e do Filho[89].

b. "Principalmente do Pai (Principaliter a Patre)". — O Espírito procede do Pai como causa principal:

> Não é sem razão que, nesta Trindade, chama-se Verbo de Deus só o Filho, Dom de Deus só o Espírito Santo, e Deus Pai só aquele de quem o Verbo é gerado e de quem procede, como de seu primeiro princípio *(principaliter)*, o Espírito Santo. Digo "como de seu primeiro princípio" porque está provado que o Espírito Santo procede também do Filho. Mas esse privilégio, é também o Pai que o dá ao Filho: não que o Filho jamais tenha existido sem o ter, mas tudo o que o Pai deu a seu Verbo único, ele lho deu gerando-o. Gerou-o, pois, de tal maneira que seu Dom comum procedesse também do Filho e que o Espírito Santo fosse espírito das duas outras pessoas[90].

> O Pai, que tem em si mesmo a propriedade de ser o princípio da processão do Espírito Santo, deu similarmente ao Filho o ser princípio da processão deste mesmo Espírito, processão fora do tempo em ambos os casos. E quando se diz que o Espírito Santo procede do Pai, deve-se entender que procede também do Filho, mas que o Filho recebe essa propriedade do Pai. Com efeito, tudo o que o Filho tem, recebe-o do Pai: recebe portanto do Pai o ser também princípio de onde procede o Espírito Santo[91].

c. "Um só princípio (Unum principium)". — Mas o Pai e o Filho não constituem senão um só princípio do Espírito:

> Admitir-se-á que o Pai e o Filho são o princípio, não os dois princípios, do Espírito Santo. Mas assim como o Pai e o Filho são um só Deus, e diante da

---

88. Agostinho, *Homélie 99 sur Jn* 9; *PL* 35, 1890; trad. J. Moingt.
89. Id., *La Trinité* IV,20,29; *BA* 15, 413.
90. Ibid., XV,17,29; *BA* 16, p. 505.
91. Ibid., XV,27,47; *BA* 16, p. 553.

criação um só criador e um só Senhor de maneira relativa, assim diante do Espírito Santo eles são de maneira relativa um só princípio. Diante da criação, o Pai e o Filho e o Espírito Santo são um só princípio, como são um só criador e um só Senhor[92].

Esse texto será retomado com insistência pelo concílio de Florença.

O movimento do pensamento de Agostinho, que encadeia essas três afirmações e as compreende à luz do evangelho de João, parece ser o seguinte:

1. "Entre o Espírito e o Filho", escreve J. Moingt, "a economia manifesta uma ligação de consubstancialidade que é uma ligação pessoal de comunicação: o Espírito procede do Pai pelo Filho, em quem ele 'recebe' o ser; e essa ligação pessoal, por seu turno, apareceu como uma ligação de origem: assim como recebemos do Cristo o rio de água viva que surde dele e que é o Espírito (Jo 7,37-39), assim também eternamente o Espírito 'recebe' do Filho, como que vindo dele, o ser que procede do Pai. Precisamos, portanto, compreender que o Espírito não procede somente do Pai no Filho, para repousar nele, mas que o Filho é igualmente o princípio ativo da processão do Espírito." Mas Agostinho nunca disse que o Filho é o autor da substância do Espírito.

2. "Esta processão, é verdade, Cristo só a atribuiu ao Pai. É que o Filho recebe do Pai tudo o que é nele e lho restitui. Mas tudo o que é do Pai lhe é dado; e neste tudo há o Espírito que 'toma o bem' do Filho para no-lo comunicar (Jo 16,13-15). O Filho não recebe o Espírito passivamente como uma coisa dada, mas como a potência de dar. [...] O Pai, portanto, concede ao Filho, gerando-o, o fazer proceder o Espírito."

3. "Não que o Espírito receba o ser em parte de um e em parte do outro, como de duas causas disjuntas; mas ele procede ao mesmo tempo de um e do outro como de um só princípio, porque ele é o Amor mútuo em quem o Amante e o Amado fundam na unidade o Dom recíproco que se fazem um ao outro daquilo que é identicamente em cada um dos dois o bem do outro."[93]

Essa reflexão de Agostinho permanece a de um teólogo; as conclusões às quais chega são, em sua época, somente conclusões teológicas. Mas logo se tornarão um bem comum da teologia latina que tentará lhe dar um *status* propriamente dogmático.

3. DUAS CONSIDERAÇÕES TRINITÁRIAS

Desde o século V se verificam, portanto, duas orientações diferentes das teologias grega e latina sobre a questão da processão do Espírito. Elas não cessarão de se desenvolver ao longo da história e, às vezes, de enrijecer

---

92. Ibid., V, 14,15; *BA* 15, p. 461.
93. J. Moingt, *Cours inédit sur la Trinité.*

e até de se excluir em razão da polêmica. Entre os latinos a consideração da natureza tomava a dianteira sobre a da pessoa, e a noção de pessoa se diluía rapidamente na de relação. Entre os gregos o conceito de hipóstase continuava a predominar, apesar do desenvolvimento do da natureza e da perspectiva da "Trindade consubstancial", e ele conservava toda a sua consistência com a noção de propriedade exclusiva.

Para os latinos duas pessoas podiam se encontrar numa propriedade comum e o deviam por toda parte onde suas relações mútuas não as opusessem: o Pai e o Filho podiam assim ser um só princípio quanto ao Espírito, sempre conservando suas propriedades respectivas, isto é, agindo um como princípio sem princípio, o outro como princípio derivado de um princípio. Por outro lado, o Filho e o Espírito só podiam manter sua distinção por causa de uma relação de origem que os opunha um ao outro.

Para os gregos, a propriedade só pode ser hipostática: tudo em Deus pertence seja a uma das hipóstases, seja à natureza comum. Uma propriedade comum a duas pessoas é, pois, impensável, já que uma propriedade hipostática ou pessoal é incomunicável. Assim ocorre com a propriedade de ser "causa": ela só cabe ao Pai. Esta será a grande objeção de Fócio. Por outra parte, a relação pode ser outra coisa além de uma relação de origem. Por conseguinte, o Filho não pode ser causa do Espírito, mas pode desempenhar um papel na "manifestação" do Filho. Enfim, o Filho e o Espírito são suficientemente distintos um do outro pelo modo de sua "derivação" do Pai, já que o primeiro é gerado e o segundo procede.

Para os gregos, a doutrina latina do *Filioque* estava comprometida com uma série de dilemas de soluções impossíveis. Por um lado, de fato, essa doutrina introduz em Deus duas "expirações" — termo técnico que indica a atividade do Pai e do Filho para "fazer proceder" o Espírito: assim como o Pai "gera" o Filho, assim o Pai e o Filho "expiram" o Espírito. Mas duas espirações acarretam a existência de dois princípios; ora, só existe uma única fonte da divindade, o Pai. Por outro lado, essa expiração é dita única e comum, vinda de um só princípio: ela será então ou bem uma atividade da essência, e nesse caso o Espírito se expirará a si mesmo; ou bem será a propriedade de uma hipóstase de duas cabeças (dois princípios num só). Mas uma propriedade hipostática não pode ser comum a duas pessoas: se o Pai e o Filho são de verdade um só princípio no que tange o Espírito, eles formam só uma hipóstase e a Trindade se torna díade. Ou ainda, se se pretende manter a distinção entre eles, a Trindade será um conjunto de duas díades.

Por seu turno, os latinos censuravam os gregos por separar as hipóstases como realidades absolutas e fazer das relações entidades que permanecem externas às pessoas. Lembravam que as pessoas são idênticas à essência e não se distinguem senão por suas relações de origem: por conseguinte, o Filho e o Espírito, procedendo ambos do Pai, se confundem se não procederem um do outro; em contrapartida, "expirar" não opõe o Pai e o Filho que são identicamente um só "expirador"; mas não cessam, nessa expiração comum, de serem distinguidos por suas relações mútuas e portanto de serem dois expirantes.

Por trás dessas posições havia uma concepção diferente do papel da linguagem racional no dogma cristão. Foram, sim, os alexandrinos que introduziram a filosofia no dogma. Depois os capadócios continuaram nessa trilha na elaboração dos conceitos de propriedade e de hipóstase. Mas para os gregos esse uso permanece como um apoio exterior ao dogma, útil sobretudo diante dos heréticos. A ciência de Deus deriva antes de tudo da contemplação; a especulação é, ela mesma, uma forma de mística. Escreve Gregório de Nazianzo:

> Pretendes dizer que o ser que procede do Pai é o Espírito? Não dês importância à maneira como isso acontece[94].

A tradição oriental permanecerá solidária com essa atitude. Para ela, reconstruir a divindade a golpes de conceito parecia blasfematório. Os latinos, ao contrário, praticam o jogo dos conceitos até o final. Tentam dar à fé uma linguagem totalmente coerente. De Agostinho a Santo Tomás, a exigência do *Filioque* se inseriu na linha de uma reflexão teológica muito racionalizada sobre o dado tradicional, e se impôs como uma necessidade da linguagem dogmática.

Essas objeções recíprocas se situam no plano das "razões". Os gregos recorriam também ao testemunho da Escritura e dos Padres: a primeira não diz que o Espírito procede do Filho, mas somente que procede do Pai; os Padres gregos não ensinaram a processão *a Filio*: disseram que o Espírito procede "do Pai pelo Filho", reservando só ao Pai o ser origem e causa, mas reconhecendo também um papel ao Filho nessa processão.

4. DA INSERÇÃO DO "FILIOQUE" NO SÍMBOLO AO CISMA ENTRE ORIENTE E OCIDENTE

Pode-se imaginar que as duas doutrinas, grega e latina, poderiam ter convivido pacificamente, apesar da distância teológica que permanece em suas interpretações do mistério trinitário. Se não se conjugam completamente, nem por isso se contradizem quanto à questão fundamental. Os representantes mais lúcidos dos dois partidos da Igreja, que vão se tornar progressivamente dois campos hostis, eram defensores de uma atitude pacífica, ainda que contemporizadora. Mas bem depressa as coisas foram comprometidas pela violência apaixonada das acusações recíprocas, ela mesma disparada por conflitos de jurisdição e de poder entre Roma e o Oriente. É preciso reconhecer que a política eclesial e a política *tout court* desempenharam um papel importante num debate que deveria ter permanecido teológico. Vale a pena retraçar aqui as etapas da dissensão e reconhecer as responsabilidades de uns e de outros.

---

94. Gregório de Nazianzo, *Discours* 20,11; ed. J. Mossay, *SC* 270, pp. 79-81.

No Ocidente as fórmulas de Agostinho se difundiram na teologia latina. A menção ao *Filioque*, já presente na liturgia espanhola no século V, foi acrescentada ao Símbolo em 589 no III concílio de Toledo[95]. Ela reaparece nos diversos concílios dessa cidade em 633, 675 e 693[96]. Dali se estende à Gália, à alta Itália, e seu uso litúrgico começa a se difundir.

No final do século VIII e início do IX, sob a influência de Carlos Magno, o acréscimo do *Filioque* ao Símbolo de Niceia-Constantinopla é decidido nos concílios de Friul (796) e de Aix-la-Chapelle. Os *Livros carolíngios* desenvolvem-lhe a doutrina e começam a atacar os gregos a propósito do Espírito Santo. Monges francos vão cantar o *Filioque* em Jerusalém e provocam desordem: é o início da querela entre latinos e gregos.

O papa Leão III — que sagrou Carlos Magno imperador em Roma no ano 800 — autoriza a doutrina, mas recusa o acréscimo ao Símbolo por oportunismo, e não quer que se cante em Roma o *Filioque*: "não o cantamos, mas o lemos *(non cantamus sed legimus)*".

Em 858, Fócio ascende à sé de Constantinopla. Sua eleição, intervinda após a deposição litigiosa de seu predecessor Inácio, é recusada pelo papa Nicolau I. Repelindo as ingerências romanas nos negócios de Constantinopla, como suas pretensões de jurisdição sobre a Bulgária, Fócio, numa carta encíclica dirigida em 867 aos patriarcas orientais, denuncia os erros do Ocidente e entra em luta com o papa Nicolau I acerca dos diversos pontos do contencioso entre gregos e latinos: querelas disciplinares (jejuns, barba e casamento dos presbíteros, uso do pão fermentado ou ázimo para a eucaristia etc.), monásticas e políticas (conflito de jurisdição na Bulgária). Denuncia em particular o *Filioque* como "uma heresia e uma blasfêmia abomináveis". Desde logo uma conexão perigosa se estabelece na mentalidade oriental entre o *Filioque* e o primado romano, aquele tornando-se símbolo deste. Depois, um concílio reunido em Constantinopla no mesmo ano excomunga e depõe Nicolau I.

Essa primeira ruptura com Roma vai durar pouco, pois quase imediatamente depois uma mudança de imperador obriga Fócio a renunciar e já em 869 um novo concílio reunido em Constantinopla o excomunga, antes de ser reabilitado alguns anos mais tarde e reconhecido como patriarca legítimo pelo papa João VIII. Mas esse primeiro cisma de fato é significado do divórcio em processo de execução entre Oriente e Ocidente. O menor incidente bastará doravante para consumar a ruptura. Os juízos lançados sobre Fócio pelos historiadores são muito contrastantes: quis se fazer dele ao mesmo tempo um fomentador de cismas e um apóstolo da união.

Fócio retomará sua acusação mais tarde contra o *Filioque* em sua obra, *A mistagogia do Espírito Santo*[97], afirmando mesmo que o Espírito procede "só

---

95. *DzS* 470.
96. *DzS* 485, 527 e 568.
97. *PG* 102, 280-396. Sobre a pneumatologia de Fócio, cf. Markos A. Orphanos, La procession du Saint-Esprit selon certains Pères grecs au VIIIe siècle, em La Théologie du Saint-Esprit..., pp. 29-33.

do Pai" *(ek monou tou Patros)*. Essa fórmula é frequentemente julgada como um dogma de fé na Igreja ortodoxa.

A Igreja romana decerto adotou o *Filioque* no Símbolo em 1014 sob o papa Bento VIII a pedido do imperador Henrique II. Encontramos menção disso na profissão de fé enviada em 1053 pelo papa Leão IX a Pedro de Antioquia[98]. Do ponto de vista grego, essa inserção é perfeitamente ilegítima, já que o concílio de Éfeso e os concílios ecumênicos até o século VII proibiram qualquer acréscimo ao Símbolo. Ora, o acréscimo latino foi feito fora de qualquer concílio ecumênico. Esse argumento, ligado à interpretação delicada da decisão de Éfeso, domina até hoje os debates entre Oriente e Ocidente.

A ruptura permanente se produziu em 1054, quando o cardeal Humberto, enviado pelo papa em embaixada a Constantinopla na qualidade de legado, lançou, após vários incidentes, o anátema contra Miguel Cerulário, patriarca da cidade. O cardeal Humberto censurava particularmente os gregos por terem "suprimido" o *Filioque* do Símbolo. Miguel Cerulário replicou com um contra-anátema, protestando que os gregos tinham sido excomungados porque haviam recusado alterar o Símbolo. Consumado o cisma, nem por isso todas as relações foram rompidas: no século XII várias disputas teológicas ocorreram entre ocidentais e orientais sobre o *Filioque* (em particular as de Anselmo de Havelberg e de Nicetas de Constantinopla).

Em duas ocasiões, a reunião de um concílio ecumênico tentará pôr termo ao cisma: uma primeira vez em Lião em 1274; uma segunda vez em Florença, em 1439. Essas duas reconciliações não terão futuro: as cristandades orientais não se reconhecerão em seus representantes, que aderiram a fórmulas conciliares de homologação do *Filioque*, e levarão poucos anos para desautorizá-los.

Foi somente em 1965, durante o encontro entre o papa Paulo VI e o patriarca Atenágoras em Jerusalém, que as excomunhões de 1054 foram levantadas, abrindo-se uma nova etapa nas relações entre as Igrejas "irmãs" do Oriente e do Ocidente.

5. OS FRACASSOS DAS TENTATIVAS DE UNIÃO: LIÃO II E FLORENÇA

O concílio de Lião II (1274)

Dois séculos após a ruptura de 1054, por razões ao mesmo tempo religiosas e políticas, tentativas de união entre Oriente e Ocidente se precisaram e desaguaram no concílio de Lião de 1274. Contado tradicionalmente, do lado católico, entre os concílios ecumênicos, foi chamado por Paulo VI, durante a celebração de seu sétimo centenário em 1974, de "segundo concílio geral de Lião"[99], o que introduz um matiz interessante quanto à autoridade reconhecida a esse concílio.

---

98. *DzS* 582.
99. Paulo VI, Mensagem por ocasião da celebração do VII centenário do concílio de Lião, *DC* 1668 (1975) 63-65.

Para sua reunião, o imperador de Constantinopla, Miguel Paleólogo, ameaçado por Carlos de Anjou, rei de Nápoles (e irmão de São Luís), pressionou sobre a hierarquia oriental, demonstrando a ela que a situação política exigia algumas concessões doutrinais. "A questão do *Filioque* era muito mais um debate formal (acréscimo ao Símbolo) do que uma controvérsia dogmática. E nomear o papa na liturgia não representava grande problema."[100] O imperador já empreendera negociações infrutíferas com os papas Urbano IV e Clemente IV. Tão logo assumiu a cátedra, o papa Gregório X convidou Paleólogo e o patriarca José de Constantinopla a tomar parte num próximo concílio. Estava desejoso de que "todos os cristãos se unissem para libertar a Terra Santa: é o 'zelo do bem público e dos interesses de toda a cristandade' que suscita essa iniciativa em Gregório"[101]. O concílio foi reunido em Lião por razões da neutralidade territorial que colocava a delegação bizantina ao abrigo das ameaças de Carlos de Anjou. De seu lado, os teólogos haviam preparado dossiês doutrinais, em particular santo Tomás de Aquino, convocado ao concílio na qualidade de *expert*, mas que morreu a caminho em 7 de março de 1274. São Boaventura participou do evento, mas também morreu ali, em julho de 1274.

Sem entrar no detalhe das questões abordadas no concílio, consideremos aqui os dois documentos dogmáticos que tratam do *Filioque*. O primeiro é a "profissão de fé" de Miguel Paleólogo, que é uma espécie de prévia ao concílio. Trata-se da retomada textual da confissão de fé que Clemente IV lhe enviara em 1267, impondo sua aceitação como condição para a união. Gregório X referiu-se a ela no concílio, e o texto foi inscrito na carta do imperador e lido diante dos Padres do concílio por seus embaixadores. Assim, o documento foi anexado aos documentos conciliares. A profissão trinitária se exprime nos termos e na perspectiva da teologia latina. O terceiro parágrafo, atinente ao Espírito Santo, afirma:

> Cremos também no Espírito Santo, plenamente, perfeitamente e verdadeiramente Deus, procedente do Pai e do Filho, igual em tudo e consubstancial, igualmente todo-poderoso, igualmente eterno em tudo como o Pai e o Filho[102].

Durante a missa solene celebrada pelo papa, os gregos repetiram duas vezes em sua língua "que procede do Pai e do Filho". A reconciliação entre Oriente e Ocidente foi então solenemente celebrada.

Logo de saída os latinos impunham aos gregos um *Filioque* puro e simples. Não levaram em consideração as aberturas de Gregório de Chipre acerca da "manifestação eterna do Espírito pelo Filho", que constitui a "subsistência do Espírito". Segundo Gregório, o Espírito "recebe sua subsistência *(hyparxin ekhei)* do Pai, mas subsiste *(hyparkhei)* pelo Filho e mesmo do Filho"[103]. É um matiz

---

100. H. Wolter, H. Holstein, *Lyon I et Lyon II*, p. 147.
101. Ibid., p. 145, citando o testemunho do historiador bizantino Paquímero.
102. *DzS* 853; *FC* 34. Cf. H. Wolter e H. Holstein, op. cit., p. 162.
103. Gregório de Chipre, *Sur la procession du Saint-Esprit*, PG 142, 275 cd.

sutil "entre a ideia de causa e a de 'razão de ser'"[104], mas que podia abrir um caminho de convergência. Os latinos faziam igualmente prevalecer seu ponto de vista sobre os demais itens do contencioso doutrinal: doutrina do purgatório, teologia sacramental, primado da Igreja romana. Compreende-se facilmente o amargo regresso da delegação grega.

O papa terminou o concílio mandando ler uma série de documentos, entre os quais uma constituição sobre a Trindade que começa assim:

> Nós professamos com fidelidade e devoção que o Espírito Santo procede eternamente do Pai e do Filho, não como de dois princípios, mas como de um só princípio, não por duas expirações, mas por uma só e única expiração. É o que a santa Igreja romana, mãe e mestra de todos os fiéis, até agora tem professado, pregado e ensinado; é o que ela sustenta firmemente, prega, professa e ensina; é a imutável e verdadeira doutrina dos Padres e dos Doutores ortodoxos, tanto latinos quanto gregos. Mas como alguns, em razão de uma ignorância da verdade irrefutável afirmada mais acima, caíram em diversos erros, nós mesmos, desejosos de fechar o caminho a erros desse gênero, com a aprovação do santo concílio, condenamos e reprovamos todos os que ousarem negar que o Espírito Santo procede eternamente do Pai e do Filho, ou que mesmo, numa audácia temerária, vierem a afirmar que o Espírito Santo procede do Pai e do Filho como de dois princípios e não como de um só[105].

Essa formulação, tipicamente latina, que retoma as expressões-chave de Santo Agostinho, tenta também responder a certas objeções dos gregos. Se ela se opõe evidentemente às afirmações de uma processão do Espírito Santo "a partir só do Pai", também afirma que essa processão é eterna: isto é, não há prioridade temporal da geração do Filho sobre a processão do Espírito, ainda que o Filho tenha aí um papel. De igual modo, essa processão não se faz a partir de dois princípios e não é constituída de duas expirações. O ato da origem do Espírito Santo é único e eterno, isto é, tem um só princípio ou causa produtora. Mas não se deve compreender que o Pai e o Filho suprimem sua distinção quando expiram, como se se fundissem numa só hipóstase. Pode-se lamentar, contudo, que o "principalmente do Pai" afirmado por Agostinho não reapareça nessa declaração.

Os gregos, com efeito, faziam a seguinte objeção: se o Espírito tem dois autores, há dois princípios da Trindade, que é então dividida em duas. O concílio pretende repelir essa interpretação: o Pai e o Filho não agem no ato de produzir o Espírito como se fossem duas fontes da divindade, mas em nome de sua divindade comum, e portanto por uma ação comum. Desse modo, a hipós-

---

104. J. Meyendorff, art. cit., p. 177. — Sobre a doutrina de Gregório de Chipre, cf. Markos A. Orphanos, art. cit., p. 33-37. O pensamento de Gregório de Chipre será retomado por Gregório Palamas, cf. ibid. pp. 38-43.
105. *DzS* 850; *COD* II-1, 655.

tase do Espírito Santo tampouco é composta de duas partes, como objetavam os gregos, pois a emissão é única. O concílio reivindica, enfim, o caráter tradicional dessa doutrina.

Infelizmente, ele lança uma condenação solene sobre os que recusam o *Filioque* ou deformam seu sentido. Esse anátema ainda hoje é ressentido dolorosamente do lado ortodoxo. Insere-se na dinâmica da exclusão recíproca das duas doutrinas, que se desenvolvia desde Fócio.

Não deve causar espanto, pois, que uma união concluída em tais condições não tenha tido futuro. De um lado, Roma não dera nenhum passo significativo na direção dos gregos. Do outro, a vontade imperial de Miguel Paleólogo desempenhara o papel decisivo ao fazer pressão sobre o clero oriental. João Bekkos, ardente defensor da união, fora imposto durante um tempo pelo imperador como patriarca de Constantinopla, no lugar de José, que recusava a união. Mas nem os esforços de ambos, nem a multiplicidade de embaixadas e de sínodos puderam conservá-la. José foi finalmente restabelecido como patriarca de Constantinopla, e Santa Sofia foi "purificada" da nódoa da presença dos latinos. O filho de Miguel Paleólogo dará as costas à política do pai. "O que sobrou desses oito anos de pretensa comunhão com Roma foi um ódio crescente pelo papado, que parecia aprovar [...] todos os atos de opressão cometidos outrora pelos imperadores latinos"[106]. De igual modo, "segundo o que relata o historiador Cantacuzeno, 'o cisma ficou agravado e a divisão tornou-se mais profunda'"[107].

O concílio de Ferrara-Florença (1439-1445)

Em meados do século XV o poderio turco se torna cada vez mais ameaçador para Constantinopla, que será tomada em 1453. Bem antes dessa data fatídica, as vitórias turcas e as sevícias contra os cristãos contribuíram para a aproximação entre Constantinopla e Roma. Já o concílio de Basileia dirigira um convite aos gregos, e negociações iniciais aconteceram quanto à participação destes num concílio geral. Teriam preferido Constantinopla, mas estavam prontos a se dirigir ao Ocidente para realizar um concílio de união. A fim de facilitar essa reunião, o papa Eugênio IV transferiu o concílio, que se realizava em Basileia, para Ferrara, no norte da Itália, a fim de tratar a questão da união das Igrejas do Oriente e do Ocidente.

Após ter abordado a questão do purgatório, o concílio se debruçou sobre a questão do *Filioque*. Os gregos mostraram antes de mais nada que o acréscimo ao Símbolo era ilegítimo. As primeiras conversas ocorreram num clima tenso e até belicoso. A discussão sobre o fundo do problema foi dominada pelas personalidades de Marcos Eugenikos, metropolita de Éfeso, do lado grego, que retomará

---

106. M. Viller, La question de l'union, *RHE* 17 (1921) 267.
107. Citado por H. Wolter e H. Holstein, op. cit., p. 226.

as grandes argumentações de sua tradição teológica e recusará o acordo[108], e do cardeal Juliano Cesarini, do lado latino. Nos debates os latinos se mostraram mais hábeis em argumentos, enquanto os gregos, que se achavam em posição de fraqueza, recorriam sempre ao da interdição de qualquer acréscimo ao Símbolo. Estavam muito tentados a voltar para casa quando lhes foi pedido que aceitassem, por razões sobretudo financeiras, a transferência do concílio de Ferrara para Florença.

Foi lá que se realizou a sessão dogmática sobre a processão do Espírito Santo. Apesar de intermináveis discussões que estiveram frequentemente perto de fracassar, a preocupação com a união acabou por vencer. Mais do que pelos argumentos racionais intercambiados, os gregos se deixaram convencer pelo da concordância dos santos gregos e latinos: "nem a teologia grega nem a teologia latina se enganavam, mas [...] ambas tinham razão, sendo as mesmas em substância, mas expressas diferentemente. Essa convicção repousava num axioma que nenhum grego presente em Florença ousaria negar, por tão óbvio, a saber: que todos os santos, enquanto santos, são inspirados pelo Espírito Santo e devem estar de acordo sobre a fé. Sugerir o contrário equivaleria a pôr o Espírito Santo em contradição consigo mesmo"[109]. Foi nessa base que se redigiu a bula de União *Laetentur coeli*, que assim se exprime:

> Em nome da Santa Trindade, do Pai, do Filho e do Espírito Santo, com a aprovação deste santo concílio universal de Florença, nós definimos esta verdade de fé a fim de que ela seja crida e recebida por todos os cristãos e que assim todos a confessem: que o Espírito Santo é eternamente do Pai e do Filho, e que ele deriva sua essência e seu ser subsistente do Pai e do Filho ao mesmo tempo, e que procede eternamente de um e de outro como de um só princípio e de uma expiração única, declarando que o que disseram os santos doutores e Padres, a saber, que o Espírito Santo procede do Pai pelo Filho, *tende a esta concepção*, que com isso está significado que o Filho também é, segundo os gregos a causa, segundo os latinos o princípio da subsistência do Espírito Santo tanto quanto o Pai.
> E uma vez que tudo o que pertence ao Pai, o próprio Pai o deu a seu Filho único gerando-o, salvo o ser Pai, o fato mesmo de o Espírito Santo proceder do Filho, o Filho mesmo o tem eternamente do Pai por quem também foi eternamente gerado.
> Definimos também: a explicação contida nestas palavras "e do Filho" foi acrescentada ao Símbolo de modo lícito e razoável a fim de esclarecer a verdade e por uma necessidade então urgente[110].

A bula pede mais uma vez aos gregos que avalizem sem falha a posição latina: afirma nitidamente o *Filioque* e justifica sua inserção no Símbolo. Entre-

---

108. Cf. Markos A. Orphanos, art. cit., pp. 43-50.
109. J. Gill, *Constance et Bâle-Florence*, p. 247.
110. *DzS* 1300; *COD* II-1, p. 1079.

tanto se notará uma diferença de linguagem com o concílio de Lião. O texto, que desta vez não comporta nenhuma condenação, também deve ser cotejado de perto com os de Agostinho, acima citados, dos quais retoma as formulações-chave. A doutrina grega é levada em maior consideração, e tenta-se conciliar o mais possível as afirmações gregas e latinas. O termo *proceder* é explicitado pelas expressões seguintes: o Espírito deriva sua essência e seu ser do Pai e do Filho; sua processão é eterna e não se faz em dois tempos, primeiro do Pai e depois do Filho. Ela não exclui de modo nenhum que o Pai "seja visto como a fonte e o princípio único de toda a Divindade"[111].

A afirmação mais importante é aquela em que o concílio tenta indicar uma equivalência entre a fórmula grega, *do Pai pelo Filho como causa* e a fórmula latina, *do Pai e do Filho como princípio*. A expressão empregada é "visa a fazer compreender": ela não quer dizer que as duas fórmulas têm expressamente o mesmo sentido, mas que a dinâmica da fórmula grega tende à significação explicitada na fórmula latina. Ela mostra, de fato, que o Filho deve ao Pai o ser causa ou princípio do Espírito Santo. Dessa maneira, Florença pretende mostrar o caráter tradicional da doutrina latina, tentando ao mesmo tempo contemplar alguma coisa da perspectiva grega: a atividade do Filho sobre o Espírito é reportada ao Pai como a sua origem. A afirmação conciliadora dessa "equivalência" entre as duas fórmulas tem por objetivo mostrar que elas exprimem no fundo a mesma verdade, mas sob aspectos diferentes e complementares: de um lado os gregos acolheram equivalentemente o *Filioque* dizendo que o Filho desempenha um papel na processão do Espírito Santo; do outro os latinos pretendem manter que o Filho, que tudo recebeu do Pai salvo o ser Pai, recebeu também eternamente dele o poder de expirar o Espírito com ele. O Pai permanece então o princípio de toda a divindade.

No decreto destinado mais tarde aos jacobitas em 1442, outra explicação do "único princípio" é igualmente retomada de Agostinho:

> O Pai e o Filho não são dois princípios do Espírito Santo, mas um só princípio, assim como o Pai, o Filho e o Espírito Santo não são três princípios da criatura mas um só princípio[112].

Uma vez realizada a união, os gregos retornaram rapidamente a seus países de origem. Foi então que se produziram alguns "arrependimentos" entre os signatários da união, em quem a celebração do concílio deixava um sentimento de derrota. A luta contra a união se desenvolveu entre os prelados, enquanto a ameaça turca sobre Constantinopla se tornava cada vez mais direta. O povo tampouco era favorável à união e deplorava a traição. O grande argumen-

---

111. A. de Halleux, Pour un accord oecuménique sur la procession de l'Esprit Saint et l'addition du *Filioque* au Symbole, p. 434.
112. DzS 1331; *COD* II-1, p. 1169.

to invocado era o caráter não ecumênico do concílio de Florença, em razão da coerção que o papa exercera sobre a delegação grega. Por seu turno, o Ocidente veio apenas debilmente em socorro de Constantinopla, e a cidade caiu nas mãos dos turcos em 29 de maio de 1453. Poucos dias depois Santa Sofia se tornava uma mesquita. "A pequena chama da união que durante tanto tempo vacilara em Constantinopla, a grega, se apagou totalmente em Istambul, a turca."[113]

6. O "FILIOQUE" E O DIÁLOGO ECUMÊNICO NO PRESENTE

Se uma história dos dogmas tem por objetivo primeiro dar conta da elaboração doutrinal deles, ela não pode, contudo, deixar de responder a certas questões sobre a atualidade daquilo de que ela trata. Com o *Filioque* estamos em presença de um ponto de conflito que continua a pertencer ao dossiê do contencioso entre as Igrejas ortodoxas e as Igrejas do Ocidente. É possível, hoje, chegar a um acordo dogmático?

A questão excitante do *Filioque* foi objeto de numerosas reflexões entre os teólogos modernos e contemporâneos desde o final do século XIX, com as célebres teses do historiador russo B. Bolotov[114] e as reflexões abertas de S. Boulgakof[115]. Alguns estudos tenderam mesmo a radicalizar, como a expressão oposta da tendência "personalista" da teologia grega à tendência "essencialista" da teologia latina. Essa reprimenda grega, aliás, foi devolvida por alguns latinos[116].

O assunto é hoje tema de vários diálogos[117]. Uma serenidade maior marca os debates. Retoma-se consciência de que essa diferença doutrinal não impediu a unidade das Igrejas na fé durante séculos. Importa antes de tudo distinguir o "núcleo" dogmático dos *theologoumena* gregos e latinos (isto é, das conclusões teológicas tradicionalmente acolhidas de ambas as partes), que tendem a explicar o "como" da processão do Espírito. Estas não se contradizem formalmente mas, dada a diferença de sua problemática, não se conjugam totalmente. Essas duas tradições devem ser entendidas como complementares. Se cada parte interrogar a sua com modéstia e a do outro com benevolência, um enriquecimento mútuo e fecundo poderá se produzir. Diversos pontos são, desde já, objeto de uma convicção comum. Por exemplo, o princípio da correspondência entre "economia" e "teologia" é reconhecido, mesmo não sendo implementado do mesmo modo em ambos os lados.

---

113. J. Gill, op. cit., p. 282.
114. *Revue internationale de théologie*, VI, n° 24 (1898) 681-712; *ISTINA* (1972) 261-289.
115. S. Boulgakof, *Le Paraclet*, Paris, Aubier, 1946.
116. Cf. A. de Halleux, Du personnalisme en pneumatologie, p. 396-423; Pour un accord..., pp. 424-442.
117. Cf. as referências bibliográficas. Em particular o *Memorandum* ecumênico de Foi et Constitution em *La Théologie du Saint-Esprit...*, pp. 7-25.

Certo número de pistas de entendimento se destacam. Observa-se, por exemplo, que o *procedere* latino não é totalmente a tradução do *ekporeusthai* grego, o que autorizaria fórmulas intermediárias mais matizadas[118]. A fórmula grega "só do Pai" concerne somente à processão (a "ecporese"), tomada em sentido estrito. O termo latino pode se abrir legitimamente a uma afirmação do *Filioque*. Por outra parte, o termo de Pai evoca necessariamente sua relação com o Filho. Pode-se dizer, portanto, que *"o Espírito Santo só procede do Pai na medida em que o Pai é também Pai do Filho"*[119]. Ele não procede, pois, jamais independentemente do Filho. Diversas fórmulas antigas, que já encontramos, são recordadas, e exprimem este aspecto das coisas:

— o Espírito procede do Pai do Filho;
— o Espírito procede do Pai pelo Filho;
— o Espírito procede do Pai e recebe do Filho;
— o Espírito procede do Pai e repousa no Filho;
— o Espírito procede do Pai e resplandece por meio do Filho[120].

Já existe o consenso para reconhecer o *Filioque* no plano da missão do Espírito Santo na economia da salvação, pois ele é enviado pelo Pai e pelo Filho. Por outro lado, os ortodoxos confessam que "na irradiação eterna da divindade *ad extra*, há 'efusão' desta divindade do Pai pelo Filho no Espírito Santo. É neste sentido que se pode falar de equivalência entre *Filioque* e *per Filium*". Enfim, "na medida em que a doutrina do *Filioque* tenta evocar, *na processão eterna, hipostática*, do Espírito Santo, uma misteriosa 'presença' do Filho, (...) os ortodoxos confessam esta mesma 'presença'. Confessam igualmente uma 'presença' não menos misteriosa e inefável do Espírito na geração do Filho"[121].

Esta última reflexão remete a uma proposta feita há algum tempo por P. Evdokimov. Este sublinhava que se o *Filioque* pretende se justificar escrituristicamente em nome da correspondência entre as missões econômicas e as processões eternas, não se pode esquecer a reciprocidade que existe entre o Filho e o Espírito em suas missões respectivas: se o Filho envia o Espírito da parte do Pai, não é menos verdadeiro que o Espírito concorre à missão do Filho: o texto de Is 61,1-2 — "O Espírito do Senhor Deus está sobre mim" — é retomado por Lc 4,18; Cristo nasceu "do Espírito Santo" segundo o Credo que Lucas e Mateus retomam; ele desce sobre Jesus durante o batismo. Isso orienta para uma compreensão verdadeiramente tríplice das relações entre as pessoas divinas.

---

118. Cf. J.-M. Garrigues, Point de vue catholique sur la situation actuelle du problème du *Filioque*, em *La Théologie du Saint-Esprit...*, pp. 174-175.

119. Cf. *Memorandum*, p. 19, cf. p. 20. Fórmula estudada por J.-M. Garrigues, op. cit., pp. 167-168.

120. *Memorandum*, pp. 21-22.

121. Tomo emprestadas estas formulações a uma intervenção de M. Nicolas Lossky no quadro de uma comissão ecumênica.

O *Filioque* se tornaria possível se fosse equilibrado por um *Spirituque*[122]. Se "o Filho eterno não é estranho à processão do Espírito Santo"[123], o Espírito Santo tampouco é estranho à geração do Filho.

Na esperança de resgatar a comunhão entre Oriente e Ocidente, vários teólogos ocidentais propõem a forma seguinte de um acordo que suporia um clima de caridade entre o povo das Igrejas e não somente entre os que se comprometeriam nessa reconciliação. As Igrejas do Ocidente renunciariam ao acréscimo do *Filioque* na profissão litúrgica do Símbolo de Constantinopla, por um gesto ecumênico de caridade e de humildade, que reconheceria um engano histórico, que foi percebido no Oriente como um pecado contra o amor e a unidade, e constituiria um convite fraterno à comunhão. Mas uma iniciativa tão importante não poderia ser unilateral. Ela exigiria que as Igrejas ortodoxas não a compreendessem como o reconhecimento do caráter herético do *Filioque*. Estas reconheceriam que a supressão não significa "*ipso facto* uma negação pelos católicos do conteúdo dogmático do *Filioque* que lhes é tradicional"[124]. Elas seriam convidadas a reconhecer a legitimidade do *Filioque* no interior da fé cristã, tal como o Ocidente o compreende e o interpreta de maneira doravante clarificada. Cada tradição poderia conservar sua linguagem, cada uma renunciando somente aos enunciados exclusivos, nascidos das polêmicas antigas. O consenso dos santos bastaria para justificar estas posições: pois o Oriente nunca considerou Agostinho um herege, embora tenha sido ele quem formalizou pela primeira vez o *Filioque*. A. de Halleux se refere neste ponto a Máximo, o Confessor (respeitoso do *Filioque*) e ao papa Leão III (que recusou com veemência a inclusão da fórmula no Símbolo de Constantinopla): "Estes dois exemplos convergentes nada perderam de sua atualidade, pois indicam talvez a única via de um acordo honroso: a Igreja católica romana poderá restaurar o símbolo e reconhecer a verdade de fundo do monopatrismo, desde que a Igreja ortodoxa reconheça de igual modo a autenticidade do *Filioque*, compreendido no sentido do *di'hyiou* tradicional"[125].

Tal acordo seria facilitado pelo fato de que, nos diálogos teológicos atuais, os ocidentais não tentam mais reconduzir a doutrina oriental ao *Filioque*, como foi o caso no passado, mas, ao contrário, recolher o significado próprio de suas fórmulas, a fim de propor uma doutrina que respeite ao máximo suas exigências.

---

122. P. Evdokimov, op. cit., pp. 71-72.
123. B. Bobrinskoy, Le *Filioque* hier et aujourd'hui, em *La Théologie du Saint-Esprit...*, p. 158.
124. Ibid., p. 156.
125. A. De Halleux, Pour un accord oecuménique..., p. 442. — O episcopado católico da Grécia já tomou esta decisão, levando em conta o fato de que o Símbolo de Constantinopla ali é dito em língua grega. Cf. *ISTINA* 28 (1983) 319-325. — Cf. Foi et Constitution, *Confesser la foi commune*, Doc. 153, n. 210, Paris, Cerf, 1993, p. 89.

CAPÍTULO VII
Cristologia e soteriologia. Éfeso e Calcedônia (séculos IV-V)

B. Sesboüé

Desde a redação dos Símbolos de fé, a figura de Cristo está no centro da preocupação dogmática da Igreja, pois está no centro da Economia da salvação, tal como foi exposta, por exemplo, por Ireneu em sua teologia da recapitulação. As primeiras questões sobre o número em Deus e na Trindade eram também questões atinentes a Cristo. Mais ainda, se se pode dizer, a elaboração da linguagem dogmática da Trindade comportava uma dimensão cristológica. Porque é Jesus de Nazaré — que nasceu, viveu, morreu e ressuscitou — que a fé proclama ser o Filho de Deus, coeterno ao Pai.

Mas a perspectiva ascendente, que subia da pessoa de Jesus para sua identidade divina, vai engendrar outro registro de questões que serão percebidas segundo um modo descendente. Se Jesus é o Filho de Deus sendo ao mesmo tempo verdadeiramente homem, se Jesus é indissociavelmente Deus verdadeiro e homem verdadeiro, como já dizia Ireneu, a questão se apresenta então sobre a unidade de seu ser e sobre a maneira como se deve compreender sua encarnação ou sua humanização. Esses problemas vão, no século V, tomar o lugar dos debates trinitários e provocar novos conflitos e novos concílios. Essas questões ocuparam o primeiro plano do dogma cristão até o século VII.

Conceitualmente, convém distinguir a cristologia propriamente dita e a soteriologia. A cristologia concerne à identidade de Cristo e à estrutura ontológica de seu ser. Ela diz como compreender nele a relação da divindade com a humanidade. A soteriologia estuda o modo como Cristo nos salva, isto é, como ao mesmo tempo liberta os homens do pecado e lhes dá a comunhão filial à vida divina. Mas de fato os dois aspectos estão intimamente ligados no desenvolvimento do dogma. A motivação dos debates cristológicos era soteriológica.

A questão era sempre: quem deve ser Cristo para que possa exercer a mediação única entre Deus e os homens que lhe é reconhecida na Escritura? A essa questão corresponde uma série de argumentos soteriológicos que desenvolvem, eles mesmos, uma concepção da soteriologia.

A estreita conexão entre cristologia e soteriologia se encontra até em santo Anselmo, cujo livro célebre *Por que um Deus-homem?*, pretende mostrar a necessidade da encarnação a partir da necessidade de salvação na qual se encontra o homem. Mais tarde, a escolástica distinguirá ainda mais os dois temas segundo sua especificidade. Mas a cristologia aí ganhará muito em abstração, e a soteriologia centrará sua reflexão no aspecto ascendente da redenção, em detrimento da perspectiva descendente.

Por conseguinte, parece mais respeitoso do movimento da história não repartir os dois temas em dois capítulos independentes, mas articulá-los tanto quanto possível na sucessão das seções dos dois capítulos que lhes serão consagrados.

I. CRISTOLOGIA E SOTERIOLOGIA NO SÉCULO IV

1. OS GRANDES ARGUMENTOS SOTERIOLÓGICOS: MEDIAÇÃO DE CRISTO E DIVINIZAÇÃO DO HOMEM

REFERÊNCIAS BIBLIOGRÁFICAS: H. I. DALMAIS, Divinisation, *DSp*, t. II, col. 1376-1389. — J. GROSS, *La divinisation des chrétiens d'après les Pères grecs. Contribution historique à la doctrine de la grâce*, Paris, Gabalda, 1938. — L. MALEVEZ, L'Église dans le Christ. Étude de théologie historique et théorique, *RSR* 25 (1935). — J.-P. JOSSUA, *Le Salut: incarnation ou mystère pascal*, Paris, Cerf, 1968.

Desde os primeiros tempos da fé cristã, a certeza da salvação recebida de Deus em Jesus Cristo é o dado fundamental, aquele em torno do qual se articula todo o mistério de Deus e do homem, do homem criado à imagem de Deus e em vista de ver a Deus, de Deus que se dá um parceiro, como diz Ireneu, "para ter alguém em quem depositar seus benefícios"[1]. Desde a criação a perspectiva da salvação é primeira: é em torno dela que toma corpo toda a revelação realizada em Jesus Cristo.

A prova dessa prioridade é dada pelo famoso texto de 1Cor 15,12-20, em que Paulo tenta responder aos que afirmam que não há ressurreição dos mortos. Sua argumentação não consiste, primeiramente, em mostrar a verossimilhança ou a possibilidade dessa ressurreição. Ela procede sob a forma de uma "revisão dilacerante". Paulo aceita, à guisa de hipótese, a posição do adversário e tira daí as consequências: se não há ressurreição dos mortos,

---

1. Ireneu, *CH* IV,14,1; Rousseau, p. 446.

Cristo não ressuscitou. O resultado é imediato: nossa pregação é vã, vossa fé é vazia, ainda estais em vossos pecados, somos os mais infelizes dos homens. É diante de uma consequência tão impossível que Paulo retoma a afirmação da ressurreição de Cristo com um vigoroso: "Mas não!". A impossibilidade da consequência reflui sobre o caráter inaceitável da premissa. O que serve de premissa maior real ao raciocínio é a certeza da salvação. Poderíamos exprimir assim o silogismo subjacente:

Somos salvos por Cristo.
Ora, nossa salvação nos vem de sua ressurreição,
pois, ele ressuscitou e há a ressurreição dos mortos.

Esse mesmo motivo soteriológico das afirmações da fé funciona na estruturação dos Símbolos. Vimos o lugar central do "por nós homens e para nossa salvação" no Símbolo de Niceia-Constantinopla. Encontra-se a mesma motivação no centro dos grandes debates trinitários. Se Cristo não é verdadeiramente Deus, eterno e igual ao Pai, então não pôde nos comunicar a vida de Deus; se o Espírito não passa de um dom criado do Pai e do Filho, então não recebemos a verdadeira adoção filial, não somos divinizados. Para que sejamos salvos de verdade, é preciso que a Trindade que se manifestou a nós na história da salvação e a Trindade eterna sejam uma só e mesma Trindade. É preciso que Deus se tenha manifestado a nós tal como é. Senão, tudo é só falsa aparência, e nossa salvação é vã.

A argumentação soteriológica estará ainda no primeiro plano dos debates cristológicos. Sua motivação intervirá sempre quando se tratar de determinar os diversos aspectos da identidade humano-divina de Cristo. O "por nós homens e para nossa salvação" se desenvolve e se formaliza na afirmação do "intercâmbio salvífico" realizado entre Deus e o homem por meio da encarnação do Filho. Por nós Deus se faz homem, para que nele nos tornemos Deus. Há, portanto, uma correlação entre a humanização de Deus e a divinização do homem. Se a primeira não é autêntica, a segunda não tem nenhuma realidade. Convém, pois, recolher algumas atestações desse princípio, frequentemente retomado pelos Padres de todas as épocas em termos às vezes muito semelhantes[2]:

> *Ireneu* (século II): Tal é a razão pela qual o Verbo se fez homem e o Filho de Deus, Filho do homem: é para que o homem, unindo-se ao Verbo e recebendo assim a filiação adotiva, se torne filho de Deus[3].
>
> O Verbo de Deus, Jesus Cristo, nosso Senhor, [...] por causa de seu amor superabundante se fez exatamente o que somos a fim de fazer de nós exatamente o que ele é[4].

---

2. Para uma ilustração mais ampla, ver o rico florilégio de textos reunidos por I. H. Dalmais em *DSp*, art. cit.
3. Ireneu, *CH* III,19,1; Rousseau, p. 368.
4. Ibid., V, Pref.; p. 568.

Clemente de Alexandria (século III): O Verbo de Deus se tornou homem a fim de que tu aprendas também por um homem como um homem pode se tornar Deus[5].

Orígenes (século III): Com Jesus a natureza divina e a natureza humana começaram a se entrelaçar, a fim de que a natureza humana, pela participação na divindade, seja divinizada, não em Jesus só mas também em todos aqueles que, com a fé, adotam o gênero de vida que Jesus ensinou e que conduz à amizade de Deus e à comunhão com ele qualquer um que viva segundo os preceitos de Jesus[6].

Atanásio (século IV): [O Verbo] mesmo se fez homem, para que sejamos feitos Deus; e ele mesmo se tornou visível por seu corpo, para que tenhamos uma ideia do Pai invisível; e ele mesmo suportou os ultrajes dos homens, para que participemos da incorruptibilidade[7].

Gregório de Nissa (século IV): Nós lhe somos semelhantes se confessarmos que ele se fez semelhante a nós para que, tendo-se tornado tal como somos, ele nos faça tal como é[8].

O Verbo, tendo-se unido ao homem, tomou em si toda nossa natureza, para que por essa união com a divindade toda a humanidade fosse divinizada nele e que toda a massa de nossa natureza fosse santificada com as primícias[9].

João Crisóstomo (final do século IV, início do V): [O Verbo] se fez filho do homem, sendo ao mesmo tempo Filho de Deus, para fazer dos filhos de homem filhos de Deus[10].

Agostinho (início do século V): Tornado partícipe de nossa mortalidade, ele nos tornou partícipes de sua divindade[11].

Deus quer te fazer Deus, não por natureza como é aquele a quem gerou, mas por dom e por adoção. Assim como pela humanidade ele se tornou partícipe de tua mortalidade, assim pela elevação te tornou partícipe de sua imortalidade[12].

O intercâmbio salvífico realizado em Cristo entre Deus e o homem supõe uma dupla solidariedade de Cristo, de um lado com Deus, e do outro com o homem. A solidariedade divina de Jesus foi invocada, como vimos, a propósito dos debates trinitários. É a solidariedade humana que vai agora ocupar o pri-

---

5. Clemente de Alexandria, *Le Protreptique* I,8; *SC* 2, p. 63. Não sigo a tradução de J. Mondésert que inverteu, segundo numerosos intérpretes, o sujeito e o predicado, mas a de J. Gross e J. Galot.
6. Orígenes, *Contre Celse* III,28; *SC* 136, p. 69.
7. Atanásio de Alexandria, *Sur l'incarnation du Verbe*, 54,3; *SC* 199, p. 459.
8. Gregório de Nissa, *Contre Apollinaire*, XI; *PG* 45, 1145 a.
9. Ibid., XV; *PG* 45, 1152 c; trad. J. P. Jossua, op. cit., p. 26.
10. João Crisóstomo, *Homélies sur St Jean* XI,1; *PG* 59,79; trad. J. Gross, op. cit., p. 257.
11. Agostinho, *La Trinité*, IV,2,4; *BA* 15, pp. 345-347.
12. Id., *Sermon* 166,4; *PL* 38, 909; trad. G. Bardy, *DSp*, art. cit., de H. I. Dalmais, col. 1391.

meiro plano das preocupações. Ela já estava presente na luta contra os gnósticos docetas, quando a verdade da carne de Cristo era questionada. Volta a emergir com a questão nova apresentada por Apolinário sobre a alma inteligente e livre de Cristo[13]. Ela se formaliza no princípio seguinte: o Filho veio salvar o homem por inteiro, e por isso assumiu uma humanidade completa. Ele salvou aquilo que ele próprio assumiu; não salvou o que não assumiu.

> *Orígenes*: O homem não teria sido salvo por inteiro se [o Salvador] não se tivesse revestido do homem por inteiro[14].
>
> *Gregório de Nazianzo*: O que não foi assumido não foi salvo; mas aquilo que foi unido a Deus é que foi salvo[15].

Mas não basta que Jesus seja verdadeiro Filho e Deus, por uma parte, e verdadeiramente homem, por outra. Se essas duas solidariedades permanecerem externas uma à outra, nada passará da primeira à segunda. É preciso ainda que elas realizem uma unidade verdadeira. Dessa unidade depende a mediação única de Cristo. Toda a comunicação de Deus com o homem passa por essa comunhão do homem e de Deus vivida em sua própria pessoa. Toda separação entre humanidade e divindade no Cristo tornaria intransponível o abismo entre o homem e Deus. Esse princípio de mediação estará no primeiro plano do debate entre Cirilo de Alexandria e Nestório. Cirilo já o formalizara bem antes da querela:

> *Cirilo de Alexandria* (século V): Ele é, pois, considerado mediador também por este ponto de vista: coisas extremamente distantes por sua própria natureza, tendo entre si um intervalo incomensurável, como a divindade e a humanidade, ele as mostra em si mesmo conjugadas e unidas e nos liga, por seu intermédio, a Deus Pai[16].

E o retoma durante o debate:

> Assim, pois, ele é divinamente criador e vivificante, porque vida, composto, para dar uma sorte de meio termo, de propriedades humanas e de outras que estão acima do humano: ele é com efeito "mediador entre Deus e os homens" segundo as Escrituras, Deus por natureza mesmo com a carne, verdadeiramente, mas não como nós, puramente homem, permanecendo, ao contrário, o que ele era mesmo depois de tornado carne[17].

---

13. Cf. infra, pp. 304-307.
14. Orígenes, *Entretien avec Héraclide* 7; ed. J. Scherer, *SC* 67, p. 71.
15. Gregório de Nazianzo, *Lettre* 101,32; ed. P. Gallay, *SC* 208, p. 51.
16. Cirilo de Alexandria, *Dialogues sur la Trinité*, I, 405d; *SC* 231, p. 187.
17. Id., *Dialogue sur l'Incarnation*, 709 e; ed. G. M. de Durand, *SC* 97, p. 287.

Necessariamente, portanto, Aquele que existe e subsiste deve ter sido gerado segundo a carne, transportando em si o que é de nós, para que os rebentos da carne, ou seja, os seres corruptíveis e perecíveis que somos, permaneçam nele; em suma, é preciso que ele possua o que é nosso para que possuamos o que é dele. "Por vós, de rico que era, fez-se pobre, para vos enriquecer com a sua pobreza" (2Cor 8,9)[18].

Esses argumentos soteriológicos envolvem uma concepção da salvação organizada em torno da ideia da divinização do homem. A salvação do homem consiste, de fato, no dom que ele recebe da participação na vida de Deus. Nessa perspectiva, a consideração do pecado torna-se secundária. Em contrapartida, a encarnação está no primeiro plano da preocupação, já que a realidade dessa divinização depende da dupla solidariedade que o único Cristo mantém com Deus seu Pai, por sua natureza divina, e conosco, por meio da assunção de uma natureza humana. Por isso alguns historiadores falaram de "teoria grega" ou de "teoria física" acerca dessa concepção, não no sentido moderno do termo "física", mas conforme seu sentido antigo que evoca uma ligação "natural" entre Deus e o homem. A rigor, a natureza divina operaria a divinização da natureza humana, segundo um processo por assim dizer "automático", pelo simples fato de que a encarnação estabeleceu um contato de natureza entre Cristo e a espécie humana.

Esse esquema da salvação pela "conaturalidade" do homem com Deus está incontestavelmente presente no pensamento patrístico. É sustentado pelo dossiê escriturístico da revelação da paternidade de Deus em seu Filho Jesus "primogênito de uma multidão de irmãos" (Rm 8,29) em quem recebemos a adoção filial (Gl 4,6-7; Rm 8,14-17; Ef 1,5-6; Jo 1,12; 1Jo 3,1-2). Ele pertence ao tema do novo nascimento batismal que comporta o dom do Espírito. O texto tardio de 2Pd 1,14 diz que nos tornamos "partícipes da (ou em comunhão com a) natureza divina".

Os Padres insistiram muito na realização de nossa salvação na e pela encarnação, já que dela depende a possibilidade da mediação realizada por Cristo entre Deus e os homens. Esse mistério estará mais em primeiro plano de preocupação nos séculos IV e V do que o mistério pascal. Os Padres empregam às vezes fórmulas que parecem atribuir a salvação pura e simples à união hipostática[19] de Cristo, na medida em que esta atinge a totalidade da humanidade e reveste-se de um valor universal. "Toda a natureza humana estava no Cristo conforme ele era homem", escreve Cirilo de Alexandria[20].

Esses dados pareceram tão decisivos para alguns historiadores do dogma (A. von Harnack[21], Tixeront) e teólogos do final do século XIX que deles

---

18. Id., *Le Christ est un*, 722 a-b; ibid., pp. 327-329.
19. O sentido dessa expressão técnica será explicado infra, pp. 320-321.
20. Cirilo de Alexandria, *Commentaire sur saint Jean* V; *PG* 73, 753 b.
21. A. von Harnack, *Histoire des dogmes*, pp. 170-175.

extraíram a tese de que a patrística antiga deslocara o centro de gravidade da fé cristã do mistério pascal para a encarnação, atribuindo a esta a verdadeira causa da salvação dos homens. Viram aí o efeito de uma influência da "Ideia" platônica, forma eterna e exemplar das coisas. Cristo, por sua encarnação, se teria unido, não somente a uma natureza humana individual, mas ainda à Ideia da natureza humana universal, transformando-a por esse ato.

O dossiê foi retomado ao longo de todo o século XX por estudos que trouxeram substanciais esclarecimentos. Em 1935, L. Malevez[22] mostrou, com base em dois estudos sobre Gregório de Nissa e Cirilo de Alexandria, que as coisas eram mais complexas. Gregório de Nissa considera que na primeira fase da criação Deus formou o pleroma de toda a humanidade, ou a natureza humana universal como uma unidade concreta. Trata-se sim de uma ideia divina, mas é uma ideia real, que concerne à espécie inteira e é objeto de uma criação. Cada homem individual é homem na medida em que participa dessa ideia, que não é multiplicada pelo número de homens. Na verdade, há somente um único homem e é por um abuso de linguagem que falamos de vários homens. Nessa concepção, por sua encarnação o Verbo assumiu uma humanidade tão concreta e individual quanto a de todos os outros homens. Mas a humanidade universal lhe é imanente como o é a cada um deles. Por isso, "o Verbo não pôde não tocar a totalidade da espécie, não pôde não impregná-la, de algum modo, com sua divindade"[23]. Mas isso não quer dizer de modo nenhum que, segundo Gregório, o Verbo teria assumido a espécie humana da mesma maneira que uma humanidade particular: ele não é toda a humanidade, ele é suas "primícias" (cf. 1Cor 15,23). Aliás, Gregório distingue bem essa ligação mediata que se opera graças à encarnação entre a humanidade de Cristo e a espécie humana por inteiro, da realização lenta e histórica da divinização dos homens até a restauração escatológica da humanidade, operação que deixa ao mistério pascal todo o seu papel.

A análise do pensamento de Cirilo de Alexandria, no século V, conduz ao mesmo resultado. Como Gregório, Cirilo pensa numa imanência da humanidade por inteiro na humanidade individual de Cristo. Mas não compartilha sua ideia de uma humanidade numericamente uma. Faz intervir, por outro lado, essa imanência não somente no momento da encarnação, mas também para a paixão e a ressurreição: pela ressurreição é toda a natureza humana que Cristo ressuscita em seu princípio. Ele nos "contém a todos" porque possui em si "unicamente tudo aquilo por que [os homens] são homens"[24]. Os dois autores pensam decerto na humanidade como um "grande ser vivo" ou um "todo orgânico"[25], servindo-se do realismo das essências universais — o que lhes permite pensar a realidade do "corpo místico" de Cristo —, mas não

---

22. L. Malevez, L'Église dans le Christ..., pp. 257-297.
23. Ibid., p. 267, cuja argumentação resumo. Neste artigo encontrar-se-ão todas as referências a Gregório.
24. Ibid., p. 286, cf. a argumentação sobre os textos citados de Cirilo.
25. Ibid., p. 290.

pretendem de modo algum reconduzir à imanência da humanidade no Cristo toda a realidade da salvação.

Em 1938 a tese de J. Gross sobre *A divinização do cristão segundo os Padres gregos*, de Clemente de Roma a João Damasceno, chega a conclusões semelhantes. O realismo das essências genéricas permite compreender que pela encarnação o Verbo "une-se à natureza humana e a põe em contato com sua divindade. [...] Todavia, nenhum dos Padres concluiu, pela teoria física, uma deificação automática dos indivíduos. [...] Nenhum partidário da teoria física ensina a deificação mágica dos indivíduos que Harnack lhes imputa"[26]. O que foi chamado de "teoria física" deixa à morte salvífica de Cristo todo o lugar que lhe pertence.

Mais recentemente, J.-P. Jossua retomou o dossiê, partindo de Santo Ireneu e prosseguindo a investigação do lado da patrística latina até São Leão Magno. Apresenta a seguinte questão: *Salvação — encarnação ou mistério pascal?* — com base nos indícios apontados para a patrística grega[27] por L. Malevez, de quem ele retoma as conclusões principais. A união de todos os homens não é um efeito da encarnação; ela é sua condição de possibilidade. Ela existe desde a criação. Os textos patrísticos não implicam de modo algum uma encarnação coletiva. Seu pensamento estava decerto habitado por uma concepção platônica da natureza universal da humanidade, imanente por sua própria forma à humanidade singular de Cristo. Mas nem por isso essa natureza universal é assumida, e a fonte de santificação que decorre dessa comunidade de natureza nada tem de automático.

De fato, quando os Padres falam da encarnação, não se preocupam somente com seu momento primeiro, concepção virginal do Verbo de Deus ou nascimento de Jesus. Pensam naquilo que constitui o Cristo por toda a duração de sua existência de homem e na realização de todos os seus mistérios. Estão persuadidos de que o agir salvífico de Cristo só pode ter valor absoluto se for o agir do Verbo encarnado em pessoa. Nesse sentido preciso, a encarnação condiciona o valor salvífico da cruz. A motivação soteriológica só fez remontar, do evento pascal à encarnação, a consideração da pessoa de Cristo. "Com efeito, *por meio da cruz e da ressurreição, reproduzidas e participadas em nós, é a eficácia da união hipostática que desempenha o papel decisivo em nossa divinização, e não a virtude única da Páscoa, ainda que sustentada pelo teandrismo.*"[28] A solidariedade dos dois pontos de vista é manifesta tanto em Atanásio quanto em Cirilo de Alexandria. Aliás, é notável que os mesmos Padres se exprimam ao mesmo tempo sobre a encarnação e sobre o sacrifício de Cristo. A conclusão do autor vale para o Oriente e para o Ocidente, pois se Cristo

> não é Deus verdadeiro, o homem não pode ser libertado e ser vencedor num combate e num drama que efetivamente o ultrapassam. [...] Se ele não é Deus,

---

26. J. Gross, op. cit., pp. 345-346.
27. J.-P. Jossua, op. cit., pp. 18-33, em que encontrará uma boa exposição do debate e a menção aos diversos autores que participaram dele.
28. J.-P. Jossua, op. cit., p. 38.

o evento da paixão e da cruz é uma anedota, e sua virtude não poderia transpor os séculos, vivificar a Igreja, atingir-nos nos sacramentos. Se não é Deus, não pode nos introduzir na vida do Pai, não pode no-lo fazer conhecer. Se não é Deus, o essencial do que ele nos diz na manjedoura e na cruz se dissipa, a saber: que Deus se dá a nós. No ato da Páscoa, o dom de Deus não é somente que o Pai ressuscita Jesus para nossa justificação, mas que "unus de Trinitate passus est", o Filho eterno morreu por nós na cruz. A salvação nos vem de Deus em Cristo, Deus se faz para nós *salvação* em Cristo[29].

Essa linguagem "física" é também uma maneira de exprimir a universalidade da salvação trazida por Cristo. Pela união hipostática a natureza humana de Cristo, na qual a humanidade por inteiro está virtualmente presente, é unida à pessoa divina do Verbo. Os modernos falam aqui de "solidariedade". Essa afirmação indica também que a natureza humana de Cristo não pode ser considerada como uma natureza qualquer no seio da humanidade. Ela tem valor de princípio recriador. A concepção virginal de Jesus é uma criação nova. Jesus torna-se assim o princípio da humanidade salva que ele recapitula diante de Deus.

2. O CRISTO SALVADOR EM ATANÁSIO DE ALEXANDRIA

> **Os textos:** Atanásio de Alexandria, *Sur l'incarnation du Verbe*; ed. Ch. Kannengiesser, *SC*, 199, 1973.
>
> **Referências bibliográficas:** R. Bernard, *L'image de Dieu d'après saint Athanase*, Paris, Aubier, 1952. — J. Roldanus, *Le Christ et l'homme dans la théologie d'Athanase d'Alexandrie*, Leiden, Brill, 1968. — A. Grillmeier, *Le Christ dans la tradition chrétienne. De l'âge apostolique à Chalcédoine*, Paris, Cerf, 1973, pp. 227-256. — Ch. Kannengiesser, *Le Verbe de Dieu selon Athanase d'Alexandrie*, Paris, Desclée, 1990.

Atanásio de Alexandria, como se viu[30], celebrizou-se na defesa da divindade do Filho e Verbo de Deus. Mas convém rever o modo como ele concebe a encarnação: como Cristo traz a salvação aos homens?

Pois o mistério da encarnação está no centro do pensamento de Atanásio. É o primeiro a ter escrito uma obra consagrada à encarnação do Verbo. Nela ele se manifesta herdeiro da tradição da Escola de Alexandria, ilustrada antes de tudo por Clemente e Orígenes. Mas Atanásio, embora marcado pela teologia do *Logos* de Orígenes, soube separar-se dos aspectos mais discutíveis do pensamento do grande exegeta. À diferença de Orígenes, que via antes de tudo na encarnação uma animação do Verbo divino, isto é, sua união com uma alma humana preexistente e perfeitíssima, Atanásio nunca menciona a alma de Cristo. Insere seu

---
29. Ibid., pp. 387-388.
30. Cf. supra, pp. 219-221.

pensamento no esquema *Logos-sarx*, segundo a fórmula do prólogo joanino: "E o Verbo se fez carne" (Jo 1,14), que constitui sua fórmula cristológica privilegiada. Esse esquema se opõe à cristologia *Logos-Anthropos*[31] da escola antioquena. Atanásio compartilha neste ponto o esquema ariano, que também nunca fala da alma humana de Cristo.

Este ponto foi objeto de muito debate desde o início do século XX: o silêncio de Atanásio deve ser compreendido no sentido de uma negação real da alma de Cristo, como em Apolinário?[32] Não é o caso, como se verá. Mas essa negação não desempenha papel na definição "ontológica" de Cristo, nem mesmo na análise de sua vida pessoal. Ela não é realmente um "fator teológico". Segundo a linguagem de Atanásio, o Verbo tomou para si um corpo, um corpo humano bem entendido, um corpo normalmente animado, e um corpo bem real. Esse corpo é o "instrumento" *(organon)* do Verbo.

Para o bispo de Alexandria, Cristo é antes de tudo e mais nada o Verbo (Logos), reconhecido perfeitamente Deus, o *Theos-Logos*, o Verbo pelo qual Deus Pai tudo criou. Esse Verbo é Filho, Sabedoria e Poder de Deus, "Imagem" por excelência, Senhor e Salvador, "Cristo Deus" (19,3), "Verbo nosso Senhor Jesus Cristo" (40,7)[33]. Atanásio gosta de insistir nessa titulação divina do Cristo, que ele circunda de bomgrado com termos como "verdadeira", "autêntica". A encarnação é uma "divina manifestação em nosso favor" (1,1). Essa divindade se manifesta até na "baixeza" vivida no itinerário humano de Jesus. É assim que Atanásio responde às objeções dos arianos que veem na santificação de Jesus pelo Espírito no momento do batismo um sinal de que ele é uma criatura. Cristo, na medida em que é Deus perfeito, é santo por natureza e não precisa de santificação. Mas ele quis ser santificado em sua carne, isto é, em sua humanidade, por uma santificação que é "por nós" (cf. Jo 17,19). Essa santificação lhe vem do Espírito que é interior a ele mesmo e ela concerne à sua pessoa divina em situação de quenose.

Com efeito, é este Verbo "incorpóreo, incorruptível e imaterial" — três atributos propriamente divinos — que "vem em nossas terras" (8,1); ele "se apropria de um corpo", a fim de realizar "a destruição da morte e a ressurreição da vida" (10,5). A encarnação restaura a imagem de Deus no homem, pois ela lhe dá a conhecer o *Logos* de Deus. Como Orígenes outrora, Atanásio joga com o termo "racional" *(logikos)* no sentido de uma participação no Logos, pois o Verbo de Deus é "a Imagem" por excelência do Pai. A salvação aparece assim como uma renovação do ser "à imagem de Deus" que convém aos homens, pelo conhecimento do Verbo, ele mesmo Imagem própria de Deus.

A cristologia de Atanásio se apresenta como um comentário dos relatos evangélicos, em particular sobre a encarnação e a morte do Verbo encarnado na cruz. Ela se insere no esquema geral da história da salvação. A motivação

---

31. Sobre o sentido desses dois esquemas cristológicos, cf. infra, pp. 307-308 e 316.
32. Cf. o dossiê em A. Grillmeier, op. cit., pp. 228-231.
33. Cf. Ch. Kannengiesser, op. cit., em que me inspiro aqui.

da encarnação, evento central de toda esta história, é atribuída à perdição do homem, encerrado na corrupção do pecado e entregue ao poder da morte.

> Que era, então, preciso que Deus fizesse? Sim, que fazer senão renovar o ser-segundo-a-Imagem para que com isso os homens pudessem de novo conhecê-Lo? Mas como isso se fará senão pela presença da Imagem de Deus, nosso Salvador Jesus Cristo? [...] Também o Verbo de Deus veio em pessoa, a fim de ser capaz, ele que é a Imagem do Pai, de restaurar o ser-segundo-a-Imagem dos homens. Por outro lado, isso não poderia se produzir se a morte e a corrupção não tivessem sido aniquiladas. Ele também assumiu de pleno direito um corpo mortal, para poder assim aniquilar em si a morte e restaurar os homens feitos segundo a Imagem[34].

Esse texto exprime o tema da divinização do homem, uma vez que a encarnação deve restituir ao homem toda a sua qualidade de ser à imagem de Deus e levá-lo ao término do desígnio que Deus formara a seu respeito. Mas a encarnação intervém num mundo humano marcado pelo pecado e que será preciso libertar de maneira sofredora. Nisso Atanásio considera a humanidade como uma grande unidade substancial. Mas não entra nos problemas especulativos sobre a constituição de Cristo, que serão apresentados desde seu discípulo Apolinário até Nestório. O vocabulário com o qual ele dá conta da encarnação é tão concreto quanto variado: "revestir em troca", "penetrar no homem", "habitar nele", "atingir", "entrar em", "subir em", "permanecer", "tomar para si, assumir um corpo", "tornar-se", "vestir-se de", "portar, tomar, ter um corpo", "descer", "aparelhar, construir, dispor", "moldar, modelar", "acolher, assumir", "apropriar-se", "tomar", "estar presente em, vir em auxílio", "avançar, sair", "constituir, compor".

Do lado dos substantivos temos: o "tornar-se homem", "a entrada no corpo", "a incorporação", "a penetração", "a apropriação", "o prodígio", "o nascimento", "a residência corporal", "a manifestação", "a epifania corporal", "a aparição", "a presença", "a teofania corporal", "a parusia", "o rebaixamento"[35].

Que "homem" Cristo assumiu? Viu-se a importância dada aos termos "corpo" e "carne". A concepção que Atanásio fazia do Logos criador, princípio vivificante do corpo que representa o mundo, é original. "A alma humana, racional, é a cópia mais perfeita que existe do *Logos* no seio da criação terrestre, corporal. Ela cumpre, em relação ao corpo, a função que o Logos assume em relação ao cosmo[36]." Existe, pois, uma afinidade entre o *Logos* e a alma.

> É provável que Atanásio atribuísse à alma humana enquanto tal uma substância própria e afirmasse sua imortalidade. Quando ele considera o ser do Cristo,

---

34. Atanásio, *Sur l'incarnation du Verbe*, 13, 7-9; *SC* 199, pp. 313-315.
35. Tomo emprestado este levantamento de vocabulário a C. Kannengiesser, op. cit., p. 121.
36. A. Grillmeier, op. cit., p. 232.

porém, sua atenção é imediatamente atraída pelo *Logos* e sua relação com o corpo do Cristo, e ele vê essa relação como totalmente análoga à relação *Logos*-mundo, alma-corpo[37].

Falando assim, com tanto gosto, do *Logos*, ele esquece completamente a alma humana de Cristo. Parece mesmo que

> o bispo alexandrino concede ao *Logos* encarnado o papel que o *nous* desempenhara nos seres humanos beatificados por seu êxtase original. Este *nous* adâmico não excluíra que os seres das origens fossem igualmente dotados de uma alma. [...] O *Logos* se encarnou precisamente para suprir à deficiência do *nous* humano, tornado simples alma, exposta a todas as vicissitudes da existência mortal. O *Logos* substitui ativamente o *nous* decaído na substância espiritual da humanidade, exercendo na pessoa de Jesus um papel análogo ao do *nous* das origens. [...] Ele transfigura todo o ser humano que ele assume, a ponto de divinizá-lo[38].

Tal é a restauração da dignidade "lógica" do homem:

> O Verbo se rebaixou até aparecer num corpo, a fim de centrar os homens nele mesmo enquanto homem e dirigir em sua direção os sentidos deles[39].

O homem retoma assim, graças ao Verbo encarnado, o caminho do divino. É portanto ao *Logos* enquanto tal que Atanásio atribui a responsabilidade e a realização dos atos decisivos para nossa salvação: agonia, paixão e morte.

Isso posto, durante o Sínodo de 362, já evocado[40], Atanásio subscreve uma fórmula que já parece visar — ou prevenir? — à teologia de Apolinário:

> Eles [o Sínodo] confessam também que o Salvador não teve nem um corpo sem alma *(apsychon)*, nem um corpo insensível, nem um corpo privado de inteligência *(anoeton)*. Pois não era possível, quando o Senhor se fez homem por nós, que seu corpo tivesse sido privado de razão; e a salvação efetuada no Verbo mesmo não foi somente uma salvação do corpo, mas também uma salvação da alma[41].

Esse texto tem sido muito discutido, tanto no plano de seu estabelecimento quando no de sua interpretação[42]. Apolinário se justificava interpretando o termo *apsychon* no sentido de "sem vida"[43]. Entretanto, é possível ver aí o claro

---

37. Ibid.
38. C. Kannengiesser, op. cit., p. 126.
39. Atanásio, op. cit., 16,1; *SC* 199, p. 323.
40. Cf. supra, p. 254.
41. *Tome aux Antiochiens*, 7; *PG* 26,804 b; trad. em A. Grillmeier, op. cit., p. 245.
42. Ver a longa e fina análise que lhe dá A. Grillmeier, op. cit., pp. 242-253.
43. Apolinário, *Ep. ad Diocaesareenses* 2; Lietzmann, op. cit., infra, p. 304.

reconhecimento da alma de Cristo por Atanásio, mesmo se este papel natural da alma não se torna para ele um papel propriamente teológico. A redação parece indicar bem o ponto de divergência entre Atanásio e Apolinário.

Tudo o que acaba de ser dito já exprime a soteriologia de Atanásio. O motivo da encarnação remonta para ele ao desígnio criador de Deus sobre o homem:

> Pois é necessário, ao falar da manifestação do Salvador em nosso favor, falar também da origem dos homens, para que tu saibas que nossa condição se torna para ele a razão de sua descida, e que nossa transgressão provocou a filantropia do Verbo, de sorte que o Senhor veio até nós e apareceu entre os homens. Pois nós nos tornamos a causa de sua entrada num corpo e é para a nossa salvação que ele foi tomado de amor até se tornar humano e surgir num corpo[44].

A filantropia divina do Verbo vem, portanto, renovar o homem que ele mesmo criara na origem à sua imagem, a fim de restaurar nele a autêntica imagem de Deus. Essa "renovação" desempenha em Atanásio um papel análogo ao da "recapitulação" de Ireneu. Aliás, a influência de Ireneu sobre a teologia de Atanásio tem sido frequentemente enfatizada[45]. Assim, o Verbo de Deus, criador do homem, era o mais bem qualificado para vir retomar sua obra e restaurar a imagem de Deus no homem. Viu-se que a encarnação restaura igualmente nele o conhecimento de Deus, já que é nesse conhecimento e por ele que se cumpre em nós a imagem e a semelhança de Deus.

Que sentido dá Atanásio à morte de Cristo na cruz? Cristo dá sua vida "em resgate" e "paga nossa dívida em sua morte". Assim fazendo, oferece-a também a seu Pai num sacrifício de "pura filantropia":

> Ele o entregou à morte por todos os homens, já que todos são sujeitos à corrupção da morte. Ele o apresentou a seu Pai num gesto de pura filantropia. Assim, já que todos morriam nele, a lei que visa à corrupção dos homens seria revogada. [...] Ele os vivificaria pelo fato de sua morte; [...] pela graça da ressurreição, ele faria desaparecer a morte para longe deles, como palha no fogo [...].
> Como um sacrifício e uma vítima limpa de toda mácula, oferecendo à morte o corpo que tomara para si, ele afastou portanto a morte de imediato de todos os outros corpos semelhantes. [...] Sendo o Verbo de Deus, superior a todos, que oferecia seu próprio templo e seu instrumento corporal em resgate por todos, ele pagava plenamente nossa dívida em sua morte. E unido a todos os homens por um corpo semelhante ao deles, o Filho incorruptível de Deus revestiu-os todos de incorruptibilidade segundo a promessa da ressurreição[46].

---

44. Atanásio, *Sur l'Incarnation...*, op. cit., 4,2-3; SC 199, p. 277.
45. Cf. P. Th. Camelot, intr. a SC 18, pp. 55-62. — Cf. igualmente L. Bouyer, *L'Incarnation et l'Église Corps du Verbe*, Paris, Cerf, 1943.
46. Atanásio, op. cit., 8,4-9,2; SC 199, pp. 293-297.

A morte que se precipitou sobre este corpo mortal perde assim seu poder sobre os homens "por causa do Verbo alojado neles por meio de seu corpo individual"[47]. O Filho incorruptível, pela morte de seu corpo corruptível, nos devolve a incorruptibilidade e a imortalidade da comunhão com Deus, pois a ressurreição de Cristo é uma vitória sobre a morte que vale para todos os homens.

A soteriologia de Atanásio deve ser respeitada tanto em sua riqueza complexa como em suas insuficiências. Ela é ao mesmo tempo divinizadora e redentora. Sobretudo, ela não deve ser interpretada como uma antecipação da doutrina anselmiana da satisfação[48]. Mas ela não diz tudo e deixa na sombra alguns aspectos.

3. APOLINÁRIO DE LAODICEIA E O "APOLINARISMO"

> **REFERÊNCIAS BIBLIOGRÁFICAS:** Os escritos de Apolinário foram reunidos por H. Lietzmann, *Apollinaris von Laodicea und seine Schule*, *TU*, Tübingen, Mohr (Siebeck), 1904. — Cf. igualmente *Clavis Patrum Graecorum*, nº 3645-3695. — A. AIGRAIN, *DHGE*, t. III (1924) 962-982. — H. DE RIEDMATTEN, La christologie d'Apollinaire de Laodicée, *Studia Patristica 2*, *TU* 64 (1957), p. 208-234. — E. MÜHLENBERG, *Apollinaris von Laodicea*, Göttingen, Vandenhoeck & Ruprecht, 1969. — CH. KANNENGIESSER, Une nouvelle interprétation de la christologie d'Apollinaire, *RSR* 59 (1971) 27-36. — A. GRILLMEIER, *Le Christ dans la tradition chrétienne*, t. I, Paris, Cerf, 1973, pp. 257-272.

Apolinário, nascido em Laodiceia da Síria por volta de 315, é de origem alexandrina. Seu pai e ele estavam em relações relativamente estreitas com Atanásio. Apolinário era um niceno convicto, defensor do *consubstancial*. Em sua juventude, Basílio de Cesareia lhe escrevera cartas muito respeitosas para obter esclarecimentos sobre esse termo polêmico. Por volta de 361, Apolinário é escolhido para se tornar bispo de sua cidade natal. Envia representantes ao sínodo de Alexandria de 362; como Paulino de Antioquia, Apolinário identifica sempre *ousia* e *hypostasis*, e sustenta por conseguinte que só há uma hipóstase na Trindade.

Mas eis que este grande defensor da ortodoxia trinitária se torna o protagonista de uma doutrina cristológica considerada herética. Encontramo-la pela primeira vez em sua profissão de fé de 363. Apesar de alguns sucessos pessoais na conjuntura eclesial complicada da época, essa doutrina lhe vale uma censura romana por volta de 377, censura renovada no Oriente em 379 e 381 no concílio de Cons-

---

47. Ibid., 9,2; *SC* 199, p. 297.
48. Como faz J. Rivière, *Le dogme de la rédemption. Essai d'étude historique*, Paris, Lecoffre, 1905, pp. 142-151.

tantinopla I. Os capadócios o combaterão. Morreu antes de 392. Os escritos de Apolinário, "salvos da destruição graças a fraudes literárias denunciadas desde a antiguidade"[49], são consagrados à exposição do dogma da encarnação.

Apolinário é o primeiro a apresentar a questão da ontologia de Cristo, Deus verdadeiro e homem verdadeiro. Apresenta-a sob a forma de uma aporia. Como aquele que acaba de ser proclamado, em Niceia, Filho verdadeiro e Deus verdadeiro, consubstancial ao Pai, como o Verbo encarnado pode coexistir no Cristo com um espírito propriamente humano? A dificuldade é ao mesmo tempo religiosa e metafísica.

No plano religioso, é "impensável" que a presença do Verbo divino, santo e santificante, seja compatível em Cristo com a de um espírito humano verdadeiramente responsável e livre, dispondo de um poder "hegemônico". A história da humanidade mostra claramente que este poder de autodeterminação do homem é a fonte do pecado. Aliás, é admissível que Cristo tenha sofrido as paixões humanas, como a tentação, a tristeza ou a cólera? Estas não são, finalmente, mais ignominiosas para Deus do que as paixões próprias da carne: fome, sede, fadiga, nascimento, morte?

No plano especulativo, outra dificuldade se apresenta: se, em Cristo, a divindade é perfeita, de seu lado, e se a humanidade também o é, do seu, como essas duas realidades completas podem coexistir num só e mesmo ser? A unidade de Cristo só pode se dar, parece, à custa de um desses seus dois lados: não pode ser às custas de sua divindade, então só resta ser à custa de sua humanidade. Com essa questão a elaboração do dogma cristológico toma uma direção decisiva: começa a era dos grandes debates sobre a constituição da pessoa encarnada de Cristo.

Apolinário se apoia na antropologia paulina expressa em 1Ts 5,23: "Que vosso ser por inteiro, espírito, alma e corpo...". Mas dá um sentido preciso aos termos "alma" e "espírito". Deste ser humano Cristo tomou o corpo, a alma (a *psyche*), mas não o espírito (*pneuma* ou *nous*). O Verbo divino é que desempenha nele o papel de espírito ou de alma espiritual. O Evangelho mostra bem que o Senhor é conduzido pelo Espírito de Deus. Paulo, de seu lado, opõe em 1Cor 15,45 os dois Adões, o primeiro, terrestre, sendo "alma viva"; o segundo, celeste, sendo um "espírito que dá a vida". Enfim, João nos diz que "o Verbo se fez carne", sem mais; portanto, é por sua carne que o Verbo é um homem. Toda a tradição retomou esta linguagem da união do Verbo à carne, com o termo *encarnação*.

Esta resposta resolve a questão religiosa: Cristo não possui o princípio que domina, "hegemônico", no homem; está, pois, ao abrigo do pecado, de suas tentações e de suas lutas. Pretende resolver também o problema ontológico:

> Pois é impossível que dois seres intelectuais e volitivos convivam, para que não se oponham um ao outro por sua vontade e sua atividade próprias. Por

---

49. C. Kannengiesser, *DECA*, t. 1, p. 186.

conseguinte, o Verbo não assumiu uma alma *(psyche)* humana, mas somente a semente de Abraão. Pois o templo sem alma, sem espírito e sem vontade de Salomão prefigurava o templo do corpo de Jesus[50].

Assim o Cristo permanece um: seu espírito divino anima seu corpo, assim como nosso espírito humano anima o nosso. É nesse sentido que ele é Deus feito homem. Essa solução é uma primeira forma de monofisismo.

Apolinário reflete no interior dos esquemas de pensamento da escola de Alexandria. Sua linguagem cristológica ordinária é a do esquema *Logos-sarx*, "Verbo-carne". Segundo E. Mühlenberg, a fórmula cristológica de referência em Apolinário é a do Deus encarnado *(Theos ensarkos)*, entendida neste sentido restritivo[51].

Certamente, esse binômio nunca fora entendido no sentido que ele lhe dá. O termo *sarx* era sempre compreendido em sua perspectiva bíblica, designando a totalidade do ser humano do ponto de vista de sua fragilidade perecível; era empregado de preferência a qualquer outro, pois eliminava a ambiguidade de um docetismo sempre possível. Ninguém tivera a intenção de negar a existência da alma racional de Cristo. Orígenes a mencionara. Tertuliano aplicara à alma do Senhor a mesma argumentação soteriológica que a seu corpo: se Cristo quis libertar nossas almas por aquela que tornou sua, esta alma que tornou sua é semelhante à nossa[52]. É a argumentação que Gregório de Nissa retomará contra Apolinário. Bem recentemente, o concílio de Niceia dera todas as explicações desejadas em seu símbolo ao dizer: "[...] um só Senhor Jesus Cristo, [...] que, por nós homens e para nossa salvação, desceu dos céus, se encarnou *(sarkothenta)* e se fez homem *(enanthropesanta)* [...]". A encarnação do Verbo sempre fora compreendida como sua humanização.

Dito isso, vimos que a consideração da alma racional de Cristo ocupava pouco espaço na teologia alexandrina, em particular na de Atanásio. Este falava da humanidade de Cristo de uma maneira objetiva; não levanta problema particular sobre a psicologia do Verbo encarnado nem sobre sua vontade de homem. Isso se deve numa parte aos debates da época, e de outra parte à novidade do assunto, pois não é fácil apresentar a alma de Cristo como princípio hegemônico, sem fazer dela um supósito distinto do Filho de Deus e, portanto, sem dividir o Cristo. A história de Nestório logo dará prova disso.

Uma fórmula fará escorrer muita tinta no século V, pois será retomada por Cirilo de Alexandria, que pensava lê-la em Atanásio. Ora, ela se acha em Apolinário e resume, em todo caso, seu pensamento. Afirma "a natureza única encarnada do Deus Verbo" (*"mia physis tou Theou Logou sesarkomene"*

---

50. Apolinário, *Fragmento* 2; Lietzmann, op. cit., p. 204.
51. E. Mühlenberg, op. cit., pp. 147-149.
52. Sobre a alma de Cristo em Tertuliano, cf. R. Cantalamessa, *La cristologia di Tertulliano*, Freiburg, Herder, 1962, pp. 88-90; cf. supra, p. 177.

ou *"sesarkomenou"*⁵³). Apolinário concebe a unidade de Cristo a partir de sua hipóstase (que ele identifica a *ousia* na Trindade), como a integração da carne na substância deste Verbo. Cristo não devia, pois, ter espírito ou *nous* racional, como poder humano de se determinar por si mesmo.

4. A CRISTOLOGIA DA ESCOLA DE ANTIOQUIA (DIODORO DE TARSO E TEODORO DE MOPSUÉSTIA)

> OS TEXTOS: Os fragmentos de Diodoro de Tarso foram editados por R. ABRAMOWSKI, Der theologische Nachlass des Diodor von Tarsus, ZNTW 42 (1949) 19-69. — TEODORO DE MOPSUÉSTIA, *Les homélies catéchétiques*; ed. R. Tonneau e R. Devreesse, Città del Vaticano, Bibl. Vaticana, 1949.
> REFERÊNCIAS BIBLIOGRÁFICAS: R. A. GREER, *Theodore of Mopsuestia Exegete and Theologian*, Westminster, The Faith Press, 1961. — G. KOCH, *Die Heilsverwirklichung bei Theodor von Mopsuestia*, München, Hüber, 1965. — A. GRILLMEIER, *Le Christ dans la tradition chrétienne*, t. I, pp. 303-313 e 290-413.

Uma reflexão cristológica de inspiração sensivelmente diferente se desenvolve em Antioquia durante o século IV. A distância que se inscreve progressivamente entre as duas grandes escolas teológicas do mundo grego é o viveiro dos conflitos futuros dos século V. Por isso é importante traçar o quadro das orientações cristológicas dos principais protagonistas.

Diodoro de Tarso (morto antes de 394) era um presbítero de Antioquia, partidário do bispo Melécio durante o cisma eclesial que marcou a cidade no século IV. Mestre da escola teológica, teve como discípulos Teodoro de Mopsuéstia e João Crisóstomo e é considerado o fundador da tradição exegética de Antioquia. Enfrentou vigorosamente, acerca da divindade de Cristo, o imperador Juliano que, retornado ao paganismo, queria restaurá-lo em seu império. Tornou-se em 378 bispo de Tarso na Cilícia e desempenhou um papel importante no concílio de Constantinopla I (381). Enquanto viveu, foi sempre considerado um defensor da fé ortodoxa; somente depois de morto que se viu nele um precursor de Nestório. Foi atacado por Cirilo de Alexandria, depois implicado na condenação dos "Três Capítulos" no concílio de Constantinopla II (553). Em razão dessas condenações *post mortem*, dele só conservamos fragmentos.

Diodoro se opôs à cristologia de Apolinário e escreveu contra os partidários deste uma obra *Contra os sinousiastas*, isto é, contra os que só reconhecem uma substância *(ousia)* ou natureza em Cristo. Mas, paradoxalmente, num primeiro tempo insere sua cristologia no mesmo esquema que seu adversário, o esquema *Logos-sarx* que recebeu de Eusébio de Emesa⁵⁴. Reconhece a existência da alma

---

53. Apolinário, *À Jovien*; cf. H. Lietzmann, op. cit., pp. 251 e 258.
54. Cf. A. Grillmeier, op. cit., pp. 306-309.

em Cristo, mas ela não tem uma grandeza teológica. Em seu combate com Apolinário, a questão da alma de Cristo não é o ponto central. Entretanto, Diodoro interpreta esse esquema numa perspectiva que separa o que cabe à divindade do Filho e o que é da ordem da carne de Jesus. É a carne, e não o Verbo, que cresce em sabedoria e em graça. Questiona assim o princípio — ainda não formalizado na época, mas já em funcionamento — da "comunicação dos idiomas" ou propriedades entre a divindade e a humanidade. Recusa assimilar a união da divindade e da carne em Cristo à da união da alma e do corpo no homem: "O que se pode dizer do corpo e da alma não se poderia dizer do Logos-Deus e da carne"[55]. Diodoro mostra assim que existiu uma cristologia "que divide" o Cristo no interior do esquema *Logos-sarx*[56].

Ocorre, porém, que Diodoro também utilizou o esquema *Logos-anthropos*. Como é impossível datar os fragmentos que restam de sua obra, não se poderia dizer de que modo empreendeu a passagem de um esquema para o outro. Fala assim da habitação do Verbo num homem e recusa a fórmula que atribui uma só hipóstase a Cristo, porque vê nela o perigo de uma "união natural" do Verbo e da humanidade à maneira do composto humano. Legitimamente apegado à dualidade das naturezas em Cristo, é mais vago em sua maneira de dar conta de sua unidade. Sua distinção entre o "Filho de Deus" e o "Filho de Maria" ou o "Filho de David" é ambígua: ela abre a porta à doutrina dos "dois Filhos": o Filho de Deus por natureza e o filho de David, tornado Filho de Deus pela graça. Diodoro recusa falar de encarnação num sentido literal e considera que Maria é propriamente mãe do homem e não mãe de Deus[57]. No entanto, não se reconhece dentro da doutrina dos dois Filhos.

Teodoro de Mopsuéstia, discípulo de Diodoro, é antioqueno como este. Foi grande amigo de João Crisóstomo. Nascido por volta de 350, torna-se monge e é ordenado presbítero em 383; torna-se bispo de Mopsuéstia em 392. Morreu em 428, bem às vésperas da irrupção da controvérsia ariana. Teodoro, o "intérprete" de quase todos os livros da Bíblia, conquistara uma grande reputação por sua obra exegética, empreendida segundo os princípios de Diodoro. Foi para Antioquia o que Orígenes fora para Alexandria. É também a melhor testemunha da "cristologia antioquena clássica"[58], que se insere deliberadamente no esquema *Logos-anthropos*. Como seu mestre, foi considerado ortodoxo durante a vida e condenado como herege, depois de morto, no Concílio de Constantinopla II (553). Porém, mais que Diodoro, foi considerado o pai do nestorianismo. Uma boa parte de suas obras se perdeu, mas restam elementos muito significativos[59], em particular suas *Homilias catequéticas*. A interpretação de sua cristologia permanece ainda hoje muito controvertida.

---

55. Diodoro, *Frag.* 39; trad. R. Abramowski, art. cit., p. 55.
56. Cf. A. Grillmeier, op. cit., p. 310.
57. L. Abramowski, *DHGE*, T. 14, p. 503.
58. A. Grillmeier, op. cit., p. 390.
59. Cf. *PG* 66, 9-1020.

Teodoro é muito apegado, contra os arianos, à transcendência de Deus no Cristo. Faz questão de dar conta de nossa adoção filial, que é uma participação na filiação do Verbo e se realiza pela mediação de sua humanidade. Mas ele fala mais de "conjunção" do que de "divinização", pois não quer autorizar concepções que fariam intervir uma confusão entre Deus e a criatura.

Na cristologia, Teodoro critica o esquema *Logos-sarx*, como aos arianos e aos apolinaristas. Viu muito bem o erro da cristologia deles, segundo a qual a natureza divina toma o lugar da alma intelectual de Cristo. Naquela teoria não há mais do que uma natureza de Cristo, fruto de uma espécie de simbiose vital entre o Verbo e seu corpo humano. Não existe mais, portanto, o homem real que teve fome e sede, que sofreu a morte. Era preciso, ao contrário, que Cristo tivesse recebido uma alma espiritual e racional, uma alma "imutável", isto é, suficientemente senhora de si mesma para permanecer acima do pecado e dominar seus sofrimentos corporais[60]. É a esse preço que ele pode nos livrar do pecado. Toda a obra redentora de Cristo é, assim, uma obra autenticamente humana.

Teodoro afirma nitidamente, contra Apolinário, a dualidade e a integridade das naturezas em Cristo, sublinhando a diferença entre o Verbo que assume e o homem que é assumido:

> Ele não foi Deus somente, nem tampouco somente homem; mas, verdadeiramente, é "nos dois" que ele é por natureza; Deus tanto quanto homem. É Deus-Verbo, aquele que assumiu, mas é o homem, aquele que foi assumido. E aquele que é "forma de Deus" assumiu "a forma de escravo"; e a forma de escravo não é a forma de Deus. Na forma de Deus, ele é aquele que por natureza é Deus, aquele que assumiu a forma de escravo; mas a forma de escravo é aquele que por natureza é homem, que para nossa salvação foi assumido. Portanto, aquele que assumiu não foi aquele mesmo que foi assumido, nem aquele que foi assumido foi aquele mesmo que assumiu; mas aquele que assumiu é Deus, enquanto o assumido é homem[61].

Esse texto é típico da cristologia do "homem assumido" *(homo assumptus)*. É notável pela nitidez da distinção que propõe entre humanidade e divindade. Mas causa problema pela maneira de apresentar essas duas naturezas como dois "sujeitos": no início Teodoro fala de Cristo como de um só sujeito que é "nos dois". Em seguida seu texto passa a considerar dois sujeitos gramaticais, parecendo remeter a sujeitos reais. O sujeito divino Verbo assume o sujeito humano homem. Algumas de suas fórmulas dão mesmo a impressão de que o "homem assumido" já é existente no momento desta assunção:

---

60. Teodoro, op. cit., Homilia V,9 e 14; Tonneau, pp. 111 e 119.
61. Ibid., Homilia VIII,1; p. 188.

O Filho único de Deus, Deus-Verbo, quis por bem, só para a salvação de nós todos, assumir (um) de nós, a fim de ressuscitá-lo dentre os mortos; ele o fez subir ao céu, agregou-se a ele e o estabeleceu à direita de Deus[62].

Para ele, contudo, essas interpretações não estão em contradição com a ideia de encarnação e a interpretação da fórmula de Jo 1,14.

Como, desde logo, Teodoro dá conta da unidade de Cristo? Diversos vocabulários caem de sua pluma:

1. Ele fala da unidade de pessoa *(prosopon)*. Mas esse termo é particularmente difícil de interpretar em Teodoro, pois ainda está longe de ter recebido o conteúdo que lhe darão os debates do século V. De um modo geral, Teodoro emprega-o no singular, embora Leôncio de Bizâncio cite um texto em que Teodoro teria dito que cada natureza tem seu próprio *prosopon*[63]. Recusa-se a falar de duas pessoas ou dois *prosopa* em razão de uma "conjunção" única entre as duas naturezas:

> [Os Padres de Niceia ensinam] uma só pessoa *(prosopon)* por causa da conjunção exata que aconteceu (e) de medo que se imagine que eles dividem a associação perfeita que teve o que foi assumido com o que assumiu. Pois se esta conjunção é abolida, o que foi assumido não parece ser mais nada além de um simples homem como nós[64].

2. Já encontramos o vocabulário da "conjunção", muito importante em Teodoro. Entre o Verbo e o homem assumido existe uma "conjunção exata" ou uma "sublime conjunção", que assegura de maneira indissolúvel a união de Deus e do homem em Cristo e funda a associação do homem à glória do Verbo pela honra, pela grandeza e pela adoração:

> Precisamos também manter conhecimento desta conjunção indissolúvel: que jamais, nem em momento algum, essa forma de escravo pode ser separada da natureza divina que dela se revestiu. Certamente, não é a distinção das naturezas que aniquila a conjunção exata, nem essa conjunção exata que destrói a distinção das naturezas; mas essas naturezas mesmas distintas permanecem em sua *"ousie"* [substância], e sua conjunção permanece necessariamente porque aquele que foi assumido é associado àquele que assumiu, em honra e em glória, já que é para isso que Deus o quis assumir.
> Com efeito, não é porque dizemos duas naturezas que somos obrigados a dizer dois mestres e dois filhos, o que seria de uma ingenuidade extrema: pois em todos aqueles que em alguma coisa são dois e um em alguma coisa, sua conjun-

---

62. Ibid., Homilia XVI, 2; p. 537.
63. Texto citado por A. Grillmeier, op. cit., p. 403.
64. Teodoro, op. cit., Homilia 6,3; p. 135.

ção, que os faz um, não aniquila a distinção das naturezas, nem a distinção das naturezas se opõe a que sejam um. "Eu e meu Pai somos um" (Jo 10,30); não é o "um" que suprime o "eu e meu Pai", que são dois[65].

É preciso reconhecer em Teodoro sua intenção de dar conta da unidade de Cristo e sua decisão de rejeitar toda doutrina dos dois Filhos. Ele afirma ao mesmo tempo a dualidade das naturezas e a unidade de Cristo. Permanece, contudo, a questão de saber se essa unidade é a do Verbo humanizado, de um só sujeito existente, ou é a união do Verbo e de um homem considerados cada um concretamente. Um intérprete muito favorável a Teodoro, A. Grillmeier, reconhece: "O que lhe falta sobretudo é o reconhecimento, tão profundamente enraizado na intuição alexandrina, do fato de que em Cristo o 'Logos' é o único 'eu' e o único sujeito. Teodoro parece fazer deste único 'eu' um terceiro elemento que transcende as duas naturezas e resulta delas"[66]. Manifesta igualmente uma reticência ambígua quanto à comunicação dos idiomas. Mas a questão ainda não tinha o valor discriminador que assumirá durante os debates do século V. Qualquer que seja a semelhança aparente das fórmulas ("duas naturezas numa só pessoa", já diz Teodoro), é extremo exagero ver nele um precursor de Calcedônia, pois ele sempre distingue a pessoa *(prosopon)* da hipóstase que faz um todo com a natureza. "Os termos da fórmula", diz ainda Grillmeier, "estão mais próximos de Calcedônia do que as ideias que ela exprime[67]."

3. Teodoro fala igualmente da habitação do Verbo em seu "Templo", expressão tradicional, vinda de Jo 2,19 e utilizada igualmente pelos representantes do esquema *Logos-sarx*. Desenvolve também a comparação com os paramentos de um rei. Assim como a púrpura de um rei não pertence à sua natureza, assim também a natureza humana de Cristo não pode formar uma substância única com o Verbo. Entretanto, devido à comunicação da única pessoa *(prosopon)*, o homem Jesus é adorado tanto quanto o Verbo.

4. Diferentemente de Diodoro, Teodoro não hesita em se servir da analogia do corpo e da alma para dar conta da unidade humano-divina de Cristo. Mas insiste no fato de que a alma e o corpo mantêm cada um, em sua união, sua natureza e sua hipóstase próprias e permanecem realidades diferentes. Sua maneira de compreender a analogia impede-o de eliminar as ambiguidades das outras linguagens. Podemos, portanto, concluir com A. Grillmeier: "De fato, a interpretação de Cristo elaborada por Teodoro dá em toda parte a impressão de um abrandamento da unidade de Cristo"[68].

O juízo a ser dado sobre a cristologia de Teodoro é, portanto, muito complexo. Em qualquer hipótese, não se poderia duvidar de sua intenção de ortodoxia. Foi ela que condicionou seu combate contra as teses ariana e apoli-

---

65. Ibid., Homilia VIII, 13-14; pp. 205-207.
66. A. Grillmeier, op. cit., p. 402.
67. Ibid., p. 411.
68. A. Grillmeier, op. cit., p. 399.

narista, sustentando firmemente a divindade de Cristo, de um lado, e sublinhando a integridade da natureza humana de Jesus, de outro. Nesse sentido, defendeu um dado essencial da encarnação e fez progredir a posição do verdadeiro problema: como pensar a união de Deus e de uma humanidade completa? A tradição antiga assimilou-o com demasiada pressa às teses de Nestório, o que objetivamente é injusto, visto que Teodoro se exprimia numa época em que a distinção entre hipóstase e natureza não estava estabelecida, além de não ser possível saber como ele teria reagido aos debates que aconteceram pouco depois de sua morte. A teologia do século XX, justamente sensível a tudo o que sua cristologia comporta de positivo e traz de progresso na análise da constituição humano-divina de Cristo, talvez tenha a tendência de reabilitá-lo completamente[69]. Viu-se nele, sem razão, um precursor da fórmula de Calcedônia. Mas é errôneo interpretar seu vocabulário à luz das clarificações subsequentes, seja para justificá-lo, seja para condená-lo. Se convém reconhecer em Teodoro uma verdadeira consideração da alma humana de Jesus como grandeza teológica, e um verdadeiro cuidado em dar conta da unidade de Cristo, não é possível apagar graves ambiguidades de seu pensamento: não somente a linguagem do *homo assumptus*, mas também sua concepção do *prosopon* de união e sua maneira de falar "como se" houvesse dois sujeitos em Cristo (a distinção entre o Filho de Deus e o filho de David) eram objetivamente perigosas. Faltou-lhe um verdadeiro vigor especulativo. Por isso não é de espantar que Teodoro tenha sido traído por seu discípulo Nestório, que queria retomar sua doutrina e seu vocabulário, mas o fez de maneira demasiado ingênua.

5. A CRISTOLOGIA DOS CAPADÓCIOS

> Os autores e os textos: Basílio de Cesareia, *Lettres* 236, 259; Courtonne, t. III. — Gregório de Nazianzo, *Discours*, 22; ed. J. Mossay, *SC* 270, 1980; *Lettres théologiques*, 101 e 102, 32; ed. P. Gallay; *SC* 208, 1974. — J. Lenz, *Jesus der Christus nach der Lehre des hl. Gregor von Nyssa*, Trèves, 1925 (que traz numerosos textos). — Gregório de Nissa, *Ouvrage antihérétique contre Apollinaire*, PG 45, 1123-1270; ed. Jaeger (Mueller), *Gr. N. Opera*, vol. III, 1, p. 131-233; *Discours cathéchétique*, PG 45, 9-105; ed. Méridier, *TD*, 1908; ou *La cathéchèse de la foi*; ed. A. Maignan, *PF* 1978.
>
> Referências bibliográficas: B. Otis, Cappadocian Thought as a Coherent System, *Dumbarton Oaks Papers* 12 (1958) 95-124. — A. Grillmeier, *Le Christ dans la tradition chrétienne*, t. I, p. 323-337. — L. Stephan, *Die Soteriologie des hl. Gregor von Nazianz*, Wien, 1938.

---

69. Cf. por exemplo o verbete "Théodore de Mopsueste" de E. Amann, em *DTC*, XV, pp. 255-266.

Os três grandes capadócios intervieram principalmente no debate trinitário. Na cristologia seu aporte é mais limitado. Testemunham a reação ortodoxa contra a doutrina de Apolinário, em função da qual elaboram algumas fórmulas. Globalmente, eles se situam mais perto da escola de Antioquia do que da de Alexandria.

Basílio de Cesareia detém-se pouco na reflexão sobre o ser de Cristo considerado em sua humanidade. Critica tudo o que lhe parece manchado de arianismo e de apolinarismo. Bate-se também contra o que estima ser ressurgências do docetismo. Enfatiza mais a distinção das propriedades divinas e humanas de Cristo do que a unidade de sua pessoa. Está atento assim a analisar o sofrimento de Cristo: não é um sofrimento da divindade, é o sofrimento da carne dotada de uma alma. Esta é para ele uma grandeza teológica, que lhe permite responder ao arianismo e salvaguardar a transcendência do Verbo. Mas ainda não dá uma antropologia do Cristo[70].

O grande amigo de Basílio, Gregório de Nazianzo (330-390), defende, contra Apolinário, a plenitude da humanidade de Cristo que compreende uma alma espiritual e racional. Trata-se para ele de uma evidência soteriológica, pois "o que não foi assumido não foi salvo, mas o que foi unido a Deus é que é salvo"[71]. Ora, nosso espírito precisa de salvação tanto quanto nossa carne.

Em suas cartas a Cledônio, que servirão de referência para os debates do século V, Gregório rejeita o esquema *Logos-sarx* e se inscreve na linha do esquema *Logos-anthropos*. Visando aos apolinaristas, assim ele se expressa:

> O que é preciso adorar, dizem eles, não é um homem portador de Deus, mas um Deus portador de carne. Que poderia haver de mais absurdo que isso?[72]

De igual modo:

> As naturezas são em número de dois, a de Deus e a do homem — já que existem ao mesmo tempo uma alma e um corpo —; mas não há dois Filhos nem dois Deuses [...]. E se é preciso expressar brevemente aquilo que é o Salvador, é "uma coisa" e "uma outra" *(allo kai allo)* [...]; mas o Salvador não é "um" e "um outro" *(allos kai allos)*, muito longe disso! Pois os dois são "uma só coisa" por sua união: Deus, por um lado, se fez homem, o homem, por outro lado, foi feito Deus [...]. Digo aqui "uma coisa" e "uma outra" *(allo kai allo)* em oposição ao que ocorre com a Trindade: lá, com efeito, há "um" e "um outro" *(allos kai allos)*, para que não confundamos as hipóstases, mas não "uma coisa" e "uma outra" *(allo kai allo)*, pois as três são uma só coisa e a mesma *(hen kai tauton)* pela divindade[73].

---

70. Cf. A. Grillmeier, op. cit., pp. 323-324.
71. Gregório de Nazianzo, *Lettres théologiques*, 101, 32; SC 208, p. 51.
72. Ibid., 102, 18-19; p. 81.
73. Ibid., 101, 19-21; pp. 45-47.

Esse último texto é notável por duas razões. Por um lado, distingue de maneira luminosa aquilo por que Cristo é dois, as naturezas consideradas objetivamente, e aquilo por que é um, o sujeito concreto. Gregório aqui supera claramente as ambiguidades de Teodoro em suas oscilações equivocadas de um ponto de vista para outro. Por outro lado, aplica pela primeira vez à cristologia a conceitualidade elaborada a propósito da Trindade, perfeitamente consciente da oposição dos dois casos: três pessoas em uma natureza de um lado; duas naturezas em uma pessoa, do outro. Nesse ponto Gregório está muito adiantado para seu tempo. É, portanto, uma testemunha muito nítida da unidade de Cristo, de uma unidade que não é uma simples união, mas uma união "segundo a substância"[74]. Mas a elaboração conceitual, inspirada na ideia estoica de "mistura", permanece insuficiente. De igual modo, Gregório mantém firmemente o título de *Theotokos* para a Virgem Maria[75], em razão de sua importância cristológica.

Gregório de Nissa, irmão mais novo de Basílio (335-394), empreendeu também a luta contra Apolinário e exprimiu sua cristologia em seu *Grande discurso catequético*. Contra Apolinário, insiste igualmente na diferença e na distinção das duas naturezas em Cristo e recusa toda confusão entre elas. Emprega de bom grado a fórmula do *homo assumptus*.

Mas mantém fortemente a unidade de Cristo retomando em particular o vocabulário da "mistura". Justifica igualmente e pratica a comunicação dos idiomas, em nome da divinização da humanidade pelo Verbo:

> Em razão da conjunção e da união (das naturezas), os atributos de cada uma das duas lhes são comuns; assim o Senhor recebe sobre si os golpes do servo e o servo é glorificado com a honra senhorial. Por isso a cruz é chamada cruz do "Senhor de glória" (1Cor 2,8), e toda língua confessa que Jesus Cristo é Senhor para a glória de Deus Pai (Fl 2,11)[76].

No que concerne à teoria soteriológica frequentemente designada pela expressão dos "direitos do demônio", é interessante observar a posição diametralmente oposta dos dois Gregórios. Retomando a ideia origeniana, Gregório de Nissa sustenta que por causa do pecado o demônio tem um direito real sobre o homem que se vendeu livremente a ele:

> Uma vez que nos vendêramos voluntariamente, aquele que por bondade nos arrebatava para nos devolver à liberdade devia conceber não um procedimento tirânico da salvação, mas um procedimento conforme à justiça. Ora, era um

---

74. Ibid., 101, 22; p. 47.
75. Ibid., 101, 16; p. 43.
76. Gregório de Nissa, *Contre Eunome*, L. V; *PG* 47 705 d; ed. Jaeger, L. III, 66, *Gr. N. Opera*, vol. II, p. 131.

procedimento deste gênero o deixar o possuidor escolher o resgate que queria receber em troca daquele que ele detinha[77].

Essa curiosa lógica explica por que o demônio escolheu o Salvador como resgate dos prisioneiros trancados na masmorra da morte. Mas aqui intervém a sagacidade: em Jesus a divindade se oculta sob o invólucro da humanidade para fazer o adversário cair na armadilha:

> A potência adversa não podia entrar em contato com Deus se este se apresentasse sem mistura, nem suportar sua aparição se ela acontecesse sem véu; eis por que Deus, a fim de oferecer uma presa mais fácil àquele que tentava obter uma vantagem trocando-nos, se ocultou sob o invólucro de nossa natureza; de sorte que o demônio, como um peixe voraz, precipitando-se sobre a isca da humanidade, se prendeu no anzol da divindade[78].

O resgate, portanto, não é realmente pago. Se Gregório reconhece "direitos" ao demônio, evidentemente não cai no erro grosseiro de considerar que o demônio recebeu o Cristo em resgate. Mas sua lógica é muito desconcertante, já que começa com o zelo da justiça a ser respeitada numa espécie de transação e termina com uma negaça. Deus parece entrar na torpeza de um pacto com o maligno e, por seu turno, se faz ele mesmo um enganador. Essa apresentação ambígua do tema bíblico do resgate — cuja metáfora Gregório aproveita para muito além de sua pertinência original — dá um mau exemplo à teologia subsequente, que reagirá contra uma teoria julgada grosseira, guardando ao mesmo tempo suas premissas.

Mas Gregório de Nazianzo entende as coisas de modo bem diferente. Reage violentamente contra a ideia de um resgate pago ao demônio:

> A quem e por que ele foi pago, este sangue derramado por nós, este nobre e precioso sangue de um Deus tornado nosso sacerdote e nossa vítima? [...] Se foi ao demônio, que injúria! Como supor que ele receba não somente um resgate de Deus, mas o próprio Deus em resgate, sob pretexto de lhe oferecer por sua tirania um salário tão superabundante que agora ele deveria em justiça nos poupar? E se é a seu Pai, pergunto como isso se fez. Não era ele que nos mantinha cativos [...]. O Pai, é verdade, recebeu; no entanto, recebeu sem que solicitasse ou estivesse carente, mas para a economia de nossa redenção, e porque era preciso que o homem fosse santificado pela humanidade de Deus, e que ele mesmo nos libertasse e nos reconduzisse a ele por seu Filho mediador, triunfando sobre o tirano com seu poderio[79].

---

77. Id., *La catéchèse de la foi*, n. 22; *PF*, pp. 65-66.
78. Ibid., n. 24; p. 69.
79. Gregório de Nazianzo, Discours 45; *PG* 36, 653 a-b; trad. L. Richard, *Le mystère de la rédemption*, Paris, Desclée, 1953, pp. 114-115.

Essa reação é de uma saúde perfeita, tanto no que diz respeito ao demônio quanto no que diz respeito ao Pai: a hipótese de um resgate pago a Deus colocaria Deus na situação do sequestrador injusto. Aliás, Gregório relembra que Deus recusou o sacrifício de Isaac. A morte de Jesus na cruz é uma vitória decisiva e libertadora de Cristo sobre o pecado, a morte e o demônio.

6. NO FINAL DO SÉCULO, DUAS CRISTOLOGIAS EM TENSÃO: ALEXANDRIA E ANTIOQUIA

O percurso das doutrinas e dos debates cristológicos no século IV nos põe em presença de duas escolas teológicas que têm suas características próprias: a escola de Alexandria e a escola de Antioquia. Essas duas metrópoles do cristianismo antigo estarão frequentemente em conflito no plano da política religiosa, mas seria injusto atribuir a esse ponto diferenças propriamente teológicas, que se tornarão em diversas ocasiões verdadeiras divergências. Antes de iniciar a exposição dos grandes debates do século V, convém traçar o quadro da perspectiva cristológica de cada uma.

O esquema fundamental da cristologia alexandrina (Atanásio e, no século V, Cirilo) é o do *Logos-sarx*, ao passo que o da Igreja de Antioquia (Diodoro de Tarso, João Crisóstomo, Teodoro de Mopsuéstia e, no século V, Teodoreto de Ciro) é o do *Logos-anthropos*. Muitas coisas derivam dessas duas perspectivas maiores. O primeiro esquema é descendente: ele contempla o momento em que o Verbo se faz carne (encarnação *in fieri*), isto é, apropriando-se de uma humanidade completa. Sua referência escriturística privilegiada é o evangelho de João, assim como o hino de Fl 2, que exprime a "quenose" do Verbo. O segundo esquema é ascendente, no sentido de considerar o homem Jesus na medida em que é "assumido" pelo Verbo de Deus (encarnação *in facto esse*) e analisa em seu ser o "perfeitamente Deus". Sua referência escriturística é antes de tudo a dos evangelhos sinóticos.

Cada um desses dois esquemas tem seu valor e seus limites próprios. O valor do esquema alexandrino é o de dar conta da unidade de Cristo, em quem o Verbo humanizou-se autenticamente. A comunicação de Deus com a humanidade passa por essa comunhão humano-divina estabelecida na pessoa de Cristo. O valor do esquema antioqueno é o de sublinhar a distinção da divindade e da humanidade e de pôr em relevo a condição humana de Cristo, sua subjetividade autônoma.

Os limites de cada perspectiva são o reverso de seu ponto forte. Os alexandrinos têm dificuldade em achar a linguagem adequada para dar conta da distinção das naturezas depois da união. Correlativamente, a condição humana de Cristo é pouco enfatizada. Sua tentação específica é o monofisismo, que se encontra sob formas diferentes de Apolinário a Êutiques. Mesmo depois de Calcedônia, muitos teólogos de Alexandria permanecerão apegados à linguagem "monofisita". Por seu lado, os antioquenos têm dificuldade em dar conta da unidade concreta de Cristo. Gostam da linguagem das duas naturezas, com o risco de fazer pensar que as consideram concretamente. Sua tentação específica é colocar dois sujeitos e rejeitar as apropriações (Nestório).

O esquema representativo de Alexandria é temporal, já que contempla a passagem de um antes para um depois: o Verbo, apropriando-se de uma geração humana, torna-se Verbo encarnado, um só Cristo é Filho. É o esquema que prevalecerá no concílio de Éfeso. O esquema representativo de Antioquia é "espacial": considera as duas naturezas, divina e humana, em paralelo e mostra como elas se acham unidas na pessoa única de Jesus Cristo, duplamente consubstancial a Deus e aos homens. É o esquema representativo do concílio de Calcedônia.

A cristologia latina, por sua linguagem, é mais próxima da cristologia antioquena: seu esquema, de Tertuliano a Leão Magno, é espontaneamente dualista. Não há correspondência, porém, no domínio das alianças político-eclesiásticas: Roma, nos conflitos doutrinais do Oriente, prefere aliar-se a Alexandria contra Antioquia. Em Éfeso os legados romanos se juntarão ao concílio de Cirilo. Mas em Calcedônia o *Tomo a Flaviano* de Leão traçará uma via média entre as duas cristologias orientais.

II. OS GRANDES DEBATES CRISTOLÓGICOS DO SÉCULO V

Acabamos de passar em revista as posições das escolas de Alexandria e de Antioquia no que diz respeito ao mistério de Cristo. Cada uma tem seus limites e seu próprio unilateralismo; cada uma conhece tentações capazes de fazê-la transpor os limites da ortodoxia cristã, seja quanto ao sentido da encarnação, seja quanto à linguagem que dá conta dela. Este é o ponto de partida da longa crise cristológica do século V: começa com o que foi chamado de "escândalo ecumênico" de Nestório, herdeiro radical da cristologia de Antioquia, que provoca a reunião do concílio de Éfeso (431). Ela continua com os excessos opostos de Êutiqueos, representante um tanto limitado da tradição de Alexandria, e conduz ao concílio de Calcedônia (451). Mas ela se prolongará ao longo dos conflitos surgidos em torno da recepção de Calcedônia, continuará no século VI e até no VII e provocará a reunião de dois novos concílios: Constantinopla II (553) e III (681): esse será o objeto do próximo capítulo.

1. A UNIDADE DE CRISTO EM QUESTÃO: NESTÓRIO E CIRILO. O CONCÍLIO DE ÉFESO (431)

> Os autores e os textos: *Éphèse et Chalcédoine. Actes des conciles*, traduzidos por A. J. Festugière, Paris, Beauchesne, 1982. — Cirilo de Alexandria, *Cinq tomes*

contre Nestorius; PG 76, 9-428; E. SCHWARTZ, *ACO* 1,1,6, 13-106; *De la vraie foi à Théodose et aux princesses*, PG 76, 1133-1401; *ACO* 1,1,1 42-72 e 1,1,5 26-118; *Sur l'incarnation du Monogène et Le Christ est un*; org. G. M. de Durand, *Deux dialogues christologiques, SC* 97, 1964. – F. LOOFS, *Nestoriana. Die Fragmente des Nestorius* gesammelt, untersucht u. hrsg., Halle, M. Niemeyer, 1905. – NESTÓRIO, *Le Livre d'Héraclide de Damas* [195], ed. F. Nau, Paris, Letouzey, 1910.

REFERÊNCIAS BIBLIOGRÁFICAS: *Sobre Éfeso*: J. LIBAERT, verbete "Éphèse, concile d'", em *DHGE*, t. 15, col. 561-574 (com abundante bibliografia). – P. TH. CAMELOT, *Éphèse et Chalcédoine*, Paris, Orante, 1962. – J. LIEBAERT, *L'Incarnation. I. Des origines au concile de Chalcédoine*, "Histoire des dogmes" III, 1a, Paris, Cerf, 1966. – A. GRILLMEIER, *Le Christ dans la tradition chrétienne*, t. I, pp. 417-546. – B. SESBOÜÉ, *Jésus-Christ dans la tradition de l'Église*, Paris, Desclée, 1982.

Sobre a cristologia de Cirilo de Alexandria: J. LIEBAERT, *La doctrine christologique de saint Cyrille d'Alexandrie avant la querelle nestorienne*, Lille, Memoriais e trabalhos publicados por professores das Fac. Cath. de Lille, LVIII, 1951; L'évolution de la christologie de saint Cyrille d'Alexandrie à partir de la controverse nestorienne, *Mél. de Sc. Rel.* 27 (1970) 27-48. – G. JOUASSARD, uma série de artigos em *RSR* 43 (1955) 361-378; 44 (1956) 234-242; 45 (1957) 209-224. – M. RICHARD, L'introduction du mot 'hypostase' dans la théologie de l'incarnation, *Mél. de Sc. Rel.* 2 (1945) 5-32 e 243-270.

O concílio de Éfeso não formulará definição dogmática propriamente dita. Lerá e condenará uma carta de Nestório a Cirilo; também lerá e aprovará os escritos de Cirilo. O estudo do concílio começa, portanto, pelo do debate entre esses dois homens e dos desafios ali expressos. Poderemos em seguida retornar ao filme dos acontecimentos um tanto caóticos que marcaram a celebração do concílio até seu epílogo, o Ato de União de 433. Um primeiro balanço dogmático poderá então ser traçado.

O ponto de partida da crise: Nestório e a "Theotokos"

Nestório nasceu no último quartel do século IV em Germanícia, na Síria de Eufrates. Foi sucessivamente monge no mosteiro de Euprépios e presbítero da cidade de Antioquia. Pregador célebre, formado pela escola de Antioquia, leu Diodoro de Tarso e seguiu talvez o ensinamento de Teodoro de Mopsuéstia. Tornou-se em 428 patriarca de Constantinopla. Logo provoca escândalo na capital ao rejeitar a legitimidade da expressão já popular de Maria como "Mãe de Deus" *(Theotokos)*, substituindo-a pela de "Mãe de Cristo" *(Christotokos)*. Ora, a primeira fórmula era empregada pela maioria dos Padres do século IV desde Alexandre de Alexandria. O povo cristão reagiu rapidamente: um dia, um cartaz de protesto (*"contestatio"*, forma jurídica que enuncia a causa do processo) é afixado às portas de sua Igreja e põe em paralelo as teses de Nestório com as de Paulo de Samósata, condenado no final do século III; outro dia, Nestório é interrompido durante sua pregação por um leigo, Eusébio, que exclama: "O Verbo eterno nasceu na carne de uma mulher"; segue-se um grande tumulto na assistência[80]. A agitação se difunde rapidamente e leva à intervenção de Cirilo, "papa" de Alexandria, e de Celestino, papa de Roma.

Esse incidente inicial já resume a perspectiva cristológica de Nestório. Antioqueno, reage sempre contra a cristologia de Ário e de Apolinário e tem a obsessão de uma confusão das naturezas divina e humana em Cristo. Tem a preocupação zelosa de preservar a plena humanidade de Cristo. Por isso rejeita toda *apropriação* real das realidades da humanidade no Verbo. Também se engaja perigosamente numa linguagem que subentende em Cristo dois sujeitos, um divino e outro humano, intimamente ligados por uma ligação de habitação. Introduz assim uma separação entre o Verbo e a humanidade de Cristo e põe em questão a comunicação real entre Deus e a humanidade. Ele se proíbe, todavia, de dividir o Cristo em dois Filhos e insiste na conjunção das duas naturezas em uma só pessoa ou personagem, que representa o que é comum a um e ao outro. Mas essa ligação não o faz escapar da suspeita de dividir concretamente as naturezas. Como Apolinário, portanto, Nestório levanta a questão da estrutura teândrica de Cristo; mas aborda-a de um ponto de vista diferente e lhe dá uma solução totalmente oposta. O verdadeiro problema, o que recapitula todo o evento de Éfeso, é o da interpretação da fórmula joanina: "O Verbo se fez carne" (Jo 1,14).

Os acontecimentos vão muito depressa até a realização do concílio de Éfeso em 431. De sua parte, Nestório escreve ao papa Celestino de Roma para lhe expor sua teologia e pedir-lhe seu apoio. Por seu lado, seu adversário Eusébio faz o mesmo. Mas Celestino demora a responder porque tem, primeiro, de mandar traduzir o dossiê para o latim.

A intervenção de Cirilo: a carta de janeiro de 430

O "papa" de Alexandria que Nestório ia encontrar pelo caminho era uma personalidade fortíssima. Cirilo, nascido entre 370 e 380, era sobrinho de seu antecessor Teófilo, que se celebrizara em 403 no sínodo do Carvalho por seu papel odioso na injusta deposição de João Crisóstomo, arcebispo de Constantinopla. Enérgico e ambicioso, personagem igualmente muito controvertido, Cirilo sucedeu ao tio em 412 e ganhou fama por certo número de violências praticadas contra hereges e pagãos.

Ora, um passado conflituoso havia gerado uma tensão de natureza político-religiosa entre a cidade imperial, a "nova Roma", e a metrópole de Alexandria;

---

80. Cf. P. Th. Camelot, *Éphèse et Chalcédoine*, pp. 31-32.

para piorar, o novo arcebispo, Nestório, era um representante da escola rival de Antioquia. São preconceitos desfavoráveis que explicam a rapidez com que Cirilo interveio contra seu colega de Constantinopla. Rapidamente se tornou o adversário principal de Nestório, e a maneira como o tratou o fez passar por um perseguidor. Não podemos eximi-lo de certa violência, de uma falta de moderação e de um zelo muito precipitado em intervir. Isso posto, gostou-se também de denegrir exageradamente a personagem de Cirilo. Seria fácil concluir que ele não tinha motivação doutrinal. O respeito pela personalidade desses dois grandes adversários exige que acreditemos neles quando estimam, tanto um quanto o outro, que a fé está em questão em sua disputa. A honestidade obriga também a reconhecer que a perspectiva cristológica de Cirilo era infinitamente mais justa e mais profunda que a de Nestório, e que as fórmulas deste último tinham por que desconcertá-lo.

Cirilo de Alexandria, cuja cidade, por seu turno, estava sacudida pela querela, intervém escrevendo a Nestório. Já em 429 pede a ele, numa primeira carta, algumas explicações sobre o litígio doutrinal. Nestório lhe responde num breve bilhete, chamando-o à moderação, e que é de fato uma recusa de explicação. Cirilo, assim, considera seu dever voltar à carga numa carta doutrinal muito mais precisa. É com ela que o debate se inicia de verdade. Essa carta será aclamada no concílio de Éfeso. Ela constitui, portanto, um documento dogmático.

Num primeiro tempo, Cirilo se dedica a uma exegese do Símbolo de Niceia, pois, segundo ele, a querela deve poder resolver-se com base na doutrina proclamada solenemente pelos Padres do primeiro concílio ecumênico. Observar-se-á que ele não toma como referência o Símbolo de Constantinopla, embora mais recente; mas este só será exposto em Calcedônia:

> O santo e grande concílio disse, portanto, que o Filho gerado segundo a natureza de Deus Pai, único gerado, o verdadeiro Deus que provém do Deus verdadeiro, a Luz proveniente da Luz, por quem o Pai criou todas as coisas, desceu, se encarnou, fez-se homem, sofreu, ressuscitou ao terceiro dia e subiu aos céus. Nós também nos devemos apegar a essas palavras e a essas afirmações doutrinais, considerando o que significa o fato de o Verbo derivado de Deus ter se encarnado e ter-se feito homem. Com efeito, não dizemos que a Natureza do Verbo, por causa de uma transformação, se tornou carne, nem tampouco que ela foi mudada num homem completo, composto de uma alma e de um corpo, mas sim isto: o Verbo, tendo-se unido segundo a hipóstase *(kath'hypostasin)* a uma carne animada de uma alma racional, tornou-se homem de uma maneira indizível e incompreensível e recebeu o título de Filho do homem, não por mero desejo ou complascência, nem tampouco porque teria assumido dele somente o personagem *(prosopon)*; e dizemos que diferentes são as naturezas reunidas numa verdadeira unidade, e que das duas resultou um só Cristo e um só Filho, não que a diferença das naturezas tenha sido suprimida pela união, mas, sim,

porque a divindade e a humanidade formaram para nós o único Senhor Cristo e Filho por seu inefável e indizível concurso na unidade[81].

Nesse texto a cristologia de Cirilo exprime ao mesmo tempo sua perspectiva e sua linguagem. O concílio de Niceia, em seu segundo artigo, só faz retomar a afirmação da fórmula joanina: esta diz que "o Verbo se fez carne" (Jo 1,14), ao passo que o artigo de Niceia coloca como sujeito da sequência que enumera os acontecimentos-chave da existência de Cristo o Filho de Deus em pessoa, o Filho único, eterno gerado, que é Filho por natureza. Esse movimento da frase estabelece uma identidade concreta entre o Filho ou o Verbo de Deus e homem Jesus Cristo.

Dessa enunciação comum ao Novo Testamento e ao Símbolo de fé, Cirilo elabora uma tradução numa linguagem racional. Eis como se deve compreender, em linguagem cultural grega, o que João e o concílio de Niceia tinham dito: não no sentido de uma mudança do Verbo em carne ou numa humanidade, mas no sentido em que o Verbo se une "segundo a hipóstase", isto é, no nível de seu ato concreto de subsistir ou de existir, a uma humanidade completa. A unidade de Cristo se fez na hipóstase do Verbo, de sorte que não há senão um único sujeito subsistente. O Verbo assume um novo modo de subsistir e de existir, um modo humano. A humanidade, para ele, não é do domínio do ter, mas do domínio do ser. A relação de sua hipóstase com sua natureza humana é da mesma ordem que sua relação com sua natureza divina. Cirilo evita cuidadosamente situar a humanidade de Cristo como um subsistente distinto e, é claro, pressupor um homem concreto antes da união. Com essa explicação e essa linguagem, Cirilo produziu o primeiro elemento do que se tornará a fórmula cristológica acolhida na Igreja, isto é, a união segundo a hipóstase ou "união hipostática".

O arcebispo de Alexandria opõe essa interpretação à união segundo a complacência ou a boa vontade, ou a uma união no *prosopon*, no sentido em que julga ler nos textos de Nestório, e que é preciso traduzir aqui por "personagem", mais do que por "pessoa". Uma união assim é radicalmente insuficiente para dar conta da unidade de Cristo. Mas Cirilo também tem a habilidade de mostrar a Nestório que essa união respeita a diferença das naturezas. É notável como o final de sua exposição retoma o esquema antioqueno e constitui uma sorte de *captatio benevolentiae* para com seu correspondente. Ele fala claramente de duas naturezas antes da união.

Mas tal união só é possível se o Verbo assumir em si mesmo a geração segundo a carne, o que nos reconduz ao título de Maria, "Mãe de Deus":

> Assim, embora o Cristo tenha gozado da existência antes dos séculos e tenha sido gerado do Pai, diz-se também que foi gerado segundo a carne de uma mulher, não que sua natureza divina tenha recebido o começo de seu ser na Santa Virgem,

---
81. Cirilo de Alexandria, *Seconde lettre à Nestorius*, COD II-1, p. 107.

nem que tenha precisado necessariamente por si mesma de uma segunda geração após a que recebeu do Pai, [...] mas já que, tendo-se unido segundo a hipóstase ao elemento humano por nossa causa e para nossa salvação, ele nasceu de uma mulher, por esta razão se diz que ele foi gerado segundo a carne. Pois não foi um homem ordinário que primeiro foi gerado pela Santa Virgem e sobre o qual depois o Verbo teria descido, mas é por ter sido unido à sua humanidade desde o seio mesmo que se diz que ele sofreu a geração carnal, na medida em que se apropriou da geração segundo a carne. É assim que dizemos que ele sofreu e ressuscitou, não que o Verbo Deus tenha sofrido em sua própria natureza golpes, perfurações de pregos ou outras feridas (pois a divindade é impassível, já que é incorpórea), mas como o que se tornara seu próprio corpo sofreu essas coisas, diz-se também que ele sofreu por nós: o impassível estava de fato no corpo passível. Pensamos de igual modo acerca da morte [...].

Eis o que proclama por toda parte o discurso da fé exata; eis o que achamos ter sido pensado pelos santos Padres; é assim que eles se atreveram a chamar a santa Virgem de Mãe de Deus...[82]

O texto de Cirilo gosta de repetir as construções do tipo "diz-se que" no momento de exprimir suas interpretações. Isso significa que ele se situa no plano da afirmação e que busca a melhor coerência vocabular para dar conta do mistério da encarnação na linguagem helenística. Ora, o fundamento da união, em razão do ato de subsistir e de existir do Verbo em sua humanidade, só pode ser sua geração segundo a carne. Tudo depende disso. Se a união nesse momento é da ordem do ter, então toda a existência de Cristo será vivida sob esse regime. A apropriação da geração condiciona a da paixão. Se o Verbo não nasceu verdadeiramente, então tampouco foi ele que sofreu e morreu. Seu nascimento e sua morte devem ser atribuídos ao Verbo em pessoa, mesmo não tendo sido atos de sua divindade enquanto tal. Cirilo é claríssimo a esse respeito numa expressão paradoxal: o Verbo sofreu, não em sua divindade, mas em sua humanidade — "o impassível estava de fato no corpo passível".

Diante da tentação de pensar que se trata aí de uma sutileza sem conteúdo, pode-se recorrer a uma analogia humana bem concreta. Tome-se o caso de um homem afetado por um câncer. No sentido preciso do termo, é um órgão de seu corpo que está afetado pela doença. Sua "alma" ou sua "pessoa" espiritual não são propriamente sujeitos de uma afecção cancerosa. Quem negará porém que é a pessoa total desse homem que vive a experiência dolorosa dessa enfermidade, com o risco de comprometer seu futuro? O sujeito de atribuição do câncer é, sim, a pessoa como tal.

Em sua brevidade, essa carta diz o essencial e permanece isenta de polêmica e de sobrelanço. Apresenta igualmente uma linguagem teológica de grande rigor.

---

82. Ibid., *COD* II-1, pp. 107-113.

A resposta de Nestório

Desta vez Nestório responde a fundo. Emprega o mesmo método de Cirilo e toma, por sua vez, como referência o Símbolo de Niceia, que põe em conexão com o hino escriturístico de Fl 2,6-11:

> Quais são, pois, as palavras do ensinamento admirável de tua carta?
> "O santo e grande concílio disse, portanto, que o Filho gerado segundo a natureza de Deus Pai, único gerado, o verdadeiro Deus que provém do Deus verdadeiro, a Luz proveniente da Luz, por quem o Pai criou todas as coisas, desceu, se encarnou, fez-se homem, sofreu, ressuscitou."
> São as palavras de tua piedade e reconheces talvez teu bem. Mas escuta também as nossas [...]. Lendo superficialmente a tradição destes santos Padres, caíste numa ignorância perdoável, tendo estimado que eles disseram que o Verbo coeterno ao Pai é passível *(pathetos)*. Debruça-te, por favor, com um olhar mais penetrante sobre as palavras deles e descobrirás que este divino coro dos Padres não disse que a divindade consubstancial *(homoousios)* era passível nem que foi recentemente gerada, ela que é coeterna ao Pai, nem que foi ressuscitada, ela que ressuscitou seu Templo destruído [...].
> Dizem eles: "Creio em Nosso Senhor Jesus Cristo, seu Filho, seu único". Observa como eles apresentaram primeiramente, como fundamentos, Senhor, Jesus, Cristo, único gerado, Filho, estes nomes comuns à divindade e à humanidade, e edificam em seguida a tradição da encarnação, da ressurreição e da paixão; seu objetivo era, uma vez estabelecidos certos nomes significativos comuns a ambas as naturezas, que não se dividisse o que se reporta à filiação e à senhoria, e que na unicidade da filiação o que se reporta às naturezas não corra tampouco o risco de desaparecer por confusão[83].

O debate incide, portanto, sobre a interpretação exata do Símbolo de Niceia. Entre Cirilo e Nestório se dá um conflito hermenêutico. Nestório cita a interpretação de seu correspondente para refutá-la.

Antes de tudo se observará que seu discurso passa, sem distinção, do vocabulário concreto falando do Verbo e dos eventos de sua história ao vocabulário abstrato que designa a natureza divina e seus atributos. É verdade que a "divindade coeterna" é "impassível" e não pode nem sofrer nem morrer. Já é mais ambíguo dizer que o "Verbo" é impassível, pois a fórmula liga um sujeito concreto a um atributo abstrato. O Verbo, decerto, é impassível segundo sua divindade, mas Nestório quer fazer compreender que o Verbo não sofreu. Confunde conceitualmente Verbo e divindade, isto é, hipóstase e natureza; não pode, portanto, entrar na intelecção da posição de Cirilo, que observa exatamente a distinção entre as duas. Por isso, sua argumentação padece de uma indecisão

---

83. Nestório, *Seconde lettre à Cyrille*, COD II-1, pp. 113-117.

especulativa, da qual não consegue escapar. Tem razão quando afirma as prerrogativas da natureza divina do Verbo; engana-se quando pensa em dois sujeitos ou duas hipóstases ao falar de duas naturezas.

Nestório propõe então sua interpretação de Niceia: faz observar que a titulação cristológica, que é tema da sequência do segundo artigo mencionando os acontecimentos da vida de Jesus, evita cuidadosamente mencionar o nome "Verbo" ou "Deus" e se contenta em empregar palavras que podem ser aplicadas tanto à divindade quanto à humanidade. Em outros termos, a encarnação, a ressurreição e a paixão podem ser atribuídas ao Cristo, Senhor e Filho, mas não podem ser atribuídas ao Verbo enquanto tal. Nestório apoia então sua exegese no hino paulino de Fl 2:

> De fato, quem lhes ensinou isso foi Paulo que, mencionando a divina encarnação e a ponto de acrescentar a paixão, começa apresentando o nome "Cristo", comum às naturezas, [...] depois acrescenta o discurso relativo às duas naturezas. Que diz ele, de fato? "Comportai-vos entre vós assim, como se faz em Jesus Cristo: ele, que é de condição divina, não considerou como presa a agarrar o ser igual a Deus. Mas (para não citar tudo em detalhe) tornando-se obediente até a morte e morte numa cruz" (Fl 2,5-6). Assim, como ia mencionar a morte, para que não se tirasse disso a conclusão de que o Deus Verbo é passível *(pathetos)*, ele apresenta o nome "Cristo", como uma designação que significa a substância impassível e passível em uma pessoa *(prosopon)* única, para que o Cristo fosse chamado sem perigo de impassível e passível, impassível pela divindade, passível pela natureza corpórea[84].

Nestório opõe aqui claramente o nome *Cristo*, sujeito comum aos atributos da divindade e aos acontecimentos da humanidade, e o nome *Verbo*, que deixa ao abrigo destes últimos. Pois se o Verbo não é passível, é impensável para Nestório que ele possa morrer, mesmo em sua humanidade. Cristo representa uma pessoa *(prosopon)* de união, formalmente distinta da hipóstase do Verbo. Em razão da confusão que faz entre hipóstase e natureza, Nestório louva Cirilo por manter "a divisão das naturezas segundo a razão da humanidade e da divindade e sua conjunção *(synapheia)* em uma só pessoa". Mas logo o repreende por se contradizer quando fala do Verbo "suscetível de uma segunda geração", "passível e novamente criado". Nesse protesto, Nestório solta um termo-chave de sua fórmula cristológica — *conjunção (synapheia)* —, que opõe ao termo *união (henosis)* de Cirilo. Para ele, Cristo é formado da conjunção das duas naturezas/hipóstases, as do Verbo/divindade e do homem/humanidade em uma só pessoa, chamada Cristo e Senhor, admitindo-se que nada do que concerne à humanidade de Cristo pode afetar o Verbo enquanto tal.

É por isso que Nestório rejeita as apropriações das vicissitudes da humanidade à pessoa do Verbo e põe em questão a linguagem das Escrituras e da

---

84. Ibid., *COD* II-1, p. 117.

tradição anterior, que as praticara espontaneamente. Como se tratava de coisas bem conhecidas, a cristologia de Nestório toma um sentido concreto que a discussão sobre a formalidade dos conceitos não podia ter:

> Em todo lugar da divina Escritura, quando se menciona a Economia do Senhor, a geração e a paixão que são apresentadas não são as da divindade, mas da humanidade de Cristo, de sorte que a Santa Virgem deva ser chamada com uma designação mais exata, mãe de Cristo *(christotokos)*, e não mãe de Deus *(theotokos)*. Escuta assim estas palavras dos evangelhos que proclamam: "Livro da geração de Jesus Cristo — escreve-se — filho de David, filho de Abraão" (Mt 1,1). Está claro, pois, que o Deus Verbo não era filho de David [...].
> É certo e conforme à tradição evangélica confessar que o corpo é o Templo da divindade do Filho e um Templo unido segundo uma suprema e divina conjunção, de sorte que a natureza da divindade se apropria do que pertence a este Templo; mas, em nome dessa apropriação, atribuir ao Verbo até as propriedades da carne conjunta, quero dizer a geração, o sofrimento e a mortalidade, é coisa, irmão, de um pensamento ou desviado pelos gregos, ou doente da loucura de Apolinário, de Ário e de outras heresias [...].
> Pois necessariamente aqueles que se deixam levar pela palavra *apropriação* deverão fazer comungar o Deus Verbo ao aleitamento, por causa da apropriação, fazê-lo participar do crescimento progressivo e do temor no momento da paixão, e colocá-lo na necessidade da assistência de um anjo. E não menciono a circuncisão, o sacrifício, os suores, a fome, coisas todas que, presas à carne, são adoráveis como tendo sobrevindo por nossa causa, mas que, se forem atribuídas à divindade, são mentirosas [...][85].

A argumentação escriturística de Nestório evita cuidadosamente a fórmula de Jo 1,14 que a contradiz. Por sua recusa de todas as apropriações ao Verbo daquilo que Cristo viveu em sua humanidade, ela revela a motivação profunda de seu autor. O título de mãe de Deus, dado à Virgem, é só o indício recapitulador de todo um conjunto. Não somente Nestório não pode admitir que o Verbo se tenha tornado filho de David, mas também e sobretudo que tenha sido amamentado no seio da Virgem, que tenha estado sujeito ao temor e ao suor da agonia etc., coisas todas que, estima ele, constituem uma promiscuidade indigna do Deus Verbo. Aliás, é sintomático que no momento em que admite o termo mesmo de *apropriação*, termo caro a Cirilo, Nestório se apresse a esvaziá-lo de todo conteúdo.

É nesse nível concreto que pode ser julgada a cristologia de Nestório. Sua insuficiência especulativa poderia recobrir uma confissão real da encarnação. Viu-se também sua angústia diante das heresias de Ário e Apolinário, a quem quer combater como seus antecessores antioquenos. Mas em suas fórmulas ele

---

85. Ibid., *COD* II-1, pp. 119-123.

se mostra, de fato, escandalizado com a ideia da encarnação de Deus e com suas consequências.

A terceira carta de Cirilo a Nestório

Cirilo não se contentou em escrever a Nestório. Ele se lança numa campanha de libelos doutrinais sobre a encarnação. Escreve também a Celestino, já informado por Nestório, como vimos, enviando-lhe um dossiê sobre o caso. Celestino reúne então um sínodo romano que condena Nestório e lhe pede que se retrate em dez dias sob pena de excomunhão[86]. Mas, sobretudo, em nome da ligação particular que existia havia muito entre Roma e Alexandria, Celestino confia a Cirilo a tarefa de fazer cumprir aquela sentença. A escolha certamente não foi a melhor.

Cirilo imita Celestino, convocando também um sínodo local em Alexandria, que condena Nestório. Escreve a este último uma nova carta, a terceira, infinitamente mais longa e acompanhada de doze anatematismos. Mas desta feita já não conserva a mesma moderação de sua correspondência anterior e impõe a Nestório a própria linguagem da escola de Alexandria, o que evidentemente era inaceitável para o arcebispo de Constantinopla. Considerarei aqui somente os elementos novos.

A carta começa com um convite premente feito a Nestório para que se retrate, pois "escandalizou toda a Igreja". Cita *in extenso* o Símbolo de Niceia e desenvolve o comentário deste. Mas, ao invés de limitar-se à fórmula da "união segundo a hipóstase", Cirilo lhe acrescenta a de união "segundo a natureza" *(kata physin)* e de "união natural" *(physike)*. Assim fazendo, mostra-se o herdeiro de uma tradição que continua a pensar a "natureza" de maneira concreta e a distingue mal da hipóstase. Cria aqui uma confusão que evitara na carta anterior e que é grave de consequências para a sequência dos debates. Pois se Cirilo é isento de toda confusão conceitual, já não o é de toda confusão de linguagem. O debate com Nestório será pesadamente influenciado por isso. Quando Nestório diz duas naturezas, pensa em duas hipóstases; quando Cirilo diz uma natureza, pensa em uma hipóstase, mas admite a diferença específica das duas naturezas antes da união.

Como na vez precedente, Cirilo desenvolve as apropriações a propósito da geração de Jesus, de sua paixão e da eucaristia. Atesta um sentimento religioso muito profundo da "quenose" do Verbo e mostra que a unidade concreta do Verbo encarnado é a condição *sine qua non* de sua mediação salvífica. A propósito da paixão, ele tem esta fórmula, que hoje se chamaria dialética: o Filho de Deus "estava em seu corpo crucificado, apropriando-se sem sofrer dos sofrimentos de sua própria carne"[87]. Segue-se uma longa argumentação escriturística sobre

---

86. Cf. P. Th. Camelot, op. cit., pp. 39-43.
87. Cirilo de Alexandria, *Troisième lettre à Nestorius*, COD II-1, p. 131.

as apropriações, que estabelece um princípio de exegese muito tradicional: "Nossa posição constante será pensar, e com razão, que as palavras humanas e, ademais, as divinas foram pronunciadas por um único ser"[88].

Essa argumentação lhe dá a oportunidade de retomar uma fórmula célebre: "É preciso atribuir todas as palavras dos evangelhos à única hipóstase encarnada do Verbo"[89]. Dá aqui a versão certa dessa fórmula, empregando o termo *hipóstase*. Mas acontece-lhe também empregá-la com o termo "natureza", retomando-a (pensava ele) de Atanásio, mas na verdade de Apolinário[90].

Os doze anatematismos que Cirilo pede a Nestório, justos no que visam, apresentam firmemente a unidade do Verbo encarnado e exprimem as principais apropriações; infelizmente veiculam sempre a confusão entre "união segundo a natureza" (anatematismo 3) e "união segundo a hipóstase". É por isso que o concílio de Éfeso, que ouvirá a leitura dessa carta, não se pronunciará a seu respeito.

A cristologia de Cirilo não se reduz a essas duas cartas que ganham importância em razão de sua ligação com o concílio de Éfeso. É toda a obra de Cirilo que seria preciso evocar aqui[91]. Nestório tinha razão de ver em Cirilo um cúmplice da doutrina de Apolinário? Apesar de seu "monofisismo" verbal, Cirilo admite formalmente em Cristo a existência de uma alma racional que foi sujeito de seu sofrimento tanto quanto seu corpo. Reconhece o fator da psicologia humana de Cristo e fala do crescimento de Jesus no saber[92]. A alma de Cristo é também o sujeito da obediência e da oferenda de seu sacrifício. Ela é, portanto, uma grandeza teológica nesse alexandrino que faz evoluir assim radicalmente o esquema *Logos-sarx* de seus predecessores. Cirilo reconhece a existência de uma "natureza humana" completa em Cristo e sabe, quando é o caso, integrar essa expressão a seu vocabulário. Nesse sentido, ele poderia então falar de "duas naturezas" em Cristo, o que seus adversários lhe instam a fazer. Mas, fiel a uma terminologia para ele tradicional, Cirilo se limita à fórmula que diz "uma só natureza", em que o termo *natureza* permanece para ele a expressão de uma força vital que conserva um aspecto concreto. Como Nestório, mas em sentido inverso, não consegue distinguir formalmente os conteúdos semânticos de *hipóstase* e *natureza*. Apesar da justeza de sua perspectiva, a ambiguidade de sua linguagem permanecerá uma pesada hipoteca para o futuro dos debates, até aqueles que sucederão ao concílio de Calcedônia[93].

Um ponto crucial da querela incide, pois, sobre a maneira como é compreendida em Cristo a distinção entre as duas naturezas. Cirilo pensa-a com base na analogia da natureza humana composta de uma alma e de um corpo. Em ambos

---

88. Ibid., *COD* II-1, p. 135.
89. Ibid., *COD* II-1, p. 137.
90. Sobre esse ponto, historicamente bastante obscuro, cf. A. Grillmeier, op. cit., pp. 467-471.
91. Cf. as referências bibliográficas, pp. 317-318.
92. Cirilo de Alexandria, *Le Christ est un; SC* 97, p. 455.
93. Sobre todos esses pontos, cf. A. Grillmeier, op. cit., pp. 461-474.

os casos, a distinção é real e não há confusão nenhuma entre os dois elementos. Em ambos os casos igualmente a distinção é afirmada segundo "a consideração intelectual"[94], o que anuncia o cânone 7 de Constantinopla II[95].

É interessante considerar a opinião de Grillmeier, tão indulgente quanto possível para com Nestório, sobre o valor da cristologia de Cirilo:

> [Cirilo] formou a nova cristologia alexandrina, que é a expressão mais profunda de Cristo que a teologia grega era capaz de oferecer. O reconhecimento da unidade de sujeito em Cristo, o Logos, é uma de suas características. Ao passo que, entre os antioquenos, o "Cristo" parece estar ao lado do Logos como um novo sujeito de expressões cristológicas, na teologia alexandrina todas as expressões são diretamente orientadas para o Logos[96].

A reunião do concílio de Éfeso

Nestório não obtemperou à injunção de Celestino, e as exigências de Cirilo lhe parecem não somente inaceitáveis, mas também gravemente manchadas de apolinarismo. Pede então ao imperador Teodósio II a convocação de um concílio que devia, em seu pensamento, condenar Cirilo. Chega a escrever a João de Antioquia: "Tudo o que for decidido num decreto comum e universal receberá a autoridade da fé e ninguém terá razão de se opor a ele"[97]. O próprio Nestório, assim, fez apelo ao concílio que viria a causar sua derrota.

Teodósio imediatamente toma a coisa a peito, pois tem grande consciência de seu papel político no que concerne à religião:

> O bem de nosso império depende da religião: uma estreita conexão aproxima as duas coisas. Elas se interpenetram e cada uma tira vantagem dos progressos da outra. Assim, a verdadeira religião é devedora da justiça, e o Estado é devedor ao mesmo tempo da religião e da justiça. Estabelecido por Deus para reinar, sendo o elo natural entre a religião de nossos povos e sua felicidade temporal, conservamos e mantemos inviolável a harmonia das duas ordens, exercendo entre Deus e os homens o ofício de mediador. Servimos à divina providência cuidando dos interesses do Estado e sempre, zelando e esforçando-nos para que nossos povos vivam na piedade, estendemos nossa solicitude sobre um duplo domínio, não podendo pensar em um sem pensar ao mesmo tempo no outro. Acima de tudo, buscamos o respeito dos negócios do Estado tanto quanto Deus o exige,

---

94. Cf. B. Meunier, *L'anthropologie de Cyrille d'Alexandrie*, tese da École Pratique des Hautes Études, Paris, Sorbonne, 1992 (datilografado), pp. 328-332.
95. Cf. infra, pp. 362-363.
96. A. Grillmeier, op. cit., p. 466.
97. *Lettre de Nestorius à Jean d'Antioche*, cf. Loofs, *Nestoriana*, op. cit., pp. 185-186.

> desejando que a concórdia e a paz reinem sem nenhum distúrbio, que a religião seja imaculada, que a conduta e as obras sejam irrepreensíveis nas fileiras do clero. Assim, persuadidos de que esses bens são realizados e confirmados pelo amor divino e pela caridade mútua, temo-nos dito em diversas ocasiões que as conjunturas atuais exigiam uma reunião do corpo episcopal[98].

Esse texto célebre se situa na tradição da convocação de Niceia por Constantino. Mas ele marca um progresso considerável na consciência "teológica" que o imperador tinha, enquanto "mediador" estabelecido por Deus, de sua responsabilidade perante a Igreja. É que a paz eclesial importa à paz política no império. Toda uma teologia da relação Igreja-Estado está presente nesse texto de convocação[99]. A convocação pelo imperador permanecerá como uma tradição dos concílios antigos.

Teodósio decide, então, com autoridade, a convocação do concílio em Éfeso para o Pentecostes de 431:

> Como isso nos fala muito ao coração, não toleraremos que ninguém se abstenha sem autorização. Nem diante de Deus, nem diante de mim mesmo, os ausentes acharão excusas[100].

Éfeso é, de fato, uma cidade de acesso fácil por terra e por mar e os recursos necessários à realização de um concílio estão presentes ali. O conde Candidiano, comandante da guarda e funcionário do império, é encarregado de assegurar a polícia do concílio.

O papa Celestino dá seu acordo, mas, embora convidado, não comparece pessoalmente e envia dois legados bispos, Arcádio e Projecto, e um presbítero, Filipe. A tradição já está firmada entre os papas de não assistir aos concílios, mas de se fazer representar neles por legados. Esses legados recebem a instrução de agir em união com Cirilo. Agostinho também é convidado, mas acaba de morrer (28 de agosto de 430). A representação ocidental será muito fraca: um bispo da Ilíria e um diácono de Cartago. Cirilo, que recebeu de Celestino instruções de moderação (que ele não levará muito em conta), presidirá o concílio: comparece com força, acompanhado de quarenta bispos egípcios. Mêmnon de Éfeso evidentemente está lá, acompanhado de uma centena de bispos da Ásia Menor e da Grécia, assim como Juvenal de Jerusalém e quinze palestinos.

Os sírios, aqueles que são chamados "orientais", tendo à frente João de Antioquia, ainda não tinham chegado em 7 de junho, dia previsto para a abertura do concílio. Encontraram problemas no caminho. São esperados até 21 de junho, enquanto a tensão sobe, ao mesmo tempo em que o calor se torna

---

98. Texto em *ACO* I,1,1, p. 114-116; trad. em P. Th. Camelot, *Le Concile et les conciles*, p. 51.
99. Cf. H. Rahner, *L'Église et l'État dans le christianisme primitif*, Paris, Cerf, 1964.
100. Trad. P. Th. Camelot, *Éphèse et Chalcédoine*, p. 44.

insuportável. Então Cirilo toma a decisão de abrir o concílio em 22 de junho na ausência deles, assim como na ausência dos legados romanos que tampouco estão presentes. Essa decisão era de extrema gravidade, pois os orientais representavam a escola de Antioquia, sua atitude teria sido mais favorável para com Nestório e certamente teriam modificado o equilíbrio de forças. Por outro lado, Cirilo era juiz e parte no processo com Nestório. Aos olhos de alguns, ele era até mesmo o réu. Sua decisão invertia, assim, a situação em sua vantagem. Sessenta e oito bispos protestam, assim como o conde Candidiano, oficial do império. Nestório recusa-se a participar antes que todos estejam presentes. Receberá três convocações sem voltar atrás em sua decisão.

Uma vez aberto o concílio na basílica consagrada a Maria, o caso é resolvido com facilidade. Cirilo presidia, pois era a figura de proa do concílio e podia apoiar-se no mandato que recebera de Celestino em relação a Nestório no ano anterior. É considerado como aquele que ocupa o lugar de Celestino:

> [Cirilo] constituía todo o tribunal — dirá mais tarde Nestório —, pois tudo o que ele dizia, todos o diziam ao mesmo tempo e, sem dúvida nenhuma, sua pessoa lhes fazia as vezes de tribunal. [... Ele era] o acusador, o imperador e o juiz. [...] Fui (em seguida) convocado por Cirilo, que reuniu o concílio; por Cirilo que era o chefe. Quem era o juiz? Cirilo. Quem era o acusador? Cirilo. Quem era o bispo de Roma? Cirilo. Cirilo era bispo de Alexandria e ocupava o lugar do santo e venerável bispo de Roma, Celestino[101].

O procedimento começa pela leitura do Símbolo de Niceia de 325 (e não o de Constantinopla de 381). Prossegue com a leitura da segunda carta de Cirilo a Nestório, para a qual Cirilo pede um voto nominal e público, um a um, segundo o procedimento do senado romano. A carta é adotada como conforme à fé de Niceia e toma assim um valor dogmático. Lê-se em seguida a segunda carta de Nestório a Cirilo, que é objeto da mesma votação: todos dizem que ela é contrária à fé de Niceia. Vem então a leitura da carta de Celestino a Nestório, depois a da terceira carta de Cirilo a Nestório, compreendendo os 12 anatematismos. Mas essa carta não será objeto de votação; é simplesmente transcrita nas atas do concílio. Não tem, portanto, o mesmo valor dogmático da segunda. É então que o concílio emite a sentença de deposição de Nestório e lha comunica em termos particularmente veementes:

> O Santo Sínodo, reunido na metrópole de Éfeso pela graça de Deus e por ordem de nosso mui pio e santo imperador, a Nestório, novo Judas. Sabe que, em razão de tuas pregações ímpias e de tua desobediência aos cânones, foste deposto pelo Santo Sínodo em 22 deste mês de junho e que não tens mais nenhum posto na Igreja[102].

---

101. Nestório, *Le livre d'Héraclide de Damas*, p. 117.
102. Cf. *ACO* I,1,1, nº 63; trad. P. Th. Camelot, op. cit., p. 53.

Tudo se arranjou em um só dia, 22 de junho de 431.

João de Antioquia, Teodoreto de Ciro e os orientais chegam então em 26 de junho e descobrem com surpresa e cólera que tudo já foi feito. Mal informados da situação exata por cartas de Nestório que lhes apresentava dados todos a seu favor, eles se reúnem imediatamente num concílio rival, que se realiza na presença de Candidiano; depõem e excomungam Cirilo de Alexandria e Mêmnon de Éfeso enquanto não tiverem rejeitado os anátemas. Apresentam queixa diante de Teodósio, que anula o que se fez em 22 de junho e envia um funcionário para inquirir. Esse concílio redige igualmente uma profissão de fé moderada e de grande valor, que reconhece à Virgem o título de *Theotokos*. Esse ponto é importante, pois mostra que os antioquenos mantêm uma séria distância em relação às posições de Nestório. A minuta desse documento praticamente já é a do ato de união de 433.

No início de julho chegam enfim os legados romanos. Juntam-se então, conforme as instruções de Celestino, ao concílio de Cirilo que vai realizar novas sessões. Em 10 de julho é lida e aclamada a carta de Celestino ao concílio. Em 11 de julho a deposição de Nestório é aprovada e confirmada, já que este não se retratou. Sente-se nos legados a viva consciência de exercerem a autoridade romana. Sua intervenção é capital, pois o acordo do Ocidente com o concílio de Cirilo torna este concílio ecumênico. Algumas embaixadas são então enviadas a João de Antioquia para obter sua aliança. Elas não têm sucesso e João é excomungado em companhia de trinta bispos. Em 22 de julho o concílio proíbe a composição de outro Símbolo que não o de Niceia[103].

Esta história, bastante miserável, termina numa grande confusão. O poder imperial manda prender todos os protagonistas: Nestório, Cirilo (que consegue escapar), Mêmnon de Éfeso. Onde estava o verdadeiro concílio? Que decisões eram válidas? O evento de Éfeso — que tomará na tradição um enorme valor de referência — é, na conclusão de sua trama, muito difícil de decifrar. Os erros de Cirilo são evidentes. É preciso mencionar também as propinas dadas por ele aos funcionários da corte. Tudo isso, decerto, não basta para invalidar o concílio, uma vez que os legados romanos se juntaram a ele e que o papa Sisto III o aprovará. Entretanto, deve-se reconhecer que o sentido eclesial do concílio de Éfeso permanece em *sursis*. Ele só tomará verdadeiramente seu valor com o Ato de União de 433 e pelo fato de toda a Igreja ter se reconhecido na fé de Éfeso.

O Ato de União de 433

O verdadeiro epílogo do concílio de Éfeso se situa, de fato, em 433. Os espíritos dos principais protagonistas se acalmaram e vários intermediários se intrometem para tornar possível uma reconciliação entre João de Antioquia e Cirilo. João escreve a Cirilo uma carta na qual insere uma declaração de fé, du-

---

103. Cf. *COD* II-1, p. 155.

plamente importante, já que ela retoma quase literalmente aquela elaborada por seu "concílio" em 431 e servirá de matriz à futura definição de Calcedônia:

> Nós confessamos, pois, que Nosso Senhor Jesus Cristo, o Filho de Deus, único gerado, é Deus perfeito e homem perfeito, composto de uma alma racional e de um corpo, gerado do Pai antes de todos os séculos segundo a divindade, o mesmo no final dos tempos, por causa de nós e para nossa salvação, gerado pela Virgem Maria segundo a humanidade, o mesmo consubstancial ao Pai segundo a divindade e consubstancial a nós segundo a humanidade. Houve com efeito união *(henosis)* de duas naturezas: por isso confessamos um só Cristo, um só Filho, um só Senhor. Em razão desta noção de união sem mistura, confessamos que a Santa Virgem é Mãe de Deus *(Theotokos)*, porque o Deus-Verbo se encarnou, tornou-se homem e desde o momento da concepção uniu a si mesmo o Templo que obteve da Virgem. Quanto às expressões evangélicas e apostólicas sobre o Senhor, sabemos que os teólogos aplicam umas de maneira comum porque visam a uma só pessoa *(prosopon)* e dividem as outras porque visam às duas naturezas, e neste caso atribuem à divindade de Cristo as que convêm a Deus e à sua humanidade as que marcam seu rebaixamento[104].

Esse texto é notável por sua moderação e seu equilíbrio. Seu esquema é tipicamente antioqueno: ele distingue no Cristo suas duas naturezas e sua dupla consubstancialidade. Mas afirma em seguida a união das duas naturezas empregando três vezes o termo ciriliano *henosis* e não o nestoriano "conjunção" *(synapheia)*. Essa abertura capital é logicamente seguida do reconhecimento do título de Mãe de Deus a Maria. O final do texto dá prova de uma regra de exegese sã: as afirmações da Escritura visam concretamente a uma só pessoa *(prosopon*, o termo *hipóstase* não aparece no texto), mas se dividem segundo as duas naturezas.

A essa carta Cirilo respondeu com alegria, citando por seu turno integralmente, em sinal de subscrição, a confissão de João de Antioquia. Pode-se falar aqui de um ato "ecumênico" por antecipação, pois Cirilo reconhece a autenticidade da fé num texto que não corresponde à sua teologia, fala de duas naturezas após a união e não emprega o termo *hipóstase*. Aproveita-se para se justificar de qualquer ranço apolinarista ou de toda acusação de confundir as naturezas. Toma cuidado para não empregar suas fórmulas da carta dos anatematismos. Esse acordo comporta uma dupla concessão: Nestório continua deposto, mas os doze anatematismos são abandonados.

Nestório era "nestoriano"?

Desde a antiguidade cristã, os juízos sobre Nestório foram muito apaixonados. Para uns, foi um santo e um mártir; para outros, o heresiarca típico. A

---
104. *COD* II-1, pp. 163-165.

pesquisa histórica do século XX, escandalizada com o comportamento de Cirilo para com seu adversário, tentou reabilitá-lo e reduzir o conflito antigo a uma querela de palavras envenenadas por oposições políticas e pessoais. E. Amann foi muito longe nesse sentido[105]. De igual modo, em sua exposição magistral sobre a cristologia de Nestório, A. Grillmeier, que reconhece o ponto de partida metafísico errôneo de sua cristologia, dá dela uma interpretação que considera totalmente ortodoxa[106]. No entanto, acrescenta: "Compreende-se que ele tenha podido ser condenado quando foram tiradas as consequências de suas falsas premissas"[107].

Tanto é justo reconhecer os erros de Cirilo e necessário respeitar a intenção de fé de Nestório quanto parece difícil apagar o "escândalo ecumênico" causado por este último em sua Igreja, primeiro, e no conjunto das Igrejas do Oriente. Quaisquer que sejam suas deficiências especulativas e seu legítimo zelo de se opor ao apolinarismo que acreditava ler na doutrina de Cirilo, o motor de seu pensamento se revela no escândalo que ele sente diante da realidade e das consequências da encarnação: o Verbo de Deus não pode ter sido "amamentado" no seio da Virgem Maria. Uma fórmula como essa fala mais do que todos os discursos sobre a conjunção das naturezas. Nestório rejeita a doutrina e a prática, já tradicional, da comunicação das propriedades ou dos idiomas em um só sujeito. A fé cristã do tempo viu nisso um grave perigo para sua autenticidade. Ela rejeitou a interpretação do mistério do Cristo que estava nos escritos de Nestório anteriores a Éfeso. Não somente Cirilo faz a separação "entre a heresia de Nestório e a cristologia antioquena" — a primeira propondo a divisão das naturezas e a segunda, sua justa distinção[108] —, mas também os próprios antioquenos se apartaram de Nestório em dois pontos capitais: o emprego do termo "união" *(henosis)* no lugar de "conjunção" *(synapheia)*, e da comunicação dos idiomas.

No *Livro de Heráclides de Damasco*, obra bem posterior ao concílio de Éfeso e que lhe é geralmente atribuída, Nestório declara seu acordo com a cristologia do *Tomo* de Leão a Flaviano e se mostra muito próximo da definição de Calcedônia. Ali permanece fiel a suas fórmulas familiares, mas as interpreta num sentido mais "ortodoxo". Continua a não distinguir entre *hipóstase* e *natureza*, mas a analogia que propõe entre fórmula trinitária e fórmula cristológica elimina uma parte das ambiguidades anteriores. Esse livro decerto permite uma interpretação mais "convertida" de sua cristologia e de sua intenção, senão de sua linguagem. É importante fazer-lhe justiça. Mas esse livro, que não existia no momento da querela de Éfeso, não teve nenhum papel nos debates. É só uma releitura *post factum*[109].

---

105. Cf. E. Amann, verbete "Nestorius" do *DTC* XI,1, col. 76-157.
106. Cf. A. Grillmeier, op. cit., pp. 431-447.
107. ibid., p. 447.
108. Cf. Ibid., p. 469.
109. Sobre esta última obra de Nestório, cf. A. Grillmeier, op. cit., pp. 498-520.

Um primeiro balanço

Que balanço se pode fazer da obra do concílio de Éfeso que L. Duchesne, no início do século XX, não hesitou em qualificar de "tragédia"?[110] Como se viu, esse concílio não formulou nenhuma definição. Antes, canonizou certas expressões-chave, como a da "união segundo a hipóstase" ou "união hipostática", e a prática da comunicação dos idiomas, ilustrada pelo título de Mãe de Deus *(Theotokos)* reconhecido a Maria. Paradoxalmente, a única fórmula de fé que remonta a Éfeso foi a do concílio rival de João de Antioquia: ela se tornará, com poucas modificações, o *Ato de União* de 433 e constituirá a matriz da definição de Calcedônia.

Éfeso, portanto, deixou uma obra cristológica inacabada. O concílio colocou certo número de marcos para uma futura fórmula cristológica, mas esses marcos permanecem incompletos e ainda não agrupados. Pôs em relevo mais um sentido que uma linguagem. O que é fortemente enfatizado é a unidade de sujeito em Cristo e a verdade da humanização do Verbo de Deus[111]. A fórmula ciriliana da união segundo a hipóstase é considerada como o "isto é" legítimo da confissão de Niceia e da fórmula joanina de Jo 1,14. A formulação nova era assim posta em relação com o Símbolo de fé e o querigma cristológico das Escrituras. "A continuidade da proclamação cristológica", escreve A. Grillmeier, "é assim garantida de maneira particular. A criação de uma fórmula pela Igreja significa sempre um retorno às origens da proclamação."[112]

Mas esse resultado permanece unilateral: privilegia um aspecto do mistério de Cristo em detrimento do outro. A confusão da linguagem, que afetava os dois campos, não permitia ainda uma clara distinção entre hipóstase e natureza. Por isso, o aspecto da distinção da divindade e da humanidade em Cristo ainda não encontrou uma expressão firme e capaz de gerar unanimidade. Não surpreende, pois, que, tendo passado essa geração e desaparecido os protagonistas do primeiro debate, a questão ressurgisse exatamente onde fora deixada.

2. UMA PESSOA EM DUAS NATUREZAS DISTINTAS: ÊUTIQUES E O CONCÍLIO DE CALCEDÔNIA (451)

> OS AUTORES E OS TEXTOS: *Éphèse et Chalcédoine. Actes des conciles*, trad. por A. J. Festugière, Paris, Beauchesne, 1982. — A. J. FESTUGIÈRE, *Actes du concile*

---

110. L. Duchesne, *Histoire ancienne de l'Église*, t. III, Paris, Fontemoing et Cie. 1910, pp. 313-388.

111. Sobre o sentido de Éfeso, cf. B. Sesboüé, *Jésus-Christ dans la tradition de l'Église*, pp. 109-131.

112. A. Grillmeier, op. cit., p. 478.

de Chalcédoine. Sessions III-IV (La définition de la Foi), trad. franc., Genève, P. Cramer, 1983. — LEÃO MAGNO, *Sermons* 1-19; ed. J. Leclercq e R. Dolle, SC, 22bis, 1964.

REFERÊNCIAS BIBLIOGRÁFICAS: J. LIEBAERT, Éphèse, concile, dit brigandage d', em *DHGE*, 15, cols. 574-579. — A. GRILLMEIER/H. BACHT (orgs.), *Der Glaube von Chalkedon, Geschichte und Gegenwart* Bd I: *Der Glaube von Chalkedon*; Bd II: *Entscheidung um Chalkedon*; Bd III: *Chalkedon heute*, Würzburg, Echter Verlag, 1951-1954. — P. TH. CAMELOT, *Éphèse et Chalcédoine*, Paris, Orante, 1962. — A. GRILLMEIER, *Le Christ dans la tradition chrétienne*, t. I, pp. 549-581; ibid., t. II/1: *Le concile de Chalcédoine* (451). *Réception et opposition* (451-513), Paris, Cerf, 1990. — W. DE VRIES, *Orient et Occident. Les structures ecclésiales vues dans l'histoire des sept premiers conciles œcuméniques*, Paris, Cerf, 1974. — B. SESBOÜÉ, Le procès contemporain de Chalcédoine. Bilan et perspectives, *RSR* 65 (1977) 45-80; *Jésus-Christ dans la tradition de l'Église*, pp. 132-154. — J.-M. CARRIÈRE, Le mystère de Jésus-Christ transmis par Chalcédoine, *NRT* 101 (1979) 338-357. — A. DE HALLEUX, *Patrologie et œcuménisme. Recueil d'études*, Leuven, University Press/Peeters, 1990, secção IV, "Le concile de Chalcédoine", p. 443-555. — M. J. NICOLAS, La doctrine christologique de saint Léon le Grand, *Rev. Thomiste* 51 (1951) 609-670.

De Éfeso a Calcedônia se passaram vinte anos. A paz religiosa não se impôs de verdade. Os radicais, alexandrinos e antioquenos dos dois campos, continuam a guerrear contra as concessões sobre as quais se construíra o Ato de União de 433. Os cirilianos consideram que falar de duas naturezas após a união equivale a confessar dois Filhos. Denunciam de maneira póstuma os escritos de Diodoro de Tarso e de Teodoro de Mopsuéstia. Os orientais, por seu turno, queriam obter a reabilitação de Nestório, em particular Teodoreto de Ciro que escreverá em 447 uma obra cristológica contra os monofisitas, o *Eranistes* ou *Mendigo*[113]. Esse título polêmico significa que o parceiro monofisita do diálogo pedinchou sua doutrina a toda a panóplia das heresias antigas.

Nessa conjuntura, Proclo, novo patriarca de Constantinopla, propõe uma cristologia equilibrada cuja intenção é reconciliadora. Numa homilia ele afirma: "A economia grandiosa da salvação uniu as duas naturezas em uma hipóstase"[114], fórmula promissora que a definição de Calcedônia reterá. Escreve em 435 um *Tomo aos armênios* que propõe uma fórmula de conciliação aceita tanto por Cirilo quanto por João de Antioquia: "Confesso uma só hipóstase do Verbo encarnado"[115]. Essa fórmula, que pretende substituir a de "uma só natureza", recapitula o resultado de Éfeso, mas opera um afastamento discreto em relação à de Cirilo.

---

113. Cf. *PG*, 83, 27-336.
114. Citada por A. Grillmeier, op. cit., p. 523.
115. *ACO* IV,2, p. 191; *PG* 65, 864 d.

A questão levantada por Êutiques

Por volta de 440, Êutiques, superior de uma grande comunidade monástica de Constantinopla, é um homem célebre e poderoso, mas cuja inteligência não está à altura de sua reputação de santidade nem de sua influência política. Tudo leva a crer que é ele o personagem visado por Teodoreto de Ciro sob o nome de *Mendigo*. A opinião sobre Nestório é tão controvertida quanto é unânime a dos antigos e modernos sobre Êutiques: falou-se frequentemente a seu respeito de "velhote ignorante, estúpido, imprudente e obstinado". No momento da crise ele tinha 70 anos.

Êutiques fora amigo e partidário de Cirilo no tempo de Éfeso. Representava agora o clã dos radicais cirilianos. Mas sua fidelidade às fórmulas de Cirilo era estreita e material e não levava em conta o reconhecimento do Ato de União, nem da abertura deste último a expressões mais próximas da cristologia de Antioquia, que reconheciam claramente a distinção das naturezas em Cristo. Não queria sair, em particular, da afirmação seguinte:

> Reconheço que o Senhor era de duas naturezas antes da união, mas após a união só reconheço uma única natureza[116].

Recusa-se, pois, a dizer que Cristo era "de duas naturezas após a união", mesmo se essas duas naturezas são reconhecidas "unidas segundo a hipóstase". Invoca a fórmula mais discutível utilizada por Cirilo, a da "única natureza encarnada do Deus-Verbo", mas sem situá-la na problemática de conjunto de Cirilo e dando-lhe outro sentido. De fato, sua teologia é realmente "monofisita": ela entende que no Cristo se cumprira uma assimilação das duas naturezas. Estas deixavam de ser diferentes, se confundiam e misturavam suas propriedades de maneira imediata em razão dessa contração ("crase"). A natureza humana se perdia na natureza divina como uma gota d'água no mar. O resultado inevitável disso é que a carne de Cristo não é mais consubstancial à nossa. Êutiques não se julga doceta: professa que Cristo nasceu da Virgem. Mas em seu pensamento o divino absorve o humano.

Fala-se então a seu respeito de monofisismo "crasso", grosseiro e francamente herético. Esse monofisismo não deixará muito vestígio. Não se deve confundi-lo com o monofisismo de linguagem que se expandirá depois de Calcedônia[117] e que consiste somente na recusa de toda fórmula que afirme "duas naturezas", sem ensinar porém sua "mistura", como faz Êutiques.

Em 448, Êutiques é denunciado por sua doutrina por Eusébio, bispo de Dorileu, aquele mesmo que, ainda leigo, contradissera as pregações de Nestório vinte anos antes. O patriarca de Constantinopla, Flaviano, convoca então Êu-

---

116. *ACO*, II,1,1, p. 145; trad. em A. Grillmeier, op. cit., p. 527.
117. Cf. infra, pp. 352-353.

tiques para a reunião de um sínodo local que deve julgar seu caso. Propõe-lhe em particular a subscrição desta fórmula:

> Reconhecemos que Cristo é de duas naturezas após a encarnação, em uma hipóstase e uma pessoa, confessando um só Cristo, um só Filho, um só Senhor[118].

A expressão "de duas naturezas" ainda não é a de Calcedônia: "em duas naturezas". Ela é mais aceitável para os monofisitas e alimentará, aliás, no futuro, suas contestações. Por outro lado, a fórmula de Flaviano coloca a equivalência entre pessoa *(prosopon)* e hipóstase *(hypostasis)*, o que é uma conquista incontestável. Mas esses dois traços já são demais para Êutiques, que se contenta em repetir sua própria fórmula. Sem esperança de diálogo, o sínodo depõe e excomunga Êutiques. Este apresenta queixa a Roma, junto ao papa Leão, e a Alexandria, junto a Dióscoro, sucessor de Cirilo, personagem que herdou de seu antecessor mais os excessos de violência do que a inteligência cristológica.

O "latrocínio" de Éfeso (449)[119]

Mas Êutiques gozava de uma temível influência política. Empreendeu uma campanha em todo o Oriente em favor de suas teses. Tinha em Dióscoro um aliado natural. O imperador Teodósio II estava todo conquistado à sua causa graças à interferência do eunuco Crisafo, afilhado de Êutiques, tornado todo-poderoso na corte. Teodósio decide então a convocação de um novo concílio em Éfeso, na intenção de reabilitar Êutiques, com a colaboração de Dióscoro, e de condenar de maneira definitiva todos os que a seus olhos pactuavam com o nestorianismo, em particular Flaviano.

O cenário conciliar já estava montado. Leão I, papa de Roma desde 440, muito consciente da autoridade de sua função, envia seus legados: Júlio, bispo de Pozzuoli, o presbítero Renato e o diácono Hilário. Dirige a Flaviano um longo memorial, chamado normalmente de *Tomo a Flaviano*, onde expõe o mistério da encarnação tomando posição contra Êutiques. É a primeira exposição da cristologia latina a intervir nos debates conciliares. Desempenhará um papel importante em Calcedônia.

O novo "concílio" se abre em 8 de agosto de 449. Cento e trinta bispos estão presentes. É presidido por Dióscoro de Alexandria, designado por Teodósio. Este quer repetir a façanha de Cirilo. Um exército de monges armados constituía um forte grupo de pressão em favor de Êutiques. Flaviano já entra no jogo na posição de réu.

---

118. *ACO* II,1,1 p. 114; trad. em A. Grillmeier, op. cit., p. 526.
119. Somos bem informados sobre esses acontecimentos pelas atas do concílio de Calcedônia que investigou o "latrocínio" de Éfeso. Para a história e as fontes, cf. referências bibliográficas, pp. 334-335.

O concílio reexamina primeiramente a condenação feita no sínodo de 448 contra Êutiques e recusa o direito de voto aos bispos que participaram desse sínodo. Os legados romanos pedem que seja lida a carta de Leão. O pedido é recusado. Êutiques rejeita os delegados romanos que tiveram contato com Flaviano. A tensão sobe na assembleia e as interpelações proliferam. Dióscoro faz então aclamar a fórmula: "Se alguém diz duas naturezas, que seja anátema"[120]. Em seguida a votação a favor da reabilitação de Êutiques obtém 113 votos. Os legados romanos ficam calados, decerto porque ignoram o grego e não compreendem o que se passa.

Dióscoro a seguir manda reler as atas do concílio de Éfeso, em particular a condenação feita contra todo acréscimo ao símbolo de Niceia. Buscava por esse meio um motivo para mandar depor Flaviano e Eusébio, que haviam proposto outra fórmula de fé a Êutiques.

Pode então passar ao terceiro item do programa, isto é, a execução dessa deposição. Flaviano e Eusébio são declarados "excluídos do sacerdócio e da dignidade episcopal". É então que Flaviano replica: "Eu te contesto" e o legado Hilário exclama em latim: *"Contradicitur"*[121]. A confusão se instala e Dióscoro, sentindo-se contestado, manda abrir as portas da basílica para deixar entrar os soldados, os monges e a multidão. Desenrola-se então uma cena de violência. Flaviano tenta ganhar o altar, lugar sagrado de asilo, mas não pode chegar lá. Conseguirá, porém, refugiar-se numa dependência, onde será mantido sob vigilância. Mas será enviado ao exílio nos dias seguintes e morrerá no caminho.

Mal restaurada a calma, Dióscoro pretende recolher o máximo possível de assinaturas para confirmar a sentença de deposição de Flaviano e Eusébio, num clima em que a pressão confina com a violência. Cento e trinta e cinco bispos aceitam assinar. Depois desse dia quente, que vira os legados romanos abandonar a assembleia, o concílio se reúne ainda mais alguns dias para terminar sua obra de deposição contra Ibas de Edessa, Teodoreto de Ciro e Domno de Antioquia. Dióscoro faz aclamar, enfim, os *Anatematismos* de Cirilo.

Hilário, de regresso a Roma, era portador de cartas de apelo de Flaviano e de Eusébio. Leão foi posto assim a par dos acontecimentos, que muito o irritaram. Mais tarde emitirá sua célebre fórmula: "Não foi um julgamento, foi um latrocínio *(latrocinium)*"[122]. Reagiu imediatamente organizando em Roma um sínodo dos ocidentais, que reprova e invalida tudo o que se fez em Éfeso. Esse ato é capital, pois exprime a autoridade do papa perante o concílio. Este caso é exemplar: eis um concílio que, de um lado, não é confirmado pelo bispo de Roma e que, do outro, não será objeto de nenhuma "recepção" pelo corpo da Igreja.

Mas Leão não quer parar por aí. Pede a Teodósio a convocação de um novo concílio para reconduzir à unidade da fé, mas um concílio que será rea-

---

120. *ACO* II,1,1, p. 140; P. Th. Camelot, op. cit., p. 108.
121. *ACO* II,1,1, p. 191.
122. Leão Magno, *Lettre 95 a Pulchérie*; *ACO* II, 4, p. 51.

lizado desta vez na Itália. Teodoro não quer saber de nada e faz finca-pé na legitimidade do "concílio" de Éfeso de 449. A situação fica tensa entre Roma e Constantinopla: o papa desconfia dos sentimentos orientais e quer vigiar as coisas de perto. Quer também que a representação ocidental seja mais numerosa desta feita. A súbita morte de Teodósio (de uma queda de cavalo) em 450 e a ascensão ao poder de Marciano desbloqueiam a situação. Marciano aceita convocar o concílio desejado por Leão, mas faz absoluta questão de que seja celebrado no Oriente. É a vez então de o papa contemporizar. Finalmente, Marciano anuncia a convocação e Leão, apesar de seu desagrado, aceita-a.

O concílio é convocado para 1º de setembro de 451, em Niceia. No dia marcado, um grande número de bispos está presente: falou-se de 600, o que é uma cifra um pouco forçada. Mas Marciano, dividido entre suas ocupações políticas e sua preocupação de supervisionar pessoalmente esta nova assembleia, faz os bispos esperar. Cresce a impaciência. Ora, os legados romanos não querem abrir o concílio sem a presença do imperador. A lembrança do latrocínio de Éfeso é muito viva. Marciano decide então transferir o concílio para Calcedônia, cidade bem próxima de Constantinopla, na margem asiática. Poderá assim fazer sem dificuldade as idas e vindas necessárias.

O Tomo de Leão a Flaviano

Antes de abordar o relato dos acontecimentos de Calcedônia, convém levar em conta o documento de Leão, que não pudera ser lido em Éfeso e que terá um papel decisivo durante o novo concílio. O *Tomo a Flaviano* constitui uma belíssima exposição, de estilo amplo, um tanto quanto oratório, de cunho tipicamente latino, próximo do tom dos célebres sermões de Leão sobre a encarnação. Esse estilo, que gosta das alternâncias simétricas, é perfeitamente adaptado para sublinhar a diferença das naturezas. Seu lima teológico é diferente tanto do de Cirilo quanto dos antioquenos. O documento é muito influenciado pelo vocabulário teológico de Tertuliano. Tem-se perguntado se sua redação não seria obra de Próspero de Aquitânia, antigo amigo de Agostinho e colaborador de Leão a serviço da chancelaria.

No que concerne às teses de Êutiques, Leão limita-se a uma ideia muito sumária. Detém-se sobretudo na noção de que Cristo não nos seria consubstancial. Vê nisso uma forma nova de docetismo, donde sua insistência sobre a realidade da carne de Cristo. Para início de conversa, Leão remete o velho monge às Escrituras e julga sua doutrina à luz das afirmações do Símbolo. A referência primeira de sua teologia é, portanto, a mesma que a de Cirilo e de Nestório: a confissão de fé:

> [Êutiques] deveria ao menos escutar com ouvido atento a confissão comum e unânime, pela qual a universalidade dos fiéis faz profissão de crer em Deus Pai

todo-poderoso e em Jesus Cristo seu Filho único, nosso Senhor, que nasceu do Espírito Santo e da Virgem Maria, três proposições com as quais se destrói as máquinas de guerra de quase todos os hereges[123].

Sua própria cristologia consiste numa clara exposição da dualidade das naturezas que se unem em uma só pessoa[124].

1. Leão emprega um vocabulário espontaneamente "diofisita" (falando de duas naturezas) após a união. Mas nunca sua linguagem tende a admitir dois sujeitos no Cristo:

> Assim, pois, sendo mantidas salvas as propriedades de ambas as naturezas reunidas em uma só pessoa, a humildade foi assumida pela majestade, a fraqueza pela força, a mortalidade pela eternidade e, para saldar a dívida de nossa condição, a natureza inviolável se uniu à natureza passível, de tal sorte que, como convinha à nossa cura, um só e mesmo "mediador de Deus e dos homens, o homem Cristo Jesus" (1Tm 2,5) fosse ao mesmo tempo capaz de morrer, de um lado, e de outro incapaz de morrer. Foi portanto na natureza intacta e perfeita de um homem verdadeiro que o verdadeiro Deus nasceu, completo no que lhe é próprio, completo no que nos é próprio [...].
> Por conseguinte, aquele que, subsistindo em sua forma de Deus (cf. Fl 2,7), fez o homem, foi feito homem na forma de servo: uma e outra natureza retém sem defeito o que lhe é próprio e, assim como a forma de Deus não suprimiu a forma de servo, assim a forma de servo não diminuiu a forma de Deus[125].

A primeira fórmula segue de perto um texto de Tertuliano que Leão utilizará ainda na sequência:

> Assim é mantida a realidade particular *(proprietas)* de uma e da outra substância, de tal sorte que o Espírito, de uma parte, cumpria em si o que lhe era próprio, virtudes, prodígios e sinais, e que a carne sofria, por seu turno, os sentimentos [...][126].

Em Leão, como em Tertuliano, a afirmação da manutenção sem confusão das duas naturezas após a união não tem ambiguidade. As propriedades de cada natureza ou de cada "forma", segundo o termo empregado no hino de Fl 2,7, permanecem intactas e completas. Não há confusão alguma entre as duas. A humanidade em nada é suprimida ou absorvida pela divindade. Mas a comunhão dessas duas naturezas se faz na unidade concreta de uma só e mesma pessoa, de um só e mesmo sujeito, o Cristo mediador.

---

123. *Tome à Flavien*, COD II-1, p. 181.
124. Sobre o alcance dogmático do *Tomo a Flaviano*, cf. A. Grillmeier, op. cit., p. 534-546.
125. *Tome à Flavien*, COD II-1, p. 183.
126. Tertuliano, *Contre Praxéas*, 27,11; cf. supra, p. 177.

O que os gregos frequentemente chamaram de "pobreza do vocabulário latino" tornava mais fácil para Leão a admissão franca de duas naturezas em Cristo. O latim ignora o termo *hipóstase*, cuja tradução, como vimos, lhe era muito difícil. Só conhecia o binômio pessoa/natureza. O termo latino *persona* era, de imediato, mais consistente que o *prosopon* grego. Podia bastar para a profissão sólida da unidade de Cristo. O termo *natureza* era derivado das harmonias concretas da *physis* grega, sempre ligada ao dinamismo da vida. Podia ser empregado sem o risco de fazer pensar em "duas pessoas". O vocabulário latino, na simplicidade de sua herança vinda de Tertuliano, certamente estava em atraso, tanto em relação às elaborações finas e às vezes sutis do pensamento oriental quanto do vocabulário grego. Paradoxalmente, ele contribuirá em Calcedônia para a clarificação deste.

2. O esquema de Leão estava até agora bastante próximo do de Antioquia. O papa prossegue sua exposição partindo doravante da única pessoa do Filho de Deus. Retoma o esquema ciriliano do ato da encarnação:

> Eis, portanto, que o Filho de Deus entra nestes lugares mais baixos do mundo, descendo do trono celeste, sem todavia abandonar a glória de seu Pai, gerado numa nova ordem e por um novo nascimento. *Uma nova ordem* porque, invisível no que é seu, ele foi tornado visível no que é nosso; infinito, quis ser contido; subsistente antes de todos os tempos, começou a existir no tempo; Senhor do universo, cobriu de sombra a imensidão de sua majestade, tomou a forma de servo; Deus impassível, não desdenhou de ser homem passível; imortal, de se submeter às leis da morte. Gerado por um *nascimento novo*, porque a virgindade inviolada, sem conhecer a concupiscência, forneceu a matéria da carne. Da mãe do Senhor foi assumida a natureza, não a falta[127], e no Senhor Jesus Cristo gerado do seio de uma virgem, o maravilhoso nascimento não faz que sua natureza seja diferente da nossa. *Porque aquele que é verdadeiro Deus é, o mesmo, homem verdadeiro.* Nesta unidade não há mentira, tão logo a humildade do homem e a elevação da divindade se envolvem uma na outra. Porque assim como Deus não é mudado pela misericórdia, o homem não é absorvido pela dignidade. *Porque ambas as formas cumprem sua tarefa própria na comunhão com a outra*, o Verbo operando o que é do Verbo, a carne efetuando o que é da carne. Um dos dois resplandece nos milagres, a outra sucumbe aos ultrajes[128].

O "ele" sujeito de todas essas frases é o Verbo em sua encarnação. O Verbo assume em si mesmo tudo o que pertence à sua humanidade. Em fórmulas equilibradas, Leão desenvolve as apropriações das coisas da humanidade na pessoa do Verbo. Afirma por conseguinte a "mesmidade" concreta (é um só e o mesmo) do verdadeiro Deus e do verdadeiro homem, numa maneira de falar que

---

127. Trata-se da falta que afeta a natureza humana, não da falta da Virgem Maria.
128. *Tome à Flavien*, COD II-1, p. 185.

será a da definição de Calcedônia. Mas também cuida para voltar à dualidade das naturezas ou das "formas", referindo-se ainda às expressões de Tertuliano. Seu discurso opera um constante vaivém de um ponto para o outro.

A frase que apresenta as duas "formas", isto é, as duas naturezas, como sujeitos de atividades diversas é mais discutível. Um princípio formal "não age". De igual modo, a "comunhão com o outro", de que fala Leão, não menciona a pessoa, como se se tratasse de uma comunicação imediata de natureza a natureza. Não há aí perigosas ambiguidades? O certo em todo caso é que Leão faz uma ideia diferente da de Cirilo sobre a autonomia da natureza humana de Cristo.

3. Mas um novo desenvolvimento traz então uma precisão útil, ligada a um duplo princípio de exegese das "palavras" ou das "vozes" *(phonai)* das Escrituras acerca de Cristo: se a pessoa é uma, os "princípios", expressos no neutro *(aliud est unde)*, que permitem atribuir a esta única pessoa o que cabe a Deus e o que cabe ao homem, são diferentes. São as naturezas consideradas segundo sua diferença específica e não segundo uma existência concreta:

> Embora no Senhor Jesus Cristo a pessoa de Deus e do homem seja uma, *outra coisa* é aquilo por que os ultrajes são comuns a ambos, *outra coisa* aquilo por que a glória lhes é comum. Daquilo que é nosso, de fato, ele detém a humanidade, inferior ao Pai; do Pai ele detém a divindade, igual ao Pai. Em razão, pois, desta unidade da pessoa que deve ser discernida *numa e noutra natureza, lê-se* ao mesmo tempo que o Filho do homem desceu do céu, quando o Filho de Deus assumiu uma carne formada da Virgem da qual nasceu, e inversamente *diz-se* que o Filho de Deus foi crucificado e sepultado, embora tenha sofrido tudo isso não na divindade mesma pela qual é o Filho único coeterno e consubstancial ao Pai, mas na fraqueza da natureza humana. Por isso nós todos professamos também no Símbolo que o Filho único de Deus foi crucificado e sepultado, segundo a palavra do apóstolo: "pois, se a tivessem conhecido [a sabedoria de Deus], não teriam crucificado o Senhor da glória" (1Cor 2,8) [...][129].

Essa unidade concreta na distinção das naturezas permite recorrer à comunicação dos idiomas ou das propriedades numa reciprocidade perfeita. Um filho de homem desceu do céu e o Filho de Deus foi crucificado. Mas essa comunicação se faz na unidade da pessoa — o que é o equivalente latino da união segundo a hipóstase —, e cada natureza está imediatamente em questão no que concerne seja à divindade, seja à humanidade. Como Cirilo, Leão emprega as fórmulas "lê-se", "diz-se", pois se trata de uma lógica de atribuição que convém manter, em sua conformidade à da Escritura como à do Símbolo de Fé.

4. Leão retoma então o argumento salvífico que sustentava toda a sua exposição:

---

129. Ibid., p. 187.

Foi com todo o direito que [Pedro] foi proclamado bem-aventurado pelo Senhor e que tirou da pedra-mestra a solidez de seu poder e de seu nome; ele que, por revelação do Pai, confessou que o mesmo é Filho de Deus e Cristo, porque admitir um dos dois sem o outro era inútil para a salvação e era igualmente perigoso acreditar que o Senhor Jesus Cristo era Deus somente sem o homem ou homem somente sem Deus[130].

O argumento salvífico repousa aqui em três pontos inseparáveis: a verdade da divindade de Cristo, a verdade de sua humanidade e a verdade da união das duas na unidade de uma mesma pessoa. Nossa divinização custa esse preço.

Leão não tenta criar um meio-termo entre alexandrinos e antioquenos. Simplesmente, é fiel à sua tradição latina. Está em perfeito acordo com o ensinamento de Éfeso. Fica distante tanto de Nestório quanto de Êutiques. Mas ocorre que seu vocabulário tem com que aplacar os temores da escola de Antioquia, pela nitidez com que ele afirma duas naturezas em Cristo. O sentido de sua cristologia é, em contrapartida, o de Cirilo. Compreende-se o papel que desempenhará tal explicação da fé cristológica no concílio de Calcedônia.

A reunião do concílio de Calcedônia (451)

O concílio de Calcedônia se desenrolou entre 8 e 31 de outubro de 451 na basílica de Santa Eufêmia e comportou 16 sessões. Os legados romanos foram Pascasino e Lucêncio, presidente, segundo a vontade expressa de Leão. A representação dos bispos do Oriente é importante e muitos deles participaram do latrocínio de Éfeso dois anos antes, em particular Dióscoro de Alexandria e Juvenal de Jerusalém. Estão igualmente presentes dois bispos africanos que fugiram dos vândalos. O jogo das alianças mudou desde Éfeso: Roma não apoia mais Alexandria e sim Constantinopla e Antioquia.

A primeira ocupação do concílio é lavar a roupa suja do latrocínio de Éfeso. Logo de saída, Pascasino pede, em nome de Leão, que Dióscoro não tenha assento no concílio, visto o modo como conduziu o sínodo de Éfeso. Dióscoro não reage e aceita tornar-se o réu a ser processado. Leem-se as atas do sínodo de Constantinopla de 448 (o que condenou Êutiques) depois as de Éfeso de 449. Os membros que participaram do latrocínio buscam justificar sua conduta passada. A leitura dessas atas conduz à da segunda carta de Cirilo a Nestório e do Ato de União de 433. No final do dia, Flaviano é reabilitado. Dióscoro por seu turno será deposto (assim como Juvenal de Jerusalém e outros bispos de tendências monofisitas).

A terceira sessão se ocupa formalmente das questões de fé. Os pontos de vista dos comissários imperiais e dos bispos estão, no princípio, muito distantes. Os primeiros querem ter um novo texto de consenso sobre a fé, a fim de encerrar

---

130. Ibid., p. 187.

definitivamente o caso; os segundos querem se limitar aos Símbolos tradicionais e às cartas de Cirilo e de Leão, pois pensam tanto na proibição, decretada em 431 em Éfeso, de toda nova fórmula de fé quanto às suas divergências atuais. Releem-se então as quatro peças essenciais do dossiê: o Símbolo de Niceia de 325; o de Constantinopla de 381 (que reaparece assim depois de três quartos de século de esquecimento); duas cartas de Cirilo (já lidas na primeira sessão, a segunda carta a Nestório e a dirigida a João de Antioquia contendo o *Ato de União*, não a dos *Anatematismos*); enfim, o *Tomo de Leão a Flaviano*. Os textos de Cirilo e de Leão são igualmente aclamados:

> Esta é a fé dos Padres. Esta é a fé dos apóstolos. Todos nós cremos assim! Nós, ortodoxos, cremos assim. Anátema a quem não crê assim! Foi Pedro que, por Leão, disse essas coisas. Os apóstolos ensinaram assim. Leão ensinou piedosamente e com verdade. Cirilo ensinou assim. Eterna memória de Cirilo! Leão e Cirilo deram os mesmos ensinamentos. Anátema a quem não crê assim! Essa é a verdadeira fé[131].

O concílio não quer opor absolutamente Cirilo e Leão, apesar de seu vocabulário sensivelmente diferente. Ambos são intérpretes ortodoxos da fé de Niceia. Esse acordo generoso encobre, porém, uma grave ambiguidade, já que Leão fala de duas naturezas enquanto alguns bispos egípcios não foram conquistados para essa linguagem.

A tensão continuará a subir durante as sessões seguintes ao mesmo tempo com os comissários imperiais, que querem sempre uma nova fórmula de fé, e entre os bispos, uma minoria dos quais ainda rejeita a linguagem de Leão e só quer consentir na fórmula "de duas naturezas antes da união". Um texto preparado a pedido dos comissários é criticado pelos legados romanos. Estes querem obter a plena adesão à carta de Leão e às "duas naturezas". O concílio vai naufragar por uma questão de linguagem?

O imperador Marciano intervém então e impõe a reunião de uma comissão conciliar que preparará um texto de definição. Essa conjuntura explica por que o documento será composto de um florilégio das expressões dos diferentes parceiros do conflito desde o ano de 428. M. Richard discerne no texto quatro fontes principais: a segunda carta de Cirilo a Nestório, o *Ato de União* de 433, lido dentro da carta de Cirilo a João de Antioquia, o *Tomo* de Leão a Flaviano e, enfim, a profissão de fé de Flaviano emitida quando do sínodo de Constantinopla de 448 que condenara Êutiques[132]. Essa definição será aclamada e se procederá à assinatura.

---

131. Cf. A. J. Festugière, *Actes du Concile de Chalcédoine...*, p. 37.

132. Sobre as fontes da definição de Calcedônia, cf. o estudo preciso de A. de Halleux, La définition christologique à Chalcédoine, op. cit., pp. 452-465, em que o autor faz o balanço das análises de Richard (art. cit. acima acerca de Éfeso) e dos matizes que em seguida foram trazidos por outros pesquisadores assinalando outras fontes possíveis (Basílio de Selêucia em particular).

O concílio, porém, não acabou. Resta acertar numerosas questões disciplinares e pessoais. Teodoreto de Ciro e Ibas de Edessa são reabilitados. São votados cânones atinentes às condições de vida dos clérigos, às ordenações, às relações entre os bispos e os sínodos, à organização eclesiástica e à vida monástica. Eles vão na direção de um fortalecimento da autoridade episcopal.

À margem de Calcedônia: a eclesiologia conciliar

Na ausência dos legados, o concílio vota o cânon 28, declarando que Constantinopla, cidade imperial e nova Roma, segunda sé depois desta, gozará das mesmas prerrogativas que ela. A situação religiosa deve de algum modo se alinhar pela situação política das duas capitais. Essa decisão vai mais longe que a do cânon 4 do concílio de Constantinopla I (381), que reconhecia um "primado de honra" a esta cidade. Desta feita, a sé de Constantinopla recebe jurisdição sobre uma ampla porção do Oriente. Os legados retornam então em sessão plenária para protestar e exigir a anulação do decreto. Como o concílio recusa, seu protesto é lavrado nas atas. A assembleia escreve então uma carta muito respeitosa a Leão para lhe pedir a aprovação do cânon 28. Mas o papa recusará e reafirmará a ordem de preeminência das sés apostólicas: Roma a primeira, Antioquia a segunda e Alexandria a terceira. Aliás, ele esperará para confirmar o concílio "em matéria de fé somente *(in sola fidei causa)*".

De Éfeso a Calcedônia a autoridade do bispo de Roma se manifesta e se impõe cada vez mais. A *Sé Apostólica* desempenhou primeiramente o papel de instância de apelo, de Nestório e Cirilo até Êutiques e Flaviano. Ela deu então suas instruções e depois forneceu um texto dogmático essencial. Leão cassou as decisões do latrocínio de Éfeso. Em Calcedônia, os legados têm a preocupação de nada aceitar que vá contra as prerrogativas romanas. A atitude de Leão em sua confirmação seletiva dos trabalhos de Calcedônia é a expressão de uma autoridade que se estima superior à do concílio.

Esses fatos, entretanto, não podem esconder que certa tensão emerge não somente entre Oriente e Ocidente, mas também entre o papa e o concílio. W. de Vries mostrou de maneira convincente que a relação de autoridade entre ambos não era vista da mesma maneira em Roma e no Oriente. Leão estima ter julgado a fé em seu *Tomo a Flaviano*: exige "do concílio uma recepção sem discussão de sua definição de fé. A seu ver, ela era definitiva e inatacável"[133]. Mas ele se regozija também com a confirmação recebida. De seu lado, "é com base em sua própria autoridade que o concílio julgou que havia perfeito acordo entre as autoridades doutrinais reconhecidas havia muito tempo e a carta de Leão"[134]. O consenso na fé realizado e celebrado entre as

---

133. W. de Vries, *Orient et Occident*, op. cit., p. 128.
134. Ibid., p. 141.

duas metades da Igreja esconde, pois, uma real ambiguidade que se manifestará dolorosamente no futuro[135].

Por outra parte, foi o concílio de Calcedônia que exumou de certa forma o Símbolo do concílio de Constantinopla I de 381. Conferiu-lhe uma autoridade igual à do Símbolo de Niceia, maior até, já que este Símbolo, mais completo quanto a seu terceiro artigo, se tornará a partir do século VI o Símbolo litúrgico da celebração eucarística. Por causa disso, Calcedônia conferiu, de maneira retroativa, uma autoridade ecumênica ao concílio de 381, que, como vimos, foi apenas regional. Doravante, a lista dos quatro primeiros concílios, daqueles que serão comparados aos quatro evangelhos, compreenderá sempre em segundo lugar o concílio de Constantinopla I de 381.

A fórmula cristológica de Calcedônia

A definição cristológica de Calcedônia é decerto a mais célebre de todas as definições dogmáticas. Por isso ela merece uma cuidadosa análise. Comporta um longo preâmbulo ou declaração de intenção, que permite conhecer a intenção dogmática do concílio e o significado de um decreto dogmático. Trata-se para os Padres de "renovar a fé sem erro dos Padres". O concílio cumpre isso inserindo-se na tradição dos Símbolos de fé promulgados em Niceia e em Constantinopla, e na das cartas dogmáticas aclamadas em Éfeso. Ele recapitula assim a obra dos três concílios precedentes. Para mostrar bem sua comunhão na mesma fé com eles, cita-se por extenso os dois Símbolos de Niceia e de Constantinopla.

"Isso deveria ter bastado." Mas diante da importância das heresias contemporâneas e antagônicas sobre Cristo, uma introduzindo uma separação e recusando a Maria o título de Mãe de Deus (Nestório), a outra introduzindo uma confusão entre a carne e a divindade, o concílio deve intervir de novo "ensinando a doutrina inabalável pregada desde o começo", mas não na intenção de "acrescentar um ponto que faltava às proposições antecedentes". Essa declaração mostra que o papel de um concílio não é multiplicar as afirmações de fé, mas explicá-las, "traduzi-las", interpretá-las e atualizá-las. O discurso novo é posto a serviço da salvaguarda do sentido antigo. Aos Símbolos citados o concílio acrescenta as cartas de Cirilo e a carta de Leão "na medida em que esta carta se coaduna com a confissão do grande Pedro" e anatematiza todas as heresias contrárias.

É então que vem a definição propriamente dita, comandada desde o início do texto, pela primeira vez na história, pelo verbo "definiu" *(horisen)*. Apesar de sua origem compósita, ela é construída com um grande rigor literário. É apresentada aqui em cinco tempos e disposta tipograficamente de maneira a

---

135. Sobre esta questão muito complexa, ver as análises de A. de Halleux, Les Deux Rome dans la définition de Chalcédoine sur les prérogatives du siège de Constantinople, e Le Décret chalcédonien sur les prérogatives de la nouvelle Rome, op. cit., pp. 504-519 e 520-555.

1. Seguindo, pois, os santos Padres, ensinamos unanimemente que confessamos um só e mesmo Filho, nosso Senhor Jesus Cristo o mesmo		
2. perfeito em divindade	o mesmo	perfeito em humanidade
	o mesmo	
verdadeiramente Deus		e verdadeiramente homem (composto) de um alma racional e de um corpo
consubstancial ao Pai segundo a divindade	e o mesmo	consubstancial a nós segundo a humanidade em tudo semelhante a nós exceto no pecado,
gerado antes dos séculos pelo Pai segundo a divindade	o mesmo	e nos últimos dias (gerado) por nós e para nossa salvação pela Virgem Maria, Mãe de Deus segundo a humanidade
3. um só e mesmo Cristo, Filho, Senhor, único gerado		
4. reconhecido em duas naturezas, sem confusão, sem mudança, sem divisão e sem separação, a diferença das naturezas não sendo de modo algum suprimida por causa da união a propriedade de uma e de outra sendo, antes, bem salvaguardada		
5. e concorrendo a uma só pessoa e uma só hipóstase um Cristo que não se fracciona nem se divide em duas pessoas mas um só e mesmo Filho, único gerado, Deus-Verbo, Senhor Jesus Cristo, tal como há muito tempo os profetas ensinaram sobre ele, como o próprio Jesus Cristo no-lo ensinou e como o Símbolo dos Padres no-lo transmitiu[136].		

---

136. *COD* II-1, pp. 199-201.

destacar-lhe o movimento. Os três primeiros tempos constituem uma recapitulação da doutrina adquirida sobre Cristo. Os quarto e quinto tempos constituem a contribuição nova de Calcedônia, a fórmula técnica que afirma que a unidade de Cristo é reconhecida "em duas naturezas".

O texto conserva o gênero literário de uma confissão de fé: trata-se, sim, do "Credo de Calcedônia" (A. Grillmeier). É um segundo artigo muito desenvolvido, mas tornado tão técnico que já não pode pertencer a um Símbolo litúrgico. O que era um simples acréscimo de algumas palavras ao Símbolo de Niceia para a Trindade tornou-se, em cristologia, uma fórmula muito articulada. De igual modo, o verbo que comanda o texto não é mais "cremos", mas "ensinamos que confessamos". O ponto de vista do ensinamento doutrinal ultrapassa o da simples confissão. O conjunto da fórmula se insere numa inclusão que faz apelo à tradição da fé que vem do ensinamento dos profetas, de Jesus Cristo mesmo e do Símbolo de fé.

1. O texto começa situando a unidade concreta de Cristo pelo enunciado de sua titulação. Retomando a afirmação de Éfeso ("um só e mesmo Filho" é uma expressão propriamente ciriliana), o concílio sublinha que Cristo é um só e mesmo subsistente como Deus e como homem.

2. O segundo tempo é a posição da distinção e a análise dos dois aspectos, divino e humano, deste único Cristo. O concílio desenvolve, retomando quase palavra por palavra o texto do Ato de União de 433, que fora aclamado porque presente na carta de Cirilo a João de Antioquia, as expressões tradicionais: "verdadeiramente Deus e verdadeiramente homem", e afirma de maneira paralela a plenitude de sua divindade e a plenitude de sua humanidade. Essa humanidade compreende uma alma racional (contra Apolinário) e um corpo. O Cristo é assim duplamente consubstancial, a Deus de um lado e aos homens do outro. A utilização, intencional, do termo-chave do concílio de Niceia é, portanto, ampliada no caso da humanidade. Mas esta consubstancialidade não é exatamente da mesma ordem nos dois casos, já que o Filho é consubstancial ao Pai num sentido numérico (unidade concreta da natureza divina) e consubstancial aos homens num sentido específico. Uma dupla geração do Verbo, a primeira eterna, a segunda temporal, é o fundamento desta dupla consubstancialidade. Mas em toda essa sequência a repetição intencional da expressão "o mesmo" manifesta que essa distinção não divide Cristo em dois seres.

3. No final dessa sequência sobre a distinção o texto retorna à afirmação da unidade, repetindo a titulação do único e mesmo Cristo. Até aqui Calcedônia se dedicou a uma recapitulação do ensinamento anterior.

4. A redação volta, então, à distinção e traz o elemento novo da definição, o que constitui o "isto é" conceitual do que fora analisado e descrito no segundo tempo, pois se trata de conciliar conceitualmente a unidade e a distinção. Após a união, Cristo permanece, de um lado, um único e o mesmo e, do outro, é conhecido "em duas naturezas": é preciso, pois, enumerar nele duas naturezas após a união. A fórmula "em duas naturezas", conforme à doutrina de Leão,

foi adotada, até imposta, contra os que queriam conservar a fórmula "de *(ek)* duas naturezas", cuja insuficiência fora mostrada pela posição de Êutiques. Essa escolha, deliberadamente "diofisita"[137], terá graves consequências para a futura resistência a Calcedônia. A expressão é imediatamente glosada por quatro advérbios que lhe explicitam o sentido: contra Êutiques se diz: "sem confusão (advérbio vindo de Teodoreto de Ciro e de Cirilo) e sem mudança"; pois não há nenhuma alteração da natureza divina e da natureza humana, nenhuma transformação do Verbo na carne, nenhuma "mistura" ou "fusão" entre as duas naturezas. Contra Nestório, diz-se "sem divisão e sem separação" (Cirilo), pois a diferença mantida das duas naturezas não acarreta a divisão concreta de dois subsistentes separados e conjuntos.

A fórmula de Leão, vinda de Tertuliano, é retomada: "a propriedade de uma e de outra sendo, antes, bem salvaguardada". Ela se dirige a Êutiques, que considerava a assimilação das naturezas no nível de suas propriedades. Ora, estas não se misturam e cada uma guarda as características que fazem delas algo de particular e de exclusivo. Mas essa afirmação é articulada com a fórmula precedente, "a diferença das naturezas não sendo de modo algum suprimida por causa da união", de origem ciriliana. A intenção era mostrar o acordo entre Cirilo e Leão[138].

5. A cláusula final da definição retorna à afirmação da unidade pela menção geminada da pessoa e da hipóstase: Leão mencionara a pessoa e Flaviano lhe acrescentara a hipóstase em sua carta ao bispo de Roma. Mas Cirilo fora o primeiro a insistir na necessária unidade de hipóstase em Cristo. E essa menção encontra nele sua origem[139]. A geminação dos dois termos é capital aos olhos dos debates gregos. A unidade de pessoa *(prosopon)* deve ser compreendida no sentido forte da unidade da hipóstase concreta. A distinção entre natureza (lado da distinção) e hipóstase (lado da unidade) é portanto claramente estabelecida, embora não seja ainda especulativamente explicada. O texto termina com a retomada da titulação do único Cristo e a menção da fonte à qual este ensinamento se conforma: os profetas, o próprio Cristo e o Símbolo da fé.

O movimento da definição (um-dois-um-dois-um) mostra que o pensamento parte da unidade concreta para retornar a ela. É no quadro dessa perspectiva que a distinção é analisada e afirmada. O momento da distinção é um momento da atividade do espírito que decompõe e distingue, mas fica inserido no da unidade, como diz a fórmula resumida: "uma pessoa ou hipóstase em duas naturezas". Seria, portanto, estranhíssimo à intenção de Calcedônia resumir sua fórmula sob a forma "uma hipóstase e duas naturezas", o que destrói todo o movimento da definição e a articulação da unidade concreta com a distinção mantida pelo pensamento. É notável, por fim, que com esta fórmula "Roma,

---

137. Sobre as condições históricas desta escolha, cf. A. de Halleux, op. cit., pp. 470-472.
138. Cf. ibid., pp. 472-476.
139. Cf. ibid., p. 476.

Alexandria, Constantinopla e Antioquia contribuíram para o estabelecimento de uma expressão comum da fé"[140].

O balanço de Calcedônia

O concílio de Calcedônia deu à Igreja sua "grande" fórmula cristológica. Essa fórmula equilibrada e sintética é "definitiva" no sentido em que permaneceu como a pedra angular da expressão eclesial da fé em Cristo, e toda reflexão cristológica deve se situar em relação a ela. Hoje é uma fórmula de referência ecumênica para o conjunto das Igrejas, com exceção daquelas chamadas "pré-calcedonianas". Ela constitui um guia de leitura cristão dos textos da Escritura e mesmo um critério de discernimento teológico que se estende bem além da cristologia propriamente dita[141]. Reveste-se por isso de uma autoridade considerável e conserva seu sentido hoje em dia[142].

Mas, segundo a expressão de Karl Rahner, essa fórmula foi tanto um ponto de partida quanto um ponto de chegada[143]. Com efeito, ela não pôs termo aos debates cristológicos, como mostrará a continuação desta história. Por outro lado, ela não "resolveu" o problema cristológico, se é que uma fórmula pode resolvê-lo. Marcou um progresso que se abre para outros progressos, mas permanece inacabada. Nos dias de hoje, ela é objeto de um debate teológico vigoroso que, ainda que criticando-a, reconhece nela o enunciado "dos critérios que devem ser absolutamente respeitados por toda teoria cristológica"[144].

O objetivo da definição é respeitar a plena humanidade de Cristo, mantida em sua originalidade criada no seio do mistério da encarnação. Defendendo a humanidade do Verbo, ela defende também a nossa (G. Martelet), o que o Vaticano II sublinhará[145]. A proximidade de Deus não é a morte do homem, mas sua promoção mais perfeita. Entretanto, a definição não é unilateral e assume em si, como vimos, o momento lógico da afirmação de Éfeso, sem hesitar em modificar sua expressão.

Ela comporta um duplo limite em sua representação e em sua linguagem. Na representação ela corre o risco de fazer pensar que as duas naturezas se situam num "ao lado", uma espécie de "parelha", como se se tratasse de duas realidades comparáveis, quando a diferença entre natureza divina e natureza humana é incomensurável. A imagem de Êutiques da gota d'água perdida no

---

140. A. Grillmeier, op. cit., p. 553.
141. Cf. B. Sesboüé, *Jésus-Christ dans la tradition de l'Église*, pp. 195-205.
142. Sobre o sentido de Calcedônia hoje, cf. ibid., pp. 143-152.
143. K. Rahner, "Chalcédoine une fin ou un commencement?", título original da contribuição "Problèmes actuels de christologie", *Écrits Théologiques*, t. 1, Paris, DDB, 1959.
144. W. Pannenberg, *Esquisse d'une christologie*, Paris, Cerf, 1971, p. 371. — Sobre os debates destas últimas décadas, cf. B. Sesboüé, Le procès contemporain de Chalcédoine, art. cit., pp. 45-80.
145. Vaticano II, *Gaudium et Spes*, 22,2.

mar continha um elemento de verdade. Ora, a representação de um "ao lado" é falsa. A dos autores da época falava preferencialmente do ferro incandescido pelo fogo, e a mais corrente era a da alma e do corpo. Assim como a alma e o corpo são dois princípios heterogêneos que não se misturam e conservam sua especificidade, formando um indivíduo único, assim as naturezas divina e humana não se misturam, mas se unem para formar o único Senhor. Mas essa analogia precisa de uma correção, pois ela não pretende aplicar o hilemorfismo, isto é, a concepção aristotélica da alma forma do corpo, no caso da união hipostática.

Ademais, essa fórmula, que não menciona o mistério pascal, e só faz glosar o ato da encarnação e o *status* do Verbo encarnado, não dá conta dos estados de Jesus. No entanto, é claro que a relação da divindade e da humanidade não é vivida da mesma maneira no caso do Jesus pré-pascal, vivendo sob o signo da "quenose", e no caso do Senhor ressuscitado e glorioso. O jogo das apropriações e das comunicações é profundamente diferente nos dois casos. Essa fórmula não leva, pois, suficientemente em conta o itinerário humano de Jesus e os dados "existenciais" da encarnação.

No plano da linguagem e dos conceitos, ela ainda não é capaz de dar uma definição clara dos termos que emprega. Deixa a porta aberta, portanto, a compreensões divergentes do que é preciso situar respectivamente sob o termo *hipóstase* e sob o termo *natureza*.

A recepção de Calcedônia

O século que separa o concílio de Calcedônia (451) do que o seguirá, Constantinopla II (553), foi um século de lutas violentas em torno da recepção da definição cristológica[146]. Calcedônia esteve longe de conquistar imediatamente a unanimidade. Aos olhos de amplas frações das Igrejas do Oriente, permanecidas fiéis à linguagem de Cirilo, ele ficará como o "concílio maldito". Essa situação é análoga à que se seguiu durante cinquenta anos ao concílio de Niceia. Em ambos os casos, uma decisão conciliar destinada a resolver uma questão doutrinal provoca um "cisma da linguagem" (J. Moingt) que se cava não apenas entre "heréticos" e "ortodoxos", mas também entre "ortodoxos" que, querendo afirmar a mesma fé, não conseguem chegar a um acordo sobre as fórmulas. Assim, haverá batalhas a favor ou contra "as duas naturezas", tal como as houvera em torno do "consubstancial". A unidade da Igreja paga o preço dessa crise, pois o cisma da linguagem se cristaliza em Igrejas "cismáticas", cujas divisões são atiçadas por rivalidades políticas. Até hoje algumas dessas rupturas ainda não se reconciliaram.

---

146. Sobre o pormenor desta história só podemos remeter à obra magistral de A. Grillmeier, *Le Christ dans la tradition chrétienne*, t. II/1.

Se o Ocidente aderiu sem dificuldade à definição de Calcedônia, o Oriente ficou dividido em três grupos. Primeiro, o dos *monofisitas*, que logo se tornou o mais poderoso. Por monofisitas não se deve entender os discípulos de Êutiques, mas pessoas apegadas à linguagem monofisita de Cirilo. A seguir, os nestorianos, grupo mais restrito que se viu progressivamente rechaçado e repelido do império, e por fim os calcedonianos, que com dificuldade triunfou sobre os demais.

A deposição de Dióscoro de Alexandria e a aceitação da linguagem "diofisita" de Leão causaram grande emoção na Palestina e no Egito. Os ambientes monofisitas, numerosos, poderosos e sustentados por uma multidão de monges, se sublevaram e conseguiram instalar-se em grande número de sedes episcopais. Com a morte de Marciano (457), uma revolta se produziu no Egito: Timóteo Eluro, partidário de Dióscoro, tornou-se patriarca de Alexandria. Pedro Mongo ocupa a seguir esta sé, que permanecerá uma sé monofisita. O movimento se difunde também na Síria, outrora lugar de influência da escola antioquena, com Pedro Fulão e depois Severo de Antioquia († 528) que se instalaram na sé desta cidade, e Filóxeno de Hierápolis. Em Edessa, Tiago Baradai († 578) constituiu toda uma hierarquia autônoma que se tornará a Igreja "jacobita".

O desejo de reconduzir a Igreja à unidade comandará a política religiosa de todos os imperadores do momento. Ao contrário de Marciano, que sustenta firmemente a definição que obtivera do concílio de Calcedônia, assim como faz o papa Leão no Ocidente, seus sucessores empreendem uma rápida reviravolta. O imperador Leão (456-474) organiza primeiramente um vasto inquérito (consignada na coleção chamada *encyclia*) junto aos bispos acerca de Calcedônia, o que permite avaliar o grau de recepção do concílio no Oriente naquela época. As respostas se dividem em dois grupos de posições: para o primeiro, Calcedônia não passa da confirmação de Niceia; o segundo grupo é mais atento à autoridade própria de Calcedônia, em razão da assistência divina de que os Padres de 451 foram objeto. Nesse grupo se passa de um assentimento relativo a um assentimento absoluto[147].

Mas entrementes a resistência monofisita de tipo severiano (Severo de Antioquia) se organizou e se apoderou de sedes episcopais importantes. Assiste-se então à promulgação de uma sequência de *Editos dogmáticos* destinados a impor a todos a posição doutrinal julgada preponderante pelo imperador. Esses editos favorecem primeiramente o monofisismo. Em 475 o imperador ("usurpador") Basilisco, numa Encíclica (*Encyklion*), simplesmente condena o concílio de Calcedônia e ordena o retorno ao vocabulário de Cirilo; todos os bispos são convidados a assinar o documento. Quinhentos deles obedecerão. Mas o empreendimento fracassará finalmente e o imperador é obrigado a retirar o documento. Seu sucessor Zenão promulga por seu turno, em 482, um edito

---

147. Cf. a análise desta investigação, ibid., pp. 281-334.

chamado *Henotikon* ("Ato de União"), que quer ser um compromisso aceitável por todas as tendências, mas é de fato um abandono de Calcedônia. Essa decisão, que desagrada ao mesmo tempo calcedonianos e monofisitas, acarreta uma primeira ruptura com Roma, onde o papa Félix III (eleito em 483) elimina de sua comunhão Acácio de Constantinopla e toda a Igreja do Oriente submetida ao *Henotikon*. Esse cisma, que durará 33 anos, ganha o aspecto de um sinistro presságio.

A escola persa de Edessa (em cuja cátedra se sentara Ibas) se separa de Constantinopla no momento do *Henotikon* e passa a Nísibe, onde constitui uma Igreja nestoriana. O fervor pró-calcedoniano ambíguo dos nestorianos alimentava a hostilidade dos monofisitas contra o concílio. Os primeiros propagavam os escritos de Teodoreto, que permanecia muito suspeito para os segundos apesar de sua reabilitação em Calcedônia.

Uma reviravolta em favor de Calcedônia se manifesta sob o imperador Atanásio (por volta de 490), mas este faz retorno ao monofisismo sob a influência de Filóxeno de Hierápolis e de Severo de Antioquia. Finalmente, seu sucessor Justino promulga em 518 seu edito impondo a todos os bispos o reconhecimento do concílio. A reconciliação com Roma ocorrerá em 519.

Justiniano, tornando-se imperador em 527, será o tipo perfeito do príncipe teólogo e cesaropapista. Ele se lançará numa sequência de intervenções dogmáticas inábeis e infelizes (apesar de sua real competência nessas questões) e numa política autoritária para com pagãos e judeus. Sua ideia central é reconciliar os monofisitas, sustentando sempre Calcedônia. Seu ativismo teológico nos conduz ao concílio de Constantinopla II em 553.

CAPÍTULO VIII
Na esteira de Calcedônia: cristologia e soteriologia a partir do século VI
B. Sesboüé

I. AS INTERPRETAÇÕES DE CALCEDÔNIA

1. UMA LEITURA "EFESIANA" DE CALCEDÔNIA: CONSTANTINOPLA II (553)

> Os autores e os textos: B. E. Daley, *Leontius of Byzantium: A Critical Edition of his Works, with Prolegomena* (Diss. Oxford, 1978). — PG 86, 1273a-1309, 1916c-1945; 1901b-1918b; 1316d-1356c; 1357b-1385b; 1948a-1972a (obras hoje geralmente reconhecidas como autênticas).
>
> Referências bibliográficas: F. X. Murphy e P. Sherwood, *Constantinople II et III* Paris, Orante, 1974. — W. De Vries, *Orient et Occident*, pp. 161-194. — A. Grillmeier, *Le Christ dans la tradition chrétienne*, t. II/2: *L'Église de Constantinople au VIe siècle*, Paris, Cerf, 1993, pp. 550-606. — Ch. Moeller, Le Chalcédonisme et le néo-chalcédonisme, in A. Grillmeier, H. Bacht, *Das Konzil von Chalkedon*, t. I. Würzburg, Echter Verlag, 1951.

O concílio de Constantinopla II se realizou num clima de luta aberta entre o papa Vigílio e o imperador Justiniano. Para compreender como as coisas chegaram a tal estado de tensão, convém seguir o curso dos acontecimentos condicionados pelo conflito religioso entre calcedonianos e monofisitas no Oriente, que se desdobrava em outro conflito entre monges origenistas e antiorigenistas.

O papel de Justiniano antes do concílio

Em 533 Justiniano promulga dois novos editos dogmáticos e define a fé com o auxílio da fórmula dos "monges citas": "Um da Trindade sofreu na carne". Esses monges teólogos, originários da Cítia, região inferior do Danúbio, intervieram várias vezes para fazer Roma aceitar fórmulas que traduziam a comunicação das propriedades ou dos "idiomas", com o fim de conquistar os monofisitas severianos. Sua fórmula, chamada de "teopasquita" — isto é, afirmando o sofrimento de Deus —, que o patriarca Proclo de Constantinopla empregara um século antes, pretendia, por seu realismo, eliminar todas as ambiguidades sobre a interpretação de Calcedônia e constituir uma ponte entre a linguagem de Leão e a de Cirilo. Havia entre eles certo Leôncio, cuja identificação com o teólogo Leôncio de Bizâncio hoje em dia é recusada[1].

Em 537 Justiniano manda depor o papa Silvério, pouco submisso à sua política, e o faz substituir por Vigílio, que foi assim, num primeiro momento, um "antipapa". Em 543 escreve um tratado contra o origenismo, acompanhado de dez condenações ou "anátemas". Essa condenação, que revela um conhecimento ruim do pensamento exato de Orígenes, é um ato de política religiosa destinado a apaziguar certos distúrbios. Vigílio aprova o documento. Mas por via indireta levantou-se a querela dita dos *Três capítulos*, isto é, de certos escritos de três teólogos antioquenos: Teodoro de Mopsuéstia, Ibas de Edessa e Teodoreto de Ciro. Com efeito, o teólogo calcedoniano Leôncio de Bizâncio considerava esses escritos francamente nestorianos e escreveu contra eles. Com base nesse julgamento, Teodoro Ásquida, bispo de Cesareia da Capadócia, que vivia na corte de Constantinopla como conselheiro teológico do imperador, quis distrair Justiniano de sua campanha antiorigenista[2]. Convenceu-o então de que a condenação dos *Três capítulos* permitiria a conquista dos monofisitas severianos. Assim, por volta de 545 Justiniano publica um novo edito dogmático no qual condena os *Três capítulos*. Lança uma campanha de assinaturas obrigatórias.

Mas dessa vez o papa Vigílio recusa. Justiniano manda prendê-lo e conduzi-lo a Constantinopla (547). Submetido a grande pressão, Vigílio se dobra em 548 e redige um *Judicatum* que condena os *Três capítulos*, mas com reservas que mantêm a autoridade de Calcedônia. Essa decisão é mal recebida no Ocidente, onde são numerosos os protestos episcopais. Justiniano cede então e permite a Vigílio retirar o *Judicatum*. Decidem juntos remeter a questão a um concílio.

Mas a tensão entre o imperador e o papa só faz exacerbar-se com o tempo, o primeiro dando livre curso a violências policiais físicas visando manter o papa prisioneiro, o segundo buscando refúgio em Calcedônia. Foi nesse clima de pressões e de tensões que se discutiram as condições da reunião do próximo

---

1. Cf. A. Grillmeier, op. cit., pp. 252-253.
2. Cf. F. X. Murphy e P. Sherwood, op. cit., pp. 75-76.

concílio. Vigílio quer que este se realize no Ocidente; Justiniano pretende mantê-lo no Oriente. Vigílio se bate por uma participação numérica mais importante de bispos ocidentais que ele sabe hostis à condenação dos *Três capítulos*; pela razão estritamente oposta, Justiniano quer limitar esse número o máximo possível. Vigílio se mostra hesitante e tergiversa sem adotar uma atitude clara.

As peripécias do concílio: o imperador e o papa

O concílio se realiza em maio de 553, na ausência do papa, que não quer ter de ratificar a condenação dos *Três capítulos*. É presidido pelo patriarca Êutiques de Constantinopla e seus homólogos de Alexandria e Antioquia, e composto de cento e cinquenta bispos, dos quais nove africanos. A participação ocidental, cuidadosamente escolhida pelos agentes de Justiniano, não é representativa e é julgada insuficiente por Vigílio. A assembleia, portanto, está de saída às ordens do imperador, para não dizer que ele lhe impõe suas decisões. Delegações comparecem junto de Vigílio para fazê-lo voltar em sua recusa de participar do concílio, mas o papa mantém sua atitude e pede um prazo de vinte dias para dar seu julgamento definitivo sobre a questão dos *Três capítulos*.

O concílio, entretanto, continua suas sessões e entra na discussão sobre os *Três capítulos*. Ao cabo do segundo prazo de vinte dias pedido por Vigílio, o papa comunica ao imperador seu *Constitutum* sobre o caso. Em nome de um escrúpulo que ele honra, Vigílio condena severamente sessenta proposições "heréticas" tiradas da obra de Teodoro, mas recusa-se a condenar a pessoa, de santa memória, que morreu na paz da Igreja. Seguindo uma declaração de Cirilo, ele considerava "coisa grave insultar os mortos, mesmo que fossem leigos e mais ainda se terminaram a vida como bispos"[3]. Por outro lado, Ibas e Teodoreto, depostos no latrocínio de Éfeso de 449, tinham sido reabilitados por Calcedônia, que Vigílio não quer desautorizar. O papa entra assim em conflito direto com o concílio, que faz questão de condenar pessoas.

Diante dessa resistência, Justiniano declara no concílio que o papa acaba de renegar sua palavra, já que no momento de sua chegada a Constantinopla prometera por escrito ao imperador a condenação dos *Três capítulos*. Ordena riscar o nome de Vigílio dos dípticos (as listas dos bispos em comunhão com os quais se celebrava a eucaristia), mas em nome da distinção entre a Sé *(sedes)* e seu titular *(sedens)*, declara não querer romper com Roma. Os bispos do concílio condenam por seu turno o papa até que se arrependa, o que praticamente equivale a uma excomunhão.

O concílio agora tem o campo livre para a condenação plena e integral dos *Três capítulos*. Além disso, emite quatorze anatematismos tirados em grande

---

3. Vigílio, *Constitutum I*, CSEL 35, 288; *PL* 69, 1022 bc; F. X. Murphy e P. Sherwood, op. cit., pp. 99-100.

parte da confissão de fé formulada por Justiniano em 551, que devia servir de "regra" para o concílio.

Jamais a luta entre o papa e o imperador e, por conseguinte, entre o papa e o concílio, fora tão grave. Constantinopla II aparece, mais que qualquer outro, como um "concílio imperial". As decisões desse concílio foram tomadas num momento de ruptura de comunhão com o papa. Este persistiu corajosamente vários meses em sua recusa. Mas, isolado, doente e sempre objeto de fortes pressões, acabou por ceder. Vigílio reconhece então ter sido cruelmente enganado pelo demônio, se "retrata" à maneira de Santo Agostinho e aceita anatematizar os *Três capítulos* e seus autores. Depois, a pedido de Justiniano, redige um segundo *Constitutum*, em que renega tudo o que pôde escrever anteriormente sobre os *Três capítulos*. Aprova, desse modo, em bloco as decisões tomadas pelo concílio e obtém assim a autorização de regressar a Roma; mas acabou morrendo a caminho, em Siracusa, em 555. A opinião dos historiadores sobre a atitude de Vigílio tem sido frequentemente severa. Mas é preciso reconhecer que nunca até então um papa tinha estado tão brutalmente à mercê de um César. Ele oscilou sem cessar entre períodos de resistência corajosa e negociações que o conduziram finalmente a ceder sobre o essencial. Seu sucessor Pelágio I — que fora seu diácono e até mesmo redigira o primeiro *Constitutum* — também mudou de opinião e reconheceu o quinto concílio ecumênico com o objetivo de restaurar a unidade da Igreja, mas enfrentou fortes resistências no Ocidente.

Qual o valor do concílio de Constantinopla II?

Essa triste história reapresenta inevitavelmente a dupla questão da relação entre o papa e o concílio e, mais grave ainda, a da "ecumenicidade" do quinto concílio. Segundo W. de Vries,

> É mesmo o mais problemático de todos os concílios. Ele se realizou sem e contra o papa Vigílio que, em seu primeiro *Constitutum* de 14 de maio de 553, se pronunciara de antemão contra a decisão que o concílio tomaria [...]. É absolutamente certo que o concílio, em si mesmo, não foi ecumênico. Um concílio que deliberou e tomou suas decisões sem e contra o papa não tem, em si mesmo, nenhum caráter ecumênico. Mas o reconhecimento ulterior desse concílio pelos papas e pela Igreja conferiu, apesar de tudo, a suas decisões, na medida em que foram aplicadas, um valor ecumênico[4].

O valor ecumênico desse concílio só pode ser compreendido, de fato, em referência não somente à confirmação pelos papas, mas também à sua "recepção" pela Igreja. Essa recepção, aliás, é paradoxal, já que a condenação dos *Três*

---

4. W. de Vries, *Orient et Occident*, pp. 161 e 163.

capítulos, que foi o ponto mais confirmado pelos papas, caiu hoje em desuso, ao passo que os dez primeiros cânones, que não foram objeto dessa confirmação, entraram na jurisprudência da interpretação de Calcedônia.

Os numerosos estudiosos que se debruçaram sobre este problema[5] mostram antes de tudo que é inútil querer encontrar para ele uma solução puramente jurídica, à luz do funcionamento ulterior da relação entre o papa e o concílio. Encontramos aqui plenamente manifestadas a tensão e a ambiguidade já assinaladas a propósito dessa relação na interpretação de Calcedônia pelo Oriente e pelo Ocidente. Em seu I *Constitutum*, Vigílio pretende resolver sozinho o caso dos *Três capítulos* e impor seu julgamento ao concílio. Este, por seu turno, considera que "uma questão de fé não podia ser resolvida senão colegiadamente e não por um só — ainda que papa"[6]. Vigílio é considerado herético porque se separou do concílio. Na realidade, ele não está só contra o concílio, pois tem a seu favor os bispos do Ocidente, cuidadosamente afastados por Justiniano. É difícil também não ver uma contradição entre o primeiro *Constitutum* e o segundo, e não se perguntar seriamente com que grau de liberdade o papa redigiu o segundo documento. Qual é, portanto, a validade de seu reconhecimento do concílio? Verdadeiras questões se apresentam, de fato, sobre a concordância entre Constantinopla II e Calcedônia no que concerne ao julgamento sobre as pessoas. Essas questões se reduplicam, se levamos em conta os limites expressos por Leão em sua confirmação de Calcedônia e por Vigílio e seus sucessores na de Constantinopla II.

Com efeito, a confirmação por Vigílio da condenação dos *Três capítulos* foi seguida pela de seus sucessores, Pelágio I (como vimos), Pelágio II e, enfim, Gregório Magno. Este último, no final do século VI, declara receber e preservar os quatro primeiros concílios. Também diz: "Venero igualmente o quinto". Esses papas exigiram até mesmo a adesão àquela condenação sob pena de anátema. Seu engajamento na questão tinha por objetivo sobretudo restaurar a unidade da Igreja. Mas não parecem haver-se preocupado com o fato de que assim avalizavam a posição do concílio de proibir ao papa julgar sozinho as coisas da fé[7]. Além disso, deixaram na sombra o caso dos cânones propriamente dogmáticos.

Mas em 649 o concílio local de Latrão sob Martinho I fez apelo às formulações teológicas de Constantinopla II. O concílio de Constantinopla III (680-681) recebe os cinco concílios anteriores. Portanto, foi somente com o tempo que o concílio foi realmente reconhecido na sequência dos quatro primeiros. Impôs-se de fato a convicção de que o concílio ratificara Calcedônia, apresentando ao mesmo tempo sua interpretação numa perspectiva ciriliana, toda voltada para a unidade de Cristo. Essa doutrina será chamada mais tarde de "neocalcedo-

---

5. Cf. W. de Vries, op. cit., que propõe uma discussão muito informada da questão.
6. Ibid., p. 165.
7. Ibid., p. 193.

niana" (J. Lebon). Constantinopla II vale, assim, em função de sua ligação com Calcedônia. Deve-se compreender um à luz do outro.

Atualmente, "o julgamento de autoridade que um concílio reconhecido pelos papas trouxe sobre um 'fato dogmático' tornou-se, de fato, caduco. A ortodoxia de Teodoro de Mopsuéstia é hoje uma questão aberta, que os especialistas podem debater com toda liberdade"[8]. O paradoxo da inversão de valor, a longo prazo, entre a questão dos *Três capítulos* e os cânones propriamente dogmáticos é exatamente um fato de "recepção". É nesse plano que os cânones 1-10 de Constantinopla II ganham valor como "regra da fé".

Os cânones de Constantinopla II: a interpretação de Calcedônia

Não cabe mais alongarmo-nos na condenação dos *Três capítulos*, que se exprime num longo texto de conteúdo extremamente violento, nem nos cânones emitidos contra os heréticos passados (entre os quais Orígenes!) e o trio Teodoro de Mopsuéstia, Ibas de Edessa e Teodoreto de Ciro acusados de "cripto-nestorianismo" (cân. 11-14). Essa obra caducou, mesmo tendo exercido grande impacto no Oriente.

O objeto doutrinal do concílio, no pensamento de Justiniano (que lhe controla as rédeas e inspira de muito perto seus cânones), é interpretar Calcedônia à luz de Cirilo de Alexandria, a fim de reconduzir à unidade os monofisitas severianos. É este o sentido dos dez cânones dogmáticos, muitos dos quais retomam de perto os anatematismos inscritos por Justiniano em seu decreto de 551. Ali se encontra sua preocupação de harmonizar os vocabulários trinitário e cristológico e de distinguir de igual modo nos dois domínios *hipóstase*, de um lado, e *natureza* ou *substância*, do outro. Da mesma forma, a ideia de "composição" lhe era muito cara.

O cânon 1, como vimos, diz respeito à Trindade e confirma a fórmula trinitária elaborada no Oriente no final do século IV. Os cânones seguintes dizem respeito à cristologia.

Os cânones 2, 3, 9 e 10 formalizam a comunicação das propriedades ou "idiomas", isto é, as comunicações da divindade à humanidade e as apropriações da humanidade à divindade na pessoa de Cristo. Essa comunicação não se faz imediatamente de natureza a natureza — o que seria uma "mistura" —; ela se faz no nível da hipóstase segundo um intercâmbio. Esse intecâmbio das propriedades é a expressão doutrinal que explica a linguagem da Escritura. O Verbo de Deus permite à humanidade agir divinamente; mas o mesmo Verbo de Deus se apropria de todas as vicissitudes da humanidade, como sua geração segundo a carne (cân. 2 e 3). Ele é, portanto, objeto de duas gerações, uma eterna, de Deus Pai, e a outra carnal, da Virgem Maria. Por conseguinte, ele não

---

8. Ibid., p. 179.

é "um outro e um outro" em seus comportamentos divino (a santidade, o poder e os milagres comunicados) e humano (os sofrimentos da paixão apropriados) (cân. 3 e 9), mas recebe uma única adoração em suas duas naturezas. Nesta série se encontra introduzida a fórmula dos monges citas (cân. 10):

> Se alguém não confessa que aquele que foi crucificado na carne, nosso Senhor Jesus Cristo, é verdadeiro Deus, Senhor da glória e um da santa Trindade, que tal homem seja anátema[9].

Essa fórmula se inspira no texto de 1Cor 2,8: "Não teriam crucificado o Senhor da glória". Ela exprime o sentido autenticamente cristão da fórmula "Deus morreu", que será retomada por Lutero e que Nietzsche propagará num sentido cultural totalmente diferente, com o sucesso que sabemos. Mas é notável como, em sua maneira de falar das comunicações e apropriações, o concílio nunca deduz *a priori*: ele só faz citar exemplos atestados nas Escrituras. O princípio da comunicação dos idiomas só pode funcionar, portanto, *a posteriori*, à luz da economia concreta da encarnação "quenótica".

O cânone 4 afirma que a união hipostática é o fundamento dessa comunicação. Mas ele glosa a expressão, dizendo que a união segundo a hipóstase é uma união "segundo a composição":

> Se alguém [...] não confessa que a união do Deus-Verbo à carne animada por uma alma racional e pensante se realizou segundo a composição *(kata synthesin)*, isto é, segundo a hipóstase, como ensinaram os santos Padres; e se não confessa por esta razão sua única hipóstase, realidade que é o Senhor Jesus Cristo, um da santa Trindade, que tal homem seja anátema [...]. Com efeito, a união por composição no mistério de Cristo conserva não somente sem confusão os elementos reunidos, mas também não admite divisão[10].

Existe, pois, equivalência entre "união segundo a composição" e "união segundo a hipóstase". Só existe uma única hipóstase do Verbo, que se torna "composta". O texto latino traz a menção da "subsistência composta", composta de dois "em si", um divino, o outro humano, mas que permanece numericamente uma. Isso quer dizer que a relação firmada entre o Verbo e sua humanidade é da mesma ordem que a que ele entretém originalmente com sua divindade: é uma relação de ser e não uma relação de ter. Pode-se atualizar esta expressão antiga com a de "subsistência humanizada", ou de "pessoa humanizada". A união hipostática permite ao Verbo encarnado ser um da Trindade. Esse vocabulário supõe uma distinção agora bem estabelecida entre hipóstase e natureza.

---

9. Concílio de Constantinopla II, cân. X; COD II-1, p. 263.
10. Ibid., cân. IV; COD II-1, pp. 255-257.

Reciprocamente, mas ultrapassando a letra do concílio, pode-se dizer que a natureza humana, desprovida de uma hipóstase distinta da do Verbo, é "enipostasiada" *(enypostatos)* na hipóstase divina, isto é, que ela tem sua subsistência e sua existência no Verbo. O concílio fica próximo desse conceito cuja invenção por muito tempo foi atribuída a Leôncio de Bizâncio. Este só fez integrá-lo a uma interpretação da união hipostática que permanece em concordância com a fórmula das duas naturezas[11].

Os cânones 5, 6 e 7 se opõem à interpretação nestoriana de Calcedônia. A unidade de hipóstase reafirmada por esse concílio deve ser compreendida no sentido de Éfeso e não num sentido nestoriano que reintroduziria de fato duas hipóstases. Há equivalência entre hipóstase e pessoa, em cristologia como em Trindade. Maria é *Theotokos*, não segundo a relação, como se ela fosse a mãe de um simples homem e o nascimento desse homem se deveria atribuir ao Verbo unido a ele quando de seu nascimento. Maria é Mãe do Deus-Verbo que se encarnou nela.

O cânone 7 é particularmente importante pela interpretação precisa que dá da famosa fórmula "em duas naturezas":

> Se alguém, dizendo "em duas naturezas", não confessa que na divindade e na humanidade é reconhecido nosso único Senhor Jesus Cristo, para significar com isso a diferença das naturezas a partir das quais se realizou sem confusão a união inefável, sem que o Verbo tenha sido transformado na natureza da carne, nem que a carne tenha passado para a natureza do Verbo (pois cada um permanece o que é por natureza, mesmo após a realização da união segundo a hipóstase), mas se toma essa expressão acerca do mistério de Cristo no sentido de uma divisão em partes; ou se, confessando o número das naturezas em nosso único Senhor Jesus Cristo, Deus Verbo encarnado, não toma segundo a única consideração conceitual *(te theoria mone)* a diferença dos princípios de que é constituído, diferença que não é suprimida pela união (pois um só é dos dois e os dois por um só), mas se utiliza o número a ponto de ter naturezas separadas, cada uma com sua própria hipóstase, que tal homem seja anátema[12].

"Em duas naturezas" significa a diferença mantida entre naturezas que não se confundem e não cessam de ser o que são por si mesmas, e sua não divisão, como se fossem colocadas como dois subsistentes particulares. O número das naturezas em Cristo deve ser compreendido "apenas segundo a consideração conceitual", isto é, segundo o ato de abstração do espírito que compõe e divide, e não segundo a existência concreta e no sentido em que cada natureza, separada da outra, disporia de sua própria hipóstase. A diferença entre as naturezas

---

11. Sobre a pessoa, as obras e a teologia de Leôncio de Bizâncio, cf. A. Grillmeier, op. cit., pp. 263-269, que utiliza os resultados da pesquisa de B. E. Daley.

12. Constantinopla II, cân. VII; *COD* II-1, p. 261.

é bem mantida, não há confusão entre elas, mas tampouco divisão, pois sob o aspecto da existência concreta há um único subsistente. O que era dito em Calcedônia por meio do movimento da definição e da expressão "*conhecido em duas naturezas*" é aqui formalizado como tal. Essa interpretação é muito ciriliana, já que o doutor alexandrino já empregara a expressão da "distinção segundo a consideração intelectual"[13]. Ela era solidária em seu pensamento da analogia com a distinção qualitativa da alma e do corpo que concretamente só formam um único ser.

O cânone 8 se opõe à interpretação eutiqueana das fórmulas de Cirilo e as compreende à luz de Calcedônia. Retoma em particular a famosa fórmula da "única natureza encarnada do Deus-Verbo", em atenção a Cirilo[14], não para fazer dela uma fórmula equivalente à do concílio de 431, mas para precisar em que condição ela pode permanecer legítima e ortodoxa. Ela não implica nenhuma "confusão" entre as duas naturezas, pois o único Cristo permanece consubstancial ao mesmo tempo a Deus e aos homens. Deve ser compreendida no sentido de uma única hipóstase. O cânon contradistingue portanto o sentido do termo "natureza" na fórmula de Cirilo (= hipóstase) do que é agora aceito (= substância, como é o caso para a Trindade).

Esses cânones trazem poucas formulações novas, mas veiculam preciosos esclarecimentos, como a ideia de "consideração conceitual" e de "união por composição". A implementação da comunicação das propriedades se faz numa linguagem muito coerente, respeitosa dos dados antinômicos da pessoa encarnada do Verbo.

O balanço do concílio

Como foi visto, a intenção do concílio é antes de tudo antinestoriana, já que se trata para ele de conquistar os monofisitas. Ela envolve também em sua reprovação tudo o que pode parecer cripto-nestorianismo. Mas por desejo de equilíbrio o concílio rejeita igualmente Êutiques. Respeita a fórmula do concílio de Calcedônia, reconhecido como concílio ecumênico autêntico. Trabalha no interior de sua lógica esclarecendo seus conceitos. Conserva o vocabulário das duas naturezas, mas dando-lhe uma interpretação precisa. A ideia de hipóstase composta elimina mesmo uma ambiguidade da cristologia anterior: se o sujeito último das atividades de Cristo é mesmo o Verbo, nunca é o Verbo sozinho, mas sempre o Verbo como pessoa humanizada. Esse elo é doravante indissolúvel[15].

Assim procedendo, Constantinopla II marca um progresso real em relação a Calcedônia. O trabalho de elaboração dos conceitos, realizado por Leôncio de

---

13. Cirilo de Alexandria, *Lettre 46 à Succensus*, II; *PG* 77, 245 a; cf. A. Grillmeier, op. cit., pp. 571 e 603.
14. Cf. A. Grillmeier, op. cit., p. 591.
15. Sobre esse ponto, cf. B. Sesboüé, *Jésus-Christ dans la tradition...*, pp. 164-166.

Bizâncio, entre outros, deu frutos. Os cânones de Constantinopla II revelam uma qualidade surpreendente quando se recorda o contexto eclesiástico-político de sua redação. Observa-se neles também uma convergência da reflexão sobre a Trindade e sobre a encarnação. No plano da linguagem, as fórmulas se correspondem. A articulação da Teologia e da Economia é claramente afirmada: por um lado, foi um da Trindade que sofreu; por outro, sua carne é adorada numa só adoração com o Verbo, sem fazer número com a Trindade.

Em que sentido se deve entender aqui o "neocalcedonismo"?[16] Falou-se de "neonicenismo" para caracterizar a teologia trinitária do final do século IV, que distingue firmemente hipóstase e substância, quando o concílio de Niceia as considerava sinônimas. De igual modo, Cirilo de Alexandria considerava hipóstase e natureza como sinônimas no campo da cristologia. Calcedônia, ao contrário, distingue-as formalmente. "O neocalcedonismo se distingue do calcedonismo estrito por sua utilização das duas fórmulas cristológicas principais ('uma natureza', 'duas naturezas') como condição essencial de uma proposição correta da fé."[17] Mas esse neocalcedonismo extremo não é o de Constantinopla II. Pode-se falar, portanto, com A. Grillmeier, de um "neocalcedonismo moderado"[18], isto é, de uma interpretação de Calcedônia que reintroduz a preocupação dominante de Cirilo.

2. MONOENERGISMO E MONOTELISMO: CONSTANTINOPLA III (681)

> OS AUTORES E OS TEXTOS: MÁXIMO CONFESSOR, *PG* 90-91; *Questions à Thalassios*, trad. E. Ponsoye, Suresnes, Éd. de l'Ancre, 1992.
>
> REFERÊNCIAS BIBLIOGRÁFICAS: F. X. MURPHY e P. SHERWOOD, *Constantinople II et III*, Paris, Orante, 1974. — A. GRILLMEIER, *Le Christ dans la tradition chrétienne*, t. II/2, pp. 477-506. — CHRISTOPH SCHÖNBORN, *Sophrone de Jérusalem. Vie monastique et confession dogmatique*, Paris, Beauchesne, 1972. — H. URS VON BALTHASAR, *Liturgie cosmique. Maxime le Confesseur*, Paris, Aubier, 1947. — A. RIOU, *Le Monde et l'Église selon Maxime le Confesseur*, Paris, Beauchesne, 1973. — J.-M. GARRIGUES, *Maxime le Confesseur. La charité, avenir divin de l'homme*, Paris, Beauchesne, 1976. — F. M. LÉTHEL, *Théologie de l'agonie du Christ. La liberté humaine du Fils de Dieu et son importance sotériologique mises en lumière par saint Maxime le Confesseur*, Paris, Beauchesne, 1979.

Cento e trinta anos separam o concílio de Constantinopla II do de Constantinopla III, que ainda se consagra à cristologia e constitui um novo

---

16. Sobre o neocalcedonismo, cf. Ch. Moeller, Le chalcédonisme et le néo-chalcédonisme, A. Grillmeier, op. cit., pp. 564-573.

17. Cf. A. Grillmeier, op. cit., p. 566.

18. Ibid., p. 605.

ato de interpretação de Calcedônia. Numa situação política sempre complexa e atormentada, esta época fica marcada pela permanência de Igrejas monofisitas. O imperador do Oriente, Heráclio (610-641), domina a primeira metade do século VII. No plano político, ele está engajado na luta contra os persas que ameaçam seu império. Retoma Jerusalém, da qual se apoderara o rei Cosroés, e leva de volta para lá a Cruz. No plano religioso, sustentado por Sérgio, patriarca de Constantinopla, Heráclio busca uma reconciliação com os monofisitas, em particular aqueles que se acham nas regiões invadidas pelos persas, e acredita encontrar a solução dos conflitos teológicos nas fórmulas de compromisso que Sérgio propõe. É sob seu reinado igualmente que o ano de 622, ano da Hégira, marca o início da era muçulmana. Profundas mutações se desenham no universo mediterrâneo.

A mentalidade muda também, e o discurso teológico a acompanha. No Oriente como no Ocidente, opera-se lentamente a passagem à escolástica, que traz consigo uma problemática e métodos novos e se dedica a destacar outro tipo de inteligibilidade teológica. Desse ponto de vista, transpõe-se inegavelmente um patamar entre Constantinopla II e Constantinopla III.

No domínio cristológico, a consideração passa do mistério da união hipostática, e portanto da ontologia de Cristo, à das modalidades e das manifestações dessa união e de suas consequências quanto ao *status* existencial da humanidade de Cristo. Essa perspectiva antropológica diz respeito, por um lado, ao modo de conhecer de Cristo e, pelo outro, a seu modo de agir. Ela se prolongará mais tarde na Idade Média com a interrogação sobre o modo de ser da humanidade de Cristo. Na época em que nos situamos, duas "crises" vêm à tona: primeiro a crise *agnoíta*, vinda daqueles que falam de uma *ignorância* em Cristo, depois a criste *monotelista*, provocada pelos que estimam que em Cristo só existe *uma vontade*.

Um prelúdio: a crise agnoíta

Os "agnoítas" apareceram entre 530 e 540 nos ambientes monofisitas de Alexandria, em particular com Temístio, diácono de Alexandria, que entrou em conflito com o patriarca Teodósio (mais tarde deposto). Como Temístio fora a Constantinopla, o debate foi levado para lá, com a intervenção do patriarca Antimo (aliás, retirado de sua cátedra). Os agnoítas argumentavam com base em Mc 13,32 (a ignorância por Jesus do dia do juízo), bem como em Jo 11,34 (a interrogação de Jesus acerca do corpo de Lázaro), e sustentavam que a humanidade de Cristo ignorou o dia do juízo, já que este se fez em tudo semelhante a nós, exceto o pecado. Jesus estivera sujeito à ignorância como às demais fraquezas da humanidade, tendo em vista sua consubstancialidade aos homens. Embora provenientes de ambientes monofisitas, os agnoítas representavam de fato uma tendência pró-calcedoniana. Por isso, os monofisitas foram os primeiros a combatê-los, acusando-os de arianos ou nestorianos: a ignorância de Cristo fora invocada outrora pelos arianos contra a divindade de Cristo; os agnoítas eram censurados por conceber Cristo, como os nestorianos, como um homem ordinário, distinto do Verbo, e tendo ignorado o que dizia respeito a sua missão. Eram acusados de não fazer justiça à união hipostática e à comunicação das propriedades[19]. Enfim, no mundo cultural grego a ignorância era aproximada ao defeito moral: uma ignorância de Cristo podia pôr em questão sua impecabilidade[20].

Os elementos da resposta dogmática trazidos a essa pequena crise são muito limitados e relativamente negativos. Foi a condenação dos agnoítas por Gregório Magno e pelo sínodo de Latrão de 649.

Antimo e Teodósio intervieram no quadro de uma teologia de tipo monofisita e "monoenergista". Depois, num tratado contra os agnoítas, Eulógio de Alexandria (581-608), ele mesmo calcedoniano, interpretou no final do século a ignorância do dia do juízo por Cristo como uma ignorância "econômica": Jesus sabia, mas não tinha missão de dizer; ou ainda como uma ignorância "anafórica": Jesus falava como representante dos homens e não em seu próprio nome[21]. Numa carta escrita em 600 a Eulógio, o papa Gregório Magno expressará seu acordo com seu correspondente, escrevendo:

> O Filho único, tendo se encarnado e tendo-se feito perfeito por nós homens, conheceu de fato, na natureza da humanidade, o dia e a hora do juízo, sem receber porém esse conhecimento *da* natureza da humanidade. Assim, o que ele conheceu *nela*, não o conheceu *dela*, porque o Deus feito homem conheceu o dia e a hora do juízo *pelo* poder de sua divindade [...]. Conheceu, pois, o dia e a hora do juízo [como] Deus e homem; mas precisamente porque Deus é homem.
>
> Aliás, é claríssimo que qualquer um que não é nestoriano não pode ser agnoeta, pois aquele que reconhece que a Sabedoria de Deus se encarnou, em que sentido pode dizer que houve o que quer que seja que a Sabedoria de Deus tenha ignorado?[22]

A opinião de Gregório é dominada pela preocupação antinestoriana. Não se pode admitir que Cristo tenha ignorado como homem o que ele sabia necessariamente como Deus, sem dividi-lo em duas pessoas. A declaração de Gregório é suscetível de um sentido fraco: embora existisse na carne, o Verbo de Deus não deixava de permanecer, nela, onisciente; na natureza humana em que se encontrava, o Verbo não ignorava o que sabia de ciência divina. Mas

---

19. No tratamento da crise agnoíta, inspiro-me em particular num curso inédito de J. Moingt.
20. A. Grillmeier, op. cit., p. 479.
21. O tratado de Eulógio é conhecido pela análise que lhe dá Fócio, *Bibl. Cod.* 230; *PG* 103, 1080 d-1084 d.
22. *DzS* 475-476; trad. J. Moingt.

pode também ter um sentido forte: Jesus pensava em sua mesma inteligência humana tudo o que sabia de ciência divina.

Permanece uma dúvida sobre o pensamento real de Gregório, como sobre o valor desse documento: "Seria preciso ter certeza", escreve C. Duquoc, "de que a argumentação conduzida a partir da onisciência do Verbo encarnado visa à transcrição deste saber na inteligência humana de Cristo. O texto é demasiado pouco preciso para afirmar isso, embora fale de um saber na natureza humana de Jesus. Seja como for, o alcance doutrinal dessa carta é difícil de avaliar: os historiadores do dogma e os teólogos não estão de acordo"[23].

Mas é certo que a interpretação forte foi levada em conta na antiguidade cristã. Sofrônio de Jerusalém já será mais preciso quando mostrar que a inteligência humana de Cristo não pôde ignorar o que diz respeito a nossa salvação, porque esta foi operada igualmente pela humanidade do Senhor[24]. Mais tarde, João Damasceno professará o sentido mais forte, argumentando sobre a união hipostática que deificava essa inteligência humana.

A condenação dos agnoítas foi retomada pelo sínodo romano de Latrão de 649 e pelo concílio de Constantinopla III. Ela sustenta a ausência de uma ignorância positiva ou privativa na inteligência humana de Cristo. Esta consiste em não saber o que se deveria normalmente saber. Ela se distingue da ignorância negativa que é a simples ausência de um conhecimento estranho à competência do sujeito. A ausência de ignorância positiva de Cristo deve, pois, ser avaliada em relação à sua missão mediadora. Ela não implica a ausência de toda ciência humana real ou possível.

É notável que a questão não tenha recebido uma solução franca e nítida do tipo das que o sínodo de Latrão e o concílio de Constantinopla III elaboravam no mesmo momento acerca das duas vontades de Cristo. A analogia da fé permite entretanto aplicar ao caso da ciência e do conhecimento os princípios que foram considerados quanto às duas vontades.

O historiador dos dogmas é confrontado neste ponto a um relativo paradoxo. A tradição doutrinal antiga tanto insistiu sobre as consequências existenciais para Cristo da dualidade de suas naturezas no domínio da vontade e do agir, quanto manifestou uma resistência em reconhecer essas consequências no domínio da inteligência e do conhecimento. Donde uma relativa deriva rumo à afirmação de um conhecimento sempre mais perfeito na humanidade de Cristo. Em outros termos, a quenose de Cristo foi sublinhada num domínio e insuficientemente reconhecida no outro. Voltaremos a encontrar essa questão na Idade Média[25].

---

23. C. Duquoc, *Christologie, essai dogmatique*, t. I; *L'Homme Jésus*, Paris, Cerf, 1968, p. 159.
24. *PG* 87, 3192 d.
25. Cf. infra, pp. 401-403. — Sobre a problemática teológica da ciência e da consciência de Cristo, cf. B. Sesboüé, *Pédagogie du Christ. Éléments de christologie fondamentale*, Paris, Cerf, 1994, pp. 141-175.

A crise do monoenergismo e do monotelismo

Da questão da ciência de Cristo a consideração doutrinal passa, durante o século VII, à de sua atividade e de sua vontade. Este debate incide sobre um ponto importante da antropologia cristológica e conduz à reunião de um novo concílio no Oriente, cuja preocupação é ainda formalmente cristológica, o de Constantinopla III (680-681)[26]. Um texto da Escritura está no centro do debate: o relato da agonia de Jesus. As discussões extremamente sutis que vão se produzir remetem sempre ao dado fundamental da salvação da humanidade. Foi por um ato autenticamente humano e exercendo uma vontade humana que Cristo deu sua vida?

Primeira etapa: o monoenergismo

A preocupação maior da Igreja é sempre conquistar as diferentes facções monofisitas que o concílio de Constantinopla II não soubera convencer. Sérgio, patriarca de Constantinopla, tem a ideia do *monoenergismo*, isto é, a doutrina que supõe uma *única atividade* em Cristo. Para tanto, consulta o calcedoniano Teodoro de Farão, que o confirma em sua opinião[27]. Sérgio utiliza sua doutrina na Armênia, na Síria e no Egito em negociações de paz com os monofisitas.

Com seu acordo, Ciro, nomeado patriarca de Alexandria, lança em 633, numa declaração chamada *Pacto de união*, uma fórmula suscetível de convencer os recalcitrantes:

> O único e mesmo Cristo e Filho operando o que é divino e o que é humano por uma só atividade teândrica *(mia theandrike energeia)*, como diz São Dionísio[28].

A fórmula, retomada de um texto do Pseudo-Dionísio Areopagita (mas com uma importante modificação, já que "uma só" substituiu "uma nova" atividade[29]), é ambígua, pois pode ter um sentido justo como um sentido contrário a Calcedônia. De um lado, com efeito, as duas naturezas concorrem em toda operação de Cristo. Cristo tem um só agir em duas naturezas. Mas, do outro lado, pode-se compreender que Cristo tem um só tipo de atividade, vindo de um só princípio de ação, donde o nome "monoenergismo" dado a essa doutrina. Ora, a atividade enquanto tal é uma propriedade da natureza, natureza que Calcedônia disse estar salvaguardada. Nessa hipótese, a atividade de Cristo já não seria verdadeiramente humana. Essa posição é, então, o corolário de um monofisismo ruim.

---

26. Cf. F. X. Murphy e P. Sherwood, op. cit., pp. 132-260.
27. Cf. ibid., p. 143.
28. Mansi XI 565 CE; cf. F. X. Murphy-P. Sherwood, op. cit., p. 305.
29. Mansi XI, 532 D.

Ciro propaga ativamente o monoenergismo. Um amplo acordo parece se desenhar por um momento no Oriente (abrangendo os armênios e os jacobitas), com base em Calcedônia, glosado por esse monoenergismo.

A ambiguidade dessa fórmula é o sinal da dificuldade do problema: a atividade e a vontade que estará mais tarde no centro dos debates podem ser consideradas, de fato, seja do ponto de vista da pessoa, seja do ponto de vista da natureza. Elas pertencem à pessoa na medida em que são o lugar de expressão da liberdade do sujeito, o meio de seu engajamento num projeto de vida determinado e portanto numa atividade única. A ação é, deste ponto de vista, objeto do que se chamaria em linguagem moderna de "vontade querida". Mas elas podem também ser consideradas como princípios de ação, como apetites racionais, como "vontades querentes", especificando um tipo próprio de atividade. Sob esse ângulo, elas pertencem à natureza, da qual são propriedades. Apresenta-se aqui desde logo o problema da distinção de duas vontades comandando dois tipos de atividades sem separação, mas pertencendo a um só e mesmo sujeito, querendo e realizando uma obra única, a de nossa salvação.

Dois monges discernem rapidamente a ambiguidade dessa fórmula. Primeiro foi Sofrônio, mais tarde bispo de Jerusalém, e em seguida Máximo, o Confessor. Sofrônio intervém junto a Sérgio e a Ciro, lembrando que a atividade se reporta à natureza. Diante dessa constatação, Sérgio propõe um compromisso, que exprime num *Psephos* (julgamento) enviado em junho de 633 a Ciro: não se permitirá mais

> a ninguém doravante falar de uma ou de duas atividades a respeito de Cristo, nosso Deus, o que é ímpio, pois é impossível que em um único e mesmo sujeito duas vontades contrárias subsistam ao mesmo tempo uma ao lado da outra[30].

É, de fato, o mesmo Cristo que "opera o que é divino e o que é humano", e suas atividades humanas procedem do Verbo encarnado. Assim se falará de um só "agente", pois suas ações humanas são inteiramente governadas pelo Deus-Verbo. Sofrônio se mostrou aparentemente satisfeito com esse compromisso, embora seu pensamento permaneça muito estranho ao espírito desse texto. O caso ficou provisoriamente parado aí. O erro monoenergista podia ser considerado natimorto.

Por seu turno, também interveio Máximo, o Confessor, monge originário de Constantinopla, mas instalado em Cartago por causa da migração de inúmeras pessoas deslocadas do Oriente pelas conquistas persas, depois árabes. Conhecia Sofrônio. Tornou-se um grande nome da teologia bizantina e aplicou a esse problema a trilogia "substância, força, operação", que está no âmago de sua cristologia. Soube articular a unidade da atividade concreta de Jesus com o pleno respeito das duas atividades naturais, isto é, específicas das duas naturezas.

---

30. Trad. em F. X. Murphy e P. Sherwood, op. cit., p. 306.

Máximo se tornará o grande teólogo da questão. No momento em que estamos, ele aceita o *Psephos*, porque esse documento recusa falar de uma só atividade.

Segunda etapa: o monotelismo

Entretanto, a ideia subjacente ao monoenergismo repercutiu quase imediatamente. Sérgio de Constantinopla, sabendo da eleição de Sofrônio como patriarca de Jerusalém, compreendeu que a Igreja de Roma logo estaria a par do debate. Adiantou-se assim e escreveu ao papa Honório, para mantê-lo a par. Seu relato, um pouco conciliante, valoriza a união realizada com os jacobitas. Propõe proscrever os termos *monoenergia* ou *dioenergia*, pois o mesmo Verbo operou o divino e o humano sem divisão. Propor duas atividades equivaleria a colocar duas vontades, que seriam necessariamente contrárias uma à outra. Em particular, no caso da agonia e da paixão, a vontade humana de Cristo não teria podido resistir. Sérgio propõe então outra fórmula que afirma "um só querente, uma só vontade em duas naturezas agentes". Encontra-se aí a mesma ambiguidade da fórmula precedente. Ela é justa na medida em que retoma intencionalmente uma expressão de Gregório de Nissa: "A humanidade do Senhor é conduzida em tudo pela divindade do Verbo e é divinamente movida"[31] e, por esse motivo, ela se ofereceu por si mesma à paixão salvífica. Mas alguns comentários de Sérgio dão a entender que a humanidade do Verbo não era movida segundo seu movimento natural. O erro se explicitará nesta confissão de fé mais tardia (681) de Macário de Antioquia:

> A divindade opera verdadeiramente a salvação do todo pelo corpo que está em torno dela, e por isso os sofrimentos pertencem à carne, mas a Deus a atividade pela qual somos salvos[32].

Esses textos reduzem a humanidade de Cristo a um papel puramente instrumental e externo. Ela já não é um princípio vital de ação, mas um objeto movido. A salvação realizada pelo Cristo não é mais o fruto de um ato verdadeiramente humano. Sérgio, em suas fórmulas conciliadoras, atenta na verdade contra a integridade da natureza humana de Cristo como princípio vital de ação. Ele retorna a ideias de tipo apolinarista.

Honório responde em 634 com uma carta de felicitações pela união realizada e de aprovação para a fórmula proposta de "uma só vontade em Cristo"[33]. Concorda em proscrever os termos *monoenergia* e *dioenergia*. Vê nisso uma simples briga de palavras ou uma discussão de gramáticos. Eis, portanto, um

---

31. Gregório de Nissa, *Contre Eunome* III, 8; ed. W. Jaeger II, p. 136; *PG* 45, 713 a.
32. Texto em F. X. Murphy e P. Sherwood, op. cit., p. 314.
33. *DzS* 487-488.

papa que se compromete por trás de fórmulas que serão mais tarde reconhecidas como heréticas. Isso não será esquecido. Mas Honório não viu o fundo nem a dificuldade da questão. Pode-se pensar que ele quis dizer "uma só vontade querida". Como Sérgio, ele fala sempre de *hen thelema* (querer concreto) e nunca de *mia boulesis* (uma só faculdade de querer). Corrigirá seu erro mais tarde.

Em 638, o imperador Heráclito segue o modelo de seus antecessores do século VI e promulga um novo edito teológico, a *Ekthesis*, ou *Exposição da fé*, que impõe a fórmula que fala de uma só vontade *(hen thelema)* de Cristo, sem confusão das naturezas. Sérgio de Constantinopla e seu sucessor Pirro aderem a ela, bem como Ciro de Alexandria, mas não Sofrônio de Jerusalém. É então que o Ocidente reage: o papa João IV reúne um primeiro sínodo em 641 que condena a heresia monotelista, enquanto Máximo, o Confessor, defende na África a doutrina das duas vontades. Um cisma de fato se estabelece então entre Ocidente e Oriente.

Em 648 o imperador Constante II promulga um *Typos* que proíbe toda disputa sobre a questão.

Terceira etapa: o sínodo de Latrão de 649

O papa Martinho I, que vivera em Constantinopla como "apocrisiário" do imperador (oficial encarregado de transmitir os rescritos imperiais) e conhecia bem a questão, quis, tão logo eleito, pôr fim à discussão. Reuniu em Roma, em 649, um sínodo muito importante pelo número de participantes (105 bispos, italianos e africanos, mais alguns gregos exilados), mas não ecumênico. Agiu assim sem o aval do imperador e infringiu a proibição do *Typos* de Constante II.

O sínodo retoma a definição de Calcedônia e insere nela a afirmação das duas vontades e atividades, correspondentes às duas naturezas, mas decorrentes de um só sujeito querente e operante. Em seguida reafirma essa mesma doutrina em dois cânones:

> Cân. 10. Se alguém não confessa, segundo os santos Padres, em um sentido próprio e verdadeiro, duas vontades intimamente unidas do único e mesmo Cristo-Deus, a divina e a humana, já que, por ambas, ele quis naturalmente nossa salvação, que seja condenado.
>
> Cân. 11. Se alguém não confessa, segundo os santos Padres, em um sentido próprio e verdadeiro, duas atividades intimamente unidas do único e mesmo Cristo-Deus, a divina e a humana, já que, por ambas, ele operou naturalmente nossa salvação, que seja condenado[34].

---

34. *DzS* 510-511; cf. F. X. Murphy e P. Sherwood, op. cit., pp. 311-312.

Ademais, no cânon 15, a expressão "operação teândrica" é considerada aceitável apenas na condição de significar a união admirável de duas atividades, divina e humana. O cânon 18 anatematiza os heréticos, os patriarcas monotelistas assim como a *Ekthesis*, mas não o papa Honório.

Este sínodo é facilmente acolhido no Ocidente, mas o imperador reage com brutalidade: manda prender o papa e deportá-lo a Constantinopla. Martinho I é então levado a julgamento diante do tribunal do patriarca da cidade, degradado, despojado de suas vestes pontifícias e preso a correntes. Morrerá no exílio em 655. Máximo, o Confessor, compartilha sua sorte de modo mais grave ainda: julgado, martirizado (língua e mão direita cortadas), é enviado ao exílio. Por isso lhe foi atribuído o qualificativo de "Confessor" da fé.

Após uma guerra desgastante e mediante a mudança dos parceiros políticos e religiosos, o novo papa Vitaliano restabelece a comunhão entre Roma e Constantinopla por volta de 660.

A reunião de Constantinopla III (680-681)

Por ocasião de um novo incidente ocorrido alguns anos mais tarde entre Teodoro, patriarca de Constantinopla, e Roma, o imperador Constantino IV empreende a organização em sua capital de uma conferência de teólogos orientais e ocidentais para pôr termos às dissensões doutrinais. O papa Agatão procede então a uma ampla consulta no Ocidente e reúne os bispos italianos. Em seguida, envia ao concílio seus legados munidos de duas cartas: a sua e a profissão de fé condenando o monotelismo, redigida pelos bispos que acabavam de se reunir[35].

A conferência começa em novembro de 680 numa sala do palácio imperial, sob a "cúpula" (*in Trullo*, nome dado também, e pela mesma razão, ao sínodo "Quinissexto" de 692). Imediatamente ela toma o título de concílio ecumênico. Estão presentes 43 bispos. O concílio fará 18 sessões de novembro de 680 a setembro de 681. Foi considerado como um concílio de "arquivistas e bibliotecários", em razão da importância dada à referência aos textos do passado. A assembleia recorre às atas de Calcedônia e de Constantinopla II e examina os testemunhos patrísticos, mas trabalha frequentemente com textos falsificados ou truncados. Faz também o processo de Macário de Antioquia, monotelista inveterado, e o depõe.

A 13ª sessão do concílio condena todos os monotelistas, Sérgio, Pirro, Paulo, Ciro e Macário, bem como Honório, sem nenhum protesto da parte dos legados ou do papa:

> Como eles, também deliberamos banir da Santa Igreja de Deus a Honório, outrora papa da antiga Roma, pois verificamos nas cartas escritas por ele a

---

35. *Lettre d'Agathon*, cf. *DzS* 543-545; *Lettre synodale*, *DzS* 547-548.

Sérgio que ele seguiu todas as opiniões deste homem e confirmou seus ímpios ensinamentos[36].

Essa condenação, que se acompanhará de um anátema lançado sobre um papa por um concílio, foi aprovada por Leão II. Mas o erro de Honório foi visto como uma falta pessoal, não comprometendo a Sé de Roma. Entretanto, o caso do "papa herético" provocará uma imensa literatura ao longo das eras e será retomado no Vaticano I[37].

A 18ª sessão promulga um decreto dogmático que trata das duas vontades e das duas atividades de Cristo. O papa Leão II aprova o concílio e o faz subscrever por todos os bispos ocidentais. "Nós o acolhemos como sexto concílio ecumênico, igual aos cinco primeiros." Em termos mais matizados, o papa reconhece a heresia de Honório.

O decreto dogmático de Constantinopla III

A exposição da fé de Constantinopla III se insere religiosamente na sequência dos cinco concílios ecumênicos precedentes. Cita na íntegra os credos de Niceia e de Constantinopla I. Acolhe a carta do papa Agatão ao imperador[38] e declara-a conforme à definição de Calcedônia e ao *Tomo* de Leão. Nessa carta, Agatão compreendia as duas atividades à maneira como Constantinopla II o fazia das duas naturezas: essa distinção é conceitual. Reconhece também a profissão de fé dos bispos reunidos recentemente em Roma, que raciocinava semelhantemente[39]. Faz referência às cartas de Cirilo a Nestório. Entendendo "seguir" os concílios ecumênicos anteriores, ela retoma palavra por palavra a definição de Calcedônia. Em seguida, comenta-a com dois desdobramentos novos, um sobre as duas vontades, o outro sobre as duas atividades ou operações. Dá assim um novo comentário sobre o sentido do "conhecido em duas naturezas" e dos quatro advérbios de Calcedônia ("sem confusão, sem mudança, sem separação, sem divisão") no interior da perspectiva da união hipostática:

> Proclamamos da mesma maneira nele, segundo o ensinamento dos santos Padres, duas vontades *(thelesis)* ou quereres *(thelema)* naturais e duas atividades *(energeia)* naturais, sem divisão, sem mudança, sem separação e sem confusão. Os dois quereres *(thelema)* naturais não são, como disseram os heréticos ímpios, opostos um ao outro, longe disso. Mas seu querer humano segue seu querer divino e todo-poderoso, não lhe resiste e não se opõe a ele, antes se submete a

---

36. Cf. F. X. Murphy e P. Sherwood, op. cit., p. 314.
37. O concílio do Vaticano I, antes de definir a infalibilidade pontifícia, se debruçará sobre os casos de Libério, Vigílio e Honório.
38. *DzS*, 553; *COD* II-1, p. 283.
39. *DzS* 548.

ele. Foi preciso que o querer da carne fosse movido e fosse submetido ao querer divino, segundo o mui sábio Atanásio. Pois assim como sua carne se diz e é a carne do Deus-Verbo, assim o querer natural de sua carne se diz e é o próprio querer do Deus-verbo, como ele mesmo declara: "Pois eu desci do céu para fazer não a minha vontade, mas a vontade d'Aquele que me enviou" (Jo 6,38)[40].

As duas naturezas de Cristo são naturezas vivas que dispõem cada qual de sua própria vontade, já que a vontade é uma propriedade natural. Às duas vontades se aplicam então os quatro advérbios de Calcedônia. Não pode haver oposição entre elas, já que uma se submete à outra, mas não como um sujeito se submete a um sujeito, mas na medida em que o querer natural humano de Cristo é o querer mesmo do Deus-Verbo, segundo o princípio da união hipostática, em virtude da qual a natureza humana não foi suprimida, mas conservada em seu próprio estado[41]. É notável que, bem antes dessa querela, o papa Leão já tenha falado explicitamente de duas vontades em Cristo a propósito de sua agonia, ao dizer: "A vontade inferior cedeu portanto à superior"[42].

> Glorificamos duas atividades *(energeia)* naturais, sem divisão, sem mudança, sem separação, sem confusão, em nosso Senhor Jesus Cristo, nosso verdadeiro Deus, isto é, uma atividade divina e uma atividade humana, segundo Leão, o inspirado de Deus, que afirma mui claramente: "Cada natureza faz em comunhão com a outra o que lhe é próprio, o Verbo operando o que é do Verbo e o corpo executando o que é do corpo". Com efeito, não concordaremos em que exista uma só atividade natural de Deus e da criatura, para não elevar o criado à substância divina e para não rebaixar a sublimidade da natureza divina ao nível que convém às criaturas[43].

A argumentação aqui é a mesma, pois o caso não é diferente, e ela se refere igualmente a Calcedônia e a Leão, de quem faz uma testemunha da doutrina das duas atividades de Cristo, correspondendo a cada uma de suas naturezas que são princípios de operação. Falar de uma só atividade ou operação é voltar à confusão das naturezas. Os milagres e os sofrimentos pertencem a um só (como lembrou Constantinopla II), mas segundo cada uma das duas naturezas. A unidade em Cristo permanece diferenciada.

O texto termina com uma profissão de fé, recapituladora de todas as afirmações precedentes:

> Proclamamos tudo numa fórmula concisa: crendo que um da Trindade é também, após a encarnação, nosso Senhor Jesus Cristo, nosso verdadeiro Deus,

---

40. *DzS* 556; *COD* II-1, p. 287.
41. Essas expressões serão retomadas pelo Vaticano II, *Gaudium et Spes*, 22 § 1.
42. Leão, *Sermon V sur la passion* (43 ou LVI); trad. R. Dolle, *SC* 74, p. 43.
43. *DzS* 557; *COD* II-1, p. 289.

dizemos que ele tem duas naturezas resplandescendo em sua única hipóstase. Nela, ao longo de toda a sua existência segundo a economia, ele manifestou seus milagres e seus sofrimentos, não em aparência, mas em verdade. A diferença natural nesta única hipóstase se reconhece no fato de cada uma das naturezas querer e operar o que lhe é próprio em comunhão com a outra. Por essa razão, glorificamos dois quereres e duas atividades naturais que concorrem uma com a outra para a salvação do gênero humano[44].

Essa fórmula recapitula igualmente o ensinamento dos concílios anteriores, Éfeso, Calcedônia e Constantinopla II. Ela se combina também com o sínodo de Latrão de 649. O concílio de Constantinopla III será reconhecido pelo papa Leão II em 682, depois no Oriente, apesar da persistência de resistências monotelistas, pelo imperador Justiniano II em 686.

Esse imperador quis completar no plano disciplinar a tarefa do quinto e do sexto concílios convocando o concílio chamado por esta razão "Quinissexto" (= V e VI), que se realizou em 692 em Constantinopla, também sob a cúpula *(in Trullo)*. Apesar de sua pretensão ecumênica, esse sínodo, que queria estender a toda a Igreja a legislação e os usos bizantinos e criticava a Igreja romana, não foi reconhecido pelo Ocidente e não será contado na série dos concílios ecumênicos.

O balanço do concílio

Cosntantinopla III prolonga e completa Calcedônia. Os dois quereres e as duas operações de Cristo são necessários à salvação do gênero humano. Nisso o concílio está mais próximo da Escritura do que as teses monotelistas, pois ele valoriza o fato de que Cristo cumpriu em sua paixão e morte um ato autêntica e integralmente humano, isto é, um ato verdadeiramente voluntário e livre. Segundo a doutrina de Máximo, o Confessor, a vontade é "autodeterminativa"[45]. Essa qualidade foi conservada em Cristo. Senão, "a natureza despojada, em proveito da pessoa, de todo dinamismo interno não passa de uma marionete passiva"[46]. O concílio adquire, portanto, grande importância no que diz respeito à antropologia de Cristo, pois testemunha em favor da integridade de sua humanidade. Anuncia a seu modo os desdobramentos modernos sobre a liberdade e a consciência de Cristo. A liberdade pessoal do Filho ganha uma determinação nova ao assumir a condição humana, já que ela se exerce no devir, por meio da faculdade do livre-arbítrio e na obediência de um homem a Deus. O mesmo se dá analogicamente com a consciência e com a consciência de si do Cristo "nos dias de sua carne".

---

44. *DzS* 558; *COD* II-1, pp. 289-291.
45. Cf. F. X. Murphy e P. Sherwood, p. 229.
46. Cf. H. Urs von Balthasar, *Liturgie cosmique*, p. 195.

3. A QUERELA DAS IMAGENS: NICEIA II (787)

> **OS AUTORES E OS TEXTOS:** JOÃO DAMASCENO, *Discours apologétiques contre ceux qui rejettent les saintes images*; *PG* 94, 1232-1420. — NICÉFORO DE CONSTANTINOPLA, *Antirrhétiques* I e II, *PG* 100, 205 d — 533 a; *Apologie pour les saintes images*, *PG* 100, 533 b — 832 a.
>
> **REFERÊNCIAS BIBLIOGRÁFICAS:** A. GRABAR, *L'iconoclasme byzantin, dossier archéologique* Paris, Collège de France, 1957. — CH. SCHÖNBORN, *L'icône du Christ. Fondements théologiques élaborés entre le Ier et le IIe concile de Nicée (325-787)*, Fribourg, 1976 (3ª ed., Paris, Cerf, 1986). — G. DUMEIGE, *Nicée II*, Paris, Orante, 1978 (bibliographie, pp. 278-287). — F. BOESPFLUG e N. LOSSKY, ed., *Nicée II, 787-1987, douze siècles d'images religieuses*, Paris, Cerf, 1987. — G. DAGRON, L'iconoclasme et l'établissement de l'orthodoxie, *Histoire du christianisme*, t. 4, Paris, Desclée, 1993, pp. 93-165.

Este longo percurso das determinações dogmáticas em cristologia encontra seu final no sétimo concílio ecumênico, o de Niceia II, realizado em 787, isto é, um século depois de Constantinopla III. Este concílio é igualmente o último dos concílios ecumênicos reconhecidos conjuntamente pelo Oriente e pelo Ocidente. Tem, assim, uma dupla importância.

O problema levantado, aparentemente muito circunscrito, recobre uma questão propriamente cristológica. Trata-se de saber se é legítimo ou não, aos olhos da fé cristã, representar em pinturas ou em esculturas os acontecimentos e os personagens da história da salvação, em particular o Cristo. É no início do século VIII que uma grave querela, ao mesmo tempo política e religiosa, irrompe a esse respeito.

Uma tradição contraditória sobre as imagens

A tradição que se podia invocar a respeito das imagens parece paradoxalmente bastante contraditória. O cristianismo primitivo herdara da mensagem bíblica a proibição de toda "imagem talhada" (cf. Ex 20,4) e se mostrava constantemente severo quanto à representação dos ídolos (cf. Rm 1,23). Os Padres apostólicos e os apologetas do século II retomaram sem falha por conta própria essa interdição que remontava a um decálogo ainda válido para os cristãos. Clemente de Alexandria lhe dará um fundamento filosófico, lembrando que Deus é *aperigraptos*[47], isto é, que não pode ser "circunscrito" e, portanto, representado. Orígenes retomará o mesmo tipo de argumentação e para ele a encarnação é antes de tudo uma pedagogia que deve conduzir à visão do Verbo "nu", verdadeira imagem de Deus[48]. Contra Celso, ele precisa que os judeus e

---

47. Clemente de Alexandria, *Fragment* 39; *GCS* III, 219-220.
48. Cf. Ch. Schönborn, op. cit., pp. 77-85.

os cristãos não suplicam a imagens e a estátuas⁴⁹. No início do século IV, um sínodo regional espanhol, realizado em Elvira, proíbe todas as pinturas dentro das igrejas. Pode-se seguir assim uma linha contínua de Padres da Igreja hostis ou ao menos reticentes às imagens, tanto no Ocidente — de Lactâncio e Arnóbio às grandes reservas de Agostinho diante dos perigos de idolatria — quanto no Oriente, de Eusébio de Cesareia⁵⁰ — decerto herdeiro da teologia de Orígenes a respeito — e Epifânio de Salamina a Filóxeno de Hierápolis e Severo de Antioquia, que consideram sempre que não se pode representar o inexprimível.

Entretanto, desde o início do século III, as catacumbas e os hipogeus, os batistérios e os sarcófagos começavam a se cobrir de imagens cristãs inumeráveis, representando cenas bíblicas, Cristo e a Virgem. O movimento só faz crescer com as pinturas, as esculturas, as grandes composições das absides e os mosaicos dos séculos IV, V e VI. A cidade de Roma dá por si só um rico conjunto de testemunhos comoventes desse movimento. Mas as imagens são igualmente aprovadas por outra linha de Padres da Igreja: Atanásio e Basílio de Cesareia, que lançará um princípio justificador do culto das imagens, amplamente utilizado a seguir: "a honra prestada à imagem passa ao protótipo"⁵¹; os dois Gregórios de Nissa e de Nazianzo; Nilo de Ancira e Severino de Gabala; no Ocidente, Paulino de Nola e Gregório Magno.

Com o tempo essas imagens se tornaram objeto de um verdadeiro culto. Venerar a imagem é prestar um culto àquele que ela representa. Na sociedade não se rendia homenagem pela mesma razão às imagens dos imperadores? Vê-se aparecer nas moedas a Cruz, a Virgem e mesmo o Cristo. Fala-se igualmente de imagens consideradas de origem divina porque não são feitas por mãos humanas *(acheiropoietos)*. Atribui-se às imagens até mesmo a virtude de proteger, de curar, de converter e, eventualmente, de punir. Mas os desdobramentos desse culto, não isento de excessos e de ambiguidades doutrinais, começam a levantar problemas pastorais⁵².

O sínodo "Quinissexto" de 692, evocado acima, emite a respeito das imagens um discernimento motivado por razões teológicas: pede que se renuncie às representações simbólicas e prefiguradoras do Cristo (por exemplo, o cordeiro) e que ele seja mostrado com seus traços humanos, de maneira realista, para fazer compreender a humildade do Verbo que se fez carne⁵³.

A irrupção do conflito iconoclasta

No início do século VIII, príncipes árabes começam a prescrever a destruição das imagens cristãs. Mas é sobretudo na Ásia Menor (Frígia) que uma tendência

---

49. Orígenes, *Contre Celse*, VII,64-65; *SC* 150, pp. 163-167.
50. Cf. Ch. Schönborn, op. cit., pp. 55-77.
51. Basílio de Cesareia, *Sur le Saint-Esprit*, XVIII,45; trad. B. Pruche, *SC* 17 bis, p. 407.
52. Cf. G. Dumeige, op. cit., pp. 17-57.
53. Cf. A. Grabar, op. cit., pp. 77-91.

iconoclasta se faz sentir em alguns bispos. Por isso o patriarca Germano de Constantinopla lhes dirigiu três cartas em favor das imagens[54]. Invoca o argumento pastoral: não se deve perturbar as consciências alterando os hábitos adquiridos; e o argumento teológico: é a encarnação de Cristo que legitima o culto de imagens que não representam a divindade, mas sua manifestação na carne. Entretanto, não se deve "adorar" a Virgem nem os santos representados em imagens, mas render-lhes honras como a servos de Deus. O papa Gregório II felicita Germano por sua posição e retoma por seu turno o argumento que fundamenta o valor das imagens sobre a encarnação.

Mas o imperador Leão III, tornando-se hostil às imagens, declara-lhes guerra em 726. Manda destruir o mosaico de Cristo que ornava seu palácio e o substitui pela imagem de uma cruz nua. Será a prática corrente dos iconoclastas. Indo mais longe, persegue os defensores das imagens e depõe Germano, patriarca de Constantinopla.

A teologia das imagens recapitulada por João Damasceno

João de Damasco, ou Damasceno, tinha a vantagem de viver numa região que não dependia do império. Escreveu um pequeno tratado "contra os que rejeitam as santas imagens"[55], no qual reúne as posições dos Padres e apresenta toda uma teologia do culto das imagens. Assim fazendo, ele recapitula a doutrina de seus grandes antecessores da patrística grega.

Primeiramente, João dá uma definição da imagem: a imagem é a reprodução de um modelo com o qual ela mantém uma dupla relação de semelhança e de diferença. Se não há nenhuma semelhança, não se pode falar de imagem; se a semelhança é total, a imagem se confunde então com o modelo.

A noção de imagem está presente no centro do mistério cristão, já que ela remonta à vida trinitária[56]. O protótipo de toda imagem é o Filho, perfeita imagem do Pai (cf. Cl 1,15). De igual modo, o Espírito é a imagem perfeita do Filho. São os casos-limite da imagem, já que a semelhança vai até a consubstancialidade e a diferença se reduz à distinção pessoal. Pela encarnação, a perfeita imagem de Deus se tornou visível no Cristo que podia dizer: "Aquele que me viu viu o Pai" (Jo 14,9)[57].

Numa escala inferior, as ideias divinas eternas, tomadas num sentido platônico, são arquétipos e sua realização no mundo não passam de suas imagens. O homem, enfim, foi criado à imagem de Deus e da Trindade: esse tema, rico

---

54. *PG* 98, 155-194.
55. João Damasceno, *Discours apologétiques contre ceux qui rejettent les saintes images*; *PG* 94, 1232-1420.
56. Cf. Ch. Schönborn, op. cit., pp. 21-53.
57. Texto comentado com predileção por Cirilo de Alexandria, cf. Ch. Schönborn, op. cit., pp. 85-105.

de numerosas variantes, atravessou toda a patrística em ligação com a encarnação, que constitui a revelação última, no Cristo, daquilo de que o homem é a imagem. Também as figuras do Antigo Testamento são imagens das realidades do Novo. Em todos esses casos, e em graus diferentes, o papel da imagem conduz ao conhecimento do modelo, e a imagem visível ao conhecimento das realidades invisíveis.

Esse é, portanto, o fundamento teológico sobre o qual repousa o culto das imagens materiais, reproduzindo cenas bíblicas, as teofanias que precederam a encarnação do Filho e, bem entendido, o próprio Cristo. A imagem não é objeto de uma adoração (*proskynesis* no sentido forte) em sua realidade material, mas de uma veneração na medida em que conduz ao conhecimento e ao amor do que ela representa. O representado age na e pela imagem: assim se pode dizer que a imagem de Cristo é Cristo.

A proibição das imagens no Antigo Testamento tem de ser bem compreendida: ela tinha valor pedagógico junto de um povo tentado pela idolatria. Quanto à tradição, João Damasceno não tem dificuldade em alinhar os testemunhos de Padres favoráveis às imagens.

O "concílio" oriental de Hiéria

Cresce então a tensão entre o imperador iconoclasta Leão III e os papas Gregório II e Gregório III, defensores das imagens. Ela se traduz por incursões militares recíprocas entre Oriente e Ocidente, sinais da emancipação progressiva do que está em via de tornar-se o império franco. Mas faltava à doutrina iconoclasta, imposta pelo imperador no Oriente, a confirmação de um concílio. Constantino V, sucessor de Leão III, figura típica do soberano-teólogo, tentou obtê-la convocando um concílio no palácio de Hiéria, perto de Constantinopla. A fim de orientar as decisões da assembleia, Constantino V publicou um tratado contra as imagens, no qual sistematiza os grandes argumentos iconoclastas[58].

Se a imagem, de fato, é consubstancial àquilo que representa, a imagem de Cristo só pode representar sua natureza humana e não sua natureza divina, que não pode ser circunscrita. Essa imagem trai, portanto, sua identidade de pessoa única constituída de duas naturezas. Se se diz que é a pessoa de Cristo que é representada, cai-se no nestorianismo que separa as naturezas e acrescenta-se uma quarta pessoa à santa Trindade. A única verdadeira imagem de Cristo é a eucaristia.

O concílio de Hiéria se realizou em 754 e reuniu 338 bispos orientais. Mas nem o papa nem os patriarcas estavam representados. A "definição" de Hiéria chegou até nós por meio das atas do concílio de Niceia II[59]. Ela pretende

---

58. Chegaram-nos extratos por meio da refutação do patriarca Nicéforo no concílio de Niceia II; *PG* 100, 205-533; trad. em G. Dumeige, op. cit., pp. 229-232.

59. Cf. Mansi XIII, 336 e 352 c; trad. dos anátemas em G. Dumeige, op. cit., pp. 236-238.

lutar contra a idolatria que se insinua por meio do culto das imagens, declarado blasfematório, porque tentam circunscrever o Deus irrepresentável e dividem Cristo, de quem só podem pintar a humanidade. Em suma, a assembleia avalia a teologia de Constantino V. Apesar de suas pretensões ecumênicas, o concílio de Hiéria nunca foi reconhecido como tal, e suas decisões só foram aplicadas durante o final do reinado de Constantino V, que conduziu uma perseguição particularmente violenta e cruel contra os defensores das imagens.

A convocação do concílio de Niceia II

O filho de Constantino, Leão IV, se casara com Irene, uma grega que era amiga dos monges e devota das imagens. A tensão progressivamente diminuiu. Com a morte de Leão, Irene assumiu a regência em nome de seu filho que só tinha dez anos. Queria convocar um novo concílio que corrigiria os erros iconoclastas. Mas teve de esperar com paciência, pois as oposições permaneciam fortes e uma tentativa de concílio em Constantinopla foi dispersada pela tropa. A cidade de Niceia foi então escolhida, pois se achava a boa distância da capital e tinha o prestígio de ter sido o local de reunião do primeiro concílio ecumênico.

O concílio reuniu, em setembro de 787, mais de trezentos bispos. O papa Adriano enviou seus legados, e os demais patriarcas do Oriente se fizeram representar. Desenvolveu-se em paz e foi presidido com ordem, inteligência e respeito das pessoas, por Tarásio, patriarca de Constantinopla, que tinha de se fazer perdoar por uma eleição bem rápida do estado de leigo ao de arcebispo. Monges representavam aqueles que muito haviam sofrido por causa das imagens e exerceram no concílio, sem ter voz deliberativa, certa vigilância doutrinal. Começou-se pelas questões pessoais: os bispos até então opostos às imagens se retrataram e foram reconciliados. O concílio, à diferença do de Hiéria, pretendia se manter em plena comunhão com o papa, cuja carta aos imperadores foi lida e acolhida, como outrora o *Tomo* de Leão em Calcedônia. O concílio tinha igualmente a adesão dos bispos das dioceses do Oriente, da Palestina e do Egito que não podiam se deslocar em razão da dominação árabe.

Os debates de Niceia II sobre as imagens

O dossiê doutrinal das imagens foi então retomado em seu fundo ao longo dos debates. Existe um testemunho da Escritura sobre o uso das imagens, seja no culto do Antigo Testamento (a arca da Aliança, os querubins), seja no Novo (cf. Hb 9,25 que fala do santuário da Nova Aliança), em que a encarnação de Cristo lança seu fundamento. Mas foi sobretudo o argumento de tradição que foi invocado. Os testemunhos dos Padres foram metodicamente citados, assim como as atestações dos milagres cumpridos pelas imagens. O concílio apoiou-se em particular na teologia da imagem-sinal de Leôncio de Neápolis, que compara a imagem à palavra, ela também sinal de outra realidade. Explicita-se a diferença entre a adoração propriamente dita, reservada somente a Deus, e a veneração que é devida às imagens. São lidos os documentos contemporâneos da crise iconoclasta, em particular a troca de cartas entre Germano de Constantinopla e o papa Gregório II.

O concílio faz igualmente o processo detalhado do concílio de Hiéria, que não podia de todo modo pretender a nenhuma ecumenicidade. Esse sínodo é invalidado, considerado herético e anatematizado. Os adversários das imagens são comparados aos pagãos, aos judeus e aos diversos hereges. Denuncia-se em particular a falsificação ou a interpretação tendenciosa de certos documentos patrísticos. A teologia iconoclasta de Hiéria é igualmente refutada ponto por ponto a partir da definição emitida por esse sínodo.

A razão teológica legitima a representação de Cristo em imagem, em nome mesmo da unidade de suas duas naturezas, significadas com este mesmo nome "Cristo". Foi exatamente o Verbo feito carne que se tornou visível em sua encarnação e que pode ser representado em imagem, ainda que sua divindade enquanto tal ultrapasse toda representação. De igual modo, quando se representa Pedro, não se representa sua alma invisível: no entanto, é Pedro que é representado. Mas se a imagem se comunica com o modelo, ela não é esse modelo. Tampouco é verdadeiro dizer que a eucaristia é a imagem de Cristo: ela é bem mais, já que é seu corpo e seu sangue.

A definição dogmática sobre as imagens

A definição final não retoma todos os pontos abordados nos debates. Ela se apresenta como uma confissão de fé que se apoia essencialmente na tradição. Esse argumento retorna sem cessar no texto:

> Aquele que nos concedeu a luz que o fez conhecer e nos resgatou das trevas e da loucura idólatra, Cristo nosso Deus [...], prometeu velar por ela [sua Igreja]. [...] Ora, homens desatentos a este dom, envaidecidos pelo inimigo que nos engana, se afastaram da razão direita e, expondo-se à *tradição da Igreja católica*, se extraviaram completamente dela. [...] "Não fizeram a diferença entre o sagrado e o profano" (Ez 22,26), chamando a imagem do Senhor e de seus santos com o mesmo nome que as estátuas dos ídolos satânicos.

O concílio faz então profissão de seguir os seis concílios ecumênicos precedentes; confessa o Símbolo de Niceia-Constantinopla e retoma por sua conta a condenação das heresias antigas. Continua assim:

> Em suma, conservamos inalteradas *todas as tradições da Igreja, escritas ou não escritas, que nos foram solenemente transmitidas. Uma delas é a figuração pela*

imagem de pessoas vivas, que está de acordo com o relato da pregação evangélica, com vistas a fortificar a fé na encarnação, verdadeira e não em aparência, do Verbo de Deus, e nos traz um proveito semelhante; pois a luz com a qual eles se iluminam mutuamente traz, sem dúvida nenhuma, mútuos crescimentos.

Desde logo, avançando sobre a estrada real e nos apegando ao ensinamento divinamente inspirado de nossos santos Padres e à tradição da Igreja católica, que reconhecemos ser *a Igreja do Espírito Santo que nela habita*, nós *decidimos* isto, com toda a precisão e a justeza possíveis: como para a representação da preciosa e vivificante cruz, que se coloquem as veneráveis e santas imagens, mosaicos ou obras feitas de outra maneira conveniente nas santas Igrejas de Deus, sobre os objetos ou vestes sagrados, nas paredes, e quadros nas casas e nos caminhos; a imagem de nosso Senhor, Deus e Salvador Jesus Cristo, a de Nossa Senhora imaculada, a santa Mãe de Deus, a dos anjos dignos de nosso respeito, a de todos os santos e justos.

Com efeito, quanto mais os vemos, graças à sua representação pela imagem, tanto mais, contemplando suas imagens, somos levados a recordar e a amar os modelos originais e a lhes dar saudações e respeituosa veneração; não a adoração verdadeira própria à nossa fé, que convém somente à natureza divina [...]. Pois "a honra rendida à imagem vai para o modelo original", e aquele que venera a imagem venera nela a pessoa daquele que ela representa[60].

O argumento de tradição é invocado com uma rara consciência dogmática: recorre-se mesmo, na esteira de Basílio de Cesareia, ao binômio das tradições "escritas e não escritas". O fundamento da tradição "é ser a do Espírito Santo que nela habita", a Igreja.

O outro argumento é cristológico: repousa na encarnação, que constitui o centro de gravidade doutrinal da questão das imagens. Por isso não há nada de comum entre os ícones cristãos, que representam os acontecimentos da salvação, e os ídolos pagãos que não passam de mentiras. "O concílio aproxima, assim, palavra e imagem, pois ambas tratam da mesma coisa: do mistério de Cristo"[61]. O ouvido e a vista se correspondem. O ícone é outra maneira de tornar sensível o mistério, análogo ao Evangelho que passa pela palavra humana.

Enfim, a afirmação de Basílio de Cesareia é retomada: "A honra rendida à imagem vai para o modelo original". O ícone representa uma pessoa (ou uma hipóstase), na qual ele faz pensar. O ícone constitui, assim, uma excelente pedagogia da fé que se dirige aos diferentes mistérios cristãos.

A recepção de Niceia II

Tal como os que o precederam, este concílio não se impôs sem longas resistências. A questão das imagens, em Constantinopla, estava ligada demais às

---

60. Definição do concílio de Niceia II, *DzS* 600-603; *COD* II-1, pp. 299-305.
61. Ch. Schönborn, op. cit., p. 144.

vicissitudes políticas, de modo que as novas reviravoltas no poder não podiam deixar de criar novas discórdias. Antes de tudo, os erros políticos de Irene e o comportamento cruel de seu filho Constantino VI levaram seu ministro Nicéforo a derrubá-la e a se fazer proclamar imperador. Este permaneceu tolerante em relação às imagens, mas perseguiu os monges que as defendiam. Depois, ao longo das vicissitudes de uma Bizâncio em decadência, surgiu um novo imperador iconoclasta, Leão V, o Armênio, que chegou mesmo a reunir um concílio em 815 para retomar as teses de Hiéria e ficou célebre por um novo período de perseguição. Mas o patriarca de Constantinopla, outro Nicéforo, exilado, se tornou um defensor consciente da teologia das imagens e reconheceu o caráter ecumênico de Niceia II. Foi ajudado em sua cruzada por Teodoro Estudita. A campanha de Leão V terminou em fracasso. O sínodo de Constantinopla, realizado em 843 sob o patriarca Metódio, marca o ponto final dessa longa querela.

Mas no Ocidente um novo império crescia em poder com Carlos Magno, pouco favorável a Bizâncio. Este quis tornar-se o árbitro da questão das imagens, e seus teólogos se puseram a refutar Niceia II nos *Livros carolíngios*. Sua argumentação teológica abrangia, aliás, um contencioso bem diferente com os gregos. A interpretação que dão das decisões de Niceia II mostra também, da parte deles, uma ignorância teológica bastante caricatural das intenções daquele concílio. Um novo sínodo se reúne em Frankfurt em 794 para condenar o concílio de 787. Carlos Magno convida o papa a não aprovar Niceia II. Mas, em sua resposta, Adriano I declarou "receber" esse concílio e o defendeu com base numa argumentação escriturística e patrística, denunciando as afirmações caluniosas dos *Livros carolíngios* sobre os gregos. Entretanto, Roma escolhia cada vez mais o Ocidente e dava um sinal clamoroso disso com a sagração de Carlos Magno pelo papa Leão II na noite de Natal do ano 800, "coroado por Deus como grande e pacífico imperador dos romanos".

O século IX conheceu ainda certo número de vicissitudes político-religiosas entre Oriente e Ocidente, e um concílio iconoclasta se realizou em Paris em 825, para finalmente terminar com o restabelecimento solene das imagens. No final do século, Niceia II estava definitivamente reconhecido como o sétimo concílio ecumênico, tanto no país franco quanto no Oriente.

Toda essa história ilustra sobejamente os malefícios da intervenção política nas questões religiosas. Sem os imperadores bizantinos, a crise iconoclasta — decerto inevitável, tendo em vista o lugar que tomara o culto das imagens na Igreja, alguns de seus desdobramentos ambíguos e as incertezas que reinavam sobre sua legitimidade — talvez não tivesse assumido uma amplidão tamanha. Essa crise revela mais uma vez até onde pode ir o servilismo de um clero que age sob influência. Mas também realçou belas figuras de bispos e teólogos. Mostra, enfim, a importância do processo de recepção ou de não recepção de um concílio. Niceia II, cuja realização pacífica contrasta com a violência dos acontecimentos que o precederam e sucederam, elaborou uma doutrina das imagens modesta, mas clara e fundamentada, na qual a Igreja vive desde então.

Entretanto, a hostilidade às imagens ressurgiu no século XV com Wycliff e os hussitas, e no XVI com a Reforma: Zwinglio e Calvino tomaram a esse respeito posições iconoclastas mais extremas que Lutero. Um aspecto das guerras de religião foi a caça às estátuas e às imagens nas igrejas. O concílio de Trento retomou, a esse respeito, a doutrina de Niceia II[62].

II. A SOTERIOLOGIA DO PRIMEIRO MILÊNIO

> Os AUTORES E OS TEXTOS: Os textos estão disseminados em obras demasiado numerosas, o que torna impossível indicá-los todos. — AGOSTINHO, *La Cité de Dieu*, L. X; trad. G. Combès, *BA* 34, 1959; *La Trinité*, L. IV e XIII; *BA* 15 (M. Mellet e Th. Camelot) e 16 (P. Agaësse e J. Moingt), 1955.

> REFERÊNCIAS BIBLIOGRÁFICAS: J. RIVIÈRE produziu, na primeira metade do século XX, um grande número de obras sobre a história do dogma da redenção; se sua problemática teológica envelheceu sensivelmente, a erudição de suas análises de textos ainda é preciosa; assinalemos entre outros *Le dogme de la rédemption. Essai d'étude historique*, Paris, Lecoffre, 1905; *Le dogme de la rédemption chez saint Augustin*, Paris, Gabalda, 1933; *Le dogme de la rédemption après saint Augustin*, Paris, Gabalda, 1930. — G. AULEN, *Christus Victor. La notion chrétienne de rédemption*, Paris, Aubier, 1949. — L. RICHARD, *Le mystère de la rédemption*, Tournai, Desclée, 1959. — J. GALOT, *La rédemption, mystère d'Alliance*, Paris-Bruges, DDB, 1965. — H. E. W. TURNER, *Jésus le Sauveur. Essai sur la doctrine patristique de la Rédemption*, Paris, Cerf, 1965. — B. STUDER, *Dieu Sauveur. La rédemption dans la foi de l'Église ancienne*, Paris, Cerf, 1989. — Bernard SESBOÜÉ, *Jésus-Christ, l'unique Médiateur. Essai sur la rédemption et le salut.* T. I: *Problématique et relecture doctrinale*, Paris, Desclée, 1988.

Toda a história do dogma cristológico foi posta sob o signo da soteriologia, já com a apresentação da economia da salvação em Ireneu, depois com o estudo do argumento soteriológico e da divinização. De fato, como se pôde verificar constantemente, embora a formalidade das definições conciliares diga respeito sempre à identidade de Cristo enquanto tal, sua motivação de fundo e seu horizonte de sentido vêm da preocupação de mostrar em que condições Cristo pode ser na verdade nosso Salvador e exercer a mediação que a Escritura lhe atribui. A solidariedade interna desses dois aspectos só se enfraquecerá durante o segundo milênio. O ponto de vista, tipicamente grego, da divinização do homem realizada graças à dupla consubstancialidade e solidariedade do único Cristo com seu Pai e com a humanidade, acima exposta, governou portanto toda a elaboração do dogma cristológico.

---

62. Concílio de Trento, Sessão XXV; *DzS* 1823-1825. — Sobre a questão doutrinal das imagens nos tempos modernos e a carta *Sollicitudini nostrae* de Bento XIV, cf. François Boespflug, *Dieu dans l'art. Sollicitudini nostrae et l'affaire Crescence de Kaufbeuren*, Paris, Cerf, 1984.

Abordamos igualmente outros aspectos da soteriologia antiga, em particular o tema da redenção ou do resgate, a propósito de Atanásio de Alexandria e dos capadócios, que se situam no início deste longo desdobramento do dogma cristológico. Ao término da exposição deste, convém retornar à soteriologia dos Padres em suas diversas categorias, de maneira sintética, a fim de dar uma ideia suficientemente completa da teologia do primeiro milênio.

Prioridade dada à mediação descendente

Neste terreno já não somos guiados por uma série de documentos conciliares. O dado da salvação e da redenção, com sua dupla dimensão de libertação do pecado e de participação filial na vida de Deus, estava de tal modo no âmago do mistério cristão que não podia ser objeto de uma contestação direta. A soteriologia se exprimiu mais pacificamente por meio de diversas teologias que enfatizavam os numerosos registros de linguagem com que a Escritura fala da salvação[63]. Ora, acontece que, em meio às múltiplas claves que se referem à realidade da mediação de Cristo, o primeiro milênio privilegiou o registro da mediação descendente, isto é, a que vai de Deus rumo ao homem pelo ato redentor de Jesus, ao passo que o segundo milênio privilegiará, ao contrário, a mediação ascendente, a que vai do homem para Deus no e pelo sacrifício de Jesus.

Coube à tese de G. Aulen o mérito de tê-lo diagnosticado em 1934, opondo "o ato divino ininterrupto" da primeira doutrina, descendente, à "ordem jurídica ininterrupta" da segunda, ascendente, para a qual, em contrapartida, "a ação divina, a linha do alto para baixo é ininterrupta"[64]. Embora a exposição desta tese tenha ocasionado, em Aulen, alguns excessos (como se o outro movimento fosse respectivamente ignorado por cada um dos milênios, e como se o primeiro atribuísse toda a salvação à ação divina em Jesus e o segundo quase tudo à prestação humana de Jesus), ela permanece profundamente justa. O tema da divinização é evidentemente um tema que se insere no quadro da mediação descendente. Está associado ao da iluminação e é completado pelo da redenção[65]. No registro da mediação ascendente é preciso, contudo, considerar o tema essencial do sacrifício, muito presente na Igreja antiga.

A iluminação

Que o dom do conhecimento de Deus pertence à salvação, ou mesmo o constitui segundo uma de suas formalidades essenciais, é uma ideia profunda-

---

63. Para o inventário dessas linguagens e seu tratamento escriturístico e tradicional, cf. B. Sesboüé, op. cit., pp. 49-52 e o dossiê escriturístico situado no início de cada capítulo.

64. G. Aulen, op. cit., pp. 12-13 e 127-129.

65. O tema da justificação, que diz respeito sobretudo à salvação pessoal de cada crente, será tratado no volume II desta obra no quadro da antropologia cristã.

mente bíblica. É um tema dos evangelhos, e também paulino e joanino: Jesus é por excelência o revelador do Pai (Mt 11,27). Para Paulo, ele é aquele que nos "tornou capazes de partilhar da herança dos santos na luz" (Cl 1,12-13). De igual modo, "Deus, nosso Salvador, quer que todos os homens se salvem e cheguem ao conhecimento da verdade" (1Tm 2,4). Jesus é a luz do mundo (Jo 1,9) que vem brilhar nas trevas, e "a vida eterna é que eles te conheçam a ti, o único verdadeiro Deus, e àquele que enviaste, Jesus Cristo" (Jo 17,3). Pelo exemplo de sua vida como de sua palavra, Jesus é portador da revelação de Deus. O conhecimento é salvação, simplesmente porque a salvação é conhecimento.

Essa convicção da salvação como conhecimento é muito viva nos Padres apostólicos[66]. Para eles, Cristo é "o Mestre de verdade". Pelo Cristo, escreve Clemente de Roma,

> nosso pensamento ininteligente e entenebrecido refloriu à luz; por ele o Mestre quis nos fazer saborear o conhecimento imortal[67].

Por isso,

> quanto mais alto é o conhecimento de que fomos julgados dignos, maior é o perigo a que estamos expostos[68].

A oração eucarística presente na *Didaché* enfatiza no evento de Jesus o conhecimento que ele nos trouxe[69]. Todas essas passagens "acentuam o ensinamento salvador, o exemplo e a iluminação do Cristo histórico"[70].

Justino relata sua conversão ao cristianismo como uma iluminação. O portador dessa revelação é, para ele, antes de tudo, o Verbo, presente em toda a história e encarnado em Jesus: a função pedagógica de Cristo é uma consequência da função reveladora do Verbo. É em termos de revelação que Justino interpreta o mistério do batismo, que ele é o primeiro a chamar de *photismos*, "iluminação"[71]. Esse vocabulário se tornará clássico para a catequese dos adultos: os catecúmenos são os que devem ser iluminados *(photizomenoi)* e os batizados são os "novos iluminados" *(neophotistoi)*.

Ireneu desenvolve com paixão uma convicção análoga. O cristianismo é a "verdadeira gnose", o verdadeiro conhecimento que se opõe à "gnose de nome mentiroso" dos gnósticos. A encarnação tem o objetivo de nos fazer conhecer Deus:

---

66. Cf. H. Turner, op. cit., pp. 35-52: "Le Christ lumière".
67. Clemente de Roma, *Épître aux Corinthiens*, 1,2; SC 167, p. 101.
68. Ibid., 41,4; p. 169.
69. Cf. *La Didachè ou Doctrine des douze apôtres*, 9,2-3 e 10,2; SC 248, pp. 175-179.
70. H. Turner, op. cit., p. 42.
71. Justino, *Ière Apologie* 61,12-13; Wartelle, pp. 183-185.

Só podíamos aprender os mistérios de Deus se nosso Mestre, sendo o Verbo, se fizesse homem[72].

A salvação cristã é um processo de revelação progressiva, que remonta do Espírito para o Pai, e no curso do qual se verifica cada vez mais a equivalência entre a visão e a vida: pois

> Deus pode tudo: visto outrora por intermédio do Espírito segundo o modo profético, depois visto por intermédio do Filho segundo a adoção, será visto novamente no reino dos céus segundo a paternidade: o Espírito prepara de antemão o homem para o Filho de Deus, o Filho o conduz ao Pai, e o Pai lhe dá a incorruptibilidade da vida eterna [...].
> Os homens verão a Deus a fim de viver, tornando-se imortais por esta visão e atingindo até Deus [...].
> Pois a glória de Deus é o homem vivo, e a vida do homem é ver a Deus[73].

Os Padres alexandrinos, Clemente e Orígenes, retomarão, numa perspectiva um pouco diferente, o tema do Verbo revelador. Se, a seus olhos, a ação do Verbo pôde atingir diretamente os gregos, o privilégio dos cristãos é o de ter conhecido plenamente o Verbo pela encarnação. Batendo-se contra os gnósticos, Clemente sustenta que o cristão é o verdadeiro "gnóstico". Sua salvação é a iluminação que se inaugura no batismo para desabrochar no curso da existência cristã. Suas concepções levam a marca de um intelectualismo cristão. Para Orígenes também, a função reveladora do Verbo encarnado é essencial[74]. A tradição grega dos séculos IV e V (Cirilo de Jerusalém, os Capadócios, João Crisóstomo) permanecerá fiel à doutrina do batismo-iluminação.

Do lado dos Padres latinos, essa doutrina se torna mais discreta, mas a encontramos em Lactâncio e Arnóbio, ambos filósofos convertidos, bem como em Ambrósio. Agostinho, para quem Cristo é antes de tudo "o Mestre interior", está em harmonia espontânea com essa doutrina e se refere a ela diversas vezes.

Redenção e libertação: o Cristo vencedor

O tema preponderante da soteriologia antiga, que vem completar e reequilibrar em um sentido o da divinização, porque está centrado no mistério pascal de morte e de ressurreição de Jesus, afirma a redenção ou resgate e a libertação dos homens. É amplamente atestado na Escritura.

Seguindo de perto os testemunhos evangélicos, os Padres consideram toda a vida de Cristo como um longo combate com o adversário, segundo um esquema

---

72. Ireneu, *CH* V,1,1; Rousseau, p. 569.
73. Ireneu, *CH* IV,20,6-7; Rousseau, pp. 472-474.
74. Cf. M. Harl, *Origène et la fonction révélatrice du Verbe incarné*, Paris, Seuil, 1958.

dramático: é já o caso de seu nascimento para Orígenes[75]; evidentemente, a cena da tentação de Jesus é compreendida como uma fase decisiva desse combate, já marcado pela vitória: Ireneu se detém longamente aí[76]. Esse mesmo combate encontra seu ápice no mistério da cruz, luta dolorosa e sangrenta, mas sobretudo vitoriosa e gloriosa, no curso da qual Cristo enfrentou todas as forças do mal, o pecado, a morte e o demônio. Sua morte é em si mesma uma vitória sobre a morte e todas as formas de morte. A doutrina do e dos demônios tem um grande lugar na perspectiva desse combate e não hesita em utilizar certas representações míticas. A descida aos infernos é a primeira expressão desta vitória junto dos espíritos aprisionados pela potência demoníaca, doravante submetida. A ressurreição e seu complemento glorioso, a ascensão, são sinais clamorosos dessa vitória.

Ireneu é uma excelente testemunha da doutrina do Cristo vencedor *(Christus Victor)*[77]. Para ele, a encarnação é ordenada de maneira indissociável tanto à divinização do homem, segundo as fórmulas bem conhecidas, quanto à sua redenção. Ele responde com os dois tipos de fórmulas à pergunta que apresenta no livro II de sua obra: "Por que ele desceu?"[78].

> Era preciso, pois, que aquele que devia matar o pecado e resgatar o homem digno de morte se fizesse igual a este, isto é, este homem reduzido à escravidão pelo pecado e retido sob o poder da morte, a fim de que o pecado fosse morto por um homem e que um homem saísse assim da morte. Pois assim como "pela desobediência de um só homem", que foi o primeiro modelado a partir de uma terra virgem, "muitos foram constituídos pecadores" e perderam a vida, assim também era preciso que, "pela obediência de um só homem", que é o primeiro nascido da Virgem, "muitos fossem justificados" e recebessem a salvação[79].

A referência ao paralelo paulino de Rm 5, entre a desobediência de Adão e a obediência de Cristo, é explícita. A encarnação permite a Cristo vir viver em pessoa o combate da humanidade com o pecado e com a morte. É uma condição necessária da libertação do homem: a salvação será uma obra divina cumprida por um homem. Nesse texto desponta, com efeito, a grande preocupação de Ireneu em mostrar que esse combate é uma revanche tomada sobre o pecado das origens, no qual o homem e a mulher foram vencidos pela serpente satânica. Por isso é soberanamente importante que seja um homem que conquiste a vitória, no mesmo terreno em que o adversário o vencera:

> Pois se não fosse um homem a vencer o adversário do homem, o inimigo não teria sido vencido em toda justiça[80].

---

75. Orígenes, *Contre Celse*, 1,60; *SC* 132, p. 239.
76. Ireneu, *CH* V,21-24; Rousseau, pp. 629-641.
77. Cf. G. Aulen, op. cit., pp. 34-59.
78. Ireneu, *CH* II,14,7; Rousseau, p. 184.
79. Ibid., III,18,7; pp. 366-367.
80. Id., *CH* III,18,7; pp. 365.

Essa justiça não é feita ao demônio, como frequentemente se interpretou. É uma justiça feita ao homem. Ireneu repete amiúde que o poder do demônio sobre o homem é uma violência injusta. A vitória de Cristo é um "resgate" do homem, pois ela traz sua libertação de uma servidão injusta. Deus, em Jesus, "algemou o 'forte', apoderou-se de sua casa e destruiu a morte, devolvendo a vida ao homem que a morte golpeara"[81]. É no mesmo sentido que se deve entender um texto que frequentemente foi interpretado no sentido de certa justiça feita ao demônio:

> Sendo, pois, poderoso em tudo e indefectível em sua justiça, foi respeitando esta justiça que o Verbo de Deus se voltou contra a Apostasia, resgatando-lhe seu próprio bem para Ele, não pela violência, à maneira como ela dominara sobre nós no começo apoderando-se insaciavelmente do que não lhe pertencia, mas pela persuasão, como convinha que Deus fizesse, recebendo por persuasão e não por violência o que Ele queria, a fim de que ao mesmo tempo a justiça fosse salvaguardada e a obra antiga modelada por Deus não perecesse[82].

Apesar das aparências que decorrem de um mundo de representações objetivantes e da metáfora da "Apostasia", outro nome do demônio, a "persuasão" de que se trata não se dirige a ele, ela busca converter o homem. Mesmo onde foi atingido injustamente em sua obra, Deus age com a maior justiça. A justiça de Deus quer, pois, de um lado, que seja um homem o combatente da "Apostasia", como no combate das origens, e de outro que o Verbo de Deus não recupere seu bem legítimo, o homem, por uma nova violência — como foi o caso nas origens da parte de um usurpador —, mas pela persuasão de um homem, que voltando a ser livre se converte e se dá a Deus.

Em seu esquema essencial, essa doutrina será o bem comum de toda a patrística grega até João Damasceno. Entre os autores latinos, ela é preponderante até Ambrósio, Agostinho e Gregório Magno, vendo-se entrecortada por certos aspectos da teologia da satisfação que se desenvolverão ao longo do segundo milênio[83].

É nesse quadro doutrinal do combate vitorioso empreendido por Cristo contra o demônio e a morte que — numa inflexão do pensamento em relação a Ireneu, e a partir de representações ambíguas e um tanto quanto "dualistas" do adversário — vários Padres vieram introduzir a metáfora do resgate para além de seu lugar de pertinência. A ideia de resgate levou à de transação de tipo comercial. O resgate da humanidade se teria cumprido de algum modo por uma troca, durante a qual o demônio teria libertado a humanidade em contrapartida do sangue de Cristo. Orígenes é a primeira testemunha desta teoria:

---

81. Ibid., III,23,1; p. 387.
82. Ibid., V,1,1; p. 570.
83. Cf. G. Aulen, op. cit., pp. 63-64.

> Se fomos resgatados por um preço, [...] sem dúvida alguma fomos comprados a alguém de quem éramos escravos, a alguém que reclamou o preço que quis para devolver a liberdade àqueles a quem detinha. Ora, era o demônio que nos possuía: nós nos tínhamos vendido a ele por nossos pecados; ele reclamou então, por resgate, o sangue do Cristo[84].

Mas é preciso acrescentar imediatamente que nessa pseudotroca o demônio foi ludibriado — ele nada recebeu:

> Mas a quem o Cristo deu sua alma em resgate? Seguramente não a Deus. Então não foi ao demônio? Este, de fato, nos mantinha sob seu poder até que, por resgate de nossa libertação, a alma de Cristo lhe fosse dada. O Maligno fora enganado e levado a crer que era capaz de vencer esta alma, não vendo que para obtê-la era preciso submeter-se a uma prova de força superior àquela que ele podia esperar levar a cabo[85].

Observemos que Orígenes exclui como uma evidência que o resgate possa ter sido pago a Deus, tema que será contudo retomado no segundo milênio. Sua concepção do combate entre Jesus e os demônios continua muito mítico. Os demônios quiseram tomar um sangue forte demais para eles e aquilo de que esperavam uma vida nova foi sua perdição[86].

Já encontramos as posições contraditórias dos dois Gregórios, de Nissa e de Nazianzo, sobre o tema do resgate. O fato de esse esquema ter sido contestado desde a época patrística é de grande importância. Mostra que não se tratava de uma doutrina comum, mas de uma teoria explicativa cuja fraqueza alguns detectavam.

Mais adiante a teoria vai "afinar-se", dando lugar ao que foi chamado de "esquema jurídico do resgate". O pecado do homem teve por consequência, e segundo o efeito de uma forma de justiça, sua sujeição ao poder do demônio. Deus, por uma sorte de concessão, reconhece então certo "direito" nessa situação, direito que se pode chamar por metonímia "direito do demônio". Mas a conquista dos homens pelo demônio se operou por uma violência injusta. Esse "direito" concerne, de fato, ao homem que lhe é submetido.

Mas na paixão o demônio ultrapassa esse direito, já que ataca um inocente. Para João Crisóstomo, o demônio foi além de seu próprio direito, pois Jesus não era culpado de nenhum pecado e não tinha por que ser submetido à morte[87].

Para Santo Agostinho, Cristo é vencedor do demônio pela justiça[88]. O esquema do direito do demônio ainda está presente em sua obra, mas numa

---

84. Orígenes, *Commentaire sur Rm 2,13*; *PG* 14, 911 c; trad. L. Richard, op. cit., p. 113.
85. Id., *Commentaire sur Mt 16,8*; *PG* 13, 1398 b; trad. em H. Turner, op. cit., pp. 61-62.
86. Orígenes, *Commentaire sur Rm*, 4,11; *PG* 14, 1000 c.
87. João Crisóstomo, *Homélies sur Jn 67,2*; *PG* 59, 372.
88. Cf. E. Bailleux, La sotériologie de saint Augustin dans le *De Trinitate*, *Mél. de SC. Rel.* 23 (1966) 149-173.

teologia complexa que gerou análises contraditórias[89]. Agostinho, por sua parte, não entra na perspectiva do resgate. Legará à Idade Média a doutrina do "abuso de poder" do demônio, que obnubilou um pouco durante algum tempo a atenção dos teólogos. Mas sua soteriologia comporta muitos outros elementos. Ela associa em particular o tema da vitória ao da justiça realizada por Cristo em um sentido paulino:

> Pelo fato de certa justiça de Deus, o gênero humano foi entregue ao poder do demônio [...]. Não se deve entender que Deus fez ou ordenou que assim fosse. Deus somente permitiu essa escravidão, com justiça porém. [...] Não era por sua potência, mas por sua justiça que Deus devia vencer o demônio [...].
> Qual é, pois, essa justiça que venceu o demônio? Sim, qual é ela, senão a justiça de Jesus Cristo? E como o demônio foi vencido? Porque ele matou o Cristo, embora nada encontrasse nele que merecesse a morte. Desde logo, é justo que aqueles cuja dívida os mantinha sob seu poder fossem libertados, se crerem naquele que o demônio fez morrer, quando não tinha direito nenhum sobre ele. Isso é o que chamamos ser justificado no sangue de Cristo (Rm 5,9)[90].

A escravidão da humanidade sob o poder do demônio é, pois, uma sorte de concessão de Deus, ao mesmo tempo que uma justa punição do pecado. Mas a vitória libertadora da justiça do Cristo é mais forte que a injustiça que ousa levar o justo à morte. A vitória pela justiça é a do justo perseguido sobre seu perseguidor. É a justiça da quenose, ou da humildade do Verbo encarnado. Essa economia de justiça na morte é seguida de uma economia de potência pela ressurreição[91]. Se o sangue de Cristo foi o preço do resgate, é claro que "o demônio, recebendo-o, nem por isso ficou mais rico"[92]. Enfim, é notável que a justiça de que se trata não é uma justiça feita a Deus pelo homem, mas uma justiça que justifica o homem por Deus, isto é, a justiça no sentido paulino, como sublinha a alusão à Epístola aos Romanos. Toda essa economia é um exemplo que se opõe ao exemplo pernicioso do demônio.

É importante, portanto, não fazer contrassenso sobre o que a teologia chama de "doutrina dos direitos do demônio". Esta nunca formou um consenso e foi possível, aliás, constatar a seu respeito mais do que variantes. Mas sobretudo, seja qual for o esquema — comercial, mitológico ou jurídico — utilizado, nenhum Padre da Igreja jamais considerou que o demônio tenha recebido o que quer que seja em troca da salvação da humanidade. O elemento de verdade que essas representações traduzem em linguagem mítica é o do caráter oneroso

---

89. Cf. J. Rivière, *Le dogme de la rédemption chez saint Augustin*, que trata quase exclusivamente desta questão numa controvérsia com H. Gallerand (= J. Turmel). Infelizmente, a obsessão polêmica obscurece a exposição histórica.
90. Agostinho, *La Trinité* XIII, 12,16; 13,17; 14,18; *BA* 16, pp. 307-315.
91. Ibid., XIII,14,18; *BA* p. 316; cf. E. Bailleux, art. cit. pp. 165-166.
92. Agostinho, *La Trinité*, XIII,15,19; *BA* 16, p. 318.

da redenção pela qual Cristo teve de arrancar os homens do poder do pecado que desencadeava contra ele toda a sua violência e a sua injustiça, a ponto de subtrair-lhe a vida. Essa potência do pecado que habita os homens vem misteriosamente de além de nosso mundo, como diz o Gênesis falando da serpente, e São Paulo (Rm 5,12). Ela é feita do pecado do mundo, cujo ápice é o ato de pôr Jesus à morte. Mas é claro que a doutrina dramática da redenção não se reduz à teoria dos direitos do demônio. Sua grandeza é enfatizar que o combate sangrento de Cristo com os poderes do mal termina numa vitória gloriosa.

A doutrina do sacrifício: Agostinho

O Novo Testamento deu conta amplamente do mistério da cruz de Cristo com o auxílio de uma linguagem sacrificial. Ainda que Jesus tenha manifestado uma distância em relação aos sacrifícios rituais da Antiga Lei (cf. Mt 9,13; Mc 12,33) e não tenha associado sua vida e sua morte à noção de sacrifício ritual, ocorre que o sentido das palavras da instituição da eucaristia é sacrificial. Decerto existe hoje uma discussão para saber em que medida essas palavras remontam a Jesus em seu teor próprio. Elas exprimem, contudo, o que a memória das comunidades cristãs primitivas atribuía a Jesus. Por outro lado, sublinhou-se com justeza que toda a vida de Jesus se insere num projeto de "pró-existência" (H. Schürmann), ou de "existência para", isto é, de um sacrifício não ritual, mas existencial e espiritual: o dom de si a Deus e aos outros, para a vida e para a morte.

A Epístola aos Hebreus não é o único documento a interpretar num sentido sacrificial a morte de Jesus. O próprio Paulo o faz (Rm 12,1; 1Cor 10,14-22 e 11,24-25 a propósito da eucaristia; de igual modo, a epístola paulina de Ef 5,2). Quanto à Epístola aos Hebreus, a exegese contemporânea tem trazido à luz hoje em dia a transposição metafórica radical que ela opera sobre a palavra "sacrifício" quando a aplica ao sacrifício não ritual mas existencial de Jesus[93].

Não é de espantar, portanto, que a tradição patrística tenha retomado o tema do sacrifício, que era o mais capaz de exprimir o exercício da mediação ascendente de Jesus. A primeira convicção dos Padres na matéria é que Deus não precisa de nada: não lhe dá prazer tomar bens de sua criatura, muito menos fazê-la sofrer. "Ele não pede nada a ninguém, senão que se lhe faça confissão", escreve Clemente de Roma[94]. Os Padres retomam por conta própria a contestação dos sacrifícios nos profetas e relembram que o verdadeiro sacrifício para Deus "é um coração que glorifica seu criador"[95]. "É preciso dirigir-lhe um sacrifício incruento, prestar-lhe um culto racional"[96].

---

93. Cf. A. Vanhoye, *Prêtres anciens, prêtres nouveaux selon le Nouveau Testament*, Paris, Seuil, 1980.
94. Clemente de Roma, *Épître aux Corinthiens* 52,1; SC 167, p. 185.
95. Cf. *Épître de Barnabé*, 2,4-10; SC 172, pp. 83-87.
96. Atenágoras, *Supplique au sujet des chrétiens*, 13,4; trad. B. Pouderon, SC 379, p. 113.

A segunda convicção é que o sacrifício é pedido por Deus porque é um bem para o homem. Será o grande tema de Ireneu:

> O Senhor ensinou abertamente que, se Deus solicita dos homens uma oblação, é para aquele mesmo que a oferece, isto é, para o homem[97].

> A seus discípulos também ele aconselhava oferecer a Deus as primícias de suas próprias criaturas, não que Ele as necessitasse, mas para que eles mesmos não fossem nem estéreis nem ingratos[98].

Tal é, pois, o sentido do sacrifício eucarístico, da "oblação da Igreja" que é "reputada sacrifício junto a Deus":

> Não que ele precise de nosso sacrifício, mas aquele que oferece é ele mesmo glorificado pelo fato de oferecer, se seu presente for aceito[99].

Paradoxalmente, portanto, o sacrifício é mais um dom de Deus ao homem do que um dom do homem a Deus. Ele só pode se tornar segundo por estar fundado no primeiro.

Os textos evocados testemunham igualmente uma terceira convicção: próprio do culto cristão é o sacrifício espiritual, isto é, o sacrifício pessoal e existencial que se exprime no reconhecimento de Deus e no amor ao próximo, e cumpre os dois primeiros mandamentos da lei, semelhantes um ao outro. Em definitivo, para Ireneu, por exemplo, o único sacrifício agradável a Deus é o que fez o Cristo de sua própria pessoa ao se oferecer a seu Pai por seus irmãos; e o único culto exterior que convém é o sacrifício eucarístico, memorial do sacrifício único do Cristo, que permite aos cristãos oferecer sua vida a Deus em sacrifício espiritual. As atestações dessas convicções são frequentes, de Justino a Ireneu, de Atanásio a Cirilo de Jerusalém, de Eusébio de Cesareia a Cirilo de Alexandria[100].

Mas o grande doutor cristão do sacrifício é Agostinho. Ele retoma e amplia as perspectivas de seus antecessores. Seu gênio próprio lhe permitirá criar as grandes fórmulas da doutrina do sacrifício:

> O sacrifício visível é o sacramento, isto é, o sinal sagrado do sacrifício invisível[101].

---

97. Ireneu, CH IV,17,1; Rousseau, p. 455.
98. Ibid. IV,17,5, p. 459.
99. Ibid., IV,18,1; p. 461.
100. Cf. Justino, *Dialogue avec Tryphon*, 117,3; *TD* II, pp. 201-203. — Atanásio, *Sur l'Incarnation du Verbe*, 20,11-26,5; *SC* 199, pp. 337-359. — Cirilo de Jerusalém, *Catéchèses mystagogiques* V,8; *SC* 126, p. 157. — Eusébio de Cesareia, *Démonstration évangélique* I,10; *PG* 22, 83-94. — Cirilo de Alexandria, *Le Christ est un*; *SC* 97, pp. 433-515.
101. Agostinho, *La Cité de Dieu* X,5; trad. G. Combès, *BA* 34, p. 444.

O verdadeiro sacrifício é, pois, toda obra que contribui a nos oferecer a Deus numa santa sociedade, à saber: toda obra voltada a este bem supremo graças ao qual podemos verdadeiramente ser felizes[102].

O verdadeiro sacrifício tem por objeto nos pôr em comunhão com Deus, isto é, nos fazer passar em Deus à sua "santa sociedade": essa passagem é uma Páscoa. É o ato pelo qual o homem se volta para Deus num movimento de adoração e de amor, pelo qual ele prefere Deus a si mesmo e se despoja de si mesmo. Essa comunhão é identicamente a felicidade do homem criado por Deus. Comunhão com Deus e felicidade do homem vão juntas. Mas ambas só são possíveis por um ato de liberdade que responde positivamente ao convite e ao dom de Deus.

Nessa definição, a dimensão onerosa ou sofredora do sacrifício não é mencionada. De fato, ela é secundária, consequência inevitável do necessário arrancamento do pecado que "desorienta" a liberdade humana. À ideia correntíssima de que o sacrifício faz mal, Agostinho responde com a do sacrifício que torna feliz.

Por "toda obra boa" Agostinho entende, de fato, a existência do homem, tudo o que ele vive e cumpre para amar a Deus e seus irmãos, pois o próprio homem é um sacrifício: seu corpo e sua alma são também definidos como um sacrifício. Toda a antropologia sacramental de Agostinho subjaz à fórmula citada sobre o sacrifício visível, sacramento do sacrifício invisível: o corpo é o sinal e o instrumento das intenções da alma. O ato corporal permite à intenção espiritual tomar corpo e exprimir-se. Mas também o ato espiritual só se consuma verdadeiramente pela e na ordem corporal. Uma intenção que nunca passa ao ato é apenas uma veleidade sem eficácia. Se o corpo, pois, já é um sacrifício pelas obras que realiza, quanto mais a alma quando se inflama de amor por Deus. Pois a alma é o lugar da liberdade que comanda a relação com Deus e com os outros. Por isso toda "obra de misericórdia", exercida em favor do próximo, é reportada a Deus, é sacrifício também. Não há nada de ritual nisso tudo: o sacrifício é ao mesmo tempo exterior e interior, em razão da estrutura do homem, corporal, visível, entrando pela mediação de seu corpo em relação com os outros, mas também espiritual, capaz de inteligência, de amor e de dom.

Essa definição do sacrifício pode parecer *a priori*: de fato, ela é somente a decodificação do que foi o sacrifício do Cristo. O Verbo, por sua encarnação, deu a seu sacrifício interior — isto é, seu amor absoluto por seu Pai e seus irmãos — uma figura exterior em sua vida e sua morte. Seu sacrifício é único e perfeito, pois só ele foi capaz de retornar a Deus sem pecado. A esse sacrifício único de sua existência Cristo associou sua Igreja por graça:

> Donde seguramente decorre que esta Cidade resgatada por inteiro, isto é, a assembleia e a sociedade dos santos, é oferecida a Deus como um sacrifício universal pelo sumo sacerdote que, sob a forma de escravo, chegou mesmo a se oferecer por nós em sua

---

102. Ibid., X,6; p. 445.

paixão, para fazer de nós o corpo de tão grande Cabeça. Foi de fato esta forma [de escravo] que ele ofereceu, foi nela que ele se ofereceu, porque é graças a ela que ele é mediador, nela que ele é sacerdote, nela que ele é sacrifício [...]. O sacrifício em sua totalidade, somos nós mesmos [...]. Tal é o sacrifício dos cristãos: sendo muitos, não ser mais do que um só corpo no Cristo. E este sacrifício, a Igreja não para de celebrá-lo no sacramento do altar, bem conhecido dos fiéis, onde lhe é mostrado que naquilo que ela oferece, ela mesma é oferecida[103].

Em algumas frases, Agostinho abarca toda a economia do sacrifício cristão, que parte de Cristo, atinge a Igreja e se atualiza na eucaristia. Sozinho, Cristo pôde cumprir o sacrifício perfeito da oferenda de si mesmo a Deus por seus irmãos. Ele o fez em razão de sua encarnação, que o constituiu mediador e sacerdote e o conduziu à morte e à ressurreição. Esse sacrifício é evocado em referência ao hino de Fl 2,6-13. É um sacrifício de amor e de obediência, oferecido em toda "humildade", termo que traduz em Agostinho a quenose de Fl 2,7. É um sacrifício "existencial", que verifica plenamente a definição previamente dada: "É ele mesmo que oferece e é ele mesmo a oblação"[104]. Nesse sacrifício, com efeito, o sacerdote e a "vítima" são um só. O sacrifício de Cristo comporta um interior, o amor do Pai e de seus irmãos, e um exterior, o dom de seu corpo, portanto de sua pessoa, em sua paixão e na instituição da eucaristia.

Mas o sacrifício de Cristo está ligado ao sacrifício dos homens reunidos na Igreja. Cristo não se oferece sozinho ao Pai: ele o faz enquanto sumo sacerdote de toda a humanidade que é convidada a se tornar "a assembleia dos santos". Ele cumpre o sacrifício da Cabeça que oferece todo o corpo eclesial. Pois o sentido e o objetivo do sacrifício dos cristãos são ser um só corpo em Cristo em louvor do Pai. Aqui se opera uma passagem da multiplicidade dos sacrifícios à unidade: "O sacrifício em sua totalidade somos nós mesmos". Para além de cada boa obra que merece o nome de sacrifício, a existência inteira de um homem constitui seu sacrifício único. Pode-se mesmo considerar a humanidade por inteiro como um grande corpo que cumpre um único sacrifício, feito da multiplicidade dos sacrifícios existenciais de todos os homens através das gerações. O sentido da história dos homens é a passagem da humanidade em Deus, é a longa peregrinação de sua Páscoa em Deus.

Vê-se como o sacrifício de Cristo é salvador. Ele o é por um movimento de conversão a Deus, geradora de outras conversões. O movimento de conversão ao Pai habita originalmente o Filho, sem que ele tenha necessidade de ser libertado do pecado. O Verbo de Deus voltou-se para a humanidade por sua encarnação, a fim de poder se voltar para Deus enquanto homem e Cabeça da humanidade. Esse movimento é fecundo da conversão da humanidade, cujo corpo é o Cristo. Pela potência de uma eficácia exemplar, esse sacrifício permite aos homens converter-se por seu turno, numa conversão que comporta desta vez a libertação do pecado e os faz voltar-se para o Pai a fim de integrar-se n'Ele.

---

103. Ibid., X,6; pp. 447-449.
104. Ibid., X,20; p. 499.

A Cabeça arrasta o corpo em seu movimento. Assim o movimento ascendente do retorno da humanidade em Deus por Cristo vem concluir o movimento descendente pelo qual Deus, em Cristo, vem libertar o homem e lhe comunicar sua vida[105].

O sacrifício de Cristo é um ato formalmente "expiatório"? J. Rivière[106] sustentou isso, no sentido que a teologia dos tempos modernos deu ao termo "expiação". Mas existe aí uma projeção sobre os textos antigos daquilo que essa teologia estima ser o núcleo da redenção cristã e confundiu com o dogma propriamente dito. Ela queria interpretar a redenção segundo o movimento quase exclusivo da mediação ascendente, segundo o esquema da satisfação expiatória, ignorando que a época patrística viu nisso antes de tudo uma obra da mediação descendente de Cristo. À questão assim apresentada convém responder deste modo: se por expiação se entende a intercessão exercida por Cristo pelos homens em sua paixão, intercessão que permanece eternamente como a do ressuscitado (Hb 7,25), é preciso responder sim[107]. Mas se por expiação entende-se um ato capaz de mudar uma cólera vingadora de Deus para com a humanidade numa atitude de clemência e de perdão, graças a uma prestação que compensaria a ofensa do pecado, é preciso responder resolutamente não. Testemunha-o este belo texto:

> Será preciso pensar que o Pai estava irritado contra nós, mas que ao ver seu Filho morrer por nós deixou apaziguar-se sua cólera contra nós? Seu Filho então estava tão apaziguado a nosso respeito que se dignou até morrer por nós, ao passo que o Pai permanecia ainda irritado contra nós a ponto de só se deixar apaziguar se seu Filho morresse por nós? Mas então o que pensar do que diz [...] o Doutor dos Gentios: "Depois disso, que nos resta dizer? Se Deus é por nós, quem será contra nós? Ele, que não poupou o seu próprio Filho, mas o entregou por nós todos, como, junto com o seu Filho, não nos daria todas as coisas?" (Rm 8,31-32). Se já não estivesse apaziguado, o Pai, sem poupar seu próprio Filho, o entregaria por nós? [...] É o próprio Pai, como se fosse o primeiro a nos amar, que por nós o entrega à morte [...]. E o Filho, que não foi poupado pelo Pai, não foi entregue por nós contra a vontade, pois dele também nos diz o Apóstolo: "o Filho de Deus, que me amou e se entregou por mim" (Gl 2,20)[108].

E também:

> Éramos inimigos de Deus somente na medida em que nossos pecados são inimigos da Justiça: uma vez redimidos esses pecados, tais inimizades cessam; e aqueles a quem o próprio justo justifica são reconciliados com ele. Entretan-

---

105. Sobre o sacrifício em Agostinho, cf. Isabelle Bochet, *Saint Augustin et le désir de Dieu*, Paris, Études augustiniennes, 1982, pp. 354-382.
106. Cf. J. Rivière, *Le dogme de la rédemption*.
107. Cf. B. Sesboüé, op. cit., pp. 293-326.
108. Agostinho, *La Trinité* XIII,11,15; *BA* 16, pp. 305-307.

to, ele os amava, mesmo quando eram seus inimigos, já que "não poupou o seu próprio Filho, mas o entregou por nós todos", quando ainda éramos seus inimigos[109].

III. CRISTOLOGIA E SOTERIOLOGIA NO SEGUNDO MILÊNIO

Ao longo do segundo milênio, cristologia e soteriologia seguirão, após Santo Anselmo, percursos cada vez mais separados. A cristologia não conhecerá mais doravante desenvolvimentos que se possa chamar propriamente dogmáticos. No Ocidente, a preocupação da interpretação da salvação cristã ocupará o primeiro lugar e suscitará uma doutrina da redenção, relativamente nova quanto a seu centro de gravidade, doravante situado na compreensão da mediação ascendente.

1. A CRISTOLOGIA NO SEGUNDO MILÊNIO

> **REFERÊNCIAS BIBLIOGRÁFICAS:** I. BACKES, *Die Christologie des hl. Thomas v. Aquin und die griechischen Kirchenväter*, Paderborn, Verlag Schöningh, 1931. — A. PATFOORT, *L'Unité d'être dans le Christ d'après saint Thomas. À la croisée de l'ontologie et de la christologie*, Paris, Desclée, 1964. — PH. KAISER, *Die Gott-menschliche Einigung in Christus als Problem der spekulativen Theologie seit der Scholastik*, München, Hüber, 1968. — H. SCHELL, *Katholische Dogmatik*, III, 1, Paderborn, 1892. — K. RAHNER, Considérations dogmatiques sur la psychologie du Christ, in *Exégèse et dogmatique*, Paris, DDB, 1966, pp. 187-210. — A. VÖGTLE, Réflexions exégétiques sur la psychologie de Jésus, in *Le message de Jésus et l'interprétation moderne. Mélanges K. Rahner*, Paris, Cerf, 1969, pp. 41-113. — B. SESBOÜÉ, *Pédagogie du Christ. Éléments de christologie fondamentale*, Paris, Cerf, 1994.

O sentido de uma constatação

Uma constatação se impõe: o longo percurso de desenvolvimento do dogma cristológico, que começara com as origens cristãs e se formalizara na sequência dos sete primeiros concílios ecumênicos de Niceia I a Niceia II, conclui-se. Não somente não haverá mais concílios em que Cristo seja a preocupação primeira, mas as intervenções cristológicas do magistério serão doravante reduzidas e parcelares. Elas se contentarão no mais das vezes em repetir as afirmações antigas diante da emergência de concepções teológicas novas que parecerão questioná-las.

Essa constatação pede alguma explicação. O percurso histórico realizado corresponde a um percurso lógico que se encontra, ele também, concluído em sua

---

109. Ibid., *BA* 16, p. 325.

ordem própria. As grandes dificuldades racionais apresentadas pelo mistério de Cristo, no quadro da cultura dominante na Europa, foram recenseadas. A Igreja viverá doravante com esse patrimônio. Não que o movimento conciliar se estanque: ele continua no Ocidente após a separação de 1054. Mas orienta-se agora para outros conteúdos da fé, que se tornaram agora objeto de contestação ou de interrogação: o pecado e a justificação, a graça, a Igreja e seus sacramentos[110].

Esse estancamento está ligado igualmente a uma transformação da problemática que corresponde à passagem da época patrística à época escolástica. Santo Tomás caracteriza retrospectivamente dois tipos de discurso da fé[111]: o discurso que procede por autoridades *(per auctoritates)* e o que procede segundo a investigação racional *(per rationes)*. Globalmente, o discurso dos Padres procedia por autoridades; no limiar da Idade Média ele cede lugar a uma investigação racional de um tipo novo que gera o discurso escolástico. Entre esses dois discursos, Agostinho de algum modo serve de ponte, pois é o herdeiro e o recapitulador do primeiro, ao mesmo tempo em que lança os fundamentos do segundo numa atitude que visa "captar a razão" *(reddere rationem)* do mistério cristão. Esse novo discurso é buscado, no Oriente, de Leôncio de Bizâncio e Máximo Confessor a João Damasceno; no Ocidente, ele se inaugura com Boécio e desembocará no florescimento escolástico dos séculos XI, XII e XIII.

Já constatamos essa evolução a propósito do mistério trinitário, vendo como os resultados adquiridos da linguagem dogmática voltaram como questões teológicas: era preciso tentar resolver a aporia da subsistência de três pessoas em uma natureza. Isso desembocara na doutrina das relações subsistentes. Também na cristologia os doutores escolásticos vão se interrogar sobre o como da união hipostática e sobre a constituição ontológica do Verbo encarnado, mas sem chegar neste ponto a conclusões de igual importância. Estamos aqui diante de um desdobramento especulativo das questões abordadas nas definições conciliares. A atenção se concentra em particular na humanidade de Cristo. Não podendo aqui considerar os desenvolvimentos da cristologia teológica, nos limitaremos aos pontos que tocam de perto o dogma.

A questão das "três opiniões"

Do concílio de Frankfurt em 794 até Santo Tomás, três opiniões disputaram entre si a preferência dos autores acerca do modo de união da pessoa divina com a humanidade de Cristo. Uma quarta opinião, a dos adocianistas espanhóis, para quem Cristo é um homem unido por graça ao Verbo, fora condenada por aquele concílio como manifestamente herética[112]. Pedro Lombardo apresentava

---

110. Cf. os volumes 2 e 3 desta obra.
111. Santo Tomás, *Opus XVI, In Boetium de Trinitate*, intr.; ed. Mandonnet, Paris, Lethielleux, 1949, t. III, p. 19 ss.
112. Cf. *DzS* 612-615.

assim essas opiniões, em 1150, numa classificação que será mantida durante toda a Idade Média[113]:

A primeira opinião é a do "homem assumido": um homem, composto de um corpo e de uma alma, subsiste, é assumido e começa a ser a pessoa do Verbo que, reciprocamente, começa a ser este ser humano. Em outros termos, a pessoa do Verbo assume um sujeito, no sentido antigo do termo *(suppositum)*, humano distinto e expulsa ou "destrói" a pessoa humana. Para Lombardo, essa opinião é ortodoxa, mas não a adota. Em 1254, em seu *Comentário sobre as Sentenças* de Pedro Lombardo, Santo Tomás a declara ininteligível e impossível, mas não herética. Em 1272, em contrapartida, tendo descoberto os grandes concílios nesse intervalo, ele reconhece na *Suma* que se trata ali de uma heresia condenada, a de Nestório. Essa explicação, com efeito, faz, como Nestório, uma distinção entre pessoa e sujeito. Reconhecendo dois sujeitos em Cristo, equivale a reconhecer duas hipóstases. A humanidade do Senhor permaneceria uma hipóstase cuja personalidade foi destruída.

A segunda opinião assevera que este homem, Jesus Cristo, é constituído de duas naturezas, divina e humana, e que é uma só pessoa, que era simples antes da encarnação, mas se torna com ela composta da divindade e da humanidade. A pessoa única subsiste doravante em duas e de duas naturezas. A pessoa que estava somente em Deus se tornou um verdadeiro homem subsistente, não somente por sua alma e seu corpo, mas também pela divindade. Essa opinião é, portanto, a retomada da doutrina da união por composição. Tem o favor de Santo Tomás desde seu *Comentário sobre as Sentenças*. Mas na *Suma* ele declara que não se pode falar aqui de opinião, já que as duas outras são "condenadas". Esta aqui é portanto "a sentença da fé católica"[114].

A terceira opinião estima que a pessoa do Verbo não se torna composta, pois ela não é nem mudada nem dividida. Tampouco assume um homem, isto é, uma substância composta de uma alma e de um corpo. Mas o Verbo de Deus se reveste (separadamente) de uma alma e de um corpo como de uma vestimenta. Desse modo, ele se fez homem não "segundo a essência", mas "segundo o hábito", isto é, o comportamento (cf. Fl 2,7: *"habitu inventus ut homo"*). Alguns estimavam mesmo que a humanidade, acrescentando-se a uma pessoa completa, se via reconduzida ao *status* de simples acidente. Lombardo adotava essa terceira opinião, matizando-a contudo com a segunda. Mas o concílio de Frankfurt já a reprovara como contrária ao "costume eclesiástico", sem a condenar formalmente. Desde o *Comentário sobre as Sentenças* Santo Tomás julga-a condenada como herética porque destrói a razão segundo a qual Cristo é um homem. Na *Suma* declara-a de tipo nestoriano, "na medida em que supõe uma união acidental"[115].

Esses debates ganham seu significado pelo fato de marcarem o advento do ponto de vista que será característico da cristologia latina. Os gregos colocavam-se no ponto de vista da pessoa assumida pelo Verbo, segundo o esquema

---

113. Inspiro-me nesta exposição num curso inédito de J. Moingt.
114. *STh*, IIIa q. 2; a. 6.
115. Ibid.

descendente do "Verbo que se fez carne". Os latinos, ao contrário, partem da humanidade assumida de Cristo e apresentam diretamente a questão de seu sujeito: por que ela não é uma pessoa? Qual é então o constitutivo formal da pessoa? Qual o grau de ser dessa humanidade?

Santo Tomás, por seu turno, explica da seguinte maneira por que a humanidade de Cristo não é nem sujeito *(suppositum)* nem pessoa: para que uma substância particular seja hipóstase ou pessoa, é preciso que seja completa por si, que seja subsistente por si mesma e separadamente de toda outra. Assim, a mão não é uma hipóstase, porque não existe por si e separadamente, mas num todo mais perfeito. O mesmo se dá com a humanidade de Cristo, que se torna interior à hipóstase do Verbo que lhe permite subsistir em si mesma.

Na mesma linha de reflexão metafísica, outra questão se viu suscitada: a humanidade de Cristo possui ou não uma existência distinta da do Verbo (um *esse* próprio)? Se se segue a primeira opinião, se responderá que sim; se se segue a terceira, se dirá que há no Cristo duas essências, mas uma substancial e a outra acidental. Entretanto, uma vez que essas duas opiniões não são admissíveis, é preciso responder à questão à luz da segunda opinião: a reconhecida unidade de subsistência das duas naturezas de Cristo acarreta necessariamente sua unidade de existência?

Se se distingue formal e conceitualmente o ato de subsistir do ato de existir, será possível talvez falar de dois *existires (esse)* em Cristo. Mas essa distinção parece bem sutil. Santo Tomás, por sua parte, identificava os dois atos e optava pela unidade numérica do ato de existir em Cristo. Mas depois dele essa questão será extremamente debatida até os dias de hoje. A teologia escolástica e neoescolástica repugna privar a humanidade de Cristo de um ato que lhe parece pertencer à completude da natureza. Ela fez tudo assim para manter a tese das duas existências de Cristo, seja reconhecendo sua oposição a santo Tomás, seja tentando reconduzir a tese dele à sua própria. O dossiê foi recentemente retomado[116]. A análise sistemática dos textos mostra que ao longo de toda a sua carreira o Doutor Angélico correntemente professou a unidade de existência em Cristo[117]. Um único texto faz exceção ao tomar a posição oposta[118]: ele marca uma hesitação de santo Tomás, antes de retornar, na *Suma*, à sua doutrina corrente. Segundo ele, a existência (o *esse*) fica do lado da pessoa ou da subsistência e não do lado da natureza.

Ciência e consciência de Jesus

Por outro lado, a Idade Média e a teologia dos tempos modernos se ocuparão muito da questão da ciência de Cristo. Vimos mais acima a ambiguidade na

---

116. Cf. A. Patfoort, *L'unité d'être dans le Christ d'après saint Thomas*.
117. Lugares principais: *Sobre o III livro das Sentenças, D. 6, q. 2*; *Quodlibeta, 9, a. 3*; *Compêndio teológico*, I, c. 212; *STh*, IIIa, q. 17, a. 2.
118. *A questão disputada sobre a união do Verbo encarnado*, art. 4.

qual essa questão fora deixada após a crise agnoíta, e constatamos o início de uma deriva rumo à afirmação de uma onisciência da humanidade terrestre de Cristo. No século VIII, São João Damasceno deduz essa onisciência de Jesus, desde o seio materno, da doutrina da união hipostática e da comunicação das propriedades. No século IX o teólogo Cândido afirma explicitamente que Jesus, desde sua encarnação, gozava da visão beatífica que é própria aos eleitos que vivem na glória de Deus[119]. Assim se encontrava determinado o princípio de que Jesus era ao mesmo tempo *"viator et comprehensor"*, isto é, de que vivia o caminho terrestre comum a todo homem, já tendo chegado em sua humanidade ao termo glorioso desse caminho. Se, com efeito, pensava-se, a humanidade de Cristo deve nos conduzir à visão de Deus, ela mesma deve gozar dessa visão.

No caminho assim aberto, a teologia medieval desenvolveu uma concepção muito elaborada das diversas ciências de Cristo, podendo chegar até seis. Santo Tomás se mostra relativamente discreto ao contar apenas três: a ciência de visão ou beatífica, a ciência infusa, a dos anjos, e a ciência adquirida, a que cada ser humano desenvolve a partir de sua comunicação com os outros e de sua experiência. Ao longo de sua carreira, Santo Tomás dará cada vez mais peso à ciência adquirida.

A teologia escolástica se chocará no século XVI contra as objeções de Erasmo (que se apoiava em Lc 2,52) e a oposição vigorosa de Lutero e de Calvino, que admitiam um real desenvolvimento espiritual de Jesus, bem como limites à sua ciência. Mas a neoescolástica dos tempos modernos manterá com matizes diversas esta visão fundamental, abrindo-se pouco ao problema moderno da consciência de Jesus.

No final do século XIX, um primeiro questionamento dessa doutrina apareceu do lado católico com o teólogo Hermann Schell (1850-1906)[120]. Schell estabeleceu uma distinção nítida entre a ciência e a consciência de Jesus. Para a primeira, ele denunciava o postulado de uma perfeição da humanidade de Cristo, considerada como posse estática de todas as qualidades possíveis, para sublinhar que a perfeição do ser-homem consiste primeiramente no exercício de sua condição fundamental, que é ter de progredir no tempo por um desenvolvimento livre de seu ser. Mas Jesus tinha consciência de ser o Filho desde o primeiro instante graças a uma iluminação divina. Schell não se explica muito mais sobre a modalidade dessa consciência, que ele entretanto se recusa a identificar à visão beatífica. Não aceita esta última, porque a concomitância do *status* de *"viator"* e de *"comprehensor"* lhe parece impossível, e que esta tese resulta de uma confusão entre a situação do Cristo glorioso e a condição assumida por ele no curso de sua carreira terrestre. Recusa igualmente a doutrina do conhecimento infuso.

As conclusões de Schell não foram acolhidas na época e sua *Dogmática* foi posta no *Index* em 1898. Alguns anos mais tarde, os trabalhos de Loisy retornaram

---

119. Cf. H. de Lavalette, Candide, théologien méconnu de la vision béatifique du Christ, *RSR* 49 (1961) 426-429.

120. H. Schell, *Katholische Dogmatik*.

aos mesmos pontos numa intenção mais radical. O dossiê da ciência humana de Cristo e de sua visão beatífica foi vivamente debatido no âmago da crise modernista[121]. Neste clima, o Magistério romano interveio com medidas que podemos chamar "conservadoras", condenando certas proposições de princípio[122] e estimando que não se podia ensinar "sem perigo" que o Jesus pré-pascal não gozava da visão beatífica[123]. Esta última decisão do Santo Ofício é a primeira tomada de posição magisterial acerca de uma doutrina que sempre permanecerá na ordem da explicação teológica. Não pretende ser um julgamento lançado sobre o fundamento; é uma decisão de ordem disciplinar acerca do ensinamento a dar sobre um "ponto quente" num contexto histórico preciso.

Essas intervenções tiveram como efeito congelar a investigação durante meio século. A questão foi retomada em bases novas, mais sadias, ao mesmo tempo no plano da história e da exegese e no plano dogmático. K. Rahner insinuou prudentemente, antes de tudo, uma distinção entre "visão imediata", traduzindo a relação imediata de Jesus com seu Pai, e visão "beatífica", a segunda não sendo de modo nenhum necessária à primeira[124]. Em seguida, numa contribuição decisiva que exerceu grande influência, explicou a da consciência filial de Jesus, isto é, a maneira como o dado da união hipostática se torna em Jesus uma experiência vivida, inserindo-a no polo originário, "transcendental" e não temático de sua consciência, e não no polo categorial, temático e objetivo, que se exprime na linguagem. Essa consciência originária progressivamente se refletiu e tematizou no curso do crescimento de Jesus com base na experiência humana e religiosa que ele vivia. Assim como todo homem "sabe" originariamente que é um homem, bem antes de poder falar, tendo necessidade de se tornar homem por uma tomada de consciência mais reflexa a partir de sua comunicação com os outros e das experiências de sua vida, assim também Jesus teve de desenvolver-se, não somente como homem, mas como este homem que é "o Filho" numa relação absolutamente original com o Pai[125].

Na esteira de Rahner, muitos teólogos assumiram a distinção que ele propunha, a fim de poderem renunciar à doutrina teológica da visão beatífica que, de "comum" que era entre os teólogos, logo se tornou "excepcional". Por seu lado, a exegese operava uma reapreciação dos testemunhos evangélicos que evocam à evidência um desenvolvimento histórico de Jesus durante seu ministério pré-pascal, mesmo se sua consciência filial se apresenta como sem começo absoluto[126]. Parece possível assim reconhecer uma ignorância em Jesus, não uma ignorância "positiva" no que diz respeito à sua missão de revelador junto aos

---

121. Cf. E. Poulat, *Histoire, dogme et critique dans la crise moderniste*, Paris, Casterman, 1962.
122. Cf. Decreto *Lamentabili*, DzS, 3427-3438.
123. Cf. *DzS* 3645-3647. — Também Pio XII fará referência à visão beatífica do Jesus pré-pascal, como a uma concepção teológica corrente em *Mystici Corporis*, DzS 3812.
124. K. Rahner, *Écrits théologiques*, t. I, Paris, DDB 1959, p. 142, nota 1.
125. Id., Considérations dogmatiques sur la psychologie du Christ.
126. Cf. a verificação exegética das teses de K. Rahner realizada por A. Vögtle, Réflexions exégétiques sur la psychologie de Jésus.

homens, mas uma ignorância de algum modo negativa diante de todo conhecimento humano possível e mesmo diante de seu futuro próximo, na medida em que este era objeto de sua confiança absoluta no Pai (Mc 13,32)[127].

Os tempos modernos: o Cristo dos filósofos e dos historiadores

> REFERÊNCIAS BIBLIOGRÁFICAS: E. KANT, *La religion dans les limites de la simple raison*, 1793, trad. G. Gibelin, Paris, Vrin, 1952. — X. TILLIETTE, *La christologie idéaliste*, Paris, Desclée, 1986; *Le Christ de la philosophie. Prolégomènes à une christologie philosophique*, Paris, Cerf, 1990; *La semaine sainte des philosophes*, Paris, Desclée, 1992. — J. MOINGT, *L'homme qui venait de Dieu*, Paris, Cerf, 1993, pp. 221-281. F. B. BOWMAN, *Le Christ romantique*, Genève, Droz, 1973. — D. MENOZZI, *Les interprétations politiques de Jésus de l'Ancien Régime à la Révolution*, Paris, Cerf, 1983. — B. COTTRET, *Le Christ des Lumières. Jésus de Newton à Voltaire (1680-1760)*, Paris, Cerf, 1990.
> D. F. STRAUSS, *Das Leben Jesu*, Tübingen, 1835; trad. por É. Littré, *Vie de Jésus*, 2 vols., Paris, Ladrange, 1856; *Neues Leben Jesu*, Tübingen, 1864; trad. Nefftzer e Dollfus, *Nouvelle Vie de Jésus*, 2 vols., Paris, Hetzel et Lacroix, s.d. — E. RENAN, *Vie de Jésus*, 1863, Paris, Gallimard, 1974. — A. SCHWEITZER, *Geschichte der Leben Jesu Forschung (von Reimarus zu Wrede)* (1906), 2 vols., Gütersloh, G. Mohr, 1977. — G. BORNKAMM, *Qui est Jésus de Nazareth?*, Paris, Seuil, 1973.

A partir do século XVIII a figura de Jesus escapa da Igreja e das Igrejas agora já divididas no Ocidente. Um novo discurso nasce a seu respeito. A apresentação dogmática do Cristo, Deus verdadeiro e homem verdadeiro, impõe dificuldades aos olhos de uma filosofia cada vez mais autônoma e *a priori* reticente à ideia de revelação. A ela se opõe uma interpretação de Jesus feita à luz da razão. A reação do século das Luzes consiste de fato em reconduzir Jesus a dimensões propriamente humanas, a ponto de exaltar a qualidade do exemplo de sua humanidade. Jesus é assim um sábio, um mestre sublime de virtude, o filósofo por excelência. F. X. Arnold esboçou deste modo o retrato desse Jesus com base nas expressões da época:

> Sua "grandeza" não consiste em sua divindade, mas sim na "nobreza de seus sentimentos, na sublimidade de seus desígnios benevolentes, em sua atitude inabalável, em sua sabedoria e sua virtude, que nenhum outro mortal jamais poderá igualar". Este "homem" já não aparece como o segundo Adão, Redentor que reconcilia a humanidade com Deus; já não é o Mediador e o sumo sacerdote eterno, mas "o sábio de Nazaré", "o erudito de seu povo", "o mestre do gênero humano", cuja "amizade, benevolência e amabilidade" são tão louvadas quanto sua "grandeza de espírito", sua "serenidade de alma", seus "sentimentos humanos de

---

127. Cf. sobre este ponto H. Urs von Balthasar, *La foi du Christ. Cinq approches christologiques*, Paris, Aubier, 1968, pp. 181-182.

amizade", seu "coração sensível" e seu "zelo ardente pelo bem dos homens e sua iluminação". É o mestre de "uma verdadeira filosofia prática", no mesmo nível dos profetas judeus e dos filósofos pagãos; ele vai à morte "mais nobre" que um Sócrates, com "o olhar tranquilo e sábio" para quem "não existe enigma" nem temor diante do "abismo" [...].

Seu sofrimento e sua morte [... são considerados] unicamente como uma "fonte de aperfeiçoamento para o mundo", "um exemplo de virtude e um modelo de moralidade". ... Morreu "como mártir da verdade e da virtude", isto é, de fato, como *Aufklärer* e promotor moral da humanidade[128].

Jean-Jacques Rousseau é o autor de um célebre paralelo entre Jesus e Sócrates[129], com toda vantagem para o primeiro, ao contrário do de Voltaire, para quem Jesus não passa de um "Sócrates rústico". Jean-Jacques diz sim à sua pessoa e à santidade do Evangelho que lhe fala ao coração, mas não aos dogmas, aos mistérios e mais ainda aos milagres. Kant publica em 1793 seu livro *A religião nos limites da simples razão*[130], em que apresenta uma primeira "cristologia filosófica". Jesus é o homem divino exemplar, cuja ideia e imagem ele deduz a partir do ideal inscrito em nossa razão. Ora, esse ideal humano do santo se acha realizado em Jesus. É para Kant uma maneira de justificar como Jesus é ao mesmo tempo a verdade de Deus e a verdade do homem. Essa apresentação, que tem sua grandeza, opera contudo uma redução do divino ao humano, ao mesmo tempo em que reduz a revelação à razão.

Entretanto, é notável ver a figura de Jesus permanecer no centro da preocupação filosófica mais livre até os dias de hoje. Assim, X. Tilliette pôde propor um longo percurso sobre o Cristo dos filósofos, seguindo neles a "ideia de Cristo", isto é, a da manifestação do Absoluto na contingência da história. O idealismo alemão e Hegel têm ali um lugar privilegiado. É legítimo, portanto, falar de "cristologia filosófica", mostrando "como o Cristo ilumina e literalmente revela noções cardeais da filosofia, das quais ele é o símbolo e a chave: a subjetividade e a intersubjetividade, o transcendental, a temporalidade, a corporeidade, a consciência, a morte etc., dados que ele tornou seus ao se encarnar"[131].

O século XVIII, mais ainda a Revolução Francesa, e o XIX veem o desenvolvimento de uma cristologia política. A imagem de Jesus se vê criticada, mas no mais das vezes recuperada pelas diversas ideologias políticas. Jesus será alternadamente um legislador, um revolucionário, um fiador da ordem da sociedade em razão de sua obediência, um patriota, um *sans-culotte*, o amigo do povo e um jacobino, um monarquista, para se tornar, em 1848, um republicano e também um socialista. As identificações de grandes personagens públicas (Marat, Luís XVI, Napoleão etc.) com Cristo serão numerosas. Encontramos aqui um

---

128. F. X. Arnold, *Pastorale et principe d'incarnation*, Bruxelles, Cep, 1964, pp. 53-54.
129. J.-J. Rousseau, *Profession de foi d'un vicaire savoyard*, Paris, Pauvert, 1964, pp. 161-162.
130. E. Kant, *La religion dans les limites de la simple raison*.
131. X. Tilliette, *Le Christ des philosophes*, p. 29.

longo fenômeno de projeção das ideologias humanas na pessoa de Cristo, que se encontrará também nas investigações sobre a vida de Jesus.

Se o século XVIII contestou a cristologia dogmática do ponto de vista da razão, o século XIX o fará principalmente a partir da história, que acaba de se constituir como ciência num clima de grande confiança em si mesma. Mas a jovem disciplina histórica ainda não percebeu a complexidade dos problemas colocados pela distância histórica e pela pré-compreensão que habita o historiador; ela conserva a ilusão do historicismo, para o qual o conhecimento acumulado dos fatos em sua positividade permite atingir a verdade tal como foi.

É assim que se inaugura o grande movimento da investigação sobre a vida de Jesus *(Leben-Jesu-Forschung)*, que vai de Reimarus (1788) a Wrede (1904), segundo A. Schweitzer, durante o qual numerosos autores, valendo-se da divergência entre a imagem de Jesus dada pelos evangelhos e a do Cristo pregado pela Igreja, pretendiam recuperar seu verdadeiro rosto com o auxílio da ciência histórico-crítica. Duas vidas de Jesus tiveram uma repercussão particular. Na Alemanha, David Friedrich Strauss fez, nos relatos evangélicos, a divisão entre o "resíduo histórico", que descarta sistematicamente tudo o que é não somente "maravilhoso" mas também "improvável", e o "mito", ele mesmo portador de verdades eternas, isto é, da "ideia absoluta do homem que é inata à razão humana", e portanto capaz de uma reinterpretação no sentido de uma religião da humanidade. Na França, Ernest Renan apresenta o retrato sentimental do doce rabino que prega seu sonho na sorridente Galileia, ao qual opõe o sombrio doutrinário que vem a ser exaltado na severa Judeia. Em sua interpretação deste "homem incomparável", a psicologia e o sentimento têm uma grande participação. Sob sua pena, Jesus se torna um pregador liberal.

No início do século XX, Harnack[132] opõe a mensagem clara e simples de Jesus ao dogma cristão, acusado de ser uma construção da metafísica grega. Invoca Jesus contra Cristo e ataca Paulo, cuja cristologia encobriu a humanidade de Jesus. É o primeiro a ter sublinhado a distância entre o *Jesus pregador* (um amor universal, sem doutrina) e um *Jesus pregado* (com todo o peso dos dogmas, da pretensão à ortodoxia e das divisões que são a consequência).

"Não há nada mais negativo do que os resultados da pesquisa liberal sobre a vida de Jesus", é o balanço severo feito por Albert Schweitzer em 1906 em seu livro consagrado à investigação sobre a vida de Jesus. Tal Jesus nunca existiu: é uma figura construída pelo racionalismo e pelo liberalismo sem cor de ciência histórica. Essa imagem quebrou-se sozinha à luz dos verdadeiros problemas históricos. Mais recentemente, G. Bornkamm chamou o livro de A. Schweitzer de "uma oração fúnebre". Dele retoma a conclusão essencial:

> Ninguém mais é capaz de escrever uma vida de Jesus [...].
> Por que essas tentativas fracassaram? Será apenas porque se percebeu que cada autor, sem querer, projetara a mentalidade de sua época no retrato que

---

132. Cf. A. von Harnack, *L'essence du christianisme* (1900), Paris, Fischbacher, 1907.

dava de Jesus e que, portanto, já não era possível confiar nele? De fato, as imagens sempre diversas que oferecem as inumeráveis "Vidas de Jesus" não são encorajadoras; por meio delas, encontramos ora um mestre do século das Luzes, muito seguro acerca de Deus, da virtude e da imortalidade; ora um gênio religioso do romantismo; ora um moralista kantiano; ora um campeão das ideias sociais[133].

Esse fracasso das vidas de Jesus faz lembrar, primeiramente, que os testemunhos evangélicos, por sua natureza e intenção — testemunham a história dentro da fé —, não permitem escrever uma biografia de Jesus no sentido moderno do termo. O "Jesus histórico" restituído pela ciência moderna continua, pois, infinitamente aquém do que foi o "Jesus da história". O que não quer dizer que não disponhamos de algumas bases firmes acerca não apenas da existência de Jesus, mas também de certos traços importantes de sua personalidade. Esse fracasso nos diz também que não é possível debruçar-se sobre Jesus sem uma pré-compreensão. É ilusório opor uma visão objetiva e desprovida de "preconceito" a uma visão marcada pelo *a priori* dogmático. O verdadeiro problema é saber qual é a melhor pré-compreensão para compreender de verdade a história de Jesus.

Ocorre que o século XX nascente herda a problemática da distância entre o *Jesus da história* e o *Cristo da fé*, que encerra um conflito perigoso. Caberá à exegese e ao movimento teológico contemporâneo trabalhar para sua reconciliação.

Vaticano II: Cristo, verdade do homem

Como o conjunto dos concílios ocidentais, sobretudo Trento e Vaticano I, o concílio Vaticano II não é formalmente cristológico, mesmo se o horizonte de uma cristologia, mais bíblica e patrística do que escolástica, se perfila em seu discurso eclesiológico. Entretanto, a referência cristológica é particularmente explícita na maneira como a primeira parte da Constituição pastoral *Gaudium et Spes* sobre *A Igreja no mundo moderno* apresenta um resumo de antropologia cristã:

> Na realidade, o mistério do homem só se ilumina verdadeiramente no mistério do Verbo encarnado. Adão, com efeito, o primeiro homem, era a figura do homem por vir (cf. Rm 5,14), isto é, do Cristo Senhor, Novo Adão. Cristo, na revelação do mistério do Pai e de seu amor, manifesta plenamente o homem a si mesmo e lhe desvela sua mais alta vocação[134].

O concílio retorna às visões de Ireneu e de Tertuliano, para quem Cristo está no centro da intenção criadora de Deus. Na unicidade de sua pessoa

---

133. G. Bornkamm, *Qui est Jésus de Nazareth?*, Paris, Seuil, 1973, p. 19 s.
134. *Gaudium et Spes* 22,1; *COD* II-2, p. 2191.

encarnada, ele é para o homem ao mesmo tempo a revelação do homem e a revelação de Deus. Em Cristo, a vocação do homem é ao mesmo tempo revelada e realizada. Nele, a união de Deus e do homem é manifestada de maneira exemplar. Nele, a natureza humana "foi assumida, não absorvida", segundo o ensinamento dos concílios de Constantinopla II e III. Esta verdade do homem se exprime em termos de existência por meio do itinerário humano de Jesus:

> Por sua encarnação, o próprio Filho de Deus uniu-se de algum modo a todo homem. Trabalhou com mãos de homem, pensou com uma inteligência de homem, agiu com uma vontade de homem, amou com um coração de homem. Nascido da Virgem Maria, tornou-se verdadeiramente um de nós, em tudo semelhante a nós, exceto no pecado[135].

Não somente ele manifesta assim o mistério de cada homem, mas assume com isso uma solidariedade social com a comunidade dos homens e, portanto, com todo homem:

> Este caráter comunitário [da existência humana] encontra sua perfeição e seu acabamento na obra de Jesus Cristo. De fato, o Verbo encarnado quis partilhar pessoalmente a vida comum dos homens. Assistiu às bodas de Caná, entrou na casa de Zaqueu, comeu com os publicanos e os pecadores. Revelou o amor do Pai e a eminente vocação dos homens evocando as realidades sociais mais comuns e utilizando palavras e imagens provindas da vida mais cotidiana. Santificou as relações humanas, antes de tudo as relações familiares, fonte da vida social, e se submeteu voluntariamente às leis de sua pátria. Quis levar a vida mesma de um artesão de seu tempo e de seu país[136].

Essa solidariedade plenamente assumida com a humanidade tem por objetivo proporcionar a esta uma solidariedade nova com Deus, elevando-a a ele. Sua encarnação instaura um elo novo entre Deus e o homem; esse elo, já realizado da parte de Cristo, deve tornar-se efetivo da parte do homem. A encarnação, renovação da imagem de Deus no homem, está ordenada para a comunhão do homem com Deus. Ao longo de toda a sua existência terrestre Cristo ensinou e viveu a comunhão absoluta com Deus e com os homens. Foi em nome dessa comunhão que ele deu o testemunho de sua vida, fazendo de sua morte um ato de reconciliação:

> Ele instituiu, após sua morte e sua ressurreição, pelo dom de seu Espírito, uma nova comunhão fraterna entre todos os que o acolhem na fé e na caridade, isto é, em seu Corpo que é a Igreja [...][137].

---

135. Ibid., 22,2; p. 2193.
136. Ibid., 32,2; p. 2205.
137. Ibid., 32,4; p. 2205.

O concílio apresenta, enfim, o Cristo como Alfa e Ômega e recapitulador de todas as coisas em si, numa visão muito ireneana:

> Com efeito, o próprio Verbo de Deus, por quem tudo foi feito, fez-se carne para que, homem verdadeiro, salvasse todos os homens e recapitulasse todas as coisas em si. O Senhor é o fim da história humana, o ponto para o qual convergem os desejos da história e da civilização, o centro do gênero humano, a alegria de todos os corações e a plenitude de suas aspirações [...]. Vivificados e reunidos em seu Espírito, marchamos rumo à consumação da história humana que se afina plenamente com seu desígnio de amor: "reunir o universo inteiro sob um só chefe, Cristo, o que está nos céus e o que está sobre a terra" (Ef 1,10)[138].

A originalidade desse discurso cristológico está em voltar-se deliberada e concretamente para o homem e para os homens, considerando-os no devir de sua história e da realização progressiva de sua vocação, a fim de fundar no Cristo sua dignidade. Tal é a visão cristã do homem e a fonte do humanismo cristão.

O movimento cristológico contemporâneo

Convencionou-se situar geralmente o ponto de partida do movimento cristológico contemporâneo em 1951, isto é, no momento do décimo quinto centenário da definição de Calcedônia, cuja celebração deu lugar a uma série de novas pesquisas[139]. No horizonte desse movimento convém situar, de uma parte, a obra de R. Bultmann, do lado protestante, e, da outra, a de K. Rahner, do lado católico. R. Bultmann insere sua reflexão na problemática do Jesus da história e do Cristo da fé, mas do lado oposto da teologia liberal do século XIX: por razões ao mesmo tempo exegéticas e teológicas, ele estima que não se pode saber quase nada sobre Jesus, a não ser que existiu, que morreu na cruz e que está na origem do cristianismo. Mas esse pessimismo exegético, para ele, não é sério, já que a história não tem nenhuma pertinência em matéria de fé. O que conta não é o Cristo segundo a carne (cf. 2Cor 5,16), mas Jesus Cristo, o Cristo pregado que é o Senhor e cuja Palavra me interpela no hoje de minha existência. O problema dogmático apresentado por Bultmann vem da separação entre *fato* e *sentido*. O exegeta luterano pretende conservar o sentido do mistério cristão, tomando a maior distância do fato, que pretende desmitologizar. Sabe-se que vários de seus discípulos, em particular E. Käsemann e G. Bornkamm, retrocederam nas conclusões do mestre, tanto no plano da história (é possível atingir certo número de dados históricos sólidos sobre Jesus) quanto no da fé (se as comunidades primitivas deram tanta importância aos relatos do itinerário do

---

138. Ibid., 45,2; p. 2227.
139. Cf. em particular a grande obra em três vols. publicada sob a direção de A. Grillmeier e H. Bacht, *Das Konzil von Chalkedon*, p. 393.

Jesus terrestre, até ao de sua morte na cruz, após a ressurreição, isso significa que a história de Jesus é constitutiva da fé).

Por seu turno, K. Rahner propôs em 1954 todo um programa para a renovação da cristologia, numa contribuição que logo ficou célebre[140]. Ali ele propôs os principais temas que seriam objeto da investigação durante várias décadas: a relação da cristologia clássica com o testemunho bíblico; a necessidade de completar a cristologia ontológica com uma cristologia existencial; uma interrogação apoiada sobre a definição de Calcedônia, considerada mais como um início do que como um fim; a necessidade para hoje de uma cristologia transcendental, isto é, de uma dedução das condições de possibilidade, no homem, da credibilidade de Cristo. Mais tarde, ele próprio apresentará uma cristologia desenvolvida num horizonte antropológico e concederá amplo espaço à cristologia transcendental.

Desde então, a maioria dos teólogos contemporâneos, católicos e protestantes, têm oferecido uma obra de cristologia[141]. Como é impossível, no quadro deste estudo consagrado ao dogma propriamente dito, estudar cada um desses autores e seus trabalhos consideráveis, contentar-me-ei em dar conta das preocupações maiores dessa pesquisa, sem esquecer contudo a originalidade de cada autor. Considerarei sobretudo o interesse doutrinal desse movimento, mas sem pretender emitir juízo sobre a variedade dos resultados obtidos.

A primeira característica desse movimento reside no zelo da verificação. A cristologia contemporânea não pode mais se construir sobre o fundamento da confissão de fé e das definições conciliares, simplesmente consideradas como adquiridas; ela deve, por seu turno, fundamentar essa confissão sobre a história e o destino de Jesus (W. Pannenberg, W. Kasper) e mostrar que Deus se revelou neste homem. Em termos clássicos, os dados da teologia fundamental não funcionam mais como uma simples prévia; eles estão integrados à cristologia dogmática.

A segunda preocupação, solidária da primeira, diz respeito à consideração do movimento da cristologia. Ela se interessa igualmente pelo problema do acesso à cristologia. Enquanto a cristologia clássica partia imediatamente da encarnação, a teologia contemporânea, fiel nisto ao Novo Testamento, dá a prioridade à "cristologia terrena" ou ascendente, isto é, à consideração do homem Jesus reconhecido, tanto por seu comportamento pré-pascal quanto em virtude de sua ressurreição, como Senhor e Cristo. A "cristologia celeste" ou descendente vem então dar continuidade, num segundo momento, à luz dos textos paulinos e joaninos que apresentam o Filho ou o Verbo enviado por Deus para se fazer carne. Para alguns, a cristologia ascendente tem antes de tudo um alcance pedagógico, como primeiro momento de um discurso cristológico. Para outros, ela constitui um esforço de interpretação da identidade última de Jesus a partir de sua história e de sua humanidade (W. Pannenberg, J. Moingt).

---

140. K. Rahner, Problèmes actuels de christologie, *Écrits théologiques*, t. I, Paris, DDB, 1957, pp. 113-181. O original alemão data de 1954.

141. Encontrar-se-á facilmente a bibliografia, por exemplo, em J. Moingt, *L'homme qui venait de Dieu*, Paris, Cerf, 1993, pp. 702-722.

Mas seu projeto pretende conquistar um alcance ontológico e ir até o fim da declaração da identidade divina de Jesus. Enquanto a cristologia clássica se preocupava sobretudo em provar o "verdadeiro Deus" em Jesus, a preocupação maior agora é justificar o "verdadeiro homem" de maneira concreta, e afirmar a partir dele a identidade divina de Jesus.

De igual modo, o movimento contemporâneo opera um retorno maciço à Escritura (particularmente característico em E. Schillebeeckx). Já não aceita confinar-se à análise dos dossiês conciliares e teológicos. A cristologia desloca assim seu centro de gravidade da encarnação para o mistério pascal. Leva em conta a história de Jesus e articula a relação entre história e fé à luz da correspondência entre o Jesus terrestre e o Cristo glorificado, a identidade concreta dos dois devendo ser escrupulosamente mantida (W. Thüsing). Ela dá todo o peso aos relatos tais como se apresentam, com os efeitos de sentido que lhes são próprios. Ela lê a revelação do mistério trinitário na cruz de Jesus (H. Urs von Balthasar, J. Moltmann). Respeita a distinção que existe entre a cristologia indireta ou implícita, que se depreende das palavras, atos e comportamentos do Jesus pré-pascal, e a cristologia direta e explícita, que atribui a Jesus a série dos elevados títulos divinos de Cristo, Senhor e Filho de Deus.

Correlativamente, a atitude perante as definições conciliares mudou, em particular entre os teólogos católicos. Elas são consideradas como resultados e restituídas em seu contexto polêmico e cultural. Seu condicionamento histórico manifesta seus limites e permite um olhar crítico. Isso não quer dizer que seu "momento" de verdade seja recusado; mas é situado com mais precisão. Os textos conciliares perdem assim o papel de textos fundadores e de premissas maiores do raciocínio, que lhes foi atribuído por muito tempo erroneamente pela teologia clássica, quando tal função só cabe de pleno direito aos textos da Escritura. Mas recuperam o papel de textos reguladores, isto é, de atos de interpretação eclesial da Escritura, papel que foi sempre o que lhes reconhecia a tradição[142].

2. A SOTERIOLOGIA NO SEGUNDO MILÊNIO

> **Os autores e os textos:** Anselmo de Cantuária, *Pourquoi Dieu s'est fait homme?*; ed. R. Roques, SC 91; *Lettre sur l'incarnation du Verbe. Pourquoi un Dieu-homme?*, ed. M. Corbin e A. Galonnier, Paris, Cerf, 1988.
>
> **Referências bibliográficas:** J. Rivière, *Le dogme de la rédemption au début du Moyen Âge*, Paris, Vrin, 1934. — L. Richard, *Le mystère de la rédemption*, Tournai, Desclée, 1959. — B. Catão, *Salut et rédemption chez saint Thomas d'Aquin. L'acte sauveur du Christ*, Paris, Aubier, 1965. — B. Sesboüé, *Jésus-Christ l'unique médiateur*, t. I, op. cit.

---

142. Sobre essas questões, cf. B. Sesboüé, Le procès contemporain de Chalcédoine, *RSR* 65 (1977) 45-80.

A virada de Santo Anselmo

Foi incontestavelmente Santo Anselmo de Cantuária (1033-1109) que, com a doutrina da satisfação, lançou as bases da soteriologia ocidental do segundo milênio. Se é justo não atribuir-lhe os exageros e as degradações que sua teologia sofrerá mais tarde, é preciso reconhecer que foi ele o primeiro a apresentar o problema da salvação nos termos de uma justiça que o homem deve prestar a Deus para dar satisfação de seu pecado. Sua obra, *Por que um Deus homem? (Cur Deus homo)*, exerceu uma imensa influência, porque o questionamento de Anselmo correspondia à exigência de inteligibilidade que despontava em sua época, exigência que já não se satisfazia com o discurso anterior.

Anselmo pretende de fato enfrentar uma questão nova, brotada da racionalidade humana de seu tempo: em nome de que razão pode-se justificar ou afirmar necessária a economia da salvação que conduz o Filho de Deus ao suplício da cruz? Tal economia não parece realmente odiosa e indigna de Deus? A razão se torna instante e tenta compreender mais. Anselmo, porém, tomará como ponto de partida a retomada da exposição clássica vinda dos Padres, que interpreta a redenção como um combate vitorioso de Cristo com o demônio, combate que permite ao homem vencer por sua vez aquele que o vencera nas origens. O tom aqui é totalmente ireneano. A mediação descendente de Cristo é, portanto, um pressuposto subjacente a toda a reflexão de Anselmo.

Mas esse discurso imediatamente provoca questão e objeção. Por que Deus escolheu um meio tão difícil, quando um meio fácil estava a seu alcance? A vontade todo-poderosa de Deus bastava, de fato, para a salvação do homem e o perdão de seus pecados. As humilhações do Filho contradizem a razão. Mais ainda, por que o Pai infligiu sofrimentos mortais a seu Filho bem-amado?

> Por que justiça entregar o homem mais justo de todos à morte pelo pecador? Se um homem condenasse um inocente para livrar um culpado, não o julgaríamos condenável?[143]
>
> Bem estranho que Deus se deleite assim, ou então que necessite do sangue do inocente, que, sem a morte deste, não queira ou não possa poupar o malfeitor?[144]

É preciso compilar essas objeções sob a pena de Anselmo. A resposta é sem ambiguidade: ela respeita o papel próprio dos três parceiros da paixão. O Pai e o Filho agiram em comum por amor aos homens. Foi a injustiça destes que conduziu Cristo à morte, morte que ele aceitou para perseverar na justiça. O Pai quis que seu Filho suportasse a morte, em pleno acordo com ele, "embora não gostasse nada de sua dor"[145]. Mas há outra coisa: o perdão de Deus não pode bastar à salvação dos homens se algo do lado deles não vier responder a

---

143. *Pourquoi un Dieu-homme?*, ed. M. Corbin, I, 8, p. 327.
144. Ibid., I,10; p. 339.
145. Ibid., I,10; p. 337.

esse perdão. Anselmo está consciente de que, para a honra do próprio homem, um perdão comporta uma exigência de reparação. É sobre essa *necessidade* que ele vai construir todo seu argumento que se desdobra em quatro tempos.

O argumento soteriológico de Anselmo

1º tempo. — *"É necessário que todo pecado seja seguido ou de uma satisfação ou de uma pena."*[146] O pecado é analisado por Anselmo segundo a categoria do homem ofendido, violado ou raptado, o que o assemelha à noção jurídica do roubo. A reparação exige, pois, não somente uma restituição completa, mas também um "mais" *(plus)* em compensação do prejuízo recebido:

> Qualquer um que não prestar a Deus esta honra devida, rouba-lhe o que é dele e o desonra, o que é pecar. Enquanto não restituir o que foi arrebatado, permanecerá em falta. E não basta somente que devolva o que foi tirado, mas, pela ofensa infligida, deve devolver mais do que tirou[147].

Anselmo chega mesmo a utilizar, acerca desse "mais", a imagem do *"pretium doloris"*. A análise repousa, portanto, numa transferência analógica da ordem da justiça em nosso mundo àquela que se deve instaurar entre Deus e o homem. O retorno a essa ordem de justiça supõe que Deus receba satisfação do pecador ou que o pecador seja punido.

Toda a argumentação é levada por uma ideia da grandeza de Deus, que não pode se deixar levar por uma misericórdia que faria dele um cúmplice da injustiça. Deus só pode querer o que é justo e belo. Não pode suportar nenhuma deformidade em seus desígnios, tanto quanto um homem rico não guardaria em seu tesouro uma pérola manchada.

O termo *satisfação* vem do Direito romano. Ali ele não exprimia o pagamento total de uma dívida, mas o fato de "fazer o bastante" *(satis-facere)*, de fazer o que se podia, para ser absolvido. A satisfação substituía, assim, o pagamento de uma dívida. Tertuliano, jurista de formação, fez o termo entrar no vocabulário teológico aplicando-o à conduta penitencial do pecador que "satisfaz" por seu pecado, isto é, dá o sinal vivido de uma conversão reparadora autêntica. Ao cabo de sua penitência, a Igreja reconcilia o pecador que "faz o bastante". Santo Ambrósio será o primeiro a empregar o termo a propósito do Cristo na cruz[148]. O termo se encontra na liturgia acerca da intercessão dos santos e mesmo, raramente, acerca do sacrifício eucarístico[149]. Esses usos se perderão até Anselmo.

---

146. Ibid., I,15; p. 335.
147. Ibid., I,11; p. 343.
148. Ambrósio de Milão, *Commentaire du PS XXXVII*, 53; *PL* 14, 1036 c.
149. Cf. J. Rivière, Sur les premières applications du terme 'satisfactio' à l'oeuvre du Christ, *BLE* 25 1924 285-297 e 353-369.

2º tempo. — *O homem pecador está na impossibilidade radical de satisfazer.* Com efeito, todas as boas obras e todas as penitências que o homem pode cumprir, ele já as deve a Deus, mesmo que não tenha pecado. Nada lhe resta a devolver pelo pecado. Por outro lado, mesmo que já não fosse assim, nenhuma satisfação seria proporcional ao valor infinito do menor pecado diante da majestade ofendida de Deus. A lógica de uma reparação quantitativa se choca contra a desproporção radical que existe entre o homem e Deus maior que tudo. De igual modo, escravo do pecado, o homem se assemelha a alguém que teria caído por culpa própria num fosso profundo, sem poder sair de lá sozinho. Anselmo retoma em sua perspectiva da satisfação o dado doutrinal antigo: o homem caído no pecado não pode encontrar a salvação por suas próprias forças.

3º tempo. — *A satisfação é necessária à conclusão do desígnio de Deus sobre o homem.* A satisfação não é somente necessária do ponto de vista do homem a ser salvo, mas também do ponto de vista da glória de Deus que não pode aceitar ter criado o homem "em vão" e ver seu desígnio conhecer um fracasso total. Essa necessidade não é uma coerção que pesaria arbitrariamente sobre Deus; ela é idêntica à gratuidade mesma de seu desígnio, um desígnio cheio de amor e de graça.

4º tempo. — *Só um Deus-homem pode cumprir a satisfação que salva o homem.* Todos os termos do problema estão agora reunidos. Por um lado, nenhum homem pode satisfazer, e todavia é o homem o incumbido da satisfação. Por outro lado, somente Deus seria capaz de cumprir uma satisfação digna de Deus, mas de nada serviria que Deus satisfizesse no lugar do homem. A solução que se impõe, portanto, é a seguinte:

> Se é pois necessário [...] que a cidade do alto seja levada à perfeição com homens, e se a coisa só é possível se for feita a satisfação supradita, que ninguém pode fazer senão Deus, e ninguém deve fazer senão o homem, é necessário que um Deus-homem a faça[150].

Anselmo conclui, pois, seu raciocínio com a afirmação da necessidade da encarnação de Cristo. Este fora deliberadamente descartado no início da obra, "como se nada tivesse advindo dele"[151]. O movimento do pensamento recupera a coerência dos dados da cristologia tradicional que dava um lugar tão grande à argumentação soteriológica. A partir dessa nova forma de exigência soteriológica que é a satisfação, Anselmo passa à necessidade das duas naturezas e da única pessoa de Cristo, numa perspectiva muito calcedoniana. Por outro lado, Cristo, sem pecado, não está sujeito à lei da morte: mas pode morrer, se quiser, sem constrangimento. É dessa dupla situação que nasce sua capacidade de satisfazer: por um lado, ele pode oferecer a Deus "algo maior

---

150. Anselmo, *Pourquoi un Dieu homme?*, II,6; p. 409.
151. Ibid., Préf.; p. 291.

que tudo o que está sob Deus" e, por outro, pode fazê-lo sem que seja "na qualidade de uma dívida"[152].

Anselmo vê assim uma correspondência antitética de justiça entre a facilidade do pecado de Adão e a "aspereza" da satisfação cumprida por Cristo. Em ambos os casos, estamos num absoluto: absoluto do mal na facilidade e absoluto do bem na dificuldade. É uma maneira de justificar o sofrimento necessário de Cristo, cujo amor é mais forte que a multidão dos pecados. Anselmo pode concluir com um tom de "satisfação" pessoal: "Foi com clareza que encontramos o Cristo, aquele que confessamos Deus e homem, morto por causa de nós"[153].

Juízo crítico da doutrina de Anselmo

A argumentação de Anselmo merece algumas reflexões críticas, tanto para justificar o autor de acusações anacrônicas, quanto para mostrar o que permanece ambíguo em sua investigação. Positivamente, a argumentação de Anselmo se insere na perspectiva de um Deus "sempre maior" que a razão humana. A lógica da igualdade, da exata proporção entre falta e reparação está sempre integrada a uma lógica do "mais", isto é, a uma desproporção absoluta, porque Deus está em questão. Assim as "razões necessárias" se reduzem a razões "de alta conveniência", se se faz de Deus uma ideia que esteja para além de todo ídolo. Por outra parte, Anselmo defende que Deus deve a si mesmo fazer com que sua honra, isto é, sua glória no sentido bíblico do termo, seja respeitada e que a salvação do homem seja assegurada. Sua teologia parte, pois, do movimento descendente pelo qual Deus dá ao homem no Cristo o meio de satisfazer. Seria injusto, portanto, atribuir-lhe a lógica do "pacto sacrificial" e do recurso a uma justiça vindicativa. Aliás, o termo "expiação" está ausente de sua obra, assim como "sacrifício". Ele não fala de resgate, mas de "reparação" e de "restauração" do homem.

Mas também, em Anselmo, a coincidência transcendente dos contrários se verifica a propósito da misericórdia e da justiça. Uma leitura imediata pode levar a pensar que o autor as opõe. Esse contrassenso fatal trará a ideia de que a satisfação da justiça divina é um pré-requisito ao exercício de sua misericórdia. Nada disso na obra do arcebispo de Cantuária: a misericórdia mesma, para ser digna de Deus, inclui a justiça, que ela decerto ultrapassa, mas que deve passar por ela. Toda a obra se insere numa inclusão que vai da misericórdia à misericórdia[154]. Também toda a lógica anselmiana da necessidade da morte de Jesus se situa no âmago de uma ordem de gratuidade.

Se assim é, por que o *Cur Deus homo* suscitou uma série de interpretações correntes que, até nos tempos modernos, veicularam a ideia do "pacto sacrificial", no qual Deus exige de maneira direta e vingativa a morte de seu

---

152. Ibid., II,11; p. 427.
153. Ibid., II,15; p. 439.
154. Ibid., I,3 e II,20. Ver sobre os pontos evocados as reflexões de M. Corbin na introdução de sua edição, op. cit., pp. 15-163.

Filho para satisfazer a sua própria justiça? A resposta a essa pergunta tem a ver com uma ambiguidade do texto que, segundo M. Corbin[155], permite tanto uma leitura "perversa" quanto uma leitura reta. Um movimento de "conversão contínua" habita a progressão do pensamento, por meio do jogo do diálogo, das objeções e das respostas, movimento que deve ser partilhado pelo leitor. Talvez mesmo o próprio Anselmo não tenha concluído a conversão de suas razões neste diálogo de busca constante.

Ele interpreta o pecado do homem segundo a categoria da honra divina ofendida e roubada. Deus é um senhor que exerce dominação e possessão sobre todas as coisas. Existe aí um antropomorfismo cultural, inspirado nas relações do feudalismo e do Direito da época. A importância teológica dada à satisfação está ligada à entrada em cena da honra medieval. Esse empréstimo é um fato de aculturação em nada repreensível em si mesmo. Mas Anselmo purificou suficientemente esse mundo de representações segundo a via negativa e a via de eminência que valem para todo discurso sobre Deus? Suas considerações jurídicas enfatizam um conceito da justiça de Deus que já não é o da Bíblia. Dão um lugar importante ao tema da troca, entendido numa ordem de justiça comutativa. É principalmente a partir delas que é deduzida a incapacidade do homem de satisfazer. Não é de espantar, portanto, que durante uma leitura, que se banalizará ao longo dos séculos, as ideias de proporção quantitativa e de necessidade serão levadas mais em conta do que as de desproporção qualitativa e de gratuidade. Por isso foi possível falar, por gracejo, acerca desta obra, de "teologia de balcão".

Por alguns aspectos de seu discurso, Anselmo investe no caminho da "justa compensação", que mais tarde tomará o valor de um pré-requisito absoluto e fará esquecer a prioridade da mediação descendente, para só levar em conta o aspecto satisfatório da mediação ascendente. De igual modo, ele insiste na ordem de justiça que exige a morte de Cristo, como se a vida de Cristo não bastasse para nossa salvação enquanto não fosse até a morte. Decerto ele dá elementos para uma leitura reta. Mas torna a leitura perversa terrivelmente tentadora. Essa temível ambiguidade, que corre o risco de dar margem à interpretação do pacto sacrificial, é alimentada por alguns textos, raros decerto, mas inquietantes, por exemplo a proporção antitética entre o prazer do pecado e o sofrimento da satisfação, evocados acima. A ideia de satisfação roça então perigosamente a de punição. De igual modo, em sua consideração da morte de Cristo, Anselmo mantém um silêncio estranho sobre a ressurreição, que permanece externa ao movimento da soteriologia. Não há de espantar muito, portanto, a lenta deriva que o pensamento de Anselmo apresentará até os tempos modernos.

Santo Tomás: da redenção à satisfação

A influência da doutrina anselmiana se exercerá lentamente, a princípio, e depois de maneira mais decidida a partir do século XII, sobre os teólogos

---

155. Cf. ibid., p. 36.

escolásticos[156]. Alguns tropeçam no aspecto demasiado absoluto da "necessidade" invocada pelo argumento de Anselmo e preferem falar de "alta conveniência" (Alberto Magno). Outros fazem intervir um decreto divino, iniciando assim uma deriva jurídica da teologia da salvação (Guilherme de Auxerre). Abelardo († 1142), por seu turno, levanta questões muito próximas das de Anselmo, mas para lhes dar uma resposta bem diferente. Ele rejeita que a satisfação oferecida por um inocente, ao preço de um crime mais grave que a desobediência de Adão, possa ser exigida por Deus. Tal exigência seria ao mesmo tempo inútil, injusta e cruel. Na paixão de Cristo, Abelardo só considera a revelação do amor de Deus, cujo exemplo, em retorno, provoca o nosso. Essa visão, muito justa em si mesma, torna-se em Abelardo exclusiva de todo outro aspecto e faz dele como que um precursor da teologia liberal dos tempos modernos. São Bernardo combate vigorosamente Abelardo ao enfatizar a doutrina da satisfação. Está claro que doravante o centro de gravidade da doutrina se organiza em torno dessa ideia.

Santo Tomás toma distância ao mesmo tempo de Anselmo e de Abelardo. Sua preocupação com a síntese o fará levar em conta a multiplicidade dos dados recebidos. Todavia, vai privilegiar a noção de satisfação para explicar o valor salvífico da paixão de Cristo. Se a satisfação não conhece em sua obra a majoração que caracterizará a teologia posterior, nela já estão enxertadas algumas ambiguidades. Sua soteriologia, rica e complexa, não parece totalmente unificada.

É verdade que seu pensamento integra o conjunto das categorias veiculadas pela tradição e dá amplo espaço ao movimento descendente da redenção. Tomás gosta das expressões "reparação do gênero humano" ou "da natureza humana". "Reparar" quer dizer, para ele, "restaurar", "reerguer", "recolocar em estado de plena humanidade". Trata-se da reparação do homem mesmo, e não primeiramente da reparação da ofensa feita a Deus. Ele emprega o vocabulário da "libertação" do gênero humano[157]. Atribui à ressurreição uma dupla causalidade, eficiente e exemplar[158].

Entretanto, essa reparação e libertação do homem não se podem realizar sem que este receba o meio de se converter para Deus. A libertação do pecado só pode ser penitente, e a satisfação é a expressão concreta dessa penitência. Assumindo nossa condição humana, Cristo tomou sobre si a do penitente; ele se engajou na via da satisfação:

> Um homem simplesmente homem não podia satisfazer pela totalidade do gênero humano; Deus não tinha o que satisfazer; era preciso portanto que Jesus Cristo fosse Deus e homem[159].

---

156. Cf. J. Rivière, *Le dogme de la rédemption au début du Moyen-Âge*, que descreve a penetração do pensamento de Anselmo entre os autores medievais, pp. 153-169, 214-221, 402-426.

157. Cf. *STh*, IIIa, q. 46, art. 1,2,3.

158. Cf. Ibid., q. 56, art. 2.

159. Ibid., q. 1, art. 2 corp.

Reconhece-se o argumento de Anselmo, mas integrado a uma perspectiva mais ampla e apresentado como uma razão de conveniência. Na exposição da eficácia da paixão de Cristo, a satisfação assume um enorme relevo: ela intervém em segundo lugar, após o mérito, e arrasta em sua esteira o sacrifício e mesmo a redenção.

A satisfação é um ato da virtude de justiça, cuja penitência é uma forma especial. Ela se reveste pois de um aspecto penal. Uma vez que está ordenada para o restabelecimento da justiça, a satisfação comporta uma *recompensatio* pela ofensa feita (termo que se traduz no mais das vezes por *compensação*). Esta, para o Doutor Angélico, é mais ontológica do que jurídica. Ela não implica a ideia de que a reparação seria um pré-requisito à misericórdia de Deus.

Mas a satisfação deve ser comandada pelo amor. "A ofensa só se apaga com o amor."[160] É a caridade que cobre todos os pecados. O poder do amor que anima o pecador arrependido pode mesmo bastar por si só e tornar inútil todo outro ato de satisfação[161]. No caso de Cristo, o poder da caridade daquele que suportou voluntariamente a morte cumpriu uma obra satisfatória sobreeminente:

> Sofrendo por amor e por obediência, Cristo apresentou a Deus mais do que exigia a compensação de toda a ofensa do gênero humano. Primeiro, por causa do imenso amor que lhe fazia suportar o sofrimento. Segundo, por causa da dignidade de sua própria vida, a de alguém que era Deus e homem, e que ele dava em satisfação. Em terceiro lugar, por causa da extensão da paixão e da grandeza da dor assumida. A paixão de Cristo, portanto, não foi, pelos pecados do gênero humano, uma satisfação somente suficiente, mas superabundante[162].

A ordem do amor, portanto, faz explodir a noção de compensação. A tensão entre justiça e amor se resolve do lado do amor. E o que acontece com a tensão entre justiça e misericórdia?

> Convinha à justiça e à misericórdia de Cristo que ele libertasse o homem por sua paixão. À justiça porque, com sua paixão, Cristo satisfez pelo pecado do gênero humano; o homem foi portanto libertado pela justiça de Cristo. À misericórdia porque, por si mesmo, o homem não podia satisfazer pelo pecado de toda a natureza humana [...]; assim Deus deu seu Filho em vista desta obra satisfatória [...]. E foi por meio de uma misericórdia mais abundante do que se o pecado tivesse sido perdoado sem satisfação[163].

Essa misericórdia maior não impede que "se Deus tivesse querido que o homem fosse libertado do pecado sem nenhuma satisfação, não teria agido

---

160. *Somme contre le Gentils*, III, 157, adhuc, trad. por B. Catão, op. cit., p. 8.
161. Cf. ibid., III, 158, Considerandum.
162. *STh*, IIIa, q. 48, art. 2 corp.; trad. B. Catão, op. cit., p. 89.
163. Ibid., q. 46, art. 1, ad 3m; trad. P. Synave, "Revue des Jeunes", p. 15.

contra a justiça"[164]. A justiça não é uma lei de bronze que se imporia a Deus. Não há, pois, nenhuma "necessidade" *a priori*, nem do lado de Deus, nem do lado do homem, para que a redenção passe pela paixão de Cristo. É por obra do desígnio de Deus, mais "conveniente" por numerosas razões, das quais a primeira é que o homem conheça melhor o amor com que Deus o ama.

A doutrina de Santo Tomás sobre a satisfação, portanto, é cheia de matizes e dá todo espaço à prioridade do amor. É, contudo, o testemunho inquietante da inversão da categoria descendente de redenção numa perspectiva ascendente. Pelo pecado, diz ele, o homem caiu sob a servidão do diabo, mas também sob outro cativeiro:

> Como o diabo obtivera uma vitória sobre o homem, induzindo-o ao pecado, o homem era escravo do demônio. Mas o homem era também cativo pela obrigação à pena, por causa da justiça de Deus [...].
> Portanto, a paixão de Cristo, tendo dado satisfação suficiente e superabundante pelo pecado e pela pena que pesavam sobre o gênero humano, foi como um preço pelo qual fomos libertados da dupla servidão [...]. Cristo satisfez, não dando dinheiro ou coisa semelhante, mas dando por nós o que tinha de mais precioso, ele próprio. Assim se diz que a paixão de Cristo foi nossa redenção[165].

Chega-se assim à grande inversão na orientação da soteriologia: a categoria de redenção, sempre considerada até então no quadro do movimento de libertação do homem realizado por Cristo, é sutilmente assimilada à de satisfação, e desse modo voltada para o movimento ascendente: o homem é cativo de uma dívida para com a justiça de Deus. A redenção era exigida em justiça para com Deus e não para com o diabo: "o preço não tinha de ser pago ao diabo, mas a Deus"[166]. Não somente a categoria de satisfação reconduz a si as demais categorias soteriológicas, como também abre o caminho, com matizes decerto, para a ideia do resgate pago a Deus. Em todo caso, é o que a posteridade desenvolverá. Como no caso de Santo Anselmo, os teólogos dos tempos modernos não conservarão a profundidade de uma perspectiva complexa, mas os esquemas simplificadores. A autoridade do Doutor Angélico lhes dará ainda mais peso.

A satisfação no concílio de Trento

O termo *satisfação*, aplicado à soteriologia, entrou na linguagem propriamente dogmática no concílio de Trento. Em sua sessão VI sobre a justificação[167], o concílio introduz a noção de satisfação no enunciado da causa meritória da justificação:

---

164. Ibid., art 2, ad 3m; p. 20.
165. Ibid. Q. 48, art. 4, corp.; trad. B. Catão, op. cit., pp. 35-36.
166. Ibid., art. 4, ad 3m.
167. Que será estudada especificamente no volume II desta obra.

Causa meritória, o Filho único bem-amado de Deus, nosso Senhor Jesus Cristo, que, "quando éramos inimigos" (Rm 5,10), "por causa do grande amor com que nos amou" (Ef 2,4), por sua santíssima paixão no madeiro da cruz, nos mereceu a justificação e satisfez por nós a Deus seu Pai[168].

O concílio não dá nenhuma definição do termo satisfação. Para compreender-lhe o sentido, é preciso interrogar o movimento da afirmação. Este associa o amor descendente do Filho por nós, que ainda éramos inimigos, à oferenda ascendente que este mesmo Filho faz de si mesmo em sua paixão: por um lado, "ele merece nossa justificação" e por outro "satisfaz a Deus por nós". Essa satisfação não vem, pois, apaziguar a justiça de um Pai irritado; bem ao contrário, é obra do amor de Deus que reconcilia o homem tornado "inimigo" pelo pecado. O elo entre justificação e satisfação é igualmente interessante: o primeiro termo evoca o que vai de Deus para o homem, e o segundo, o que vai do homem para Deus. O segundo movimento é o retorno do primeiro e insere a causa meritória na série das causas cujo sujeito é sempre Deus. Essa frase sóbria não poderia, então, ser invocada em apoio das teorias dos tempos modernos, em que a satisfação constituía um pré-requisito necessário à benevolência de Deus pelo homem.

O concílio emprega igualmente a categoria de mérito. O mérito ultrapassa a ordem puramente jurídica: ele tem a ver com recompensa, estima e honra. Os Padres latinos empregaram o termo "mérito" com base no hino paulino de Fl 2,6-11, em que a glorificação de Cristo, dando sequência ao relato de seu rebaixamento até a morte na cruz, é introduzida por um "foi por isso...". A escolástica medieval desenvolve uma doutrina do mérito de Cristo em sua paixão, a partir de Pedro Lombardo. Santo Tomás conserva essa categoria entre os modos de eficácia da paixão: sendo Cabeça da Igreja, Cristo mereceu por sua paixão a salvação para todos os membros de seu corpo[169]. Tal é a ideia retomada pela afirmação conciliar. Essa noção de mérito não deve ser tirada do lado de considerações jurídicas que reintroduziriam inevitavelmente o esquema da retribuição. O mérito de Cristo se insere numa correspondência de amor entre o Pai e o Filho.

A ideia justa da satisfação que deve ser considerada é a de reparação. Cabe à consciência convertida de seu mal querer reparar esse mal, uma vez que ele está nela, ainda que de maneira penosa. Por isso a conversão se exprime em penitência. Por amor e de modo gratuito, Cristo tomou sobre si, sofrendo por causa dos homens, a dimensão penitente de retorno do homem a Deus. Assim, ele carregou o peso de nossos pecados, não pela atribuição de uma responsabilidade jurídica, mas no sentido bem real em que aqueles que ele queria fazer seu Corpo fizeram recair sobre sua Cabeça toda a violência de seu pecado. Assim procedendo, ele cumpriu uma penitência duplamente reparadora: reparadora do homem ferido pelo pecado, e reparadora diante de Deus, uma vez que ela toma a iniciativa da atitude que converte e reconcilia o homem com Deus.

---

168. Concílio de Trento, *Décret sur la justification (1546)*, cap. 7; *COD* II-2, p. 1371.
169. *STh*, IIIa, q. 48, art. 1 corp.

Os tempos modernos: da substituição à satisfação "vicária"

No final da Idade Média, no século XVI e ao longo dos tempos modernos, a doutrina da satisfação progressivamente se degradou para dar um lugar cada vez maior à ideia de justiça comutativa, e mesmo vindicativa. A satisfação foi compreendida como uma compensação tão exata quanto possível do pecado cometido, por um castigo expiatório. Esse esquema, frequentemente subjacente ao funcionamento da justiça humana, foi espontaneamente projetado nas relações do homem com Deus. A compensação penal comporta, pois, a ideia de que Deus deve "ser vingado" em seus direitos sobre o homem, e mesmo de que ele "se vinga" infligindo uma pena que seja proporcional à ofensa recebida. Enquanto a ideia bíblica de expiação exprimia antes de tudo a intercessão em ato do Cristo orando de todo seu ser por seus irmãos, algumas teologias quiseram fundamentar na Escritura a ideia de uma vingança divina.

A teologia da salvação se aventura então no terreno do jurídico. A redenção se cumpre segundo a ideia de um "pacto sacrificial" em que a prestação sofredora de Jesus é exigida de maneira imediata pelo Pai, a fim de compensar a gravidade infinita do pecado do homem. A crítica contemporânea de R. Girard incide com justeza sobre essas teologias: nelas o homem acusa Deus de ser vingativo e violento, porque lhe atribui aquilo que seu inconsciente pecador considera necessário[170].

Um fenômeno curioso de "desconversão" histórica das categorias da redenção se produz assim. Esquecendo que a morte de Jesus na cruz é obra dos homens pecadores, que não puderam acolher a santidade do Justo e o exterminaram com violência, os teólogos atribuem a Deus Pai essa mesma violência, o que é uma maneira de se livrar dela nele, a ponto de fazer dos carrascos de Jesus o braço secular da justiça divina[171].

Já os Reformadores do século XVI insistiram fortemente na cólera de Deus que se abate sobre Cristo, substituto da pessoa dos pecadores. Lutero, com uma sorte de lirismo, descreve Jesus como o maior pecador do mundo[172]. Era fascinado por dois versículos do Novo Testamento: Gl 3,13, que fala de Cristo "tornando-se ele mesmo maldição por nós", e 2Cor 5,21 em que se diz que ele foi "feito pecado por nós". Calvino vai na mesma direção, mas com mais sobriedade na forma. Surge agora uma categoria nova, fadada a um considerável desenvolvimento: a de substituição.

Lutero, como acabamos de ver, é testemunha da substituição na culpa: Cristo se torna culpado de todos os pecados do mundo e morre como culpado. O pecado, assim, é destruído em sua morte. Mas não se deve esquecer nunca o caráter "dialético" da afirmação de um Cristo ao mesmo tempo e paradoxalmente inocente e pecador, bem como a integração dessa visão na perspectiva da

---

170. Cf. R. Girard, *Des choses cachées depuis la fondation du monde*, Paris, Grasset, 1978.

171. Sobre esse fenômeno de "desconversão" das categorias, cf. B. Sesboüé, *Jésus-Christ l'unique Médiateur*, t. I, pp. 59-67.

172. M. Luther, *Commentaire sur Ga 3,13; Oeuvres*, Genève, Labor et Fides, t. XV, 1969, p. 282.

justificação pela fé. Essa teoria será retomada por vários teólogos católicos, e no século XX pelo teólogo ortodoxo russo Sérgio Bulgakov. Lutero fala igualmente da substituição de Cristo na danação e no tormento do inferno.

Calvino considera sobretudo que Cristo nos substituiu na condenação: diante do Pai ele é o grande réu em nosso nome. Em nossos dias, K. Barth desenvolveu poderosamente o tema do "juiz julgado em nosso lugar".

Mas a tese mais corrente é a da substituição penal propriamente dita, isto é, a substituição no castigo. É igualmente compartilhada por Calvino e a encontramos recentemente, sob uma forma mais matizada e atualizada, no teólogo luterano W. Pannenberg. Foi ela que atravessou o pensamento católico do século XVII, até a teologia de escola no início do XX. A eloquência da cátedra do século XVII dá alguns exemplos espantosos. Assim, Bossuet:

> O grande golpe de sacrifício de Jesus Cristo, que abate esta vítima pública aos pés da justiça divina, viria a ser desferido na cruz e procederia de uma potência maior que a dos homens.
>
> Com efeito, só a Deus cabe vingar as injúrias; enquanto sua mão não intervier, os pecados só serão fracamente punidos [...]. Era preciso então, meus irmãos, que ele mesmo viesse contra seu Filho com todos os seus raios; e como tinha posto nele nossos pecados, nele também devia pôr sua justa vingança. Ele o fez, cristãos, não duvidemos disso[173].

De igual modo, Bourdaloue:

> O Pai eterno, por uma conduta tão adorável quanto rigorosa, esquecendo que ele é seu Filho, e encarando-o como seu inimigo (perdoai-me todas essas expressões), se declarou seu perseguidor, ou antes o chefe de seus perseguidores [...]. A crueldade dos judeus não bastava para punir um homem como este, um homem coberto dos crimes de todo o gênero humano: era preciso, diz Santo Ambrósio, que Deus interviesse, e é o que a fé nos revela sensivelmente [...]. Sim, cristãos, é o próprio Deus, e não o conselho dos judeus, que entrega Jesus Cristo [...]. Pois éreis vós mesmo, Senhor, que justamente mudado em um Deus cruel, fazíeis sentir, não mais a vosso servo Jó, mas a vosso Filho único, o peso de vosso braço. Havia muito tempo que esperáveis essa vítima; era preciso reparar vossa glória e satisfazer vossa justiça [...].
>
> Golpeai agora, Senhor, golpeai: ele está disposto a receber vossos golpes; e sem considerar que é vosso Cristo, não lanceis mais os olhos sobre ele senão para vos lembrardes [...] de que imolando-o vós satisfareis esse ódio com que odiais o pecado[174].

---

173. J. Bossuet, Carême des Minimes pour le vendredi saint, 26 mars 1660; *Oeuvres oratoires*, ed. J. Lebarq, Paris, DDB, 1916, t. 3, p. 385.

174. Bourdaloue, 1er Sermon sur la Passion, *Oeuvres complètes*, Metz, Rousselot, 1864, t. 4, pp. 218-220.

Esse ensinamento se tornará corrente no século XIX[175]. Ele veicula a ideia, ausente nos Padres como nos teólogos da grande escolástica, de que a justiça deve preceder a misericórdia. A satisfação é pois um pré-requisito ao perdão. Em outras palavras, o essencial da redenção não se joga entre a iniciativa de perdão de Deus e a necessária conversão do homem; ele se joga entre Deus e Deus, entre o Filho que oferece sua prestação satisfatória e o Pai que por causa dela muda de atitude e passa da cólera à benevolência.

Uma apresentação ingênua dessas ideias se encontra num pequeno manual do início do século XX, para o qual as coisas são muito simples: a redenção designa a recaptura de um escravo por meio de resgate. O resgate deve ser pago ao dono do escravo, no caso Deus e não o demônio. O demônio só intervém aqui como o carrasco que inflige a punição. Esse preço consiste numa "satisfação igual à ofensa", e portanto na de um Deus-homem. Deus será então aplacado e tornado propício para com a humanidade. O autor[176] apresenta simplesmente essa argumentação como o conteúdo próprio do dogma da redenção.

Essa teologia da substituição merece, pois, mais do que reservas: deve ser considerada como uma excrescência mórbida da teologia e não como um elemento do dogma. A Comissão Teológica Internacional pronunciou a respeito dela um julgamento preciso: "Não cabe pensar que Deus puniu ou condenou Cristo em nosso lugar. Essa é uma teologia errônea avançada por vários autores, sobretudo na teologia reformada"[177]. A Comissão poderia ter falado de um ensinamento bastante geral há muito tempo difundido na teologia católica, tanto quanto na protestante.

A substituição foi frequentemente projetada nos textos escriturísticos em nome de uma pré-compreensão cultural presente no espírito dos exegetas e dos teólogos. Ora, os relatos da paixão não lhe dão nenhum espaço. Quanto aos dois versículos que, de Lutero a nossos dias, serão quase constantemente interpretados no sentido de uma justiça vindicativa, eles se inserem na perspectiva do admirável inercâmbio salvífico. Gl 3,13 joga com o termo "maldição". Paulo raciocina à maneira dos judeus: Jesus é maldito aos olhos da Lei, uma vez que foi suspenso no cadafalso. Não é maldito aos olhos de Paulo nem de Deus. Seu amor levou-o até lá, até se fazer solidário da maldição que pesava sobre nós, a fim de nos comunicar a bênção de Abraão (3,14). De igual modo, 2Cor 5,21 não diz que Jesus é tornado "pecador" a título pessoal: ele é aquele que "não conheceu o pecado". O intercâmbio que se produz nele é o de nosso pecado e de sua justiça. O que comunicamos a Cristo é o peso de todos os efeitos do pecado, cuja vívida imagem ele nos devolve sobre a cruz. Ele é "feito pecado",

---

175. Para antologias desses textos, cf. Ph. de la Trinité, *La rédemption par le sang*, Paris, Fayard, 1959, pp. 16-28; B. Sesboüé, op. cit., t. 1, pp. 67-83.

176. E. Hugon, *Le mystère de la rédemption*, Paris, Téqui, 1922, pp. 9-14.

177. Commission Théologique Internationale, Quelques questions choisies touchant la Christologie, *DC* 1803 (1981) 229.

no sentido em que a metonímia exprime o ato pelo efeito. Mas ele carrega assim o pecado do mundo para retirá-lo e nos comunicar sua justiça[178].

A substituição comporta entretanto um elemento de verdade. Cristo cumpriu, por meio de uma morte que não lhe era devida, uma redenção da qual éramos incapazes. Nesse sentido, ele agiu em nosso lugar. Mas não foi para cumprir uma pena. Ele vem se colocar no lugar em que estamos, a fim de realizar, em nome do elo de solidariedade que estabeleceu conosco, aquilo que nossa situação de pecadores nos impedia de fazer. O "em nosso lugar" é comandado pelo "em nosso favor" e nunca deve fazer esquecer o "por causa de nós". Cristo não nos suplanta, ele nos representa e nos devolve a nós mesmos; sua liberdade não substitui a nossa, mas no-la dá de novo. O elemento de verdade da substituição pôde ser traduzido pela expressão "substituição iniciática" (B. Lauret).

A partir do século XIX, outra corrente teológica desenvolveu diversas teorias conhecidas sob o título comum de "satisfação vicária". A fórmula técnica, ao que parece, surge pela primeira vez na pena do beneditino alemão M. Dobmayer († 1805). Essa teologia toma uma distância real daquela da substituição penal entendida no sentido estrito. O termo satisfação exprime aí, não o castigo, mas a reparação da ofensa feita a Deus. A palavra "vicária" exprime um aspecto preciso da substituição: Jesus toma sobre si, em nosso lugar, uma tarefa que não podíamos realizar. O amor de Cristo em seu mistério pascal é fortemente realçado. Entretanto, a ideia de compensação não parece suficientemente exorcizada ali. A tese também corre o risco de levar a pensar que Cristo tudo fez em nosso lugar, ao invés de nos abrir o caminho de nossa própria satisfação. Em vários autores, por fim, ela ficou em comunicação com a substituição penal, como atestam as expressões mistas "substituição expiatória" ou "expiação vicária".

Sob sua melhor forma, a doutrina da satisfação vicária foi a do grande historiador do dogma da redenção, J. Rivière (1878-1946), que tomou nitidamente distância da doutrina da expiação penal. Para ele, "o conceito de *satisfactio vicaria*, sem ter a autoridade canônica que se prende a um termo definido, pertence realmente à fórmula católica do dogma redentor"[179]. Decerto ele estava influenciado neste juízo pelo esquema do Vaticano I sobre a redenção, que permaneceu inacabado em razão da interrupção do concílio, que insistia fortemente na satisfação realizada por Jesus Cristo, Mediador de Deus e dos homens, e comportava um cânon afirmando que a satisfação vicária não repugna à justiça divina[180]. Mais tarde, J. Rivière matizará sua formulação: "a ideia fundamental implicada nesses termos pertence à fórmula da fé católica"[181]. Decerto o termo "satisfação" pertence à linguagem e ao mistério da salvação cristã: vimos mais

---

178. Sobre a história da interpretação desses versículos, cf. L. Sabourin, *Rédemption sacrificielle, une enquête exégétique*, Paris, DDB, 1961.

179. J. Rivière, *Le dogme de la rédemption*. Étude théologique, Paris, Lecoffre, 1931, p. 23.

180. Amplos excertos deste esquema são dados por L. Richard, *Le mystère de la rédemption*, Tournai, Desclée, 1959, pp. 187-189.

181. *DTC*, verbete "Rédemption", t. 13/2, col. 1921.

acima em que sentido. Mas é muito exagerado canonizar dogmaticamente a teoria teológica da satisfação vicária, e seria mesmo errado reduzir a essa sistematização a mediação salvífica de Cristo. A posição mesma de Rivière, apesar do progresso real que ela constitui, permanece onerada com a ideia de compensação e a afirmação de que Deus, em seu desejo pleno de amor de redimir os pecados dos homens, "decretou como condição prévia a vida e a morte de seu Filho"[182]. Permanece como o exemplo de uma soteriologia que reconduz todo o centro de gravidade da salvação para o lado da mediação ascendente.

Desde Rivière a teologia contemporânea evoluiu muito. L. Richard (1880-1956) é testemunha dessa evolução que, partindo da doutrina da satisfação vicária, redescobre, por meio de Aulen e da renovação da pesquisa bíblica, a prioridade da mediação descendente. Richard recusa toda noção de justiça comutativa e portanto de resgate pago à justiça de Deus, e denuncia a ideia de uma reparação *prévia* ao exercício da misericórdia divina[183]. De igual modo, Y. de Montcheuil recusava de maneira decidida a concepção corrente da satisfação penal, isto é, da dívida expiatória paga à justiça de Deus e condição prévia ao perdão[184]. Hoje se encontra um novo equilíbrio entre os dois movimentos da mediação de Cristo. Da ideia de substituição se passou à de solidariedade, que recobre aquilo que a abrangência do termo antigo podia ter de justo. A solidariedade de Cristo com os homens é uma solidariedade desejada e assumida livremente, como a do Bom Samaritano que se torna o próximo do homem caído nas mãos dos bandidos. Todo o percurso cristológico mostrou que a compreensão da identidade de Cristo era comandada pela necessidade de sua dupla solidariedade, divina e humana. A ideia de solidariedade, aliás, é muito presente em muitos textos bíblicos durante longo tempo interpretados à luz do esquema da substituição (em particular Is 53). Ela permite compreender "a inclusão dos homens em Cristo" (C. Duquoc) e o valor "iniciático" daquilo que ele realizou em seu mistério pascal[185].

---

182. Ibid., col. 1982.
183. Cf. L. Richard, *Le mystère de la rédemption*, pp. 266-268.
184. Cf. Y. de Montcheuil, *Leçons sur le Christ*, Paris, Epi, 1949, pp. 127-128. Este livro póstumo tornou-se doutrinalmente suspeito por esta razão, cf. B. Sesboüé, op. cit., t. I, pp. 352-354.
185. Sobre a noção de solidariedade em soteriologia, cf. B. Sesboüé, ibid., pp. 367-377.

Conclusão e transição

Ao término deste primeiro volume de uma história dos dogmas, que tratou de maneira privilegiada do desenvolvimento realizado durante os oito primeiros séculos, é útil apresentar um primeiro balanço.

Esse período corresponde na prática ao que se convencionou chamar de época patrística, que se detém, segundo as convenções estabelecidas, em Gregório Magno (morto em 604) ou em Isidoro de Sevilha (morto em 636), no Ocidente, e em João Damasceno (morto em 749), no Oriente. O período apostólico das testemunhas do evento fundador, período normativo por esta razão, já se encerrou; também se diz em geral que este novo período foi "edificador" da vida e do discurso da Igreja nos primeiros séculos de sua história:

> Este período edificador é o dos Padres, dos Símbolos, do nascimento das grandes liturgias, dos grandes concílios. As definições conciliares sobre o Deus-Trindade e a pessoa do Cristo Jesus, em particular, sempre protegendo a fé de desvios que a teriam pervertido, forneceram à Igreja uma visão sólida dos pontos que formam o núcleo de sua compreensão do mistério cristão[1].

É exatamente o que acabamos de verificar: não somente a atividade dogmática da Igreja começou pelo estabelecimento dos grandes Símbolos de fé, mas concluiu um primeiro percurso de reflexão e de afirmações sobre o conteúdo desses Símbolos. Estes, como vimos, são relatos que recapitulam a economia da salvação, relatos cuja estrutura é ao mesmo tempo trinitária e cristológica. Assim tudo se viu centrado em torno da salvação realizada por Deus em Jesus Cristo em benefício do homem. Foi aí que os grandes doutores da fé, como Ireneu, encontraram seu ponto de partida. Foi daí que partiu o duplo questionamento trinitário e cristológico que ocupou de maneira privilegiada a atenção daqueles séculos. Era preciso, de fato, de modo prioritário, elucidar a originalidade do

---

1. Foi et Constitution, Texte de Venise (1979): *Vers une profession de foi commune*, Doc. nº 100.

Deus que se revelara em Jesus Cristo, assim como a obra dele, o que implicava uma determinação sem falha de sua identidade. Assim procedendo, o discurso dogmático da Igreja fixava-se àquilo que faz o essencial da fé cristã, sua especificidade, ou melhor ainda seu coração. Este é o centro de gravidade deste primeiro volume, que ilustra de maneira concreta o que o Vaticano II chamará de "hierarquia das verdades". Mais que de desenvolvimento propriamente dito, trata-se na verdade da "formação"[2] do dogma cristão, que apresentou a Trindade, a cristologia e a pneumatologia. Assistimos à passagem de uma consideração formalmente "econômica" a uma reflexão mais formalmente "teológica". Vimos o dogma seguir o passo de um discurso cada vez mais técnico, formalizando na linguagem cultural grega o que fora recebido no seio das categorias bíblicas.

Decerto convém precisar, à luz dos ensinamentos fornecidos por este tomo, o método desta obra, cuja opção é propor uma articulação entre história e temas.

Embora a Trindade e a cristologia sejam, evidentemente, os temas maiores deste volume, foi necessário contudo *antecipar*, *prolongar* e *ignorar*.

Antecipar os desdobramentos futuros, em particular no início deste volume, ilustrando pelos testemunhos mais antigos (Padres apostólicos, Justino, Ireneu, Tertuliano) alguns princípios de metodologia dogmática: o alcance da regra da fé, o nascimento de uma ortodoxia e de uma "heterodoxia", a relação da tradição com a Escritura, a determinação de seu cânon, o ato de nascimento de uma reflexão teológica e dogmática. Todas essas questões, que a história impunha e que foram evocadas segundo a simplicidade dos inícios em que a ação precede a formulação, deverão retornar no volume IV, pois serão objeto de numerosos debates típicos dos tempos modernos.

Prolongar, isto é, conduzir para além dos séculos considerados em prioridade, o tratamento da Trindade e da cristologia, pela exposição dos desdobramentos que dirão respeito, na sequência dos tempos, a estes dois mistérios: a questão do *Filioque*, a doutrina das relações subsistentes, de um lado, assim como a antropologia de Cristo e a soteriologia do segundo milênio, de outro.

Mas também *ignorar* outros conteúdos do discurso cristão. Neste volume se tratou mais do Deus trino que do Deus uno: ora, nos tempos modernos o problema do conhecimento de Deus pela razão virá no primeiro plano da atenção. O volume IV, portanto, deverá retornar ao tema.

De igual modo, a antropologia cristã, com os temas da criação do homem à imagem e semelhança de Deus, do pecado, da justificação e da graça, já bem presente nos Padres gregos e que se tornará com Agostinho um ponto de preocupação maior no Ocidente, será objeto do volume II. Enquanto este primeiro volume privilegiou a iniciativa de Deus para com o homem, o segundo apresentará o homem diante de Deus, o que o constitui na ordem da criação como na da graça. Por isso deverá tomar como ponto de partida o início do século

---

2. Cf. A. Harnack, *Histoire des dogmes*, p. IX.

VIII — no qual este primeiro volume se detém formalmente — e prolongar sua investigação até o início dos tempos modernos.

De igual modo, também, os Padres dos primeiros séculos não ficaram calados sobre os sacramentos nem sobre a Igreja. Eles abordaram os primeiros por meio de suas catequeses batismais e eucarísticas, seus comentários da Escritura e as grandes liturgias, de que foram os criadores. Sua pregação pastoral ilustrou o grande princípio segundo o qual a lei da oração é também a lei da fé *(lex orandi, lex credendi)*. Para eles, enfim, era evidente que o mistério cristão se vivia na grande assembleia da Igreja que eles professavam "una, santa, católica e apostólica". Todavia, será ao longo da Idade Média e dos tempos modernos que a dogmática dos sacramentos e da Igreja se constituirá enquanto tal. Ela será objeto do volume III que, por seu turno, operará um retorno necessário aos tempos antigos. Respeitando a opção do Vaticano II, que tratou da Virgem Maria em sua constituição sobre a Igreja *(Lumen Gentium)*, esse mesmo volume abordará a Mãe de Deus.

Ao término deste primeiro volume, decerto fica mais fácil situar o dogma em sua relação com a mensagem do Evangelho[3]. O dogma não tem por missão acrescentar um conteúdo de fé novo àquilo que as Escrituras nos transmitem. Isso estaria em contradição flagrante com a afirmação de que a revelação divina terminou com o desaparecimento da geração apostólica. Nesse sentido, só o *corpus* escriturístico, transmitido desde a origem pela tradição viva da Igreja, é criador da doutrina cristã. O dogma tem uma função reguladora diante dessa mensagem. Sua missão é manter essa mensagem em sua autenticidade ao longo do tempo. A história da fé cristã é a de um diálogo ininterrupto entre os dados da revelação e as questões que emergem da razão e das culturas humanas. Tal diálogo não está isento de abalos nem de conflitos. É importante, pois, discernir a cada vez a interpretação justa, e determiná-la numa linguagem nova. Pois a interpretação é também uma declaração de sentido e no mais das vezes uma tradução em palavras novas. Desse modo, ela se torna inevitavelmente uma construção que opera um efeito de renovação em relação à linguagem anterior. Daí o empenho dos grandes conflitos conciliares em torno da elaboração de fórmulas dogmáticas tão justas e precisas quanto possível, mesmo que tenham necessidade de correções e aperfeiçoamentos. De fato, por meio dessas fórmulas, é um vocabulário cristão que se inventa penosamente, é um discurso que toma consistência. Encontramos também o papel importante desempenhado pelo fenômeno da recepção de uma definição doutrinal. Esse discurso repousa num paradoxo: de um lado, não pode pretender constituir autoridade senão na medida em que "transmite" a verdade do Evangelho ao qual permanece submetido; de outro, apresenta-se como revestido do carisma da verdade em nome das promessas de Cristo.

---

3. Cf. W. KASPER, *Dogme et Évangile*, Tournai, Casterman, 1967.

Bibliografia geral

N.B. Listam-se aqui somente obras atinentes ao conjunto do volume. Indicações bibliográficas especializadas foram dadas no cabeçalho das principais seções. Os grandes *corpora* de textos e os dicionários de teologia são indicados na lista das abreviaturas no início do volume.

Para uma bibliografia detalhada e resenhada, consultar:
J. Wolinski, Bibliographie patristique, em *Introduction à l'étude de la théologie*, sob a direção de J. Doré, t. III, p. 199-347.

I. ANTIGAS HISTÓRIAS DOS DOGMAS

As obras de J. Tixeront, J. Turmel, a história alemã dos dogmas dirigida por M. Schmaus, A. Grillmeier, L. Scheffczyk e M. Seybold são indicadas na apresentação da obra.

A. von Harnack, *Histoire des dogmes*, trad. do alemão por E. Choisy, ed. Fischbacher, 1893; reprodução anastática, corrigida, com posfácio de K. Nowak, Paris, Cerf, 1993.

II. O CONTEXTO HISTÓRICO

F. van der Meer e Ch. Mohrmann, *Atlas de l'Antiquité chrétienne*, Paris-Bruxelles, Séquoia, 1960.
C. Bihlmeyer e H. Tüchle, *Histoire de l'Église*, t. I: *L'Antiquité chrétienne*, Mulhouse, Salvator, ²1969. Trad. bras.: *História da Igreja: antiguidade cristã*, São Paulo, Paulinas, 1964.
J. Daniélou e H.-I. Marrou, *Nouvelle histoire de l'Église*, t. I: *Des origines à saint Grégoire le Grand*, Paris, Seuil, 1963. Trad. bras.: *Nova História da Igreja: dos primórdios a São Gregório Magno*, Petrópolis, Vozes, ²1973.

J. Comby, *Pour lire l'histoire de l'Église*, t. 1: *Des origines au XVe siècle*, Paris, 1984. Trad. bras.: *Para ler a História da Igreja: das origens ao século XV*, São Paulo, Loyola, 1993.

A. Hamman, *La vie quotidienne des premiers chrétiens*, (95-197), Paris, Hachette, 1971.

C. Lepelley, *L'empire romain et le christianisme*, Paris, Flammarion, 1969.

M. Meslin e J. R. Palanque, *Le christianisme antique*, Paris, A. Colin, 1967.

M. Meslin, *Le christianisme dans l'empire romain*, Paris, PUF, 1970.

III. PATROLOGIAS E INSTRUMENTOS DE TRABALHO

Ch. Héfélé, *Histoire des conciles d'après les documents originaux* traduzida em francês, corrigida e enriquecida de notas por H. Leclercq, tomos 1-8 (16 volumes), Paris, Letouzey, 1907-1921; completados pelo t. IX (concílio de Trento, P. Richard, 1930-31) e o t. X (concílio de Trento, A. Michel, 1938) e o t. XI (concílios orientais, Ch. de Clercq, 1949).

B. Altaner, *Précis de Patrologie*, adaptado por H. Chirat, Mulhouse, Salvator, 1961.

J. Quasten, *Initiation aux Pères de l'Église*, t. I, II, III, IV, Paris, Cerf, 1955-1986.

H. von Campenhausen, *Les Pères grecs*, Paris, Orante, 1963; *Les Pères latins*, Paris, Orante, 1967.

J. N. D. Kelly, *Initiation à la doctrine des Pères de l'Église*, Paris, Cerf, 1968.

Sob a direção de G. Dumeige, *Histoire des conciles œcuméniques*, Paris, Orante: I. Ortiz de Urbina, *Nicée et Constantinople*, 1963; P. Th. Camelot, *Éphèse et Chalcédoine*, 1962; F. X. Murphy e P. Sherwood, *Constantinople II et III*, 1974; G. Dumeige, *Nicée II*, 1978.

J. Liébaert e M. Spanneut, *Les Pères de l'Église*, vol. I: *Du Ier au IVe siècle* (trad. bras.: *Os Padres da Igreja: séculos I-IV*, São Paulo, Loyola, 2000); vol. II: *Du IVe au VIIe siècle*, Paris, Desclée, 1986 e 1990.

Dictionnaire encyclopédique du christianisme ancien, sob a direção de A. di Berardino, adapt. franc. sob a direção de F. Vial, vol. I e II, Paris, Cerf, 1990.

Sob a direção de B. Lauret e F. Refoulé, *Initiation à la pratique de la théologie*, t. II, *Dogmatique 1*: "Messianisme" (B. Dupuy), "Christologie" (J. Schmitt, J. Doré, B. Lauret), "Pneumatologie" (M. A. Chevalier, Y. Congar), Paris, Cerf, 1982.

Sob a direção de J. Feiner e M. Löhrer, *Mysterium Salutis. Dogmatique de l'histoire du Salut*, 14 vols., Paris, Cerf, 1969-1975. Trad. bras.: *Mysterium Salutis: fundamentos de dogmática histórico-salvífica*, 14 vols. Petrópolis, Vozes, 1971-1984.

Sob a direção de J. Doré, *Le christianisme et la foi chrétienne. Manuel de théologie*, 8 vols. publicados, Paris, Desclée, 1985-1992.

Sob a direção de G. Alberigo, *Les conciles œcuméniques*, t. I: *L'histoire*, Paris, Cerf, 1994. Trad. bras.: *História dos concílios ecumênicos*, São Paulo, Paulus, 1995.

IV. ESTUDOS

J. DANIÉLOU, *Histoire des doctrines chrétiennes avant Nicée*, t. I. *Théologie du Judéo-Christianisme*; t. II. *Message évangélique et culture hellénistique aux IIe et IIIe siècles*; t. III. *Les origines du christianisme latin*; Paris, Desclée/Cerf, 2ª ed., 1991.

A. LE BOULLUEC, *La notion d'hérésie dans la littérature grecque, IIe-IIIe siècles*, t. I: *De Justin à Irénée*; t. II: *Clemente de Alexandria et Origène*, Paris, Études Augustiniennes, 1985.

A. GRILLMEIER, *Le Christ dans la tradition chrétienne*, t. I: *De l'âge apostolique à Chalcédoine (451)*; t. II/1: *Le concile de Chalcédoine (451). Réception et opposition (451-513)*; t. II/2: *L'Église de Constantinople au VIe siècle*, Paris, Cerf, 1973, 1990, 1993; t. II/4: *Die Kirche von Alexandrien mit Nubien und Äthiopien nach 451*, Freiburg-Basel-Wien, Herder, 1990.

Bibliografia brasileira

A carta a Diogneto, Petrópolis, Vozes, 1976.
AGOSTINHO, *A cidade de Deus,* São Paulo, Américas, 1961; Edameris, 1964. *A cidade de Deus: contra os pagãos (livros I a X),* Petrópolis, Vozes, ²1990. *A doutrina cristã: manual de exegese e formação cristã,* São Paulo, Paulinas, 1991. *A Trindade,* São Paulo, Paulus, 1995.
AMBRÓSIO DE MILÃO, *Explicação do símbolo; Sobre os sacramentos; Sobre os mistérios; Sobre a penitência,* São Paulo, Paulus, 1996. *Os sacramentos e os mistérios,* Petrópolis, Vozes, 1972.
AQUINO, M. F. de (org.), *Jesus de Nazaré: profeta da liberdade e da esperança,* São Leopoldo, Unisinos, 1999.
BASÍLIO DE CESAREIA, *Homilia sobre Lucas 12; Homilias sobre a origem do homem; Tratado sobre o Espírito Santo,* São Paulo, Paulus, 1999.
BAUDLER, G., *A figura de Jesus nas parábolas: a obra narrativa da vida de Jesus — um acesso à fé,* Aparecida, Santuário, 1991.
BOFF, L., *A Santíssima Trindade é a melhor comunidade,* Petrópolis, Vozes, 1988; *A Trindade e a sociedade: o Deus que liberta seu povo,* Petrópolis, Vozes, ³1987; *Jesus Cristo libertador: ensaio de cristologia crítica para o nosso tempo,* Petrópolis, Vozes, ⁶1977; *O Evangelho do Cristo Cósmico,* Petrópolis, Vozes, 1971; *Paixão de Cristo, paixão do mundo: o fato, as interpretações e o significado ontem e hoje,* Petrópolis, Vozes, 1977.
BOURGEOIS, H., *Libertar Jesus: cristologias atuais,* São Paulo, Loyola, 1989.
BROWN, R. E., *A concepção virginal e a ressurreição corporal de Jesus,* São Paulo, Loyola, 1987.
Carta de São Clemente Romano aos Coríntios: primórdios cristãos e estrutura, Petrópolis, Vozes, ³1984.
Cartas de Santo Inácio de Antioquia: comunidades eclesiais em formação, Petrópolis, Vozes, ²1978.
CIPRIANO, *A unidade da Igreja Católica,* Petrópolis, Vozes, 1973.
CIRILO DE JERUSALÉM, *Catequeses mistagógicas,* Petrópolis, Vozes, 1977.
CODA, P., *O evento pascal: Trindade e história,* São Paulo: Cidade Nova, 1987.

CONGAR, Y., *A Palavra e o Espirito*, São Paulo, Loyola, 1989; *Espírito do homem; Espírito de Deus*, São Paulo, Loyola, 1986.
Didaqué ou doutrina dos Apóstolos, Petrópolis, Vozes, ³1978.
DREYFUS, F., *Jesus sabia que era Deus?* São Paulo, Loyola, 1987.
DUPUIS, J., *Introdução à cristologia*, São Paulo, Loyola, 1999.
DUQUOC, C., *Cristologia I: o homem Jesus*, São Paulo, Loyola, 1977; *Cristologia II: o Messias*, São Paulo, Loyola, 1980.
DURRWELL, F-X., *O Pai: Deus em seu mistério*, São Paulo: Paulinas, 1990.
ELISABETH DA TRINDADE, *A Trindade que habita em nós*, São Paulo: Paulinas, 1980.
FABRIS, R., *Jesus de Nazaré: história e interpretação*, São Paulo, Loyola, 1988.
FITZMYER, J., *Catecismo cristológico: respostas do Novo Testamento*, São Paulo, Loyola, 1997.
FORTE, B. *A Trindade como história: ensaio sobre o Deus cristão*, São Paulo, Paulinas, 1987; *Jesus de Nazaré, história de Deus, Deus da história: ensaio de uma cristologia como história*, São Paulo, Paulinas, 1985; *Igreja: ícone da Trindade, São Paulo, Loyola, 1987.*
FRANÇA MIRANDA, M. DE, *O mistério de Deus em nossa vida: a doutrina trinitária de Karl Rahner*, São Paulo, Loyola, ²1999.
GALOT, J., *O Espírito do amor*, São Paulo, Loyola, 1981.
GILBERT, M.; ALETTI, J-N., *A sabedoria e Jesus Cristo*, São Paulo, Paulinas, 1985.
GOMES, C. F., *A doutrina da Trindade eterna: o significado da expressão "três pessoas"*, Rio de Janeiro: Lumen Christi, 1979; *Riquezas da mensagem cristã: comentário ao "Credo do Povo de Deus"*, Rio de Janeiro: Lumen Christi, ²1981.
GONZÁLEZ FAUS, J. I., *Acesso a Jesus: ensaio de teologia narrativa*, São Paulo, Loyola, 1981.
GONZÁLEZ-CARVAJAL SANTABÁRBARA, L., *Notícias de Deus Pai!* São Paulo, Loyola, 1999.
GREGÓRIO DE NAZIANZO, *Discursos teológicos,* Petrópolis, Vozes,1984.
GUIMARÃES, A. R. (org.), *O Espírito Santo: pessoa, presença, atuação*, Petrópolis: Vozes, 1973.
HORSLEY, R. A.; SILBERMAN, N. A., *A mensagem e o Reino: como Jesus e Paulo deram início a uma revolução e transformaram o mundo antigo*, São Paulo, Loyola, 2000.
IRENEU DE LIÃO, *Livros I, II, III, IV, V,* São Paulo, Paulus, 1995.
JOSAPHAT, C., *2000 Em nome do Pai, do Filho e do Espírito Santo: comunhão divina, solidariedade humana*, São Paulo, Loyola, 2000.
JUSTINO DE ROMA, *Apologias I e II; Diálogos com Trifão,* São Paulo: Paulus, 1995.
LAPIDE, P., *Filho de José?: Jesus no judaísmo de hoje e de ontem*, São Paulo, Loyola, 1993.
LEÃO MAGNO, *Sermões*, São Paulo, Paulinas, 1974; São Paulo, Paulus, 1996. *Sermões sobre o Natal e a Epifania,* Petrópolis, Vozes, 1974.
LOHFINK, G., *A ascensão de Jesus: invenção ou experiência?*, São Paulo, Paulinas, 1977.

MOLTMANN, J., *Espírito da vida: uma pneumatologia integral*, Petrópolis, Vozes, 1999; *O caminho de Jesus Cristo: cristologia em dimensões messiânicas*, Petrópolis, Vozes, ²1994; *Quem é Jesus Cristo para nos, hoje?* Petrópolis, Vozes, 1997; *Trindade e Reino de Deus: uma contribuição para a teologia*, Petrópolis, Vozes, 2000.

NOGUEIRA, L. E. DOS S., *O Espírito e o Verbo: as duas mãos do Pai. A questão pneumatológica em Yves Marie-Joseph Congar*, São Paulo, Paulinas, 1995.

NOLAN, A., *Jesus antes do cristianismo*, São Paulo, Paulinas, ²1988.

PACOMIO, L., *Jesus: os 37 anos que, há vinte séculos, mudaram o sentido da história e nossos destinos*, São Paulo, Loyola, 1999.

Padres apologistas: carta a Diogneto, Aristides de Atenas, Taciano, o Sírio, Atenágoras de Atenas, Teófilo de Antioquia, Hérmias, o Filósofo, São Paulo, Paulus, 1995.

Padres apostólicos: Clemente Romano Inácio de Antioquia, Policarpo de Esmirna, o Pastor de Hermas, Carta de Barnabé, Papias, São Paulo, Paulus, 1995.

PALACIO, C., *Jesus Cristo: história e interpretação*, São Paulo, Loyola, 1979.

PASTOR, F. A., *Semântica do mistério: a linguagem teológica da ortodoxia trinitária*, São Paulo, Loyola, 1982.

RAHNER, K., *Curso fundamental da fé: introdução ao conceito de cristianismo*, São Paulo, Paulinas, 1989.

ROSSE, G., *O grito de Jesus na Cruz: um enfoque teológico e exegético*, São Paulo, Cidade Nova, 1986.

RUBIO, A. G., *O encontro com Jesus Cristo vivo*, São Paulo, Paulinas, ²1994.

SCHILSON, A.; KASPER, W., *Cristologia: abordagens contemporâneas*, São Paulo: Loyola, 1990.

SCHMAUS, M., *A fé da Igreja: cristologia — os pressupostos*, Petrópolis, Vozes, 1976; *A fé da Igreja: cristologia — Jesus Cristo*, Petrópolis, Vozes, 1977.

SEGALLA, G., *A cristologia do Novo Testamento: um ensaio*, São Paulo, Loyola, 1992.

SEGUNDO, J. L., *A história perdida e recuperada de Jesus de Nazaré: dos sinóticos a Paulo*, São Paulo, Paulus, 1997.

SESBOÜÉ, B., *Pedagogia do Cristo: elementos de cristologia fundamental*, São Paulo, Paulinas, 1997.

SOBRINO, J., *Cristologia a partir da América Latina: esboço a partir do seguimento do Jesus histórico*, Petrópolis, Vozes, 1983; *Jesus na América Latina: seu significado para a fé e a cristologia*, Petrópolis, Vozes, 1985; *Jesus o libertador: a história de Jesus de Nazaré*, Petrópolis, ²Vozes, 1996.

SUSIN, L. C., *Jesus filho de Deus e filho de Maria: ensaio de cristologia narrativa*. São Paulo, Paulinas, 1997.

TERTULIANO, *O sacramento do batismo: teologia pastoral do batismo segundo Tertuliano,* Petrópolis, Vozes, 1981.

TOMÁS DE AQUINO, *Suma teológica I*: Teologia — Deus — Trindade, Parte I — Questões 1-43, São Paulo, Loyola, 2001.

TORRES QUEIRUGA, A., *Repensar a cristologia: sondagens para um novo paradigma*, São Paulo, Paulinas, 1998.

WESTERMANN, C., *O Antigo Testamento e Jesus Cristo*, São Paulo, Paulinas, 1979.

ZUURMOND, R., *Procurais o Jesus histórico?* São Paulo, Loyola, 1998.

Índice de autores

A

Abelardo 416
Abu Qurra 264
Abu Ra'ita 264
Aécio 219, 227, 228, 230, 233
Afraate 109
Agatão 372, 373
Agostinho 62, 68, 85, 89, 98, 203, 223, 244, 262, 264-268, 272, 273, 275-281, 284, 285, 287, 288, 290, 294, 329, 339, 358, 377, 384, 391, 393-401, 404, 426, 433
Alberto Magno 416
Albino 139
Alexandre de Alexandria 253, 319
Alexandre de Hales 268
Ambrósio de Milão 412, 433
André 24, 35, 39
Anfilóquio de Icônio 236, 259
Anselmo de Cantuária 267, 410, 411
Anselmo de Havelberg 272, 282
Antimo 365, 366
Apeles 40
Apolinário de Hierápolis 44
Apolinário de Laodiceia 304
Ário 135, 172, 191, 200, 203, 204, 206-211, 213, 214, 218-220, 222, 225, 238, 253, 264, 319, 325, 328
Aristides de Atenas 435
Aristóteles 252, 264
Arnóbio 377, 387
Atanásio 62, 173, 186, 200, 201, 206, 208, 210, 212, 217-221, 223-226, 229-231, 233, 239, 244, 251, 253, 254, 256, 265, 274, 294, 298-304, 306, 316, 327, 353, 374, 377, 385, 393
Atenágoras de Atenas 435
Atérbio 256

B

Bardesanes 40
Barnabé (Epístola de) 31, 43, 234, 392, 435
Basílides 39

Basílio de Ancira 274
Basílio de Cesareia 244, 245, 247, 248, 251, 254-256, 259, 260, 263-265, 274, 304, 312, 313, 377, 382, 433
Basilisco 352
Bernardo 416
Boaventura 268, 283
Boécio 266, 267, 270, 398
Bossuet 421

C

Calisto 160
Calvino 384, 401, 420, 421
Cândido 401
Cantacuzeno 285
Carpócrates 36, 39
Celestino 319, 326, 328-331
Celso 45, 46, 182, 376
Cerdão 40
Cerinto 36, 39
Cipriano de Cartago 70
Cirilo de Alexandria 262-264, 275, 276, 295-298, 306, 307, 318, 320, 321, 326, 327, 331, 360, 363, 364, 378, 393
Cirilo de Jerusalém 387, 393, 433
Ciro 316, 331, 335, 336, 338, 345, 349, 356, 360, 368, 369, 371, 372
Clemente de Alexandria 294, 376, 431
Clemente de Roma 298, 386, 392
Clemente IV 283
Constante II 371
Constantino V 379, 380

D

Dâmaso 238, 239, 253, 254, 256, 260
Diágoras 134
Didaqué (ou Doutrina dos Doze Apóstolos) 31, 43, 48, 52, 64, 74, 81, 84, 97, 99, 434
Dídimo (o Cego) 226, 231-233, 239, 265
Diodoro 236, 237, 307, 308, 311, 316, 318, 335

Diogneto (Carta a) 45, 52, 433, 435
Dionísio Areopagita (Pseudo) 368
Dionísio de Alexandria 252, 256
Dionísio de Roma 253
Dióscoro 337, 338, 343, 352
Domno de Antioquia 338

E

Ebionitas (Evngelho dos) 31, 36, 152, 158
Egípcios 31, 213, 220, 229, 329, 344
Eli de Nísibe 264
Elias I 264
Epifânio de Salamina 274, 377
Epístola dos Apóstolos 74,113
Erasmo 401
Eulógio de Alexandria 366
Eunômio 135, 219, 227, 228, 230, 232, 245-249, 255, 256, 263, 264
Eusébio de Cesareia 393
Eusébio de Emesa 308
Eusébio de Nicomédia 207, 209, 218
Eustácio de Antioquia 218
Eustácio de Sebaste 230
Êutiques 317, 336-339, 343, 345, 349, 350, 352, 357, 363
Evangelho da verdade 38

F

Fílon de Alexandria 39, 129, 181, 187
Flaviano 317, 333, 336-341, 343-345, 349
Flávio Josefo 61
Fócio 263, 272, 279, 281, 285, 366
Fotino de Sírmio 158

G

Gelásio 64
Germano de Constantinopla 378, 381
Gilbert de la Porrée 266, 267
Gregório de Chipre 283, 284
Gregório de Nazianzo 250, 251, 265, 280, 295, 312, 313, 315, 434
Gregório de Nissa 251, 263, 274, 275, 294, 297, 306, 312, 314, 370
Gregório II 378, 379, 381
Gregório Magno 359, 366, 377, 389, 425, 429
Gregório X 283
Gregório Taumaturgo 180, 192
Guilherme de Auvergne 267
Guilherme de Auxerre 416

H

Hebreus (Evangelho segundo os) 31, 64, 199, 392
Hegel 271, 404
Hegesipo 37, 39, 47, 55, 56
1 Henoc 39
2 Henoc 31
Heraclião 40
Heráclio 365

Hermas 31-34, 43, 64, 99, 100, 119, 435
Hesíodo 128
Hilário de Poitiers 276
Hipólito de Roma 252
Homero 128
Honório 370-373

I

Ibas de Edessa 338, 345, 356, 360
Ibn al-Fadi 264
Ibn al-Tayyib 264
Ibn Suwar 264
Ibn Yumm 264
Ibn Zur'a 264
Inácio de Antioquia 433, 435
Ireneu de Lião 434
Isaías (Ascensão de) 31, 34, 60, 125
Isidoro 39, 425

J

Jerônimo 61, 62, 92, 117, 193, 218, 254, 255
João Crisóstomo 263, 294, 307, 308, 316, 319, 387, 390
João Damasceno 276, 298, 367, 376, 378, 379, 389, 398, 401, 425
João de Antioquia 328, 329, 331, 332, 334, 335, 344, 348
Jorge de Moçul 264
Juliano (o Apóstata) 219, 307
Juliano Cesarini 286
Justiniano 182, 353, 355, 356, 357, 358, 359, 360, 375
Justino 34, 35, 38, 42, 44, 45, 47, 49, 50, 61, 63, 72, 74, 82, 83, 92, 94, 96-98, 102-104, 106, 109, 112, 113, 119, 121, 124-126, 134-139, 154, 160, 161, 167, 201, 203, 353, 386, 393, 426, 434
Juvenal de Jerusalém 329, 343

K

Kant 271, 403, 404

L

Lactâncio 377, 387
Leão III 281, 290, 378, 379
Leão IX 282
Leão Magno 298, 317, 335, 338, 434
Leôncio de Bizâncio 310, 356, 362, 363, 398
Leôncio de Neápolis 380
Lourenço Valla 85
Luciano de Antioquia
Lutero 361, 384, 401, 420, 421, 422

M

Macário de Antioquia 370, 372
Marcelo de Ancira 251, 256
Marciano 339, 344, 352
Marcião 40, 42, 47, 64, 96, 144, 145, 159, 175, 176

Marco Aurélio 45
Marcos 40
Marcos Eugenikos 285
Máximo, o Confessor 276, 290, 369, 371, 372, 375
Melécio de Antioquia 254
Melitão de Sardes 36, 62, 123
Menandro 39
Miguel Cerulário 282
Miguel Paleólogo 283, 285
Montano 159, 164
Muratori (cânon de) 64

N

Nectário 235
Nestório 135, 226, 239, 295, 301, 306, 307, 312, 317-321, 323-328, 330-333, 335, 336, 339, 343-346, 349, 373, 399
Nicetas de Constantinopla 282
Nietzsche 361
Nilo de Ancira 377
Noeto 159, 160, 162
Nono de Nísibe 264

O

Orígenes 35, 36, 38, 40, 44, 46, 54, 62, 72, 85, 98, 113, 121, 122, 125, 127-130, 132, 138, 142, 157, 159, 179-203, 252, 294, 295, 299, 300, 306, 308, 356, 360, 376, 377, 387-390
Ósio 213, 215, 218

P

Pascal 25, 93, 100, 102, 106, 121-123, 128, 132, 133, 150, 183-185, 272, 292, 296-298, 351, 387, 402, 409, 410, 414, 415, 423, 424, 434
Paulino 254, 256, 304, 377
Paulo de Samósata 319
Paulo VI 282
Pedro (Apocalipse de) 31, 49, 56, 58, 62-64, 72, 77, 106, 109, 118, 207, 247-250, 343, 344, 346, 381
Pedro de Antioquia 282
Pedro de Sebaste 236
Pedro Fulão 352
Pedro Lombardo 398, 399, 419
Pirro 371, 372
Platão 39, 125, 134, 139, 183, 199, 203
Plutarco 139
Policarpo de Esmirna 435
Porfírio 139, 266
Práxeas 92, 127, 138, 142, 156, 159, 160, 164, 165, 167-173, 175-178, 209, 223
Prévotin 267
Proclo 335, 356
Próspero de Aquitânia 339
Ptolomeu 40, 61, 143, 156, 171

Q

Quadrato 45
Qumran (manuscrito de) 38, 39

R

Renan 403, 405
Ricardo de São Vítor 267
Rousseau 15, 23, 46, 47, 53, 56-58, 78, 81, 82, 91, 97, 99, 104, 106, 108, 112-114, 124, 126, 132, 133, 141-143, 145, 148, 150-152, 154-156, 158, 167, 170, 171, 192, 194, 203, 292, 293, 387, 388, 393, 404
Rufino de Aquileia 68, 70, 107

S

Sabélio 159, 160, 200, 207, 257, 258, 259, 260
Salomão (Odes de): 31, 61, 137, 306
Saturnino 39
Serapião 229, 230, 231
Sérgio 365, 368, 369, 370, 371, 372, 373, 421
Severino de Gabala 377
Severo de Antioquia 352, 353, 377
Simão Mago 39
Sofrônio de Jerusalém 367, 371
Sozômeno 230, 235

T

Taciano 45, 98, 119, 160, 435
Temístio 365
Teodoreto de Ciro 316, 331, 335, 336, 338, 345, 349, 356, 360
Teodoro Ásquida 356
Teodoro de Farão 368
Teodoro de Mopsuéstia 263, 307, 308, 316, 318, 335, 356, 360
Teodósio 212, 235, 328, 329, 331, 337-339, 365, 366
Teódoto, o Curtidor 158
Teófilo de Alexandria 117
Teófilo de Antioquia 435
Teognosto 199, 200
Tertuliano 24, 54, 57, 58, 61, 64, 72-74, 81, 91-94, 96, 98, 99, 102-105, 110, 113, 117-119, 126, 127, 136, 138, 142, 145, 156, 157, 159-179, 188, 195, 209, 223, 243, 252, 306, 317, 339-342, 349, 406, 412, 426, 435
Testamento dos Doze Patriarcas 31
Tiago Baradai 352
Timóteo I 264
Tomás de Aquino 268, 283, 435

V

Valentim 40, 41, 42, 156, 170, 171
Vigílio 355-359, 373
Voltaire 403, 404

W

Wycliff 384

Z

Zenão 352
Zwinglio 384

Edições Loyola

editoração impressão acabamento
rua 1822 nº 341
04216-000 são paulo sp
T 55 11 3385 8500/8501 • 2063 4275
www.loyola.com.br